I volti della storia
587

Dello stesso autore:

I grandi delitti che hanno cambiato la storia d'Italia
I boss che hanno cambiato la storia della malavita
La camorra dalla A alla Z
Napoli Criminale
I delitti di Napoli
I nuovi padrini
I boss della camorra
L'Italia del pizzo e delle mazzette
Storia e storie di camorra

In questa ricostruzione si fa riferimento a varie inchieste giudiziarie,
alcune delle quali sono ancora in corso.
Il volume ricostruisce vicende di cronaca nel massimo rispetto
dei principi di verità, continenza e pertinenza.
Tutte le persone coinvolte o citate a vario titolo,
anche se condannate nei primi gradi di giudizio,
sono da ritenersi penalmente innocenti fino a sentenza definitiva.

Prima edizione: ottobre 2020

Roma, Casella postale 6214

ISBN 978-88-227-4470-8

www.newtoncompton.com

Realizzazione a cura di Caratteri Speciali
Stampato nell'ottobre 2020 presso Puntoweb s.r.l., Ariccia (Roma)

Bruno De Stefano

Le più potenti famiglie della camorra

La storia dei clan che hanno dominato la malavita italiana

Newton Compton editori

A Eros,
il gatto più bello del mondo

Siete napoletani e ammazzate Napoli. Eh già, perché ci sono i commercianti che falliscono, le industrie che chiudono, i ragazzi che sono costretti ad emigrare…

Ah già, poi volevo dì un'altra cosa: ma tutto sommato, nunn'è che fate na vita 'e merda? Perché penso io: Gesù sì, fate pure i miliardi, guadagnate, però vi ammazzate tra di voi, poi anche quando non vi ammazzate tra di voi, ci sono le vendette trasversali, vi ammazzano le mamme, le sorelle, i figli…

Ma vi siete fatti bene i conti? Vi conviene?

dal film *Così parlo Bellavista* di Luciano De Crescenzo

«Allora la gente non dovrà mai sapere la verità?»
«La verità non è sempre rivoluzionaria.»

dal film *Cadaveri eccellenti* di Francesco Rosi

Questa è la cosa importante: essere presente.
Le persone del quartiere che mi vedono tutti i giorni stanno dalla mia parte, si sentono sicure, perché sanno che sono presente. È un motivo in più per volermi bene. E invece quelli che cercano rogna ci pensano due volte perché sanno che sono presente. È un motivo per avere paura di me.

dal film *Bronx* di Robert De Niro

Viva l'Italia, l'Italia che resiste.

Francesco De Gregori, *Viva l'Italia*

Introduzione

Nel 1994 l'allora presidente della Commissione parlamentare antimafia Luciano Violante si lanciò in una spericolata previsione: i clan sarebbero scomparsi agli inizi del terzo millennio. «Se continueremo così», disse, «nell'arco di 7-8 anni vinceremo».

Purtroppo no, non abbiamo ancora vinto.

Nel 2010 l'allora presidente del Consiglio Silvio Berlusconi annunciò che il problema si sarebbe risolto entro il 2013. «In tre anni», questa fu l'euforica promessa, «sconfiggeremo la mafia, la camorra e la 'ndrangheta».

Purtroppo no, nessuna delle tre organizzazioni è stata sconfitta.

Dunque, secondo due autorevoli esponenti politici oggi la camorra dovrebbe essere solo un ricordo depositato negli scantinati della storia. Invece no. La camorra c'è ancora, eccome se c'è. Certo non è più quella degli anni '80 e '90 perché ha subito colpi pesantissimi e molti boss o si sono pentiti o trascorreranno il resto dei loro giorni in galera. Ma questo non dev'essere considerato un successo straordinario: in un Paese normale, la normalità è – appunto – arrestare e condannare chi commette dei reati. In Italia, invece, la sensazione è che riuscire a punire chi delinque sia una conquista e non un fatto ordinario. Non si spiegherebbero altrimenti i toni trionfalistici che accompagnano l'arresto di un latitante: catturare un criminale è un'ottima cosa, ma acciuffarlo dopo venti, trenta o quarant'anni – avendogli nel frattempo consentito di ordinare omicidi ed estorsioni, di trafficare droga, di riciclare denaro sporco, di condizionare la politica e inquinare l'economia – non può essere considerato un risultato del quale andare fieri. Gli unici che hanno il diritto di festeggiare sono gli investigatori che lo hanno ammanettato al termine di indagini lunghe, pericolose e massacranti; ma in ogni caso l'immagine che se ne ricava è quella di uno Stato che arriva in clamoroso ritardo.

Come detto, è innegabile che sul piano repressivo siano stati ottenuti dei risultati rilevanti. Ma contrariamente alle rosee profezie di Violante e Berlusconi, la camorra gode ancora di buona salute. Anzi, seppur in parte ridimensionata, continua a essere una presenza ingombrante e oppressiva in diverse aree della Campania. Lo dicono le inchieste della Direzione distrettuale antimafia, lo si deduce leggendo le relazioni semestrali della Direzione investigativa antimafia. Ma lo possono confermare soprattutto le migliaia di cittadini perbene che ogni giorno devono subire l'arroganza dei padrini e dei loro sgherri che occupano quartieri, strade, vicoli. E lo possono raccontare i commercianti e gli imprenditori alla cui porta bussano periodicamente gli sciacalli del racket.

È fuori di dubbio che le famiglie di cui si parla in questo libro siano (o siano state) davvero potenti. Hanno (o hanno avuto) soldi, armi, consenso sociale, controllo del territorio.

Senza ipocrisie, bisogna però ammettere che la potenza di cui parliamo non è solo il frutto delle capacità dei capoclan e dei loro affiliati. Se si legge in controluce la storia delle famiglie che dominano o hanno dominato a Napoli e in altre zone della Campania, è facile rendersi conto che la loro affermazione è stata indirettamente agevolata dalla debolezza dello Stato. E quando si parla di Stato non ci si riferisce solo agli apparati repressivi e giudiziari, ma a tutte le sue articolazioni. Non vi è dubbio alcuno, quindi, che se i camorristi sono riusciti a imporre la loro egemonia è anche perché hanno fatto leva su una complessiva arrendevolezza delle istituzioni.

La narrazione più diffusa (soprattutto nel cinema e nella televisione) attribuisce ai boss e alle loro truppe la capacità di elaborare strategie ingegnose, come se fossero il frutto di menti sopraffine. Questo è vero, ma solo in un marginale numero di casi.

Nella realtà, invece, molti delinquenti sono riusciti a trasformarsi in manager di aziende milionarie anche perché hanno incontrato resistenze limitate o inesistenti; il resto lo ha fatto l'uso sistematico della violenza e dell'intimidazione. Da questo punto di vista un caso emblematico sono i Casalesi, il clan che si è impossessato di una parte consistente della provincia di Caserta. Il boss Francesco "Sandokan" Schiavone è stato descritto come un genio del male e il suo gruppo paragonato a una fenomenale comitiva di cervelloni. Le cronache e i processi ci hanno restituito uno scenario più semplice e meno seducente: Schiavone e i suoi complici hanno agito in una sorta di regime di monopolio, nel senso che lo Stato con i suoi uomini e le sue leggi non ha mai rappresentato un serio ostacolo. Il docente e saggista Isaia Sales si è spinto addirittura a sostenere che «sarebbe meritevole di una commissione di inchiesta il fatto incontrovertibile che a Caserta tra gli anni '70 e '80 del Novecento si sono succeduti gli esponenti più mediocri delle istituzioni. La camorra casertana ha avuto il vantaggio di un ventennio prima di diventare un problema serio per gli apparati repressivi dello Stato».

E la plastica conferma alle parole di Sales l'ha fornita il magistrato Federico Cafiero de Raho, dal 2017 procuratore nazionale antimafia: «Quando nel 1993 iniziai le indagini sui Casalesi, per prima cosa telefonai ai comandanti delle varie stazioni dei carabinieri della zona. Nessuno però ammise di sapere che nel casertano c'era la camorra».

Restando sui Casalesi: Walter Schiavone, fratello di "Sandokan", s'era fatto costruire una villa uguale a quella del protagonista del film *Scarface*, il boss Tony Montana interpretato da Al Pacino. Ebbene: mentre Schiavone metteva il primo mattone, alzava il primo muro e installava il primo cancello, nessuno si è chiesto chi fosse il proprietario e da dove prendesse i soldi per costruire una dimora in stile hollywoodiano? È possibile che nessun poliziotto, carabiniere, finanziere, magistrato, vigile urbano, sindaco, assessore all'Edilizia o funzionario del comune si sia mai fatto una domanda mentre la villa prendeva forma?

E come non restare allibiti davanti a una indagine dalla quale è emerso che, secondo le parole del procuratore capo Giovanni Melillo, il clan Contini aveva assunto «il controllo mafioso al di là di ogni capacità di immaginazione» dell'ospedale San Giovanni Bosco, trasformandolo «in una sorta di sede sociale dell'organizzazione mafiosa»? Possibile che i dirigenti delle Asl, i burocrati, i medici, i sindacalisti non si fossero accorti di niente? Possibile che all'assessorato regionale alla Sanità o al ministero della Salute non fosse arrivata nessuna voce sul «controllo mafioso» dell'ospedale?

Questi sono solo due dei numerosissimi episodi che danno l'idea di quanto la potenza della camorra sia in parte figlia di un contesto che ne favorisce l'espansione, e che quindi non dipenda esclusivamente dai "superpoteri" di un ristretto club di criminali.

Una delle accuse più frequenti a chi vive nelle aree infestate dalla camorra è quella di alimentarla attraverso una complice rassegnazione. C'è sicuramente una quota di omertà, una vocazione alla reticenza che ha radici antiche e che è parte integrante di una cultura difficile da estirpare. E sarebbe sciocco negare l'esistenza di larghe sacche di redditizia connivenza, di ampie zone dove s'incontrano domanda e offerta di illegalità; è altrettanto innegabile che un debole o persino evanescente senso civico rappresenta una palla al piede che frena la battaglia di liberazione dalla criminalità organizzata.

Ma senza ipocrisia, ed evitando di imboccare la comoda strada in discesa della retorica, va detto che c'è anche una omertà indotta dalla consapevolezza delle forze in campo. Leggendo le pagine che seguono si può comprendere perché in alcuni luoghi della Campania è complicato trovare il coraggio per reagire e perché migliaia di persone accettino di convivere con la camorra. Perché – e fa male anche solo pensarlo – la percezione netta è che i camorristi siano i veri padroni del territorio; perché, appare evidente, i clan dispongono di uomini che puoi incrociare ogni giorno e che ogni giorno ti fanno capire chi è che comanda; perché loro ci sono sempre mentre lo Stato alterna lampi folgoranti a opache manifestazioni della sua sovranità. Volgere lo sguardo dall'altra parte, sottomettersi silenziosamente ad angherie e limitazioni della libertà è una scelta umiliante anche per chi la pratica. Nel piegare la testa o fingere di non vedere si avverte sempre la sensazione che ti stiano portando via un pezzo di dignità. In tantissime circostanze non è vigliaccheria ma, appunto, consapevolezza di chi comanda davvero.

Spesso si lanciano appelli affinché chi ha assistito a un crimine collabori con gli inquirenti, si invitano i cittadini ad avere fiducia nello Stato. In realtà non si sta chiedendo fiducia, ma un atto di fede.

La tesi non è nuova, ma è il caso di ribadirla anche a rischio di sconfinare nella banalità: la camorra non si sconfigge solo con le periodiche retate o con la cattura di un boss. La storia ci insegna che decapitare un clan, soprattutto se a conduzione familiare, serve a poco. La camorra e la cultura che la nutre si distruggono solo se lo Stato funziona in tutte le sue articolazioni: se la politica comincia sul serio a fare la propria parte, se la burocrazia perde la sua dolosa lentezza, se le scuole funzionano, se i servizi sociali sono degni di questo nome, se la Legge viene applicata sempre e non una volta sì e tre no. Se alla gente perbene viene data la inequivocabile certezza di non essere sola. Perché, come diceva Giovanni Falcone, le mafie si possono vincere «non pretendendo l'eroismo da inermi cittadini, ma impegnando in questa battaglia tutte le forze migliori delle istituzioni».

Se ciò non dovesse accadere, non ne usciremo mai.

Bruno De Stefano

Contini-Mallardo-Bosti

La sensazione è quella di svuotare il mare con un cucchiaio. Il mare è una mescolanza di legami di sangue e di parentele strette e larghe, irrobustite da un'adesione sociale altissima. Il cucchiaio è invece l'azione repressiva dello Stato, che alterna fasi di colpevole pigrizia a folate di intensa efficacia. Al netto di ogni considerazione c'è un dato indiscutibile: negli ultimi trent'anni e passa, mentre gli altri si scannavano a vicenda o finivano divorati dalle scissioni, l'Alleanza di Secondigliano è rimasta lì dov'è sempre stata, ovvero a governare una grossa fetta del centro di Napoli con una significativa ramificazione a Giugliano (il comune non capoluogo di provincia più popoloso d'Italia) e dintorni.

Questo monolite della camorra ha saputo resistere a ogni tempesta, ha visto i suoi capi finire in galera, ha subito centinaia di arresti, è stato spolpato da sequestri per svariate decine di milioni di euro; è uscito indenne da una guerra breve ma sanguinosa, ed è stato anche ferito dalle dichiarazioni di una dozzina di pentiti: eppure è sempre ricco e potente, padrone del territorio e di tutto ciò che su quel territorio avviene ogni giorno. A proteggerne la compattezza è un impasto duro come il cemento composto dal coinvolgimento di interi nuclei familiari e dall'eccezionale capacità di rigenerarsi grazie all'iniezione di energie fresche pronte a subentrare a chi è in carcere. Mentre altre dinastie si sono sostanzialmente estinte (come i Giuliano o i Sarno) o sono state decisamente ridimensionate (come i Di Lauro), le famiglie che compongono l'Alleanza di Secondigliano da alcuni decenni rappresentano ancora un chiodo arrugginito piantato nel cuore della città.

La resistenza e la longevità dell'organizzazione non sono solo il successo frutto delle capacità di boss, gregari e fiancheggiatori. Una parte del (de) merito va indirettamente attribuita allo Stato per la indolente flemma registrata nel corso degli anni, come ha ammesso il procuratore capo Giovanni Melillo in un'audizione alla Commissione parlamentare antimafia:

Per quanto riguarda l'Alleanza di Secondigliano – che pure vede i suoi capi praticamente tutti detenuti e condannati a lunghe pene detentive – abbiamo scontato un ritardo nella concentrazione delle risorse investigative riconducibile agli ultimi 20 anni. Parliamo di un ritardo determinato spesso dall'inevitabile tendenza a cedere alla pressione di rassicurazione di un'opinione pubblica allarmata dai continui scontri criminali, letti in modo parcellizzato e con il conseguente abbandono dell'esigenza di collocare anche dinamiche apparentemente votate all'entropia dei sistemi criminali in logiche molto più articolate e complesse.

(audizione del 24 ottobre 2019)

L'Alleanza di Secondigliano è ricca di caratteristiche decisamente singolari. A partire da quella che vede le donne ricoprire ruoli di grande responsabilità, al punto da poter affermare che sono state soprattutto le signore a preservare la solidità del gruppo quando i boss erano rinchiusi in gabbia. Dalle indagini e dai processi è emerso che un contributo alla causa lo hanno offerto proprio le mogli dei vertici dell'Alleanza che – altro particolare sicuramente unico – sono sorelle tra loro. I tre leader del gruppo, infatti, hanno pescato le loro dolci metà nell'ambito della stessa famiglia: Eduardo Contini, detto "'o romano", ha sposato Maria Aieta; Francesco Mallardo, noto come "Ciccio 'e Carlantonio", ha impalmato Anna Aieta; Patrizio Bosti ha portato all'altare Rita Aieta. Come sostengono alcune sentenze basate sulle numerose e convergenti testimonianze dei collaboratori di giustizia, le consorti non sono state estranee alle attività dei loro mariti, tutt'altro. Solo alla signora Contini viene attribuito un profilo più basso, più dimesso rispetto alle altre due sorelle. Sempre restando nelle "quote rosa", un ruolo di primo piano va attribuito a Maria Licciardi, sorella di Gennaro, il boss di Secondigliano che fu tra i soci fondatori dell'Alleanza, morto nel 1994: Maria, detta "'a piccerella", e il fratello Vincenzo sono considerati gli eredi di Gennaro.

Da qualche anno a questa parte i Contini, i Mallardo e i Bosti rappresentano l'ossatura del clan: se i capi sono impegnati altrove (in galera o latitanti), ci pensano le mogli, i figli, le sorelle o i cognati a mandare avanti l'"azienda" con una devozione quasi religiosa. A questo proposito scriveranno i giudici:

La cosiddetta Alleanza di Secondigliano non è risultata imprescindibilmente legata alla figura di un capo padrone, come l'esperienza ha dimostrato essere il livello medio di associazionismo criminale napoletano, ma strutturata attraverso livelli intermedi di competenza con conferimento anche di ambiti di parziale autonomia in vista della realizzazione di più importanti obiettivi, secondo uno stile tipicamente aziendale. In sintesi la duttilità e la capacità di suddividersi compiti e funzioni sono alla base della maggiore forza del sodalizio criminale [...]

(sentenza della III Sezione della Corte di Assise di Napoli emessa il 19 maggio 2003)

Una delle inchieste più recenti della magistratura napoletana ha evidenziato come, almeno nell'ultimo decennio, i nuclei familiari che compongono il cartello malavitoso abbiamo fortemente condizionato il vivere civile di ampie zone del centro della città. E tra una estorsione a un cantiere e il commercio di CD e DVD taroccati, sono riusciti persino in una impresa che sembrava impossibile e che indubbiamente è un caso unico nel mondo occidentale: hanno acquisito il controllo di un importante ospedale trasformandolo in una sorta di base operativa dalla quale imponevano – tra le altre cose – appalti e assunzioni. Una vicenda incredibile, non degna della terza città d'Italia e indegna per un Paese che vuole definirsi civile.

Licciardi, il primo leader

La storia parte da lontanissimo, da quando non si chiamava ancora così. Il termine "Alleanza di Secondigliano" non è stata una invenzione dei soci fondatori ma è una definizione contenuta in una comunicazione di reato della polizia risalente al 1998, utilizzata per sottolineare il particolare e inedito rapporto di collaborazione nato tra i clan capeggiati da Gaetano Bocchetti, Giuseppe Lo Russo, Pietro Licciardi, Eduardo Contini e Francesco Mallardo:

> Appare probabile, invero, che la denominazione "Alleanza di Secondigliano" sia stata utilizzata, in un primo momento, negli atti investigativi e che sia stata mutuata e diffusa dai mezzi di comunicazione di massa. Ritiene il collegio, peraltro, che non assuma particolare rilievo valutare se effettivamente la federazione di organizzazioni delinquenziali indicata, in una data epoca storica, abbia assunto, per scelta volontaria, proprio la specifica denominazione "sociale" di "Alleanza di Secondigliano". Occorre rimarcare, invece, che l'espressione in esame descrive efficacemente lo stretto legame esistente tra talune organizzazioni criminali, attive in zone diverse della città di Napoli, talvolta limitrofe, i cui principali esponenti sovente sono legati anche da vincoli di parentela. L'espressione in esame descrive efficacemente lo stretto legame esistente tra talune organizzazioni criminali, attive in zone diverse della città di Napoli, talvolta limitrofe, i cui principali esponenti sovente sono legati anche da vincoli di parentela. Il rapporto federativo tra i sodalizi Licciardi, Lo Russo, Bocchetti, Contini, Mallardo, invero, è ormai attestato in diverse decisioni giurisdizionali».
>
> (Sentenza nr. 4286/03 della VII sezione del tribunale di Napoli emessa il 16 maggio 2003)

I nomi dei fondatori del cartello compaiono la prima volta insieme in una sentenza emessa il 9 giugno del 1986 dalla I sezione del tribunale di Napoli, quando nell'ambito di un processo alla Nuova Famiglia di Carmine Alfieri vengono condannati pure alcuni componenti dei Contini, dei Licciardi e dei Lo Russo. Il 18 dicembre del 1997 un'altra sentenza della I sezione del tribunale di Napoli (diventata definitiva il primo ottobre del 2002) dà conto dell'esistenza di una federazione tra cosche composta dalle famiglie Licciardi, Contini e Mallardo i cui capi sono legati da vincoli di parentela.

Le indagini dimostrano che i Licciardi controllano la zona di Secondigliano, i Contini l'area Vasto-Arenaccia, i Mallardo fanno ciò che vogliono a Giugliano e nei comuni vicini di Villaricca e Qualiano. I Mallardo sono presenti pure nel Lazio: Roma, Mentana, Monterotondo, Fonte Nuova, Guidonia Montecelio, Capena, Fiano Romano e Sant'Angelo Romano.

Il leader resta però Gennaro Licciardi al quale viene riconosciuto un prestigio che nessuno osa mettere in discussione: prima di salire tutti i gradini che portano in cima alla scala è stato alle dipendenze di Luigi Giuliano, il boss di Forcella; poi si è messo in proprio e con la droga e le estorsioni ha creato un piccolo impero. Quando nel 1983 finisce la guerra tra l'esercito della Nuova Famiglia di Carmine Alfieri e i soldati della Nuova camorra organizzata di Raffaele Cutolo (con la netta vittoria del primo), Licciardi dimostra di saper guardare lontano. Pensa a come utilizzare le relazioni allacciate nel corso del conflitto contro Cutolo allo scopo di creare una sorta di cartello in grado di partire da Secondigliano per poi espandersi in altri quartieri. Il primo interlocutore è il clan Mallardo di Giugliano, gestito dai fratelli Francesco e Giuseppe e dal loro cugino Feliciano; il secondo è il gruppo di Eduardo Contini, che detta legge nelle zone del Vasto e del rione Amicizia e di San Giovanniello.

Secondo il pentito Carmine Alfieri, boss della Nuova Famiglia, il trittico Licciardi-Contini-Mallardo costituisce "una cosa sola". Nel 1990 i tre clan si sono già fatti strada nel settore delle estorsioni, della distribuzione di sostanze stupefacenti e delle scommesse clandestine. La crescita degli affari e del dominio territoriale corre parallela all'adesione all'Alleanza di altri gruppi napoletani come i Tolomelli (presenti nel rione Sanità), i Bocchetti (San Pietro a Patierno) e i Lo Russo (Miano-Piscinola). Nel frattempo alla corte di Contini si fa spazio Patrizio Bosti, che in poco tempo riesce a conquistare lo scettro di vice perché è l'uomo più vicino (oltre che cognato) a "'o romano", che alterna periodi di detenzione a lunghe e gioiose latitanze.

Tutti insieme, appassionatamente

Gennaro Licciardi, detto "'a scigna", è indubbiamente il personaggio più influente, tant'è che nella sua strategia di crescita riesce a compattare diverse compagini che fino ad allora agivano in maniera sparpagliata. Sotto la sua ala protettiva accoglie Gaetano Bocchetti (Secondigliano), i Lo Russo (Masseria Cardone, Marianella e Piscinola), gli Esposito (San Pietro a Patierno e Casavatore), i Guida (Miano), gli Stabile (Chiaiano); infine arruola anche Costantino Sarno (Miano). Licciardi è a capo di questa coalizione perché è abile sia come criminale che come uomo d'affari. Con lui al vertice, a partire dal 1989, l'Alleanza vive un periodo di fulgore assoluto. Estorsioni, traffico di droga e scommesse clandestine sono i tre pilastri su cui si fonda il potere economico. Ma con il suo asfissiante controllo del territorio l'organizzazione condiziona – inquinandolo e avvelenandolo – il tessuto economico e produttivo: oltre a pretendere il pizzo, il clan diventa proprietario di beni e di imprese sottraendoli ai legittimi proprietari o con la violenza o con il ricatto. Molte volte le vittime che non riescono a restituire i prestiti usurari si vedono costrette a cedere immobili e attività commerciali all'Alleanza. In altre circostanze, invece, i camorristi prima diventano soci di imprenditori in difficoltà finanziarie e poi con la forza rilevano le aziende. È evidente che con questo modus operandi l'Alleanza ammorbi il mercato e, più in generale, la convivenza civile. Ovviamente pure Licciardi e la sua variegata compagnia non si limitano a fare la faccia cattiva ma sono da considerare a disposizione di chiunque abbia bisogno di sostegno. E infatti la confederazione mostra il suo volto rapido ed efficace nel complicato segmento del recupero-crediti:

> La camorra cittadina si è sostituita alle istituzioni (e agli istituti) statuali nei rapporti economici comuni assicurando efficaci attività di recupero-credito con le tipiche forme del codice di procedura incivile mafioso, che vede truppe di affiliati dedite professionalmente alla funzione di "ufficiali giudiziari" armati e violenti. O con la cessione violenta e forzosa del credito, in virtù della quale debitori inadempienti finiscono inconsapevolmente in mano alla criminalità organizzata, che si presenta con la classica frase "quello che dovevi a lui ora lo devi a noi...", anziché convenuti in un ordinario processo civile, del quale il creditore ha ben pensato di fare a meno rivolgendosi al camorrista di quartiere.
>
> (Ordinanza di custodia cautelare nei confronti di Acanfora Ciro + 213 del 30 aprile 2019)

Nell'estate del 1994 l'Alleanza di Secondigliano perde il suo motore principale. Gennaro Licciardi passa a miglior vita mentre è in carcere a Voghera. È la metà di luglio quando si sottopone a un'operazione chirurgica non particolarmente impegnativa: un'ernia al disco. L'intervento scivola come l'olio ma durante la convalescenza succede un imprevisto e il 2 agosto una setticemia lo stronca per sempre. L'improvvisa dipartita del boss, che aveva 38 anni, suscita delle forti perplessità tra i familiari:

> La scomparsa scatena una ridda di voci, si sospetta la mano maligna di qualche nemico o un errore dei medici che lo tenevano in cura. Ma l'inchiesta condotta dal sostituto procuratore della Repubblica di Voghera, Francesco De Socio, stabilirà che a stroncarlo è stato uno choc settico, cioè un'infezione. Due giorni dopo, il 4 agosto, intorno alle 21 il carro funebre che trasporta la salma di Gennaro Licciardi, varca il cancello del cimitero di Poggioreale, scortato dagli agenti della Squadra mobile. Ad assistere alla tumulazione solo i familiari più stretti, ai quali giungono una cinquantina di corone di fiori, tutte anonime.
>
> (Bruno De Stefano, *I boss della camorra*, Newton Compton 2007)

La cosca però non sbanda: a tenerla in piedi ci pensano la sorella Maria e il fratello Vincenzo.

Edoardo il gaudente

La scomparsa di Licciardi proietta Eduardo Contini ai vertici dell'Alleanza. Il cambio della guardia non solo non provoca contraccolpi ma dà una impronta ancora più imprenditoriale all'intera fazione. Ma chi è "'o romano", chiamato così per le importanti frequentazioni nella Capitale? È un padrino atipico e il suo modo di pensare e di agire ha poco in comune coi tradizionali capoclan. Più che un gangster è un eccellente dirigente d'azienda in grado di gestire parecchi affari, la stragrande maggioranza dei quali fuorilegge. Un criminale con enormi capacità manageriali e un invidiabile fiuto per il business. La sua cosca è violenta come le altre, ma lui delega l'uso della prepotenza ai suoi sottoposti che sono tanti e stipendiati con cifre tutt'altro che trascurabili. Eppure nessuno all'inizio avrebbe mai pronosticato una grande carriera, soprattutto nei tempi in cui era – come Licciardi – al servizio di Luigi Giuliano, il "re" di Forcella che lo costringeva a umilianti attese prima di essere ricevuto. Costantino Sarno, capo zona a Miano, lo descrive così:

> All'epoca non era nessuno, faceva solo rapine e solo successivamente entrò a far parte del nostro gruppo. Posso dire che Eduardo l'ho creato io, dopo averlo salvato dalla morte decretata da Luigino Giuliano, a seguito di un contrasto che questi ebbe, non ricordo per quale motivo, con Ciro Mantice.
>
> (Simone Di Meo e Vittorio Falco, *Eduardo Contini, il boss in smoking*, Forumitalia edizioni 2007)

Dopo aver rasentato la morte e rischiato di fare una vita da mediano della camorra, Contini diventa un punto di riferimento insostituibile nelle zone del Vasto e del rione Amicizia, dove conta una sola parola: la sua. Oltre, ovviamente, a quella dei suoi amici e soprattutto quella dei suoi parenti, tra i quali spicca il cognato Patrizio Bosti, destinato a occuparsi in particolare del lavoro sporco. La scalata di "'o romano" è impetuosa e in poco tempo diventa l'esponente di punta dell'Alleanza di Secondigliano. Che non si tratti del classico camorrista lo si capisce prima della fine degli anni '80. In alcune indagini viene dipinto come un soggetto dall'intelligenza superiore alla media. Il giudice Bruno D'Urso in un provvedimento datato 1988 scrive che

> Contini è un emergente della nuova criminalità, un volto nuovo dotato di grossa forza carismatica, con capacità organizzative, cultura e personalità superiore agli altri capi clan.
>
> (Bruno De Stefano, *op. cit.*)

"'O romano" diventa ricco e potente con una inconsueta rapidità. Il prestigio e il potere raggiunti si manifestano già nei primi anni '90, quando è così affermato e miliardario al punto da provvedere pure al sostentamento delle famiglie di importanti boss di altri clan finiti in galera. Ecco cosa racconta il collaboratore di giustizia Maurizio Overa nell'interrogatorio reso ai magistrati il 12 luglio del 2016:

> Nel 1993 io incontrai, nei pressi dell'Ausonia, Eduardo Contini e Pietro Licciardi; io ero in seria difficoltà per la guerra in atto nei Quartieri Spagnoli, per la scissione, e non riuscivo a mantenere tutti. Allora Eduardo Contini mi disse che i carcerati più importanti li avrebbe mantenuti lui. E dunque da quando è detenuto Ciro Mariano fino alla mia collaborazione di quest'anno 2016, non è mai mancato un mensile alla Tecchio, moglie di Ciro Mariano; prima 5 milioni al mese; poi 2.500 euro mensili; anche alla moglie di Vincenzo Romano è stato assicurato lo stipendio da Eduardo Contini; e lo stesso Marco Mariano aveva 1500 euro al mese dai Contini, e 1000 al mese dai Licciardi.
>
> (Ordinanza di custodia cautelare nei confronti di Acanfora Ciro + 213 del 30 aprile 2019)

Processato per aver prosciugato il conto corrente di un imprenditore edile, viene condannato a nove anni ma nel maggio del 1991 torna in libertà per decorrenza dei termini di custodia cautelare. Mentre è chissà dove, nei suoi confronti viene emesso un provvedimento di soggiorno obbligato: deve trasferirsi sull'isola di Favignana, al largo di Trapani, dove però non si presenterà mai. Il capo dell'Alleanza riappare, si fa per dire, il 31 dicembre del 1993 quando al termine di una lunga indagine i carabinieri lo bloccano mentre è a Cortina d'Ampezzo, luogo insolito per qualsiasi latitante ma non certo per uno come lui abituato a godere dei piaceri della vita. Quando viene intercettato indossa uno smoking e si sta recando al cenone di Capodanno in un ristorante frequentato da gente assai danarosa. Al freddo e alla solitudine dell'isola di Favignana aveva preferito il tepore di un locale trendy e una vacanza in una località per turisti dal portafoglio imbottito di carte di credito. E ricco, Contini lo è per davvero. Dopo aver verificato i movimenti bancari, le denunce dei redditi e dopo aver spulciato i registri della Camera di Commercio e dell'Intendenza di Finanza, nell'aprile del 1994 i pubblici ministeri Luigi Gay e Maria Vittoria De Simone gli sequestrano beni a lui riconducibili per un valore di oltre 400 miliardi. Non male per uno che faceva il garzone di bottega per Luigi Giuliano. L'erosione del patrimonio provocata dai sequestri non lo turba più di tanto. Le sue fortune lievitano col passare dei mesi e cresce pure il numero di persone che lavorano per lui: più che un clan gestisce un'impresa florida in grado di sostenere economicamente tantissime famiglie che non saprebbero vivere d'altro. Sul libro paga di "'o romano" c'è un sacco di gente: il 23 ottobre del 1999 un pregiudicato legato a Contini viene trovato in possesso di appunti sui quali sono segnate le spese previste per le retribuzioni dei componenti del clan – sia quelli liberi che i detenuti –, delle famiglie dei membri morti "sul lavoro", degli avvocati e dei fiancheggiatori:

> [...] Un documento assai rilevante per la ricostruzione dell'organizzazione contabile di tale ultimo gruppo veniva acquisito il 23.10.1999, durante un controllo di polizia nel corso del quale veniva rinvenuto indosso al pregiudicato Luigi Galletto un appunto manoscritto riportante la contabilità di almeno un settore delle attività illecite dell'organizzazione con la ripartizione delle spese previste per il mese di ottobre 1999 in favore degli affiliati al clan, sia detenuti che liberi, e per le famiglie dei "compagni" deceduti, degli avvocati e di coloro che fornivano appoggio logistico all'organizzazione [...]. Un foglio manoscritto su cui figuravano puntigliosamente annotati una serie di nomi e di cifre che, già a un primo seppur sommario esame, appariva subito costituire il registro della contabilità mensile del clan camorristico facente capo al pregiudicato, allo stato detenuto, Eduardo Contini, in quanto contenente la puntuale indicazione delle somme periodicamente corrisposte agli affiliati, alle loro famiglie ed ai difensori due ulteriori fogli, fotocopie del primo [...]. Alla conclusione che i "fogli" ed il denaro sequestrati costituiscano, rispettivamente, il registro della contabilità e parte delle somme da corrispondere periodicamente agli affiliati al clan [...]. Venendo ora alla valutazione del contenuto e del significato del manoscritto trovato in possesso di Galletto Luigi, si può ragionevolmente concludere che esso è evidentemente il conteggio delle somme da ripartire mensilmente ai vari affiliati; ciò viene evidenziato con assoluta chiarezza dalla medesima persona che ha redatto il manoscritto il quale, sul margine destro del foglio, ha riportato la dicitura "Nuovo aggiornato al 25.10.99 mensile detenuti e non detenuti, mensile generale per tutti" mentre sul margine superiore la dicitura" 25 ottobre 1999 Totale 147.400 [...].
>
> (Sentenza emessa dall'Ufficio XXXII Gup a carico di Aieta Antonio + 10)

Ciccio, il fratello e il cugino

Se c'è da perdersi nel vortice di mariti, mogli, cognati e nipoti della famiglia Contini, con i Mallardo non si corrono gli stessi rischi. Il nucleo si fonda essenzialmente sui fratelli Francesco e Giuseppe e sul cugino Feliciano (passato a miglior vita nel 2015). Oltre che da una serie di indagini, l'importanza dei Mallardo è sottolineata da una folta pattuglia di collaboratori di giustizia molti dei quali di primo piano. Come ad esempio Carmine Alfieri, ex padrino della Nuova Famiglia, uno che nel corso della sua carriera malavitosa ne ha viste e ne ha sentite parecchie. In un interrogatorio reso il 4 maggio del 1995, Alfieri dichiara a proposito della stirpe di Giugliano:

> Ciò che va subito detto è che parlare dei Mallardo significa per me parlare dei tre esponenti di spicco ossia dei tre capoclan che sono certamente Ciccio Mallardo, Peppe Mallardo e il cugino Feliciano Mallardo. Io ho conosciuto personalmente il Feliciano che è anche stato a casa mia [...]. Un'altra cosa importante che riguarda i Mallardo è che quando si parla di loro in realtà bisogna fare riferimento a una specie di super associazione che riguarda gli stessi Mallardo, Eduardo Contini e il defunto Gennaro Licciardi. Era proprio il Licciardi, peraltro, a godere del maggior rispetto all'esterno nel senso che a Peppe Mallardo stava benissimo che fosse il Licciardi a rappresentare il gruppo all'esterno facendolo così esporre in prima persona, attirando su di lui l'attenzione e potendo egli manovrare da dietro le quinte. Quello che è certo è che questa associazione a tre famiglie ha raggiunto sul territorio della città di Napoli e nel Giuglianese il massimo controllo possibile, al punto che si può dire che oggi come oggi tutti gli affari criminali in qualche maniera, anche per quanto riguarda altri clan cittadini, passano per il loro controllo.
>
> (Ordinanza di custodia cautelare nei confronti di Acanfora Ciro + 213 del 30 aprile 2019)

Già, gli affari. Pur avendo sotto controllo un'area piuttosto estesa, i Mallardo non hanno mai avuto bisogno di disporre di un gruppo particolarmente folto. Non è un caso ma una scelta precisa: pur non rinunciando affatto all'uso della violenza, hanno sempre preferito prima ricorrere a metodi meno cruenti, una tattica che sotto il profilo economico ha dato risultati strepitosi. Lo sa bene Gaetano Vassallo, un imprenditore con interessi nel settore alberghiero, immobiliare e dei rifiuti. Legato al clan dei Casalesi, Vassallo nel corso della sua intensa attività – e prima di collaborare con lo Stato – ha avuto spesso a che fare con i camorristi giuglianesi:

> Io so che il clan Mallardo è un clan camorristico, e ciò da lungo tempo. Basti pensare che io, come imprenditore, a mia volta legato al gruppo criminale camor-

ristico dei Casalesi, sapevo che vi era un gruppo di criminalità organizzata che esplicava la sua influenza criminale in tutta la zona di Giugliano, Melito, Villaricca, Sant'Antimo, Qualiano, Marano, Lago Patria e Licola Varcaturo denominato clan Mallardo. La denominazione era definita con riferimento al gruppo familiare dei fratelli Mallardo (Giuseppe, Ciccio ed il cugino Felice) che erano i capiclan [...]. Anch'io nei primi contatti fui direttamente minacciato di essere gambizzato se non avessi aderito alla loro proposta di versare una tangente per l'esercizio di attività di discarica, e tanto dopo che essi avevano sparato colpi di pistola nella pesa [...]. Da quell'epoca ho poi avuto contatti e notizie con i vertici del clan Mallardo prevalentemente per quanto riguarda le attività nel settore immobiliare ed edilizio nonché in riferimento al controllo della gestione politica del comune di Giugliano. Sia... omissis... che gli altri dipendenti comunali collegati al clan Mallardo venivano retribuiti economicamente (ma ovviamente senza fattura) per la loro attività che svolgevano a favore del clan Mallardo. Come, infatti, ho detto, il loro interessamento era "mascherato" da incarichi professionali di progettazioni, formalmente attribuiti a professionisti estranei al comune.

(Interrogatorio reso al sostituto procuratore Maria Cristina Ribera il 21 maggio del 2008 nell'ambito dell'inchiesta "Caffè macchiato")

L'asso nella manica dei Mallardo è il rapporto con la politica. Su questo terreno è illuminante un'altra preziosa testimonianza di Gaetano Vassallo: nel corso delle sue frequentazioni con Feliciano, Ciccio e Peppe ha potuto comprendere quanto influissero sulle amministrazioni locali:

Preciso che, proprio attraverso i rappresentanti del clan operanti nell'amministrazione del comune di Giugliano, si riusciva ad avere anche il controllo delle scelte effettuate a livello regionale. In sostanza, i politici di riferimento del clan a livello comunale facevano "da raccordo" con i politici di riferimento del clan a livello provinciale e regionale. Per clan Mallardo intendo, ovviamente, i vertici dello stesso clan che sono, come ho spiegato, Ciccio e Peppe Mallardo, anche se detenuti, e Felice Mallardo. Quest'ultimo, infatti, parla anche per conto di Ciccio e Peppe Mallardo con cui si è accordato per le decisioni strategiche del clan, nonostante gli stessi siano detenuti; in altre parole, Felice è la voce di Ciccio e Peppe e, pertanto, Felice è il clan. Pertanto, la decisione di candidare... omissis... è stata assunta direttamente da Felice Mallardo e poi comunicata a Ciccio e Peppe. Ciò perché, essendo libero, Felice ha l'opportunità di valutare in maniera più compiuta le opzioni per le candidature e scegliere la persona più idonea che poi comunica, per l'avallo, a Peppe e Ciccio. So che, talvolta, il candidato prescelto aspetta a esplicitare il proprio assenso alla candidatura fino a quando non ha ottenuto la certezza del sostegno dei voti del clan. Talvolta il clan impone addirittura l'elezione di propri familiari [...]. L'influenza del clan è determinante sulla vita politica in quanto non è limitata solamente alla scelta del candidato, ma si estende poi alla gestione dei lavori degli organi comunali. Infatti, se qualche consigliere comunale di Giunta o di Consiglio non è d'accordo sulle decisioni prese dagli esponenti politici del clan, viene convocato direttamente da Felice Mallardo che lo obbliga alle dimissioni. Sul punto, ricordo un caso eclatante accaduto tre quattro anni fa, raccontatomi da Francuccio 'o marmular, in quanto Felice Mallardo in quel caso aveva in pratica disposto l'azzeramento del consiglio comunale perché aveva costretto alle dimissioni moltissimi dei consiglieri che non avevano appoggiato i progetti a lui graditi. Si potrebbe dire che a Giugliano il consiglio comunale non è sciolto dal Prefetto, ma da Felice Mallardo.

(Interrogatorio reso al sostituto procuratore Maria Cristina Ribera il 25 settembre del 2008)

Secondo Vassallo, dunque, a Giugliano la politica non esiste, esiste solo il clan Mallardo:

A ulteriore precisazione del concetto prima esposto, dico che l'obbligo delle dimissioni viene imposto da Felice Mallardo nel caso in cui uno o più membri della giunta o del consiglio comunale non vogliano sostenere le proposte del sindaco "messo lì" dal clan. Per tutto quanto ho detto fino ad ora, è evidente che le proposte fatte dal sindaco sono quelle espresse dal clan per voce del sindaco stesso. Come dicevo, pertanto, nei casi di dissenso i consiglieri comunali vengono chiamati uno a uno al cospetto di Felice Mallardo che impone loro le dimissioni; e quindi, la dimissione di più consiglieri porta allo scioglimento del consiglio comunale. Nel caso che si tratti di assessori dissenzienti, invece, è direttamente il sindaco a ritirare loro la delega ed a sostituirli con persone di fiducia. Nel caso in cui l'assessore cui è stata revocata la delega continui a contrariare il sindaco, anche mediante persone a lui fedeli all'interno del consiglio comunale, viene convocato direttamente da Felice Mallardo che gli impone senza mezzi termini di smetterla.

(*Ibidem*)

Le parole di Vassallo arrivano qualche mese dopo una inchiesta del Pm Paolo Itri che a maggio del 2008 scoperchia il marcio che si annidava nel municipio: una ventina tra vigili urbani, tecnici del comune e imprenditori vengono arrestati per un giro di mazzette utilizzate per truccare le carte e consentire speculazioni edilizie. Dirà il procuratore capo Giandomenico Lepore:

Le indagini hanno disvelato un sistema endemico e generalizzato di corruzioni e collusioni tra settori dell'imprenditoria edilizia e numerosi pubblici ufficiali delle articolazioni del comune di Giugliano cui sono demandati i compiti di controllo delle attività urbanistiche sul territorio e di contrasto del fenomeno edilizio.

(Ansa, 20 maggio 2008)

Il 3 febbraio del 2010 il processo si chiuderà con 26 condanne, mentre altri imputati erano stati già giudicati con il rito abbreviato. Tre anni dopo, invece, il consiglio comunale di Giugliano sarà sciolto per infiltrazioni camorristiche.

Anche se il ricorso alle maniere spicce non è una specialità della casa, i Mallardo sono una presenza molesta e soffocante per imprenditori e commercianti. Ad esempio impongono ai bar di comprare una sola miscela di caffè, per cui nell'area da loro controllata non c'è un solo esercizio che possa offrire all'avventore una bevanda dall'aroma differente. Per quanto riguarda le estorsioni, adoperano una strategia inconsueta rispetto ad altre organizzazioni. Si potrebbe dire che esiste, dunque, un "Sistema Mallardo" che prevede un utilizzo ridotto e chirurgico della brutalità e un ampio ricorso alla "collaborazione" con le vittime. Infatti il meccanismo prevede che il clan invece di dissanguare gli imprenditori, entri in società con loro attraverso dei "colletti bianchi" sui quali nessuno può avere qualcosa da obiettare. Così alla fine della fiera i camorristi dividono i profitti senza che venga sparato neppure un colpo e soprattutto senza che nessuno si faccia del male. Spiegherà il pentito Giovanni Chianese:

> È per questo che, da anni, non vi sono arresti per estorsione in Giugliano, proprio perché il pizzo generalmente non viene imposto, ma viene attuata una vera e propria forma di compartecipazione del camorrista: è l'impresa camorrista. Fanno eccezione alcune sporadiche vicende, tra cui ricordo l'estorsione perpetrata ai danni di un imprenditore che stava svolgendo lavorazioni edili, mi sembra stradali, nei pressi del cimitero di Giugliano.
>
> (Ordinanza di custodia cautelare nei confronti di Acanfora Ciro + 213 del 30 aprile 2019)

Un gradino sotto Francesco c'è il fratello Giuseppe, pure lui spesso ospite delle patrie galere. E pure lui sarebbe riuscito a svolgere le sue funzioni da leader nonostante fosse ristretto al carcere duro. A spiegare come Mallardo junior abbia continuato a farla da padrone è il pentito Bruno D'Alterio nell'interrogatorio del 17 ottobre 2012:

> [...] So perfettamente che Peppe Mallardo è detenuto a regime del carcere duro di 41 bis, ma ciò non impedisce allo stesso di essere il capo della compagine camorristica. Dico questo perché per il mio clan sia mio fratello D'Alterio Domenico che mio cognato Pianese Nicola sono stati detenuti in regime di 41 bis, ma ciò nonostante riuscivamo a fare capire a loro se fuori vi erano problemi o se tutto andava bene; lo si faceva solo con impercettibili segni degli occhi e piccoli gesti della bocca perché ben sapevamo che eravamo guardati a vista ed ascoltati. Questi piccoli contatti ben ci bastavano per aggiornarci reciprocamente e comunque non veniva mai messa in discussione la posizione e l'autorità del capoclan nonostante la detenzione in regime di 41 bis. Per esempio, anche allorquando dovevamo fare investimenti, sia piccoli che grandi, erano sempre i capi, detenuti, a dover dare l'assenso e a dare l'ultima parola per l'avvio dell'operazione; ad esempio, se volevamo realizzare una speculazione di venti appartamenti, cominciavamo a parlare di fatti apparentemente personali come i voti dei figli a scuola in modo da capire se vi era l'ok o meno a quell'operazione. Solo se vi era l'ok l'operazione veniva fatta. Ciccio Mallardo è l'altro capo indiscusso del clan. È stato detenuto in regime di 41 bis a L'Aquila insieme o a mio cognato, Pianese Nicola, o a mio fratello, D'Alterio Domenico. Nonostante il regime di 41 bis essi

mantenevano tra di loro ottimi rapporti perché io ero aggiornato appositamente anche su questo perché, dicendomi che tra loro detenuti esponenti apicali dei clan vi era accordo – ad esempio facevano il passeggio insieme – questo significava che anche noi fuori dovevamo mantenere buoni rapporti perché i capi avevano deciso così. Nonostante il regime di 41 bis i detenuti comunicavano tra di loro attraverso bigliettini che consegnavano ai lavoranti di sezione i quali provvedevano alla consegna al destinatario.

(*Ibidem*)

Contrariamente ad altri consanguinei, Giuseppe Mallardo ha preferito proteggere le persone più care lasciandole al di fuori del circuito criminale, come spiega il pentito Giuliano Pirozzi:

Peppe Mallardo, invece, ha sempre tenuto a che il suo nucleo familiare svolgesse una vita assolutamente riservata, quasi nascosta, per così dire fuori dagli schemi. La moglie non è nemmeno conosciuta dalla maggior parte degli affiliati e si sa solamente che vive a Napoli.

(Ordinanza di custodia cautelare nei confronti di Acanfora Ciro + 213 del 30 aprile 2019)

Nel dicembre del 2005 la vita di Mallardo junior viene scossa da un terribile lutto. La figlia Sabrina, che avrebbe da lì a poco compiuto 14 anni, viene travolta e uccisa da un treno in Lapponia dove si era recata per fare il viaggio che aveva sempre sognato. Insieme a lei muore anche un diciassettenne di Follonica. Sabrina non sapeva nulla dell'attività del babbo e fin da quando aveva 4 anni era cresciuta al Vomero, quartiere-bene di Napoli, dove frequentava un istituto dei Salesiani. Il boss giuglianese aveva preferito farla allevare in un ambiente sano, evitando di metterla al corrente delle sue imbarazzanti origini. Era però in programma un incontro tra la ragazzina e il suo ingombrante genitore: si sarebbero visti nella sala colloqui del carcere de L'Aquila. Ai funerali don Antonio D'Angelo, direttore dell'Istituto Salesiani frequentato da Sabrina, dal pulpito lancia un messaggio al boss:

Mi rivolgo anche a te, caro papà Giuseppe, anche se non sei presente in chiesa. In questo momento non mi interessa il tuo passato. So che stai molto soffrendo e questo mi fa sentire vicino a te. In questi anni non hai mai visto Sabrina. So pure che hai accettato volontariamente questo sacrificio. La tua scelta di non coinvolgere tua figlia nella tua vita ti fa apparire ai nostri occhi un papà che merita tutto il nostro rispetto. Basta questo per far tacere, per un momento, il tuo passato e dire che sei stato un vero uomo. Ora Sabrina sa tutto di te, sono certo che dal cielo ti perdona. Ci auguriamo che il sacrificio della sua vita servirà per cambiare la tua. Dio non vuole la morte del peccatore ma che si converta e viva.

(https://internapoli.it/5638-caro-papa-giuseppe-ora-sabrina-ti-ha-perdonatoal-vomero-le-esequie-della-giovane-figlia-del-boss-mallardotroppo-clamore-il-ras-di-giugliano-preferisce-restare-in-cella/)

Un altro lutto nel clan di Giugliano arriva nel maggio del 2015 quando esce di scena il cugino del boss. Feliciano Mallardo, noto come "'o sfregiato", muore nell'ospedale del carcere de L'Aquila dov'era stato ricoverato poche settimane prima per l'aggravarsi delle sue condizioni di salute. Da qualche anno il suo fisico era logorato da un tumore.

Gli affari con i Casalesi

Ai Mallardo va senz'altro riconosciuta una capacità non comune, ovvero quella di saper moltiplicare i profitti attraverso dei patti di collaborazione con altri clan: non solo quindi il legame saldo con i Contini e i Licciardi, ma pure con un rapporto d'affari con i Casalesi di Francesco Bidognetti – attraverso Vassallo – e con gruppi sparsi nel Basso Lazio, in particolare a Terracina e Fondi (in provincia di Latina).

Un compagno di strada dei Mallardo è Francesco Diana, pure lui esponente del gruppo Bidognetti prima di diventare collaboratore di giustizia; a questa strana coppia si aggregano pure i Licciardi. Riferirà Diana ai magistrati:

> Dopo l'arresto di Giuseppe Setola all'interno del nostro gruppo vi fu una scissione con la formazione di due fazioni: una facente capo a me ed un'altra facente capo a Franco Letizia. Il mio gruppo criminale operava prevalentemente in Lusciano e sul litorale Domizio, a Parete ed a Cancello Arnone. Per litorale Domizio intendo da Ischitella fino a Pescopagano. La mia fazione era appoggiata direttamente dalla famiglia Bidognetti ed in particolare da Michele Bidognetti. Quest'ultimo, al fine di rafforzare la potenza della mia fazione, mi fece stringere una alleanza con la famiglia Mallardo e con la famiglia Licciardi di Secondigliano. Ciò risale a febbraio 2009 [...]. Alla fine dell'incontro si creò un gruppo misto Mallardo-Bidognetti-Licciardi. L'operatività di tale gruppo criminale è stata a 360 gradi nel senso che esso era operativo in tutti i settori illeciti: estorsioni, droga, usura e anche omicidi (che però non sono stati commessi perché non ce n'è stato il tempo).
>
> (Ordinanza di applicazione e di rigetto della misura cautelare nei confronti di Mallardo Feliciano emessa il 9 maggio del 2011)

Alla metà degli anni '90, dunque, il cartello criminale gode di una straordinaria salute finanziaria e dispone di uomini e mezzi a sufficienza per poter diventare il padrone di Napoli. Dal punto di vista giudiziario, la prima sentenza nei confronti dell'Alleanza di Secondigliano viene emessa il 17 novembre del 1994, quando i giudici della sesta sezione (presieduta da Bruno D'Urso) condannano sette persone accusate di far parte di una "supercupola" camorristica. Sul banco degli imputati manca solo Gennaro Licciardi, morto quattro mesi prima. Accogliendo le richieste del Pm Luigi Gay, la Corte punisce Vincenzo Licciardi, fratello di Gennaro

(8 anni e 6 mesi), Francesco Mallardo (9 anni), Gaetano Bocchetti (6 anni), Costantino Sarno (6 anni), Pasquale Salomone (6 anni), Giovanni Cesarano (6 anni e 6 mesi) e Gennaro Esposito (6 anni e 6 mesi).

In quel verdetto, per certi versi storico, si descrive la presenza su Napoli di una coalizione che dopo essersi radicata a Secondigliano con il clan Licciardi, si è estesa in un'area del centro cittadino con il gruppo Contini e nella zona di Giugliano e dintorni con i Mallardo.

L'escalation

Ma nel breve volgere di qualche anno il cartello criminale si rafforza sul piano militare e diventa un interlocutore obbligato per imprenditori e commercianti. Nella zona del rione Amicizia è impossibile non avere a che fare con il clan Contini. E prima o poi tutti capiscono che devono piegarsi alla presenza di un manipolo di camorristi che contagia tutti i settori della vita pubblica lasciando dei risicati margini di manovra alle persone perbene. A questo proposito si legge nell'ordinanza di custodia cautelare firmata dal Gip Roberto D'Auria che la confederazione malavitosa ha

> capacità di influenzare i pubblici poteri (nelle loro varie espressioni e segmenti di operatività: dal momento dell'acquisizione di potere politico alla strutturata gestione di appalti e servizi) grazie, talvolta, ad azioni intimidatorie e violente ma anche, e spesso, alle collusioni assicurate da soggetti disponibili a scendere a patti con l'interlocutore camorrista, in vista della realizzazione a ogni costo dei rispettivi interessi; "copertura" di tutto il ventaglio delle attività illecite possibili e utili, serventi e/o finali rispetto alla realizzazione degli obbiettivi: traffico di droga, armi, contrabbando di tabacchi, estorsioni, usura, omicidi.
>
> (Ordinanza di custodia cautelare nei confronti di Acanfora Ciro + 213 del 30 aprile 2019)

E poi c'è il lucrosissimo settore della contraffazione: non c'è nulla che non possa essere taroccato e venduto in migliaia e migliaia di esemplari in tutto il mondo. Abbigliamento e scarpe di griffe false sono i prodotti più commercializzati, ma i Contini sono particolarmente abili nel navigare nel mercato degli audiovisivi: da loro è possibile acquistare film che non sono ancora usciti nelle sale o che sono appena stati distribuiti.

Dunque, non c'è niente, ma proprio niente, che sia sfuggito al controllo dell'Alleanza, oramai diventato un Altro Stato. Se negli affari illeciti il dominio è fuori discussione, nell'economia legale la supercosca ha esteso i suoi artigli dappertutto. Secondo gli inquirenti i camorristi sono in grado di gestire un'ampia gamma di attività lecite in vari settori, in alcuni casi con forme di autentico e indiscutibile monopolio. La presenza dell'Alleanza si registra, tra le altre cose, nella distribuzione di carburanti, nel mercato dei gioielli, nella gestione degli alberghi, dei bar e dei ristoranti; e poi ancora nell'abbigliamento, nel mercato degli elettrodomestici, nel mercato dei prestiti di denaro, nelle scommesse on line, nella produzione e distribuzione di beni di consumo. Insomma, qualcosa di impressionante.

La violenza resta uno strumento indispensabile per imporre la propria legge, ma si farebbe un torto alla verità sostenendo che il potere dell'Alleanza si regga esclusivamente sull'esercizio della brutalità. In tanti, infatti, usufruiscono dei "servizi" offerti dalla consorteria criminale, come sostengono gli inquirenti:

> Tra il clan e (parte della) popolazione locale si è instaurato una sorta di rapporto sinallagmatico: precisamente tra il richiedente l'intervento del clan ed i componenti dello stesso sodalizio. Si tratta di un do ut des in cui da parte del clan è assicurata protezione, anche fisica, a coloro che ne facciano richiesta, ricevendone in cambio la messa a disposizione (in favore di membri del sodalizio) di strutture e professionalità, accessibili secondo canali privilegiati e non istituzionali, certamente non consentiti alla collettività generalmente considerata.
>
> (Ordinanza di custodia cautelare nei confronti di Acanfora Ciro + 213 del 30 aprile 2019)

La guerra con i Mazzarella

Espandersi, conquistare nuovi mercati, dominare su strade e vicoli: questo fa l'Alleanza di Secondigliano che a un certo punto riesce persino a sottrarre grosse fette del mercato del contrabbando di sigarette al clan Mazzarella, storico leader nel settore delle "bionde", capeggiato da Vincenzo "'o pazzo", il cui quartier generale è a San Giovanni a Teduccio. Il merito va al gruppo di Costantino Sarno il quale però vuole gestire a modo suo il business e la relativa suddivisione degli incassi. Ai vertici dell'Alleanza l'atteggiamento non piace e le truppe di Sarno subiscono gravi perdite nel corso di una guerra che vede prevalere Contini&Co. Ma le spade non possono essere riposte nei foderi perché c'è da fare i conti con la rabbia dei Mazzarella: non solo si sono visti succhiare gli introiti ma rischiano di farsi soffiare anche gli investimenti pubblici previsti per lo sviluppo e la bonifica nella zona orientale della città. Si tratta di una colossale montagna di denari per i quali vale la pena di fare la guerra, come sottolinea la sociologa Gabriella Gribaudi:

L'Alleanza di Secondigliano ha cercato di intervenire sul territorio di San Giovanni e dei vicini quartieri di Barra e Ponticelli, scompaginando i gruppi e alleandosi con alcuni contro i Mazzarella. La posta in gioco era ed è importante: il progetto di recupero di Napoli est, il controllo dei terreni industriali, le grandi arterie di comunicazione. La guerra cittadina e le faide locali si sono sovrapposte, moltiplicando i conflitti e amplificando la violenza.

(*Traffici criminali*, a cura di Gabriella Gribaudi, Bollati Boringhieri, Torino 2009)

E la guerra ci sarà e sarà particolarmente intensa. Il primo omicidio è quello di Vincenzo Siervo, ritenuto vicino ai Mazzarella, assassinato a Casoria il 25 gennaio del 1998. Il 9 febbraio, in via Filippo Maria Briganti, in una sparatoria muoiono due persone vicine a Contini; tre i feriti, tra cui un incensurato. L'11 viene ferito un altro dei Contini, e nello stesso giorno muore in un agguato un uomo dei Mazzarella; il giorno successivo lo scontro miete un'altra vittima nelle fila della famiglia di San Giovanni a Teduccio. Ma l'episodio clou avviene il 16 febbraio quando davanti al portone del carcere di Poggioreale viene assassinato Francesco Mazzarella: l'anziano patriarca è stato fulminato dai proiettili mentre si apprestava ad abbracciare il figlio Vincenzo, appena scarcerato dopo il fermo subito qualche giorno prima perché sospettato di essere uno dei registi della mattanza. L'agguato viene portato a termine nonostante a poche decine di metri dal carcere ci siano le pattuglie dell'esercito inviate dal governo per presidiare il territorio. Nell'imboscata resta gravemente ferito Antonio Palladino. Pochi minuti dopo il cadavere di un uomo dell'Alleanza di Secondigliano viene abbandonato davanti a un ospedale: secondo gli inquirenti è la prova che davanti a Poggioreale c'è stato un conflitto a fuoco tra i componenti dei due clan. Nonostante l'esercito in città, e nonostante quel che sta succedendo abbia aumentato l'attenzione delle forze dell'ordine, i due schieramenti continuano a spararsi a vicenda e nei mesi successivi si contano altri cadaveri. Allo scontro prendono parte tutti i clan che orbitano attorno all'Alleanza, segno evidente di una grande compattezza:

Nel contempo, la partecipazione di tutti i gruppi alla faida contro i Mazzarella dimostra l'esistenza di una comune politica di sostegno e di solidarietà per affrontare i nemici comuni. La faida con il sodalizio Mazzarella ad avviso del collegio rappresenta una significativa manifestazione della necessità di garantirsi il completo dominio del territorio. La vicenda dell'imposizione d'una tangente sul contrabbando di tabacchi lavorati esteri, invece, dimostra come il controllo del territorio costituisca la premessa per il conseguimento di ingenti profitti illeciti per le organizzazioni camorristiche.

(Sentenza nr. 4286/03 della VII sezione del tribunale di Napoli emessa il 16 maggio 2003)

Ma per l'Alleanza si apre un altro fronte di guerra, stavolta dall'altro lato non ci sono solo i Mazzarella: la famiglia di contrabbandieri di San Giovanni nel frattempo si è alleata con i Misso del rione Sanità e con i Sarno di Ponticelli. È un cartello fortissimo, dispone di uomini, armi e denaro in abbondanza per poter combattere alla pari. A innescare il conflitto è l'aggressione dei Tolomelli-Vastarella, sostenuti dall'Alleanza, ai Misso-Pirozzi per il controllo della Sanità. La battaglia fa morti in ambedue gli schieramenti, ma l'episodio più cruento avviene il 2 ottobre del 1998: poco dopo le 15:30 un'autobomba (una Uno bianca) salta in aria in via dei Cristallini, alla Sanità, davanti a una sala-giochi abitualmente frequentata dagli uomini dei Misso e a poche decine di metri dall'abitazione di Giulio Pirozzi, uno dei big del gruppo. I feriti saranno tredici.

La situazione rischia di precipitare pochi mesi dopo, quando Giuseppe Misso esce dal carcere con l'intenzione di vendicarsi contro i Tolomelli-Vastarella e l'Alleanza di Secondigliano che li ha sostenuti. Sei anni prima, il 14 marzo del 1992, gli hanno ammazzato la moglie Assunta Sarno: la donna è stata assassinata mentre in auto tornava da Firenze dove aveva assistito a una udienza del processo per la strage del Rapido 904 e nel quale il marito era sotto processo per detenzione di esplosivi. All'altezza dello svincolo per Afragola un commando ha bloccato l'auto e ha inseguito e ucciso la Sarno che tentava di scappare. Dalle indagini emerge che l'agguato (nel quale è morto pure Alfonso Galeota e sono rimasti feriti Giulio Pirozzi e la moglie Rita Casolaro) è avvenuto nell'ambito dello scontro coi Tolomelli-Vastarella. Misso l'ha giurata ai killer e vendicarsi contro l'Alleanza di Secondigliano è il primo obiettivo. Iniziano i pedinamenti agli uomini del boss Contini. Gli appostamenti avvengono soprattutto in piazza Nazionale dove i fedelissimi di "'o romano" s'incontrano con una certa frequenza. Uno dei nipoti di Misso perlustra anche le condotte fognarie che confinano con un garage di solito adoperato dai nemici come base operativa.

Sembra che ci siano le condizioni per far esplodere un'altra guerra. Invece scoppia la pace. Una pace per certi versi fittizia ma dagli effetti concreti anche perché sancita con la diretta discesa in campo dei boss. Su questo aspetto Giuseppe Misso – noto come "'o nasone" – riferisce agli inquirenti:

> Lei mi chiede di riferire tutto quanto a mia conoscenza sul ruolo criminale svolto da Peppe Ammendola ed io rispondo che costui è figura di spicco del clan Contini ed è soprannominato Peppe 'o guaglione ovvero 'o pasticcio od anche 'o imbennatore. Ho iniziato a raccogliere informazioni precise sul suo conto fin da quando ho appreso che egli è stato uno degli esecutori materiali dell'omicidio di mia moglie Assunta Sarno [...]. Per riassumere la storia criminale di Giuseppe Ammendola occorre dire che egli nasce come affiliato al clan Licciardi e persona in particolar modo vicina a Licciardi Gennaro nonché Licciardi Maria e Vincen-

zo; dopo la morte di Gennaro e l'arresto dei fratelli si avvicina a Eduardo Contini divenendo per il clan Contini una persona molto importante, sia con riferimento al compimento di omicidi, sia con riferimento alla trattazione di tutte le attività economiche illecite ovvero lecite ma di riciclaggio che facevano capo al clan Contini. Proprio per questo motivo, nel 1999, appena uscito dal carcere una delle mie priorità è stata quella di cercare di uccidere Peppe Ammendola ... Per spiegare come da questa situazione di attacco continuo alla persona di Peppe Ammendola si passa poi al mio personale incontro con questo ultimo, devo premettere brevi cenni alla mia strategia criminale di rottura degli equilibri interni all'Alleanza di Secondigliano, al fine soprattutto di isolare e, colpire, i Licciardi. Per questa ragione iniziai a far girare la voce che i miei risentimenti personali e i miei attacchi criminali sarebbero stati rivolti solo ai Licciardi e non ai Contini; in particolare la divulgazione di tale voce era affidata a Giovanni Penniello infatti parlando con lui io già sapevo che egli l'avrebbe divulgata e ciò sarebbe servito al mio scopo.

(Ordinanza di custodia cautelare nei confronti di Acanfora Ciro + 213 del 30 aprile 2019)

Dunque, "'o nasone" prova a giocare d'astuzia. Ma dall'altro lato fanno sul serio, consapevoli del fatto che gli affari vengono prima di ogni cosa, e gli affari si fanno meglio se non si lasciano cadaveri per le strade. Spiega ancora Misso:

[...] Iniziarono a giungere delle ambasciate per favorire un incontro tra me e Ammendola, per conto di Eduardo Contini [...]. Concordammo un appuntamento che si tenne in un appartamento nella disponibilità di Peppe De Tommaso, a via Duomo avanti al giornalaio Raffaele Scudellaro; a questo incontro io partecipai insieme a mio nipote Michelangelo, anche alla presenza di Umberto Ponziglione, 'o viecchio, in rappresentanza dei Mazzarella che ovviamente dovevano essere coinvolti per via della sanguinosa contrapposizione all'Alleanza di Secondigliano che aveva portato alla morte di Francesco Mazzarella, padre di Vincenzo; non ricordo se vi fosse anche qualcuno dei Sarno, sempre in rappresentanza della nostra triplice alleanza, sempre contrapposto a quello di Secondigliano. Ovviamente dal lato dei Contini venne Peppe Ammendola, accompagnato da Zi menuzzo in funzione di garante. Si parlò di una serie di discorsi e problemi che dovevano essere risolti in vista di una tregua tra le contrapposte alleanze, che già era in atto perché c'erano stati degli incontri e delle ambasciate preparatorie con i miei nipoti, soprattutto con Michelangelo Mazza [...]. Stabilimmo una precisa ripartizione territoriale tra i vari clan, soprattutto appianando contrasti tra i Contini e i Mazzarella che erano confinanti, nel senso che ciascuno sarebbe rimasto nei propri territori e che i soldi provenienti dalle attività illecite che riguardavano zone di confine o a cavallo, sarebbero state equamente spartite, ad esempio i soldi derivanti dai cantieri di costruzione della metropolitana che riguardavano sia i Contini, verso il lato di piazza Garibaldi, sia i Mazzarella di Gennaro Mazzarella. Risolvemmo anche alcuni problemi derivanti dal commercio di pellami e beni contraffatti in America, settore nel quale tradizionalmente l'Alleanza di Secondigliano aveva fatto affari tramite i magliari ma nel quale anche noi eravamo entrati e a volte si creavano problemi con alcuni dei commercianti incaricati allo scopo.

Sempre i Sarno dovevano definire i rapporti con i Contini legati alla commercializzazione dei CD e dei DVD contraffatti di cui entrambi si occupavano...Ricordo che Eduardo Contini voleva incontrarsi proprio con me per la valenza simbolica che avrebbe definitamene sancito la pace tra noi, ed al proposito mandò ambasciate tramite Attardo Gaetano, suo socio od anche lo stesso Ammendola.

(*Ibidem*)

Che le cose siano andate in questo modo, lo confermerà anche il nipote omonimo di "'o nasone", Giuseppe Misso detto "'o chiatto".

Come già detto in altri verbali di interrogatori Eduardo Contini e mio zio Giuseppe Misso giunsero a un accordo di pace, siglato dopo l'omicidio Prota che avvenne nel 2001 [...]. In questo incontro fu siglato un vero e proprio patto di non belligeranza tra il clan Misso che si faceva garante per i Mazzarella, storici nemici del Contini ed il clan Contini che si faceva garante per i Licciardi, storici nemici dei Misso. Ovviamente mio zio era comunque pronto a rompere questo patto se avesse avuto la possibilità di ammazzare Vincenzo Licciardi, obiettivo per il quale sarebbe disposto a perpetrare stragi. Dopo questo accordo si stabilì che uomini dei Contini e nostri uomini avrebbero dovuto "camminare insieme", anche a dimostrazione della pace intervenuta ed infatti diversi affiliati al clan Contini venivano e vengono abitualmente alla Sanità, io stesso ho partecipato a una riunione con Peppe 'o guaglione, accompagnato da Pacifico, uomo di Peppe 'o guaglione, di circa 50-60 anni, che aveva il compito soprattutto di portare ambasciate tra lui e noi alla Sanità.

(*Ibidem*)

Meno morti, più affari. È questo, in sintesi, il senso della tregua firmata nel salotto di una parente di Michelangelo Mazza (la donna non sa però chi siano gli ospiti). Prima della stretta di mano finale viene affrontato un tema fondamentale: ovvero l'impegno solenne a rinunciare a omicidi, ferimenti, minacce e aggressioni. Un problema serio perché in entrambi gli schieramenti ci sono bande di giovani leve, battezzati "i nuovi boys", che continuano a manifestare una certa ostilità reciproca. I partecipanti alla riunione promettono di placare gli animi e di far correre la voce che chiunque osi contraddire l'ordine di starsene buono viene punito, gambizzato o comunque ridotto male al punto da dover essere ricoverato in ospedale. L'accordo viene ulteriormente rafforzato in un incontro ristretto al quale oltre a Contini partecipano due emissari dei Misso: in quella occasione Contini, anche a nome dell'intera Alleanza di Secondigliano, si fa garante della tenuta della tregua. Qualche giorno dopo, però, proprio un uomo di Contini e un esponente dei Sarno litigano di brutto e arrivano alle mani. Tutti e due saranno castigati come previsto. In ogni caso occorre dare un segnale di distensione pure a chi non conosce nei dettagli la pace scoppiata tra le due cosche e per dimostrare a chiunque che ora regna la concordia più assoluta, gli affiliati dei Mazzarella-Misso-Sarno si fanno vedere in compagnia di "colleghi" dell'Alleanza: la carovana di moto rombanti con in sella esponenti delle due coalizioni parte dalla Sanità (zona dei Misso) e continua nei quartieri dove vige la legge Contini (Vasto, Arenaccia, San Giovanniello).

Come detto, l'accordo pacificatore non è solo finalizzato a evitare spargimenti di sangue ma a fare in modo che la tregua si trasformi in una occasione per guadagnare equamente e possibilmente più di prima. Il patto prevede che il controllo del mercato dei CD e DVD passi tutto nelle mani della triade Mazzarella-Misso-Sarno; gli altri potranno vendere la merce solo nella zona del Vasto. Per quanto riguarda le griffe false, ai Sarno viene consegnata merce per un valore di quasi un miliardo e mezzo di lire, il ricavato sarà suddiviso in parti uguali con i Mazzarella e i Misso. L'aspetto più importante dell'accordo riguarda le estorsioni alle imprese che a Napoli stanno realizzando la Metropolitana. Mazzarella, Misso e Sarno continuano a riscuotere il pizzo dai cantieri del centro della città; l'unica grana da risolvere riguarda piazza Garibaldi che rientra nell'area di competenza di Contini ma che è rivendicata pure dai Mazzarella, il cui dominio si ramifica fino alla contigua zona della Maddalena. Nello scambio viene concesso a Contini di aprire due negozi di abbigliamento di un noto marchio nelle strade dove comandano i Misso.

Tra una sparatoria e un affare, si fa largo una sola certezza: chi si schiera con l'Alleanza di Secondigliano è destinato a vincere. Questo dato lo sottolinea la Commissione parlamentare antimafia:

> Si è, così, verificato che i clan napoletani appoggiati dall'Alleanza di Secondigliano sono risultati prevalenti nei confronti delle associazioni rivali: i Tolomelli-Vastarella nei confronti dei Misso-Pirozzi; De Luca Bossa, nonché gli Aprea-Cuccaro-Alberto nei confronti dei Minichini e dei Sarno; i Caiazzo-Cimmino nei confronti di Alfano.
>
> (Commissione parlamentare antimafia, audizione del 24 ottobre 2000)

Una mano all'Alleanza di Secondigliano la dà pure lo Stato. Eduardo Contini riceve uno sconto di pena di tredici mesi e torna in libertà, l'unico fardello è rappresentato dalla sorveglianza speciale che lo obbliga a restare a Napoli. Obbligo al quale si sottrae dandosi alla latitanza, costringendo il coordinatore della Direzione distrettuale antimafia di Napoli, Guglielmo Palmeri, a spiegare che la colpa della fuga di un boss del calibro di "'o romano" non è certo da attribuire a una magistratura dalle maniche larghe:

> Contini ha beneficiato degli sconti di pena che gli spettavano per legge, quindi non ha goduto di nessun abbuono che non sia previsto dall'ordinamento giuridico. Dunque, non c'è nulla di strano nel fatto che sia uscito di galera.
>
> (Bruno De Stefano, *op.cit.*)

Le indagini, comunque, non si fermano e i sequestri sono consistenti e numerosi. Si scopre, ad esempio, che Contini si affida a un prestanome già al servizio dei Casalesi, il quale risulta intestatario di beni per quasi otto miliardi di lire compresa una villa in Toscana, alcuni conti bancari e diverse polizze assicurative del ramo vita. Ma non è tutto:

> Nel 2004 da una indagine del pubblico ministero Filippo Beatrice, si scopre che Contini e i vertici dell'Alleanza di Secondigliano riciclavano milioni di euro nei casinò attraverso due meccanismi collaudati: il primo era quello di ottenere denaro pulito attraverso il cambio delle fiches e l'impiego di quello sporco nel pagamento delle vincite; il secondo era quello di cambiare assegni o contante proprio per rendere difficile l'individuazione della loro provenienza. Nell'ambito della stessa inchiesta, il Pm Beatrice mette in evidenza la produzione di merce contraffatta che la camorra distribuisce in mezzo mondo: Germania, Svizzera, Austria, Spagna, Regno Unito, Francia, Grecia, Stati Uniti, Canada e Australia. In giro per il globo, ad esempio, ci sono capi d'abbigliamento di griffe famose clamorosamente false e migliaia di macchine fotografiche con l'etichetta Canon Matic per richiamare il marchio Canon. La magistratura, inoltre, sequestra 25 aziende del settore della vendita all'ingrosso di abbigliamento ed elettroutensili, circa 60 beni immobili a Napoli e in altri comuni dell'hinterland, e 60 conti correnti bancari.
>
> (Bruno De Stefano, *op. cit.*)

Tre le voci in entrata non potevano mancare gli stupefacenti, una pianta tre le più rigogliose e i cui frutti sono particolarmente succosi. L'affare matura lungo l'asse tra il Sud America, la Spagna e l'Italia come spiega Giancarlo Palombi:

> Il clan Contini, che ha ormai stabilito i suoi appoggi a cavallo tra l'Arenaccia e Roma, conosce bene i nuovi meccanismi del narcotraffico. Caracas-Alicante-Salerno. Il triangolo su cui viaggiano centinaia di chili di polvere bianca termina la sua corsa a Napoli. Un giro di affari che si attesta sui sette milioni al mese e che vede oltre il settanta per cento degli introiti ripuliti in attività commerciali. Bar e caffetterie, soprattutto, locali sempre aperti – giorno e notte – che diventano ritrovo per gli affiliati e segnano il confine per i nemici [...]. Eduardo Contini è sempre più proiettato verso un ruolo di spicco nella criminalità organizzata europea.
>
> («Cronache di Napoli», 9 agosto 2007)

Le quote rosa

Nel corso degli anni le indagini hanno confermato un dato oramai consolidato: nell'Alleanza di Secondigliano le donne svolgono un ruolo tutt'altro che secondario. Ovviamente il fatto che tre sorelle – Rita, Anna e Maria Aieta – abbiano sposato tre capoclan ha fortemente contribuito a colorare di rosa le attività dell'organizzazione. Come dimostrano dozzine di testimonianze e un corposo carteggio di intercettazioni telefoniche e ambientali, il contributo alla causa offerto dalle consorti dei boss è noto a moltissimi affiliati perché in molti casi è con loro che hanno dovuto relazionarsi. Scrive il Gip Roberto D'Auria:

> [...] Appare evidente il ruolo delle tre donne Aieta Anna, Maria e Rita che non solo godono consapevolmente delle attività illecite compiute dal clan, in termini economici quanto di potere mafioso, ma in più di un'occasione intervengono nella discussione attivamente, evidenziando una precisa e diretta conoscenza sia delle dinamiche criminali dell'organizzazione sia della provenienza illecita dei vantaggi economici. E danno anche indicazioni e direttive.
>
> (Ordinanza di custodia cautelare nei confronti di Acanfora Ciro + 213 del 30 aprile 2019)

Uno dei primi a parlare ai magistrati delle sorelle Aieta è stato il pentito Maurizio Prestieri, esponente di una famiglia di Secondigliano. In un interrogatorio reso il 3 luglio del 2008 ha dichiarato:

> Queste tre donne hanno un ruolo di primo piano nella vita criminale dei rispettivi clan in quanto gestiscono anche le risorse economiche dei vari gruppi, portano le imbasciate e sono a conoscenza dei fatti salienti della vita dell'organizzazione criminale al cui capo vi sono i loro mariti.
>
> (*Ibidem*)

Probabilmente la figura più forte, diciamo così, è quella di Rita Aieta, moglie di Patrizio Bosti e madre dell'esuberante Ettore. Sul conto delle tre sorelle si è espresso in particolare il collaboratore di giustizia Vincenzo De Feo:

> Dico subito che è persona che comanda nel clan Contini ed ha voce in capitolo anche sulle mesate. Ricordo, per esempio, che tolse per alcuni mesi la mesata a Pietro Falco, affiliato al clan Contini e zio di Gaetano Esposito. Ciò perché la moglie di Pietro Falco non l'aveva salutata rispettosamente. Fu proprio l'intervento di Nino Esposito presso Ettore Bosti a far riavere la mesata allo zio [...]. Più in generale, quando io ero libero, sul rione stavano le donne nel senso che comandavano le sorelle Anna e Rita Aieta, oltre al citato Salvatore Botta. Le due sorelle comandano in sostituzione dei rispettivi mariti, Francesco Mallardo e Patrizio Bosti, e si comportano pretendendo il rispetto dovuto a dei capi ed hanno atteggiamenti che si fanno notare nel rione, a differenza dell'altra sorella, Maria Aieta che, pur essendo la moglie di Eduardo Contini, si tiene i suoi soldi e fa una vita più riservata. Lo stesso vale per il figlio di Eduardo Contini, con una enorme differenza rispetto a Ettore Bosti.
>
> (*Ibidem*)

Un'altra pennellata sul temperamento della signora Bosti la lascia Antonio Zaccaro. In un interrogatorio del 4 dicembre del 2013, il collaboratore di giustizia sostiene che la donna invece di placare il suo ragazzo, come vorrebbe il marito Patrizio, lo aizza:

Quando è stato in carcere ha lasciato l'ordine di impedire a suo figlio Ettore Bosti 'o russo di fare il malavitoso e anche Salvatore Botta me lo raccontava; Ettore Bosti ha sempre fatto il guappo e ha sempre fatto guai; aveva però anche il sostegno della madre, una delle Aieta, che addirittura lo incoraggiava nelle sue mire di boss del clan.

(*Ibidem*)

Un altro collaboratore, Giuliano Pirozzi, parla invece di Anna:

Francesco Mallardo, detto Ciccio, invece, ha inserito pienamente tutta la sua famiglia negli affari del clan, tanto che anche la moglie Anna Aieta svolge un ruolo fondamentale nella compagine del clan.

(*Ibidem*)

Delle tre sorelline (e di un fratellino) si sono occupati pure i giudici della prima sezione penale del tribunale di Napoli che in una sentenza emessa nel 2017 hanno scritto:

[...] Che le mogli dei capi clan, le sorelle Aieta, hanno da sempre fornito, e continuano a farlo, un contributo consapevole, fattivo ed efficace alla complessiva gestione delle attività del clan, insieme con il fratello Antonio Aieta, oggi più che mai tra i maggiori esponenti del clan Contini e dunque dell'Alleanza.

(Tribunale di Napoli, I sezione penale, sentenza del 28 dicembre 2017, procedimento nr. 9375/15 nei confronti di Aieta Anna + 85)

Nell'esaminare la struttura dell'Alleanza di Secondigliano, la sociologa Gabriella Gribaudi si è inevitabilmente soffermata sulle funzioni svolte dalle mogli dei tre capoclan:

Attraverso di loro si è costruita la catena di alleanze che garantisce il controllo di una vastissima area territoriale. I loro mariti sono stati latitanti per anni e sono attualmente in carcere al 41 bis, il loro ruolo è dunque stato ed è essenziale per reggere le attività e le fila del gruppo criminale. Nelle intercettazioni telefoniche compaiono a dare ordini, si occupano di riscuotere i crediti degli usurati, curano le attività economiche della famiglia. Parto dalle sorelle, non dai loro mariti, perché indicano con chiarezza il modo in cui i clan si strutturano, il nucleo interno che li costituisce: i legami parentali, e in questo caso i legami tra cognati rafforzati dall'aver sposato donne appartenenti allo stesso nucleo familiare. Se non ci fosse la tradizione del patronimico, che anche i clan rispettano scrupolosamente, i tre gruppi potrebbero essere definiti in clan Aieta.

(*Affari di camorra*, a cura di Luciano Brancaccio e Carolina Castellano, Donzelli, Roma 2015)

Il vorticoso e interminabile ginepraio di parentele coinvolge anche un quarto Aieta, Antonio detto "Tonino 'o piccirillo", il fratello di Anna,

Maria e Rita. Negli ultimi anni più volte è stato destinatario di ordinanze di custodia cautelari, alcune si sono già tradotte in sentenze nelle quali è stata accertata la sua partecipazione al clan Contini. Sul suo conto gli inquirenti hanno raccolto le convergenti dichiarazioni di diversi collaboratori di giustizia che negli anni si sono relazionati con l'Alleanza di Secondigliano. Se Giuseppe Misso, nel verbale sottoscritto il 26 luglio del 2007, dichiara che «tra le persone di spicco del clan Contini oltre al predetto Peppe Ammendola posso indicare Tonino 'o piccirillo ossia Antonio Aieta, cognato di Eduardo Contini, Patrizio Basti e Francesco Maliardo», Salvatore Torino (interrogato il 7 ottobre del 2008) aggiunge che è «responsabile per il clan Contini della zona di San Giovanniello».

Maria "la piccola"

Se le Aieta devono la loro ascesa al fatto di essere le mogli dei boss, Maria Licciardi invece si è conquistata il suo posto al sole con le proprie forze e prima che la sua famiglia diventasse una delle tre gambe dell'Alleanza di Secondigliano. "'A piccerella", così come le chiamano, è la sorella del defunto Gennaro, noto come "'a scigna", ras indiscusso del clan che ha nella Masseria Cardone il suo inespugnabile fortino. Dopo la scomparsa di Gennaro, le redini dell'organizzazione sono finite nelle mani di Maria e dei fratelli Vincenzo, detto "'o chiatto", e Pietro, meglio noto come "'o fantasma". Sia nella cosca di famiglia che nell'Alleanza, Maria è stata sempre in prima fila e il suo contributo ha acquisito una consistenza ancora più corposa in seguito alla cattura del fratello Pietro avvenuta nel giugno del 1999. I Licciardi hanno poi dovuto fare a meno di "'o fantasma" che si è beccato una condanna all'ergastolo; da allora il gruppo, dunque, è stato guidato in tandem da Maria e da Vincenzo. Ma è nella confederazione che la donna ha saputo ritagliarsi un ruolo da leader:

> Più precisamente, in questo periodo Maria assume, unitamente al fratello Vincenzo, al marito Antonio Teghemie, detto "James 'o Tartufon", e a Eduardo Contini, la direzione dell'associazione camorristica denominata Alleanza di Secondigliano.
>
> (Ordinanza di custodia cautelare nei confronti di Acanfora Ciro + 213 del 30 aprile 2019)

Che "'a piccerella" sia un elemento fondamentale nell'economia del gruppo lo conferma il contenuto di una conversazione avvenuta nel carcere di Benevento tra lei (detenuta) e il consorte, nel corso della quale venivano affrontati argomenti di vitale importanza, tra cui l'esistenza di una distribuzione mensile di stipendi agli affiliati al clan

Licciardi e il reperimento dei soldi necessari all'Alleanza di Secondigliano per comprare il silenzio del collaboratore di giustizia Costantino Sarno. Sono questioni, sostengono i giudici, che dimostrano come la signora Licciardi abbia conservato la sua posizione di rilievo nonostante la scomoda detenzione. A confermarne lo spessore è l'inserimento del suo nome nell'elenco dei trenta criminali più ricercati d'Italia. Nel giugno del 2001 viene arrestata dagli agenti della Squadra mobile di Napoli e del Servizio centrale operativo dopo una latitanza durata due anni: si era data alla fuga dopo che la Direzione distrettuale antimafia ne aveva chiesto l'arresto per associazione mafiosa. Diversi collaboratori hanno dichiarato che Maria Licciardi è stata – alla pari dei fratelli – tra i soci fondatori dell'Alleanza di Secondigliano. Una delle testimonianze più dettagliate e attendibili è quella di Mario Lo Russo, padrino di Miano, interrogato dagli inquirenti il 12 settembre del 2016:

> Quando fu fondata l'Alleanza io ero detenuto. Accanto ai boss storici quali Eduardo Contini, Patrizio Bosti, Ciccio Mallardo, Botta Salvatore, Egidio Annunziata, c'era mio fratello Giuseppe come componente e capo del clan Lo Russo. Per i Licciardi c'erano i fratelli Vincenzo, Pietro, Maria e i nipoti Pierino e Giovanni. Quelli che ho indicato erano capi e li conoscevo tutti di persona, sia perché ho abitato nella Masseria Cardone e poi a Miano, sia per il mio inserimento criminale. Ne faceva parte anche Gennaro Sacco. La mia era una conoscenza per fatti criminali. Negli ultimi anni i rapporti tra Bosti Patrizio, Ciccio Mallardo e Contini Eduardo erano rimasti sempre gli stessi, cioè sempre uniti. Bosti Ettore, mio genero avendo sposato mia figlia Filomena, mi raccontava degli incontri con gli zii per fatti criminali (per droga, estorsioni) che lui aveva sia con i Licciardi che con i Mallardo. Per i Licciardi lui frequentava spesso Paolo Abbatiello e Peppe Vacca, che non so se è il soprannome o il cognome; in questo periodo i Licciardi erano diretti da Maria Licciardi, e Abbatiello era direttamente alle dipendenze di Maria Licciardi. Dunque anche in questo ultimo periodo, negli ultimi 5-6 anni, Maria Licciardi era indiscutibilmente il capo del suo clan, riconosciuta da tutti in quanto tale, sia interni che esterni; come erano sempre i capi indiscussi Eduardo Contini Patrizio Bosti, che dal carcere continuano a comandare, direttamente e attraverso i figli, i quali "parlano" per i padri, o dando ordini diretti o trasmettendoli agli altri affiliati liberi.
>
> (Ordinanza di custodia cautelare nei confronti di Acanfora Ciro + 213 del 30 aprile 2019)

La Licciardi è stata tra i destinatari dell'ordinanza di custodia cautelare emessa nell'estate del 2019; ordinanza poi annullata dopo il ricorso del suo avvocato Dario Vennetiello. Maria, detta anche la "zia", ha sempre negato di essere coinvolta in affari loschi e durante un processo ha dichiarato:

> Io una camorrista? Impossibile. Ho sempre lavorato, facevo la calzolaia, odio la droga, se vedo dei giovani che si drogano mi dispero. Chi mi accusa lo fa per risentimento nei confronti della mia famiglia.
>
> («Il Mattino», 28 giugno 2019)

Nonostante l'autodifesa, nel suo passato ci sono pure dieci anni di carcere al 41 bis perché coinvolta nel commercio planetario di elettrodomestici taroccati e capi d'abbigliamento falsi.

Tra le "quote rosa" compare anche Rosa Di Munno, la moglie di Salvatore Botta. Sul suo conto non hanno da ridire solo gli inquirenti; il collaboratore di giustizia Teodoro De Rosa, ad esempio, non la dipinge proprio benissimo:

> È una donna cattiva, infida, dall'apparenza di persona che vuole presentarsi bene ma che è in realtà una serpe. È arrogante, violenta, manda la gente a picchiare e a chiedere estorsioni. Alla Di Munno piace la bella vita. In assenza del marito dà direttive agli uomini del sottogruppo di Botta Salvatore e dirige gli uomini, compreso il nipote Salvatore junior. Fa usura.
>
> (*Ibidem*)

Zio Ciccio e l'intemperante Ettore

A Casa Bosti, secondo la ricostruzione degli investigatori, il clima dev'essere piuttosto movimentato. Perché se il padre Patrizio è al vertice dell'Alleanza e la moglie lo sostituisce quando è in galera, il figlio Ettore smania dalla voglia di comandare. Evidentemente, però, non lo fa con le modalità giuste al punto che per riportarlo con i piedi per terra è costretto a mobilitarsi uno degli zii, Francesco Mallardo. È un autentico big, "Ciccio 'e Carlantonio": alle copiose, convergenti e dettagliate testimonianze dei pentiti si aggiungono le minuziose indagini delle forze dell'ordine dalle quali si deduce che nonostante le restrizioni imposte dalla legge, il boss di Giugliano ha continuato ad essere uno dei protagonisti del cartello camorristico. Su questo terreno hanno indagato i carabinieri del ROS di Napoli e del Comando provinciale di Napoli e gli agenti della Squadra mobile di Napoli, raccogliendo una mole considerevole di materiale. Tra le vicende più significative ce n'è una accaduta nel 2014. Mallardo vive con la moglie a Sulmona (L'Aquila), una località nella quale sconta una detenzione domiciliare sulla base di un provvedimento firmato il 27 novembre del 2013 dal tribunale di Sorveglianza di Milano per motivi di salute. Soffre infatti di gravi problemi cardiaci, al punto che si era ipotizzata la necessità di un trapianto, soluzione poi scongiurata. In ogni caso, sulla base di una relazione del dottor Giancarlo Marenzi (consulente tecnico del tribunale) i giudici hanno deciso che può scontare i domiciliari nell'appartamento della moglie, a Sulmona. Le prescrizioni imposte dalla legge sono piuttosto rigide: Mallardo, stabilisce il tribunale, può uscire dall'abitazione solo dopo aver avuto il consenso del magistrato di Sorveglianza, salvo in casi di comprovata necessità ed urgenza; può uscire di casa solo dalle 10 alle 12 e può recarsi nelle strutture sanitarie locali solo dopo aver comunicato i suoi spostamenti alle forze dell'ordine. Ma lui non obbedisce e si prende delle clamorose licenze. Esce di casa quando gli pare, a volte persino in auto nonostante la patente gli sia stata ritirata. Spesso lo si può incontrare in sella a un ciclomotore. Un dinamismo decisamente insolito per un soggetto gravemente malato di cuore, che però non sfugge alla polizia:

> Al fine di fornire un efficace riscontro alle acquisizioni investigative, la Squadra Mobile, d'intesa con il personale del Commissariato di Sulmona, decideva di procedere a un controllo formale di Francesco Mallardo quando questi era alla guida di un ciclomotore: ciò aveva luogo nel pomeriggio del 13 ottobre 2014. Infatti, i poliziotti, poco prima delle 17.00, si presentavano presso l'abitazione di Mallardo; in quel preciso istante Mallardo, alla guida di un ciclomotore, faceva rientro a casa trovando ad attenderlo la pattuglia del Commissariato abruzzese. Accortosi all'ultimo momento della presenza della polizia, tentava di eludere il controllo nascondendo il ciclomotore in una traversa adiacente all'abitazione; il tentativo non sortiva l'effetto sperato e i poliziotti, avvedutisi dell'infrazione, denunciavano il Mallardo per guida senza patente. L'intera scena veniva ripresa dalle telecamere posizionate dalla Squadra Mobile di Napoli.
>
> (Ordinanza di custodia cautelare nei confronti di Acanfora Ciro + 213 del 30 aprile 2019)

Secondo gli inquirenti la decisione di scontare la detenzione domiciliare a Sulmona non è stata presa a caso: è un posto tranquillo, dove la pressione dello Stato è ovviamente inferiore rispetto ad altre zone della Penisola. Ma non è tutto. Il 28 maggio del 2014 Mallardo si reca in una clinica di Bari per un delicato intervento a cui lo sottoporrà il dottor Eduardo Celentano. In quella circostanza "Ciccio" chiede al chirurgo di poter anticipare la visita di controllo prima dei tempi previsti; visita che viene fissata per il 26 giugno dalle 16 alle 17. Mallardo chiede e ottiene dal tribunale di Sorveglianza un permesso per poter andare a Bari: quel giorno potrà assentarsi da casa dalle 10 alle 22. Tutto a posto, dunque. Ma la mattina del 26 giugno gli avvocati di Mallardo chiedono al tribunale che l'orario di rientro venga prolungato di tre ore, cioè fino all'una del giorno 27, perché «la visita è stabilita per le ore 17 ed è impossibile pertanto rientrare alle 22». La Sorveglianza dà l'okay: il detenuto può tornare a casa entro l'una di notte. Tutto regolare, dunque? No, affatto, almeno secondo gli investigatori. Perché Mallardo avrebbe approfittato della visita a Bari per fermarsi a Napoli sulla strada del ritorno e recarsi nel rione Amicizia per occuparsi di vicende assai complicate che stavano mettendo in crisi la tenuta dell'Alleanza di Secondigliano:

Ebbene, il viaggio a Bari diede al Mallardo la possibilità di effettuare, in maniera del tutto abusiva, attesa l'assenza di autorizzazione del tribunale di Sorveglianza dell'Aquila, una visita a Napoli e più precisamente nella zona del rione Amicizia, storica zona di influenza del clan Contini [...]. L'intervento di Francesco Mallardo nella gestione del clan Contini si rendeva necessaria a seguito: degli arresti operati nel gennaio 2014, tra cui quello di Antonio Aieta, e il perdurare dello stato di detenzione, tra gli altri, di Eduardo Contini, Patrizio Bosti e di Salvatore Botta; della gestione superficiale e guappesca del clan da parte di Ettore Bosti.

(*Ibidem*)

Mallardo rischia grosso, ma scendere a Napoli è un obbligo al quale non può sottrarsi perché in gioco ci sono gli equilibri interni messi a repentaglio dalla gestione di Ettore Bosti, i cui atteggiamenti prevaricatori non sono graditi dalle truppe del clan. Dalle indagini salta fuori che prima di recarsi "abusivamente" a Napoli, il boss aveva convocato il recalcitrante nipote a Sulmona:

Il suo intervento si rese necessario perché Ettore Bosti stava gestendo in modo superficiale ed egoistico la cassa del clan, creando malessere tra gli affiliati ai Contini: indicativo è il contenuto del colloquio del 27 giugno 2014 tra Antonio Aieta e la moglie Rosa Diana. In quell'occasione la donna informava il marito del fatto che Ettore Bosti, oramai senza più controllo, stava sperperando anche in scommesse sportive le risorse finanziarie, non solo personali ma anche dell'intero clan. Proprio per tali ragioni, Francesco Mallardo convocò a Sulmona il nipote. Difatti, in data 21 giugno 2014 Mallardo si incontrava con il nipote Ettore Bosti a Sulmona. L'incontro non è stato direttamente intercettato; ma dopo quel viaggio Francesco Mallardo affidava la gestione del clan a Vincenzo Tolomelli, vecchio affiliato che peraltro aveva da tempo ricevuto il compito di affiancare il giovane Bosti. Era chiaro che la visita allo zio fosse stata finalizzata a un incontro riservato con il boss di Giugliano avente a oggetto questioni strategiche afferenti alla direzione del clan napoletano; come sarà confermato da successive intercettazioni [...]. Va poi aggiunto che quell'incontro doveva aver sortito effetti positivi, poiché nel periodo successivo non si captavano più lamentele economiche da parte degli affiliati. Francesco Mallardo aveva posto Vincenzo Tolomelli alla guida del clan napoletano. L'investitura ufficiale era avvenuta nel corso del summit documentato nella mattinata del 15 luglio 2014; in quella circostanza a Sulmona si incontravano Vincenzo Tolomelli e Francesco Mallardo. Il primo assumeva la guida del clan in sostituzione di Ettore Bosti gestendo quindi anche la cassa.

(*Ibidem*)

Dell'intervento di Mallardo su Bosti junior parla anche il procuratore capo Giovanni Melillo nel corso di un'audizione alla Commissione parlamentare antimafia:

> Nei mesi scorsi abbiamo eseguito un'ordinanza cautelare nei confronti di decine di appartenenti al cartello di Secondigliano, in particolare nella proiezione radicata del centro della città, nelle zone del Vasto e dell'Arenaccia (quella del clan dei Contini). In questa ordinanza cautelare è riportato un dialogo estremamente interessante tra il capo della famiglia di Giugliano in Campania, Francesco Mallardo, e il giovane Ettore Bosti [...]. Premetto che, secondo meccanismi tipici delle organizzazioni camorristiche, le logiche di gruppo ruotano anche attorno alle logiche familiari: i tre capi importanti dell'Alleanza di Secondigliano (Patrizio Bosti, Eduardo Contini e Francesco Mallardo) hanno sposato tre sorelle e questo cementa ovviamente in modo particolare i rapporti, oltre ad agevolare anche meccanismi surrogatori nella direzione «politica» e strategica del cartello. In effetti, i capi che sono in condizione di svolgere la loro funzione occupano anche i vuoti lasciati dagli altri. È quanto avviene, ad esempio, nel 2015, quando Francesco Mallardo è collocato in detenzione domiciliare e dalla detenzione domiciliare riprende le redini dell'organizzazione. Incontra il figlio di Patrizio Bosti, Ettore, reggente della famiglia, attorno al quale andavano maturando anche sentimenti di malumore, perché portato ad esaltare piuttosto logiche violente. Nel primo confronto tra Mallardo ed Ettore Bosti nel luogo di detenzione domiciliare, Bosti afferma: «Abbiamo un sacco di gente pronta a darsi da fare. Dovremmo regolare un po' di conti». Francesco Mallardo però lascia cadere il discorso, dicendo che non è il momento e i fatti lo dimostrano. Credo che si tratti di elementi empirici significativi della capacità di regia unitaria che si sprigiona attorno al vertice dell'Alleanza di Secondigliano, che sono interessanti anche per leggere in controluce dinamiche altrimenti oscure o attribuibili allo sprigionarsi disordinato di generiche energie criminali.
>
> (Audizione Commissione parlamentare antimafia, ottobre 2019)

Botta

La storia dell'Alleanza di Secondigliano e delle famiglie che la compongono è piena di nomi che ritornano ciclicamente nelle pagine di cronaca giudiziaria. Uno di questi è quello dei Botta, il cui capostipite – Salvatore – da almeno un decennio è considerato uno dei principali leader. Nel 2000 viene condannato a quattro anni perché riconosciuto come componente di una organizzazione insieme a Eduardo Contini e Patrizio Bosti. Con quest'ultimo il legame si è poi fatto più intenso perché il figlio Marco ha sposato Flora, la figlia di Bosti; e quindi Botta e Patrizio Bosti sono diventati consuoceri. Della sua partecipazione al clan Contini ha parlato poi, in un interrogatorio del 14 ottobre del 2009, il pentito Vincenzo De Feo:

Salvatore Botta era il responsabile di tutto il clan Contini, al posto di Patrizio Bosti. Invero lo era diventato dopo un primo momento in cui tutta la responsabilità del clan Contini era affidata a Giuseppe Ammendola. E quando parlo di responsabilità parlo anche dei conteggi di tutte le attività illecite del clan. Peppe Ammendola è rimasto una persona importante nel clan ma la sua sostituzione con Salvatore Botta è stata determinata dal diverbio che Peppe Ammendola ebbe con Ettore Bosti e che si concluse anche violentemente tra i due.

(Ordinanza di custodia cautelare nei confronti di Acanfora Ciro + 213 del 30 aprile 2019)

La potenza del clan non sta solo nell'intelligenza strategica di un pugno di leader. Il grosso della forza di persuasione arriva dall'uso delle armi, e in questo senso i Contini sono equipaggiati benissimo. In un colloquio intercettato in carcere tra Salvatore Botta e la moglie Rosa Di Munno, il primo dà indicazioni alla donna su come dislocare sul territorio una parte del suo arsenale. In questa e in altre intercettazioni avvenute durante i colloqui, emerge che Botta nonostante le restrizioni

ha continuato a interagire con il clan gestendone gli affari in prima persona per il tramite di coloro i quali – come la moglie Rosa Di Munno e il figlio Nicola Botta – erano in grado di portare la sua volontà all'esterno.

(*Ibidem*)

La dolce vita

Per i camorristi napoletani Bernardo Provenzano sarà stato un esempio sul piano criminale, ma certamente non è stato mai considerato un modello da seguire per quanto riguarda l'uso del denaro. Il capo di Cosa Nostra, latitante per ben 43 anni, quando è stato arrestato era da solo in un casolare di campagna a nutrirsi di cicoria e caciocavallo. Quelli dell'Alleanza di Secondigliano, invece, hanno preferito spassarsela e farsi arrestare mentre assaporavano le gioie dell'esistenza. Contini è finito in manette a Cortina d'Ampezzo la sera di San Silvestro del 1993: era già in smoking e stava andando al veglione quando i carabinieri hanno fatto irruzione nel suo appartamento (fittato a nome di un insospettabile) al civico 254 di Corso Belluno, una delle stradine più eleganti del comune in provincia di Belluno. Patrizio Bosti, considerato il numero due dell'organizzazione, invece finisce la sua latitanza il 10 agosto del 2008 in un ristorante di Playa de Aro, sulla Costa Brava, nella provincia di Girona. Addosso gli trovano 24.000 euro in contanti; se non lo avessero catturato avrebbe continuato a divertirsi, a soggiornare in un residence di lusso e a viaggiare su una potente Audi R8. Salvatore Botta, il 13 dicembre del 1987 viene sorpreso mentre insieme alla compagna sta gustando le prelibatezze di un menù a base di pesce in un ristorante di Bacoli. Botta ha sempre amato vestire con capi firmati e vivere nel lusso: il 13 aprile del 1992 gli è stata sequestrata una villa su tre livelli e con un giardino di oltre 350 metri quadrati e un'autorimessa. L'immobile gli è stato poi confiscato e nell'ottobre del 2003 è stato acquisito al patrimonio del comune di Napoli.

Nell'elenco dei gaudenti va inserito, stando alle indagini più recenti, anche Giuseppe Ammendola, che per la concomitante assenza di Contini e Bosti (ospiti delle patrie galere) si è ritrovato per un periodo reggente del clan. Da una conversazione intercettata tra due affiliati alla cosca, si deduce che la rinuncia ai piaceri della vita non fosse proprio il suo punto di forza. Una "cimice" piazzata nella Fiat Panda di Vincenzo Tolomelli ha consentito di scoprire la scarsa considerazione nutrita nei confronti di un capo definito un "menefreghista" che contrariamente ad altri leader non è mai presente e pretende dagli altri il massimo dell'obbedienza. Rivolgendosi all'interlocutore Gennaro Fiorillo, Tolomelli lamenta:

> Gennà 'o frat… ti giuro… nel senso guarda… scappa… fa il menefreghista sta un mese fuori… non se ne fotte… ma tu mica puoi rimanere l'ordine fate questo e poi venite e mi date i soldi… oh compà… la gente o no? Hai capito cosa voglio dire… se sei tu metti il piede a terra e dici fate questo ma se tu non metti il piede a terra… compà… ma quello non ci sta a Napoli.
>
> (*Ibidem*)

Un arrabbiato Tolomelli sostiene che Ammendola si disinteressa del clan, non si impone agli affiliati e pensa al gioco, costringendolo ad attendere «ore e ore, quante volte sotto la pioggia». Oltre al gioco, il reggente della cosca spenderebbe somme ingenti ogni mese, parte delle quali le investirebbe in attività improntate al massimo della spensieratezza da condividere in buona compagnia. Spiega ancora Tolomelli a Fiorillo:

> Venti al mese! Dieci li spendeva solo per le puttane! Dalle spese devi parlare di venticinque, trentamila euro!
>
> (*Ibidem*)

Giudizi sferzanti a parte, Ammendola conferma indirettamente di essere uno che sa come svagarsi: verrà arrestato nel 2015, pochi giorni prima di Ferragosto sulla spiaggia di Torvajanica, sulla costa laziale, dove ha affittato una villetta.

L'avvocato suicida

L'Alleanza di Secondigliano non uccide solo con le pistole o i mitra. A volte lo fa anche con la pressione psicologica che esercita su chi ha la sventura di condividere con boss e gregari un pezzo di strada della propria vita. Come succede a un avvocato civilista al quale due esponenti del clan affidano una notevole quantità di denaro affinché lo investa in operazioni immobiliari e finanziarie. Il legale sa bene con chi ha a che fare e quindi sa che deve stare attento e maneggiare con cura quel fiume di quattrini. Ma purtroppo ciò non accade e per ragioni note solo a pochi il civilista non solo non riesce ad indovinare una speculazione in grado di far lievitare il capitale che gli era stato affidato, ma fa sparire il denaro e a un certo punto si ritrova con l'angosciante prospettiva di non poter restituire neppure un centesimo. Che fine abbiano fatto quei soldi, da quale buco nero siano stati risucchiati, non è dato sapere. Facile immaginare che di fronte a una situazione del genere i camorristi perdano completamente la pazienza. E infatti il legale comincia a subire forti insistenze affinché restituisca quella montagna di banconote nel più breve tempo possibile. Il dramma dell'uomo viene seguito momento dopo momento dalle forze dell'ordine che hanno sotto controllo il suo telefono e quindi registrano tutte le conversazioni con alcuni esponenti dell'Alleanza di Secondigliano che con una certa frequenza lo chiamano per pretendere quanto gli avevano consegnato. C'è dell'altro: uno dei soggetti che ha perso i soldi finisce in galera e dal carcere riesce a far recapitare al legale una lettera nella quale non solo minaccia ritorsioni sul figlio quattordicenne ma pretende il pagamento di un vitalizio di 10.000 euro al mese. L'avvocato però oramai è entrato in un tunnel senza uscita: non solo ha perso i soldi che avrebbe dovuto investire, ma ha pure contratto un debito con la sorella di uno dei camorristi (un altro investimento andato in fumo), debito che sta faticosamente restituendo a rate.

Com'è era inevitabile che fosse, la situazione precipita. Il legale è bloccato in una trappola mortale. I camorristi continuano a tormentarlo, promettendogli che faranno del male al figlio adolescente. E lui va completamente nel pallone. Con delle scuse puerili dà buca ad alcuni appuntamenti con chi gli ha consegnato il denaro, s'inventa persino di essere ricoverato in ospedale.

In una drammatica telefonata intercettata il 16 ottobre del 2013, il civilista spiega al suo interlocutore le condizioni di quasi indigenza in cui è costretto a vivere:

> Tu non mi crederai mai!!... ma tu devi sapere una cosa... già lo so che non mi credi!!... allora... ho lo sfratto per morosità di casa mia... sono sette mesi che non pago i fitti di casa pur di riuscire a tenere avanti lo studio per portare avanti quella merda di cosa, per riuscire a portare avanti tutto! Sette mesi, sette mesi!! I miei figli non gli ho comprato le scarpette di calcio per far fare le partite di calcio perché non avevo i soldi e non ho potuto più chiedere niente neanche ai miei fra-

telli... che mi hanno dato tutto che potevano... l'aiuto di questo mondo... io sto tirando avanti la vita soltanto per il lavoro... lo studio... per riuscire a risolvere... avere uno sprazzo... un futuro... un minimo di cosa davanti! Questa è la mia vita! Allora all'interno della casa, tu non lo sai, se non avessi un minimo di dignità ti dimostrerei lo sfratto esecutivo di casa mia che mando in mezzo alla strada mia moglie e i figli.. che già non mi parla, però pure i miei figli in mezzo alla via... altri due mesi mi farà l'azione esecutiva e caccerà i miei figli da casa!! Io non so più... non le voglio raccontare queste cose!! E devono morire tutti e due i miei figli di cancro se non mi sono venduto, per pagare la bolletta dell'Enel, la catenina che tenevo al collo, e il braccialetto! Non ho più una catenina, un braccialetto, un orologio! [...] minacciare i miei figli quando... dico io... io non li sto facendo mangiare... devi credere una cosa, ma mi devi credere... mia figlia... mia moglie non ha pagato il bollettino per la scuola, non le hanno fatto fare la refezione! Figura di merda incredibile!! Ma il bollettino non era stato pagato perché quel momento, quel giorno non li tenevo i soldi!

(*Ibidem*)

Nonostante gli sforzi per poter uscire dall'incubo, alla fine la disperazione sarà così devastante da costringerlo a una decisione: l'avvocato civilista si suicida mettendo fine alle sue tribolazioni e impedendo così ai camorristi di fare del male alla sua famiglia.

La maxiretata

Un data spartiacque per le dinastie dell'Alleanza di Secondigliano è senza dubbio quella del 20 giugno del 2019, giorno in cui scattano centinaia di arresti. Il giudice per le indagini preliminari Roberto D'Auria, accogliendo le richieste della Direzione distrettuale antimafia di Napoli, emette 214 ordinanze di custodia cautelare a carico di capi e gregari. In quelle carte si ricostruisce la piramide malavitosa, dentro ci sono tutti i nomi e gli affari della cosca napoletana; centinaia di intercettazioni telefoniche e ambientali, una valanga impressionante di riscontri. Il lunghissimo, articolato e immane lavoro di magistrati, carabinieri, polizia e guardia di finanza descrive lo sconvolgente e per certi versi inimmaginabile dominio esercitato dall'Alleanza. Dall'indagine viene fuori uno spaccato tutt'altro che rassicurante perché a trent'anni dai primi processi la coalizione Contini-Mallardo-Bosti non solo non è stata ridimensionata o sconfitta, ma è diventata più forte attraverso una impressionante ramificazione sul territorio. Dunque se da un lato ci si può rallegrare per una inchiesta coi controfiocchi, dall'altro c'è da preoccuparsi perché per decenni la guerra dello Stato a una delle cosche più potenti ha prodotto risultati insoddisfacenti. È una valutazione dal retrogusto amarognolo che il Gip D'Auria mette nero su bianco:

[...] Si è infatti prepotentemente riproposta, nel corso del tempo e nella presente indagine, ciò che già trenta anni fa costituiva la massima espressione del potere criminale cittadino: l'operatività della confederazione camorrista conosciuta come Alleanza di Secondigliano, fondata su una comunanza di strategie e sul riconoscimento reciproco della rispettiva forza esterna e interna da parte dei vertici dei clan partecipi, Contini, Licciardi e Mallardo, cui inizialmente erano legati i Sacco, i Bocchetti, i Lo Russo e gli altri gruppi che dovettero scegliere se schierarsi contro o dalla parte del potentato criminale cittadino: e sulla contemporanea esistenza di margini di autonomia operativa e decisionale quanto alla vita dei rispettivi gruppi. In altre parole, una vera e propria confederazione, avente da un lato i connotati tipici di quelle lecite (quanto a individuazione di aree di competenza comune ed altre riservate agli "enti" partecipanti), e dall'altro quelli propri delle compagini mafiose, fondate sul codice e sulle regole della violenza e della sopraffazione.

(Ordinanza di custodia cautelare nei confronti di Acanfora Ciro + 213 del 30 aprile 2019)

Lo scandalo dell'ospedale

Il lavoro della Direzione distrettuale antimafia di Napoli scoperchia vicende che danno l'idea del potere acquisito dai camorristi: l'Alleanza di Secondigliano, e in particolare il gruppo Contini, è diventata la padrona di un ospedale napoletano, il San Giovanni Bosco, considerato una sorta di sede sociale del clan. Il cartello, si legge nell'ordinanza, ha utilizzato le strutture sanitarie per summit tra boss latitanti, ha fatto assumere infermieri, portantini, autisti, addetti alle pulizie e barellieri; ha impiegato i suoi uomini per tenere sotto controllo le liste dei ricoveri e delle operazioni chirurgiche; ha condizionato e deciso le relazioni sindacali e i rapporti con gli uffici amministrativi; ha inoltre stretto legami con medici compiacenti che hanno firmato certificati e referti falsi per camorristi che dovevano dimostrare di avere dei malanni fisici. Gestire un ospedale è servito pure per fare della clientela e allargare la platea dei sudditi: era sufficiente farsi raccomandare da un affiliato al clan per imboccare scivolose corsie preferenziali e quindi farsi visitare in tempi brevi, degni della sanità scandinava. Favori e cortesie d'ogni tipo di cui hanno beneficiato centinaia di persone creando attorno alla criminalità organizzata un consenso diffusissimo. Il procuratore capo Gianni Melillo commenta così quel che accadeva nel nosocomio:

È documentato il controllo mafioso al di là di ogni capacità di immaginazione addirittura di una struttura sanitaria, l'ospedale San Giovanni Bosco, diventato una sorta di sede sociale dell'organizzazione mafiosa. Un luogo nel quale gli uomini del clan Contini controllano ogni aspetto anche minuto del funzionamento dell'ospedale: dalle forniture alle assunzioni nelle ditte appaltatrici. Persino le relazioni sindacali passano per la mediazione camorristica.

(www.youtube.com/watch?v=iIkW_adKAtA)

L'indagine dimostra che grazie al clan Contini si possono percorrere scorciatoie che consentono visite mediche o esami che altre migliaia di comuni mortali potranno ottenere solo dopo prenotazioni effettuate molti mesi prima. In diverse circostanze sono stati ovviamente i familiari dei criminali a godere di un trattamento di favore, in altri i beneficiari sono stati soggetti che fanno parte del circuito relazionale. Nell'inchiesta sono riportate diverse conversazioni telefoniche dalle quali si deduce che due componenti della famiglia Botta sono in grado di assicurare, dall'oggi al domani, l'appuntamento con un medico o uno specialista per esami particolarmente impegnativi. Naturalmente di queste visite non c'è traccia da nessuna parte così come anche del relativo pagamento della prestazione del servizio sanitario nazionale. A descrivere cosa accade nella struttura sono soprattutto due collaboratori di giustizia, i fratelli Giuseppe e Teodoro De Rosa, il cui contributo viene così definito dal Gip D'Auria:

Il loro racconto traccia una desolante mappa di controllo camorristico del nosocomio pubblico, che va dall'utilizzo del medesimo come luogo di incontri mafiosi o di ricezione di pagamenti usurari ed estorsivi, al controllo delle visite mediche e degli interventi chirurgici, con la compiacenza o la sottomissione del personale, in violazione di qualsivoglia regola interna; dai favoritismi illeciti al clan per false perizie o falsi referti al controllo del clan sulle ditte esterne appaltatrici di servizi vari, primo dei quali quello di pulizia.

(*Ibidem*)

Vediamo nel dettaglio cosa riferiscono i pentiti. Tra i più informati c'è Teodoro De Rosa che ha alle spalle una storia particolare: è stato assunto in una ditta di pulizia quando aveva appena 15 anni, ma non ha mai fatto un giorno di lavoro perché doveva occuparsi d'altro:

Questo mio ruolo è coinciso con la mia assunzione formale di dipendente nella ditta di pulizie che aveva l'appalto al San Giovanni Bosco, per la quale di fatto non lavoravo certo. Questo è accaduto quando avevo 15 anni e un giorno: sono stato l'unico in Italia ad avere questo beneficio, previsto dalla legge a suo tempo. Ora: dico che si trattava di un incarico solo formale perché in realtà, per me come per altri, la mansione non era quella di fare le pulizie ma avere un formale legame con l'ospedale, come è per altri affiliati del clan. Infatti i membri del clan che hanno il soprannome "'o 'nfermiere" sono chiamati tali perché effettivamente lavoravano in ospedale come ausiliari: così per Salvatore Botta, che lavorava proprio al San Giovanni Bosco come ausiliario; così Paolo Di Mauro della Stadera, infermiere ma non so in quale ospedale; invece Galletto Luigi era ausiliario al San Giovanni Bosco. Sono in grado di spiegare molte vicende illecite che riguardano l'Ospedale San Giovanni Bosco, sia come appalti a ditte vicine al clan, sia come gestione della vita dell'ospedale, anche addirittura per fare visita senza rispettare nessuna lista d'attesa. I direttori sanitari sono sempre stati a disposizione del clan e pronti ad accettarne le imposizioni, anche perché altrimenti rischiavano [...] erano proprio dalla nostra parte, ad esempio ci informavano se qualcuno della direzione sanitaria non seguiva le indicazioni del clan che decideva come distribuire gli straordinari nelle ditte appaltatrici, visto che su questo c'era bisogno dell'ok del direttore sanitario. Così come ci sono medici che hanno prestato la propria opera per ferite da arma da fuoco del clan che non dovevano passare in ospedale [...]. Io spesso ho fatto ricoverare persone del clan: si trattava di finti ricoveri, utili all'occorrenza, e chiaramente lo facevo perché sia l'ufficio amministrativo sia i medici erano a disposizione del clan. Voglio dire di iniziativa che nell'ospedale San Giovanni Bosco è il Pronto Soccorso che fa girare maggiormente gli affari illeciti in quanto oltre ai falsi sinistri ed ai referti a vario titolo utilizzati per finalità illecite, c'è l'interesse economico del clan dietro alla gestione delle ambulanze, che sono di una ditta privata controllata dal clan e dunque riversano nel clan tutti i guadagni.

(*Ibidem*)

Teodoro De Rosa spiega agli inquirenti che in ospedale c'è un dipendente che ha anche un'agenzia di assicurazione, e che per conto del clan Contini sforna referti medici falsi per truffare le compagnie. E poi ci sono episodi che lasciano senza parole perché riguardano l'ignobile mercimonio sul dolore delle persone e sui morti:

Sfruttano il fatto che i familiari dei deceduti in ospedale se li vogliono portare a casa, mentre ciò non potrebbe accadere per chi è morto in ospedale. Truccano le carte per far apparire le dimissioni da vivo e trasportano il deceduto in ambulanza fino a casa. I familiari pagano e la tariffa è intorno ai 400-500 euro, tutti al nero. È più alta del costo effettivo perché parte del guadagno va a coprire il rischio che si prende l'organizzazione [...]. Chiaramente perché tutto vada in porto vi è anche la collusione dei medici che non fanno apparire la morte in ospedale.

(*Ibidem*)

C'è una prassi consolidata tra clan alleati: aiutarsi in caso di emergenza. E questo discorso vale soprattutto quando c'è di mezzo la vita di qualcuno ferito in una sparatoria; ed ecco che in quelle circostanze comandare in un ospedale fa proprio comodo, come spiega il pentito Giovanni Della Corte:

Al San Giovanni Bosco c'erano persone a disposizione del clan. Se uno della malavita ha bisogno di qualche cosa, i medici dell'ospedale si mettono a disposizione: successe anche a me quando mio padre fu sparato. Ebbene, chiedemmo a Peppe 'o meccanico e lui mosse le persone giuste del clan Contini per ricevere accoglienza in ospedale. Si tratta di una prassi estremamente diffusa: molti ospedali collocati in zone sotto il controllo dei clan garantiscono agli affiliati una serie di prestazioni anche illecite, ad esempio fornire soccorso agli sparati senza refertare o refertando cose diverse dalle reali; o assicurare un posto se serve. Insomma i clan, e vale anche per noi alla Sanità con l'ospedale San Gennaro, hanno sempre un forte collegamento con qualcuno dell'ospedale che si mette a disposizione del clan per cose non lecite e favoritismi di ogni tipo. Non so con chi dell'ospedale Peppe 'o meccanico parlò ma certo si mossero quelli del clan Contini.

(*Ibidem*)

Che la camorra controlli qualsiasi cosa succeda, lo conferma un altro collaboratore di giustizia, Giuseppe De Rosa, un addetto alle pulizie che non ha mai lavorato perché svolgeva altre funzioni:

Posso dire che sia medici che funzionari dell'ospedale sono a conoscenza di varie situazioni in cui il clan esercita poteri di vario tipo o pretende favori da parte dei vari soggetti coinvolti nella gestione dell'ospedale. Io ero addetto alle pulizie e capo squadra ma è vero che non ho mai fatto una pulizia in vita mia. Avevo però un ruolo importante e delicato la cui rilevanza era riconosciuta da tutti, sia dai miei formali titolari, sia dal clan, sia dai vertici dell'ospedale. I miei titolari facevano capo a me anche per organizzare i servizi e gestire i soldi degli straordinari e soprattutto facevano capo a me per le relazioni con i vertici amministrativi dell'ospedale e con gli esponenti del clan Contini per tutto ciò che serviva a tenere buoni i rapporti tra il clan e la vita dell'ospedale, intendendo sia la gestione degli appalti con le ditte esterne, nelle quali assumere i vari soggetti di interesse del clan, sia favoritismi di ogni sorta da garantire al clan (ricoveri ospedalieri di detenuti, o ricoveri per soggetti processati, certificazioni false di medici compiacenti), sia infine garantire che il clan non adottasse azioni violente contro l'ospedale. Io ero al centro di questi rapporti. Ad esempio eseguivo gli ordini di Salvatore Botta che intendeva incontrare questo o quel sindacalista dell'ospedale o questa o quell'altra ditta che aveva gli appalti. È vero che la mano criminale del clan era in tutta la vita dell'ospedale e io garantivo rapporti e collegamenti.

(*Ibidem*)

Dalle indagini emerge la figura di Salvatore Botta: sarebbe lui l'uomo del clan che ha in pugno la struttura sanitaria. Dirà ancora Giuseppe De Rosa:

Botta Salvatore era un portantino dell'ospedale San Giovanni Bosco; "la comandava lui" sia nel quartiere sia dentro l'ospedale, nel senso che interveniva con la sua caratura criminale anche per gestire decisioni riguardanti ad esempio aperture di reparti dell'ospedale e cose simili, nelle quali poteva servire la sua capacità decisionale intervenendo ad esempio sui sindacati che potevano tra loro essere su posizioni opposte e ostacolare le decisioni della dirigenza. Se qualche sindacalista non obbediva lui lo mandava a picchiare.

(*Ibidem*)

Di uno dei componenti della famiglia Botta parla anche Teodoro De Rosa:

Riconosco Angelo Botta che vedo anche in divisa da infermiere. Lavora nella ditta di pulizia e non dovrebbe, di regola, indossare questa divisa ma molti di loro lo fanno per darsi un marchio di appartenenza al clan. La maggioranza delle persone che frequentano come utenti il San Giovanni Bosco sa quali sono gli equilibri del clan che si giocano all'interno dell'ospedale.

(*Ibidem*)

Se ciò non bastasse a rendere l'idea dell'occupazione militare delle corsie, c'è ancora un'altra vicenda da raccontare. Chi non ha intenzione di pagare il ticket per intero, ha una possibilità per spendere molto meno: è sufficiente dare la metà dell'importo al parcheggiatore abusivo, il quale accompagna l'utente fino alla soglia dell'ambulatorio: dietro la porta c'è un medico che fa parte del sistema.

La struttura, comunque, non è solo a disposizione degli amici, ma anche degli amici degli amici. Il collaboratore di giustizia Maurizio Overa ha riferito che un suo sodale che gestisce il traffico di droga a Caivano ha goduto di un trattamento di favore quando ha portato la moglie a partorire al San Giovanni Bosco.

Dico in generale che tutti gli ospedali napoletani subiscono l'influenza del clan locale [...]. Eravamo là per una visita di cortesia io, Marco Mariano e i Gallo; e prendemmo qualcosa al bar e ci fu detto che era tutto pagato. Poco dopo arrivò pure un televisore in camera della moglie di Massimo Gallo. Ci domandammo come mai, ma nessuno di noi si spiegò questa accortezza se non con il fatto che qualcuno del clan del rione Amicizia avesse avvisato della nostra presenza e avemmo quel trattamento di "rispetto".

(*Ibidem*)

I camorristi non godono soltanto di autostrade preferenziali per saltare in un nanosecondo le lungaggini burocratiche nelle quali restano gli utenti privi di appoggi, ma hanno anche libero accesso ai farmaci. Insomma, un quadro inquietante che il Gip Roberto D'Auria, preso atto delle confessioni dei pentiti, ricostruisce con queste parole:

Dichiarazioni tanto più importanti se si considera il ruolo svolto nel sodalizio dai propalanti prima della scelta collaborativa; trattasi infatti di Teodoro De Rosa e Giuseppe De Rosa, importanti partecipi del clan Contini, vicini ai capi con ruoli di elevata fiducia e soprattutto titolari di impensabili e preoccupanti influenze mafiose all'interno del citato ospedale, in ragione della gestione del bar e del ristorante siti nella struttura. Il loro racconto traccia una desolante mappa di controllo camorristico del nosocomio pubblico, che va dall'utilizzo del medesimo come luogo di incontri mafiosi o di ricezione di pagamenti usurari ed estorsivi, al controllo delle visite mediche e degli interventi chirurgici, con la compiacenza o la sottomissione del personale, in violazione di qualsivoglia regola interna; dai favoritismi illeciti al clan per false perizie o falsi referti al controllo del clan sulle ditte esterne appaltatrici di servizi vari, primo dei quali quello di pulizia [...]. Emergono elementi particolarmente allarmanti quanto alla pericolosità del sodalizio in disamina, in relazione al suo potere di corrompere ed infiltrarsi in strutture pubbliche e di pubblica necessità.

(*Ibidem*)

Lo scenario che viene fuori dalle indagini è tale da indurre il ministro della Salute Giulia Grillo a minacciare lo "scioglimento" dell'ospedale.

> Lo Stato c'è e questo segnale che arriva oggi è un segnale importantissimo, anche se è una ferita che lascia una criminalità che si è impossessata di un ospedale dando quindi una mazzata alla qualità dei servizi di questo ospedale. Ma noi non arretriamo di un passo, anzi proprio questo ci deve dare il coraggio e la forza di combattere e di migliorare [...]. Io chiedo di porre l'attenzione su questo ospedale e se è necessario, e a mio avviso lo è, convocare il comitato di accesso e quindi immaginare di sciogliere per infiltrazione mafiosa l'ospedale San Giovanni Bosco e dare ai cittadini una sanità degna di questo nome. È evidente che c'è stato negli anni qualcuno che avrebbe dovuto avere più coraggio, perché lo capisco che esiste la paura, ma esiste anche il coraggio. Evidentemente quel coraggio è mancato. Adesso bisogna ripartire da zero e i cittadini di Napoli devono sapere che dalla loro parte ci sono tutte le istituzioni, incluso il ministero della Salute.
>
> (www.youtube.com/watch?v=yCE0Er35F8E)

La promessa del ministro Grillo non si concretizzerà, non verrà adottato nessun provvedimento sanzionatorio. Ma probabilmente un lavoro di bonifica non va fatto solo al San Giovanni Bosco. Secondo il collaboratore di giustizia Mario Lo Russo, infatti, anche altre strutture sono fortemente condizionate dalla camorra:

> L'ospedale San Giovanni Bosco è in mano ai Contini, come impresa di pulizie, forniture, lavanderia; come lo facevamo noi nelle nostre zone, al Policlinico, e Cimmino ai Cardarelli, così lo facevano loro nelle loro zone. Già tanti anni fa avvenne questa divisione degli ospedali tra i clan, secondo il controllo territoriale camorristico. Se noi avevamo bisogno di qualcosa dal San Giovanni Bosco bastava chiamare Ettore Bosti e lui chiamava chi di dovere e tutti si mettevano a disposizione.
>
> (*Ibidem*)

Dunque, al San Giovanni Bosco i camorristi godono di uno scandaloso potere. E sono anche un punto di riferimento per tanti che ci lavorano. In un caso, ad esempio, c'è stato un medico che temeva di essere picchiato da due persone entrate nel suo studio: invece di avvertire la polizia ha preferito chiamare un affiliato ai Contini affinché si precipitasse in ospedale per costringere gli assalitori ad andare via. Missione poi brillantemente compiuta con grande soddisfazione da parte del professionista e dei suoi amici. In sostanza quel medico si è fidato più dei camorristi che dello Stato. Inutile, però, nascondersi: dietro alcuni comportamenti di complicità o addirittura di mortificante sudditanza nei confronti degli uomini del clan, c'è la paura. Una paura figlia della consapevolezza che in determinate circostanze esiste una sola legge, quella dei criminali. Intendiamoci: non è un alibi, non potrà mai esserlo, e non sono affatto rari i casi in cui la disponibilità è il frutto di una cinica convenienza. Ma è altrettanto innegabile che quando sai che una cosca bulimica e violenta gestisce tutto o quasi, ribellarsi diventa più complicato.

Bosti torna libero. Anzi, no

Nella primavera del 2020 l'Alleanza di Secondigliano torna a catturare l'attenzione. Accade perché il nome di Patrizio Bosti finisce su tutti i giornali e nei tg nazionali. L'ondata di popolarità è dovuta alla sua clamorosa scarcerazione accompagnata da un altrettanto clamoroso risarcimento di 2672 euro per "danno da sovraffollamento". Uno dei vertici di una potente organizzazione che esce dal carcere con tre anni di anticipo (anche se sottoposto alla libertà vigilata) e per giunta con un indennizzo (seppur modesto): è una pessima notizia per chi crede che esista una giustizia equa. A inquietare è il fatto che sia tornato in libertà un soggetto che le sentenze hanno indicato come un big dell'Alleanza di Secondigliano, un clan in piena attività; anzi, durante i dodici anni di detenzione di Bosti (era stato arrestato nel 2008) il gruppo invece di indebolirsi si è irrobustito. "'O Patrizio", però, ha portato a casa un risultato senza alcuna forzatura: i suoi avvocati sono stati bravi nell'utilizzare i benefici previsti dalla legge, come ricostruisce Dario Del Porto:

> Bosti ha finito di scontare un cumulo di complessivi trent'anni di reclusione, frutto di otto sentenze di condanna per reati che vanno dall'associazione camorristica, al concorso in omicidio, alle scommesse, estorsione e falso tutti con l'aggravante mafiosa. Il "fine pena" era fissato a dicembre del 2023. Ma Bosti ha potuto beneficiare non solo alla liberazione anticipata prevista dalla legge Gozzini, ma anche di un ulteriore beneficio che gli è stato riconosciuto sulla base di una norma introdotta nel 2014 a favore dei reclusi che avrebbero subito in cella un trattamento "inumano e degradante", ritenuto non in linea con quanto previsto dall'articolo 3 della Convenzione europea per la salvaguardia dei diritti dell'uomo. Bosti, detenuto ininterrottamente dall'agosto 2008, quando fu arrestato a Girona, in Spagna, ha girovagato per quasi tutti gli istituti penitenziari d'Italia. Per ciascuno di questi periodi, i suoi legali hanno eccepito un trattamento contrario alle norme europee: celle troppo piccole e sovraffollate, senza acqua calda e con riscaldamento malfunzionante, oppure senza la doccia nel bagno.
>
> («la Repubblica», 15 maggio 2020)

Ma se sul piano squisitamente tecnico non c'è nulla da eccepire, non si può non valutare la faccenda da un punto di vista pratico. Maria Vittoria De Simone, un magistrato che ha lungo indagato sull'Alleanza, segnala gli effetti che produce la scarcerazione del cognato di Eduardo Contini:

> Con Patrizio Bosti di nuovo libero, l'Alleanza di Secondigliano diventerà ancora più forte. Quest'organizzazione ha conservato intatto il suo potere criminale

in tutti questi anni nonostante i capi fossero reclusi al carcere duro. Adesso che uno dei suoi fondatori è tornato sul territorio, la rete di collegamenti e di affari si ricompatterà in maniera drammatica.

(*Ibidem*)

Quattro giorni dopo a casa di Patrizio Bosti bussa la polizia per dargli una brutta notizia: i calcoli sono stati rifatti e si è scoperto che deve scontare ancora 6 anni, 8 mesi e 7 giorni. E così torna mestamente nel carcere di Parma, ristretto al 41 bis. Chissà se quando uscirà – nel febbraio del 2027 – l'Alleanza di Secondigliano sarà ancora lì dove l'ha lasciata. Ammesso che non trovi un nuovo cavillo per uscire prima.

Gionta

Sono ancora in circolazione. Certo, hanno perso il loro quartier generale, il capo storico è in galera da un pezzo e un grappolo di pentiti ha portato alla cattura di decine e decine di affiliati, compresi i figli e i parenti del boss. Ma anche se l'esercito è stato smembrato e il pozzo degli affari si è in buona parte prosciugato, i Gionta sono ancora lì a dominare tra strade e vicoli, a spacciare droga, a imporre il pizzo, a uccidere i nemici.

Nell'eterno braccio di ferro con le mafie, Torre Annunziata rappresenta indubbiamente una partita che non si è ancora chiusa.

Ma da qualsiasi angolazione si voglia osservare la vicenda, il dato innegabile è che il clan fondato negli anni '70 da Valentino Gionta detta ancora legge in una città che sarebbe potuta diventare un gioiello sul piano turistico e industriale. È fuor di dubbio che negli anni molte cose sono cambiate, ma la cosca della quale aveva spesso scritto il giornalista Giancarlo Siani – assassinato nel 1985 – gode ancora di una discreta salute. Sul piano repressivo i risultati ottenuti sono indiscutibilmente notevoli, ma com'è accaduto pure altrove il colpo del kappaò non è mai stato inferto. Anche perché alla repressione non si è sommata una progressione socio-culturale in grado di rovesciare completamente la situazione. E tirando un bilancio non si può non prendere atto che a trentacinque anni dal delitto Siani, i protagonisti delle cronache locali siano ancora loro, i Gionta. Il capoclan Valentino è dietro le sbarre e da lì non esce; ma nipoti, cognati, generi e parenti vari sono riusciti a ricompattarsi e a riprendersi in parte gli spazi che avevano perso.

Dunque, Siani non c'è più ma trentacinque anni dopo il suo assassinio i Gionta ci sono ancora. E, come dimostrano le cronache recenti, a Torre Annunziata si continua a sparare mentre la gente perbene non ha forse mai smesso di avere paura.

Dai "francesi" a don Valentino

Negli anni '70 lo scacchiere criminale di Torre Annunziata non è affollato, ma ci sono due gruppi che hanno faticosamente trovato un equilibrio. Valentino Gionta sta con l'organizzazione più forte, quella dei cosiddetti "francesi" al cui vertice c'è Felice Losco, personaggio che si è legato a Raffaele Cutolo e alla nascente Nuova camorra organizzata. I "francesi" dividono territorio e affari con i "cavalieri", soprannome affibbiato alla fazione che fa capo a Raffaele Gallo. Il contrabbando di sigarette e le estorsioni rappresentano i business più diffusi e di denaro ne circola abbastanza per tutti, per cui farsi la guerra non conviene a nessuno. Però a un certo punto il clima di pacifica coabitazione viene smorzato da Gianfranco Losco, fratello di Felice, il quale compie un gesto che appare una provocazione: va a chiedere il pizzo al titolare di una bisca clandestina che è pur vero che rientra nella zona sotto il suo controllo, ma è gestita da Gallo. Come se non bastasse, alla richiesta di denaro Losco junior aggiunge l'ordine di sloggiare: cioè Gallo può continuare a fare il biscazziere ma da un'altra parte. I protagonisti di questa storia non hanno il fair play di un giocatore di bridge, per cui la situazione ci mette poco a degenerare. Raffaele Gallo ritiene di aver subito un indigeribile torto, e a quel punto prima tenta di uccidere Losco junior, però gli va male; poi ci riprova assaltando la sua abitazione, ma gli va male anche in questa seconda occasione. La pace viene spazzata via da una guerra che lascia su entrambi i fronti parecchi morti, tra i quali c'è un fratello di Felice Losco assassinato il 23 aprile del 1981. L'omicidio finisce sui giornali di tutta Italia perché circa trecento persone, tra familiari e amici della vittima, invadono il piazzale antistante la sala mortuaria dell'Ospedale Civile di Torre Annunziata pretendendo la restituzione della salma prima che venga sottoposta all'autopsia. Qualcuno più esagitato provoca dei danni alle strutture e prima che possa combinare altri guai viene bloccato dall'intervento dei carabinieri. Il conflitto si chiude con un esito sorprendente: Gionta abbandona i Losco al loro destino (saranno progressivamente emarginati per poi sparire) e si allea con i Gallo. Nasce così un clan Gionta-Gallo che col passare dei mesi diventa sempre più forte e al quale si aggregano i Limelli-Vangone, un altro gruppo fondato sui vincoli familiari (i capi sono cognati) e presente nei comuni di Boscotrecase e Boscoreale, geograficamente contigui a Torre Annunziata.

Nella squadra di Cosa Nostra

A cementare l'alleanza è però un altro passaggio fondamentale: l'ingresso nelle fila della mafia siciliana. Almeno la metà dei componenti della banda ha prestato giuramento a Poggio Vallesana, a Marano, nella tenuta dei fratelli Nuvoletta il cui prestigio è elevatissimo perché sono iscritti all'esclusivo club di Cosa Nostra: anche loro si siedono attorno al tavolo della Cupola, dove sono rappresentati da Michele Greco detto "il Papa".

Quella dell'affiliazione è una cerimonia breve, sobria, lontana dalle ricostruzioni letterarie o cinematografiche: poche persone attorno al tavolo – oltre al neo adepto, il suo compare e uno o due fratelli Nuvoletta – e un posacenere sul quale poggiare il santino mentre brucia dopo il giuramento; accanto una pistola.

L'appartenenza alla mafia siciliana di molti esponenti del clan Gallo-Gionta-Limelli sarà sconosciuta agli inquirenti per svariati decenni, almeno fino a quando Salvatore Migliorino, nel 1993, non deciderà di collaborare con la giustizia. Al Pm Armando D'Alterio, che sta indagando pure sull'omicidio di Giancarlo Siani, Migliorino rivelerà:

> Per prima cosa dovete sapere che io non sono un camorrista, sono un mafioso. Insieme a tanti altri del gruppo Gionta sono stato affiliato a Cosa Nostra nella tenuta dei Nuvoletta a Marano.
>
> (Bruno De Stefano, *Giancarlo Siani. Passione e morte di un giornalista scomodo*, Perrone 2012)

E nell'audizione davanti alla Commissione parlamentare antimafia, Migliorino spiegherà com'è andata quando è toccato a lui:

> C'erano persone già facenti parte di Cosa Nostra. C'era una pistola a tavola, un posacenere. Poche parole ma ben calibrate. Mi misero un santino in mano, lo bruciarono. Dice: non bisogna mai rivelare l'appartenenza a Cosa Nostra, non dire mai gli appartenenti di Cosa Nostra, non avere rapporti con carabinieri, polizia e via discorrendo, mantenere segreta l'entità di Cosa Nostra, se no si brucerà come si brucerà questo santino, che mi bruciavano in mano. Dopo di che buttai la cenere nel posacenere, il mio referente, che era Eduardo Di Ronza, prese un ago, mi punse l'indice, si punse anche lui, ci stringemmo la mano, ci baciammo e così feci anche con gli altri. Baciai tutti quanti gli altri presenti. Dopo di me vennero altre persone con lo stesso rito. Rimasi nella stanza perché già facevo parte di Cosa Nostra. Quale era la differenza fra appartenere a Cosa Nostra e appartenere alla camorra? La differenza era talmente tale da potere dire: noi apparteniamo a Cosa Nostra, ci sentiamo diversi dagli altri per mentalità, per modo di vivere e via discorrendo, anche quella presunzione di avere amicizie con personaggi di spicco, di rilievo. Dovevamo avere un modo di vivere, prima di tutto dovevamo considerare la nostra fedeltà alla famiglia, non avere altre donne. Questa era una regola di Cosa Nostra, che poi quasi nessuno rispettava [...] in effetti nessuno l'ha mai rispettata, incominciando da me, chiedo scusa.
>
> (Audizione del 12 novembre 1993)

Tra i nomi dei soggetti arruolati con certezza nella mafia siciliana, il pentito cita quelli del boss Valentino e di Pasquale ed Enrico Gallo.

La guerra alla NCO di Raffaele Cutolo

La criminalità a Torre Annunziata è particolarmente radicata. Come ricordato, inizialmente c'è un clan composto dalle famiglie Gionta, Gallo e Limelli. È una coalizione dalla discreta compattezza nonostante la presenza di più galli nello stesso pollaio. Nessuno, però, osa pestarsi i piedi perché uno scontro non sarebbe assolutamente tollerato dalla famiglia gerarchicamente posizionata sulle loro teste, ovvero i Nuvoletta. Tutto fila liscio fino alla metà degli anni '70: estorsioni e contrabbando di sigarette continuano a rappresentare le attività più redditizie e non c'è nulla che possa mettere a repentaglio un tran tran che solo di rado viene interrotto dalle forze dell'ordine. I tre clan torresi devono però darsi da fare quando all'orizzonte appare la sinistra figura di Raffaele Cutolo, il boss di Ottaviano a capo della sua Nuova camorra organizzata. Eseguendo gli ordini dei Nuvoletta, l'alleanza Gionta-Gallo-Limelli è chiamata ad occuparsi dei cutoliani, una operazione che riesce in pieno perché la NCO a Torre Annunziata non attecchisce. Nel frattempo, però, carabinieri, polizia e guardia di finanza cominciano a monitorare la zona e a fine febbraio del 1981, al termine di un'inchiesta lunga e complessa, l'Arma chiede al tribunale di Napoli l'applicazione della sorveglianza speciale per una dozzina di presunti camorristi; nell'elenco figurano anche i nomi di Valentino Gionta e di Enrico, Francesco e Gennaro Gallo.

Il clan Gionta si dedica in particolare al commercio di cocaina che arriva spesso dalla Sicilia a bordo di camion, ben nascosta in mezzo ad altre merci. Sull'isola il referente principale è Mariano Agate, padrino di Mazara del Vallo. Ogni carico va dai 15 ai 20 chili: pagata intorno ai 50 milioni, la droga viene venduta a cifre che oscillano tra i 70 e gli 80 milioni. Del coinvolgimento della mafia torrese nel narcotraffico ne parla il pentito Carmine Schiavone, per diversi anni al vertice del clan dei Casalesi:

> Già a fine anni '70 Valentino Gionta lavorava nella droga insieme a Aniello Nuvoletta; nel senso che Aniello Nuvoletta, Lorenzo e Tonino Nuvoletta acquistavano la droga in Sud America e rifornivano Valentino Gionta per l'importo di un chilo-due chili alla settimana. Inoltre i Nuvoletta investivano nel contrabbando di sigarette fatto da Gionta, nel senso che una quota del 50% delle somme investite da Gionta nel contrabbando era di Nuvoletta, il quale a sua volta, nel contrabbando, investiva i soldi dei siciliani. Anche noi del gruppo Bardellino (nell'82 il gruppo Bardellino comprendeva mezza Campania, Alfieri, Galasso, noi Casalesi e molti altri) investimmo nel contrabbando in società con Michele

Zaza e Gionta, nel senso che noi mettemmo i soldi e loro eseguirono materialmente l'operazione caricando le sigarette su di una nave; questa nave fu presa dalla Finanza. Raffaele Ferrara disse a Bardellino che probabilmente erano stati proprio i Nuvoletta a provocare il sequestro della nave per toglierci da mezzo al contrabbando [...]. Io inoltre conoscevo sia Angelo Nuvoletta che Valentino Gionta, oltre agli altri fratelli Nuvoletta. So che Angelo Nuvoletta è quello che era addetto a "battezzare", cioè alle "pungiture" dei nuovi mafiosi e che proprio Angelo Nuvoletta ha "punto" Valentino Gionta, a Marano, per l'affiliazione a Cosa Nostra [...]. Gionta era il capozona di Nuvoletta per Torre Annunziata, Boscoreale e Boscotrecase; zone nelle quali avevamo come nostro capozona Angioletto Visciano, detto 'o capraro. Inoltre, all'epoca dell'omicidio Siani, il comune di Torre Annunziata, cioè i politici di Torre Annunziata che stavano al comune, faceva capo a Gionta, e noi cercavamo anche di scardinare questa posizione dei giontiani nel comune, per acquisire noi il potere.

(Ordinanza di custodia cautelare nei confronti di Nuvoletta Angelo + 19)

I Gionta la droga non la spacciano, semplicemente fanno i grossisti. Vendere cocaina e non eroina sarebbe stata, in parte, una scelta "etica" imposta da don Valentino in persona. Almeno questo è quello che il pentito Salvatore Migliorino dichiara in un'audizione all'Antimafia. Alla domanda del presidente Luciano Violante sul perché, il collaboratore di giustizia risponde:

Prima di tutto perché la cocaina è più smerciabile. All'eroina eravamo contrari, diciamo per coscienza umanitaria, perché era un prodotto... ecco, era distruttivo. La cocaina era invece un prodotto di vizio, che non portava alla distruzione fisica della persona. Cioè, anche la cocaina porta alla distruzione fisica della persona, però... era meno eclatante dell'eroina.

(Commissione parlamentare antimafia, audizione del 12 novembre 1993)

Gionta, comunque, non vuole che si spacci al dettaglio perché la presenza nelle strade di pusher e di tossicodipendenti attira inevitabilmente l'attenzione di polizia e carabinieri, e per uno cresciuto alla "scuola" dei mafiosi siciliani la tranquillità è tutto.

Una flotta per le "bionde"

Per i Gionta il contrabbando di sigarette è un'altra risorsa importante. Dalla metà degli anni '80 la flotta conta più di venti scafi impegnati perlopiù sulle coste della Puglia perché la merce è dall'altra parte dell'Adriatico, come spiega il pentito Migliorino:

C'avevano delle navi madre fuori delle coste della Jugoslavia; anzi, ancora prima in Albania, in Durazzo. Da lì poi ci fu quel famoso decreto che dovevano chiudere con il contrabbando; ci fu un'evoluzione politica in Albania e troncarono con il contrabbando e lo spostarono in Jugoslavia, verso Zara.

(*Ibidem*)

La prima disavventura di Valentino Gionta risale al 1982, quando viene arrestato mentre partecipa a una riunione con altri soci. Insieme a lui finisce in manette anche il padre Aldo. I carabinieri sequestrano pure due pistole e 145 milioni di lire in contanti. Chiamato a rispondere dell'accusa di essere un contrabbandiere di sigarette, durante un processo Valentino Gionta non nega di aver posseduto motoscafi e auto, di aver avuto alle proprie dipendenze molte persone e di aver autorizzato i propri collaboratori ad arruolare manodopera per la formazione degli equipaggi dei motoscafi. Secondo i magistrati, però, quelle ammissioni non sono il frutto di una passeggera crisi di coscienza; anzi, quella confessione è un modo per far capire a tutti che lui non è un semplice contrabbandiere ma un "capo":

Osserva sul punto il Pm che, tenuto conto della indiscussa statura criminale del Gionta, tali ammissioni furono solo apparentemente ingenue; esse in realtà furono perfettamente in linea con il comportamento di chi, nell'ambito del primo significativo approccio con l'autorità giudiziaria, nella qualità, riconosciutagli dalla stessa, di capoclan, tende a porsi non più come semplice pregiudicato, ma come vero "capo", nell'ambito di un misto di reticenza e di autocompiacimento per il ruolo rivestito, che spinge, pur nell'ambito di un comportamento complessivamente omertoso, a lanciare messaggi all'interlocutore circa la propria statura criminale.

(Ordinanza di custodia cautelare nei confronti di Nuvoletta Angelo + 19)

Il bunker della famiglia

Il quartier generale della famiglia è Palazzo Fienga, altrimenti detto "il quadrilatero delle carceri": è, infatti, un quadrilatero di costruzioni nel quale vivono il boss, i suoi familiari e una folta pattuglia di affiliati. Lì dentro si sentono tutti al sicuro dalle aggressioni delle cosche concorrenti e dalle intrusioni delle forze dell'ordine. Oltre alle telecamere installate un po' dovunque, le abitazioni sono protette da finestre blindate, da porte d'ingresso in acciaio e da cancelli che separano un piano dall'altro. Sul tetto stazionano dei cani, in prevalenza pastori tedeschi pronti ad azzannare ospiti sgraditi.

Nella casa di don Valentino e in quella del consuocero Giuseppe Caso sono stati ricavati dei nascondigli; ma pure in alcuni appartamenti (sicuramente in quello occupato da Salvatore Migliorino) ci sono dei rifugi ben occultati da utilizzare per dare ospitalità ai latitanti. Quanto al consumo di energia elettrica, non c'è da preoccuparsi per le bollette: gli allacciamenti sono tutti abusivi. Stesso discorso per le linee telefoniche.

A vigilare sulla serenità del capo e dei suoi più stretti collaboratori ci sono le sentinelle che prestano servizio nei pressi dello stabile. Si tratta di soggetti che hanno l'aria degli sfaccendati, invece stazionano nei dintorni di Palazzo Fienga per svolgere almeno due compiti: controllare se la zona è bazzicata da avversari e facce sconosciute, e intralciare l'arrivo della polizia, della guardia di finanza e dei carabinieri, che così sono costretti a perdere del tempo prezioso per sgomberare la folla o per controllare e identificare i "volontari" che bloccano la strada con mille stratagemmi. I Gionta si sentono padroni del territorio al punto che in qualche circostanza minacciano apertamente le forze dell'ordine. Come accade il 5 settembre del 1991, intorno alle 18: i carabinieri si lanciano all'inseguimento di due sospetti in sella a uno scooter che si infila dentro Palazzo Fienga, ma la corsa della pattuglia finisce prima perché davanti all'auto in pochi istanti viene eretto un muro umano formato da diversi fiancheggiatori che impediscono ai militari di proseguire. In mezzo al gruppetto ci sono pure alcuni bambini chiamati in fretta e furia a partecipare alla sceneggiata. Un componente del clan Gionta si avvicina ai carabinieri e poggiandosi al finestrino dice con tono minaccioso: «Però non si fa così. Dovete stare attenti, con tutte le persone in mezzo alla strada. State attenti perché un giorno di questi potete anche andare a spiaccicarvi contro il muro… Non si sa mai… i freni potrebbero non funzionare… una cosa… l'altra».

Se quando sono a Palazzo Fienga i boss sono protetti da uno schieramento assai folto, non sono mai soli pure quando si allontanano dal "quadrilatero". Una "scorta" ce l'hanno Giuseppe Caso e Alfredo Sperandeo: quando entrambi devono andare a firmare presso il Commissariato di polizia perché sottoposti alla sorveglianza speciale, ci sono sempre uomini armati che, soprattutto in moto, li precedono nel percorso assicurandosi che lungo la strada non ci siano nemici in agguato.

Va riconosciuto che don Valentino e i suoi boys quando pensano a proteggersi non lasciano nulla al caso. Palazzo Fienga è un fortino inaccessibile, controllato da decine e decine di telecamere, ma è innegabile che non si può stare proprio tranquilli perché il nemico numero uno (magistrati, carabinieri, poliziotti e finanzieri) dispone di mezzi più sofisticati grazie ai quali può intrufolarsi in ogni modo. Per questo motivo i Gionta hanno rapporti con una società che è in grado, attraverso il rilievo delle frequenze, di verificare se un determinato numero di telefono è sottoposto a intercettazione. Un vantaggio non da poco che spesso rende le indagini decisamente più complicate.

Con Valentino si guadagna bene

A Torre Annunziata i Gionta acquisiscono un consenso sociale altissimo perché offrono lavoro a soggetti che altrimenti farebbero la fame. Lavorare per don Valentino è gratificante sotto il profilo economico. Negli anni '90 lo stipendio mensile per chi non è affiliato a Cosa Nostra si aggira tra i 2 e i 4 milioni, mentre chi ha giurato fedeltà alla mafia siciliana può portare a casa consistenti quote di ogni affare, quindi i milioni posso diventare molti ma molti di più. Chi nel frattempo è stato arrestato o, peggio ancora condannato, non deve disperarsi: ogni mese alle mogli, alle madri, alle sorelle o ai figli viene consegnata una busta con dentro del denaro a sufficienza per vivere dignitosamente.

Come ogni buon leader che si rispetti, don Valentino dimostra di non essere avido ma di tenere in grande considerazione le esigenze delle sue truppe. In una conversazione intercettata dagli investigatori nel carcere di Ascoli Piceno, il boss rivela a un suo sottoposto che ha intenzione di far depositare in banca 900 milioni di lire da destinare agli uomini del clan, affinché tutti godano della necessaria tranquillità economica.

Il denaro non serve soltanto a pagare i "dipendenti" ma pure a fare fronte a spese extra, come – ad esempio – comprare il silenzio. Una donna assiste all'omicidio di Alfredo Nasti, vicino ai Limelli, ucciso nella macelleria del cognato, e riferisce agli inquirenti ciò che ha visto. Il clan le fa recapitare subito la modesta somma di 200.000 lire per ritrattare al processo, con la promessa che per il suo silenzio riceverà un tot di soldi al mese. La donna in aula ritratta, poi ammette di aver taciuto ma non per la vil moneta:

> È vero. Mi ha dato duecentomila lire per ritrattare sulla causa ed io così ho fatto, dicendo che non avevo visto niente e che non mi ricordavo niente. Io l'ho fatto per paura, perché io avevo detto la verità nelle dichiarazioni fatte alla polizia ed al giudice della procura.
>
> (Ordinanza di custodia cautelare nei confronti di Nuvoletta Angelo + 19)

Non tutto fila sempre liscio e le rogne non mancano mai. Come quando gli rovinano un giorno che doveva essere gioioso per tutta la famiglia: il 20 marzo del 1983 la prima comunione dei figli di Valentino, celebrata in un ristorante di Boscotrecase, viene interrotta dall'arrivo dei carabinieri del Nucleo operativo di Castello di Cisterna che sequestrano sei pistole e un mitra. Gionta e il sodale Enrico Gallo finiscono in galera insieme ad altri otto invitati dal notevole curriculum malavitoso.

Il mercato del pesce

I Gionta controllano pure il mercato del pesce: condizionano l'attività con una società a loro riconducibile e incassano il pizzo dai commercianti senza mai ricorrere alle maniere forti. Tanto non è necessario alzare la voce, a Torre Annunziata tutti sanno chi comanda e cosa succede a chi non obbedisce. Quando però le forze dell'ordine avviano una approfondita indagine sul racket, le vittime trovano il coraggio necessario per ribellarsi e confessano di versare periodicamente dei soldi agli esattori della cosca. Gli elementi per incastrare gli avvoltoi del clan ci sono tutti, finalmente il tempo dell'impunità e del terrore sembra finito. Ma l'entusiasmo si sgonfia al dibattimento, dove si registra un clamoroso dietrofront: la paura prevale, le ritrattazioni sono numerose e il castello accusatorio si sgretola fino a trasformarsi in una pioggia di assoluzioni che rende i Gionta ancora più forti e invulnerabili. Fortunatamente il lavoro degli investigatori non andrà completamente disperso perché la collaborazione di personaggi di primo piano, come Salvatore Migliorino e Gabriele Donnarumma (cognato di Valentino), fornirà ulteriori elementi per dimostrare che al mercato ittico il pizzo viene pagato in silenzio da decine e decine di commercianti. La società riconducibile ai Gionta, invece, serve a nascondere le estorsioni facendole passare per un normale fatturato.

La strage di Sant'Alessandro

La guerra a Cutolo si chiude con la schiacciante vittoria del fronte che va da Alfieri a Nuvoletta, ma è proprio quando le acque smettono di agitarsi che arrivano i guai. Antonio Bardellino, che fino allo scontro con i cutoliani era stato con i Nuvoletta e i Gionta, volta le spalle ai suoi compagni di strada e si schiera apertamente con la Nuova Famiglia capeggiata da Carmine Alfieri e Pasquale Galasso. Don Valentino e i suoi, invece restano fedeli alla famiglia mafiosa di Marano e si coalizzano con il gruppo di Michele D'Alessandro, egemone a Castellammare di Stabia. L'alleanza che ha fatto muro contro la NCO va incontro a una disgregazione che riaccende rancori mai sopiti e produce una spaventosa ondata di omicidi, alcuni dei quali resteranno nella storia della criminalità organizzata. La tensione, peraltro già altissima, si manifesta il 20 maggio del 1984 con l'assassinio di Leopoldo Del Gaudio, legato a Ferdinando Cesarano, capozona a Pompei e autorevole componente della direzione strategica della Nuova Famiglia. È un omicidio che porta la firma dei giontiani ed è un guanto di sfida scagliato con arroganza sulla faccia degli avversari. Un guanto di sfida che la triade Alfieri-Galasso-Bardellino raccoglie e al quale replica alzando di parecchio il tiro. La prima vendetta per la morte di Del Gaudio si registra con una operazione che fino al giorno prima sembrava inimmaginabile: penetrare nel bunker dei Nuvoletta e uccidere don Lorenzo e i suoi fratelli. Il blitz avviene il 10 giugno del 1984 quando un commando di uomini della Nuova Famiglia fa irruzione a Poggio Vallesana, quartier generale dei padrini maranesi. L'obiettivo è sterminare l'intera famiglia, ma il bilancio alla fine è assai più contenuto: l'unico a morire ammazzato è Ciro Nuvoletta; i fratelli Lorenzo e Angelo riescono a salvarsi. E si salvano pure alcuni big dei Gionta: quel giorno don Valentino e i suoi più stretti collaboratori erano a Poggio Vallesana, sono riusciti a nascondersi e a evitare la caccia all'uomo. Nonostante la vittima sia stata una sola, l'episodio è grave assai: non è mai accaduto che esponenti di Cosa Nostra subissero, in casa propria, un affronto così intollerabile. I Nuvoletta decidono di rispondere immediatamente con la fondamentale collaborazione della cosca di Torre Annunziata. La reazione è fulminea: nello stesso pomeriggio del 10 giugno, quindi a poche ore dall'assalto a Poggio Vallesana, vengono ammazzati Nicola Cipolletta, considerato legato a Bardellino, e soprattutto Francesco Generoso, cognato di Angelo Visciano, l'uomo di Alfieri che controlla l'area tra Boscotrecase e Boscoreale. A quel punto è facile prevedere che la NF torni di nuovo all'attacco, ma nessuno potrebbe ipotizzare la controffensiva alla quale lavorano Alfieri, Galasso e gli altri. Don Valentino e i suoi non sanno, infatti, che il nuovo bersaglio saranno proprio loro e che i nemici la rappresaglia stavolta l'hanno studiata davvero per bene: non risponderanno con un omicidio ma con una strage. Su questo punto Carmine Alfieri spiegherà ai Pm di Napoli:

> La causa scatenante di quell'intervento (la strage di Torre Annunziata, n.d.P.M.) fu l'omicidio di Leopoldo Del Gaudio, ciò in quanto tale omicidio rendeva estremamente pericolosa la posizione di Ferdinando Cesarano stretto territorialmente fra i Gionta da un lato e i D'Alessandro dall'altro, fedelissimi in quel periodo dei fratelli Nuvoletta [...]. Lo scontro con i Nuvoletta, Gionta e D'Alessandro era ormai aperto a seguito di questo omicidio e dovevamo necessariamente agire per dimostrarci più forti. Cominciò dunque a farsi tra di noi strada l'idea di una azione eclatante contro i Gionta.
>
> (Procedimento nr. 9086/1992 D.D.A. nei confronti di Agizza + 101)

Dentro la Nuova Famiglia ci sono però idee divergenti su come castigare i Gionta. C'è chi vorrebbe limitarsi a una iniziativa "chirurgica", cioè uccidere qualche pezzo da novanta della cosca torrese; ma c'è soprattutto chi – ed è la maggioranza – ha intenzione di compiere una carneficina. Perché eliminare qualcuno di importante è un'ottima cosa ma compiere "un'azione eclatante", per usare le parole di Alfieri, è un'altra. I mugugni di chi spinge per la linea morbida dell'omicidio "chirurgico" vengono spenti dall'aggressività di quanti invocano una implacabile ritorsione: i Gionta, questo è il senso del discorso, meritano una punizione esemplare, vanno decimati.

Il momento di sferrare l'attacco viene pianificato con grande meticolosità. Due uomini di Alfieri incaricati di effettuare dei sopralluoghi, per alcuni giorni salgono sul bus di linea che da Scafati va a Napoli perché passa proprio davanti al Circolo del Pescatore di Torre Annunziata, abituale ritrovo di don Valentino e dei suoi seguaci, e quindi così si può osservare da chi e da quanti il locale è frequentato. La scelta del bus di linea è dettata da motivi di opportunità: perlustrare la zona a bordo di una o più auto avrebbe potuto generare dei sospetti. Si decide, così, di compiere il raid domenica 26 agosto, il giorno di Sant'Alessandro, quando tutti i principali esponenti della cosca torrese devono partecipare a una comunione la cui cerimonia si tiene nella chiesa che sta proprio a due passi dal circolo. L'"azione eclatante", come la chiama Alfieri, inizia però prima dell'alba del 18 agosto del 1984, quando gli esponenti della NF rubano un bus delle autolinee Nepita di Marcellina, una frazione di Santa Maria del Cedro, un piccolo centro in provincia di Cosenza. Quando va a sporgere denuncia, il titolare della ditta Gaetano Nepita non riesce a capacitarsi del perché qualcuno abbia voluto portargli via quell'automezzo targato CS 214140 dall'insignificante valore economico. La spiegazione di quello strano furto arriva otto giorni dopo: domenica 26 agosto il bus rubato a Santa Maria del Cedro esce da un garage di Pompei – dov'era stato parcheggiato la notte precedente – per dirigersi verso Torre Annunziata. Al posto della targa CS 214140 ne ha un'altra che appartiene a una utilitaria rubata ad Avellino, e sul cruscotto è stato incollato un cartello con su scritto "bus turistico". A bordo non ci sono allegri vacanzieri in gita ma uno squadrone della morte armato come non mai: i killer hanno un fucile automatico calibro 12 da otto cartucce, quattro pistole Beretta calibro 7,65 bifilare, un revolver 38 special, un mitra Thompson calibro 45 con un caricatore da 30 colpi, una pistola calibro 9 parabellum, un revolver 38 special, un mitra Stern calibro 9, due fucili a pompa calibro 12, una pistola Beretta calibro 9 parabellum, un fucile a pompa calibro 12, un fucile automatico calibro 12.

Lungo la strada al bus si accodano, in ordine sparso, diverse macchine che saranno utilizzate per darsi alla fuga dopo il raid: una Giulietta, una Ford Sierra, un'Alfa 90, un'Alfa 33 e un'altra vettura di grossa cilindrata. Intorno a mezzogiorno l'autobus della ditta Nepita percorre le strade di Torre Annunziata, poi rallenta e si ferma davanti al Circolo del Pescatore. Quando gli assassini scendono dal mezzo si scatena un inferno, sembra la scena di un film pulp. Domenico Cuomo, uno dei componenti del commando, ricostruirà così gli attimi di quell'assalto:

> Arrivammo con il pullman di fronte o nei pressi del circolo. Ricordo che immediatamente il Moccia, dal finestrino del pullman, dal lato privo di portiere, sparò una raffica contro le persone che sostavano vicino al portone di cui ho già detto. Come ho poi saputo l'arma, cioè il mitra, si inceppò quasi subito. Non so se abbia sparato ancora o con altre armi. Io ed il Cesarano, scendendo dalla parte anteriore del pullman, ci portammo proprio di fronte al circolo ed io sparai contro alcune persone che vi sostavano davanti, colpendone alcune. Vidi il Valentino Gionta scappare dentro al locale, per cui mi gettai al suo inseguimento all'interno del circolo sparando sia con il fucile che con le pistole. A un certo punto, pensando di aver esaurito tutte le munizioni, pur non avendo colpito il Gionta, ma solo qualche giocatore, pensai bene di uscire, anche perché stavamo incontrando una certa resistenza. Gli altri scesero anch'essi dal pullman e si portarono chi di fronte al portone, chi a un'abitazione situata sopra al portone per trovare altri del clan Gionta. Ricordo che mentre scappavo fui colpito alla schiena e di fronte sia dal Gionta che da tale Giorgio Riso, che mi trovai di fronte a bordo di una motocicletta e a cui sparai ferendolo a mia volta, forse con l'ultima cartuccia che avevo ancora inserita nel fucile. I colpi del fucile erano cartucce a pallettoni. A quel punto non so come, intravidi le macchine che ci aspettavano per la fuga e salii con un ultimo sforzo sulla Sierra perdendo quasi subito i sensi. Mi sembra di ricordare che la Sierra era guidata da uno dei casalesi.
>
> (Procedimento nr. 9086/1992 D.D.A. nei confronti di Agizza + 101)

La spedizione si chiude con un bilancio pesante: i morti sono otto, 7 i feriti, tra cui una bambina colpita di striscio alla spalla destra. Tra le vittime – alcune inseguite, raggiunte e giustiziate – non c'è però l'obiettivo principale, cioè Valentino Gionta. Il boss, ben protetto dai suoi uomini, è riuscito a scappare e a salvarsi. Il messaggio però gli è arrivato forte e chiaro, è sul libro nero della Nuova Famiglia e il suo destino è segnato. La consapevolezza di poter finire al camposanto da un momento all'altro, lo spinge a darsi alla latitanza e a nascondersi in uno dei luoghi più sicuri al mondo per un mafioso: Poggio Vallesana, il fortilizio dei Nuvoletta. Al pari di altri padrini, pure Gionta vive perennemente con l'incubo di subire degli agguati. E soprattutto teme che una imboscata possa essergli tesa da nemici travestiti da carabinieri o poliziotti.

Il divorzio da Limelli

Strage a parte, è un periodo in cui non tutto fila liscio. Come detto, nel pollaio di Torre Annunziata ci sono troppi galli e c'è qualcuno che prova a smarcarsi. Come, ad esempio, Luigi Limelli: fino a un certo punto è un fedele alleato, poi approfittando dell'assenza di Valentino Gionta tenta di imboccare la strada dell'autonomia. Una strada che poi si rivelerà assai stretta prima di trasformarsi in un mortale vicolo cieco. Infatti finisce in mezzo alla guerra scatenata dall'omicidio di Leopoldo Del Gaudio: il gruppo di Alfieri decide di colpire i nemici e come obiettivo sceglie pure Limelli, che però scampa a un agguato. E dopo essere rimasto vivo, comprende che forse è il caso di schierarsi con quelli che volevano ammazzarlo. Per la NF il risultato è doppio: a Gionta non solo hanno strappato Limelli e i suoi uomini, ma riescono pure a portare dalla loro parte il clan di Michele D'Alessandro, che la fa da padrone a Castellammare di Stabia. I D'Alessandro erano sempre stati alleati con l'asse Nuvoletta-Gionta. Gli equilibri criminali si stanno quindi mescolando non poco. Dirà Alfieri:

> Dopo la strage di Torre Annunziata, dopo l'attentato di Luigi Limelli, Luigi Limelli fa in modo per venirsi a chiarire con la nostra organizzazione fino ad arrivare a un'alleanza dello stesso Luigi Limelli con la nostra organizzazione per il tramite di Visciano Angelo, di Martino Luigi e Falanga Felice, tramite il Limelli che era alleato all'epoca dei D'Alessandro riusciamo la nostra organizzazione, in questo caso poi gestita particolarmente da Cesarano, riusciamo a staccare i D'Alessandro dai Nuvoletta-Gionta ed avere un rapporto di alleanza con noi. Quindi ci sarà l'ennesimo passaggio di D'Alessandro da un gruppo al nostro [...]. Limelli Luigi, oltre a girarsi verso questi gruppi a noi affiliati, in quel periodo, si prodiga anche a fare girare o a mettere in contatto il gruppo di Cesarano, poi Alfieri e tutti noi del direttivo, con il gruppo di D'Alessandro Luigi di Castellammare di Stabia, in quanto il Limelli, con il D'Alessandro Luigi ed il suo gruppo, stava in buon rapporto; dopo poco tempo riusciremo anche ad avere una tregua, un'intesa con il gruppo di D'Alessandro Luigi tanto da pretendere e da chiederci di staccarsi dai Gionta/Gallo e dai Nuvoletta di Marano – cosa che nel tempo riusciremo.
>
> (Corte di Assise di Napoli, prima sezione,
> processo nr. 11/95 nei confronti di Archetti Biagio + 77)

Le giravolte servono a poco se non a procurarsi un maggior numero di nemici: Luigi Limelli resterà vivo solo fino al pomeriggio del 21 maggio del 1994 quando due sicari lo uccidono mentre è in auto con la moglie, fortunatamente rimasta illesa.

La cattura del padrino

A dieci mesi dalla strage nella quale sarebbe dovuto morire anche lui, Valentino Gionta viene arrestato. È la sera dell'8 giugno del 1985 quando intorno alle 21 i carabinieri lo bloccano a Marano mentre è a bordo di una Fiat Uno guidata da un suo amico, a poche decine di metri da Poggio Vallesana, il quartier generale della famiglia Nuvoletta. Il tizio al volante è Francesco Vasto, quello seduto al suo fianco invece dice di non avere appresso i documenti. I carabinieri però sono andati sul sicuro, sanno che quell'uomo è Valentino Gionta e lo ammanettano. Addosso gli trovano una pistola Browning priva di matricola e con il caricatore inserito. Il boss si consegna con rassegnazione ma non nasconde un certo stupore. Dalle parti di Poggio Vallesana raramente si sono visti rappresentanti delle forze dell'ordine, tant'è – come sosterranno numerosi collaboratori di giustizia – che dai Nuvoletta si sono tenuti diversi summit con centinaia di criminali arrivati da tutta la Campania, e nessuno se n'è accorto. E poi, sosterranno ancora i pentiti, è noto che mafiosi di Marano godano di coperture politiche che li tengono al riparo da attenzioni indesiderate. A ogni modo Gionta finisce in carcere perché accusato di una sfilza di reati: associazione per delinquere di stampo mafioso, omicidio e rapina. Insomma, i processi a cui dovrà sottoporsi potrebbero concludersi con condanne pesantissime. Nel clan sono in tanti a chiedersi com'è stato possibile che don Valentino sia stato arrestato proprio in un luogo blindato come Marano. Nessuno sa darsi una risposta, anche se alla domanda "com'è stato possibile?" una chiave di lettura la fornisce un giovane giornalista che si chiama Giancarlo Siani. È il corrispondente da Torre Annunziata per il quotidiano «Il Mattino» e conosce bene le dinamiche di quella città. Il 10 giugno pubblica un articolo che contiene spunti interessanti. Secondo Siani, infatti, non è da escludere che i Nuvoletta abbiano favorito la cattura del boss per firmare una sorta di armistizio con Antonio Bardellino, diventato nel frattempo uno dei più feroci nemici della famiglia di Marano:

> Potrebbe cambiare la geografia della camorra dopo l'arresto del super latitante Valentino Gionta. Già da tempo negli ambienti della mala organizzata e nello stesso clan dei Valentini di Torre Annunziata si temeva che il boss venisse "scaricato", ucciso o arrestato [...]. I maggiori interrogativi dovranno essere chiariti,

però, dal giudice Guglielmo Palmeri che si sta occupando dei retroscena della strage di Sant'Alessandro. Dopo il 26 agosto dell'anno scorso il boss di Torre Annunziata era diventato un personaggio scomodo. La sua cattura potrebbe essere il prezzo pagato dagli stessi Nuvoletta per mettere fine alla guerra con l'altro clan di "Nuova Famiglia", i Bardellino. I carabinieri erano da tempo sulle tracce del super latitante che, proprio nella zona di Marano, area di influenza dei Nuvoletta, aveva creduto di trovare rifugio [...]. Torre Annunziata diventa una zona che scotta. Gionta Valentino un personaggio scomodo anche per gli stessi alleati. Un'ipotesi sulla quale stanno indagando gli inquirenti e che potrebbe segnare una svolta anche nelle alleanze tra i clan della Nuova famiglia. Un accordo tra Bardellino e Nuvoletta avrebbe avuto come prezzo da pagare proprio l'eliminazione del boss di Torre Annunziata e una nuova distribuzione dei grossi interessi economici nell'area vesuviana.

(«Il Mattino», 10 giugno 1985)

Secondo Siani, dunque, Nuvoletta avrebbe tradito Gionta. È solo una ipotesi, molto probabilmente raccolta negli ambienti investigativi, ma è pur sempre solo una ipotesi. Però non è così irragionevole e potrebbe avere un suo fondamento perché negli ambienti criminali non tutti metterebbero la mano sul fuoco sulla lealtà dei Nuvoletta.

La sera del 23 settembre Giancarlo Siani viene assassinato in via Romaniello, a Napoli, mentre sta parcheggiando la sua Citroën Mehari verde. È la prima volta che in Campania uccidono un giornalista. Le indagini si dirigono immediatamente su Torre Annunziata, città dalla quale Siani – appena ventiseienne – scriveva per «Il Mattino». Quattro giorni dopo viene arrestato Alfonso Agnello, noto col soprannome di "chiò chiò": è un piccolo pregiudicato che bazzica il clan, è stato riconosciuto dal titolare di un garage. Il testimone sostiene di aver sentito degli spari e pochi istanti dopo Agnello gli è passato davanti puntandogli la pistola contro, mentre si dileguava insieme a un complice. A occhio e croce "chiò chiò" non ha il pedigree del killer al quale si affiderebbe un omicidio così delicato, ma in una conferenza stampa il procuratore capo Francesco Cedrangolo dice che non ci sono dubbi: i sicari che hanno sparato su Siani erano due, e uno dei due è Alfonso Agnello. C'è chi però è fortemente scettico: è l'ispettore di polizia Giuseppe Auricchio, in servizio al commissariato di Torre Annunziata, che a colleghi e amici confida: «Se è veramente lui il killer di Giancarlo, io mi dimetto dalla polizia».

Dopo pochi giorni le accuse crollano perché "chiò chiò" ha un alibi che è un impasto di ferro e cemento: stranamente lui lo aveva dimenticato, ma i familiari lo hanno tirato fuori dai guai ricordandogli che proprio nelle ore in cui si consumava l'omicidio del giornalista, era stato multato dai vigili urbani di Castellammare di Stabia perché in sella a un motorino aveva imboccato una strada contromano. Sembra una coincidenza incredibilmente singolare, ma è sufficiente ad azzerare l'inchiesta nonostante l'ottimismo del procuratore Cedrangolo. Successivamente si indaga in più direzioni, ma il lavoro degli inquirenti produce solo fuffa, tanta carta da mandare al macero e neppure uno straccio di prova. La magistratura napoletana annaspa sul caso Siani e ci rimette un po' di credibilità, peraltro già ammaccata dal processo al giornalista Enzo Tortora accusato di essere contiguo alla NCO di Cutolo. Sta di fatto che l'inchiesta sull'omicidio del giornalista va in letargo.

L'omicidio Gallo

Intanto l'offensiva della Nuova Famiglia non si ferma. Se l'arresto a Marano ha salvato la vita a Valentino Gionta, allora si cambia bersaglio: la vittima designata è Enrico Gallo, considerato uno degli uomini più pericolosi della cosca di Torre Annunziata. Ucciderlo significa raggiungere tre obiettivi: si prosegue nella vendetta per l'assassinio di Leopoldo Del Gaudio; s'indeboliscono i Gionta che perdono un prezioso alleato che si aggiunge alle defezioni del gruppo Limelli-Vangone transitato nella NF; e soprattutto si fa un favore all'amico fraterno Ferdinando Cesarano, la cui zona d'influenza confina proprio con quella di Gallo. La temperatura dello scontro s'impenna la sera del 9 ottobre del 1985. Intorno alle 20 Enrico Gallo esce da una bisca gestita da Vincenzo Esposito, detto "'''o carciuffolo", e sale sul suo scooter per dirigersi al centro di Torre Annunziata. All'improvviso arriva una macchina che lo investe e dalla quale scende un killer che lo finisce a colpi di pistola. Dirà Alfieri:

> La decisione di uccidere Enrico Gallo, della famiglia dei "Cavaliere" fu da noi assunta in quanto era un personaggio pericolosissimo, potente alleato di Valentino Gionta. Il delitto fu consumato dopo la strage di Torre Annunziata, in risposta ad altri omicidi commessi dal gruppo Gionta-Gallo come ritorsione per la strage, tra cui quello di tale "'o becchino" e quello del cognato di Angelo Visciano. Enrico Gallo era, secondo me, più pericoloso di suo fratello Pasquale. Un terzo fratello, o cugino, Francesco Gallo, era il più pericoloso di tutti i "Cavaliere": lo cercammo, per ucciderlo, parecchio tempo inutilmente.
>
> (Procedimento nr. 9086/1992 D.D.A. nei confronti di Agizza + 101)

Oramai è guerra dichiarata. Il clan torrese non resta con le mani in mano e reagisce eliminando due soggetti sospettati di essere coinvolti nel sostegno al commando che aveva ucciso Enrico Gallo, fornendo informazioni sugli spostamenti della vittima. Il primo a morire è Gennaro Esposito, assassinato il 15 dicembre del 1985, poi tocca allo zio Vincenzo Esposito, giustiziato il 17 maggio del 1986. A quest'ultimo era attribuita anche un'altra colpa: aver dato delle indicazioni al gruppo Alfieri-Galasso-Bardellino per la strage al Circolo dei Pescatori.

Lo scontro non risparmia nessuno, nemmeno le donne. Nel conflitto con la Nuova Famiglia perde la vita anche una ragazza di Scafati; ed è la prima volta che Carmine Alfieri, come ammetterà lui stesso, deroga a una regola non scritta e cioè che le donne non devono essere toccate. La vittima si chiama Giovanna Agnello, nota col soprannome di "'a gassusara" (venditrice di gazzose e bibite) e titolare di una rosticceria. Quando viene condannata a morte, la Agnello ha una sola colpa: pare stia dando il suo appoggio per un agguato in preparazione contro alcuni esponenti della Nuova Famiglia. A Scafati "'a gassusara" ha la rosticceria situata di fronte a un bar frequentato da affiliati alla coalizione di Pasquale Loreto, e gira voce che abbia fornito informazioni ai Gionta circa gli orari e le abitudini di alcuni suoi avventori da abbattere con i mitra. Non è da escludere che il suo locale possa essere usato dai killer come base dalla quale muoversi per portare a termine una imboscata. Il gruppo fedele alla NF decide di giocare d'anticipo e di tapparle la bocca per sempre: il suo tradimento non resterà impunito e i nemici sapranno che i loro piani sono stati oramai scoperti. Dirà Alfieri ai magistrati:

> Io sono stato informato ed ho dato il consenso [...]. Mi dicevano che questa donna era una infiltrata da parte del gruppo Gionta-Gallo... dicevano che questa era una donna pericolosa, che faceva il doppio gioco: informava il gruppo dei torresi di tutti i movimenti, gli spostamenti del gruppo degli scafatesi. A questo punto io non potetti insistere per non farla ammazzare e questa fu la causa che portò alla morte questa donna.
>
> (Corte di Assise di Napoli, prima sezione, processo nr. 11/95 nei confronti di Archetti Biagio + 77)

La sera del 17 gennaio del 1988 la Agnello chiude la rosticceria e sale su un'auto (risultata rubata) di un suo amico che si offre di accompagnarla a casa e del quale, evidentemente, si fida ciecamente. È un errore clamoroso perché l'amico invece che a casa la porta alla periferia di Scafati dove trova tre persone che la legano e la imbavagliano, poi la infilano nel portabagagli di un'altra auto e sgommano verso il Vesuvio, sul versante di Boscotrecase. Alfieri ha chiesto che l'omicidio avvenga nella maniera più silenziosa possibile; nessun colpo di pistola, dunque. Gli assassini eseguono gli ordini con estrema perizia: la "gassusara" muore strangolata, il cadavere viene seppellito in un terreno poco distante. Sei anni dopo, l'11 maggio 1994, il pentito Domenico Cuomo – reo confesso dell'omicidio – conduce i carabinieri sul luogo nel quale la vittima è stata uccisa ma le operazioni di scavo effettuate su un'area di circa 100 metri quadri non danno alcun risultato: i resti di Giovanna Agnello non saranno mai ritrovati. È probabile che i complici di Cuomo, allarmati dalla sua collaborazione con la giustizia, abbiano fatto sparire quel che restava del cadavere per cancellare ogni prova del delitto.

La rissa con i giornalisti

Il complicato scenario criminale di Torre Annunziata attira l'attenzione di Giuliano Ferrara, il giornalista che alla fine degli anni '80 conduce *Il Testimone*, una trasmissione televisiva che va in onda sulla rete 2 della Rai. Domenica 15 maggio 1988 una troupe di Ferrara è a Torre Annunziata, deve girare un servizio per una puntata dedicata all'omicidio di Giancarlo Siani. Operatori e cronisti vanno anche a Palazzo Fienga, il quartier generale dei Gionta, dove però la presenza delle telecamere non è affatto gradita. La troupe, infatti viene assalita e minacciata dai componenti della famiglia di don Valentino. Un tecnico è costretto anche a consegnare la videocassetta con il materiale girato. Il parapiglia è tale da provocare un certo imbarazzo per le istituzioni, perché dimostra che a quasi tre anni dall'assassinio di Giancarlo Siani fare informazione a Torre Annunziata continua ad essere difficile e rischioso. E dimostra pure che i Gionta sono ancora gli unici padroni del territorio. L'episodio suscita la reazione dello Stato e dopo due giorni la polizia assedia Palazzo Fienga con centinaia di agenti e unità cinofile, mentre dall'alto gli elicotteri sorvolano la zona. Nel fortino entrano gli uomini della Squadra mobile di Napoli, diretta dal vicequestore Matteo Cinque, e i colleghi del commissariato di Torre Annunziata guidati dal dirigente Enzo Perrini. L'irruzione si chiude dopo qualche ora, e non senza una certa fatica, con una retata che porta in carcere venticinque persone tra cui i presunti protagonisti dell'aggressione e altri pregiudicati affiliati al clan. Tra i fermati ci sono Gemma Donnarumma, la moglie di Valentino, e Eduardo di Ronza, uno degli uomini più rappresentativi della cosca.

Le manette in Liguria e la fine di Di Ronza

È facile immaginare che se un boss viene arrestato e condannato, poi in galera ci resti davvero. Ma non sempre accade. Valentino Gionta è tra quanti riescono a riconquistare la libertà senza troppe complicazioni.

Dopo aver scontato una parte della pena passata in giudicato, ha ottenuto gli arresti domiciliari ma poi si è dato di nuovo alla latitanza. Agli inizi di giugno del 1989 il capoclan conclude la sua fuga in un appartamento di Arenzano, in provincia di Genova, dove ha potuto contare su un discreto numero di fiancheggiatori, alcuni dei quali originari di Torre Annunziata. La cattura è movimentata, quando i carabinieri fanno irruzione nel covo il padrino reagisce e viene ferito al volto da un colpo di pistola.

Nel periodo in cui il capoclan è ospite dello Stato, a sostituirlo è Eduardo Di Ronza, una delle pedine più preziose. È considerato l'alter-ego di don Valentino ed è soprattutto l'uomo che gestisce i rapporti con i "colletti bianchi", ovvero con quel nutrito gruppo di politici, funzionari pubblici e imprenditori di cui ogni organizzazione malavitosa non può fare a meno. È dunque un personaggio di una levatura superiore rispetto alle truppe impiegate nelle estorsioni e negli omicidi. Non solo: coltiva legami pure con qualche magistrato e con rappresentanti delle forze dell'ordine. Proprio perché il suo ruolo strategico lo sa svolgere molto bene, il capo lo porta su un palmo della mano e anche molti altri componenti del clan nutrono nei suoi confronti una grande ammirazione.

A un certo punto, però, si diffonde una voce che non solo azzera la stima e il rispetto di cui gode, ma lo rende inviso a tutti. Qualcuno non ci crede, si fida troppo di lui per pensare che sia vero; altri, invece, sono convinti che bisogna fargliela pagare e anche in fretta. La voce che circola è delle peggiori per un componente di Cosa Nostra: Di Ronza ha dei legami con le forze dell'ordine, ma pare che abbia cominciato a usare certe amicizie per fregare gli altri e salvare se stesso. Insomma, per non andare in galera sarebbe diventato un confidente dei carabinieri. Siamo nel 1987 e l'alter-ego di don Valentino è già un morto che cammina. Per dimostrare che non si tratta di un pettegolezzo messo in giro ad arte per indebolirne il ruolo, c'è chi produce delle prove a sostegno della tesi che oramai sia un conclamato spione: saltano fuori i nomi di due ufficiali dell'Arma – un capitano e un maggiore – con i quali chiacchiera spesso. E si conosce pure l'argomento al centro di quelle chiacchierate: la strage di Sant'Alessandro, ovvero il massacro che si consumò davanti al Circolo del Pescatore.

In pochi vogliono credere che Di Ronza sia davvero diventato un informatore degli "sbirri". Ma il tribunale del Crimine non ha bisogno di prove inconfutabili per emettere le sue sentenze, per cui il sospetto basta e avanza. Secondo il pentito Salvatore Migliorino a chiedere la testa di Di Ronza è Pasquale Gallo che di fronte alla freddezza di altri suoi compari, a partire da Ciro Paduano, esibisce la prova del tradimento: le spiate di Di Ronza sono finite in un verbale dell'inchiesta a carico dei

Gionta. La questione è assai delicata e viene portata all'attenzione dei fratelli Nuvoletta: se c'è da uccidere un affiliato a Cosa Nostra, il loro parere è indispensabile. A questo proposito il pentito Gabriele Donnarumma dichiarerà:

> Pasqualino Gallo insisteva ancora che Di Ronza doveva morire perché l'avevano classificato come un infame. Per l'omicidio di Di Ronza pressavano da tempo sia Pasquale Gallo che Angelo Nuvoletta, con il quale già tempo prima avevo parlato, alcuni mesi prima. Angelo Nuvoletta chiedeva sempre: "Cosa aspettate, volete prendere provvedimenti?". Anche Angelo infatti diceva da tempo, come Gallo, che Di Ronza doveva morire perché aveva fatto l'infame, dal momento che aveva parlato con un maggiore dei carabinieri con cui stava in contatto. Di Ronza gli aveva detto che la strage l'aveva fatta Alfieri. Tramite certe bobine, si sapeva che Di Ronza aveva parlato. Diceva Nuvoletta che già per il fatto che aveva parlato con il maggiore si era dimostrato un infame; poi il fatto ancora più grave era che aveva fatto accuse specifiche a Carmine Alfieri.
>
> (Ordinanza di custodia cautelare nei confronti di Nuvoletta Angelo + 19)

In un altro contesto Di Ronza sarebbe stato perdonato perché in fondo fino a quel momento aveva soprattutto aizzato i carabinieri contro Alfieri, quindi contro un nemico odiatissimo. Ma per un mafioso fare il delatore con gli "sbirri" è la peggiore delle colpe, a prescindere da chi tragga giovamento dalla spiata. E quindi Di Ronza è un infame che dev'essere abbattuto a tutti i costi. Nei giorni in cui si decide la sorte di uno dei personaggi più importanti del clan, Valentino Gionta è in carcere ad Ascoli Piceno: prima di passare dalle parole ai fatti è necessario ottenere il suo assenso. Spiegherà il pentito Salvatore Migliorino:

> Pasquale Gallo quindi ci comunicò la necessità di avere un colloquio con Valentino Gionta, riferendogli della questione Di Ronza. Successivamente ci riferì che in carcere aveva parlato con Valentino, utilizzando un documento di un parente di Gionta o della moglie di Gionta, all'uopo falsificato con la foto del Gallo. Disse che si era portato a colloquio con Gionta nel carcere insieme alla moglie del predetto e gli aveva accennato il problema Di Ronza, pur non potendo troppo sbilanciarsi in sede di colloquio carcerario. Il Gallo non riferì se e cosa avesse osservato in merito il Gionta. È poco ma sicuro che se Gionta non fosse stato d'accordo, l'omicidio di Di Ronza, già non condiviso dal Paduano, non sarebbe mai stato fatto.
>
> (*Ibidem*)

La decisione di eliminare Di Ronza è assai impegnativa, e per questo motivo una delegazione parte da Torre Annunziata per raggiungere Palermo allo scopo di avere il definitivo via libera da Cosa Nostra. Ottenuto l'ok dai siciliani, si procede all'omicidio. L'agguato scatta la sera del 3 novembre del 1989, verso le 21:30, mentre la vittima si appresta a partire per Verona per una questione di affari. Il delitto avviene nel cortile di Palazzo Fienga: Di Ronza viene stroncato da sei colpi di pistola 357 Magnum che lo raggiungono alla testa e al petto.

Che l'omicidio di un pezzo da novanta sia avvenuto proprio all'interno di Palazzo Fienga, è la lampante dimostrazione che la questione sia riconducibile a un regolamento di conti interno alla cosca. Del resto, il quartier generale dei Gionta è inaccessibile agli estranei ed è impossibile che un commando venuto da fuori abbia violato un bunker presidiato da sentinelle e videocamere sparse lungo tutto il perimetro. E una ulteriore conferma del fatto che mandanti ed esecutori siano gli ex compari del morto arriva da una lite che avviene nella cappella del cimitero, quando alcuni parenti stretti di Di Ronza allontanano in malo modo alcune donne della famiglia Gallo; un gesto che dimostra che i familiari della vittima hanno capito tutto: Edoardo è stato abbattuto dal fuoco amico.

Intanto Valentino Gionta torna in libertà, ma la legge lo insegue di nuovo e lui sparisce un'altra volta per riapparire solo il 19 febbraio del 1991. Quel giorno le forze dell'ordine rivoltano Palazzo Fienga come un calzino. Sono sicuri che il boss abbia trovato riparo nel suo rifugio blindato, l'unico luogo in cui si sente al sicuro perché circondato da parenti e affiliati sulla cui piena devozione non c'è da dubitare. E se non bastassero le persone fidate, a proteggerlo c'è un sistema di controllo con sofisticati impianti di telecamere e videocitofonia che consentono – dall'interno degli appartamenti – di vedere cose succede nel cortile, negli androni e nel perimetro dello stabile. Non si tratta di una iniziativa presa da qualche affiliato particolarmente timoroso, ma di una decisione adottata per tutelare l'intera cosca: le attrezzature, infatti, sono della stessa marca e dello stesso tipo e risultano acquistate tutte insieme nello stesso giorno.

Quando i carabinieri mettono sotto sopra l'appartamento di Gionta, pare che del padrone di casa non ci sia traccia. Pare. Osservando con più attenzione il soffitto, c'è qualcosa che non quadra: in alcune stanze è più alto, in altre più basso. E dopo pochi minuti si scopre l'esistenza di un soppalco al quale si arriva attraverso una scala a chiocciola ben nascosta in cucina. Non c'è modo, però, di trovare il varco che consente di accedere al soppalco, per cui i militari sono costretti a bucare la parete: illuminando l'interno con una torcia si nota una brandina in legno e poco distante due persone che tentano disperatamente di sottrarsi al fascio di luce. Consapevoli di non avere più scampo, i due soggetti escono dal soppalco attraverso una porticina nascosta dietro una scaffalatura di metallo: quei due sono Valentino Gionta e il cognato Gabriele Donnarumma. Per gli inquirenti si tratta di un doppio colpaccio. Durante la perquisizione del nascondiglio, in una busta di plastica, tipo quelle della spesa, vengono trovati 29 milioni e 800.000 lire in contanti, una parrucca, documenti sanitari e una polizza sulla vita di Gionta in favore della moglie Gemma.

Sfuggire alle manette si è dunque rivelato impossibile nonostante il dispiego di mezzi. Gli inquirenti scoprono che la casa del capoclan è collegata a quella del consuocero Giuseppe Caso, nel cui appartamento c'è una botola ricavata nel soffitto che si apre inserendo uno spinotto nella presa della corrente.

Sette mesi dopo Palazzo Fienga è di nuovo popolato di divise. Stavolta è la polizia a fare irruzione e a portar via undici persone tra le quali spicca Aldo Gionta, il figlio di Valentino: ha appena 21 anni, ma per gli inquirenti è già sufficientemente introdotto negli affari di famiglia.

I viaggi a Mazara del Vallo

Quando si tratta di questioni delicate è necessario confrontarsi con i padrini di Cosa Nostra. In una occasione, quando con i Gallo c'è qualche scintilla che rischia di innescare un incendio, Salvatore Migliorino ne parla con due pezzi grossi della mafia siciliana che rispondono al nome di Leoluca Bagarella e Mariano Agate. Gli incontri talvolta avvengono a Roma, sulla Nomentana, all'interno di una roulotte parcheggiata in una rivendita di auto il cui titolare è di Torre Annunziata. Ai summit prendono parte anche esponenti dei Nuvoletta che non smettono mai di esercitare il loro ruolo di cerniera tra i siciliani e il clan Gionta-Gallo. In più di una occasione, i mafiosi torresi sono costretti a precipitarsi a Mazara del Vallo perché convocati d'urgenza da Agate e da altri. Quasi sempre si discute di affari, qualche volta di frizioni da superare. I siciliani sono assai prudenti tant'è che impongono a Migliorino e agli altri suoi compari di rimanere sull'isola il tempo necessario per affrontare e risolvere i problemi; in sostanza tutto si deve svolgere nell'arco di una sola giornata.

Agli inizi degli anni '90 i Gionta-Gallo vogliono dare un nuovo impulso al traffico di cocaina, ma le loro aspirazioni s'infrangono contro il muro alzato da Agate che in quel periodo ha ben altro a cui pensare.

I soldi degli appalti e delle tangenti

Sul fronte delle estorsioni, a versare i soldi nelle casse dei Gionta sono soprattutto i costruttori edili, perché – chi più, chi meno – hanno un giro d'affari consistente. Piccoli commercianti e artigiani vengono risparmiati perché potrebbero offrire contributi modesti che non cambierebbero le sorti dell'organizzazione. Soprattutto se paragonati alle abbondanti iniezioni di contanti che procurano le opere pubbliche sulle quali è possibile mettere le mani grazie ai rapporti con esponenti politici e, più in generale, della pubblica amministrazione. Da una indagine condotta dal Pm Armando D'Alterio emerge che nel consiglio comunale ogni gruppo criminale ha dei suoi referenti. Quasi mai, però, mafiosi e politici si incontrano personalmente. Mutuando un'abitudine di Cosa Nostra, per evitare problemi tutto passa attraverso degli insospettabili intermediari (come, ad esempio, il proprietario di un bar) che fanno da cinghia di trasmissione con i politici. Il pentito Migliorino ricostruisce il meccanismo degli appalti:

> Andavamo da una ditta da noi conosciuta, per averci pagato, perché stava a Torre Annunziata, perché aveva contatti con noi. Andavamo e dicevamo: "tutto a posto, non ti preoccupare: l'appalto, l'opera pubblica la prenderai tu. Dopo di che, fatto questo, ne parliamo, ci sediamo, ne discutiamo: quello che c'è da dare, ci dai; quello che devi dare ai politici, lo dai ai politici" [...]. In contropartita eravamo disponibili quando era tempo di elezioni, quando era tempo di elezioni amministrative, comunali; cose personali di qualche politico. Eravamo disponibili su queste cose. Il problema personale può sempre capitare nella vita a qualche politico. Anche delle sciocchezze. Un furto, cose banali [...] per recuperare la refurtiva. Quelle meno banali erano le votazioni, avere voti a favore di certi partiti, di certe persone.
>
> (Commissione parlamentare antimafia, audizione del 12 novembre 1993)

Secondo il collaboratore di giustizia, uno dei business più consistenti riguarda la realizzazione di una decina di scuole. Su un importo dei lavori di poco superiore ai 30 miliardi di lire, il clan ottiene una tangente di un miliardo e 300 milioni pagata in rate mensili da 30 milioni ciascuna e una maxirata da 100 milioni a fine lavori. Quando Migliorino si pente, siamo nel 1993, i lavori non sono ancora iniziati. Ma, stando a quanto dirà all'Antimafia, su quelle opere i politici hanno incassato mazzette che si aggirano tra i 100 e 150 milioni di lire.

I pentiti e il caso Siani

Otto anni dopo il delitto, si torna a parlare di Giancarlo Siani e stavolta si ha la sensazione che si possa arrivare alla verità. A venirne a capo è il Pm Armando D'Alterio che da tempo indaga sulle vicende di Torre Annunziata. Nell'agosto del 1993 Salvatore Migliorino, componente di rilievo del clan Gionta detenuto nel carcere di Secondigliano, chiede di incontrare l'ispettore Giuseppe Auricchio, al quale dice di voler collaborare con la giustizia. Auricchio avverte subito D'Alterio che in fretta e furia torna dalle ferie a Ischia e si precipita al carcere di Secondigliano per verbalizzare le prime dichiarazioni. Per il clan di Torre Annunziata si tratta di una pessima notizia perché Migliorino è stato un uomo di vertice, quindi è in grado di riferire nomi, fatti e circostanze con grande precisione. Come già ricordato, sarà proprio lui a rivelare che i Gionta sono affiliati a Cosa Nostra; ma in mezzo a tante domande D'Alterio ne infila una a sorpresa: «Cosa sa dell'omicidio di Giancarlo Siani?».

Migliorino ha delle informazioni ma dice di averle apprese da Eduardo Di Ronza, il quale però non potrebbe confermarle perché nel frattempo è stato ammazzato. In ogni caso il pentito fornisce un contributo decisamente utile. Nell'interrogatorio reso il 9 settembre del 1993 Migliorino riferisce ciò che gli aveva detto Di Ronza, e cioè che l'omicidio sarebbe stato innescato dal fatto che con i suoi articoli Siani dava fastidio al sindaco socialista Domenico Bertone e al pretore Luigi Gargiulo:

> Circa i miei rapporti con Eduardo Di Ronza confermo la circostanza che fu proprio lui il predetto a introdurre me, nonché Gabriele Donnarumma in Cosa Nostra. Di Ronza, nel periodo in cui si trovava agli arresti domiciliari ed io ero stato scarcerato da un paio di anni, mi confidò, se non erro era l'anno '88, dopo un'iniziale reticenza alle mie domande sul punto, che l'omicidio del giornalista Siani era stato fatto da noi (io all'epoca dell'omicidio ero detenuto) perché Siani dava fastidio; una volta dava fastidio a Gargiulo, una volta a Bertone. Andava mettendo un po' il naso dappertutto. Circa i responsabili del fatto, sulla cui identità lo interrogavo, mi rispose: «Da mano a Ferdinando e a 'o Mezzone, chi poteva scappare?». Identificai immediatamente i predetti, non essendovi possibilità di equivoco, all'interno dell'organizzazione. Ferdinando era per noi, ed tuttora, nessun altro che Ferdinando Cataldo, componente dell'organizzazione, all'epoca dell'omicidio Siani, latitante per altro omicidio [...]. Mai Di Ronza avrebbe detto il falso, non era tipo da mettere carne a cuocere così senza motivo, sia per il suo carattere, sia per il ruolo di spicco che rivestiva nell'organizzazione. Lui aveva garantito il mio ingresso in Cosa Nostra e, anche per questo motivo, non mi avrebbe mentito su di una cosa così delicata. Inoltre, non ha senso che per un omicidio a Napoli andasse qualcuno di Torre Annunziata; nessuno di noi è conoscitore di questa zona. Lo stesso Agnello, che fu arrestato per l'omicidio Siani, era un ladruncolo e tossicodipendente che all'epoca girava intorno all'organizzazione senza essere preso in seria considerazione. La nostra batteria per gli omicidi era costituita specialmente da Tammaro Tito, Francesco Bove, Alfredo Sperandeo, Ciro Paduano – questi ultimi due, anche uomini di azione, oltre che di comando. Se, anche per ipotesi, si fosse deciso che l'organizzazione doveva agire direttamente per un omicidio a Napoli, si sarebbero mossi loro e non sarebbe stato mandato un personaggio come Agnello. Figuriamoci per una

cosa così delicata e grave come l'omicidio di un giornalista. Di Ronza mi aveva detto tutto; che eravamo stati noi, il motivo dell'omicidio – si impicciava di tutto dando fastidio a Gargiulo ed a Bertone –, e chi l'avesse ucciso. Se avessi fatto domande si sarebbe potuto chiedere perché chiedessi ulteriori particolari e quindi allarmarsi, ritenendo eccessivo il mio interessamento.

(Bruno De Stefano, *op. cit.*)

L'indagine viene formalmente riaperta. Migliorino viene ascoltato dalla Commissione parlamentare antimafia davanti alla quale, rispondendo a una specifica domanda del presidente Luciano Violante, inserisce un altro elemento che coinvolge i Gionta:

All'epoca si parlava della ricostruzione del quadrilatero delle carceri; si parlava di ricostruire quasi Torre Annunziata. Volete sapere se Siani era pericoloso? Non saprei dire perché era pericoloso; non era pericoloso per noi ma per (omissis). Per essere pericoloso vuol dire che stava facendo qualcosa che non doveva fare, stava indagando su qualcosa su cui non doveva indagare, voleva scrivere su qualcosa che non doveva scrivere, poteva intralciare ciò che si doveva fare e che con il suo intervento non si poteva fare più.

(Commissione parlamentare antimafia, audizione del 12 novembre 1993)

Alle confessioni di Migliorino se ne aggiungono poi altre di fondamentale importanza. Valentino Gionta intanto subisce il tradimento dai suoi stessi familiari: si pente il cognato Gabriele Donnarumma e poi decide di collaborare pure il consuocero Giuseppe Caso.

Il contributo più consistente lo fornisce Donnarumma. Il 27 novembre del 1994 il fratello di Gemma volta le spalle alla famiglia. Il rapporto di parentela e la fedeltà al boss gli imporrebbero di sopportare in silenzio le durezze della detenzione, ma a scavare nella sua coscienza è il Pm D'Alterio. Nel corso di una udienza il magistrato si avvicina al gabbiotto dove ci sono alcuni "giontiani" e li invita a prendere atto della situazione e a intraprendere un nuovo percorso. D'Alterio si rivolge ancora al cognato del padrino e gli dice altre cose che lo fanno riflettere parecchio. Spiegherà Donnarumma:

Era tanto tempo che pensavo di fare questa scelta. Mi sono trovato a condurre questa vita perché cognato di Gionta Valentino, essendo io fratello di Gemma Donnarumma, moglie di Valentino. Ho cominciato a pensarvi durante la detenzione per il processo in corso. Un momento decisivo fu quando lei, avvicinandosi alla nostra gabbia, in una pausa del processo, con udienza sospesa, ci chiese di "deporre le armi" e cambiare vita, collaborando con la giustizia. Ricordo che Paduano Ciro si avvicinò alle sbarre con atteggiamento ostile e cominciò a parlare con toni duri; lei disse che con Paduano non voleva parlare. Ricordo che Valentino lo zittì. Lei si rivolse a me dicendomi che in carcere ero invecchiato notevolmente e che avevo fatto tutti i capelli bianchi. Poi lei continuò il discorso, in particolare con Valentino, parlando della possibilità di rifarsi una vita onesta.

Ricordo che Valentino rispose ironicamente che, se ci pentivamo tutti, a lei che cosa rimaneva da fare? Lei poi fece l'esempio che se io collaboravo, dicendo tutta la verità, potevo avere protezione ed essere aiutato dallo Stato a rifarmi una vita. Fu a questo punto che io, sentendomi emozionato, mi tirai indietro verso l'interno della gabbia, mentre lei continuava il suo discorso con Valentino che continuava a darle delle risposte ironiche. Io poi dissi agli altri, fingendo di prendere la cosa a scherzo: "si, mo' faccio pure io il pentito", ma in realtà lo dissi per timore che potessero capire che ero rimasto colpito. Quando poi lei si allontanò, tutti commentarono: "Ma che bo' chiste, ma che ba' truann' a cca'". Io invece cominciai a pensare che dovevo collaborare per rifarmi una vita e questo pensiero non ho mai più abbandonato.

(Ordinanza di custodia cautelare nei confronti di Nuvoletta Angelo + 19)

Il passaggio di Donnarumma nelle file dei collaboratori di giustizia non è proprio dei più scivolosi. Il cognato del padrino viene abbandonato dalla moglie e dal figlio che rifiutano la protezione; a quel punto decide di ritrattare ciò che ha già messo a verbale. Arriva persino a sostenere che ha dichiarato il falso sotto le pressioni di D'Alterio; il magistrato, afferma il quasi-collaboratore in una lettera, per farlo parlare lo avrebbe addirittura drogato. Sistemata la controversia con la moglie e precisato che non ha subito nessuna angheria da parte degli inquirenti, si rasserena e ritratta la ritrattazione. E soprattutto dice di sapere chi e perché ha assassinato Giancarlo:

Angelo Nuvoletta e Maurizio Baccante mi dissero che Giancarlo Siani doveva essere ucciso perché aveva scritto un articolo in cui si faceva capire che i Nuvoletta erano responsabili dell'arresto di Valentino Gionta. Infatti mio cognato era stato arrestato nei pressi della tenuta dei Nuvoletta, dopo poco che ne era uscito e Giancarlo Siani aveva fatto un articolo sul «Mattino», che faceva capire che Valentino era stato venduto dai Nuvoletta [...]. Andai a colloquio con Valentino. Quando gli riferii dell'intenzione dei predetti, Valentino disse di rassicurarli perché lui non aveva mai creduto di essere stato tradito dai Nuvoletta. Sull'omicidio, diceva che c'era il pericolo che la colpa ricadesse su di noi, perché il giornalista scriveva su Torre Annunziata. Di ritorno dal colloquio con Valentino dissi ai predetti che lui non credeva alla possibilità che l'avessero tradito. Tempo dopo, Angelo e Maurizio ritornarono sull'argomento. Dissero che lo "zio" dalla Sicilia non accettava che, nei confronti di mafiosi – tali eravamo noi ed i Nuvoletta – si dicessero cose del genere e che perciò dovevamo uccidere il giornalista. Lo zio era Totò Riina. I Nuvoletta lo chiamavano così [...]. A seguito delle ulteriori insistenze di Angelo Nuvoletta e di Maurizio Baccante io andai nuovamente da Valentino a dirgli che i predetti insistevano che Siani doveva essere ucciso. Valentino disse nuovamente di essere contrario. Successivamente, Angelo Nuvoletta e Maurizio Baccante mi chiesero due silenziatori per pistola 7,65. Non chiesi a che cosa servivano e glieli portai [...]. In seguito, seppi dal giornale che Siani era stato ucciso.

(*Ibidem*)

Dall'indagine condotta da D'Alterio emerge, quindi, che la causa scatenante dell'omicidio del giornalista è in quell'articolo del 10 giugno 1985 nel quale alludeva al tradimento dei Nuvoletta, sospettati di aver favorito la cattura del boss torrese. A ogni modo Siani a Torre Annunziata aveva collezionato molti nemici: con il suo lavoro aveva infastidito il clan Gionta ma anche quell'asse politico-imprenditoriale che s'era arricchito grazie alla camorra. Il pentito Migliorino dirà alla Commissione antimafia di aver saputo da Eduardo Di Ronza che col giovane cronista «dava fastidio a personaggi di Torre Annunziata. Era molto insistente nella sua attività, ficcava il naso un po' dappertutto, si intrometteva in cose in cui non si doveva intromettere».

L'inchiesta punta sui fratelli Lorenzo e Angelo Nuvoletta: secondo i pentiti avevano deciso di uccidere Siani perché li aveva descritti come degli ignobili traditori. Agli occhi di chi non è un mafioso appare una reazione straordinariamente esagerata, ma per un padrino di Cosa Nostra farsi dare del confidente degli "sbirri", quindi dell'infame, è un'offesa che va lavata col sangue.

Dunque, i mafiosi di Marano non hanno dubbi: quel giornalista deve pagare con la vita quell'allusione messa nero su bianco. I Nuvoletta hanno il potere di decidere da soli (anche se è d'obbligo un passaggio preliminare con la Cupola palermitana) ma per comprensibili ragioni di opportunità devono informare Gionta. Gli comunicano la decisione di uccidere il giovane giornalista attraverso Donnarumma che va più volte a fargli visita nel carcere di Pianosa. Il cognato esegue con obbedienza il compito di spiegare al boss come stanno le cose, ma don Valentino gli dice che i Nuvoletta possono stare tranquilli: lui non crede alla tesi di Siani e aggiunge che i giornalisti ne scrivono tante di fesserie, quindi non è il caso di farne un dramma. Anche perché – sostiene – se Siani viene ammazzato, tutti penseranno che l'omicidio è opera dei Gionta.

Al padrino torrese, dunque, l'idea di sopprimere il giornalista non sembra affatto un buon investimento, anzi la ritiene non solo inutile ma pure dannosa come spiegherà il pentito Ferdinando Cataldo:

> Dava fastidio molto. Ma Gionta era il tipo da vedere se poteva avvicinarlo per parlare, per non fargli fare questi articoli tremendi. Se tu parli tutti i giorni di me, che faccio queste attività, comunque la polizia è costretta a chiudermi un negozio, perché sono mafioso e quindi come faccio a tenere un negozio? Però lui voleva fare una cosa pulita, perché Gionta è uno che gli piaceva il dialogo. Non gli piaceva dire subito: "ammazziamo questa persona". Una volta che diceva

"ammazziamo qualcuno", si ammazzava. Però prima di arrivare ad ammazzare, lui ci ragionava sopra [...]. Angelo Nuvoletta era incazzato e diceva: "No, non lo posso perdonare. Bisogna fare qualcosa". Subito Lorenzo Nuvoletta disse: "Si deve ammazzare questo giornalista. Noi non possiamo dare un'immagine di noi sbagliata alle persone. Anche per la Sicilia, che possono pensare. Se i siciliani leggono questo articolo. Se Salvatore Riina o Bernardo Provenzano leggono questo articolo... E allora si pensava di dargli una lezione, al livello nelle gambe, sai qualche cosa così. Dice: "No, no... dobbiamo ammazzarlo e basta". Quando Valentino Gionta ha saputo che volevano ammazzare il giornalista, lui si è ribellato, dicendo: "Attenzione, io vi credo a voi che non siete degli infami. Anche perché se noi ammazziamo il giornalista per fare un messaggio alla malavita campana o siciliana, quello che sia, l'indagine parte da Torre Annunziata. A me mi distruggono i carabinieri e la polizia. Perché giustamente un qualunque carabiniere poteva prendere qualche articolo di giornale e poteva capire il movente. E Valentino non voleva questo. E diceva: "Lasciamoli perdere, questi sono giornalisti, fanno il loro lavoro, dicono un sacco di cazzate. Che ci interessa a noi di ammazzare questo giornalista?" A un certo punto Lorenzo Nuvoletta disse: "I carcerati devono fare i carcerati. Questa è una cosa che ce la vediamo noi. Noi abbiamo stabilito di ammazzarlo. Basta. Digli che deve fare il carcerato, che non si deve preoccupare". Quando Gionta ha detto "Ormai non posso fare niente", fra virgolette, ha fatto come Ponzio Pilato, se ne è lavato le mani: "Fate. Però una cosa vi chiedo: non fatelo a Torre Annunziata. Perché se succede a Torre Annunziata, mi distruggete».

(www.lastoriasiamonoi.rai.it/puntata.aspx?id=390)

Gionta sa che non può opporsi ai Nuvoletta, sono loro che comandano e quindi anche senza dare esplicitamente il suo benestare suggerisce che qualsiasi cosa vogliano fare, non la facciano a Torre Annunziata perché altrimenti lui e il suo clan si ritroveranno alle calcagna la magistratura e le forze dell'ordine.

Per andare incontro alla richiesta di don Valentino, Giancarlo Siani viene ammazzato lontano da Torre Annunziata: due killer gli sparano la sera del 23 settembre del 1985 mentre sta parcheggiando la sua Citroën Mehari in via Romaniello, al Vomero, quartiere collinare di Napoli.

Le parole di Gabriele Donnarumma assumono una valenza ancora maggiore perché è stato testimone di un episodio avvenuto il giorno dopo l'omicidio del giornalista. Al Pm D'Alterio dichiara di essere stato dai Nuvoletta e di aver trovato un ambiente frizzantino:

Sorridevano, mi chiesero: "Hai letto il giornale? Gli abbiamo fatto un bel lavoro". Qualche giorno dopo andai nuovamente a colloquio con Valentino a Pianosa. Gli dissi che l'omicidio era stato fatto perché ordinato dallo "zio" e Angelo aveva detto che non se ne poteva fare a meno perché gli infami devono morire. Valentino disse: "Va bene" [...]. Anche a Valentino dissi chi erano gli esecutori, quando andai a trovarlo al carcere di Pianosa dopo l'omicidio.

(*Ibidem*)

Il processo per l'omicidio del cronista vede ovviamente alla sbarra pure Valentino Gionta: è considerato il mandante del delitto insieme ad Angelo Nuvoletta e Maurizio Baccante. Ma per arrivare a un verdetto definitivo per il boss di Torre Annunziata si impiegheranno molti anni.

Il 14 aprile del 1997 la seconda sezione della Corte di Assise di Napoli, presieduta da Pietro Lignola, emette una sentenza durissima: Gionta prende l'ergastolo, carcere a vita pure per Nuvoletta e Baccante; idem per i killer Armando Del Core e Ciro Cappuccio, entrambi legati ai Nuvoletta. I giudici mandano all'ergastolo anche il torrese Ferdinando Cataldo, coinvolto nella pianificazione dell'agguato ma poi uscito di scena all'ultimo momento. Ventotto anni li prende Gabriele Donnarumma.

Nel processo di secondo grado cambia poco: il 7 luglio del 1999 la prima sezione della Corte di Assise di Appello, presieduta da Corrado Colangelo, conferma le condanne all'ergastolo e infligge 28 anni a Gaetano Iacolare, assolto in primo grado. Quando però il processo arriva in Cassazione, c'è il colpo di scena: la condanna a Gionta viene annullata, la Suprema Corte stabilisce che dev'essere sottoposto a un nuovo giudizio di secondo grado. Gionta viene processato e assolto nel 2001, ma la Cassazione annulla la sentenza e dispone un nuovo processo. Nel 2003 il boss viene di nuovo condannato al carcere a vita ma nel 2004 la Cassazione annulla la condanna: per la Suprema Corte, Valentino Gionta non è tra i mandanti dell'omicidio di Giancarlo Siani perché non diede mai il suo pieno assenso al delitto ma anzi manifestò una certa contrarietà, ovviamente non per ragioni umanitarie ma perché temeva che la vicenda si potesse ritorcere contro il suo clan. Nella motivazione della Cassazione si legge che

> risultano nette e reiterate le manifestazioni di contrarietà del Gionta all'eliminazione del giornalista e, alla fine, nulla più che la preoccupazione, una volta preso atto che l'attuazione di quel progetto criminoso non era più procrastinabile, di evitare che ciò potesse avere riflessi negativi sulla sua personale posizione.
>
> (Ansa, 3 agosto 2004)

Politica e camorra

A Torre Annunziata una presenza così massiccia di criminali non poteva non infettare la politica, come aveva perfettamente intuito Giancarlo Siani. E nel 1993 la scure della giustizia si abbatte pure sugli intrecci tra boss, imprenditori e amministratori locali. A marzo il consiglio comunale di Torre Annunziata viene sciolto per infiltrazioni mafiose e sette mesi dopo, grazie anche alle confessioni del pentito Salvatore Migliorino, finiscono in carcere una decina di politici della DC e del PSI, e alcuni costruttori edili. L'ex sindaco socialista Domenico Bertone (indagato e poi scagionato per l'omicidio Siani) si dà alla latitanza. In un comunicato la procura di Napoli scrive che «risultano evidenziati profili molteplici di illegittimità degli atti amministrativi che si aggiungono alla illecita compravendita degli stessi, concordata fra esponenti della vita politico-amministrativa del comune, imprenditori e camorra».

Le indagini portano alla luce un consistente giro di mazzette: gli imprenditori avrebbero distribuito tangenti per 650 milioni di lire più il 4 per cento dell'importo dei singoli appalti. Il clan Gionta avrebbe fornito in cambio il sostegno elettorale, a beneficiarne sarebbero stati in particolare due sindaci.

A Torre Annunziata nulla sfugge al controllo della triangolazione politica-imprenditoria-camorra. Impensabile per una ditta senza agganci aggiudicarsi un appalto. Impensabile per un politico disonesto incassare tangenti senza mettersi d'accordo con i boss. Impensabile per un boss lasciare che anche un singolo affare sfugga alla sua attenzione. I Gionta, i Gallo, i Limelli: nessuno vuole restare fuori dalla spartizione di quel consistente malloppo rappresentato dagli appalti pubblici. Fino a quando non è stato accoppato, la maggior parte delle questioni è stata gestita da Eduardo Di Ronza, abile – stando alle dichiarazioni dei pentiti – a fare da cerniera tra il mondo criminale e quello dei "colletti bianchi". Uscito di scena Di Ronza, molte delle partite ancora aperte sono state chiuse da Salvatore Migliorino, considerato da politici e imprenditori un pericoloso esponente del clan Gionta. Sia nell'indagine sull'omicidio del giornalista Giancarlo Siani, sia in una inchiesta sugli intrecci politico-mafiosi nel municipio di Torre Annunziata, il Pm Armando D'Alterio si imbatte nella palude dove nuotano padrini, costruttori e amministratori. Un largo e profondo acquitrino in cui si consuma il matrimonio di interessi tra mafiosi insaziabili e politici disonesti.

A riferire sul funzionamento di un sistema che accontentava più o meno tutti, è – tra gli altri – l'imprenditore Francesco Staiano. Interrogato dal Pm D'Alterio e dal sovrintendente Armando Trojano, in merito alla realizzazione di alcune scuole (finanziate con la legge Falcucci), Staiano dichiara:

> Per la Falcucci, l'incontro con gli esponenti del clan Limelli mi venne richiesto da persone non appartenenti all'ambiente criminale. Presso il mio studio si portò una sola persona, un ragazzo un po' più alto di me, bruno, capelli ondulati,

magro o comunque di corporatura regolare. Mi disse che mi ero comportato male in quanto per l'appalto di edilizia scolastica avrei dovuto pagare il 50% delle somme pagate al clan Gionta a loro del clan Limelli, in quanto queste scuole venivano costruite anche in territorio di loro competenza. Chiese cento milioni per il suo clan [...]. Pagai cinquanta milioni alla persona che me li aveva richiesti, non ricordo se da sola o accompagnata da qualcun altro. Nell'occasione l'esponente del clan Limelli mi assicurò che, a quel punto, potevo partecipare anche agli altri appalti che si fossero tenuti a Torre Annunziata.

(Verbale di interrogatorio di persona sottoposta ad indagini del 14 ottobre 1994)

Dopo aver ammesso di aver pagato al clan Limelli una tangente del 4,5% su un appalto per lavori di 16 miliardi e mezzo, l'imprenditore riferisce un altro episodio:

Pasquale Gallo disse che a Torre Annunziata, per qualsiasi appalto avessi preso, dovevo rispondere a lui. Io acconsentii [...]. Nel corso dell'incontro, non so quale degli interlocutori, mi disse che pagare a Gallo era come pagare a tutti, compresi Gionta e Limelli [...]. Su sua domanda, rappresento che, in linea generale e salvo casi specifici, i politici hanno interesse a che le imprese stiano bene con gli ambienti criminali, al fine di tutelare il prosieguo dei lavori e quindi il proprio interesse economico alla percezione delle tangenti. Pe quanto riguarda la vicenda dell'appalto Falcucci, io effettivamente ho avuto un contatto con il clan Limelli tramite tale Tarallo Antonio, il quale si presentava come esponente di tale organizzazione.

(Verbale di interrogatorio del 30 novembre 1994)

Che le cosche mettano piede in municipio lo conferma pure Domenico Bertone, e sindaco di Torre Annunziata e consigliere provinciale, nonché esponente di rilievo del Partito socialista. Il 19 novembre del 1993 Bertone viene interrogato dal Pm D'Alterio e dall'ispettore Giuseppe Auricchio, e nella verbalizzazione riassuntiva si legge che l'ex sindaco:

[...] ha avuto occasione di vedere Valentino Gionta in due circostanze: una prima volta, inaspettatamente, nel corso di un incontro al quale partecipò l'allora sottosegretario alle Finanza, Antonio Carpino con contrabbandieri locali (fra i quali vi era Valentino Gionta) che contestavano il rigore dello Stato nel contrasto del contrabbando, chiedendo l'allentamento della pressione in atto; una seconda volta in occasione delle nozze di Eduardo Di Ronza, alle quali partecipa come testimone Valentino Gionta ed egli espletò le funzione di sindaco celebrante il rito civile; riferisce di una serie di richieste avanzate dal deceduto Eduardo Di Ronza in relazione alla necessità, da parte del comune, di assunzione di disoccupati, richieste respinte con conseguenza di intimidazione e atti di violenza a proprio danno.

Su cosa sia diventata la politica a Torre Annunziata, ha un'idea ben precisa Antonio Vitiello, ex sindaco ed ex assessore socialista. Interrogato dal Pm D'Alterio e dall'ispettore Auricchio, Vitiello spiega:

Nel 1992 sono stato nominato dal sindaco Irlando, secondo legge, presidente dell'Acquedotto di Torre Annunziata, con l'ostilità di tutto il gruppo dirigente di Torre Annunziata, ostilità determinata dalla circostanza che, sin dal 1981, con la prima elezione di Bertone come sindaco, io sono stato emarginato dal partito perché ho iniziato man mano a distaccarmi dai gruppi di potere locali, ritenendo che, con Bertone, il partito fosse diventato una cloaca, in mano alla delinquenza organizzata [...]. Di contro consideri che nell'esercizio delle mie funzioni mandai personalmente a staccare l'acqua, prima ancora che ai piccoli contribuenti morti, alla stessa moglie di Gionta (il che non avvenne perché fu sanata la relativa morosità) nonché agli stabilimenti balneari [...].

(Verbale di interrogatorio dell'8 novembre 1993)

Gli appalti per la realizzazione delle scuole sono tra i più appetibili ma forse proprio per questo prima di assegnarli è necessario verificare che sul piano formale tutto sia in regola. Anche su sollecitazione di Vitiello, il comune chiede un parere all'avvocato amministrativista Abbamonte per decidere dell'eliminazione dalla gara di due ditte. Evidentemente, secondo quanto riferisce Vitiello, qualcuno non gradisce tanto zelo:

Sette giorni, massimo una decina di giorni dopo la mia richiesta di chiedere un parere ad Abbamonte, fui avvicinato per strada da due giovani a bordo di un motorino che nei pressi di via Gambardella mi chiesero un contributo per i "frati carcerati". Risposi che io fratelli carcerati non ne avevo, che ero un pubblico dipendente che viveva di salario e non ero in grado di mandare soldi ai carcerati. Risposero: "Ma perché noi, quando passiamo sotto casa vostra e vi guardiamo la vostra Mercedes bianca, se qualcuno la volesse appicciare, noi la facciamo appicciare? Iamm, dateci i soldi, voi siete una persona importante, conoscente tanta gente che conta, conoscete pure a Abbamonte". Interpretai tale intervento come minatorio.

(*Ibidem*)

Appalti e minacce a parte, durante gli interrogatori c'è un altro elemento che Vitiello tiene a sottolineare: e cioè che tutti i proclami degli amministratori locali contro la camorra sono solo una clamorosa e ipocrita sceneggiata:

Circa le infiltrazioni camorristiche nel comune di Torre Annunziata, rappresento soltanto che mi sono sempre fatto un sacco di risate quando ho sentito componenti dell'amministrazione di Torre Annunziata "tuonare" contro la camorra; ciò in quanto sapevo dell'acquiescenza prestata, anche dai predetti, alla camorra stessa. Su domanda dell'ufficio circa i nomi di coloro che tuonavano contro la camorra, rappresento che un po' tutti i componenti dell'amministrazione di Torre Annunziata hanno tuonato contro la camorra e che non ricordo di chi loro lo facesse in particolare.

(*Ibidem*)

La guerra ai Limelli

L'area di Torre Annunziata è anche teatro di una guerra cruenta tra i Gionta e i Limelli. Hanno sempre fatto parte dello stesso "cartello" ma la convivenza ha provocato un certo prurito su entrambi i fronti. Un'alleanza a geometria variabile, una pace armata senza mai staccare il dito dal grilletto: da un lato la pretesa di comandare del boss Valentino Gionta, dall'altro il desiderio di conquistare nuovi spazi del suo omologo Luigi Limelli. Due strategie che sono andate in conflitto provocando un botto fragoroso. Dal 1989 al 1992 tra i due gruppi esplode uno scontro che provoca morti e feriti. La città è terrorizzata e tutti i criminali girano armati perché si sentono delle potenziali vittime. Chi ci rimette è Limelli che esce per sempre di scena nel primo pomeriggio del 21 maggio del 1994. Insieme alla moglie sta comprando della frutta, quando – intorno alle 15:30 – arrivano due persone in sella a una moto Yamaha rubata due mesi prima a una coppietta ferma sul lungomare di Torre del Greco: gli sparano con una pistola calibro 9x21 e lo ammazzano. Le indagini dei poliziotti del Commissariato di Torre Annunziata puntano in una precisa direzione: è assai probabile che Limelli sia stato assassinato per il timore che potesse decidere di collaborare con i magistrati. Una fonte confidenziale riferisce agli inquirenti che tre giorni prima dell'agguato, aveva fatto visita allo stato maggiore del clan Gionta per comunicare che non era più interessato alle attività illegali perché si era avvicinato alla religione. La stessa fonte sostiene che l'eliminazione di Limelli doveva scattare due settimane prima durante la festa del santo patrono, ma l'esecuzione era stata rinviata perché in giro c'era troppa gente e sarebbe stato difficile dileguarsi.

Della conversione religiosa parla anche la moglie della vittima, Antonietta Vangone, secondo la quale da almeno un paio d'anni il suo Luigi non aveva più rapporti con il mondo del crimine e da allora aveva cominciato a frequentare assiduamente la Chiesa parrocchiale di Boscotrecase.

Quando Limelli passa a miglior vita, i Gionta sono già alle prese con le conseguenze sinistre generate dal pentimento di Salvatore Migliorino. Ma la vera mazzata arriva quando altri big scelgono la strada della collaborazione.

Parenti serpenti

Il pentimento di alcuni tra i personaggi più rappresentativi dell'organizzazione crea una serie di contraccolpi all'interno della famiglia Gionta. Nell'estate del 1995 Pasqualina Apuzzo e Giuseppina Della Monica, mogli rispettivamente di Giuseppe Caso (consuocero di Valentino Gionta) e Gerardo Intagliatore, chiedono la separazione legale e rinunciano alla protezione dello Stato. Tre anni dopo su questo episodio scriverà la giornalista Irene de Arcangelis:

> Nel '95 fu "donna Gemma" – sebbene sorella di un collaboratore di giustizia – a dichiarare guerra ai pentiti del clan usando uno strumento tutto femminile. Secondo gli inquirenti, costrinse con le minacce le mogli di due collaboratori di giustizia a "ripudiare" pubblicamente i mariti chiedendo il divorzio. E le due donne – Pasqualina Apuzzo, moglie di Giuseppe Caso, e Giuseppina Della Monica, consorte del collaboratore Gerardo Intagliatore – furono costrette a eseguire gli ordini della donna boss.
>
> («la Repubblica», 9 marzo 1998)

Una famiglia in manette

Le decine e decine di arresti che hanno impoverito il clan, secondo gli investigatori hanno proiettato ai vertici Gemma Donnarumma, la moglie di Valentino. La signora Gionta viene arrestata nel marzo del 1998: mentre i poliziotti fingono di cercare un latitante all'interno di Palazzo Fienga, la consorte del padrino assiste impassibile alle perquisizioni affacciata alla finestra del suo appartamento. Poi all'improvviso si ritrova gli agenti davanti alla porta che dopo aver bussato le consegnano un'ordinanza di custodia cautelare dalla quale si deduce che ha ereditato lei la guida dell'organizzazione. La giornalista Giovanna Salvati la descrive così:

> Una donna spietata ma non aggressiva «pronta a continuare a conservare il nome del clan e il potere di una famiglia oggi sgretolata e spaccata» [...]. Donna «scaltra» e «prudente», capace di incutere soggezione e rispetto negli affiliati, ma soprattutto di «orientare con raffinate strategie criminali l'azione dei suoi figli: Pasquale "'o chiatto" ed Aldo, il "ras poeta". Mai una parola di troppo o detta fuori posto. Questa – secondo gli inquirenti – era Donna Gemma. Tutti si rivolgevano alla "firstlady" per ottenere il suo autorevole parere: dalla importazione dei carichi di droga da 170.000 euro al giorno ai progetti per il futuro del clan, cercando di evitarne la disgregazione dopo i 4 morti per le strade di Torre Annunziata che tra il 2006 e il 2007, a partire dalla spietata esecuzione di Natale Scarpa, riaccesero la sanguinosa faida di camorra nel ventre di Torre.
>
> (www.metropolisweb.it/metropolisweb/2020/07/23/gemma-donnarumma-dal-carcere-alla-clinica-lady-gionta-sta-male/)

Che l'impero Gionta non sia destinato a scomparire lo si evince da una lettera intercettata dalla polizia penitenziaria del carcere di Opera, a Milano. Una lettera indirizzata dal padre al figlio minorenne che comincia così: «Caro figlio, non permetterti più di fare qualcosa senza il mio permesso». Sembra il monito di un padre rigoroso e preoccupato che il suo rampollo non segua l'esempio del genitore. Sembra: perché la lettera l'ha scritta Aldo Gionta, figlio del boss Valentino, il destinatario è suo figlio Valentino junior, e le raccomandazioni non sono esattamente quelle di un papà che pretende che il figlio faccia il bravo. Infatti la lettera (scritta in un italiano incerto) prosegue così:

> Per adesso pensi a fare i soldi, anzi digli a Tatore che io avanzo 26.000 euro per gli avvocati, fai 13.000 tu e 13.000 lui e li dai a tua madre. Poi ti voglio dire state attenti dove parlate tu Tatore e tuo cognato che ci sono microspie dappertutto. Poi tutte e tre imparate a sparare mitra fucili e kalashnikov imparatevi e in posti dove vengano sbirri cioè le guardie poi quando sapete usarli bene vi dirò cosa fare. Fatti furbo, non parlare con nessuno che ci sono microspie e poi la gente se le canta. Ascoltami, non fare nulla per adesso. Ti bacio forte a te Gaetano e Tatore.
>
> (Ansa, 4 novembre 2008)

Anche se è uscito faticosamente indenne dall'accusa di essere il mandante dell'omicidio di Giancarlo Siani, Valentino Gionta è oramai da anni in galera perché di ergastoli ne ha collezionati diversi. Se il boss è stato sconfitto, non si può dire la stessa cosa per la famiglia Gionta: nel mentre il capo trascorreva le giornate al carcere duro, il resto della parentela s'è dato da fare; e si sono dati da fare pure i discendenti di altre famiglie che da sempre hanno fatto parte dello stato maggiore della cosca mafiosa.

Nessuno dei due rampolli di don Valentino è però riuscito ad avere una carriera lunga come quella del babbo. Merito soprattutto dello Stato, che – più presente e attento rispetto al passato – Ha saputo fermare l'ascesa sia di Aldo "'o poeta" che di Pasquale "'o chiatto". Probabilmente, però, nessuno dei due aveva lo spessore criminale del genitore, per cui sarebbe stato impossibile replicarne le "gesta". In ogni caso, secondo gli inquirenti, Aldo e Pasquale non hanno mai avuto lo stesso temperamento. A mettere nero su bianco le differenze tra i due fratelli, sono stati i giudici che nella motivazione della sentenza per l'omicidio di Natale Scarpa, hanno sostenuto che

> Pasquale Gionta era più deciso e sanguinario di suo fratello Aldo, invece ponderato nelle scelte.
>
> (https://lostrillone.tv/torre-annunziata-camorra-il-giudice-pasquale-gionta-pi-sanguinario-di-aldo-boss-poeta/8611.html)

Per la cronaca: Natale Scarpa fu assassinato dopo aver dato uno schiaffo a Valentino Gionta junior, figlio di Aldo. Pasquale Gionta finì sotto processo ma il 18 giugno 2011 la Corte di Appello lo assolse dopo che in primo grado era stato condannato all'ergastolo perché ritenuto il mandante:

"Zì Natalino" – secondo il Pm Antimafia Claudio Siragusa, che aveva chiesto la condanna all'ergastolo per Aldo Gionta – fu ucciso per vendetta il 14 agosto 2006. L'agguato avvenne all'esterno dello stadio "Giraud", perché sei mesi prima, nel giorno di Carnevale, il "colonnello" dei Gallo-Cavalieri schiaffeggiò Valentino Gionta junior, all'epoca 14 enne, figlio di Aldo e nipote del fondatore della cosca di via Bertone. Vale junior aveva fatto uno scherzo a Natale Scarpa, lanciandogli un uovo addosso. Poco più tardi "Zì Natalino" fu colpito a morte, alla luce del sole, trucidato da diversi colpi di pistola calibro 9x21 luger [...]. Secondo i racconti di quattro collaboratori di giustizia – Carmine Martusciello, Aniello Nasto "quarto piano", Vincenzo Saurro "sciabolone" e Michele Palumbo "munnezza" – a decretare la sentenza di morte sarebbe stato direttamente dal carcere Aldo Gionta, che nel 2006 stava scontando una condanna per omicidio al 41 bis. Tutti avrebbero appreso questa circostanza solo "indirettamente" dal fratello minore di Aldo, Pasquale "'o chiatto". Ed invece proprio Pasquale Gionta potrebbe essere stata la "mente" dell'omicidio Scarpa. "Pasquale Gionta", si legge ancora nelle motivazioni, "potrebbe aver forzato la mano sulla decisione di uccidere Natale Scarpa". Ma "'o chiatto" ormai non rischia più, perché per quell'agguato non può finire di nuovo sotto processo.

(*Ibidem*)

Con i vertici dell'organizzazione a perire in carcere, diventa una necessità inderogabile comunicare a tutti i costi con quei pochi che sono ancora in libertà. Ed è proprio per far fronte a questa urgenza che nasce il cosiddetto "Codice Gionta": numeri e lettere messi in fila senza un'apparente logica e trascritti a penna sugli abiti che periodicamente i familiari consegnano ai detenuti, indumenti che entrano ed escono dal carcere. Un ingegnoso codice cifrato scoperto nell'agosto del 2013 dagli agenti della polizia penitenziaria di Sulmona dove soggiorna, al 41 bis, Pasquale Gionta, figlio di Valentino. Ecco come il quotidiano «Metropolis» ricostruisce il "Codice Gionta":

Sull'etichetta interna di un jeans marcato «Rodrigo» spuntano cinque cifre: «80772». È un messaggio cifrato che si scambiano Teresa Gionta, figlia del superboss Valentino, e suo marito Giuseppe Carpentieri. Gli investigatori capiscono di avere di fronte un nuovo sistema di comunicazione criminale e allora inizia il lavoro di interpretazione dei codici. Le informative vengono inviate alla procura Antimafia e immediatamente scatta la rete di controlli in tutti i carceri dello Stivale dove sono detenuti i colonnelli della camorra di Torre Annunziata. La prova "principe" dell'esistenza del "Codice Gionta" arriva da un'attenta analisi degli agenti di polizia penitenziaria in servizio presso il carcere di Parma. Qui è detenuto Pasquale Gionta al regime di 41 bis [...]. Dovrebbe essere isolato dal mondo. Soprattutto dal suo mondo. Ma la realtà è diversa. Il secondogenito di don Valentino riceve informazioni dall'esterno attraverso il codice cifrato riportato su un pacco di vestiti e scarpe arrivato in carcere. La serie numerica riportata sull'etichetta interna degli indumenti riporta le cifre «82097» [...]. Quel pomeriggio di agosto 2013 Teresa Gionta e suo marito riescono a mettere a punto il sistema di comunicazione più ingegnoso. «Tu lo prendi e lo cuci nella tasca del jeans, se ti controllano non fa niente, che ne sanno che sta scritto? Invece quella è la risposta alle lettere».

(www.poliziapenitenziaria.it/public-post-la-polizia-penitenziaria-scopre-il-codice-gionta-che-permetteva-al-boss-della-camorra-di-dare-ordi-3722/Fonte)

Aldo, commediografo mancato

Il più intraprendente degli eredi di don Valentino è il primogenito Aldo, il cui temperamento è decisamente singolare. Rispetto al babbo, piuttosto silente e non eccessivamente incline a esternare i suoi sentimenti, Aldo è assai meno timido. Oltre che dal punto di vista delinquenziale, è vivace pure sul piano intellettuale e soprattutto gli piace parecchio scrivere, hobby che gli consente di vincere la noia durante i frequenti periodi trascorsi in galera. Da questo punto di vista la fase più prolifica è quella che lo vede detenuto nel penitenziario di Nuoro, che – è facile immaginare – non essendo esattamente un posto luccicante come Las Vegas offre del tempo in abbondanza per riflettere sulla propria condizione di carcerato. Lì incontra Carmelo Musumeci, malavitoso di origine siciliana ma operativo in Toscana, una discreta penna che negli anni successivi firmerà diversi libri arricchiti da prestigiose prefazioni. Gionta e Musumeci mettono su carta una commedia satirica dal titolo *Ululati alla Luna* nella quale raccontano una storia di angherie subite da alcuni detenuti da parte di un direttore ottuso e violento. Nella commedia il personaggio ispirato a Gionta si chiama "Aldulk", mentre Musumeci si ribattezza "Carmelulk". Nel presentare la loro opera, il mafioso di Torre Annunziata e il criminale toscano spiegano:

Visto le nostre condizioni di prigionieri si premette che questo racconto satirico è un'opera di fantasia, qualsiasi analogia con fatti e persone e assolutamente casuale (sic!). Siamo in sciopero della fame a staffetta, il direttore del carcere, bontà sua, ci concede un incontro collettivo.

(www.arivista.org/riviste/Arivista/322/52.htm)

In versione commediografo il figlio di Gionta sembra voler proporre una nuova immagine di sé, lontana da quella del criminale figlio di un criminale. Ma è una operazione che non convince don Antonio Carbone, un parroco che a Torre Annunziata è impegnato sul fronte della lotta per la legalità. Don Antonio esclude categoricamente che la commedia possa essere portata in scena nella sua città:

> Quale insegnamento può dare un uomo che è diventato un boss? E quali diritti pretende di rivendicare scrivendo una commedia? A volte penso che sia solo un grande attore, un imprenditore della camorra o un camorrista imprenditore che ha solo insegnato, sino ad ora, a sparare con kalashnikov, a usare le pistole, ha suggerito a suo figlio, ai nipoti e ai suoi soldati come evitare le manette, come addestrarsi alla vita camorristica. Può un padre insegnare questo a un proprio figlio? Indicargli la strada della malavita, dove la morte è spesso l'unica conseguenza? O dove il destino riconduce tutti in una cella di un penitenziario? Preferiamo mettere in scena esempi buoni non negativi, raccontare la vita di don Bosco e non quella di un boss che scrive del regime di detenzione. Per carità i diritti del detenuto devono essere rispettati, perché parliamo di persone umane, ma mi auguro che il boss possa anche iniziare a pentirsi di tutto ciò che ha fatto, che rifletta sulle sue azioni, su quanto ha messo in campo, lui e la sua dinastia in questa città.
>
> (www.metropolisweb.it/metropolisweb/2017/01/05/il-parroco-censura-il-boss-di-fortapasc-aldo-gionta-un-boss-non-da-buoni-esempi/)

Dopo aver stroncato le velleità teatrali del capoclan, il parroco gli lancia un messaggio invitandolo a imboccare la strada di un'autentica redenzione:

> Tutti possono cambiare e tutti possono pentirsi ma vedo che sempre più spesso personaggi della criminalità organizzata non lo fanno, la vedono come una sconfitta e invece non è così: pentirsi significa voler bene a se stessi, credere in Dio e in quel caso lanciare un messaggio positivo e di riscatto a una città che è stanca di sentire sempre le stesse cose, di vivere sempre sulla scia di determinati personaggi: i giovani hanno bisogno di buon esempi.
>
> (*Ibidem*)

Commedie a parte, Aldo Gionta conferma di essere un tipo particolarmente ingegnoso perché s'inventa un originale sistema per comunicare con l'esterno. Scrive canzoni e poesie da consegnare ai familiari che vanno a trovarlo in carcere, ma celati dietro versi pieni di amore e amicizia è possibile leggere dei messaggi per gli affiliati al clan. Ne è convinto il direttore del carcere di Novara, la struttura nella quale Gionta ha soggiornato per un periodo al 41 bis:

> La poesia scritta dal detenuto Gionta Aldò non sembra avere nulla di poetico, ma piuttosto una rappresentazione del malessere con cui lo stesso vive il regime carcerario cui è sottoposto. Lo scritto sotto forma di poesia potrebbe essere in realtà un modo di comunicare messaggi che, se opportunamente interpretati, potrebbero assumere altri significati. Infatti la parte finale della poesia con cui Gionta mette in evidenza il suo intendimento a continuare a lottare contro i soprusi che subirebbe, potrebbe essere interpretato come un appello rivolto

a qualcuno presumibilmente invitandolo a mettere in atto azioni finalizzate a riprendere il controllo del territorio che a causa della detenzione di numerosi esponenti della famiglia potrebbe essere stato compromesso.

(https://corrieredelmezzogiorno.corriere.it/napoli/notizie/cronaca/2014/10-giugno-2014/pizzini-etichette-vestiti-poesiecosi-boss-gionta-aggira-va-41-bis--223367482863.shtml)

La poesia a cui fa riferimento il direttore del carcere s'intitola *Insensibilmente* e contiene questo brano: «Voi state cercando di sopprimermi dolce dolce ma non sapete che i carcerati sono tutelati da Gesù bambino e grazie a lui non ci riuscirete mai».

Gionta junior scrive anche una canzone dal titolo *Non può finire* che a un certo punto dice:

La vita mia non può finire qui dentro solo perché qualcuno parla di me. Oggi è il mio compleanno, volevo un regalo da Dio, volevo vedere mio padre che ha un destino uguale al mio.

Nel giugno del 2014, quando è ancora latitante, la Direzione distrettuale antimafia emette una nuova ordinanza di custodia cautelare a suo carico. Meno di due mesi dopo, anche "'o poeta" ritorna nelle patrie galere: i carabinieri lo arrestano a Pozzallo (in provincia di Ragusa) mentre si sta imbarcando per Malta.

La carriera di Pasquale Gionta è stata invece assai più breve rispetto a quella del babbo. Arrestato più volte e più volte scarcerato, da qualche anno è stato reso inoffensivo da una sentenza della Cassazione che nel settembre del 2019 ha confermato la condanna a 30 anni di carcere riconoscendolo quale mandante dell'omicidio di Vincenzo Amoretti, assassinato a Torre Annunziata nel marzo del 2007. In quella occasione i killer si presentarono a casa della vittima indossando le pettorine della polizia.

Largo ai giovani

Con la vecchia guardia smantellata da una sfilza di condanne pesanti, avanzano le nuove generazioni: ai boss confinati al 41 bis sono subentrati figli, nipoti e una serie di parenti d'ogni ordine e grado, comprese le donne che fino a qualche anno prima stavano rigorosamente un passo indietro.

Nel corso di un'audizione alla Commissione parlamentare antimafia, e all'indomani di una ordinanza di custodia cautelare per decine di affiliati al clan, il procuratore capo di Napoli Corrado Colangelo ricostruisce le dinamiche della cosca e ripesca dagli archivi la lettera di Aldo Gionta:

> Questa ordinanza che consegno è drammaticamente significativa di un certo approccio dei giovani alla criminalità organizzata e quindi dell'ingresso dei giovani nei gruppi camorristici. Il gruppo Gionta è molto attivo, si è reso protagonista di numerosi, gravissimi fatti criminosi e omicidiari nel territorio di Torre Annunziata. Il capostipite di questo gruppo si chiama Gionta Valentino, che definirò senior, ristretto in carcere al regime di 41 bis. Suo figlio, Gionta Aldo, fermato a Pozzallo nell'agosto 2014 mentre cercava di fuggire a Malta, è ristretto in carcere al regime di 41 bis, e suo nipote, Gionta Valentino junior, è ristretto in carcere perché tratto in arresto in una casa bunker di Torre Annunziata nel novembre 2014. Sono altresì in carcere Gionta Pasquale, altro figlio di Gionta Valentino, anche lui al 41 bis, Gionta Teresa, Donnarumma Gemma, moglie di Gionta, Valentino senior, Gionta Carmela, quindi l'intera famiglia è in carcere ma nonostante questo gli epigoni sono ancora attivi. Questo è solo uno dei modi con i quali si crea una dinastia criminale, così come vediamo per il gruppo Zagaria. In una missiva intercettata dall'interno del carcere Gionta Aldo invita Gionta Valentino junior a mantenere alto l'onore della famiglia e a mantenersi all'interno del gruppo criminale, scrivendo (lo dico sinteticamente): «Caro figlio non puoi permetterti più di fare qualcosa senza il permesso...» e «Giura su tuo figlio, se non lo sa pure il genero di Guglielmo, per adesso pensa a fare i soldi, anzi dì a Tatore che io devo avere 26.000 euro per gli avvocati, fai 13.000 tu e 13.000 lui», dando quindi istruzioni specifiche e istruendolo sul modo in cui in sua assenza dovrà continuare a gestire il clan».
>
> (Commissione parlamentare antimafia, seduta del 29 luglio 2015)

Nell'ordinanza di custodia cautelare a cui fa riferimento Colangelo, c'è un passaggio che riguarda un altro giovane componente del clan, di soli 26 anni, che a un suo amico spiega di non voler fare la fine di suo padre, colpevole ai suoi occhi di aver garantito alla famiglia una vita modesta perché ha scelto la strada dell'onestà. In una intercettazione il 26enne spiega al suo interlocutore:

> Noi invece siamo fieri perché non lavoriamo, io prima dicevo non voglio andare al lavoro perché voglio andare a rubare, non me ne fregava, ma la vita che ci siamo scelti noi è diversa, noi ci siamo scelti un'altra vita: quella di vedere i soldi.
>
> (*Ibidem*)

Nella conversazione il ragazzo dice all'amico che ha intenzione di fare carriera nei Gionta, e si lamenta del fatto che altri hanno fatto dei passi in avanti nella gerarchia del clan solo perché hanno un cognome "pesante". Le aspirazioni di questo ventiseienne resteranno solo delle aspirazioni: prima che possa guadagnare un sacco di soldi e fare carriera, finirà morto ammazzato.

Lo Stato espugna il bunker dei Gionta

Per riconquistare la fiducia dei cittadini spesso lo Stato è chiamato ad abbattere (anche se solo metaforicamente) i luoghi-simbolo del potere criminale. Come, ad esempio, Palazzo Fienga, il quartier generale della famiglia Gionta e di molti suoi affiliati. Nel gennaio del 2015 la roccaforte della famiglia mafiosa è stata definitivamente sgomberata al termine di una massiccia operazione delle forze dell'ordine.

Nell'appartamento di 150 metri quadrati abitato dal boss Valentino e dalla moglie Gemma, viene trovato anche un trono dorato. Scriverà il giornalista Antonio Ferrara:

> La maxi poltrona in tessuto chiaro e finiture dipinte con vernice dorata era al centro di una parete nel grande salone con camino dell'abitazione del boss. Un simbolo, probabilmente, o un semplice elemento di arredo dal gusto un po' kitsch. Il richiamo al metallo prezioso è l'elemento guida di quell'appartamento che per anni è stato il cuore delle attività criminali di un «feroce clan», come il procuratore aggiunto della Dda di Napoli Filippo Beatrice ha definito la cosca fondata all'inizio degli anni Ottanta a Torre Annunziata. Le pareti sono tutte pinte in giallo oro, così come dorati sono gli infissi e le cornici di quella che fu la casa del boss di Torre Annunziata, condannato all'ergastolo. Due i balconi che danno su via Bertone, proprio sull'ingresso al civico 46. Affianco, un altro appartamento da 150 metri quadrati in uso a Pasquale Gionta (ergastolo anche per lui), figlio del boss, e alla moglie Immacolata Salvatore. Tutti vuoti, ora. Almeno dodici gli altri residenti a Palazzo Fienga che al momento sono in carcere: tra di loro Aldo Gionta, l'altro figlio di Valentino, arrestato ad agosto scorso in Sicilia mentre era in partenza per Malta [...]. Sarebbe sbagliato pensare che il clan Gionta è finito – avvertono il procuratore capo di Napoli, Giovanni Colangelo, e l'aggiunto Filippo Beatrice – oggi parliamo di un'organizzazione in evidente difficoltà, ma nei nostri territori è sempre possibile una rigenerazione.
>
> (https://napoli.repubblica.it/cronaca/2015/01/16/news/il_boss_sedeva_su_un_trono_dorato_sgomberata_la_sua_roccaforte-105076355/#gallery-slider=105076740)

Per il procuratore aggiunto Filippo Beatrice è in quell'edificio che

> vengono deliberati ed organizzati omicidi ed azioni di sangue lungo la pubblica via, che vengono costantemente occultate armi e sostanze stupefacenti dell'organizzazione, che vengono convocati gli imprenditori per essere minacciati e sottoposti a estorsione. Il sequestro dell'immobile è stato reso necessario per scongiurare il grave, attuale e concreto pericolo che gli affiliati in libertà dell'organizzazione utilizzino ancora una volta lo stabile per riorganizzare all'indomani della cattura di Aldo e Valentino Gionta, le fila della cosca.
>
> (Ansa, 15 gennaio 2015)

Nel corso dello sgombero salta fuori anche un libro di una settantina di pagine che porta la firma del "poeta": s'intitola *Aldulk, il ribelle*, il suo contenuto è altamente autobiografico e tra i vari capitoli, messi insieme un po' alla rinfusa, Aldo Gionta denuncia, tra le altre cose, «la tortura del 41 bis».

Il boss chiede aiuto

La galera, si sa, alla lunga fiacca anima e corpo. E il 41 bis, il cosiddetto "carcere duro" fatto di enormi privazioni, è una brutta bestia in grado di spaventare pure chi era convinto di poter resistere a qualsiasi asprezza. E a un certo punto anche Valentino Gionta mostra segni di cedimento, come racconta la giornalista Giovanna Salvati:

> Nel carcere di Novara la vita è un eterno replay. I giorni sono tutti uguali, come i corridoi grigi e cupi che accarezzano le celle del 41 bis. Le "suite" di camorristi, mafiosi, 'ndranghetisti e terroristi sono in fondo a un lungo sentiero lastricato di divise e cancelli. In una di quelle 72 stanze da 5 metri quadrati c'è un uomo di 66 anni che il carcere ha trasformato quasi in un automa. È piegato sul letto. Uno dei tre libri che gli è consentito leggere lo usa come base per un foglio di carta a righe dove poggia la sua penna [...]. L'uomo che ha trasformato la sua Torre Annunziata in Fortàpasc oggi è un pezzo di carne consumato dal tempo che non ne può più di un'esistenza da sepolto vivo. In cella, don Valentino ha passato più della metà della sua vita [...]. Valentino Gionta non si è mai pentito dei reati che ha commesso. Ma chiede aiuto. Lo fa scrivendo, da solo, un ricorso che sembra un testamento. I destinatari non sono i suoi parenti ma i giudici della Corte di Cassazione ai quali il boss chiede "clemenza", pietà.
>
> («Metropolis», 24 giugno 2019)

Il padrino di Torre Annunziata soffre più di tanti suoi omologhi perché non può vedere i figli e qualche nipote, tutti ristretti al 41 bis. Ecco perché nella lettera inviata ai giudici manifesta così il suo tormento:

> Signor giudice sono Valentino Gionta, nato a Torre Annunziata il 14 gennaio del 1953. Ho commesso degli errori ma il 41 bis è una tortura disumana che nessuno merita di vivere [...]. Non sono come mi descrivete le informative su di me sono datate e piene di errori. Il regime differenziato al quale sono sottoposto è una tortura.
>
> (*Ibidem*)

Le grida d'aiuto però non commuovono i magistrati. Se il capo è in difficoltà, altrettanto non si può dire della sua cosca, la cui attività è registrata dai radar di carabinieri, polizia e guardia di finanza. Nella relazione della Direzione investigativa antimafia, relativa al primo semestre 2019, si legge che

> a Torre Annunziata sono presenti i clan Gionta – collegato ai sodalizi D'Alessandro di Castellammare di Stabia e Nuvoletta di Marano – e Gallo che, nonostante una contrazione degli organici, continuano a esercitare un ruolo di rilievo sul territorio, concentrando gli affari criminali soprattutto sulla gestione delle piazze di spaccio, avvalendosi delle nuove generazioni.

Nel settembre del 2020 pure Aldo Gionta ha provato a uscire dal 41 bis chiedendo il riconoscimento del vincolo della continuazione di due condanne inflittegli tra il 2015 e il 2016: ma la Corte di Cassazione ha detto no, lasciandolo al carcere duro.

Negli anni più recenti, le cronache si sono occupate spesso della famiglia Gionta. Innanzitutto perché quasi tutti i principali componenti della dinastia sono ospiti della patrie galere. Qualcuno è stato condannato all'ergastolo, come il boss Valentino e i figli Aldo e Pasquale; altri, invece, hanno scontato o hanno da scontare anni di carcere: da Valentino junior a Teresa (figlia del padrino), da Gemma Donnarumma (moglie di Valentino) a Carmela Gionta (sorella del capostipite e madre di Aldo Agretti, pure lui con alcune condanne sul groppone); fino a Gaetano Amoruso, genero di Aldo Gionta.

Nell'estate del 2020 per la consorte di don Valentino si è temuto il peggio: in seguito a una crisi respiratoria, Gemma Donnarumma, detenuta nel carcere di Vigevano, è stata costretta al ricovero in una struttura sanitaria. La signora Gionta, arrestata nel 2007 e da tempo alle prese con problemi cardiaci, sperava di essere scarcerata e di ritornare a Torre Annunziata, come ricorda Giovanna Salvati:

> I suoi legali avevano chiesto all'epoca la scarcerazione con l'ottenimento dei domiciliari anche perché avrebbe potuto usufruire della buona condotta avendo scontato sette anni in cella. Ma poi la decisione di lasciarla in cella con una nuova condanna a undici anni e otto mesi. Dal 2016 a oggi il suo nome è rimasto sempre nella lista dei soggetti pericolosi, tra le icone del male della cosca dei Valentini [...].
>
> (www.metropolisweb.it/metropolisweb/2020/07/23/gemma-donnarumma-dal-carcere-alla-clinica-lady-gionta-sta-male/)

Chi è uscito di galera, invece, è Giuseppe Carpentieri, marito di Teresa Gionta e quindi genero di Valentino. Scontata una condanna a 27 anni di carcere, Carpentieri ha ricevuto un'accoglienza tutt'altro che trionfale. Infatti hanno tentato subito di ammazzarlo: agli inizi di maggio del 2020 stava prendendo un po' d'aria sul suo balcone, quando i killer – forse appostati su un tetto del palazzo di fronte – gli hanno sparato colpendolo all'inguine e all'addome. I familiari lo hanno portato all'ospedale di Boscoreale, dove però i medici non gli hanno potuto prestare alcun soccorso perché la struttura da due mesi era interamente utilizzata per curare chi s'era ammalato col Coronavirus.

Per protesta due parenti della vittima hanno sfasciato una parte del pronto soccorso; il genero del boss è stato poi trasportato all'ospedale Maresca di Torre del Greco.

Ma chi voleva ammazzare Carpentieri, colpendo così l'unico personaggio di rilievo della famiglia? Forse gli emergenti del "Terzo Sistema", un gruppo di giovani e giovanissimi intenzionati a replicare la gesta di Valentino Gionta e della sua famiglia. A Torre Annunziata la situazione sembra più complicata rispetto all'epopea dei "Valentini". Oggi a contendersi il territorio sono diversi gruppi pronti a farsi la guerra, come scrive Ciro Formisano:

> Sette clan per sette rioni. Sette padrini per una città. Sette boss pronti a farsi la guerra per conquistare il monopolio su spaccio ed estorsioni [...]. Un numero che fa di Torre Annunziata una delle città più densamente popolate di camorristi di tutta Italia. Ci sono i Gionta e i Gallo, le due cosche più importanti. Due clan però indeboliti da arresti, pentimenti e condanne. Il loro declino ha aperto una prateria a nuove organizzazioni criminali autonome scollegate dai vecchi boss. Come il Terzo Sistema, il clan dei ragazzini nato proprio da una costola dei Gionta.
>
> («Metropolis», 2 settembre 2020)

E a dimostrazione del fatto che Torre Annunziata sia ancora una polveriera, c'è un gruppo di emergenti che ha come obiettivo dichiarato la distruzione di quel che resta dei Gionta. È uno dei sette clan che vuole vendicare alcuni omicidi commessi dalla famiglia di don Valentino.

Dunque, a distanza di trentacinque anni dall'omicidio del giornalista Giancarlo Siani qualcosa è cambiato. Ma in peggio.

Di Lauro

L'8 febbraio del 2006 Piero Grasso, procuratore nazionale antimafia, offre un'immagine inequivocabile dell'impotenza dello Stato nella lotta alla camorra: «È come svuotare il mare con un canestro».

Poche ore prima 800 carabinieri hanno assediato il rione Scampia, estrema periferia di Napoli, per una maxi operazione contro lo spaccio di droga. Obiettivo: prosciugare il clan Di Lauro, un'organizzazione a conduzione familiare che sul narcotraffico ha costruito un impero in grado di fatturare cifre colossali.

Le parole di Grasso non sono quelle di un investigatore travolto dallo sconforto ma una sconsolata constatazione di una guerra impari che a Scampia si è rivelata assai più complicata che altrove. Un conflitto iniziato diversi anni prima tra incoraggianti vittorie (l'arresto di molti boss) e deprimenti battute d'arresto (omicidi a grappoli e un numero elevato di vittime innocenti).

A distanza di tre lustri si può dire che quella di Grasso più che una dichiarazione pessimistica si è rivelata una mezza profezia: il mare si è in parte asciugato, ma sempre un mare è rimasto. E a distanza di quindici anni non si sono ancora rimarginate le ferite – ben impresse sulla pelle di Napoli e dei napoletani – provocate da una faida nella quale sono state assassinate poco meno di un centinaio di persone, alcune completamente estranee all'universo malavitoso. Una buona parte dei cadaveri è stata lasciata sull'asfalto dalla cosca capeggiata da Paolo Di Lauro, noto col soprannome di "Ciruzzo 'o milionario", e dai suoi numerosi figli (dieci in tutto, di cui uno solo mai coinvolto in vicende giudiziarie e un altro morto in un incidente con la moto). Una cosca capace di uccidere senza pietà per difendere quell'enorme montagna di soldi garantita dalla vendita di cocaina, hashish, marijuana, kobret e altra robaccia simile. La famiglia Di Lauro ha monopolizzato le cronache dei giornali e contribuito ad affollare gli obitori soprattutto tra il 2004 e il 2007, quando è stata impegnata nello scontro con l'altrettanto sanguinario gruppo dei cosiddetti "Scissionisti" composto da ex fedelissimi che non hanno accettato la nuova strategia imposta da Cosimo Di Lauro, proiettato ai vertici dell'organizzazione all'indomani dell'arresto del babbo.

Nel corso degli anni i Di Lauro sono finiti in galera uno dopo l'altro; l'ultimo è stato Marco, ammanettato nel marzo del 2019 al termine di una latitanza durata ben quattordici anni. Il clan, però, non è morto, e sicuramente non è morto il business che li ha resi davvero milionari. E Scampia, pur registrando qualche evidente segnale di ribellione, è ancora un luogo tremendamente complicato.

Una carriera lastricata di morti

Aniello La Monica è un criminale potente e feroce, e fa paura. Non a caso lo chiamano "Anielluccio 'o pazzo", e lo teme persino uno come il brutale Raffaele Cutolo, il fondatore della Nuova camorra organizzata (NCO). La Monica, che nel quartiere di Secondigliano comanda su tutto, ha la fama di essere implacabile; contro i nemici adopera le maniere forti ricorrendo talvolta a punizioni selvagge. E ha in testa un progetto di espansione simile a quello di Cutolo. Dirà di lui il collaboratore di giustizia Antonio Ruocco:

> Il La Monica era un uomo estremamente pericoloso ed incuteva particolare timore. Di sicuro aveva un certo carisma e per tale motivo poteva consentirsi di mettersi accanto persone anche munite di carattere debole, come ad esempio i tossicodipendenti che, grazie appunto al timore da lui esercitato, smettevano di drogarsi. In pratica La Monica avrebbe voluto creare un qualcosa simile a quello creato da Cutolo, che però aveva avuto il merito di precederlo. Sua intenzione era, infatti, quella di estendere il suo potere ed ampliare la sua zona di predominio.
>
> (Ordinanza di custodia cautelare nei confronti di Abbinante Antonio + 6 emessa dalla Sezione XXIII dell'Ufficio Gip del tribunale di Napoli il 18 gennaio 2011)

Il narcotraffico rappresenta la sua principale attività fuorilegge. È legato ai Nuvoletta, famiglia di Marano affiliata a Cosa Nostra, ed è un personaggio che nella vita ha un solo obiettivo: il denaro. Per come si comporta, La Monica è inevitabilmente destinato a seminare in giro massicce dosi di risentimento, sia dentro che fuori l'organizzazione. Ma se all'esterno si guardano bene perfino dal contraddirlo, dall'interno qualcuno mugugna non poco. Questo qualcuno si chiama Paolo Di Lauro, noto come "Ciro 'o cumpagno". È il contabile di fiducia della cosca e quindi sa con precisione quanti soldi entrano nelle tasche del boss. E la ragione di vita di Di Lauro è la stessa del suo capo: il denaro. "Ciruzzo" è un ragazzone dall'aspetto dimesso, un impasto d'uomo fatto di pochi sorrisi e di altrettante parole, all'apparenza addirittura mansueto. Il suo forte è la precisione quasi maniacale e chi non conosce i suoi tormenti interiori ritiene che sia un fedele e obbediente servitore del padrone che gli dà da vivere. Invece "Ciruzzo" soffre in silenzio alle dipendenze di quel dispotico padrino che certo non vale più di lui e che si ingozza di soldi mentre il resto delle milizie deve spartirsi ciò che avanza.

La Monica è una sorta di dittatore, Di Lauro esegue e sta zitto. Oltre a tenere in ordine i conti e a fare da cinghia di trasmissione tra il suo capo e gli affiliati smistando compiti e affidando incarichi, si occupa di garantire il necessario sostegno economico ai detenuti finiti in carcere e alle loro famiglie. Dirà il collaboratore di giustizia Antonio Ruocco:

> A capo del gruppo all'epoca vi era certamente Aniello La Monica, il quale era strettamente coadiuvato da "Ciruzzo 'o milionario" che svolgeva compiti di collegamento tra i vari affiliati e provvedeva a mantenere sia i carcerati che le loro famiglie [...]. Nel periodo di detenzione che ricordo essere stato di tredici mesi, ricevetti in carcere denaro in vaglia telegrafici che mi venivano spediti da Ciro 'o milionario.
>
> (*Ibidem*)

La famiglia, che diventerà sempre più numerosa, dev'essere mantenuta con dignità, per cui "Ciruzzo" si tiene stretta una seconda occupazione che gli consente degli appaganti introiti. Quando non è al servizio di La Monica, Di Lauro è il capo di una banda impegnata soprattutto nelle rapine ai tir. Un'altra attività è quella del commercio di capi di finta pelle, un campionario nel quale spiccano dei giubbini confezionati con grande maestria e richiestissimi sul mercato.

Col tempo, però, comincia a maturare l'idea di scalzare il suo boss. Il motivo è sempre lo stesso: La Monica si tiene il malloppo, è avido e violento e non ci mette nulla a far ammazzare chi lo circonda. Aniello annusa l'aria e comincia però a dubitare del suo fintamente mesto contabile. E qualche perplessità la manifesta apertamente, com'è nel suo stile, durante una delle tante soste nelle patrie galere. In quel periodo La Monica mostra di non gradire l'atteggiamento vagamente ostile tenuto da "Ciruzzo", come riferirà ancora il pentito Ruocco:

> Eravamo al padiglione Livorno, eravamo ristretti insieme Aniello La Monica, Cipolletta Raffaele, Abbinante Antonio, altre persone di Secondigliano, oltre naturalmente a me. Nello stesso periodo, nello stesso padiglione ma in cella diversa era recluso Ciro 'o milionario. Se ben ricordo noi alla cella 61 e Ciro 'o milionario nella 19. Recluso nella medesima cella, insieme al Ciro, vi era anche Gennaro Licciardi. Ricordo che in quell'epoca il La Monica si lamentava spesso contro Ciro il milionario, perché questi scendeva poco al passeggio e preferiva rimanere in cella.
>
> (*Ibidem*)

Tra il padrino e il suo ragioniere di fiducia i rapporti si raffreddano: il futuro "milionario" è convinto che il suo capo abbia fatto la cresta su un traffico di sigarette, roba di qualche miliardo, e chi ruba a casa dei ladri non merita il perdono. La Monica intuisce che "'o compagno" tanto compagno suo non è perché sta lavorando per scavargli la fossa con l'obiettivo di succedergli alla guida della mala di Secondigliano. "Aniellluccio" però gioca d'anticipo e ordina l'omicidio dell'uomo che gli tiene in ordine i conti. Il 15 aprile del 1982 un commando spara su Paolo Di Lauro e Raffaele Abbinante che in macchina stanno attraversando le strade del quartiere. I killer, però, fanno cilecca e le vittime designate riescono a scappare; Abbinante resta ferito di striscio alla mano, Di Lauro torna a casa senza un graffio. I due fingono di non aver capito esattamente chi e perché voleva farli fuori. Due settimane dopo, è il primo maggio, "Ciruzzo" chiude i conti con "Anielluccio 'o pazzo". Con la scusa di vendergli dei diamanti, un gruppo di suoi oramai ex soldati lo invita a scendere da casa, ma non appena è in strada La Monica viene investito da un'auto dentro la quale, sosterranno anni dopo alcuni collaboratori di giustizia, ci sarebbe pure Paolo Di Lauro. Tramortito dall'urto con la vettura, il boss viene poi finito a colpi di pistola. Qualche minuto più tardi un passante avverte il vigile urbano Pasquale Esposito, gli dice che c'è stata una sparatoria in piazza Zanardelli. Esposito si dirige sul posto e lungo il tragitto incrocia la "volante" della polizia con a bordo il brigadiere Umberto Perillo. Quando i due arrivano in piazza trovano il cadavere di un uomo all'altezza del civico 7. Rovistano nelle tasche della giacca e, oltre ai documenti trovano un consistente fascio di banconote, compresi molti dollari americani e franchi francesi. Lo hanno ammazzato con sette colpi, dopo averlo travolto gli assassini hanno sparato con un fucile a pallettoni e una pistola, anche se il volume di fuoco è stato notevole come testimoniano i 16 bossoli ritrovati dalla Scientifica.

Tra i primi a essere interrogati dagli inquirenti c'è Eduardo La Monica, il papà della vittima. Da lui ci si aspetterebbe qualche elemento utile alle indagini, ma dice di non poter essere d'aiuto perché con Aniello non aveva nessun rapporto:

> Mio figlio per la vita che conduceva, nell'ambiente poco pulito, era da me biasimato e contestato, tanto che già da circa cinque anni non gli rivolgevo la parola, essendo stati vani i tentativi di portarlo all'onestà. Non conosco gli amici di mio figlio, né cosa facesse.
>
> (*Ibidem*)

L'assassinio di La Monica non è roba da poco, anzi. Il suo spessore criminale era notevole per almeno due ragioni: era uno dei principali esponenti del cartello che si opponeva a Raffaele Cutolo ed era affiliato alla mafia siciliana. Dunque, un omicidio “eccellente” e chi lo ha commesso dev’essere qualcuno che fa veramente sul serio.

Le indagini sull’agguato di piazza Zanardelli restano al palo per un bel po’. Poi nel novembre del 1983 il primo a parlarne è Salvatore Zanetti, un componente del clan Vollaro di Portici che da qualche mese ha deciso di dissociarsi e ai magistrati sta confessando una serie di reati. Durante gli interrogatori Zanetti dice di sapere chi e perché ha ucciso La Monica. E dopo aver riferito che la vittima aveva deciso di “voltare bandiera” (senza però specificare il senso di questa affermazione), sostiene che Di Lauro abbia partecipato all’agguato insieme a Mario Lo Russo:

Il motivo per il quale fu ucciso è quello che il predetto La Monica aveva deciso di “voltare bandiera”, almeno così si diceva nell’ambiente della malavita. Non so però di preciso in che termini volesse tradire. A ucciderlo fu Lo Russo Mario, che ricordo era latitante. Con lui agì Paolo Di Lauro detto “Ciro ’o compagno” da Secondigliano. Quest’ultimo è anch’egli del clan Lo Russo.

(*Ibidem*)

Di Lauro finge di cadere dal pero. Non può negare di aver conosciuto La Monica perché suo cognato Michele D’Avanzo aveva sposato Rosetta La Monica, sorella di Aniello. Ma a suo dire oltre al rapporto di parentela non c’era nient’altro; tant’è vero che non sa se fosse dedito ad attività criminali, ma è a conoscenza del fatto che aveva un negozio di pellami. E poi aggiunge che La Monica era schizofrenico.

Non sarà possibile, per lungo tempo, incastrare Di Lauro per l’omicidio del suo capo. A ogni modo la scomparsa di “Anielluccio” proietta l’oscuro contabile ai vertici di una cosca che avrà il dominio assoluto di tutti i traffici illegali.

Che Di Lauro sia diventato il numero uno lo dimostra la sua partecipazione a un summit organizzato a Forcella, nel quartier generale del clan di Luigi Giuliano. La sera del 13 novembre del 1982 il vertice che si svolge nell’appartamento di Salvatore Giuliano viene interrotto dall’irruzione della Squadra mobile. Tra gli arrestati c’è Di Lauro che insieme agli altri stava discutendo della riorganizzazione dello spaccio di droga e della guerra alla Nuova camorra organizzata di Raffaele Cutolo. Quando arrivano i poliziotti, scappano tutti e si liberano delle pistole che avevano addosso; un tentativo inutile perché nessuno riuscirà a evitare le manette. Interrogato dal magistrato, Di Lauro fornisce una spiegazione incredibile circa la sua presenza dai Giuliano: dice che si trovava a Forcella per comprare le sigarette.

La verità è che “Ciruzzo” è oramai un pezzo grosso della criminalità napoletana. Tant’è che inizia a relazionarsi con i Nuvoletta, i principali referenti del suo vecchio principale. I mafiosi di Marano vogliono capire di che pasta è fatto il nuovo padrone di Secondigliano e gli chiedono di mostrare qual è il suo reale spessore. Ecco come il pentito Maurizio Prestieri ricostruisce il primo incontro tra "Ciruzzo" e i mafiosi di Marano:

> Ricordo che i Nuvoletta nel 1983-1984, dopo la morte di Aniello La Monica, chiesero a Di Lauro una concreta dimostrazione della forza del suo clan e quindi presero me e altri affiliati, salimmo su una decina di mezzi e ci recammo nella tenuta di Lorenzo. Paolo Di Lauro e mio fratello Raffaele ci dissero che Nuvoletta voleva vedere quante persone potevano essere utilizzate per compiere agguati. In totale eravamo una cinquantina di noi tutti armati. Una volta giunti alla tenuta di Lorenzo Nuvoletta scendemmo dai mezzi e lì rimanemmo una decina di minuti fino all'arrivo di Nuvoletta Lorenzo, accompagnato da due energumeni con i fucili in spalla. Quindi egli ci guardò e resosi conto che effettivamente mio fratello e Ciruzzo potevamo disporre di molti uomini, ci rimettemmo sui mezzi e tornammo a Secondigliano [...]. Mio fratello e Paolo Di Lauro rimasero a colloquio con Nuvoletta. I rapporti con Nuvoletta si interruppero quando Di Lauro ebbe un alterco con Lorenzo e da allora terminò il rapporto di alleanza.
>
> (*Ibidem*)

Ciruzzo ha un temperamento fumantino e la scarsa propensione alla diplomazia lo ha fatto litigare con diversi personaggi di rilievo pur sapendo che appartengono a Cosa Nostra. Oltre che con Nuvoletta, infatti, si azzuffa pure con Michele Zaza. In ballo c'è il contrabbando di sigarette: Di Lauro lamenta il fatto di doversi accontentare delle briciole e insulta Zaza con epiteti irriferibili. Da quel momento in poi si mette in proprio dimostrando di non avere paura di una eventuale ritorsione di don Michele, pure lui iscritto all'autorevole club della mafia siciliana.

Se le sigarette prima e la droga poi rappresentano l'affare più remunerativo, non sono trascurabili i quattrini che arrivano dalle estorsioni e dall'edilizia. E stando a quel che dichiara il pentito Prestieri, riesce a coniugare i due business grazie ai rapporti con un'altra famiglia, i Moccia di Afragola:

> I Moccia erano soci occulti degli imprenditori Romano, titolari in chiaro della società Bitum-Beton, società di calcestruzzo che ha svolto lavori anche nella ricostruzione post-terremoto. In particolare Paolo Di Lauro ha utilizzato betoniere di calcestruzzo di detta società per far costruire tutta Scampia che prima del terremoto era territorio non edificato. Il Di Lauro da un lato esigeva le tangenti dai cantieri che stavano svolgendo i lavori di costruzione degli edifici a Scampia e dall'altro imponeva le ditte in subappalto per tutto quello che serviva, tra cui anche il calcestruzzo che veniva fornito dalla società dei Moccia. Tra queste costruzioni vi è anche il carcere di Secondigliano.
>
> (*Ibidem*)

Secondo quanto riferito da diversi collaboratori e poi accertato in sede giudiziaria, quando Di Lauro conquista lo scettro del comando adopera una strategia appresa negli anni trascorsi alle dipendenze di La Monica. Dirà di lui il pentito Luigi Giuliano, per anni boss di Forcella:

> Paolo Di Lauro ha ammazzato i suoi amici più cari, perché i camorristi fanno in questo modo. Per avere più potere ammazzano gli amici più cari. Ha ucciso Aniello La Monica e Domenico Silvestri, i suoi più cari amici d'infanzia, quelli con cui faceva il ladruncolo quando erano giovani e con cui è cresciuto dal punto di vista camorristico [...]. Quando Di Lauro si accorse che il suo amico stava crescendo, stava assumendo spessore criminale, lo fece liquidare, facendo la stessa cosa anche con Mimì Silvestri.
>
> («Il Giornale di Napoli», 4 novembre 2004)

Il ricorso alla violenza è piuttosto frequente ed è attraverso una sfilza di omicidi che il clan di "Ciruzzo" conquista ampie fette di territorio dilatando sempre di più il proprio raggio d'azione. Oltre a Secondigliano l'ex contabile impone la sua legge pure nella zona delle Vele, del Monterosa, di Mugnano, di Melito, Arzano, Casavatore e parte di San Pietro a Patierno. In quest'avanzata irresistibile ci va di mezzo anche chi non c'entra nulla. Come Angela Ronga, la cui unica colpa è quella di essere la madre di Antonio Ruocco, capozona di Mugnano, assassinata il 25 maggio del 1992: la donna, che gestisce una piccola rivendita di detersivi, intorno alle 14 sta tornando a casa quando in via Filippo Turati viene intercettata da due killer in moto che le sparano tredici volte. Un accanimento insolito per una vendetta trasversale e soprattutto eccessivo nei confronti di una signora che non aveva niente a che fare con i loro traffici. La brutale esecuzione della Ronga suscita l'ira di molti clan: i Licciardi, i Contini, i Mallardo e i Lo Russo fanno arrivare a "Ciruzzo" il loro disappunto. Ma il boss, come riferirà il pentito Maurizio Prestieri, fa spallucce:

> Di Lauro gli rispose che lui così sapeva fare le guerre, che si regolassero. Del resto questo commento ci sembrò ridicolo in quanto tre mesi prima i Licciardi su ordine di Maria Licciardi avevano ucciso Sarno Assunta, moglie di Peppe Missi, con un commando composto da personaggi di primo piano della camorra.
>
> (Ordinanza di custodia cautelare Abbinante + 6 emessa dalla Sezione XXIII dell'Ufficio Gip il 18 gennaio 2011)

La passione per il gioco

Paolo Di Lauro ha poche passioni, una di queste sono le carte da gioco. È un assiduo frequentatore di bische ed è capace di trascorrere ore e ore intorno a un tavolo verde. Agli inizi degli anni '90 insieme ad altri esponenti della camorra napoletana partecipa a una maratona di "zecchinetta" che dura tre giorni e tre notti; la partita infinita è organizzata all'interno di un locale del quartiere Vasto la cui tranquillità è garantita da un poliziotto amico che sarà poi trasferito lontano da Napoli. Non è una partita come le altre, naturalmente, ma è una sfida con la quale il padrino di Secondigliano vuole rifarsi sui Giuliano di Forcella. Il pentito Maurizio Prestieri dichiarerà a proposito della "maratona":

> La partita avvenne per motivi di orgoglio di Paolo Di Lauro, il quale aveva saputo che alcuni dei suoi affiliati, tra cui io, avevano talvolta perso presso la bisca dove giocavano stabilmente i Giuliano anche ingenti cifre. Quindi egli mi disse che voleva venire a giocare lui per dimostrare ai Giuliano la sua potenza economica.
> (*Ibidem*)

Secondo la ricostruzione di Prestieri, Di Lauro si presenta con una borsa con dentro circa mezzo miliardo di lire. Ma non bastano, per cui è costretto a mandare uno dei suoi scagnozzi a Secondigliano con il compito di portargli altri contanti. I camorristi di Forcella restano impressionati perché in quei tre giorni e quelle tre notti il boss di Secondigliano spende più di due miliardi. Una cifra spaventosa che si rivela un buon investimento: Di Lauro si alza dal tavolo dopo aver vinto, sebbene la somma non sia particolarmente congrua. Tra l'altro mentre i Giuliano sono stati costretti a farsi una sniffata, lui è rimasto freddo e lucido per tutta la tre-giorni.

I rapporti con i Giuliano

I legami con i Giuliano sono piuttosto solidi, almeno fino a un certo punto. "Ciruzzo", infatti, non si fida di nessuno, neppure della famiglia di Forcella con la quale è in affari nella gestione delle scommesse sul calcio e il lotto clandestino. I rapporti s'interrompono all'improvviso quando comincia a sospettare che i Giuliano siano dei confidenti delle forze dell'ordine. Il dubbio acquista una sua concretezza nel giorno in cui c'è un blitz della Squadra mobile a casa dello zio di Luigi Giuliano mentre, guarda caso, è in corso una riunione tra vari capoclan napoletani impegnati nella guerra a Cutolo. Dopo questo episodio le incursioni di "Ciruzzo" a Forcella si diradano.

Si intensificano, invece, i rapporti con il clan di Michele D'Alessandro, che agisce a Castellammare di Stabia e dintorni. C'è un legame fondato sulla reciproca fiducia, come dimostra lo scambio di armi. Riferisce il pentito Prestieri:

> Sino all'inizio degli anni '90, quando le nostre condizioni economiche non erano tali per consentire di gettare o disfarci delle armi, ogni volta usavamo le stesse.

Dopo essere state utilizzate, in particolare quelle corte, noi le davamo ai D'Alessandro di Castellammare e loro facevano altrettanto perché lo scambio delle armi, se pure già usate, rendeva difficile la identificazione. Quando i soldi della droga erano tanti, Paolo Di Lauro acquistava grandi quantitativi di armi dalla Jugoslavia, si trattava di armi italiane provenienti dalle ditte Beretta e Tanfoglio, ma venivano dal Di Lauro acquistate perché le modalità d'acquisto sono estremamente semplici, basta infatti mostrare un documento senza neanche dichiarare il porto d'armi. Non ho mai saputo chi per conto del Di Lauro facesse tali acquisti e per delicatezza non l'ho mai chiesto in quanto si tratta di notizie particolarmente riservate.

(Ordinanza di custodia cautelare nei confronti di Abbinante Antonio + 19 dell'8 maggio 2009)

Il rapporto con i camorristi di Castellammare viene confermato pure da Guglielmo Giuliano, componente della famiglia di Forcella. Secondo Giuliano, "Ciruzzo" si fida così tanto di Michele D'Alessandro da ospitarlo a casa sua:

Io conosco Paolo Di Lauro dal 1979, abbiamo fatto riunioni quando lui era ancora il ragazzo di Aniello La Monica, che poi lui stesso ha ucciso per quanto ho saputo nell'ambito del mio gruppo [...]. Paolo Di Lauro notoriamente non faceva andare nessuno a casa sua, tanto che diceva di non avere nessuna preoccupazione dei pentiti e ciò in quanto nessuno avrebbe potuto raccontare di essere stato da lui; per concludere gli affari illeciti egli si serviva di suo cognato Enrico D'Avanzo. Due sole persone erano ammesse a frequentare la sua villa: Michele D'Alessandro di Castellammare e io. Io avevo un'amicizia personale con lui, tanto che giocavamo anche a carte insieme o in qualche bisca riservata di sua proprietà oppure a casa sua.

(Ordinanza di custodia cautelare nei confronti di Abbinante Antonio + 6 emessa il 18 gennaio 2011)

A ogni modo l'amicizia con D'Alessandro è così solida che Di Lauro e i suoi uomini offrono al boss stabiese un rifugio sicuro per la latitanza. Contrariamente ad altri "colleghi" che non abbandonano mai il proprio territorio, don Michele ha deciso di nascondersi lontano da Castellammare di Stabia. Riesce a evitare le manette solo fino all'11 marzo del 1994, quando la polizia lo scova in un appartamento di Secondigliano messo a disposizione proprio dall'entourage di Ciruzzo.

Nei primi anni '90 Paolo Di Lauro si trova di fronte a una scelta che da un lato può condizionare la sua autonomia, dall'altro invece gli offre la possibilità di diventare ancora più forte. "Ciruzzo" viene invitato a far parte dell'Alleanza di Secondigliano, un cartello fondato dai boss Eduardo Contini, Gennaro Licciardi e Francesco Mallardo. Sembra una proposta ghiotta perché Contini, Licciardi e Mallardo costituiscono un gruppo in salute sul piano finanziario e attrezzatissimo sotto il profilo militare. Ma Di Lauro preferisce sfilarsi, confida molto sulle sue forze e su quelle dei suoi figli, per cui ritiene non sia necessario intrupparsi in una coalizione che lo vedrebbe sicuramente ben protetto ma in condizioni di evidente minoranza, considerando che i Contini e i Mallardo sono imparentati tra loro e il legame con Licciardi è più antico e collaudato.

"'O milionario" è decisamente abile ad agire nell'ombra. Non solo: è prudente, parecchio prudente, tant'è che con lui possono interagire veramente in pochi, e quei pochi sono tutti familiari: i figli Vincenzo e Cosimo, il cognato Enrico D'Avanzo. Il resto della truppa riceve ed esegue ordini senza mai incontrarlo.

Di Lauro non è solo lo spietato leader di un clan camorristico, ma è pure un avveduto uomo d'affari. E le sue qualità manageriali le dimostra nel momento in cui riesce a diventare un punto di riferimento per lo spaccio di droga a Napoli. Per battere la concorrenza sa bene che deve offrire la "roba" a prezzi più accessibili e per poter praticare tariffe abbordabili deve tagliare i costi: con grande capacità e altrettanto coraggio decide di saltare tutte le intermediazioni che appesantiscono le uscite e di rivolgersi direttamente ai fornitori. Uno dei suoi uomini migliori è Raffaele Amato, noto come "'a vecchiarella", la cui base operativa è in Spagna. È grazie a lui se "Ciruzzo" può disporre di consistenti partite di stupefacenti di diverso tipo con i quali inondare la città e trasformare Scampia in uno sterminato supermercato frequentato da migliaia di tossicomani provenienti da tutta Italia, attirati dalla possibilità di acquistare droga in gran quantità e a un importo vantaggioso. Un canale di approvvigionamento si apre pure con la Colombia perché Amato riesce a mettere a frutto una serie di relazioni coltivate in terra iberica. Di Lauro e "'a vecchiarella" scopriranno che i colombiani si fidano dei napoletani fino a un certo punto, tant'è che Amato viene tenuto in "ostaggio" fino a quando Di Lauro non verserà l'intera cifra pattuita per comprare un ragguardevole stock di cocaina. Spiega il pentito Giovanni Piana:

> Nel 1994-1995 so che Paolo Di Lauro diede incarico a Raffaele Amato di rivolgersi direttamente in Colombia per acquistare la cocaina. Il contatto con il colombiano era stato fatto dallo stesso Raffaele Amato in Spagna, visto che al tempo lui faceva droga per conto di Di Lauro insieme a gente di Casoria e di Casavatore. Questo colombiano gli fece conoscere altri soggetti in sud America, i quali per fornire di droga Di Lauro durante la trattativa e sino all'avvenuta consegna dei soldi provenienti da Di Lauro, Raffaele Amato era rimasto nelle mani dei trafficanti colombiani a garanzia dell'affare. Questi ultimi vista l'affidabilità di Di Lauro e dello stesso Amato avevano poi intrapreso consuetudinari rapporti con questi soggetti per affari di droga senza bisogno ogni volta che Amato fosse dato fisicamente a garanzia dell'affare.
>
> (Ordinanza di custodia cautelare nei confronti di Abete Mariano + 113 emessa dal Gip Pasqualina Paola Laviano il 16 aprile 2009)

Dopo le grane con la legge derivate dall'omicidio di Aniello La Monica, e dalle quali era uscito indenne, Paolo Di Lauro s'inabissa più di quanto non riuscirà a fare Bernardo Provenzano. Inseguito dalla magistratura, il capo dei capi di Cosa Nostra è costretto a scappare e a imboscarsi in qualche luogo remoto lontano da tutto a da tutti. "Ciruzzo" invece no, lui continua a fare i suoi affari: commercia prodotti contraffatti e si dedica al narcotraffico, settore nel quale diventerà un impareggiabile fuoriclasse. Dipendesse da lui, eviterebbe come la peste qualsiasi contatto con soggetti che non appartengono al suo mondo, ma suo malgrado in qualche circostanza non può fare a meno di farsi vedere in giro. Come succede agli inizi dell'autunno del 1998 per colpa delle intemperanze di Nunzio, uno dei suoi figli che in quel periodo frequenta la scuola media "Pascoli II" di Scampia. A provocare l'ira del rampollo del boss è l'incolpevole Cosimo Infante, insegnante di educazione tecnica. Il prof rimbrotta un'alunna perché non sembra interessata alla lezione, ma la paternale non piace a Nunzio che interviene in difesa della ragazzina. Infante a quel punto rimprovera pure Nunzio, il quale non la prende affatto bene: essere redarguito davanti a tutti è per lui una insopportabile offesa. La vicenda sembra finire lì, ma invece ha una inaspettata coda: l'imprudente insegnante viene aggredito e picchiato, come racconterà lui stesso alla giornalista Irene De Arcangelis:

> A fine lezione sono risalito nella sala riunioni e mi hanno detto che c'erano due visitatori che volevano parlarmi. Non so chi li abbia autorizzati a entrare, ma me li sono trovati nella sala docenti. Ricordo solo un forte colpo alla testa [...]. Poi ho trovato la mia auto ammaccata dai calci. Qualcuno è anche salito sul tettuccio e ci è saltato sopra. Chiederò di essere trasferito, in quella scuola non voglio tornarci più.
>
> («la Repubblica», 27 ottobre 1998)

La storia finisce su tutti i giornali, se ne occupa anche *Moby Dick*, trasmissione televisiva condotta da Michele Santoro su Italia Uno. Da Roma arrivano gli ispettori inviati dal ministro della Pubblica Istruzione Giovanni Berlinguer, il Provveditorato agli Studi trasferisce il preside Felice Pirozzi a un altro incarico perché "colpevole" di non aver denunciato l'episodio. Contro Pirozzi si scaglia anche Ottaviano Del Turco, presidente della Commissione parlamentare antimafia:

> Se il preside si fosse rifiutato di fornire il nome di quel ragazzo invocando il suo ruolo di educatore, evitando di dare in pasto all'opinione pubblica un nome e un volto avrebbe fatto il suo dovere, lo avrei apprezzato. Quelle sue risposte sono state invece un inno alla cultura dell'omertà e dunque considero giusta la decisione del provveditorato. Ma questa decisione dimostra che nella battaglia contro la camorra e la cultura dell'illegalità non c'è spazio solo per carabinieri, polizia,

guardia di finanza. Ci vogliono certo più carabinieri, più poliziotti, più finanzieri, ma ci vogliono anche più genitori, più studenti, più insegnanti e questa vicenda lo dimostra chiaramente.

(«la Repubblica», 28 ottobre 1998)

Nei giorni successivi gli autori del raid vengono individuati, sono in tre e sostengono di aver aggredito Infante perché maltrattava gli alunni. Non è vero. Infatti è una giustificazione alla quale il Pm titolare delle indagini, Luigi Bobbio, non dà alcun credito. Il 6 novembre tocca a Paolo Di Lauro: dalla procura arriva un fonogramma al vicequestore Luigi De Stefano, che dirige il Commissariato di Scampia, nel quale si legge che bisogna rintracciare Di Lauro senior affinché si presenti in procura:

Era venerdì quando uomini in divisa bussarono alla villa bunker di via Cupa dell'Arco 412 per chiedere al boss di seguirli. Ma non lo trovarono in casa. Un po' di fortuna li aiutò, comunque, perché a poca distanza – in un altro appartamento – un gruppetto di agenti riuscì a parlare con la moglie di Di Lauro. Poco dopo, da una stanza uscì il padrino sbarbato di fresco. Prese il cappotto ed entrò nella volante, non prima di aver avvisato il proprio avvocato di fiducia.

(Simone Di Meo, *L'impero della camorra*, Newton Compton 2014)

Rispondendo alle domande del Pm Bobbio, il capoclan dà la sua versione – ovviamente assolutoria – sulle botte ricevute dall'insegnante. Ed è proprio in quella occasione che gli inquirenti scoprono qualcosa di nuovo sull'enigmatico ex ragioniere di La Monica: e cioè che il boss, non ancora diventato una star del narcotraffico, si fa chiamare "Pasquale". Spiegherà il Pm Bobbio:

Mentre era in corso l'interrogatorio, mettemmo sotto controllo i telefoni dei suoi più stretti uomini di fiducia, molti dei quali si trovavano all'esterno degli uffici, preoccupati delle nostre reali intenzioni. Non sapevano, infatti, che il motivo della convocazione era legato al pestaggio del professore e temevano un arresto. Li intercettammo anche quando chiesero a Vincenzo Di Lauro, che allora era poco più di un ragazzo, se dovevano andare a proteggere "Pasquale" armati all'uscita dalla procura. Quella fu la conferma, in diretta, che Paolo Di Lauro era un padrino della camorra e che Pasquale era il soprannome usato a Secondigliano per indicarlo.

(Di Meo, *op. cit.*)

Nell'incontro in procura Di Lauro mantiene un profilo basso, quasi remissivo: al magistrato spiega che lui e la sua famiglia non c'entrano nulla con l'aggressione a Infante, ma si dice pure seccato per le voci che corrono sul suo conto. Pettegolezzi che gli impediscono di fare l'imprenditore perché la guardia di finanza va periodicamente a ispezionare il suo laboratorio di Arzano nel quale confeziona giubbotti di pelle. Lui è un uomo di pace – così sostiene – e se i finanzieri non smettono di dargli il tormento, prima o poi lo Stato lo costringerà a rinunciare al suo lavoro.

In quel periodo Di Lauro è un uomo con un passato inquietante ma con la fedina penale solo un pochino macchiata. E quindi dopo la chiacchierata con Bobbio esce dalla procura e sparisce per diversi anni. In quei giorni il suo nome è però su tutti i giornali, anche se la sua faccia la pubblica solo il quotidiano «Il Giornale di Napoli»: il fotografo lo ha immortalato davanti al palazzo di giustizia mentre aspettava l'avvocato.

Alla fine degli anni '90 "Ciruzzo" è uno dei camorristi più potenti di Napoli, ma non c'è nessuna indagine dalla quale emerga la dimensione finanziaria della sua imponente struttura criminale. Nel frattempo nell'area a nord del capoluogo il commercio degli stupefacenti è sotto gli occhi di tutti e ha raggiunto livelli impressionanti:

> Fiumi di droga. Cocaina, eroina, kobret. A Secondigliano, Scampia, Miano, i tossicodipendenti vanno da anni a rifornirsi. In tutta Italia sanno che a Napoli, in quelle zone, si può acquistare sostanze stupefacenti d'ogni tipo, con tranquillità e in totale copertura, nella certezza di trovare sempre ciò che si cerca e di non fare mai viaggi a vuoto. Nelle Vele esistono portoni sbarrati dall'interno con le chiavi in possesso solo degli spacciatori: in quegli androni, si può acquistare droga senza pericolo. Ci sono le scale di vendita suddivise per "prodotto". Un grande supermercato dai tempi di Licciardi, che aveva imposto le sue regole. Poi è stato Di Lauro a stabilire che ogni spacciatore doveva rifornirsi dai suoi uomini, o versare al clan percentuali per vendere senza ostacoli.
>
> (Gigi Di Fiore, *La camorra e le sue storie*, Utet)

"Ciruzzo" è indubbiamente un uomo violento ma la sua ascesa non è da ascrivere soltanto all'uso massiccio delle armi. Gli anni spesi appresso a La Monica e una intelligenza raffinata lo hanno portato a elaborare una organizzazione perfetta per l'acquisto e lo spaccio della droga, mettendo in piedi una struttura a più livelli:

> Il primo è formato da promotori, ovvero persone di estrema fiducia che provvedono a controllare l'attività di smercio tramite i loro affiliati diretti. Al secondo ci sono coloro che gestiscono i rapporti con gli spacciatori ai quali, attraverso altri componenti del gruppo, pagano il compenso per la loro prestazione oppure procurano, in caso di guai con la giustizia, il difensore di fiducia. Il terzo è quello dei "capi-piazza" che controllano l'andamento delle vendite, prelevano gli incassi, decidono chi deve essere impiegato come pusher. Il quarto è costituito da spacciatori, talvolta tossicodipendenti, che provvedono ad assolvere il compito più rischioso, quello di vendere la droga per strada.
>
> (Bruno De Stefano, *op. cit.*)

Nel business degli stupefacenti sono coinvolti anche i figli Vincenzo, Cosimo, Marco e Ciro; ciascuno con un ruolo preciso anche se decisamente subalterno rispetto al babbo e agli altri vertici della cosca.

Al grande supermercato della droga non fanno la "spesa" solo ragazzi e ragazze essiccati dalla dipendenza. Anche se non si mettono materialmente in fila, tra gli acquirenti figurano persone apparentemente irreprensibili, quelle che pur senza mai diventarne schiave si concedono volentieri una strisciata o una fumata. Tra i fornitori c'era anche Davide Cerullo, un giovanotto cresciuto alle dipendenze di Vincenzo Di Lauro e destinato a una promettente carriera. Una carriera che però non si svilupperà mai perché Cerullo smette di fare il pusher per ricostruirsi una vita vera e rivela il ceto sociale dei suoi abituali clienti:

Da me venivano avvocati, autisti di ambulanze, professionisti, funzionari pubblici. Una volta subii una rapina da un poliziotto, mi sottrasse la droga, senza pagarla, con la minaccia della pistola... Si vende anche nelle chiese, tra una genuflessione e una preghiera.

(«Corriere del Mezzogiorno», 16 settembre 2012)

L'"azienda" Di Lauro

Un boss e i suoi affiliati non potrebbero agire indisturbati senza fare leva su un diffuso consenso sociale. E il consenso sociale si conquista attraverso il "lavoro" che un clan può offrire. Nel caso dei Di Lauro, nel rione dei Fiori (da molti chiamato "Terzo Mondo") e dintorni è possibile essere arruolati nella complessa filiera – chiamiamola così – che consente alla droga di arrivare direttamente nelle mani degli acquirenti. Chi è alle dipendenze di "Ciruzzo" e dei suoi figli non deve aspettare un mese o una settimana per incassare la retribuzione: no, i soldi arrivano a fine giornata. E le opportunità per guadagnare soldi sono tante, come spiega il pentito Maurizio Prestieri:

[...] Paolo Di Lauro non gestiva direttamente alcuna piazza di spaccio. La piazza di cocaina, hashish ed erba del "Terzo mondo" era direttamente dei figli del Di Lauro, principalmente di Marco e Ciro. Vincenzo e Cosimo avevano una quota di partecipazione su detta piazza [...]. Voglio precisare che detta piazza di spaccio aveva anche una funzione simbolica, nel senso che serviva anche per dare lavoro a molti "ragazzini" che gravitavano intorno alla famiglia Di Lauro, anche a tutela della loro incolumità personale, fungendo da vedette. I ragazzini venivano pagati a percentuale sulle vendite, nel senso che il prezzo di una dose era comprensivo sia della quota da dare ai gestori della piazza, sia della quota relativa al pagamento della manovalanza. Faccio un esempio preciso: diciamo che il prezzo di una dose era di 50.000 lire; 35.000 lire venivano date ai proprietari della piazza, mentre le restanti 15.000 lire venivano suddivise tra lo spacciatore al minuto (che percepiva 5.000 lire a dose), il fornitore dello spacciatore cosiddetto "portapacchettini" (che percepiva 3.000 lire), il soggetto che aveva il compito di prelevare i soldi e depositarli presso un luogo sicuro (che percepiva 2.000 lire), le sentinelle e altri ragazzi che avevano compiti minori (che percepivano le restanti 5.000 lire) [...]. Tutti questi soggetti erano pagati a giorno, nel senso che ogni sera si chiudevano i conti.

(Interrogatorio del 3 aprile 2008 reso al Pm Luigi Cannavale, procedimento penale nr. 301258/08 mod. 45 e 1349/08 Rnrt)

Quando la responsabilità aumenta, aumentano pure gli stipendi e la paga viene distribuita ogni sette giorni. Spiega ancora Prestieri:

Il pagamento settimanale era effettuato solo nei confronti di chi custodiva grossi quantitativi di stupefacente. Faccio un esempio: il quantitativo grosso, tipo 10 kg di cocaina, veniva depositato in una casa fuori mano, cioè distante dal luogo di spaccio (tipo Casoria o Giugliano); vi era poi un soggetto incaricato di prelevare un quantitativo minore di stupefacente (tipo un kg di cocaina) che lo portava in una abitazione vicina alla zona di spaccio dove la sostanza stupefacente veniva lavorata. Una volta lavorata e impacchettata veniva portata in un altro appoggio dove si recava il "portapacchettini".

(*Ibidem*)

Il deserto civile

Di Lauro è un campione del crimine e le sue capacità manageriali sono fuori discussione. Va detto, però, che a esaltare i suoi pregi di uomo d'affari è il contesto in cui vive. Scampia è un deserto sociale e civile appesantito da un tasso di disoccupazione che farebbe la fortuna di qualsiasi clan: secondo i dati ufficiali arriva al 61%, ma nella realtà il numero è ancora più consistente. A Secondigliano, invece, i disoccupati sono il 55,5% della popolazione. Non occorre essere dei maghi per capire che per "Ciruzzo" le disastrate condizioni economiche di molte famiglie rappresentano un mare nel quale pescare manovalanza arrabbiata e affamata per rimpolpare le fasce medio-basse del suo esercito. Per migliaia di persone, dunque, l'invisibile Di Lauro non è uno che vende tonnellate di morte ma un affidabile datore di lavoro che paga più che discretamente i suoi dipendenti. E tra le fila del clan si arruolano pure i ragazzini: la dispersione scolastica è tale che a disposizione ci sono battaglioni di adolescenti pronti a svolgere compiti utili alla causa.

Largo alle nuove leve

Nei giovani, comunque, "Ciruzzo" ci ha sempre creduto. Lui sa bene come vanno le cose, è consapevole che basta una retata delle forze dell'ordine per mandare in malora una organizzazione costruita con pazienza nell'arco di qualche decennio. Forse perché comincia ad avvertire una certa stanchezza, forse perché nessun boss – per quanto bravo – è eterno, ma sta di fatto che verso la fine degli anni '90 chiama a raccolta i suoi principali collaboratori ed espone un progetto il cui obiettivo è assicurare la continuità al clan. Prima li incontra singolarmente e poi in gruppo. La proposta è questa: individuare un rappresentante per ciascuna famiglia in maniera tale da tenere pronta una nuova generazione in grado di ereditare lo scettro dai genitori qualora questi dovessero finire in carcere o al camposanto. Secondo il piano di Paolo Di Lauro il suo successore sarebbe stato il figlio Cosimo; mentre Maurizio Prestieri avrebbe designato il nipote Antonio, Rosario Pariante avrebbe fatto spazio al figlio Gennaro e Raffaele Abbinante si sarebbe fatto da parte per lasciare il posto al figlio Francesco. "Ciruzzo", però, è stato troppo ottimista, gli eventi non gli consentiranno di realizzare il progetto.

Trapani, flex e videocamere

Gli stupefacenti garantiscono guadagni esorbitanti, ma non sono l'unico business. Insieme ai soci Mallardo e Contini ha costruito una rete di distribuzione planetaria per commerciare giacche di finta pelle e abbigliamento "griffato" prodotti in migliaia di esemplari nei laboratori clandestini sparsi tra Napoli e l'hinterland: costano 15 euro a pezzo ma in Europa, America e in Australia possono essere vendute fino all'equivalente di 500 euro. I soldi arrivano a palate pure dai trapani sui quali è impresso il marchio Bosch ma che in realtà sono fabbricati illegalmente in Asia. Stesso discorso per macchine fotografiche e videocamere di aziende importanti, come Canon e Hitachi, fabbricate in laboratori clandestini dai quali escono pure smerigliatrici, flex, levigatrici e martelli pneumatici di "marca".

Il denaro nei sacchi della spazzatura

La montagna di denaro accumulato con la droga ha proporzioni inimmaginabili tant'è che si pone il problema di dove custodirla. Una parte consistente viene conservata dentro i sacchi della spazzatura: ciascuno pesa poco meno di 14 chili e contiene un miliardo di lire in tagli da centomila. Il motivo per cui il clan disponga solo di banconote da centomila lo spiega il pentito Prestieri:

> Ciò serviva anche a fini di contabilità e verifica del contenuto della busta. Infatti si era soliti farsi cambiare dai commercianti della zona i soldi in piccolo taglio,

ricavati dallo spaccio di piazza in biglietti di centomila in quanto per noi era più facile custodirli. I soldi delle piazze erano detti "monnezza". Già noi capi piazza portavamo i soldi a Di Lauro in tagli grossi. Si giunse poi a pretendere il pagamento dai tossicodipendenti in tagli grossi.

(Ordinanza di custodia cautelare Abbinante Antonio + 6 emessa il 18 gennaio 2011)

Di soldi se ne incassano in abbondanza, per cui non c'è nessuno che possa lamentarsi. Una "piazza" produce introiti che oscillano tra i 30 e i 40.000 euro al giorno. Lo spaccio al rione dei Fiori consente guadagni che si aggirano intorno ai 3-4 milioni al mese. Nel 2004, per dire, nella cassaforte dei Di Lauro ci sono quasi dieci milioni di euro in banconote, denaro liquido pronto da utilizzare per ogni evenienza.

A Paolo Di Lauro tocca la fetta più grossa, ovvero il 50% degli introiti; il restante 50% viene suddiviso – con tre quote uguali – tra i figli, Enrico D'Avanzo e la fazione di Raffaele Amato.

Stipendi e assistenza agli affiliati

Lavorare per il clan Di Lauro comporta diversi rischi ma dal punto di vista economico ha una convenienza tale che c'è la fila per poter essere ingaggiati. Le cifre sono così seducenti da annientare la concorrenza di qualsiasi occupazione onesta: settemila euro li porta a casa chi si occupa di distribuire la droga agli spacciatori per la vendita al dettaglio; un pusher può tranquillamente arrivare a duemila euro (i pusher lavorano sempre in coppia; uno prende i soldi, l'altro subito dopo consegna le dosi). Uno stipendio più che dignitoso lo incassano le sentinelle: presidiare le strade per avvertire l'arrivo delle forze dell'ordine vale dai 1200 ai 1500 euro; 1000 euro al mese è la paga di chi trasporta armi. 2000 e 500 euro è invece la base di partenza per un killer. Cifre che oscillano tra i 500 e i 1000 euro a settimana rappresentano l'equo compenso per ospitare in casa un latitante o custodire delle armi.

Gli stipendi subiranno un taglio nel 2008 quando la crisi che attraversa tutto il Paese non guarda in faccia a nessuno, neppure ai narcotrafficanti: c'è una riduzione complessiva delle retribuzioni che però restano comunque su livelli più accettabili soprattutto se confrontati con quelli che porta casa chi lavora in fabbrica o in un call center.

Non esistono solo le entrate, ovviamente. Tenere in piedi tutta la baracca costa parecchio, almeno 700.000 euro al mese: oltre che agli affiliati, i Di Lauro assicurano una paga mensile ai fiancheggiatori, alle famiglie degli affiliati e dei fiancheggiatori che stanno in carcere; inoltre pagano gli avvocati agli affiliati e ai fiancheggiatori ospiti delle patrie galere.

I "prigionieri" del clan

Mentre "Ciruzzo" e la sua prole dettano legge, chi vive un incubo quotidiano sono le migliaia di cittadini perbene che abitano nelle zone presidiate dagli spacciatori e affollate dai tossicomani. Anche per accedere in alcuni appartamenti è necessario attendere l'okay degli uomini del clan Di Lauro perché il legittimo via vai degli inquilini disturba il commercio. In alcuni casi i camorristi sprangano portoni, alzano cancelli, costringono pure casalinghe e anziani a tortuosi giri affinché la loro presenza non interferisca con la frenetica consegna delle dosi.

Ma nel periodo della prima faida la polizia lavora ai fianchi dei Di Lauro. Se da un lato le indagini portano ad arresti e sequestri, dall'altro si prova a ostacolare l'ordinaria attività dello spaccio di droga. L'impulso in questa direzione arriva dal vicequestore Michele Spina, alla guida del commissariato di Scampia:

> Quando abbiamo riscontrato che i clan s'imponevano con la forza, con la protervia, con l'arroganza sugli abitanti abbiamo deciso di aggredire quotidianamente le difese passive quasi di tipo militare che i malavitosi avevano costruito nei palazzi. E quindi tutti i giorni abbiamo abbattuto cancelli, abbattuto pareti, abbiamo distrutto questi simboli di potere criminale fino a indurre i clan a rinunciare a queste difese e a cambiare la modalità dello spaccio, facendolo in modo molto più clandestino e nascosto. Indipendentemente dalle operazioni di polizia che continuavamo a fare con arresti, indagini, sequestri, abbiamo deciso di andare tutti i giorni ad abbattere, a tagliare questi cancelli costringendo i clan a rinunciare a questa modalità di tipo vessatorio [...]. Abbiamo ridotto le piazze di spaccio da 20 a 4.
>
> (www.youtube.com/watch?v=KRnn4fUU6So)

I primi pentiti

Nessuno è perfetto. Non lo è senz'altro Gaetano Conte, un ex carabiniere che ha fatto parte della scorta dell'ex presidente della Repubblica Francesco Cossiga. Conte ha radicalmente cambiato sponda e il 5 marzo del 2002 è rimasto convolto in una inchiesta condotta dal Pm Giovanni Corona su alcune tangenti pagate da imprenditori impegnati nella costruzione di diverse strutture pubbliche a Secondigliano. Conte decide di collaborare con la giustizia e lo stesso percorso lo imbocca Giovanni Migliaccio: le loro dichiarazioni aprono uno squarcio su Paolo Di Lauro e sulla sua organizzazione. Nell'ottobre del 2002 la prima indagine sul clan di "Ciruzzo" porta a 27 arresti e al sequestro di 160 chili di droga, tra cocaina ed eroina: in quelle carte c'è una parziale ricostruzione degli enormi progressi fatti dall'ex contabile di Aniello La Monica. Nel corso dell'inchiesta, coordinata dai Pm Giovanni Corona e Salvatore Sbrizzi e affidata dalla Sezione narcotici della questura di Napoli, emerge che il clan Di Lauro si è specializzato nel traffico di droga e ha importato stupefacenti da Albania, Ungheria, Repubblica Ceca, Spagna e Olanda. Complessivamente sono quattordici i pentiti che hanno fornito informazioni sulla cosca di Secondigliano.

Per il boss l'indagine è un campanello d'allarme: tenere un profilo basso non basta più, è indispensabile dileguarsi perché d'ora in poi gli inquirenti gli daranno la caccia. Anche la magistratura, dunque, comincia a disporre di qualche prova concreta: dal 2002 al 2008 sei collaboratori di giustizia riferiscono ai magistrati ciò che sanno sull'omicidio di Aniello La Monica. Sulla base delle rivelazioni di Luigi Giuliano, Salvatore Giuliano, Giuseppe Misso, Pasquale Gatto, Giuseppe Missi e Maurizio Prestieri, vengono riaperte le indagini e nel settembre del 2008 Di Lauro finisce di nuovo sotto inchiesta per quel delitto del 1982. È il caso, insomma, di eclissarsi perché stanno arrivando delle brutte rogne.

Prima di congedarsi e sparire dalla circolazione, "Ciruzzo" consegna le chiavi del comando della sua organizzazione al ventinovenne figlio Cosimo: la scelta non è casuale perché il "regolamento" interno prevede che quando il boss è latitante o in carcere il bastone del comando vada al figlio più adulto, libero o latitante che sia.

La rivoluzione di Cosimo

È da quel momento che il meccanismo perfetto messo in piedi da Di Lauro senior comincia a perdere colpi. Cosimo – da molti chiamato Cosimino – infatti non si limita a raccogliere l'eredità del genitore e a proseguire sulla sua scia, ma imprime una svolta che si lascia dietro un diffuso risentimento. Il nuovo corso, infatti, prevede due novità: la prima è che bisogna fare spazio a un gruppo di giovani, la seconda è che ogni decisione deve assolutamente passare attraverso i componenti della famiglia Di Lauro. Dunque, con un colpo di spugna viene fatta fuori una generazione di narcotrafficanti che fino ad allora ha sempre lavorato in armonia con e soprattutto per "Ciruzzo 'o milionario". La firma sotto questo repulisti è solo quella di Cosimo che non somiglia affatto al babbo, la cui lunga esperienza gli ha sempre suggerito di adoperare un minimo di diplomazia perlomeno con i più stretti collaboratori. Cosimo agisce di testa sua, ha un temperamento differente, interpreta il ruolo di comandante in capo con il piglio del monarca assoluto. E, quasi come fosse una ripicca, fa quasi sempre il contrario di ciò che avrebbe fatto il padre. Probabilmente la sua è una reazione all'educazione ricevuta: "Ciruzzo", infatti, sarà anche un criminale di grande levatura ma nel ruolo di genitore non è altrettanto capace, come dirà uno che conosce bene la famigliola del "Terzo Mondo", ovvero Maurizio Prestieri:

> Paolo Di Lauro è un padre quasi assente e apparentemente disinteressato ai propri familiari, e la vera colonna portante della numerosa famiglia è la moglie dello stesso Ciruzzo, donna che ha generato dieci figli crescendoli tutti praticamente senza la presenza materiale del marito, questo ovviamente non s'intende dal punto di vista economico. Di Lauro si è sempre mostrato molto più affettuoso nei nostri confronti che in quelli dei figli. Cosimo nei progetti del padre viene allevato per essere un malavitoso vero e proprio, e infatti dopo il grave incidente automobilistico avuto da Cosimo, durante la lunga convalescenza vi è un vero e proprio addestramento da parte del padre al figlio, in cui Paolo cerca di inculcare a Cosimo il proprio modo di essere camorrista, fatto di sostanza e non di apparenza. Poi storicamente Cosimo non si dimostrerà all'altezza delle aspettative. In merito a Vincenzo, egli ha invece una iniziazione criminale diversa da Cosimo e viene avviato in maniera più leggera e verso ruoli più tecnici, da colletto bianco della famiglia. Di Marco posso dire che è una persona molto seria e intelligente, priva di vizi, assomiglia un po' al padre negli atteggiamenti [...]. Il più violento dal punto di vista della capacità di compiere omicidi e atti vandalici è Nunzio[...].
>
> (Verbale di interrogatorio reso l'11 luglio 2008
> al sostituto procuratore Stefania Castaldi presso il carcere di Rebibbia)

Di Lauro junior è un caterpillar, non c'è nulla che possa fermarlo e chi ha l'ardire di provarci viene, se gli va bene, messo da parte. Dopo un po' di tempo la pattuglia degli scontenti diventa più consistente perché, utilizzando un termine "sindacalese", molti si sentono demansionati e ridotti a semplici comprimari di un complesso meccanismo che prima di allora li aveva visti indiscussi protagonisti. Un boccone indigeribile, impossibile mandarlo giù, anche perché oltre a mortificare il prestigio e ridurre il peso politico all'interno dell'organizzazione, le iniziative dell'erede di "Ciruzzo" hanno pesanti ricadute pure sotto il profilo economico:

> Tutto ciò determinava un indubbio ridimensionamento del ruolo, della conseguente posizione di potere ed infine dei profitti di chi, sino ad allora, si era relazionato direttamente con il vertice del clan, ossia con Paolo Di Lauro; le figure apicali che erano oggetto di tale ridimensionamento erano, appunto, Raffaele Amato ed i suoi stretti familiari che lo collaboravano, ossia i fratelli Pierino ed Elio, il cognato Cesare Pagano, Gennaro Marino, Arcangelo Abete, e la loro figura di riferimento,

ossia quella di Rosario Pariante, inteso *Chiappariello*, una delle persone da sempre più vicine a Paolo Di Lauro; ed altri esponenti di spicco quali il gruppo degli Abbinante, capeggiato dai fratelli Raffaele e Guido. Pariante e Abbinante erano a capo di importanti e strategici sottogruppi, da sempre strettamente legati a Di Lauro, ma anche da sempre criminali egemoni a Secondigliano e in territori che, per Pariante, si spostavano verso la zona flegrea e il comune di Bacoli.

(Procedimento penale 301258/08 e 13439/08 Rnrt)

Il ragazzo non riesce a contenersi e in alcuni casi manifesta un certo disprezzo nei confronti degli uomini che pure hanno contribuito a fare grande il clan fondato dal suo papà. Il pentito Maurizio Prestieri spiegherà ai magistrati:

Nella gestione di Cosimo Di Lauro io ho notato una certa arroganza nei confronti di quelli che erano stati i più stretti collaboratori del padre quale l'Amato e il Pagano. In particolare quando io mi recavo da Cosimo Di Lauro per parlare, questi con un gesto della mano faceva allontanare Amato e Pagano, fatto mai accaduto alla presenza di Paolo Di Lauro, che faceva rimanere sempre presenti le citate persone ai nostri discorsi.

(Ordinanza di custodia cautelare Abbinante + 6
emessa il 18 gennaio 2011)

Che Cosimino abbia intenzione di fare piazza pulita della vecchia guardia lo conferma anche un altro collaboratore, Giovanni Piana, secondo il quale il ragazzo vuole realizzare un vecchio pallino del padre: e cioè sostituire gli attuali vertici con i loro rispettivi figli. Ma non è tutto, perché il giovane boss impone un'altra delle sue regole, e non è una regola da poco: qualsiasi azione fatta per conto del clan deve avere necessariamente la sua approvazione, in particolare per quel che riguarda gli omicidi. Ecco cosa riferisce Piana:

Io unitamente a mio cognato Pasquale Riccio, mi sono incontrato con Cosimo Di Lauro, presente anche Ciro Di Lauro, perché questi ci mandarono a chiamare. Cosimo Di Lauro mi disse che lui aveva preso il posto del padre e che voleva eliminare tutte le persone anziane del gruppo per lasciare spazio ai giovani; ci disse che a Secondigliano non si poteva fare niente senza il suo preventivo consenso [...]. Egli ci disse che lui pretendeva da tutti quanti gli affiliati al clan Di Lauro, anche dagli esponenti di spicco, di essere preventivamente informato di qualunque reato si dovesse commettere, in particolare gli omicidi. Mi disse anche che era sua intenzione far avvicendare i figli dei capi del clan Di Lauro al posto dei padri.

(Ordinanza di custodia cautelare nei confronti di Abete Mariano + 113
del 16 aprile 2009)

Quella introdotta da Cosimo è una novità destinata a ribaltare abitudini oramai cristallizzate. In precedenza, infatti, ogni gruppo godeva di un'ampia indipendenza e poteva ammazzare a proprio piacimento; solo dopo il delitto s'informava "Ciruzzo", il quale, rispettoso dell'autonomia, non faceva mai una piega dimostrandosi – almeno da questo punto di vista – un sincero democratico. Cosimo, invece, ha un'altra filosofia, ha un piglio autoritario e non c'è dubbio che voglia diventare il capo assoluto con pieni poteri. Alcuni componenti del clan non nascondono una profonda irritazione nei confronti di Paolo Di Lauro. Gli attribuiscono la colpa di aver concesso carta bianca al figlio prediletto, un errore marchiano perché il ragazzo sta calpestando il rispetto verso gli altri, arrivando a umiliare gente che ha alle spalle una lunga carriera e quindi ha molta più esperienza. Secondo il collaboratore Antonio Pica, su "Ciruzzo" si abbatte soprattutto l'ira di Arcangelo Abete e Gennaro Marino:

> Il motivo di fondo era riconducibile al comportamento tenuto dal figlio Cosimo che lui aveva messo al comando del clan. In particolare loro dicevano che non si sentivano considerati, in quanto le loro piazze di droga non erano state elargite dai Di Lauro, ma loro le avevano curate e fatte crescere economicamente. Inoltre evidenziavano come solo Fulvio Montanino venisse trattato bene da Cosimo. Ad esempio, Genni disse che Cosimo mandava i suoi uomini, ossia dei ragazzi del Terzo Mondo, a controllare il volume di affari delle sue piazze di droga. Fatto, questo, inaccettabile e che Paolo Di Lauro non aveva mai fatto ma consentiva al figlio.
>
> (Verbale di interrogatorio reso al Pm Stefania Castaldi il 18 dicembre 2008)

Mentre "Ciruzzo" aveva sempre lavorato per tenere il gruppo unito, Cosimo sembra voler raggiungere l'obiettivo opposto: sgretolare a ogni costo, disgregare a prescindere da cosa invece suggerirebbe il buon senso. La campagna che lo rende sempre più impopolare subisce un'accelerazione nel momento in cui avanza delle pretese economiche. Racconta il pentito Giuseppe Misso:

> Appena Paolo Di Lauro è divenuto latitante al suo posto è subentrato il figlio Cosimo, questi è subito entrato in contrasto con Raffaele Amato. Nel senso che Paolo Di Lauro fece sapere a tutti i personaggi di spicco del suo clan che lui non si voleva più interessare dell'aspetto criminale della sua organizzazione, delegando completamente ai figli ai quali però tutti gli affiliati di spicco avrebbero dovuto fornire delle quote. Quando subentrò Cosimo pretese delle quote esagerate a parere di soggetti che gestivano insieme al padre il clan da più di 30 anni e in particolare mi riferisco a Raffaele Amato, i suoi fratelli, il cognato Cesare Pagano con i suoi nipoti – o fratelli, non so bene – Carmine, Vincenzo ed Antonio, Gennaro Marino, i fratelli Notturno Raffaele, Vincenzo, Gennaro, Arcangelo Abete, Raffaele Abinante detto Papele e Marano, suo fratello di cui in questo momento non ricordo il nome e il figlio del Papele Rosario.
>
> (Ordinanza di custodia cautelare nei confronti di Abete Mariano + 113 emessa dal Gip Pasqualina Paola Laviano il 16 aprile 2009)

Stando a quanto riferisce Misso, il primogenito di “Ciruzzo” si toglie anche un sassolino (che poi è una montagna) dalla scarpa. Raffaele Amato, detto “’o Lello” o “’a vicchiarella”, non aveva mai fatto mistero di non gradire l’ascesa al potere di Cosimo, e Cosimo si vendica. Ecco cosa dice Misso agli inquirenti:

A Raffaele Amato fu intimato da Cosimo di abbandonare proprio il territorio di Napoli, facendo intendere che l’avrebbe ucciso se non l’avesse fatto e che egli non si motivava a tale gesto per rispetto del padre Paolo che sapeva avere grande affetto nei confronti di Amato che per suo conto gestiva i canali di approvvigionamento di droga dalla Spagna dove confluiva anche quella proveniente dal Sud America. L’Amato fece buon viso a cattivo gioco e si allontanò.

(*Ibidem*)

’O Lello capisce che tira una brutta aria e se ne va in Spagna. Ma non se ne sta con le mani in mano, contatta tutti i big del narcotraffico napoletano e organizza una controffensiva, come spiega ancora Misso:

Fece leva sull’irragionevolezza del Cosimo. Egli riuscì a portare dalla sua parte queste persone che non sopportavano di essere comandate da un giovane. Posso dire questo che è la stessa cosa che è capitata all’interno del nostro clan e da cui poi è scaturita la cosiddetta faida della Sanità. La strategia dell’Amato ebbe vita facile anche in conseguenza del comportamento tenuto dal Cosimo sin da quel lontano 2002, nel senso che lui stante la sua giovane età non comprese che avrebbe dovuto parlare con questi anziani e mediare con loro visto che egli aveva desiderio, a differenza del padre che voleva coltivare solo l’aspetto del riciclaggio e quindi dell’investimento delle ingenti ricchezze provento di droga, anche e soprattutto l’aspetto militare del clan egemone a Secondigliano. Egli cioè voleva essere un capo indiscusso e non come aveva fatto il padre, quella persona che aveva consentito ad altri malavitosi di gestire autonomamente porzioni di territorio controllate dal clan Di Lauro.

(*Ibidem*)

Mentre la cosca si avvia verso una devastante guerra intestina, la posizione giudiziaria di “Ciruzzo” si fa più seria perché all’orizzonte si profilano nuovi pentiti in grado di incastrarlo. Come Guglielmo Giuliano, componente dell’omonima famiglia di Forcella. In un primo momento riferisce delle frequentazioni assidue con il ras di Secondigliano, ma poi nega tutto e smentisce persino suo fratello Luigino “’o re”. Una retromarcia apparentemente inspiegabile, ma che – almeno secondo quanto lui stesso dice – aveva una ragione ben precisa, una ragione che si chiama paura:

È vero che dichiarai di non conoscere Paolo Di Lauro, ma ciò è avvenuto in quanto si era in piena faida di Scampia. In quel periodo Paolo Di Lauro non era detenuto e lo stesso vale per i figli. Io temevo fortemente che Di Lauro ed i suoi figli potessero avere qualche reazione forte nei confronti dei miei undici figli, che non mi avevano seguito nella protezione e che erano rimasti tutti a Napoli. Dichiarai di non conoscere Di Lauro solo per timore che potesse succedere qualcosa alla mia famiglia.

(Ordinanza di custodia cautelare nei confronti di Abbinante Antonio + 6 emessa il 18 gennaio 2011)

La scissione

L'irruenza di Cosimino è tale da procurargli una ondata di impopolarità nel giro di pochissimo tempo. La compattezza dell'organizzazione comincia a vacillare ben prima dell'esplosione della faida anche per i sospetti sull'equa ripartizione dei proventi, come riferisce il pentito Pietro Esposito che in due interrogatori (resi il 26 e il 27 novembre del 2004) spiega ai magistrati:

La scissione si è avuta qualche tempo fa, quando i Di Lauro allontanarono dal clan 'O Lello, Biagino, Cesarino, Pierino fratello di 'O Lello, ed altri, che si erano presi soldi che non dovevano intascare, ricavati dalla compravendita della droga da loro introdotta dalla Spagna all'Italia. Queste persone si unirono tra loro anche insieme agli esponenti del gruppo di Mugnano, un tempo legati ai Di Lauro, insieme agli scissionisti si unirono anche i maranesi, ossia gli esponenti del gruppo insediato del rione Monte Rosa e diretto da Papele di Marano.

(Ordinanza di custodia cautelare nei confronti di Abete Mariano + 113 emessa dal Gip Pasqualina Paola Laviano il 16 aprile 2009)

Il legame s'incrina nella primavera del 2003 quando molti componenti del gruppo che fa capo a Raffaele Amato e Cesare Pagano, che sono cognati, piantano le radici in Spagna, perlopiù tra Malaga e Barcellona, con al seguito le loro famiglie. E al seguito di Amato e Pagano, ribattezzati gli "spagnoli", si aggregano pure altri personaggi che fino a qualche giorno prima erano stati al servizio della cosca di "Ciruzzo". Da quando Di Lauro junior ha preso il comando il vento è cambiato, stare a Napoli è pericoloso. La scissione vera e propria non si è ancora consumata ma l'esodo di massa in Spagna di Amato, Pagano e dei loro uomini è stato interpretato come un mezzo tradimento che rischia di compromettere gli affari, considerando che è proprio dalla Spagna che arriva la droga per i Di Lauro. Benché ci sia dell'acredine, i rapporti per un po' continuano come ai vecchi tempi. Anche se i due cognati riforniscono pure un'altra fazione, quella di Arcangelo Abete e Gennaro Marino, alla quale praticano prezzi più bassi, ovviamente all'insaputa di Cosimino. Nel gennaio del 2004 c'è un primo tentativo di riconciliazione: Cosimo Di Lauro incontra Cesare Pagano a Casavatore. Per garantire che non intende approfittare dell'incontro per fare qualcosa di spiacevole, Pagano lascia in "ostaggio" suo nipote Carmine nelle mani di Marco Di Lauro. Se Pagano torce un capello a Cosimo, il piccolo Carmine ne pagherà le conseguenze. Il vertice non scioglie il grumo di rancori e neppure un secondo tentativo va a buon fine. La mediazione salta, riveleranno alcuni collaboratori, perché per riportare tutto alla normalità Cosimino avanza pretese ritenute inaccettabili:

> Le richieste di Cosimo Di Lauro, venuto a conoscenza di chi fossero i transfughi transitati con Amato e Pagano – sono sostanzialmente due: a) quella di eliminare i disertori che non fossero legati da vincoli di sangue agli spagnoli (come Carriola e Calzone, fra i primi); b) che Raffaele Amato restasse in Spagna o fosse ucciso (queste le richieste rispettivamente al primo e al secondo incontro con Cesare Pagano). Solo a queste condizioni a Cesare Pagano sarebbe stata data la possibilità di impiantare un gruppo che gestisse, in alleanza con Di Lauro, il territorio di Casavatore. La risposta negativa del Pagano e l'inaccettabilità delle condizioni, l'indisponibilità al tradimento di Cesarino indussero i due spagnoli, Amato e Pagano, a prendere atto della impossibilità di trovare un accordo.
>
> (Ordinanza di custodia cautelare nei confronti di Abbinante Raffaele + 26 del Gip Francesco Cananzi)

L'intesa oramai impossibile da raggiungere è solo l'inizio della fine. Poi si verificano un paio di episodi che incidono non poco sul morale di "Ciruzzo". Il primo aprile a Chivasso, in provincia di Torino, viene arrestato Vincenzo Di Lauro; un mese e mezzo dopo un altro figlio, Domenico, muore dopo essersi ferito gravemente in un incidente con la moto. Aveva 15 anni. Per il capoclan è uno choc tremendo, è latitante e quindi non potrà andare neppure ai funerali.

Intanto la situazione precipita nel mese di agosto, quando si registrano vicende che hanno l'effetto di incendiare la rabbia che cova su entrambi i fronti. La prima miccia si accende per il pestaggio da parte dei Di Lauro del padre di Rito Calzone. Poi c'è l'omicidio dello zio di Lucio Carriola, e infine durante un concerto a Secondigliano si "festeggia" la morte di Pietro Amato, fratello di Raffaele, stroncato da un infarto. A quel punto gli "spagnoli" tornano a Napoli per fare la guerra a Cosimo Di Lauro.

Ma sulle modalità del conflitto c'è una spaccatura netta tra chi propone un'aggressione graduale e chi intende ricorrere direttamente alle maniere forti. Arcangelo Abete e Gennaro Marino suggeriscono di colpire soltanto Fulvio Montanino, un fedelissimo di Cosimo. Ma Raffaele Amato e Cesare Pagano invece vogliono uccidere Cosimo e i suoi fratelli con un attentato fragoroso, tant'è che hanno già spedito in Olanda un killer affinché si specializzi nell'uso del bazooka: l'intenzione è puntare l'arma sulla casa dei Di Lauro la sera del 31 dicembre, mentre la famigliola è riunita per il cenone di Capodanno. La disparità di trattamento da riservare al nemico ha una spiegazione molto semplice: Abete e Marino vivono ancora a Secondigliano e sperano sempre di poter trovare una intesa con i Di Lauro, per cui pensano che con l'assassinio di Montanino, "Ciruzzo" avverta la necessità di riprendere in mano le redini dell'organizzazione e si decida mettere da parte quel figliolo dalla testa calda che sta sconquassando tutto.

Alla fine prevale il progetto di Abate e Marino, e Amato e Pagano sono costretti a rinunciare allo scenografico attentato col bazooka.

Con l'omicidio di Montanino gli "spagnoli" perseguono diversi obiettivi: dimostrare la propria forza militare e strategica con un raid nel cuore dell'impero dei Di Lauro; dimostrare che la gestione di Cosimo ha provocato una frattura profonda; costringere Paolo Di Lauro a ritornare alla guida del clan; e, obiettivo finale, arrivare a un accordo che preveda una gestione più equa del narcotraffico sia nella suddivisione del territorio che nella ripartizione degli incassi.

Ecco come il pentito Luigi Secondo ricostruisce le fasi precedenti l'agguato a Fulvio Montanino – avvenuto il 28 ottobre del 2004 – nel quale saranno coinvolti, loro malgrado, pure ragazzini di 12 anni utilizzati come ostaggi:

> Vi fu una ennesima discussione tra Cesare Pagano e Gennaro Marino, dove il primo ribadiva che voleva la morte di Cosimo Di Lauro e dei figli di Paolo Di Lauro, mentre Gennaro Marino ribadiva che lui non riteneva opportuno uccidere i figli di Paolo Di Lauro e che sarebbe stato un bel colpo per lui uccidere Fulvio Montanino. Stanco di queste discussioni Arcangelo Abete si inserì nella conversazione e, rivolto a Cesare Pagano disse che entro due ore da quel momento egli avrebbe ucciso Fulvio divenendo così operativa e concreta la scissione. Perché anche Abete concordava con Marino e lo disse a Cesare che se si fosse ucciso Montanino vi era una possibilità di potersi ancora tutti sedere intorno a un tavolo con Paolo Di Lauro, cosa impossibile se gli uccidevamo un figlio.
>
> (*Ibidem*)

Nonostante le intenzioni condivise, ovvero annientare i Di Lauro, la riunione – che si svolge in una villa di Varcaturo – ha reso gli animi incandescenti e in mezzo al ragionamento s'è insidiato il sottile sospetto che qualcuno possa giocare sui due tavoli. Per questo motivo Pagano accetta l'eliminazione di Montanino ma chiede ed ottiene delle garanzie, ovvero di tenere in ostaggio due ragazzini. Pagano, dunque, non si fida più dei Di Lauro ma evidentemente non si fida neppure dei suoi nuovi alleati. Ecco come Secondo ricostruisce quei momenti particolarmente concitati:

> Questa proposta operativa di Abete convinse Cesare Pagano il quale gli chiese, però, che mentre si sarebbe operato l'agguato, per le divergenze, insorte, voleva presso di sé i figli di Marino o di Abete. Ricordo che Cesarino si rivolse a Gennaro Marino con questa richiesta, ma questi sì mostrò non propenso a consegnargli suo figlio, ancora una volta fu Abete che disse che avrebbe consegnato suo figlio,

allora dodicenne, ed il figlio di Ciro Mauriello, anch'egli di quella età. Pagano fu d'accordo, quindi Abete utilizzando un cellulare che aveva con sé, chiamò sua moglie e Ciro Mauriello per avvertirli che sarei andato io a prendere i ragazzi e di non preoccuparsi. Io presi la Clio ed andai alle Case Celesti, prelevai i ragazzini e li portai nella villa di Varcaturo dove rimasero sicuramente Rito Calzone e Cesare Pagano.

(*Ibidem*)

I due ragazzini, ignari di essere considerati una temporanea merce di scambio, attenderanno il ritorno a casa giocando in un giardino situato accanto alla villa.

Montanino viene assassinato insieme a Claudio Salierno: è un'aperta dichiarazione di guerra a Cosimo Di Lauro. Come già ricordato, lo scopo è stanare Paolo Di Lauro: turbato dal precipitare della situazione, dovrà sentire il bisogno di tornare alla guida del clan per ripristinare i rapporti paritari dei vecchi tempi. Come previsto, Cosimo è furibondo perché gli hanno portato via un amico e teme che prima o poi uccideranno lui o suo padre. "Ciruzzo" conosce bene il temperamento del primo figlio e attraverso un certo Peppe gli fa pervenire un messaggio che in sostanza gli suggerisce di stare lucido, di non reagire, di capire bene chi e perché ha ucciso Montanino e di pensare a delle contromosse solo quando avrà la certezza sui nomi dei mandanti e sul vero movente. Ma Cosimino non vuole sentire ragioni e affida a Peppe una riposta da consegnare al babbo: il suo momento è finito, ora decido io e non voglio discutere con nessuno. «Nel dirlo faceva paura solo a vederlo» affermerà il pentito Antonio Prestieri, all'epoca fedele alleato del primogenito di Ciruzzo.

E la decisione del ragazzo è agghiacciante. Secondo Prestieri il figlio di "Ciruzzo" è intenzionato ad ammazzare le donne degli avversari:

Cosimo Di Lauro voleva che noi uccidessimo la moglie di Arcangelo Abete, di fatto egli riteneva di aver individuato una strategia vincente: colpire le donne dei capi scissionisti avrebbe indebolito la decisione di questi di proseguire nell'attacco al clan Di Lauro. Io viceversa, feci ragionare mio cugino, non contrastando direttamente Cosimo Di Lauro che al momento era particolarmente irragionevole, sul fatto che non solo quella di uccidere le donne degli affiliati ai clan era un comportamento non compatibile neanche con le ragioni di una faida, ma soprattutto era perdente dal punto di vista logico, perché i soggetti colpiti si sarebbero sentiti in dovere di vendicarsi e magari avrebbero colpito le nostre donne.

(*Ibidem*)

L'ipotesi di colpire le mogli e le compagne viene scartata ma resta in piedi quella che prevede le vendette trasversali: se i traditori si nascondono come topi, allora l'unica soluzione è uccidere i loro familiari.

Il primo a pagare per una guerra che non gli appartiene è Salvatore De

Magistris, convivente di Annunziata Proto, la madre dello scissionista Biagio Esposito: il 30 ottobre del 2004 viene picchiato selvaggiamente, il pestaggio è così violento da ridurlo in fin di vita. In quei giorni sparisce Pasquale De Gennaro, imparentato con i Di Lauro: diversi collaboratori di giustizia riferiranno che è stato sequestrato e il suo corpo gettato in un pozzo nella zona tra Varcaturo e Licola. Il 2 novembre tocca a Massimo Galdiero, il cui fratello era stato fermato dalle forze dell'ordine in compagnia di Raffaele Amato.

Che sia iniziata una caccia all'uomo è oramai evidente, nessun esponente delle due fazioni può sentirsi al sicuro e la paura di finire all'obitorio ti fa vedere nemici dappertutto. In quelle ore per poco non ci lasciano la pelle quattro sottufficiali dei carabinieri: sono in borghese e stanno attraversando in auto piazza Zanardelli, nel cuore del regno dei Di Lauro. Sono stati in pizzeria e stanno tornando nella sede del battaglione, in via Miano, a bordo di una Fiat Punto grigia. All'improvviso vengono affiancati da due ragazzi in sella a uno scooter che, urlando, gli intimano di fermarsi. Ma i carabinieri invece di fermarsi accelerano e dopo pochi istanti sulla Punto si abbattono una decina di colpi di pistola. Tre dei quattro sottufficiali restano feriti, ma per fortuna le conseguenze non sono irreparabili. A scatenare la reazione dei due ragazzi sullo scooter è stato il terrore che i quattro in macchina – tutti giovani tra i 22 e i 25 anni – fossero un commando della cosca rivale.

Il 4 viene ferito alle gambe Marco Manganiello, nipote di Antonio Marino, cugino di Gennaro Marino, passato dal clan Di Lauro agli "scissionisti". Il 6 ci va di mezzo un innocente: si chiama Antonio Landieri. I killer lo uccidono in un agguato teso ad alcuni pregiudicati che hanno abbandonato i Di Lauro. Il 9 all'interno di un'auto ci sono i cadaveri di Stefano Maisto, Mario Maisto e Stefano Mauriello, considerati dagli inquirenti contigui a un uomo dei Di Lauro. Il 20 il piombo delle pistole abbatte Biagio Migliaccio, cugino di uno degli "scissionisti". Poche ore dopo scatta la vendetta: un commando uccide Gennaro Emolo, padre di Ferdinando, considerato un esponente dei Di Lauro. Il 21 è la volta di Francesco Tortora, assassinato all'interno di un garage del "Terzo Mondo" e poi bruciato in un'auto, a Casavatore: era lo zio di Biagio Esposito, uno scissionista. Nello stesso giorno, appena poche ore dopo, dentro una tabaccheria i killer fanno fuori Domenico Riccio e Salvatore Gagliardi: Riccio era imputato in un processo al clan Di Lauro perché considerato il cassiere della cosca Abbinante, nel frattempo passata con gli scissionisti. Il giorno dopo cade un'altra innocente, la ventiduenne Gelsomina Verde: prima la torturano, poi le sparano e infine le danno fuoco nella sua auto. Si scoprirà che non ha voluto rivelare (e probabilmente non lo sapeva nemmeno) il nascondiglio di Gennaro Notturno, un suo vecchio fidanzato che si era schierato con gli scissionisti. Il 24 muore ammazzato Salvatore Abbinante, cugino di Raffaele Abbinante, uno degli scissionisti. Nello stesso giorno, poco prima della mezzanotte, gli agenti della Squadra mobile interrompono un summit degli scissionisti nell'appartamento di Anna Abete, sorella di Arcangelo Abete. Seduti allo stesso tavolo c'erano i fratelli Raffaele e Gennaro Notturno, Massimiliano Cafasso e Gennaro Marino. Mentre i poliziotti facevano irruzione, dalla finestra erano state lanciate diverse armi tra cui una bomba a mano, due mitragliatrici UZI, pistole e munizioni. Il 25 è la volta di Antonio Esposito, un fornaio amico di Raffaele Abbinante. Il 27 si registra il tentato omicidio di Antonio Frattini, cognato degli scissionisti Gennaro e Gaetano Marino. Il 28 viene falciato Giuseppe Bencivenga, mentre si salva Raffaele Romano: secondo gli investigatori gestivano una "piazza" di droga. La sera del 28 muore Massimiliano De Felice, fratello di un latitante: i De Felice sono imparentati con gli scissionisti Abbinante e Notturno; uno degli Abbinante, Guido, è sposato con Raffaella De Felice, sorella di Massimiliano. Il 30 novembre muore in ospedale Salvatore De Magistris, convivente della madre dello scissionista Biagio Esposito, pestato a sangue un mese prima. Il primo morto ammazzato di dicembre è Enrico Mazzarella, abbattuto nel suo ristorante di Bacoli: secondo gli investigatori era in rapporti con Rosario Pariante, considerato uno dei leader degli scissionisti.

Il 7 dicembre, però, la faida s'interrompe – almeno per qualche giorno – perché lo Stato sferra il suo primo consistente attacco: 1500 uomini delle forze dell'ordine assediano Scampia per eseguire 65 ordinanze di custodia cautelare per altrettanti protagonisti e comprimari della carneficina. L'operazione è così impegnativa al punto da richiedere il contributo dei carabinieri del reparto "Cacciatori di Calabria", specializzati nelle irruzioni in situazioni particolarmente difficili e delicate. Al maxiblitz partecipano pure i vigili del fuoco ai quali tocca il compito di divellere cancelli e inferriate eretti per proteggere i fortini dello spaccio. Tra gli arrestati non ci sono però i due obiettivi principali dell'indagine: i fratelli Cosimo e Marco Di Lauro, considerati al vertice dell'organizzazione. Per uno dei due, però, l'appuntamento con le manette è solo rimandato. Nonostante tutto, si ricomincia a sparare molto presto. L'11 tocca a Massimo Marino, cugino di Gennaro Marino, esponente degli scissionisti. Il 13 è la volta di Giovanni Piscopo, ritenuto dagli inquirenti un affiliato ai Di Lauro. Il 20 muore Vincenzo Iorio, secondo le forze dell'ordine era amico degli scissionisti. Alla viglia di Natale i killer fanno fuori Giuseppe Pezzella, mentre il 27 a Secondigliano un commando elimina Emanuele Leone, che risulta vicino ai Di Lauro.

Quando il conflitto ha già fatto un discreto numero di morti ammazzati e monopolizzato l'attenzione dei media di mezzo mondo, il procuratore capo Agostino Cordova sostiene che lo Stato – come in altre occasioni – è arrivato in ritardo perché la faida era "prevedibile":

> Prevedibile? Ma se è da decenni che fatti del genere avvengono periodicamente per la lotta tra clan contrapposti o per la successione nel potere interno dei clan! E ciò specie per il carattere estremamente magmatico delle associazioni camorristiche, al contrario della rigida gerarchia che connota la mafia e la 'ndrangheta [...]. Non basta la maggiore presenza delle forze dell'ordine: occorrerebbe una pattuglia a ogni angolo di strada. Era necessaria da tempo immemorabile una programmazione centrale ed unitaria a breve, medio e lungo termine per il recupero della legalità sotto tutti gli aspetti: civico, morale, culturale, sociale, economico, occupazionale.
>
> («Corriere del Mezzogiorno», 17 dicembre 2004)

Il 30 dicembre scorre altro sangue innocente, quello di Antonio Scafuro, ucciso davanti al figlio nella sua agenzia di pompe funebri. È una carneficina. A ogni modo, l'aggressività di Cosimo non piace neppure ad alcuni esponenti della sua famiglia. Della strategia terroristica adottata nel corso della faida parla pure Michelangelo Mazza, cugino di Giuseppe Misso junior. In un interrogatorio del 30 ottobre del 2007, Mazza riferisce di colloqui avvenuti – mentre era in carcere – con Vincenzo Di Lauro e con alcuni scissionisti. Dalle conversazioni emerge che Cosimo è fuori controllo e sta adoperando le maniere forti contro un sacco di gente. Non solo omicidi ma pure devastazioni di case e negozi dei nemici o dei loro familiari:

> Vincenzo Di Lauro lo incontravo solo durante il passeggio. Con lui, che era persona riservata, non siamo entrati mai nello specifico di singole vicende o di singoli episodi della faida, ma egli mi ha fatto in qualche modo intendere che riteneva il comportamento del fratello Cosimo, da questi tenuto durante la faida, non condivisibile [...]. In particolare poi con Salvatore Chiariello allorquando io fui detenuto con lui, ed il Roberto Manganiello parlammo nello specifico della faida di Secondigliano. Fu proprio Manganiello a fornirmi le maggiori informazioni [...]. Si parlò anche dell'omicidio di Gelsomina Verde ed in generale della strategia messa in atto da Cosimo Di Lauro durante la faida. Nel senso che entrambi gli scissionisti, ed in particolare Manganiello, stigmatizzavano come il Cosimo avesse ordinato sia omicidi ma anche altri reati quali danneggiamenti ed incendi ad attività commerciali, abitazioni o altri beni riferibili agli scissionisti. Anche le vittime prescelte per gli agguati che avevano condotto alla morte o solo al ferimento di diversi soggetti, avevano riguardato nella grande maggioranza dei casi persone non affiliate al clan degli scissionisti o che ricoprivano ruoli di primo piano nel clan, ma semplicemente persone vicine in qualche modo ai singoli affiliati, ad esempio anche solo parenti. Manganiello faceva proprio l'esempio suo ed in

particolare del fratello che era stato vittima di un agguato e che per mero caso era riuscito a sopravvivere. Inoltre questi mi disse che la famiglia Marino aveva subito incendi, oltre che lutti, perché erano state incendiate le panetterie intestate ai loro nipoti ma che Cosimo sapeva essere di proprietà di Gennaro Marino. Del resto la stessa abitazione di Mecchei (Gennaro Marino, *nda*) è stata oggetto di saccheggio, in particolare furono rubati da quella casa diversi orologi marca Rolex per un ammontare di circa un milione di euro.

(Ordinanza di custodia cautelare nei confronti di Abete Mariano + 113 emessa dal Gip Pasqualina Paola Laviano il 16 aprile 2009)

Nonostante venga indicato come il regista della faida, Cosimo non è solo un impeto di soldi e sangue. Le persone di cui si fida, ad esempio, le tratta con generosità: a uno dei più devoti guardaspalle, che guadagna mille euro a settimana, il giovane Di Lauro ogni tanto regala un premio extra che va dai 20 ai 30.000 euro.

Il nuovo anno parte col botto: il 2 gennaio del 2005 viene assassinato Crescenzo Marino, padre di due scissionisti. Sempre il 2 tocca a Salvatore Barra, vicino ai Di Lauro. Il 4 è la volta di Giovanni Ursini. Il 5 gennaio lo Stato segna un altro punto a favore: i carabinieri del Comando provinciale e del Raggruppamento operativo speciale catturano Giovanni Cortese, ritenuto uno dei principali collaboratori di Cosimino. Poi si riparte con la mattanza. Il 15 viene trucidata Carmela Attrice, madre di uno scissionista: qualcuno che conosce la chiama, lei scende giù ancora in pigiama e un killer le spara. È stata punita perché si è rifiutata di abbandonare la propria abitazione nelle Case Celesti, così come le avevano imposto gli sgherri dei Di Lauro. Il 21 tocca a Giulio Ruggiero, imparentato con un soggetto affiliato ai Di Lauro. Ma il 21 è un'altra data da segnare con un cerchio rosso perché finisce la latitanza di colui il quale è sospettato di essere il principale responsabile della guerra che ha trasformato l'area a nord di Napoli in uno sconfinato mattatoio: Cosimo Di Lauro viene arrestato dai carabinieri in un appartamento al rione dei Fiori, praticamente nel quartier generale della famiglia. Portare via il figlio di "Ciruzzo" si rivela molto ma molto complicato perché quasi 400 persone (in maggioranza donne) scendono in strada, circondano i carabinieri e danneggiano le auto dell'Arma. Ci vuole un po' di tempo per placare la folla, ma il trambusto crea un certo imbarazzo perché dimostra che a Napoli i criminali godono di un ampio consenso sociale. Il giorno dopo il ministro dell'Interno Beppe Pisanu sostiene che la rivolta è

frutto di una disgregazione sociale ed economica che i gruppi dirigenti della città non hanno combattuto in modo efficace. Uomini donne apertamente a favore della camorra, che dai criminali ricevono pane e companatico, sia pure illegalmente ma sempre pane.

(Francesco Barbagallo, *Storia della camorra*, Laterza 2011)

L'arresto di Di Lauro junior non frena il massacro. Il 24 è un'altra data tragica perché a morire è l'innocente Attilio Romanò: lui non c'entra assolutamente nulla con la camorra, ma gestisce un negozio di telefonia il cui socio è un nipote di Rosario Pariante, tra i capi degli scissionisti. I killer cercano il socio, ma quando entrano nel negozio c'è solo Attilio: pur non essendo lui l'obiettivo del raid, gli sparano lo stesso. Il 29 viene assassinato Vincenzo De Gennaro, considerato contiguo agli scissionisti. Il 31 le vittime sono 4: il primo è Vittorio Bevilacqua, falciato a Scampia, gli altri tre sono Antonio Patrizio, Giuseppe Pizzone, Giovanni Orabani, ritenuti vicini ai Di Lauro. Il desiderio di vendicarsi di "Ciruzzo" e della sua famiglia a un certo punto esplode fragorosamente e si pensa a una soluzione piuttosto insolita ed originale, come spiega il pentito Biagio Esposito:

> Dopo l'omicidio del mio patrigno, quello del padre di Gennaro Marino e quello di Gelsomina Verde, Gennaro Marino pensò di pilotare un elicottero telecomandato che poteva alzare un paio di chili di tritolo che avrebbero dovuto colpire la casa di Paolo Di Lauro.
>
> (Ordinanza di custodia cautelare nei confronti di Amato Carmine + 11 del Gip Mario Morra, del 16 ottobre 2015)

La scia di sangue si attenua nei mesi successivi ma il clima resta quello da inespugnabile enclave sudamericana. Di Napoli si occupa anche la Commissione parlamentare antimafia che convoca il procuratore aggiunto Felice Di Persia e il Pm Giovanni Corona per capire come mai è stato così complicato aggredire il clan Di Lauro e stanare il boss "Ciruzzo 'o milionario". Spiega Di Persia ai commissari:

> La vicenda era complessa non solo e non tanto perché bisognava cercare le incriminazioni a carico di quelli che sapevamo essere i capi storici di questo clan, ma anche su una serie di soggetti nuovi, molti dei quali incensurati, appartenenti a quel «Terzo mondo» disperato che circonda la zona dove avvennero questi fatti, i quali si erano aggregati con Cosimo Di Lauro per cercare di contrastare gli scissionisti, i capi storici. La nostra indagine era difficile, quindi, perché oltre ad incriminare i capi storici, dovevamo scoprire – come poi siamo riusciti a fare – i nuovi soggetti che si erano aggregati con il figlio del capoclan. L'omicidio Tortora, avvenuto il 21 novembre, era uno dei quattro omicidi che accaddero in poche ore. I carabinieri e il collega Corona facevano i notai degli omicidi, correvano da una parte all'altra per certificare l'avvenuto omicidio.
>
> (Commissione parlamentare antimafia, seduta del 10 febbraio 2006)

Queste, invece, le parole con le quali il Pm Corona ricostruisce in maniera sintetica lo scenario nel quale si è sviluppata la cosca dedita in particolare al narcotraffico:

Nel momento in cui questa organizzazione verticistica funzionava perfettamente, non c'era alcun problema, nel senso che Di Lauro dava gli ordini... Una volta emessa l'ordinanza di custodia cautelare nei confronti di Di Lauro, che è costretto ad allontanarsi dalla città di Napoli, una volta arrestati esponenti di spicco dell'organizzazione, come più volte ripetuto, resta la difficoltà da parte dell'organizzazione di funzionare nella maniera che era stata prima ben congegnata. Colui che succede al padre, perché viene arrestato anche Vincenzo Di Lauro, che tra i figli era quello che aveva più capacità manageriali, è Cosimo, che pone in essere un'attività diversa, vuole rinnovare gli accordi. Piuttosto che garantire la sicurezza di un guadagno e il pagamento di un corrispettivo, che si chiama rendita a sistema della droga, nel senso che ogni piazza riusciva a guadagnare un tot e poi doveva versare una cifra nelle mani di Di Lauro, Cosimo vuole mettere tutti a stipendio, anche coloro che erano stati a fianco di suo padre ed erano coetanei dello stesso. Non trovò concordi molti di questi soggetti, tra i quali alcuni di spessore criminale notevole, come Raffaele Amato e Gennaro Marino, che decidono di contrapporsi e diventano gli scissionisti. Poiché Amato frequentava sempre la Spagna, sono chiamati anche «spagnoli». Iniziano le prime schermaglie nel marzo del 2004. Successivamente, soltanto con la morte di Luigi Aliperti, esponente di spicco del clan Di Lauro, e successivamente di Montanino Fulvio, parente di Petrozzi, arrestato per 416-bis, inizia la vera e propria faida, che si conclude perché c'è il fermo da parte della procura. Poi ci sono altre misure cautelari e viene arrestato anche Paolo Di Lauro.

(*Ibidem*)

A fine febbraio le forze dell'ordine mettono a segno un altro grande colpo: in manette finisce Raffaele Amato, il capo degli scissionisti. "'O Lello" viene arrestato a Barcellona all'uscita di un casinò nel quale trascorreva molte sere spendendo un sacco di soldi; l'ultima notte aveva cambiato in fiches ben 6.000 euro. A bloccarlo sono i carabinieri del Raggruppamento operativo speciale e i Mossos d'Esquadra, la polizia catalana. Dunque, con la cattura di Cosimo Di Lauro e Raffaele Amato le due fazioni sono state private delle loro teste pensanti. A poche ore dal blitz di Barcellona, il ministro dell'Interno Giuseppe Pisanu esulta:

Il segnale alle popolazioni napoletane che la guerra contro la camorra verrà vinta. Avevo promesso che polizia, carabinieri e guardia di finanza avrebbero risposto colpo su colpo agli assalti della camorra. Stanno rispondendo con gli interessi.

(«la Repubblica», 28 febbraio 2005)

Napoli oramai gronda sangue innocente, mentre il boss Paolo Di Lauro è ancora inafferrabile. E su quanto sta accadendo da mesi alla periferia della città, c'è anche l'interesse della Commissione parlamentare antimafia presieduta da Roberto Centaro, esponente di Forza Italia. Nel corso di un'audizione dedicata alla faida napoletana, il sottosegretario agli Interni Giannicola Sinisi sottolinea qualche dato che rende l'idea di come e quanto lo Stato non sia sovrano in alcune zone di Napoli e di come e quanto forse non si sia indagato abbastanza sul conto di Di Lauro:

Dobbiamo dire con chiarezza che il controllo del territorio deve essere ricercato con ogni mezzo. Non ci devono spaventare nemmeno i militari, se l'alternativa è la camorra: davanti a questa scelta, non dobbiamo avere nessuna esitazione. Noi dobbiamo garantire il ripristino del controllo del territorio in tutti gli angoli del nostro Paese. Dobbiamo affermare che gli interventi di sicurezza operati in maniera generica sono stati infruttuosi, perché tutto questo sforzo non ha portato utili. Dobbiamo ribadire con chiarezza che i tempi della giustizia sono assolutamente inadeguati, così come sono concepiti, per perseguire i fenomeni di criminalità organizzata. Basti pensare all'episodio di cui siamo venuti a conoscenza, in cui sono trascorsi sette anni dall'inizio delle indagini all'emissione dei provvedimenti custodiali: quando sono iniziate le indagini, i Di Lauro erano dei magliari, quando queste sono finite, essi erano dei capoclan formidabili, peraltro latitanti.

(Commissione parlamentare antimafia,
seduta del 20 luglio 2005)

Se Sinisi guarda avanti ipotizzando un cambio di passo nella lotta alla camorra, il senatore Michele Florino (MSI) avanza un sospetto: e cioè che non si sia fatto abbastanza per impedire a "Ciruzzo" di fare i propri comodi. E che questa tolleranza non sia stata affatto casuale:

La questione Napoli, sollevata dalla faida di Secondigliano, mi riconduce a formulare la medesima domanda di allora: vorrei comprendere i motivi per cui, per 20 anni, questo signore, Paolo Di Lauro, abbia potuto agire impunemente sul territorio. Non è possibile che gli organi inquirenti (qualunque essi siano, non faccio polemica con alcuno) non avessero un quadro preciso di un'area già assoggettata a un altro potere criminale, quello dei Licciardi e dei Contini, non dimenticando l'altro alleato, il Lo Russo, con poi gli altri alleati confinanti nei paesi limitrofi, né dimenticando le altre componenti che fanno capo a Missi-Mazzarella e gli altri accoliti che aggregano per quartiere a questi due clan forti. La questione verte proprio su questo. E qui consentitemi di manifestare il mio disappunto per quanto si è verificato a Napoli. Ritornando al clan Di Lauro, vorrei capire – perché questo ci ha spinto di nuovo a Napoli e ci spinge questa sera a discutere l'argomento – chi ha coperto per 20 anni la latitanza e l'arricchimento di quest'uomo. Vorrei capire (signor Presidente, le rivolgo la domanda affinché lei possa fare gli opportuni accertamenti) il motivo per cui non è stato attivato alcun sequestro patrimoniale nei confronti di questa persona. Paolo Di Lauro viene definito «Ciruzzo 'o milionario» (chiedo scusa per l'espressione napoletana) e, quindi, l'opinione pubblica napoletana sa quali sono sul territorio i beni di Paolo Di Lauro; gli inquirenti, però, non sanno niente e non hanno effettuato alcun sequestro.

(*Ibidem*)

Per Florino, dunque, è necessario andare a ritroso nel tempo per asciugare il terreno dal dubbio che il boss di Secondigliano abbia goduto di qualche favore. Il sospetto di Florino non troverà delle conferme, anche se persino Maurizio Prestieri, vale a dire uno che "Ciruzzo" lo conosce bene, avanzerà l'ipotesi che qualcuno delle istituzioni abbia aiutato il padrino di Secondigliano. Dirà Prestieri ai magistrati:

> Durante il processo che mi vede imputato unitamente a Paolo Di Lauro, e precisamente quando questi era latitante, seppi da suo figlio Vincenzo, mio co-detenuto, che suo padre, avendo appreso che la prova principe dell'intero impianto accusatorio erano le intercettazioni telefoniche, stava provando a far sparire le cassette sulle quali erano registrate le conversazioni telefoniche. Ricordo, in particolare, che durante le udienze – a un certo punto – mancavano delle conversazioni non trascritte e perciò ritenemmo che il tentativo fosse andato a buon fine. Infatti, ci abbracciammo con la speranza che quelle conversazioni non esistevano più. Successivamente, però, le conversazioni furono trascritte, in quanto in quel processo non erano stati sottratti i supporti informatici, ossia le cassette su cui erano state registrate le conversazioni.
>
> (www.stylo24.it/inchiesta-camorra-clan-paolo-di-lauro-seconda-parte/)

Nonostante le cassette non siano sparite, Prestieri è ancora convinto che il suo vecchio capo abbia degli agganci nei palazzi del potere:

> Noi ritenevamo che Paolo Di Lauro fosse in grado di fare ciò, perché io so per certo che egli ha dei canali attraverso i quali può anche sottrarre atti o prove di processi o procedimenti, canali che egli mi ha fatto intendere di avere, ma che per delicatezza dell'argomento non mi ha mai svelato. Io ho ritenuto non porgli mai la domanda, conoscendo la estrema riservatezza sul punto di Paolo Di Lauro, il quale – sono certo – non ha svelato questi canali neanche ai figli. Inoltre, Paolo Di Lauro mi ha sempre detto che questo tipo di attività egli la svolgeva non solo nel suo interesse, ma anche nei confronti degli altri affiliati di spicco del clan, tra i quali vi ero anche io.
>
> (*Ibidem*)

Se per i napoletani la faida è stata qualcosa di sconvolgente, per i camorristi si è invece rivelata un disastro gigantesco per gli affari. È la consapevolezza che vada fermata l'emorragia degli introiti che convince i big dei due schieramenti a tentare la strada della tregua. A mobilitarsi per addivenire a un armistizio è, secondo alcuni pentiti, proprio Paolo Di Lauro, costretto a uscire allo scoperto per riparare i danni devastanti provocati dal suo primo figliolo. Ecco cosa racconta in proposito il collaboratore di giustizia Giovanni Piana:

> Dopo la cattura di Cosimo Di Lauro, Paolo Di Lauro, in conseguenza della forte pressione investigativa e della presenza delle forze dell'ordine, attraverso Salvatore Lo Russo fece arrivare a Cesare Pagano la richiesta di una tregua a cui fu data risposta negativa. Successivamente con l'arresto di Raffaele Amato, Paolo Di Lauro fa arrivare una nuova richiesta di tregua, sempre tramite Totore Capitone, a Cesare Pagano. Questi ci contattò e chiese a Notturno, a Riccio e a Esposito, che

si trovavano con lui a Varcaturo, se erano d'accordo. In quella occasione loro gli dissero che quello che decideva lui per noi andava bene.

(Ordinanza di custodia cautelare nei confronti di Abete Mariano + 113 emessa dal Gip Pasqualina Paola Laviano il 16 aprile 2009)

Cesare Pagano, dunque, accoglie l'idea di un temporaneo cessate il fuoco, ma deve fare i conti con le resistenze – poi superate – degli Abete, dei Marino e in parte pure degli Abbinante, ovvero le famiglie che durante la faida avevano subito molti lutti. Cesarino è disposto a firmare la tregua a patto che i suoi nemici accettino delle condizioni: e cioè che gli Scissionisti controlleranno le zone della 167, di Melito, Mugnano e Casavatore, mentre i Di Lauro potranno gestire solo la zona di "Mezzo all'Arco", del "Terzo Mondo", del Cassano e della Vinella. Lo Russo, che fa da arbitro, comunica a "Ciruzzo" le parole di Pagano e l'ex ragioniere di La Monica accetta tutte le condizioni poste dal nemico. Di questo aspetto della vicenda parlerà il pentito Giuseppe Misso:

Il Lo Russo accettò l'incarico e riuscì a far sedere intorno a un tavolo in una casa di Miano esponenti delle due fazioni ossia Maurizio Prestieri per i Di Lauro e Cesare Pagano per gli Scissionisti. All'esito di tale riunione si decise che ai Di Lauro sarebbe rimasto il controllo delle zone a loro tradizionalmente assegnate del terzo Mondo (rione dei Fiori), di Miez all'arco (Piazza Zanardelli), del Perrone e in generale della zona est di Secondigliano. Agli Scissionisti restavano tutto il resto di Secondigliano originariamente dei Di Lauro, le zone di Melito, Mugnano e Casavatore.

(*Ibidem*)

I Di Lauro, in sostanza, hanno perso. La reggenza di Cosimo si è trasformata in un tracollo impensabile fino a qualche anno prima.

"Ciruzzo" in gabbia

Mentre lo scenario criminale cambia, chi è ancora comodamente libero è Paolo Di Lauro. Le indagini che potrebbero portare alla sua cattura sono particolarmente difficili, sicuramente più complesse di tante altre. C'è un vuoto informativo, nel senso che di lui e del suo clan non si sa mai abbastanza e al puzzle dei suoi affari mancano ancora molte tessere.

Ma se si fa una gran fatica il merito è proprio del boss di Secondigliano che, più del capo dei capi Bernardo Provenzano, è riuscito a inabissarsi diventando un fantasma. A un certo punto si diffonde persino la voce secondo la quale Paolo Di Lauro è morto. È una ipotesi che potrebbe avere un suo fondamento perché sembra come svanito, polverizzato. Il dubbio che sia passato a miglior vita è alimentato da quanto emerge da centinaia di intercettazioni telefoniche e ambientali: non c'è una sola conversazione nella quale qualcuno – familiare, affiliato o fiancheggiatore – faccia riferimento a Paolo, a Ciruzzo o persino a Pasquale, come lo chiamavano all'inizio. Tuttavia, secondo gli investigatori più esperti non è possibile che il padrino sia passato nell'aldilà. E infatti, è vivo e vegeto.

Le latitanze sono come le storie d'amore, raramente sono eterne. E ogni boss in fuga è consapevole che da un momento all'altro può ritrovarsi in manette. Quel momento per Paolo Di Lauro arriva alla fine dell'estate del 2005, al termine di una indagine alla quale collaborano anche gli agenti del Sisde, il servizio segreto civile; il resto l'hanno fatto, scavalcando una miriade di ostacoli, i carabinieri del Raggruppamento operativo speciale e del Nucleo operativo del Comando provinciale guidato dal maggiore Francesco Rizzo. La caccia si intensifica a giugno quando gli investigatori s'incollano con discrezione a una trentina di complici che potrebbero avergli dato ospitalità. Col passare delle settimane l'elenco dei potenziali custodi del padrino si accorcia e alla fine della scrematura resta un solo nome: è una donna di 40 anni, si chiama Fortuna Liguori. I carabinieri non hanno dubbi, è a casa sua che si nasconde il latitante e la conferma arriverebbe osservando le sue abitudini: quando va a fare la spesa compra soltanto il salmone e la pezzogna, due tra le pietanze predilette da "Ciruzzo", notoriamente ghiotto di pesce. Sembra un dettaglio, ma non lo è. Il blitz scatta la mattina del 16 settembre del 2005 poco prima delle 7. I carabinieri salgono le scale di una scalcagnata palazzina di via Canonico Cosimo Stornaiuolo, a Secondigliano, le pareti tra una rampa e l'altra sono tappezzate di immagini religiose: l'immancabile San Gennaro e il beato Gaetano Errico, fondatore dei Missionari dei Sacri Cuori. Arrivano davanti a una porta blindata e la buttano giù. Paolo Di Lauro è lì dentro, in quel bilocale disadorno, così spartano da chiedersi mille volte che senso ha diventare miliardari per poi nascondersi in quella che è poco più di una stamberga. Il boss viene sorpreso nella camera da letto, mentre si sta vestendo. L'istinto gli dice di scappare ma la ragione gli suggerisce di starsene buono perché oramai non può più andare da nessuna parte. Attorno a sé nota solo tanta giustificata agitazione degli investigatori e per evitare che qualcuno possa perdere la calma ripete più volte «tranquilli, state tranquilli». Qualche minuto dopo è già in una macchina che incolonnata in mezzo a tante altre si dirige in caserma.

Probabilmente i carabinieri sono arrivati in tempo perché dalla scarsità di generi alimentari trovati in frigorifero – tre bottiglie di vino, una bottiglia d'acqua minerale e qualche fettina di prosciutto crudo – si deduce che molto probabilmente si apprestava a cambiare covo.

La cattura di "Ciruzzo 'o milionario" suscita la classica ondata di giubilo già vista e sentita nelle altre occasioni in cui hanno ammanettato un latitante. Come di consueto c'è la fila per partecipare ai festeggiamenti per un arresto così importante. Qualche giorno dopo lo scrosciante suono degli applausi viene sostituito dallo sgradevole rumore dei fischi perché si verifica un episodio che, almeno dal punto di vista estetico, è indubbiamente spiacevole. La scena si svolge intorno a mezzogiorno nell'aula 205 del tribunale di Napoli davanti ai giudici della IV sezione dove Paolo Di Lauro è sotto processo per traffico di droga insieme ad altri componenti del suo gruppo, tra cui il figlio Vincenzo, il cognato Enrico D'Avanzo, Maurizio Prestieri e Raffaele Abbinante. Lui è da solo in gabbia, è un'esperienza completamente nuova perché mai prima di allora era finito in un'aula di giustizia. C'è molta attesa per vedere finalmente com'è fatto quel boss del quale tutti hanno parlato ma che finora in pochi hanno visto in faccia. Di Lauro fa il suo ingresso senza gesti di sfida o atteggiamenti arroganti; anzi, è dimesso e ad accentuare il basso profilo è il colorito del volto tipico di chi negli ultimi anni non ha mai visto il sole. È pallido, indossa gli stessi abiti di quando lo hanno arrestato e tra le mani ha una bottiglietta d'acqua minerale. Ecco come ricostruisce quelle fasi la giornalista Conchita Sannino:

> Fiero e fintamente sorpreso. Gesticola prima con il figlio Vincenzo, la mano che simula una cornetta, scuotendo la testa. «Mah. Come hanno fatto? Non ho mai parlato al telefono. Mai». Poco dopo, simulando imbarazzo con un altro compagno della gabbia vicina, prendendosi la camicia tra le dita: «Sono rimasto con la stessa roba del giorno dell'arresto. Stessi jeans. Almeno mi hanno fatto lavare». E ancora dopo, rassegnato: «Niente ricambi, neanche un colloquio per avere una maglia. Sono riuscito a ottenere solo di fare la barba». E i due palmi che accarezzano il viso e il collo, a mo' di barbiere.
>
> («la Repubblica», 22 settembre 2005)

Fin qui sembra un processo come tanti. Invece succede qualcosa, una concessione destinata a suscitare polemiche. Scrive ancora la Sannino:

> [...] Di Lauro che si bacia sulla bocca con il cognato e sodale, Enrico D'Avanzo, attraverso un vetro della gabbia degli imputati. Per tre volte. Di Lauro che invia baci agli altri detenuti da cui lo separa il solo pannello trasparente. Di Lauro che infine chiede ed ottiene, attraverso i suoi legali Vittorio Giaquinto e Vittorio Guadalupi, «per motivi umanitari», un abbraccio con il figlio Enzo, il ventenne arrestato a Chivasso. È un contatto fisico che si svolgerà – al riparo dal pubblico e da occhi indiscreti – nell'anticamera dell'aula, corridoi sorvegliati da oltre una ventina di agenti della polizia penitenziaria. Nessuno si oppone. Il Pm Luigi Cannavale chiede solo che non vi siano impedimenti da parte dell'amministrazione penitenziaria e si rimette alla decisione dei giudici del tribunale. Uno di quegli agenti addetti

alla sorveglianza dei detenuti in effetti interviene: «Di Lauro deve essere trasferito e viaggiare da solo, abbiamo questi ordini». I legali dei Di Lauro insistono. E alla fine il presidente del collegio, Oscar Bobbio, concede il rapido saluto.

(*Ibidem*)

L'episodio dell'abbraccio tra Di Lauro senior e Di Lauro junior provoca l'ira di diversi esponenti politici che trovano intollerabile il trattamento riservato a un criminale della statura di "Ciruzzo". Le reazioni più furiose arrivano dalla Commissione parlamentare antimafia. Il presidente Roberto Centaro tuona contro chi ha reso possibile l'abbraccio tra il boss e il figlio e annuncia di voler chiedere al ministro della Giustizia, il leghista Roberto Castelli, se esistono gli estremi per un provvedimento disciplinare per aver consentito un atto intollerabile.

S'arrabbia pure Giuseppe Lumia, deputato dei Democratici di Sinistra:

Si rischia di mandare un segnale negativo, di uno Stato che non sa trattare con la necessaria fermezza i boss, di un sistema dove al boss in carcere è consentito di indicare l'erede al comando della cosca o di dare istruzioni per la gestione degli affari rimasti in sospeso.

(Ansa, 22 settembre 2005)

Due giorni dopo quell'udienza si verifica un episodio raccapricciante: ad Arzano viene assassinato Eduardo La Monica, un ragazzo di 29 anni imparentato con personaggi vicini ai Di Lauro. I killer prima lo hanno colpito con una spranga e poi hanno infierito sul corpo spezzandogli i polsi, mozzandogli le orecchie e lasciando il disegno di una croce sulle labbra. Il cadavere viene trovato nel bagagliaio di un'auto guidata da un immigrato polacco: agli investigatori dirà che è stato costretto a trasportare quel corpo e che lo avrebbe dovuto buttare in una discarica. Il sospetto degli inquirenti è che il brutale omicidio abbia a che fare con la faida tra i Di Lauro e gli scissionisti.

Il caso Di Lauro finisce al centro di una seduta della Commissione parlamentare antimafia che si tiene pochi giorni dopo. In quella occasione il senatore Michele Florino manifesta il suo disappunto collegando i baci e gli abbracci tra "Ciruzzo" e il suo figliolo con la feroce esecuzione di Edoardo La Monica:

La settimana scorsa Paolo Di Lauro si è trovato nella condizione improvvida di poter fare un vero e proprio show dibattimentale; è stato condotto in aula senza alcuna garanzia di blindatura rispetto alla possibilità di avere contatti con l'esterno; ha fatto uno show, lanciando messaggi e segnali a parenti, amici, detenuti e coimputati e ha addirittura ottenuto dal presidente l'autorizzazione ad abbracciare il figlio, notissimo killer, anch'egli detenuto. Uscito il Presidente, questa autorizzazione non è stata in alcun modo – pur avendone i poteri – bloccata dal pubblico ministero che, come lei mi insegna, quando il presidente esce dall'aula assume su di sé il governo dell'aula e dei detenuti (cosa ancora più importante). Si è creata così una situazione per la quale oggi è ben difficile escludere che, anche da quello spettacolo indegno, possa essere scaturito l'omicidio che si è puntualmente verificato alcune ore dopo; guarda caso si è trattato dell'omicidio di una persona di cui i giornali parlano come uno dei possibili informatori dei carabinieri sul luogo ove poi è stato catturato Di Lauro. Quello napoletano è un contesto la cui gravità e drammaticità dal punto di vista criminale, e non solo, sono a tutti noi purtroppo ben note. Vi sono spinte che, a questo punto, non è neanche facile leggere o interpretare, sulle quali però può essere dato un solo giudizio certo: si tratta comunque di spinte pericolose per la tenuta del sistema dal punto di vista del controllo giudiziario dei fenomeni criminali [...].

(Seduta della Commissione parlamentare antimafia del 27 settembre 2005)

Il senatore missino però va oltre e propone di convocare Di Lauro per un'audizione davanti alla Commissione:

Proprio perché stiamo esaminando il caso Napoli, ritengo sia indispensabile per questa Commissione ascoltare Paolo Di Lauro prima che la nebbia dei ricordi degli anni di latitanza svanisca e, con essa, la complicità e la convivenza di tutti coloro che l'hanno consentita. Quella che segue è una mia considerazione e chiedo scusa se affronto l'argomento in modo duro. Non è possibile che una Commissione come la nostra, preposta a esaminare tutta la questione Napoli, non tenga conto di questa vicenda che presenta dei coni d'ombra rilevanti, legati soprattutto all'inquietante latitanza del suddetto Paolo Di Lauro. Inoltre, ritengo che questa latitanza, coperta o meno da soggetti istituzionali, debba essere verificata certamente – mi consenta – non solo da coloro che in questo momento, pure come prevede la legge, stanno procedendo agli interrogatori ma anche da una Commissione che nell'immediato possa ottenere dal soggetto in questione una testimonianza di quanto è accaduto.

(*Ibidem*)

La richiesta di Florino di ascoltare Di Lauro non sarà accettata.

Arresti e condanne

Mentre le fila dei collaboratori di giustizia diventano più affollate, la famiglia Di Lauro incassa una serie di sconfitte. Dopo essere uscita ridimensionata dalla guerra con gli Scissionisti, la dinastia di Secondigliano subisce altri colpi. A Salvatore, uno dei rampolli di "Ciruzzo", per poco non va di traverso la festa di compleanno: diventato maggiorenne il 7 febbraio del 2006, il giorno dopo finisce in una maxiretata della Direzione distrettuale antimafia di Napoli insieme a una altra ventina di persone accusate di associazione mafiosa e traffico di droga. L'inchiesta è monumentale: in 492 pagine gli investigatori ricostruiscono il fiorente commercio degli stupefacenti che quotidianamente si svolge a Scampia. In pratica dopo l'inevitabile calo degli affari provocato dalla faida e dalle decine e decine di arresti, i Di Lauro avevano ricominciato a fare affari con cocaina, ashish, marijuana e sostanze sintetiche.

Quattro mesi dopo, il 18 maggio, Paolo Di Lauro fa i conti con la sua prima sconfitta giudiziaria: la IV sezione del tribunale di Napoli lo condanna a 30 anni di galera riconoscendolo colpevole di associazione mafiosa, traffico di droga ed estorsione. Escono con le ossa rotte pure altri componenti dell'organizzazione, tra cui il cognato Enrico D'Avanzo (20 anni), Maurizio Prestieri (24 anni) e Rosario Pariante (8 anni). Tra i condannati c'è pure Vincenzo Di Lauro: riporta danni non pesantissimi perché viene assolto dall'accusa di essere un narcotrafficante ma condannato a 6 anni per associazione mafiosa. Per tenerlo in galera (dov'era finito per traffico di droga) il tribunale emette una nuova ordinanza e lo spedisce al penitenziario di Torino. Vincenzo però è fortunato perché se da un lato la giustizia lo castiga, dall'altra gli restituisce la libertà. Il 6 giugno il tribunale del Riesame di Napoli deve scarcerarlo perché nel provvedimento che lo ha mandato dietro le sbarre a Torino manca una pagina, proprio quella in cui c'era scritta la motivazione su cui si fonda l'ordinanza. Ordinanza annullata, e così il figlio di "Ciruzzo" rivede la luce e si dilegua mentre il ministro della Giustizia Clemente Mastella manda gli ispettori a Napoli per capire com'è stato possibile combinare un pasticcio del genere.

Il problema non sta solo nella figuraccia di uno Stato che inciampa nella burocrazia o in una imperdonabile sciatteria. Il problema è un altro, è che nella stessa estate è tornato in libertà pure l'acerrimo nemico di Vincenzo Di Lauro: Raffaele Amato, "'a vicchiarella", è stato infatti scarcerato per decorrenza dei termini di custodia cautelare; è ancora in Spagna in attesa dell'estradizione. Ora, dunque, sono di nuovo liberi i principali esponenti delle due fazioni che per mesi hanno insanguinato l'area a nord di Napoli.

Siamo nell'ottobre del 2006 e ci si aspetta che lo Stato, che è comunque faticosamente riuscito ad assestare colpi pesanti, si sia finalmente attrezzato per condurre una delle sue battaglie più impegnative in un'area storicamente inquinata dai clan camorristici. Lo Stato, insomma, non dovrebbe essere più un becchino che conta i morti ma una macchina da guerra in grado di stroncare sul nascere qualsiasi organizzazione criminale. Ma evidentemente non è così, perché in realtà il motore dell'apparato repressivo non è proprio al massimo della sua potenza se la procura della Repubblica non può pagare chi fornisce il carburante e in tribunale mancano il toner per le stampanti e le cartelline per i fascicoli processuali. Il procuratore aggiunto Franco Roberti lancia l'allarme:

> La procura è indebitata per oltre 51.000 euro con i fornitori di benzina che non ci vogliono fare più credito. Le auto a nostra disposizione non sono sufficienti, quelle che abbiamo sono obsolete e spesso non riparabili. Ci sentiamo in una situazione di abbandono totale, mi rendo conto delle difficoltà di spesa e sappiamo che nella stessa situazione ci sono tutti gli uffici d'Italia. Ma noi siamo la procura distrettuale che abbraccia il circondario più grande e non riusciamo talvolta a mettere i sostituti in condizione di raggiungere le udienze.
>
> («la Repubblica», 26 ottobre 2006)

Ricchi sfondati

Benché magistratura e forze dell'ordine abbiano trascinato in carcere decine e decine di protagonisti e comprimari di entrambe le cosche, i clan continuano la loro guerra. Dal 2006 alla fine del 2008 si registrano altri omicidi ascrivibili alla lotta per il controllo del narcotraffico nell'area a nord di Napoli. I Di Lauro sono stati decimati e anche la loro presenza sul territorio si è ristretta di parecchio. Tant'è che l'esodo verso i vincenti, cioè gli "Scissionisti", prosegue al punto da provocare un'altra ondata di omicidi:

> La cosiddetta seconda faida tra i Di Lauro e gli Amato-Pagano cominciava a riacutizzarsi in modo deciso nel marzo 2007. La ripresa delle ostilità appariva originata non soltanto dai vecchi rancori dovuti al cruento scontro del 2004, nel quale rimasero coinvolte decine di vittime di entrambe le fazioni, ma anche dal tentativo dei cosiddetti "Scissionisti" di assumere il totale controllo di tutte le piazze di spaccio di Secondigliano e Scampia. Proprio a causa dei notevoli interessi in gioco, questo nuovo conflitto assumeva proporzioni esorbitanti tali da interessare sia il capoluogo che la provincia e da causare una serie di vittime in entrambi gli schieramenti.
>
> (www.carabinieri.it/docs/default-source/Editoria/rassegna/quaderno-5-2016.pdf?sfvrsn=f9966f23_0)

Ma intanto agli inizi del 2007 finisce pure la fuga di Vincenzo Di Lauro: i carabinieri lo arrestano il 27 marzo in un appartamento di Casalnuovo. Ora il comando del clan è nelle mani di Marco (nato nel 1980), la cui personalità è assai più imperturbabile rispetto al tormentato Cosimo. Innanzitutto è meno fiscale nel controllare entrate e uscite: forse perché gli incassi giornalieri sono stratosferici, forse perché ha messo in conto che qualche rivolo possa scivolare via lungo la strada, ma si fida di quattro contabili a cui ha delegato la gestione della cassaforte dell'organizzazione. Gli consegnano solo le cifre relative alle entrate e alle uscite, senza specificare nient'altro. Se qualcuno vuole, dunque, può tranquillamente fare la cresta, Marco è in buona fede e potrebbe persino non accorgersene.

Con "Ciruzzo" oramai in gabbia, l'attenzione è puntata sui figli. Molti collaboratori di giustizia (il cui numero continua a salire) parlano dei rampolli del boss. Interrogato per una ricognizione fotografica, il 10 dicembre del 2010 il pentito Biagio Esposito all'immagine contrassegnata dal numero 44 collega il nome di Vincenzo Di Lauro e spiega al Pm Vincenza Marra:

> È Enzo Di Lauro, figlio di Paolo Di Lauro [...]. È proprietario della piazza di droga al rione Terzo Mondo, di cui io ero socio. Si occupava di contrabbando di sigarette: gestiva l'affare dell'importazione in Italia di prodotti cinesi, ossia come ho già detto trapani, macchine fotografiche e martelli pneumatici.

Su Antonio, invece, si soffermano Antonio Capasso e Giuseppe Capasso. Riferisce il primo:

> Antonio Di Lauro, per quanto è a mia conoscenza, non ha mai partecipato a riunioni dove il fratello Marco ha deciso la commissione di omicidi. Posso asserire con certezza, invece, che ha preso parte alle riunioni dove si decideva la strategia del clan, nel senso che in quelle riunioni si decidevano le attività criminali da intraprendere, come ad esempio l'acquisto di grosse partite di stupefacente [...]. Antonio ha rapporti quasi stabili con il fratello Marco con il quale, come già detto, concorda le strategie del clan. Antonio Di Lauro è la persona attraverso la quale i fratelli detenuti, in special modo Salvatore, Nunzio e Ciro dal carcere comunicano con noi.
>
> (Ordinanza di convalida del fermo nei confronti di Di Lauro Antonio + 6 firmata dal Gip Vincenzo Caputo il 23 dicembre 2010)

Giuseppe Capasso aggiunge:

> Antonio Di Lauro aveva voce in capitolo nel senso che poteva decidere chi doveva svolgere il ruolo di spacciatore e chi no. Inoltre Antonio Di Lauro, in più di una circostanza, si è recato agli incontri con gli scissionisti facendo le veci del fratello Marco. Per quanto ne so Antonio non ha mai ordinato e/o commesso omicidi.
>
> (*Ibidem*)

Dunque, con i vertici tutti in galera l'unico latitante resta Marco Di Lauro. Quando lui si ritrova in cima alla piramide gli equilibri sono sensibilmente cambiati rispetto a qualche anno prima. Benché lo scacchiere malavitoso relativo al narcotraffico sia oramai costantemente monitorato da forze dell'ordine e magistratura, i camorristi non smettono di farsi la guerra. I Di Lauro, però, restano sullo sfondo, impegnati come sono a difendere quel che gli è rimasto dopo la sconfitta con gli Scissionisti.

È infatti proprio nelle loro fila che si registra uno scontro che porterà a una nuova scissione.

Marco Di Lauro e i suoi uomini resistono nel quartier generale del "Terzo Mondo", dove però continuano a fare soldi a palate. Intanto poco prima di Natale del 2008 Cosimo Di Lauro riceve una pessima notizia: riconoscendolo come il mandante dell'omicidio di Gelsomina Verde, la ventiduenne uccisa e poi carbonizzata, la Corte di Assise di Napoli lo condanna all'ergastolo. Il lavoro degli investigatori prosegue e nella primavera del 2009 una maxi retata contro il gruppo di "Ciruzzo" si chiude con oltre 60 arresti. Ma sono operazioni che non devono illudere secondo Vittorio Pisani, capo della Squadra mobile:

> Quando a morire negli agguati della malavita sono gli esponenti delle famiglie della camorra, una faida non può finire mai. Ora i Di Lauro sono isolati nella zona detta il "Terzo mondo". Non hanno stretto alleanze con gli altri clan della periferia nord, cosa che hanno fatto invece gli Scissionisti, ormai un potente e coeso gruppo criminale, assolutamente dominante sul piano militare.
>
> (Ansa, 19 maggio 2009)

Nonostante abbiano perso potere e prestigio, i Di Lauro continuano a guadagnare un sacco di soldi con lo spaccio di droga, sebbene siano ben poca cosa rispetto all'alluvione di denari del periodo antecedente alla prima faida.

La dimensione del business si evince in maniera ancora più netta all'indomani del sequestro di un "libro mastro" rinvenuto nell'abitazione di un affiliato che faceva da contabile: si tratta di circa 200 block notes sui quali sono segnati con scrupolosa perizia tutte le entrate e le uscite dell'organizzazione. Quel carteggio rappresenta una miniera di informazioni per gli inquirenti, leggendo quelle cifre si possono trarre spunti per nuove indagini sulle ricchezze di "Ciruzzo" e dei suoi eredi.

Da quel "libro mastro", ad esempio, emerge che nel solo mese di maggio del 2010 dalla vendita di droga il clan ha incassato quasi 2 milioni e 700.000 euro e ha sostenuto spese per circa 1 milione e 900.000 euro, portando a casa un guadagno netto di poco meno di 871.000 euro. Sono cifre mostruose, ma lo diventano ancora di più se si pensa che quei soldi sono il risultato della vendita avvenuta in solo due "piazze": quella di via Miracolo a Milano, nella quale si commerciano cocaina e crack, e quella di via Praga Magica, dove sono in vendita marijuana e hashish. Gli introiti più consistenti si registrano nei fine settimana. L'ultimo dato disponibile – prima del sequestro della documentazione – si riferisce ai giorni che vanno dall'11 al 13 giugno 2010: nella sola "piazza" di via Miracolo a Milano sono state vendute 7021 dosi di droga che hanno fruttato 188.440 euro.

Il primo maggio, invece, in via Praga Magica gli uomini dei Di Lauro hanno spacciato 2338 dosi di marijuana e 339 dosi di hashish guadagnando 22.750 euro. Il 12 giugno del 2010, sempre in via Praga Magica, la vendita di 67.114 dosi di marijuana e 12.091 di hashish ha consentito di portare a casa una cifra di poco superiore ai 673.000 euro. Nel libro contabile ci sono sequenze di sigle e numeri che appaiono incomprensibili a chi non conosce il "linguaggio" della cosca di Secondigliano. Ad esempio: MP16 PACC MATT 6400 sta a indicare 16 pacchetti piccoli di crack (con dentro 23 dosi) e la cifra segnata accanto è la somma che si ricava dalla vendita; MG16 NOTT indica invece dei pacchetti grandi di crack; C27 PACC NOTT indica 27 pacchetti di cocaina; con E 2338 si vogliono indicare 2339 dosi di marijuana. F 339 PEZZ è invece l'hashish.

Lettere e numeri vengono adoperati pure per vicende che non hanno a che fare con la vendita degli stupefacenti ma con questioni squisitamente personali. Spiegherà il pentito Carlo Capasso:

> Con la dicitura SFRATTO F3 e l'indicazione della somma 2500 contabilizzata nel giorno 13 maggio 2010 s'intende far riferimento ai soldi che il clan Di Lauro ha dato a Milena, fidanzata di Ciro Di Lauro, per qualche spostamento di abitazione. Infatti, ogni necessità dei familiari stretti dei fratelli Di Lauro, ivi comprese le compagne e le amanti, erano in carico al clan Di Lauro.
>
> (23 giugno 2010, interrogatorio del Pm Luigi Alberto Cannavale, indagine convenzionalmente chiamata "Beluga")

Nel 2010 la dinastia criminale di Secondigliano torna sui giornali per un episodio che appare di difficile lettura. Cosimo Di Lauro, infatti, decide di risarcire la famiglia di Gelsomina Verde con un assegno di 300.000 euro. La legge non glielo impone, ma il rampollo di "Ciruzzo" compie un gesto spiazzante. Prima di accettare, i familiari della ragazza si accertano che la somma non derivi da attività illecite (quei soldi sono il frutto del risarcimento di un'assicurazione). I Verde – che ritirano la costituzione di parte civile nel processo di Appello – spiegano che una parte di quel denaro servirà per finanziare l'associazione "Un Progetto per la Vita", impegnata nelle attività ludiche per i bambini ricoverati in ospedale.

Il processo di Appello si chiude con una vittoria per Cosimo: i giudici lo assolvono dall'accusa di aver ordinato l'assassinio di Gelsomina.

Marco in manette

Nonostante i significativi risultati ottenuti da forze dell'ordine e magistratura, la cosca creata da "Ciruzzo" continua a godere di una buona salute grazie al lavoro di Marco Di Lauro che non avrà il carisma di

Cosimo (e per fortuna neppure l'indole), ma ci sa fare, come scrive la Direzione investigativa antimafia nella relazione del primo semestre 2012:

> Il clan Di Lauro che, nonostante il ridimensionamento subito dopo lo scontro con gli Scissionisti, ha il controllo del rione dei Fiori, il cosiddetto "Terzo Mondo" di Secondigliano, dove gli uomini del clan vivono pressocché arroccati: tutte le altre piazze sparse nei Comuni confinanti con Scampia e Secondigliano sono finite sotto il controllo dei vari sottogruppi degli Scissionisti, che si ritrovano così a gestire praticamente l'intero traffico di stupefacenti. I figli di Paolo Di Lauro, Cosimo, Nunzio, Ciro, Vincenzo e Salvatore sono stati tutti arrestati e condannati, a vario titolo, per associazione camorristica, omicidio e traffico internazionale di stupefacenti. Resta però in libertà Marco, latitante e indicato dai collaboratori di giustizia come potenzialmente il più capace di risollevare le sorti del clan del "Terzo Mondo".

Seppur in ritardo, però, la giustizia riesce a fare il suo corso. Nel maggio del 2012 Marco Di Lauro vene condannato all'ergastolo per l'omicidio dell'incolpevole Attilio Romanò, massacrato per errore nel gennaio del 2005. Sul banco degli imputati c'è pure Cosimo, che però viene assolto. Periodicamente, intanto, molti esponenti del clan finiscono in carcere. Ma gli arresti non rappresentano un problema perché il serbatoio della manovalanza è sempre pieno: chi finisce in galera viene facilmente rimpiazzato, spesso anche da giovanissimi ancora affascinati dal mito dei Di Lauro. Intanto tornano in libertà due figli del capo: tra la fine di dicembre del 2014 e l'inizio del 2015 finiscono di scontare le condanne sia Vincenzo che Ciro.

Pur non avendo la statura del boss, Marco è in cima alla lista dei latitanti più pericolosi stilata dal ministero dell'Interno: nell'elenco figura al secondo posto dietro l'inafferrabile trapanese Matteo Messina Denaro, considerato il nuovo capo di Cosa Nostra. Una posizione che premia – si fa per dire – la sua abilità, soprattutto rispetto a quella del babbo e dei fratelli. Marco, infatti, resta latitante per ben 14 anni e la sua corsa si chiude solo al termine di una operazione congiunta tra polizia, carabinieri e guardia di finanza. Il 2 marzo del 2019, mentre sta pranzando insieme alla compagna, viene scovato in un appartamento di Chiaiano: al momento dell'irruzione non batte ciglio, non è armato e si consegna allo Stato. Quando la sua casa è invasa da poliziotti, carabinieri e finanzieri, Marco ha una sola preoccupazione: «Non abbandonate i miei gatti», dice. Scriverà Leandro Del Gaudio:

> È stato catturato in un condominio di via Emilio Scaglione, dove conduceva una vita lontana dal cliché del camorrista, assieme alla propria consorte. La cura dei gattini, la palestra in casa, zero vita sociale. A leggere le indagini più recenti, un

intero mondo lo proteggeva, tra fruttivendolo e barbiere, dal titolare di una concessionaria di auto alla pensionata. Probabilmente in tanti conoscevano la reale identità di Marco Di Lauro, che – a bordo di un'auto utilitaria – raggiungeva un paio di volte al mese il proprio barbiere di fiducia, il coiffeur di sempre, lì nel cuore del «terzo mondo», limitandosi a poche «uscite» per fatti di natura camorristica. Usava un telefonino di pochi euro – modello in plastica, tutt'altro che smart – per contattare a un orario stabilito il suo braccio destro Salvatore Tamburrino. Pochi minuti, quando era necessario prendere delle decisioni su fatti nuovi, quando era indispensabile un intervento del boss per modellare equilibri dentro e fuori il proprio clan.

(«Il Mattino», 30 maggio 2020)

Il questore Antonio De Jesu, il colonnello dei carabinieri Ubaldo Del Monaco e il comandante provinciale della guardia di finanza Gianluigi D'Alfonso nella conferenza stampa sottolineano come la collaborazione tra le varie forze dell'ordine abbia dato i suoi frutti. La famiglia Di Lauro è davvero in ginocchio. Come se non bastasse, due mesi dopo Cosimo Di Lauro viene condannato all'ergastolo perché riconosciuto mandante di un omicidio avvenuto il 2 settembre del 2004. Marco, invece, a fine maggio 2020 prende (col rito abbreviato) 18 anni per associazione per delinquere finalizzata allo spaccio di stupefacenti. Scriverà una lettera al tribunale nel tentativo di giustificarsi:

Ha ripercorso gli anni delle partite di calcetto e delle corse in macchina, lui attaccante mancato con la passione della formula uno. Ha raccontato di quando aveva amici attorno a sé, che poi all'improvviso, o comunque nel giro di qualche mese, si trasformano in affiliati. E lui ad indossare le vesti di potente boss della camorra napoletana. Parola di Marco Di Lauro, nella lettera confessione spedita in tribunale. Un paio di pagine per raccontare la sua storia, che cambia in modo irreversibile con l'inizio dell'inferno: la faida di Scampia, sessanta omicidi in pochi mesi nella guerra per il controllo delle piazze di spaccio a colpi di incendi, sequestri di persona, morti ammazzati, tregue armate e ancora morti ammazzati contro gli scissionisti.

(«Il Mattino», 29 maggio 2020)

Dunque, sul piano squisitamente militare il clan fondato da Paolo Di Lauro può dirsi senz'altro decimato – oltre che da un'impressionante sfilza di omicidi – da arresti, condanne. Oltre a "Ciruzzo" sono oramai nelle condizioni di non nuocere anche Cosimo e Marco. Restano, invece, liberi Vincenzo e Ciro. Al contrario di quanto ci si aspetterebbe, però il clan è tutt'altro che morto. Ha cambiato pelle e oltre che droga vive di altro, come ha ricordato il procuratore capo di Napoli Giovanni Melillo in un'audizione alla Commissione antimafia:

Questi cartelli criminali tendono progressivamente ad abbandonare, almeno con riferimento alle strutture di vertice, il tradizionale radicamento nelle gesta delinquenziali e nelle funzioni tipiche della struttura militare, per proiettarsi in ambiti esclusivamente imprenditoriali che però non dimenticano il retroterra e soprattutto continuano a utilizzarlo. Questa dimensione imprenditoriale è la nuova dimensione del clan Di Lauro, che ha diversificato il proprio business criminale. Al momento dello scoppio della prima faida ovviamente il core business era il narcotraffico e la gestione delle piazze di spaccio. Ora i Di Lauro sono presenti nel settore del contrabbando dei tabacchi lavorati esteri, che sta anche modificando i suoi tratti, nel mercato della contraffazione, ma soprattutto nelle reti di commercio internazionali nelle quali operano con società nel settore della logistica e del global service assolutamente straordinarie per complessità e ricchezza.

(Commissione parlamentare antimafia, audizione del 24 ottobre 2019)

A più di quindici anni dalla faida, la partita tra lo Stato e i Di Lauro non è ancora finita.

Schiavone-Bidognetti-Zagaria

Sgombriamo subito il campo da quella che appare una convinzione oramai consolidata: è vero, il clan dei Casalesi è stato uno dei più ricchi e potenti d'Italia, ma il merito di aver raggiunto un fatturato miliardario e di aver conquistato il dominio assoluto del territorio non è da ascrivere solo alle capacità – indubbiamente notevoli – di un gruppo di ingegnosi delinquenti. Anche se non ci sarà mai nessun processo e nessuna sentenza che potrà scolpirlo nella pietra, quel merito va in qualche misura diviso con lo Stato. Sembra paradossale, ma non lo è.

Perché solo una innegabile e prolungata impalpabilità dello Stato ha trasformato un'ampia area della provincia di Caserta in una sconfinata prateria nella quale la camorra ha potuto galoppare liberamente correndo rischi assai contenuti, in qualche caso vicini allo zero. Mentre i boss spadroneggiavano – uccidendo, estorcendo denaro, condizionando l'economia, la politica e la vita sociale – la gente perbene ha sempre avuto la netta sensazione di vivere in uno sterminato Far West dove l'unica legge era quella imposta dai banditi. E prima che arrivassero "i nostri", come nei film western, di tempo ne è trascorso parecchio, diciamo pure troppo. È evidente che questo ragionamento può calzare anche ad altri contesti, ma è fuori di dubbio che per diversi lustri la debolezza delle istituzioni in questo lembo del Sud Italia è stata totale. Mentre, ad esempio, in Sicilia un pugno di coraggiosi magistrati, poliziotti e carabinieri ha provato a mettersi di traverso all'avanzata di Cosa Nostra, nel Casertano i camorristi hanno potuto fare ciò che volevano. L'assenza, le cui conseguenze sono ancora oggi devastanti, è stata frutto anche di una inspiegabile e clamorosa sottovalutazione del fenomeno criminale. Una tesi sostenuta da una fonte autorevolissima, il magistrato Federico Cafiero de Raho, dal 2018 procuratore nazionale antimafia:

> Quando nel 1993 iniziai le indagini sui Casalesi, per prima cosa telefonai ai comandanti delle varie stazioni dei carabinieri della zona. Nessuno però ammise di sapere che nel casertano c'era la camorra.
>
> (Isaia Sales, *Storia dell'Italia mafiosa*, Rubbettino 2015)

Incapace, fragile, svogliato, distratto, non di rado connivente: ecco come è stato percepito uno Stato che non sempre ha schierato le sue forze migliori, come ha sostenuto lo storico e saggista Isaia Sales:

> Sarebbe meritevole di una commissione di inchiesta il fatto incontrovertibile che a Caserta tra gli anni '70 e '80 del Novecento si sono succeduti gli esponenti più mediocri delle istituzioni. La camorra casertana ha avuto il vantaggio di un ventennio prima di diventare un problema serio per gli apparati repressivi dello Stato.
>
> (*Ibidem*)

Accanto alla mediocrità di cui parla Sales c'è poi da aggiungere una quota – probabilmente decisiva – di collusioni con uomini delle istituzioni. Alcune sono state provate in tribunale, altre solo ipotizzate. Dunque, la storia dei Casalesi è anche la storia di come lo Stato si sia svegliato tardi, quando i buoi erano già scappati dalla stalla. Quando, cioè, un pugno di delinquenti aveva avuto tutto il tempo e la possibilità di mettere in piedi un esercito agguerritissimo e una holding capace di macinare guadagni degni di una multinazionale. Approfittando di un regime di monopolio nel controllo del territorio, la camorra ha ucciso decine e decine di volte, si è impossessata di una larga fetta del commercio, dell'economia e delle imprese; ha inquinato il territorio con rifiuti tossici o nocivi, ha influenzato fortemente dozzine di amministrazioni locali eleggendo politici compiacenti; in sostanza ha condizionato la vita quotidiana di migliaia di persone. I costi per la collettività si sono inevitabilmente rivelati altissimi anche in termini di vite umane: i cittadini onesti che ci hanno lasciato la pelle sono stati tanti, troppi.

L'opera di bonifica sul piano repressivo e giudiziario è iniziata tardi e, checché se ne dica, lo svantaggio accumulato è tale che liberare il casertano dalla presenza dei clan sarà complicatissimo. Nonostante arresti e condanne abbiano assottigliato l'organizzazione sia sul piano militare che sotto il profilo economico, la battaglia contro i Casalesi non è stata ancora vinta. Quando si è diffusa la consapevolezza che i tempi dell'impunità assoluta fossero oramai alle spalle, c'è chi ha deciso di salvare il salvabile ricorrendo alla ciambella di salvataggio lanciata dallo Stato. Ma il dato più interessante è che le defezioni si sono registrate anche all'interno di alcune delle famiglie che costituiscono l'ossatura del clan. Il boss Francesco Schiavone, detto "Sandokan", ha dovuto prima incassare il tradimento del cugino Carmine Schiavone e poi del figlio Nicola. E hanno fatto la stessa scelta pure la compagna di Francesco Bidognetti, Anna Carrino, il cugino Domenico e suo figlio Raffaele.

Una storia che parte da molto lontano

Un boss dal soprannome singolare e un maxiprocesso storico per complessità e dimensioni hanno trasformato i Casalesi in uno dei gruppi camorristici più noti. Ma ben prima che Francesco "Sandokan" Schiavone diventasse uno dei protagonisti delle cronache giudiziarie, e ben prima che la Corte di Assise di Santa Maria Capua Vetere irrogasse dozzine di ergastoli, la provincia di Caserta era già abbondantemente infestata da fenomeni delinquenziali che col tempo avrebbero assunto proporzioni impressionanti in termini di controllo militare del territorio, di infiltrazioni nella pubblica amministrazione, e di penetrazione nel mondo del commercio e delle imprese. La storia dei Casalesi dunque, parte da molto lontano.

Che l'area non fosse delle più salubri sotto il profilo dell'ordine pubblico lo si era capito dalla fine del 1800, quando parecchi criminali napoletani per sfuggire alla legge si rifugiarono nel Casertano. La loro presenza era così massiccia da ingolfare il lavoro dei tribunali:

> Ne derivano casi di accertata celebrazione di procedimenti penali relativi ad aggregazioni presenti nelle zone di Caivano, Sant'Antimo ed Aversa, fin dagli anni 1896-98, caratterizzati dall'accertamento di forme estorsive consistenti in imposizione coatta di 'guardiania' sui terreni e sulle coltivazioni. Dai contadini si pretendono mance nel tempo del raccolto, sotto il pretesto di proteggere le terre da visite dei ladri...
>
> (Corte di Assise di Santa Maria Capua Vetere, II sezione, sentenza contro Abbate Antonio + altri)

Svariati decenni più tardi il tessuto sociale della provincia di Caserta non solo non era stato risanato, ma la situazione era diventata ancora più difficile da gestire.

Prima di arrivare ai Casalesi che in anni recenti hanno riempito le cronache dei giornali, le pagine dei libri e ispirato fiction televisive, è assolutamente necessario fare un passo indietro, riportando il calendario a cinquant'anni fa: quello che agli inizi degli anni '90 sarebbe diventato il clan delle famiglie Schiavone, Bidognetti e Zagaria in origine era una organizzazione temuta, rispettata e intoccabile perché affiliata alla mafia siciliana.

L'epopea di Antonio Bardellino

Il primo vero boss della camorra casertana è Antonio Bardellino, detto "Picchiacchiello", considerato da amici e nemici una delle figure più rappresentative della malavita campana. Da ragazzo fa il carrozziere nel suo paese d'origine, San Cipriano d'Aversa, ma spaccarsi la schiena in officina ed essere pagato poco e male non è ciò che aveva sognato da bambino:

> Tutto il giorno a riverniciare auto, aggiustare piccole ammaccature sui parafanghi, respirare vernici. E per quattro spiccioli. Antonio Bardellino non era fatto per dire sempre sì a un masto carrozziere che gli diceva cosa fare, con il miraggio lontano di mettersi in proprio, di poter diventare a sua volta titolare di un'officina di paese, sudando il doppio e sperando di arrivare alla fine del mese con abbastanza soldi da poter andare avanti. No, non era quella la vita ambita dal ragazzo cresciuto per le stradine di San Cipriano d'Aversa con un gruppetto di teste calde come lui.
>
> (Gigi Di Fiore, *L'impero*, Rizzoli 2008)

Ma chi è l'ex carrozziere? Nato nel 1954, da giovane comincia con le rapine ai Tir, un'attività redditizia condivisa con una folta pattuglia di complici che entrano in azione non solo a cavallo delle province di Napoli e Caserta ma pure in Lombardia, Piemonte e Puglia. Alla metà degli anni '70 s'è già fatto un nome nel mondo della criminalità comune, ma per uno come lui depredare gli autotreni non è abbastanza.

Il primo omicidio lo commette nel 1977 uccidendo un esponente della Nuova camorra organizzata di Raffaele Cutolo. Quel delitto fa schizzare verso l'alto le sue quotazioni facendogli guadagnare l'attenzione di diversi clan napoletani che lo considerano l'uomo giusto per estendere il giro d'affari anche nel Casertano. Si lega ai fratelli Lorenzo, Angelo e Ciro Nuvoletta di Marano, la famiglia che appartiene a Cosa Nostra. L'adesione ai Nuvoletta gli impone di prestare il giuramento di fedeltà alla mafia siciliana, il cui rito si svolge a Poggio Vallesana, a Marano, il quartier generale dei tre fratelli. Si avvicina intanto alla Nuova Famiglia (NF), la confederazione di clan di Napoli e provincia nata per contrastare l'avanzata della NCO di Cutolo, entrato a gamba tesa su una serie di affari, in particolare nel contrabbando di sigarette fino ad allora gestito dai Nuvoletta e dai fratelli Michele e Salvatore Zaza, pure loro appartenenti a Cosa Nostra.

Secondo quanto riferirà ai magistrati di Palermo il pentito Tommaso Buscetta, a favorire l'ingresso dell'ex carrozziere in Cosa Nostra è stata proprio la necessità, avvertita pure in Sicilia, di arruolare gente in gamba per fronteggiare Cutolo e il suo esuberante battaglione. Pur restando sotto il protettivo ombrello dei Nuvoletta, "Picchiacchiello" mette su un gruppo che risponde solo a lui e del quale fanno parte l'amico di sempre Mario Iovine e il fidato Francesco Bidognetti:

> Bardellino viene legalizzato e si lega con il gruppo all'epoca dominante in Sicilia facente capo a Stefano Bontade. Lo stesso Bardellino, coadiuvato dall'altro diarca del clan Mario Iovine, accresce notevolmente il suo peso quando si schiera all'interno della Nuova Famiglia con una posizione anche di preminenza, nella lotta ai cutoliani. I cutoliani che pure erano riusciti a fare proseliti nel casertano vengono completamente annientati – a eccezione di pochi soggetti, lasciati confluire nelle fila dei casalesi (si veda il gruppo Di Girolamo di Aversa) e a eccezione del gruppo operante in Marcianise e zone viciniori – ed il gruppo dei casalesi acquisisce la forza sufficiente per porsi come il principale referente di tutte le organizzazioni delinquenziali casertane. Con Bardellino nasce una struttura di tipo confederativo; i clan anche operanti in realtà più distanti – si pensi a quelli dell'area mondragonese o sessana – vengono di fatto risucchiati nella struttura unitaria, che pur lasciando una sua autonomia alle singole entità si organizza con una sorta di cupola, il cui centro è proprio nel gruppo dei casalesi.
>
> (www.csm.it/documents/21768/81517/quaderno+99/9bf7fe32-5ee4-4426-b2da-f53f8c6fc4f6)

In poco tempo diventa uno dei principali riferimenti per il contrabbando di sigarette e col passare dei mesi prestigio, autorevolezza e ricchezza camminano di pari passo. L'iscrizione al privilegiato club della mafia siciliana e le sue indubbie capacità criminali ne fanno rapidamente un padrino rispettato sia dentro che fuori il circuito malavitoso. Del resto la leadership se l'è conquistata sul campo: non impartisce solo gli ordini alle sue truppe ma è un uomo d'azione, e non c'è occasione in cui non si dimostri particolarmente coraggioso. Gli alleati lo ammirano per la forte personalità e l'intelligenza strategica, la concorrenza lo teme per le stesse ragioni e pure perché è un sicario dalla mira infallibile. A riconoscerne il valore sono due camorristi come Carmine Alfieri e Pasquale Galasso, rispettivamente numeri 1 e 2 della Nuova Famiglia. Alfieri lo mette sul piedistallo:

> Il rapporto del nostro gruppo con Bardellino era quasi di venerazione, lo consideravamo il capo assoluto di tutti noi. Era mafioso in quanto uomo dei Nuvoletta, ma lui non si sentiva un mafioso, non aveva la mentalità tipicamente mafiosa. Bardellino era un uomo sincero e sensibile; si sentiva essenzialmente un campano. Quando era ancora vivo, i rapporti con i Casalesi erano strettissimi. Eravamo due anime in un solo corpo, e nutrivamo nei suoi confronti un'ammirazione sconfinata, riconoscendogli una indubbia posizione di supremazia rispetto a tutti noi. Alla notizia della sua morte, di cui sono assolutamente certo, ne soffrimmo tutti.
>
> (Procedimento nr. 9086/1992 D.D.A. nei confronti di Agizza + 101)

Una valutazione condivisa anche da Galasso:

Bardellino era un punto di riferimento per tutti i clan camorristici campani, eventualmente pure per quelli che non lo sopportavano; riusciva a mantenere con il suo carisma un certo equilibrio. Lo apprezzavo molto perché era franco, non amava sotterfugi e ambiguità.

(*Ibidem*)

Se i giudizi di due "colleghi" possono essere ritenuti di parte, ce n'è un terzo espresso da una persona al di sopra di ogni sospetto: Vincenzo Scolastico, negli anni '80 giudice istruttore a Santa Maria Capua Vetere, in una intervista a Carlo Pascarella del «Giornale di Caserta» dichiarerà:

Antonio Bardellino, posso dirlo con la convinzione di non essere frainteso, è stato uno dei pochi se non l'unico boss 'gentiluomo' esistente in Italia. Non amava le carneficine, era l'ultimo padrino vecchio stampo, dopo la sua morte iniziò la stagione del sangue con i Casalesi di Francesco Schiavone-Sandokan.

(Bruno De Stefano, *op. cit.*)

All'ex carrozziere non manca il fiuto per gli affari e la saggezza per stringere alleanze temporanee e dall'indiscutibile valore strategico. Come quella con il napoletano Umberto Ammaturo, narcotrafficante internazionale con interessi sparsi per il mondo, in particolare in Perù, che gli hanno consentito di fare un sacco di soldi con eroina e cocaina. Tra i due c'è una grande intesa tant'è che Bardellino mette a disposizione di Ammaturo un autista sveglio e discreto: è Francesco Schiavone, all'epoca non è ancora "Sandokan" ma solo uno dei tanti soldati semplici al quale nessuno pronostica però un futuro da stella di prima grandezza dell'universo camorristico.

"Picchiacchiello" periodicamente è costretto a darsi alla latitanza, ma non è il tipo da rintanarsi in un bunker sotterraneo e a fare la vita del topo di fogna. Gira il mondo, va in Brasile e poi si sposta in Svizzera, Francia, Venezuela e Spagna. La fuga si conclude il 2 novembre del 1983 in un bar di Barcellona, dove la Criminalpol lo arresta al termine di un lungo inseguimento; insieme a lui c'era Raffaele Scarnato:

Il boss dice di chiamarsi Luigi Scalzone, ma il documento che esibisce è palesemente falso: la foto è la sua, ma i dati appartengono al figlio di un politico democristiano di Casal di Principe. Pochi minuti dopo la diffusione della notizia dell'arresto data dai telegiornali, al centralino del quotidiano «Il Mattino» arriva una telefonata anonima di una donna: sostiene che a dire alla polizia dove si nascondeva Bardellino sono stati i Nuvoletta.

(Bruno De Stefano, *op. cit.*)

Quella telefonata non è stata fatta a caso, ma ha un preciso obiettivo: inquinare i rapporti tra Bardellino e i Nuvoletta. Nella testa dell'ex carrozziere già da tempo si agita la convinzione che i Nuvoletta non siano mai stati affidabili e che abbiano fatto sempre il doppio gioco nella lotta alla NCO: il sospetto è che la famiglia di Marano ha finto di fare la guerra al camorrista di Ottaviano, ma in realtà si è sempre guardata bene dall'opporsi in modo deciso e inequivocabile. Quindi che siano stati loro a fare la soffiata alla Criminalpol è un'ipotesi che ha un suo fondamento. Le autorità italiane chiedono ed ottengono l'estradizione, ma il 3 febbraio del 1984, data prevista per il rientro nelle nostre patrie galere, Bardellino non arriva in Italia perché nel frattempo ha corrotto alcuni giudici spagnoli ottenendo la libertà provvisoria. Tra le pieghe di questo episodio c'è un dettaglio pruriginoso: secondo alcuni giornali iberici, insieme al denaro Bardellino ha offerto le prestazioni sessuali di una procace e famosa ragazza nota come "La Pepa".

Dopo aver rimesso clandestinamente piede in Italia, insieme ai vertici della NF comincia a elaborare un piano per punire i Nuvoletta che nel frattempo hanno commesso un ulteriore sgarbo nei suoi confronti: non solo lo hanno fatto arrestare, ma hanno fatto pure ammazzare un suo amico, Raffaele Ferrara. Movente dell'omicidio: Ferrara non ha voluto eseguire l'ordine dei Nuvoletta di uccidere Bardellino, oramai diventato una presenza ingombrante.

A quel punto non ci sono più dubbi: i Nuvoletta sono dei traditori e vanno puniti. Insieme ai vertici della Nuova Famiglia – che nel giro di qualche anno ha decimato la NCO – organizza una spedizione che il cui obiettivo è spazzare via la famiglia mafiosa di Marano, considerata un nido di spie e di doppiogiochisti.

Si mette alla testa del commando che il 10 giugno del 1984 compie una spettacolare irruzione nella tenuta dei Nuvoletta. E non è un caso se è proprio lui a entrare per primo nel fortino avversario. Spiegherà Carmine Alfieri:

> [...] Il Bardellino conosceva meglio di tutti quanti gli altri come era ubicata questa abitazione dei Nuvoletta, proprio in virtù della frequentazione di tanti anni col sodalizio Nuvoletta [...]. Un altro motivo poteva essere che, dato che era un'azione molto rischiosa, cioè non era una cosa semplice poter fare un assalto in questa tenuta, perché i Nuvoletta non è che si era sicuri che si trovavano soli, cioè erano gente malavitosa, e Bardellino – proprio per la sua audacia – praticamente con la sua presenza imponeva un coraggio maggiore a tutto il gruppo.
>
> (Corte di Assise di Santa Maria Capua Vetere, II sezione, sentenza contro Abbate Antonio + altri)

Il raid, però, si conclude con un magro bilancio: l'unico a morire (inseguito e poi giustiziato) è Ciro, gli altri fratelli riescono a nascondersi. Quel giorno, però, le vittime sono due: nell'abbandonare Poggio Vallesana il commando esplode dei colpi di pistola, uno dei quali colpisce Salvatore Squillace, un imbianchino di 28 anni che è fuori a un bar e che spira dopo sei giorni di agonia.

Il rancore covato nei confronti dei Nuvoletta si estende ai loro alleati più importanti, ovvero i Gionta di Torre Annunziata. Due mesi dopo l'irruzione a Marano, Bardellino e la Nuova Famiglia fanno il bis: il 26 agosto un pullman turistico con a bordo una dozzina di killer si ferma davanti al Circolo del Pescatore di Torre Annunziata, abituale ritrovo del boss Valentino Gionta e dei suoi uomini. Il commando uccide otto persone, ne ferisce sette. Il boss però riesce a scampare alla carneficina.

Annientata la NCO e regolato il conto con i Nuvoletta, non resta che raccogliere i frutti degli anni trascorsi in trincea. "Picchiacchiello" oramai è uno dei più potenti boss della Campania, ma anche uno dei più ricercati. Per godere delle sterminate ricchezze accumulate con traffici d'ogni tipo – illegali e non – decide di rifugiarsi tra il Centro e il Sud America; Brasile e Repubblica Dominicana i due Paesi frequentati con maggiore assiduità. Da quelle parti con i soldi può comprare di tutto, pure il silenzio e la complicità delle forze dell'ordine e della magistratura che – chiudendo un occhio, spesso due – trasformano la sua latitanza in una perenne vacanza da nababbo. In Italia, a mandare avanti gli affari, ci pensano i fedelissimi nipoti Antonio e Paride Salzillo, quest'ultimo finito nel frattempo dietro le sbarre e scarcerato solo nel febbraio del 1986.

Mentre se la spassa al sole, sulla scena casertana si ripresentarono però diversi soggetti. Tra il 1984 e il 1987 una concatenazione di eventi consente alla criminalità organizzata di ricompattarsi dopo un infelice periodo caratterizzato da arresti e condanne. Tornano in libertà Luigi Basile (dal 14 maggio 1984), Francesco Schiavone (17 aprile 1985), Giuseppe Quadrano (29 agosto 1986), Vincenzo Zagaria (25 giugno 1986) Dario De Simone (24 dicembre 1986), Vincenzo De Falco (5 marzo 1987), Giuseppe Caterino (9 maggio 1987), Francesco Bidognetti (10 ottobre 1987).

La progressiva ricomposizione del clan e la conclamata vittoria sulla Nuova camorra organizzata regalano a Bardellino e al resto del gruppo un incontrastato dominio sull'intera provincia di Caserta, soprattutto attraverso l'infiltrazione nelle amministrazioni locali e nel quasi monopolio dei lavori pubblici. Della nuova fazione di camorristi in carriera c'è gente della quale si parlerà a lungo:

> In tale gruppo, come si è visto, già nella prima parte degli anni '80 emergono, con chiarezza, le personalità – e le capacità sia organizzative che 'criminali' – di altri soggetti, tra cui Mario Iovine, lo stesso Paride Salzillo (nonostante, si

ribadisce, la sua giovane età), Francesco Bidognetti, Luigi Basile, Francesco Schiavone di Nicola, Carmine Schiavone, Giuseppe Caterino, Dario De Simone, Vincenzo Zagaria e Giuseppe Quadrano.

(*Ibidem*)

Ma nonostante ci siano tutte le condizioni per starsene tranquilli e godere del potere acquisito – anche grazie a un allentamento della pressione repressiva e giudiziaria – la macchina da guerra dei Casalesi inizia a incepparsi. Fino ad allora screzi e divergenze sono stati superati in nome della guerra al comune nemico Cutolo; e lo stato di detenzione di molti pezzi da novanta ha evitato pericolose frizioni sulla gestione degli affari. Ma la battaglia (oramai quasi finita) alla NCO ha smesso di essere un collante che teneva tutti uniti, e con i boss o aspiranti tali di nuovo in circolazione la gestione della cosca si complica. Bardellino non ha nessuna intenzione di dividere equamente la torta con gli altri e gli altri non hanno più nessuna intenzione di consentire a Bardellino di fare da asso pigliatutto. Per dare l'idea della voracità di "Picchiacchiello" qualcuno nel clan dice che «va tutto a Gesù e niente a Maria». L'insofferenza è difficile da soffocare, anche perché sull'ex carrozziere e sui suoi più stretti collaboratori pende l'antipatico sospetto di utilizzare i soldi dell'organizzazione per vivere nel lusso e per girare su auto costose (Antonio Salzillo, ad esempio, possiede una Ferrari). Il temperamento aggressivo di quasi tutti i componenti della mafia casertana è tale che difficilmente i dissapori possono essere risolti adoperando il guanto di velluto della diplomazia. Il più deciso a ricorrere alla linea dura è proprio Bardellino, intenzionato a spegnere la ribellione con il solo metodo che ha sempre praticato: l'eliminazione fisica del nemico. A confermarlo sarà Carmine Alfieri, capo della Nuova Famiglia, amico ed estimatore dell'aitante Antonio:

Io Bardellino l'ho incontrato ultimamente che l'ho visto è stato inizio '88 o fine '87, nell'occasione che lui venne nella mia zona, ma venne soprattutto perché doveva fare le condoglianze a Moccia Angelo, perché Moccia Angelo gli avevano ammazzato un fratello, Moccia Vincenzo, a novembre dell'87 [...]. Venne nella mia zona e fu accompagnato da Basile e in quella occasione io vidi anche Walterino Schiavone fratello di Francesco ed altri "casalesi" che non mi ricordo [...]. Bardellino rimase poi per una notte nella mia zona, che dormì con me; perché lui era stato fuori per molto tempo a Santo Domingo e in quel periodo lui era tornato, stette due o tre mesi... questo è sopra 5 o 6 mesi prima di morire Bardellino, stette due o tre mesi nella zona di Casale poi fece questa visita al Moccia e passò questa nottata insieme a me e io ricordo che Bardellino quando la sera ci siamo andati a coricare, mi disse: "compare non vi impressionate perché da qui a qualche giorno nella mia zona succede qualche omicidio, dobbiamo fare un po' di pulizia all'interno del gruppo", infatti poi il giorno dopo sono venuti gli stessi... il Basile con Walterino Schiavone ed altri "casalesi", se lo sono venuti a prendere e Bardellino se ne è andato, questa è l'ultima volta che io ho visto.

(*Ibidem*)

Anche Pasquale Galasso, il vice di Alfieri e primo pentito della Nuova Famiglia, confermerà agli inquirenti la volontà del boss di San Cipriano di liquidare un po' di gente:

L'ultima volta che io ho visto Bardellino è stato estate-autunno '87, in quanto tornò dal Brasile, da Santo Domingo, Brasile... e, su suo espresso desiderio, voleva vedere me, Alfieri, Moccia, gli altri componenti della nostra organizzazione, e ci chiese se poteva venire nella nostra zona, presso il rifugio di Alfieri, per alcuni giorni stando un po' con noi. Quella è stata l'ultima volta che ho passato qualche giorno insieme a Bardellino [...]. Stando insieme a noi qualche giorno, ci spiegò un po' tutto: che era tornato dalle Americhe perché intendeva fare pulizia un po' nel suo gruppo, e ci avvertiva che se noi venivamo a sapere dai giornali di omicidi avvenuti nella sua zona, di non preoccuparci, che erano cose sue; cioè ci voleva avvertire di non preoccuparci, perché potevamo pensare che erano i Nuvoletta contro il suo gruppo, e invece era lui e i suoi amici che dovevano eliminare qualche loro componente, per inaffidabilità. Questi i motivi che io ricordo principalmente, poi si parlò di altro [...]. Ricordo che Bardellino si espresse proprio così, nel senso di dire: "Compare, se devono succedere cinque o sei o sette omicidi nella mia zona, non preoccupatevi, non sono i Nuvoletta, bensì devo fare un po' di pulizia a Casale, perché le cose non vanno come devono andare".

(*Ibidem*)

Il repulisti annunciato da Bardellino comincia col botto. L'11 gennaio del 1988 viene assassinato Domenico Iovine, detto "mazzetella", fratello di Mario, suo amico di vecchia data oltre che principale collaboratore. Ufficialmente la condanna a morte di Domenico ha una motivazione inattaccabile: faceva la spia dei carabinieri e come tutti i traditori andava punito. Una soluzione drastica alla quale il fratello Mario non si è opposto. Riferirà ai giudici il pentito Giuseppe Quadrano:

Doveva morire perché lo ritenevamo un confidente dei carabinieri, quindi lui doveva morire. Anche il fratello, Iovine Mario, ci diceva spesso di ucciderlo, lui veniva ogni tanto e diceva: "va be', uccidete mio fratello", l'ha detto parecchie volte vicino a me, vicino a Caterino Giuseppe, vicino a Diana Raffaele, l'ha detto spesso questa cosa. Poi quando andava via, non avevamo il coraggio di ucciderlo perché dicevamo: "se ammazziamo a questo, questo poi sempre il fratello è, quando poi viene questo se la prende con noi", quindi non abbiamo mai posto in essere questo fatto. Poi un giorno venne Bardellino Antonio, ci convocò quasi tutti e disse che si doveva uccidere perché si era stufato di questa storia, il fratello faceva solo chiacchiere, in effetti non faceva uccidere il fratello né si prendeva lui la responsabilità di ucciderlo e designò quelli che lo dovevano uccidere; però un po' prima che Bardellino prendesse proprio la decisione definitiva di ucciderlo, Bardellino – da dove stava – da Santo Domingo quando venne in Italia disse che… dovette scappare via perché Domenico Iovine aveva messo i carabinieri sulle sue tracce, quindi disse: "mo' mi sono scocciato proprio, li ha messi sulle mie tracce, ce l'ho fatta per un pelo a scappare, quindi adesso dobbiamo ucciderlo e basta", questo lo disse Bardellino.

(*Ibidem*)

L'asse Bardellino-Iovine, fino a quel momento più che robusto, va in crisi. Benché non si sia opposto con decisione, Mario Iovine evidentemente sperava che nessuno osasse toccare Mimì; e ora vuole in qualche modo "pareggiare" i conti uccidendo Ernesto Bardellino, fratello di Antonio, imprenditore e sindaco socialista di San Cipriano d'Aversa. Racconta ancora Quadrano:

Poi noi avevamo pure paura di ammazzare a "mazzetella" perché quando Mario Iovine diceva di ammazzare il fratello, poi lui ogni tanto diceva: "va be', anche Ernesto non è che si comporta bene". Allora lui voleva mettere sullo stesso piano Ernesto Bardellino ed il fratello, anche lui ci voleva far credere che Ernesto Bardellino era un confidente, quindi ci metteva delle pulci in testa, diceva: "va be', ammazziamo il fratello, ma poi dovrà venire anche la volta del fratello di Bardellino Antonio". Quindi lui metteva queste cose in giro che io non so se poi queste cose erano vere oppure no; noi arrivati a quel punto dicevamo: "qua poi succede un casino" e nessuno faceva niente fino a quando – come ho detto – non prese la decisione Bardellino.

(*Ibidem*)

In questo quadro così nervoso c'è qualcuno che freme dal desiderio di uscire dalle retrovie: è Francesco Schiavone, scalpitante giovanotto di Casal di Principe noto col soprannome di "Sandokan" perché somiglia – a causa della folta barba – all'attore indiano Kabir Bedi che in uno sceneggiato televisivo degli anni '70 ha interpretato un protagonista dei romanzi d'avventura di Emilio Salgari. Oltre a rifiutarsi di uccidere "Mazzetella", Schiavone inizia a maturare un'avversione nei confronti di Bardellino, non apprezza soprattutto il fatto che un boss invece di stare in mezzo ai suoi uomini se ne vada in giro a spassarsela tra il Brasile e Santo Domingo lasciando l'organizzazione nelle mani di due nipoti, il giovane Paride Salzillo e suo fratello Antonio. Nel caso si arrivi a una scissione del clan ha già deciso di schierarsi con Mario Iovine. La sua non è una scelta dettata da ragioni affettive ma una soluzione suggerita da una pragmatica convenienza: come capo "Marittiello" è preferibile a "Picchiacchiello" perché facilmente manovrabile. Ma l'acredine che lo allontana dal capoclan di San Cipriano è alimentata pure da altri comportamenti che riguardano la vil moneta, come riferirà il pentito Giuseppe Quadrano:

Per esempio, Bardellino aveva stabilito che quando si doveva chiudere un lavoro importante, il nipote con il "marsigliese" potevano chiudere questi lavori importanti, mentre De Falco, Schiavone e Bidognetti non potevano chiudere questi lavori importanti se non alla presenza di Salzillo Paride. Poi la cassa all'epoca l'aveva in mano Luigi Basile, e loro quando gli servivano i soldi dovevano andare vicino a Basile Luigi, e questo per il prestigio di "Sandokan" e di De Falco questa cosa non andava giù. Quindi nel clan si stava prendendo questa supremazia di Salzillo Paride, che poi quello – in effetti – all'epoca era pure un ragazzo, e loro non tolleravano questa situazione, questa cosa, e quindi aderirono a quello che diceva Mario Iovine, di uccidere a Bardellino, di sterminare tutti i bardelliniani e poi i parenti.

(*Ibidem*)

Quella di Sandokan è una inquietudine forte ma ancora sotterranea; del malessere nei confronti del capo ha però messo al corrente solo un pugno di fedelissimi tra i quali c'è il cugino Carmine Schiavone il quale anni dopo ai giudici riferirà:

[...] Noi eravamo ormai già decisi a stare con lo Iovine, perché poi mio cugino incominciò a lamentarsi che i Bardellino ormai stavano scacciando un po' quasi tutti dal potere economico, dai lavori edili Ernesto Bardellino cominciava a dettare certe leggi attraverso poi il nipote che fu nominato dallo zio quale suo reggente, il Paride Salzillo e quelli più anziani non si sono stati a questo diktat che veniva dal Bardellino, poiché il Bardellino in base ai discorsi che abbiamo fatto, poiché si era creato un forte reddito, cioè tante proprietà in Santo Domingo di cui conviveva con una certa Rita De Vita che era la sua convivente, diciamo che lui era sposato poi con una ragazza di Casale e aveva avuto dei figli, pensava di ritirarsi in quella zona, di ottenere soldi attraverso il nipote e quindi delle rendite in base a tutti gli affari edili ed altre attività e rimanere il nipote unico in sue veci, e il fratello che... come faceva con lui che dava... insomma pianificava le situazioni più a livello imprenditoriale. Al che questi discorsi che io ho fatto anche con mio cugino, cioè noi non accetteremo mai una situazione che un ragazzo che non arriva nemmeno a trent'anni, intorno ai 25-26 anni ci possa comandare, dopo tante sofferenze, le guerre contro a destra e a sinistra, in effetti la decisione era stata già presa prima che ci fosse anche l'ultimo incontro con lo Iovine stesso.

(*Ibidem*)

La fronda contro Bardellino cresce. Francesco Schiavone e soprattutto Vincenzo De Falco, detto "'o fuggiasco", temono di restare dei ragazzi di bottega a vita, per cui tramano contro il capo per potersi un giorno mettersi in proprio. Un'autonomia che – ne sono perfettamente consapevoli – rischia di costare un prezzo altissimo. Poi si verifica un evento che rappresenta lo snodo cruciale della storia del clan dei Casalesi. Mario Iovine gioca d'anticipo pianificando l'omicidio del suo vecchio socio Antonio Bardellino. Una decisione alla quale concorre la furba e sottile istigazione di Schiavone e De Falco: i due sobillano "Marittiello" suggerendogli di vendicarsi contro l'uomo che ha ordinato l'omicidio del fratello Mimì. Iovine e Bardellino s'incontrano a Buzios, in Brasile, dove "Marittiello" invita "Picchiacchiello" per quello che sembra uno dei tanti appuntamenti tra boss legati da un'antica amicizia e dalla gestione di affari in comune. Invece è una trappola che Iovine ha organizzato con la complicità di un tassista di origini napoletane, che lo aiuterà a disfarsi del cadavere. La sera del 26 maggio del 1988 Iovine dà sfogo all'odio che cova da tempo e abbatte Bardellino con una furiosa serie di martellate in testa. Insieme al tassista napoletano seppellisce il corpo dell'ex carrozziere in un luogo imprecisato della spiaggia di Buzios. Ecco come sarebbero andate le cose secondo quanto ha riferito il pentito Giuseppe Quadrano per averle apprese direttamente da Iovine durante un incontro avvenuto in Francia:

> Lui disse che si incontrarono in Brasile, in una località del Brasile; si incontrarono in una casa dove… lui abitava in questa casa, tra l'altro. C'era lui, c'era la convivente che teneva là con sé una certa Rosa, e c'era un certo Gennaro che noi chiamavamo "compà Jennaro". Era uno di Napoli, e si trovava in Francia, era la prima volta che io lo vedevo. Niente, lui mi spiegò che lui e questo Gennaro avevano ucciso Bardellino. Veramente quello che l'aveva ucciso era stato lui, l'aveva ucciso a martellate; e questo Gennaro lo aveva aiutato a prendere il cadavere, metterlo in una macchina ed andarlo a seppellire. Quindi mi spiegò tutto, come aveva fatto per ucciderlo, stavano seduti giocando a carte e all'improvviso… lui già si era preparato prima un martello, si era preparato tutto il suo piano per ucciderlo. E niente, lui prese il martello ed uccise a martellate. Lui disse che stavano giocando a carte; mentre Bardellino si alzò e gli volto le spalle per andare a prendere una cosa, non appena quello si voltò, lui teneva il martello già nascosto vicino al tavolo… lui si alzò, Bardellino gli voltò le spalle e lui gli diede una martellata in testa. La prima martellata che gli diede – queste sono le sue parole – disse che "gli sfondò il cranio". Lui cadde a terra e lo finì sempre a colpi di martello, sempre sul cranio. Poi lui e questo Gennaro […] mentre loro presero questo cadavere, lo misero in macchina e lo andarono a buttare, questa Rosa, la convivente… lui disse: "è stata lei che ha pulito la casa, ha pulito tutto il sangue, ha tolto tutto". Lui esaltò pure questa donna che l'aveva aiutato a pulire […].
>
> (*Ibidem*)

La morte di Bardellino è una data spartiacque nella storia della mafia casertana. Ma è soltanto la prima. La scalata al clan del trio Iovine-Schiavone-De Falco prevede pure l'assassinio dei più stretti collaboratori del defunto boss. Quando dal Brasile arriva la conferma che "Picchiacchiello" è passato a miglior vita, parte la seconda fase del progetto: uccidere il nipote Paride Salzillo, colui il quale è destinato a ereditare lo scettro del comando. Convocato con una scusa a una riunione del gruppo, Salzillo viene prima disarmato, poi fatto sedere su una sedia e infine strangolato con una corda di plastica, di quelle usate per confezionare i provoloni. Il più è fatto, ma per completare l'opera è necessario uccidere ancora: in cima alla lista c'è il fratello di "Picchiacchiello", Ernesto. Spiegherà il pentito Quadrano:

> Poi ci siamo organizzati, due o tre macchine alla volta; ci siamo organizzati tutti quelli che ho fatto menzione prima, in occasione... di dare la caccia a tutti i bardelliniani, principalmente Ernesto; il nostro obiettivo principale era di ammazzare Ernesto Bardellino, Antonio Salzillo, Salvatore Bardellino. Quello che doveva attirarli un po' nella trappola era Basile Luigi.
>
> (*Ibidem*)

Ma Luigi Basile ha altri pensieri per la testa. Di Bardellino è stato un fidato cassiere nonché l'anello di congiunzione con la NF di Carmine Alfieri: non gli occorre rivolgersi a una veggente con la sfera di cristallo per sapere che nel suo futuro c'è una corda al collo o una revolverata in mezzo agli occhi. E così per sottrarsi alla probabile vendetta dei suoi compari, compie un gesto clamoroso: il 28 maggio si presenta al comando dei carabinieri con una pistola e si fa arrestare per porto illegale di arma da fuoco. Al capitano Vittorio Tomasone dice di voler collaborare perché ha un sacco di rivelazioni da fare sulla camorra di Casal di Principe e dintorni. Nei giorni seguenti si siede davanti al pubblico ministero e riempie decine di pagine di confessioni, riferisce pure una notizia che sanno solo in pochi e cioè che Antonio Bardellino è stato appena ammazzato in Brasile. Basile, noto come "'o marsigliese", sa tantissime cose, probabilmente troppe, e il suo pentimento rischia di provocare danni incalcolabili al clan. Per questo motivo Mario Iovine va su tutte le furie: lui ha programmato ed eseguito l'impegnativo assassinio di un pezzo grosso come Bardellino, ma i suoi nuovi soci – Schiavone e De Falco (supportato dal fratello Nunzio) – non riescono a perfezionare la strategia di azzeramento di quella che è ormai da considerare la vecchia guardia. Non solo non hanno decimato il gruppo dei bardelliniani, ma gli è sfuggito tra le mani pure una facile preda come Basile. Il pentimento del "marsigliese" suscita un allarme diffuso e Iovine – nascosto in Francia – convoca Quadrano per capire cosa stia succedendo. I due si incontrano a Hyères, gradevole località balneare della Costa Azzurra. Riferirà Quadrano ai magistrati:

> Io ero andato in Francia perché dopo che Basile Luigi si era costituito, Mario Iovine chiamò e voleva sapere perché l'ordine che lui diede a De Falco e a Francesco Schiavone di ammazzare anche il Basile Luigi non era stato eseguito. Quindi voleva delle spiegazioni, che stava succedendo realmente, perché non avevamo ammazzato... dopo Salzillo Paride, non si era verificata la morte più

di nessuno, né di bardelliniani, né di Ernesto, né di Martino Nicola... di nessuno. Quindi uno di noi doveva recarsi da lui per spiegare le cose come stavano. Le spiegai a Mario Iovine, lui disse "quei due scemi!", che corrispondevano a Schiavone Francesco e De Falco Vincenzo, "glielo avevo detto che lo dovevano ammazzare, non dovevano farlo scappare! Io l'avevo prevista questa cosa!". E lui era proprio adirato per questa cosa, perché lui aveva proprio previsto quello che sarebbe successo. Disse: "Io glielo ho detto che se si facevano scappare questo... quello che questo avrebbe combinato". Io andai a spiegare perché poi non eravamo riusciti ad acchiappare né Ernesto, né nessun altro.

(*Ibidem*)

Il pentimento di Basile rischia di provocare più guasti del previsto. Questa certezza deriva dal fatto che grazie a una "talpa" Schiavone e soci sono entrati in possesso dei verbali con le confessioni del "marsigliese"; sanno dunque di cosa ha parlato, quali nomi ha messo nero su bianco. E prima che possano scattare arresti e perquisizioni, tra Casal di Principe e dintorni c'è un gran movimento. Racconterà il collaboratore di giustizia Carmine Schiavone:

[...] Ognuno cercò di correre ai ripari, di dissotterrare il cadavere di Giuliano Pignata, si cercava di nascondere i rifugi, di togliere le armi dove "'o marsigliese" poteva sapere che stavano, infatti un gruppo di quelle armi furono da me ritirate e nascoste in un primo tempo in un suppenno di una casa, un gruppo di armi da guerra, poi le nascosi io in due fusti di due quintali, nascosi sopra la calcestruzzo, sotto delle... sotto a dei cumuli di pietra viva, sotto la rampa, che poi alcune di quelle armi furono trovate quando io l'ho date a mio cugino Walterino che servivano a lui e poi li riportò lì per farmi arrestare.

(*Ibidem*)

Il più spaventato è "Sandokan". La collaborazione di Basile rischia di stroncare sul nascere le sue ambizioni e quindi quel pentito va fermato con le buone o, se è il caso, anche con le cattive. Il barbuto boss per la verità vuole iniziare subito con le cattive come il pentito Giuseppe Quadrano racconterà al processo "Spartacus":

Accennò a un sequestro dei figli, disse: "Noi ci prendiamo i figli, li mettiamo in una masseria fin quando questo non la smette di fare questo".

Sarebbe una mossa altamente persuasiva, però sul piano pratico è troppo complicata da realizzare. Per cui si ripiega su una soluzione ampiamente collaudata e con notevoli margini di successo: le minacce alla famiglia. Il 23 giugno del 1988 qualcuno spara alla finestra della casa di Basile dove vivono ancora la moglie Margherita Russo e i figli. Quando il messaggio è arrivato a destinazione, si gioca il jolly vincente: al "marsigliese" si offre una consistente somma di denaro e pure qualcosa di non monetizzabile ma di enorme valore, ovvero il "perdono" dell'organizzazione con la conseguente chance di restare vivo.

Intanto Antonio Salzillo, fratello del defunto Paride, organizza l'offensiva contro la triade Schiavone-De Falco-Iovine, ma con scarsi risultati: il 18 dicembre del 1988 i suoi uomini fanno irruzione in una bisca clandestina di Casapesenna, abituale ritrovo di affiliati alla fazione di Schiavone e soci. Il blitz si trasforma in un clamoroso boomerang perché in mezzo al commando c'è un venduto (solo omonimo del nipote di "Picchiacchiello"):

> Fu un inferno di colpi. Il primo a morire fu Antonio Salzillo, l'infiltrato. Gli uomini del nipote di Bardellino capirono subito che era lui il traditore, anche perché, quando si cominciò a sparare, tirò fuori subito una pistola puntandola contro gli uomini all'interno della bisca. Poi, toccò a Michele Pardea, calabrese di Vibo Valentia, uno dei killer cui Antonio Salzillo, che riuscì a mettersi in salvo, aveva chiesto di rinforzare il suo gruppo.
>
> (Di Fiore, *op. cit.*)

Il momento che Francesco Schiavone aspetta da anni sta per arrivare. Iovine non è un problema: la sua intenzione è andarsene all'estero (come poi farà) e il suo peso politico di conseguenza sarà inevitabilmente ridimensionato. Resta ancora tra i piedi "'o fuggiasco", ma prima o poi pure lui toglierà il disturbo.

Con la scomparsa di Bardellino, la reggenza del clan è distribuita tra più soggetti ma "Sandokan" è il più scaltro e lungimirante, possiede la stoffa del capo e sa muoversi bene, e pure parecchio, come uomo d'affari. Ossessionato, come tutti i boss, dal terrore di essere tradito, si circonda di un ristretto nucleo di persone dalle quali non può che ottenere una cieca obbedienza: il fratello Walter, detto "Walterino", e i cugini Francesco, noto come "Cicciariello", e Carmine, chiamato "Carminuccio". Se i primi due sono pedine fondamentali dell'ala militare, il terzo è il regista di molti business fuorilegge. Nel nuovo assetto pure Vincenzo De Falco gioca un ruolo decisivo: essendo ben ammanigliato con politici e burocrati dei comuni del Casertano garantisce la possibilità di accaparrarsi senza sforzo appalti e forniture, ma può essere utile soprattutto per i suoi agganci con rappresentanti delle forze dell'ordine e della magistratura. Del resto è l'unico della congrega casalese che in qualche occasione è stranamente riuscito a sfangarla dal punto di vista giudiziario.

Quando Schiavone si avvicina alla conquista del controllo del clan, le conoscenze degli investigatori non sono proprio a zero. Il pentimento di Basile – che ha tentato inutilmente di fare marcia indietro dopo le intimidazioni alla famiglia – ha consentito di dare un nome e un volto a molti dei componenti della cosca dei Casalesi. Dopo anni di colpevole disattenzione, si comincia a indagare sul serio, e Schiavone – come altri – è costretto a darsi alla latitanza. Sparisce dalla circolazione, ma la sua fuga non dura molto. Grazie a una meticolosa inchiesta durata tre mesi, e condotta dal vicequestore aggiunto Luigi De Stefano, i poliziotti arrivano sulle tracce di "Sandokan". L'operazione – realizzata con la collaborazione della polizia francese, dell'Interpol e della Criminalpol – va a buon fine la sera del 22 maggio del 1989: Schiavone viene arrestato in Francia, a Millery, un paesino a pochi chilometri da Lione. Quando gli agenti bussano alla porta della villetta alla periferia della città il boss dice di chiamarsi Raffaele Arrichiello, così come confermerebbe la carta d'identità, ma il disperato tentativo di farla franca non gli riesce. Quella sera il nascondiglio transalpino del padrino di Casal di Principe è particolarmente affollato: insieme a lui ci sono quattro pregiudicati casertani e cinque cittadini francesi. Difficile ipotizzare che si siano riuniti per un giro di tombola fuori stagione. La presenza di una pattuglia di Casalesi a Millery non è casuale perché – sospettano gli inquirenti – la camorra casertana è intenzionata a utilizzare il triangolo Nizza-Lione-Marsiglia perché è da quelle parti che devono essere avviati una serie di affari illeciti, in primo luogo il traffico di droga. Il blitz della polizia, dunque, ha provocato danni notevoli alla cosca casertana e l'ha privata di un capo indiscusso del calibro di Schiavone. "Sandokan" potrebbe essere al capolinea della sua breve carriera perché un mese dopo la cattura il giudice istruttore Paolo Albano, del tribunale di Santa Maria Capua Vetere, chiede per lui e altre 46 persone il rinvio a giudizio per associazione per delinquere di stampo mafioso, estorsione e altri reati minori. Come se non bastasse, il tribunale di Lione lo condanna a dieci mesi di reclusione per falsificazione di documenti; e il giudice istruttore Georges Fenech lo incrimina per associazione a delinquere, omicidio e occultamento di cadavere. Pochi mesi dopo, a dicembre, il ministro dell'Interno Antonio Gava – accusato di sottovalutare il pericolo della criminalità organizzata – sbandiera la cattura di "Sandokan" come la palmare dimostrazione di quanto il governo faccia sul serio la lotta alla camorra. Ma il boss con la barba in galera non ci resta molto: nell'aprile del 1990 viene scarcerato per decorrenza dei termini della custodia cautelare.

Per l'ex soldato di Bardellino il sogno di arrivare in cima alla piramide si concretizza agli inizi del 1991. Tutto comincia con una inchiesta della procura della Repubblica di Santa Maria Capua Vetere sul sindaco e su un assessore, entrambi legati a lui da vincoli di parentela. Quell'indagine provoca indirettamente delle conseguenze pesanti:

> I due predetti amministratori furono costretti alle dimissioni, dietro promessa che il procedimento nei loro confronti sarebbe stato chiuso grazie ad interventi

di esponenti politici vicini ai De Falco sugli inquirenti della procura di S. Maria Capua Vetere (il procedimento venne, poi, archiviato).

(http://legislature.camera.it/_dati/leg13/lavori/doc/xxiii/046/pdf003.pdf)

Le grane giudiziarie sulle quali sono scivolati i parenti di "Sandokan", mettendo in difficoltà lo stesso padrino con la barba folta, fanno uscire allo scoperto De Falco, il quale inizia a brigare affinché alle amministrative successive il nuovo sindaco sia un suo uomo in maniera tale da garantirsi la gestione degli appalti.

Le manovre di De Falco sono piuttosto palesi e spregiudicate, e Schiavone capisce che se non si muove in fretta il suo "socio" lo scalzerà facilmente. E per impedire che ciò avvenga c'è un solo sistema: accoppare il "socio". De Falco viene attirato in una trappola: una finta riunione convocata per il 13 dicembre del 1990, il giorno di Santa Lucia, nella villa di Gaetano Corvino, assessore di Casal di Principe, e alla quale partecipano anche Francesco Bidognetti, Raffaele Diana, Giuseppe Russo, Francesco Schiavone (omonimo del boss) e Salvatore Cantiello. All'incontro si presentano tutti tranne De Falco, il quale è troppo astuto per non aver capito in tempo che quella villa sarebbe stata la sua tomba. Al posto suo, però, arrivano i carabinieri, avvertiti del summit da una telefonata anonima: la retata è un duro colpo. Ad avvisare i carabinieri dell'insolito raduno nella dimora del politico non può che essere stato proprio "'o fuggiasco", oramai convinto di essere finito nel mirino della concorrenza interna. A quel punto l'esecuzione della condanna a morte subisce una improvvisa accelerazione. De Falco viene ammazzato il 2 febbraio 1991, un commando lo uccide mentre in macchina percorre le strade di Casal di Principe: il suo corpo sarà crivellato da 18 proiettili esplosi da un mitragliatore Kalashnikov e da un fucile a pallettoni.

A guidare il clan ora restano solo Iovine (che però sta svernando all'estero) e Schiavone, un passo indietro c'è Bidognetti e poi i fratelli Zagaria, uno dei quali, Michele, ha i requisiti per diventare un numero uno. Ma l'assassinio di De Falco provoca un terremoto, è un omicidio "eccellente" che impone una scelta agli affiliati: si tratta di decidere se stare con i fedelissimi di "'o fuggiasco", capeggiati dal fratello Nunzio, o schierarsi con quello che sembra essere il gruppo dei "vincenti", cioè Schiavone-Bidognetti. Dal canto loro, "Sandokan" e "Cicciotto 'e mezzanotte" avvertono le necessità di indebolire lo schieramento opposto reclutando soprattutto gente che spara:

> Subito dopo, nei gruppi di Schiavone e di Bidognetti la preoccupazione principale fu portare dalla loro parte gli uomini più pericolosi dei De Falco. Si trattava di killer come Giuseppe Quadrano o Dario De Simone, o ancora Vincenzo

Zagaria. Fu loro spiegato che l'omicidio era stato necessario dopo la "spiata" che aveva provocato gli arresti del blitz di Santa Lucia. Le scelte non furono orientate tutte nella stessa direzione. De Simone e Zagaria passarono subito con Schiavone e Bidognetti. Altri, come Quadrano e Sebastiano Caterino, restarono con i fratelli dell'ucciso, Giuseppe e Nunzio De Falco, per organizzare una reazione. Le defezioni, però, non furono poche perché i successori di De Falco non godevano dello stesso prestigio del capo famiglia ucciso, che era autorevole, di polso, con carisma. I fratelli, invece, non possedevano la stessa credibilità.

(Di Fiore, *op. cit.*)

Nonostante abbia a disposizione un numero limitato di risorse, Nunzio De Falco, detto "il lupo", decide di scendere in guerra. Lo scontro è l'unica soluzione praticabile ma è come imboccare un tunnel gonfio di nebbia. La prima mossa è di quelle che lasciano il segno: ordina l'omicidio di Mario Iovine, che sarà assassinato in una cabina telefonica a Cascais, in Portogallo, il 6 marzo del 1991. De Falco decapita il clan dei suoi feroci avversari ma in realtà spiana la strada a Schiavone: con Iovine finito al creatore, "Sandokan" diventa il capo assoluto dei Casalesi, e Francesco Bidognetti ricopre il ruolo di vice. In quel periodo entrambi sono in carcere. I mesi successivi sono caratterizzati da un conflitto assai violento, gli omicidi sono frequenti, diversi gli attentati andati a vuoto. In campo si formano due schieramenti: Schiavone e Bidognetti possono contare sul sostegno di Vincenzo e Michele Zagaria, Stefano Reccia e Giuseppe Caterino, mentre i fratelli Nunzio e Giuseppe De Falco hanno dalla loro parte Antonio Salzillo, i La Torre di Mondragone, i Luise di Castelvolturno, gli Esposito di Sessa Aurunca, oltre che personaggi del calibro di Giuseppe Quadrano, Luigi Venosa e Sebastiano Caterino.

I componenti di entrambi i raggruppamenti vivono con addosso la paura di incrociare per strada un commando della fazione avversaria. Pur di colpire il nemico, non si guarda in faccia a nessuno. Il 9 marzo del 1991 viene assassinato Liliano Diana, da otto anni fidanzato di Michelina De Falco, figlia di Giuseppe: è in macchina a Casal di Principe quando i killer gli sparano più di venti volte. Liliano gestiva un'edicola, niente di più. Il mese dopo sarebbe convolato a nozze con Michelina, che al processo "Spartacus" riferirà ai giudici:

[...] Ci stavamo sposando, stavamo preparando il matrimonio, è venuto perché doveva portare il mangiare per l'uccellino nella casa dove dovevamo abitare noi. Dopo mi doveva venire a prendere perché dovevamo andare a fare le bomboniere per il matrimonio, perché ad aprile mi dovevo sposare.

(Corte di Assise di Santa Maria Capua Vetere, II sezione,
sentenza contro Abbate Antonio + altri)

Per capire cosa sta succedendo gli inquirenti piazzano delle microspie nel carcere di Carinola dove sono reclusi sia Schiavone che Bidognetti: l'obicttivo è carpire le conversazioni tra i due boss. È un'ottima iniziativa ma peccato non produca alcun risultato perché le "cimici" captano di tutto a eccezione delle chiacchierate tra "Sandokan" e "Cicciotto". Questa vicenda la dice lunga su come lo Stato all'epoca, siamo nell'aprile 1991, combatteva i camorristi. A occuparsi della questione è il capitano Carlo De Donno, comandante della compagnia di Santa Maria Capua Vetere: in passato ha lavorato in reparti investigativi, è un esperto della materia. Però né lui né i colleghi di Caserta dispongono di microspie, per cui deve chiederle in prestito all'Alto commissariato per la lotta alla mafia. Le "cimici" che arrivano da Roma si rivelano però poco efficaci perché le pareti del carcere di Carinola sono troppo spesse, e invece delle chiacchiere tra i due camorristi si sentono solo dei rumori, come riferirà lo stesso De Donno:

> L'apparecchio non riceveva nulla, riceveva fischi, riceveva suoni, rumori, che erano assolutamente... non si intercettavano le conversazioni [...]. Voci non ve ne erano assolutamente, le voci non giungevano, solo rumori di sottofondo, rumori meccanici, rumori di apparecchiature, fischi, cioè non si intercettò nulla, non c'erano voci. Ci spiegò il tecnico che appunto la struttura muraria non consentiva a quell'apparecchiatura di funzionare, quindi era impossibile fare l'intercettazione, io non ero delegato per altro alle operazioni di intercettazione, perché erano delegate sempre ai colleghi del Nucleo Operativo. Quindi io mi limitai semplicemente a rapportare la cosa al Pubblico Ministero, a riferire che non era tecnicamente possibile fare l'intercettazione e quindi gli proposi di revocare...
>
> (*Ibidem*)

Qualcosa, nel frattempo, si muove anche nel tentativo di spezzare i rapporti tra i boss e la politica. Il 30 settembre del 1991 i consigli comunali di Casal di Principe, Mondragone e Casapesenna – tre luoghi ad alta densità camorristica – vengono sciolti per sospette infiltrazioni mafiose.

Ma poi arrivano notizie meno buone. Il 28 gennaio 1992 "Sandokan" viene scarcerato e il 10 febbraio a tornare in libertà è il suo braccio destro Francesco Bidognetti. E il 1992 è l'anno in cui Schiavone e Bidognetti vincono la guerra contro il gruppo di Nunzio De Falco, al quale viene assassinato pure un fratello, Giuseppe, giustiziato a marzo del 1992 insieme all'amante Caterina Mancini. Con l'omicidio della Mancini cade anche un altro tabù. Le donne erano sempre state considerate intoccabili:

> E non fu una casualità: era un segnale diretto a Teresa Palumbo, moglie di De Falco [...]. Giravano infatti voci su dossier e appunti compromettenti, prove di

reati, che Giuseppe De Falco aveva raccolto e conservato. Di cui aveva informato la moglie, che avrebbe potuto consegnarli ai carabinieri. Raccontò il pentito Carmine Schiavone: "La morte della Mancini fu decisa per evitare che Teresa Palumbo consegnasse qualche lettera o documento compromettente, come lui aveva minacciato prima di essere ucciso".

(Di Fiore, *op. cit.*)

Nelle seconde linee intanto si fanno le ossa almeno un paio di personaggi destinati a fare carriera: Michele Zagaria e Antonio Iovine. Nel periodo in cui il potere è saldamente nelle mani del tandem Schiavone-Bidognetti, entrambi fanno parte dell'ala militare, quella che impone il terrore attraverso un uso capillare della violenza. Se la cavano benissimo, ma appare difficile che un giorno possano diventare dei capi perché "Sandokan" e "Cicciotto e' mezzanotte" hanno l'aria di chi non si farà mai mettere in un angolo. Un giorno non lontano però il destino – incarnato dalle forze dell'ordine e della magistratura – darà a Zagaria (ribattezzato "capastorta") e Iovine (detto "ninno" per l'aspetto assai giovanile) una mano a diventare i nuovi leader della mafia casertana.

Schiavone continua a tessere la sua tela anche se alla metà di aprile del 1992 torna in carcere per scontare un residuo di pena di tre mesi. Un banale incidente di percorso per uno come lui.

Intanto la pattuglia dei suoi nemici si assottiglia: Nunzio De Falco scappa in Spagna, mentre Antonio Salzillo trova un sicuro riparo in Germania. A sancire la vittoria di "Sandokan" è la cooptazione di vecchie conoscenze che prima stavano sulla sponda opposta, come Luigi Venosa e Giulio Luise; pure i La Torre e gli Esposito riconoscono la supremazia del gruppo di Casal di Principe e assumono una atteggiamento di neutralità. L'unica a non arrendersi è la banda di Sebastiano Caterino.

Una volta tornato in libertà, Schiavone "Sandokan" dimostra di avere la statura del boss. Con lui al timone il clan comincia a diventare quella potenza militare ed economica che tutti conosciamo. Speculazioni edilizie, truffe alla Comunità europea, ingresso nella grande distribuzione di generi alimentari, raccolta e smaltimento dei rifiuti, persino i funerali: i Casalesi fanno affari in ogni ambito imprenditoriale e commerciale, legale e non. Nel giro di poco tempo conquistano il dominio del territorio con una presenza asfissiante, con il condizionamento di buona parte dell'economia e con il controllo di molti comuni attraverso la presenza di sindaci e assessori contigui all'organizzazione. Non c'è davvero nulla che non passi attraverso le mani di Schiavone e dei suoi uomini.

Scriveranno i giudici nella sentenza “Spartacus”:

> Come si è visto, l’epoca storica in cui matura e si consuma il conflitto con i cutoliani è quella successiva al terribile sisma del 23 novembre 1980 e le organizzazioni criminali non possono certo restare ‘estranee’ alla ‘pioggia’ di risorse pubbliche destinate – come è normale che avvenga – alla realizzazione delle opere di ricostruzione. Il controllo del territorio, in questa fase, diventa, anzitutto, una pre-condizione per imporre la ‘destinazione’ al gruppo vincente di consistenti ‘quote finanziarie’ sia attraverso il tradizionale metodo estorsivo (nei confronti delle imprese aggiudicatarie dei grossi appalti) che attraverso metodi più sofisticati (infiltrazione di imprese ‘vicine al clan’ nelle assegnazioni dei lavori, controllo delle forniture del calcestruzzo etc.) [...]. I maggiori investimenti pubblici, infatti, che interessano – in tale periodo – la provincia di Caserta, sono rappresentati dalla realizzazione di numerose infrastrutture stradali (la superstrada Nola-Villa Literno, il raccordo con la autostrada A1 Roma-Napoli e altro) e dalla ‘sistemazione’ del canalone dei Regi Lagni, oltre alla realizzazione di nuove strutture residenziali e di costruzione di edifici destinati ad ospitare strutture pubbliche [...]. Ma il campo dell’edilizia e delle ‘grandi opere’ – sin qui sinteticamente evidenziato, e dove l’interesse del gruppo camorristico è costante ed ineliminabile – non esaurisce, ovviamente, l’illustrazione dei ‘filoni’ istruttori relativi alle modalità di ‘accumulazione’. Vi sono, infatti, precisi riferimenti probatòri ad attività, parimenti riconducibili alla organizzazione casalese, che solo apparentemente possono essere ritenute di minore importanza – sul piano finanziario – tra cui vanno di certo menzionate : il controllo del settore delle onoranze funebri e quello delle truffe commesse ai danni dell’AIMA.
>
> (Corte di Assise di Santa Maria Capua Vetere, II sezione, sentenza contro Abbate Antonio + altri)

Con l’ascesa al trono di “Sandokan” inizia un periodo di terrore puro per chi vive nel Casertano: gestire un negozio o un’impresa significa avere la certezza matematica che prima o poi qualcuno verrà a imporre il pizzo. Ci sono delle batterie di camorristi che hanno proprio il compito di perlustrare comune per comune affinché nulla sfugga alla loro bulimia di quattrini. Le richieste sono spesso altissime e ribellarsi alla tassa dei Casalesi è impossibile. Al processo “Spartacus” il pentito Dario De Simone riferirà ai giudici:

> Sul territorio del casertano c’era un monitoraggio giornaliero, insomma non sfuggiva niente, neanche dei piccoli lavori, c’erano delle squadre di ragazzi che andavano in giro a controllare questi lavori, se c’erano dei lavori che non erano già stati messi a posto, nel senso che l’imprenditore non pagava già la tangente, questo cantiere veniva bloccato, fermato e poi chiaramente l’imprenditore si metteva in contatto con l’organizzazione o con altri imprenditori che già pagavano e regolarizzava la sua posizione insomma [...]. Quando si bloccava un lavoro e si chiudeva un lavoro chiaramente tutti i soldi venivano messi in una cassa comune che era Casal di Principe, poi ogni fine mese si facevano i conti per tutti gli affiliati, si conteggiavano tutte le persone paese per paese, capo zona

per capo zona e si preparavano gli stipendi insomma, le cifre che andavano sia agli affiliati che non avevano il giuramento e sia ai capi zona che avevano il vincolo del giuramento.

(*Ibidem*)

L'impegno profuso nel rastrellare denari senza guardare in faccia a nessuno si spiega pure con la necessità di far fronte alle spese: tra stipendi agli affiliati e varie ed eventuali, le uscite si aggirano sui 2 miliardi e mezzo di lire al mese. Del resto il clan assicura uno stipendio a tutti, anche alle vedove. Dirà l'ex procuratore nazionale antimafia Franco Roberti:

Sono d'accordo con l'assunto che la camorra più che un'organizzazione criminale, è un sistema di vita. Oggi il gruppo camorristico del "clan dei casalesi" ad esempio, offre agli affiliati un sistema di garanzie che consente a un soggetto di essere protetto, assistito, accompagnato dalla nascita alla morte spesso violenta, spesso prematura: ma comunque l'affiliato si sente protetto fino alla morte.

(Alessandro Colletti, *Il welfare e il suo doppio*, Ledizioni 2016)

Più dello Stato, dunque, i Casalesi garantiscono una sicurezza economica sempre e comunque. Come conferma un altro collaboratore di giustizia, Luigi Diana:

Voglio precisare che in caso di detenzione dell'affiliato, lo stipendio veniva consegnato alle mogli alle quali venivano anche consegnati i soldi che occorrevano per gli avvocati e se avevano bisogno di macchine o altro il clan provvedeva ad acquistare quanto occorreva. È evidente che le donne o anche le vedove degli affiliati, che percepivano lo stipendio da parte del clan erano a conoscenza che i soldi provenivano dal clan. Ricordo che, ad esempio, nell'anno 1993 un nostro affiliato morì in un incidente stradale ed il clan continuò a erogare lo stipendio alla moglie. Poi nel 1997 ricordo di un certo Mario di Casal di Principe [...] ucciso dal gruppo di Panaro Sebastiano. Il clan dei Casalesi continuò a erogare lo stipendio alla moglie, come ancora, Baldascino Gennaro che fu ucciso dal gruppo di Bidognetti, il clan continuò a erogare lo stipendio alla moglie, come ancora Maurizio Scamperti che fu assassinato dal clan, continuammo a erogare lo stipendio al fratello Costantino, come ancora dopo l'omicidio di Sagliano Giovanni e Licenza Gennaro che erano del gruppo di Zagaria Michele, il clan dei Casalesi continuò a erogare lo stipendio alle famiglie. Preciso che se il malcapitato non era sposato lo stipendio veniva erogato alla famiglia (d'origine, *ndr*) e se era sposato alla moglie, ma comunque e in ogni caso il clan continuava a erogare lo stipendio.

(Colletti, *op. cit.*)

Dunque, ecco perché vincere la guerra contro Schiavone e i suoi eredi è difficile. Centinaia di famiglie vivono, e più che dignitosamente, con i soldi sporchi. Il sociologo Alessandro Colletti ha così ricostruito i "servizi" che il gruppo casertano assicura alle famiglie:

Il nucleo familiare degli affiliati diviene spesso pedina fondamentale nello scacchiere strategico dei clan di camorra: per il mantenimento della coesione interna e per la costruzione di relazioni esterne al gruppo criminale. Volendo schematizzare le forme di "protezione interna" dei gruppi camorristici del casertano, che generalmente si riflettono sul nucleo familiare, possiamo così sintetizzare: pagamento di una provvigione mensile (chiamata stipendio o mesata) e di incentivi extra; garanzia dell'assistenza legale (difesa, consulenza, rete di conoscenze): assistenza sanitaria garantita attraverso metodi leciti o illeciti (assistenza latitanti e familiari, pagamento per prestazioni private); facilità nell'accesso al credito e a prestazioni professionali di varia natura; possibilità di spendere la fama che promana dall'organizzazione (ricerca di lavoro, attivazione di attività imprenditoriali e commerciali, riconoscimento sociale); assistenza logistica spostamenti e comunicazioni (servizi relativi agli spostamenti degli affiliati latitanti o dei familiari e per mantenere il flusso di informazioni con il clan); impieghi fittizi per evitare indagini finanziarie, occultare proventi illeciti, accedere ai benefici alternativi al carcere se coinvolti in procedimenti penali.

(Colletti, *op. cit.*)

I criminali sanno, comunque, che non si vive di sola oppressione. La faccia feroce contro chi non si piega ai loro ordini si trasforma in un volto rassicurante quando c'è la necessità di conquistare quel consenso fondamentale per qualsiasi organizzazione malavitosa. Dunque, se da un lato si punisce chi osa disobbedire, dall'altro si svolge una funzione sociale (si fa per dire) sostituendosi di fatto allo Stato, come spiegherà Carmine Schiavone:

La politica che facevamo era questa: il popolo a noi ci deve amare per amore e non per terrore. Noi non dovevamo fare gli errori che Cutolo e altri avevano fatto. Si doveva capire che noi non portavamo droga a Casale, che noi non facevamo furti, non facevamo rapine. Fino al 1989-1990 chi ha fatto delle rapine è stato ammazzato, oppure è sparito.

(*Dalla mafia allo Stato. I pentiti: analisi e storie*,
Edizioni Gruppo Abele 2005)

Ricchi con i soldi dello Stato

Il paradosso sta nel fatto che i Casalesi intascano sontuose tangenti anche per la realizzazione di strutture dello Stato. Come, ad esempio, la nuova Casa Circondariale di Santa Maria Capua Vetere ad opera dell'impresa "Pizzarotti". Un giorno il direttore dei lavori Giovanni Negro si trova di fronte due camorristi:

All'inizio delle attività di rilievo topografico, eravamo sull'area io ed alcuni collaboratori dell'impresa e sono stato fatto oggetto di un gesto di violenza, diciamo [...]. È arrivata un'automobile in cantiere dalla quale sono uscite due persone, una mi si è avvicinata e mi ha minacciato dicendomi che non eravamo in regola, che non avevamo l'autorizzazione. Io ingenuamente ho risposto: "Guardi che abbiamo tutte le autorizzazioni del caso", e lì un tizio mi ha dato un ceffone bello forte sull'orecchio. Dopodiché, andandosene – diciamo – dopo questo breve attimo, mi ha detto: "Attento a quello che dici che so dove stai!" o roba del genere, una minaccia di questo tipo.

(Corte di Assise di Santa Maria Capua Vetere, II sezione, sentenza contro Abbate Antonio + altri)

L'episodio risale al 31 luglio del 1992: il 6 agosto, Negro – che comincia ad avere problemi all'udito – si reca al Pronto soccorso dell'ospedale "Rummo" di Benevento dove gli viene riscontrata una "perforazione membrana timpanica sinistra" con una prognosi di 10 giorni salvo complicazioni.

Anche Stefano Soncini, direttore tecnico, vive un'esperienza da brividi: lo "sequestrano" e lo portano al cospetto di Bidognetti.

Venni prelevato dal... prelevato nel senso invitato a uscire, era una sera... da una persona che io non conoscevo, dicendomi che c'era una persona fuori... [...] mi invitarono a uscire e lì incontrai una persona che io avevo visto... cioè ritenevo essere appartenente ai – forse – subappaltatori che stavano in cantiere, cioè una persona che io avevo già visto in cantiere, senza sapere esattamente chi fosse, e questa persona mi disse in modo molto deciso che c'era una persona che mi voleva parlare alla quale io non potevo sottrarmi e va beh, poi quest'insistenza si materializzò in un – come posso dire? – in un accompagnamento abbastanza tribolato in una cascina del circondario, che io dopo... non conosco, non so ricostruire... [...] ci furono alcuni cambi di autovettura, autovettura ed autista e quindi la persona che mi prelevò non fu quella che mi depositò poi alla fine. Arrivati in questa cascina entrai, venni messo al cospetto di... dunque lì erano presenti tre persone: uno alla mia sinistra, uno davanti a me ed uno vicino alla finestra, e questa persona mi chiese di... questa persona armata mi chiese di riferire sul fatto che la nostra società avesse o meno pagato gli stati di avanzamento della ditta Motrer che faceva i movimenti terra. Io riferii che noi avevamo pagato tutte le scadenze come da contratto, quindi non avevamo nulla... e questa persona con fare abbastanza... a parte il discorso delle armi, con fare molto... mi disse: "va bene così, noi non vogliamo sapere nient'altro, se avremo qualcosa da dirti ti faremo sapere".

(*Ibidem*)

Soncini non lo sa ancora, ma chi gli ha fatto quelle domande – un uomo grosso, con la barba e con addosso un trench scuro – è Francesco Bidognetti. I camorristi pretendono la tangente anche per la realizzazione degli uffici giudiziari di Caserta, l'Alta Velocità, i Regi Lagni. È una presenza ossessiva, aggressiva e ingorda. Gli affari vanno alla grande e non ci sarebbe nessun motivo al mondo per rinunciare alla stratosferica montagna di danaro incassata ogni giorno. È per questo comprensibile motivo che i Casalesi bocciano senza alcuna esitazione il progetto della dissociazione che inizia a circolare agli inizi del 1994. Angelo Moccia, boss di Afragola, si è dissociato, confesserà i suoi peccati senza fare i nomi dei complici, e invita gli esponenti degli altri clan a seguirlo su questa strada. L'iniziativa è sostenuta dal vescovo di Acerra don Antonio Riboldi, intenzionato a farsi portavoce delle richieste dei camorristi che vorrebbero ricalcare le orme di Moccia. Per molti si tratta di una iniziativa folle, e tra gli oppositori più decisi c'è soprattutto Francesco Schiavone, il quale non ha alcun interesse a firmare quella che sembra una resa incondizionata allo Stato. Il pentito Dario De Simone riferirà al Pm Maria Cristina Ribera di febbrili assemblee:

> Vi erano poi state anche riunioni a cui avevano partecipato esponenti dei diversi gruppi del clan dei Casalesi (io, Vincenzo Zagaria, Giuseppe Caterino), con rappresentanti di altri clan camorristici, quali i Mallardo, i Moccia di Afragola, nonché Alfieri di Nola. Tali ultime riunioni avevano per oggetto la famigerata tematica della dissociazione ovvero la eventualità che i clan camorristici depositassero le armi in cambio di evitare ergastoli e carcere duro nonché il sequestro dei beni. La proposta, avanzata attraverso don Riboldi di Acerra, non fu accolta per la opposizione di Francesco Schiavone detto Sandokan.
>
> (Interrogatorio del 13 luglio 2010 nell'ambito dell'indagine "Caffè macchiato" procedimento penale 66070/10)

I sindaci e gli amministratori del clan

Chi viene da fuori ha la sensazione – che poi è più di una sensazione – di un territorio dove non esiste la legge, dove c'è solo uno sconfinato Far West con i cattivi che fanno quello che vogliono come se godessero della certezza dell'impunità. Tutto appartiene a loro e tra le "proprietà" ce n'è un'altra, fondamentale: la politica.

"Sandokan" e i suoi uomini contribuiscono a eleggere parlamentari e consiglieri regionali, sono decisivi nella scelta dei sindaci e i loro interessi sono rappresentati da amministratori locali che rispondono direttamente o indirettamente al clan. Ecco cosa dirà in proposito il pentito Carmine Schiavone:

> Noi facevamo i sindaci. In tutti i 106 comuni della provincia di Caserta. Noi facevamo i sindaci, di qualunque colore fossero. C'è la prova... io, ad esempio, avevo la zona di Villa Literno e sono stato io a far eleggere il sindaco. Prima il sindaco era socialista e noi eravamo democristiani. Dopo la guerra con i Bardellino... ci avrebbe fatto piacere anche se fosse rimasto socialista perché era la stessa cosa. Per esempio, a Frignano avevamo i comunisti. A noi

importava non il colore ma solo i soldi, perché c'era un'uscita di 2 miliardi e mezzo al mese.

(Commissione parlamentare d'inchiesta
sul ciclo dei rifiuti e sulle attività illecite a esso connesse,
seduta del 7 ottobre 1997)

Schiavone probabilmente esagera, ma la sua affermazione è in buona parte riscontrata dall'abbondante numero di consigli comunali del Casertano sciolti per infiltrazione mafiosa. Dall'entrata in vigore della legge (nel 1991) a oggi sono state azzerate le assemblee dei comuni di Casapesenna (tre volte), Grazzanise (tre volte) Casal di Principe (due), San Cipriano d'Aversa (due), Villa di Briano (due), Castel Volturno (due), Santa Maria la Fossa (due), Lusciano (due), Capodrise, Mondragone, Recale, Cesa, Carinola, Frignano, Teverola, San Tammaro, Casaluce, Orta di Atella, Gricignano d'Aversa.

A dare l'idea dell'influenza sul voto è una espressione utilizzata da un esponente del gruppo Bidognetti prima delle elezioni comunali del 2007. Parlando del sostegno assicurato a uno dei candidati alla poltrona di primo cittadino, diceva: «Se lui diventa sindaco, per entrare nel suo ufficio non dobbiamo più bussare. Aprimm' a porta e faccimm' e padrune». Ovvero: se vince il nostro uomo, facciamo i padroni in municipio.

È certo, in ogni caso, che chi non si allinea alle imposizioni dei Casalesi rischia la vita. Come, ad esempio, il comunista Antonio Cangiano, prima assessore ai Lavori pubblici e poi sindaco di Casapesenna, nel cuore dell'impero mafioso di Schiavone&Co. Uomo e politico di grande rettitudine, si oppone alle speculazioni edilizie e subisce un attentato il 4 ottobre del 1988: un proiettile danneggia la spina dorsale costringendolo a trascorrere il resto della vita su una carrozzella. Diventato sindaco a furor di popolo nel novembre del 1993, rassegna le dimissioni due anni dopo. Cangiano morirà nel 2009 per alcune complicazioni sopraggiunte dopo l'amputazione delle gambe.

Si salva invece Giovanni Zara, sindaco di Casapesenna. Il pentito Michele Barone ha dichiarato ai giudici del tribunale di Santa Maria Capua Vetere che il suo capo, cioè Michele Zagaria, aveva ordinato la morte di Zara, ma doveva sembrare un incidente. Il sindaco era colpevole di aver auspicato, nel 2008, la cattura dello stesso Zagaria e di Antonio Iovine. Dirà il pentito Barone ai giudici:

Zagaria disse a me e Salvatore Nobis di preparare l'attentato perché Zara si era messo contro il clan e perché temeva che denunciasse i legami di alcuni consiglieri comunali con il clan. Incaricai il figlio di Salvatore, Mario, di andare a Villa di Briano per vedere dove abitavano Zara e la moglie. Furono coinvolti anche altri uomini del clan, che pedinarono l'ex sindaco per giorni, fino alla sua abitazione. Decidemmo che doveva essere usata una Jeep per colpire Zara; poteva essere un investimento, l'importante era simulare un incidente, in modo che nessuno potesse collegare il fatto al clan. Queste furono le indicazioni di Zagaria.

(https://napoli.repubblica.it/cronaca/2017/11/28/news/camorra_pentito_zagaria_voleva_uccidere_sindaco_scomodo_-182420620/)

Il business dei rifiuti

Un altro affare che rende tantissimo è il traffico di rifiuti. I Casalesi mettono a disposizione una serie sterminata di terreni sotto i quali sotterrare schifezze d'ogni tipo. Ditte controllate dalla camorra agiscono formalmente dentro il perimetro della legalità: le carte sono a posto, ma dietro gli impeccabili adempimenti burocratici si nasconde un mercato illegale spaventoso. Tonnellate e tonnellate di "monnezza" tossica e nociva viene seppellita a cavallo delle province di Napoli e Caserta, ed è tutta robaccia che fa maledettamente male alla salute. Carmine Schiavone in un'audizione della Commissione parlamentare d'inchiesta sul ciclo dei rifiuti (secretata il 7 ottobre 1997 e desecretata il 31 ottobre del 2013) si lancia in una previsione sinistra poi rivelatasi abbondantemente inesatta:

[...] È diventato un affare autorizzato, che faceva entrare soldi nelle casse del clan. Tuttavia, quel traffico veniva già attuato in precedenza e gli abitanti del paese rischiano tutti di morire di cancro entro vent'anni; non credo, infatti, che si salveranno: gli abitanti di paesi come Casapesenna, Casal di Principe, Castel Volturno così via avranno forse vent'anni di vita.

Alle aziende, quasi esclusivamente del nord, smaltire i rifiuti regolarmente costerebbe tantissimo; grazie alla mafia casertana, invece, possono liberarsene a costi più contenuti e tenendo le carte (taroccate) in regola:

[...] Liquami velenosi e altre porcherie vengono seppellite in Campania nei posti più impensabili. Come, ad esempio, negli scavi realizzati per la costruzione della superstrada Nola-Pomigliano d'Arco, in provincia di Napoli, sostituendo il terriccio con tonnellate di rifiuti provenienti da diverse regioni del nostro Paese. Il pentito Carmine Schiavone racconterà che «la zona del Casertano è piena di rifiuti che il clan sotterra nelle vasche ittiche e nelle cave, dopo aver preso accordi con trasportatori provenienti da tutta Italia». Con la mondezza i Casalesi scoprono la gallina dalle uova d'oro. Una parte della Campania, invece, si scoprirà malata.

(Bruno De Stefano, *op. cit.*)

Lo smaltimento illegale è curato nei minimi dettagli. Sullo sversamento vigilano finti uomini delle forze dell'ordine come racconta ancora il pentito Schiavone:

So solo che questi fanghi arrivavano in cassette di piombo da 50, un po' lunghe [...]. C'erano i ragazzi che controllavano la zona. Avevamo creato un sistema di tipo militare, con ragazzi incensurati, muniti di regolare porto d'armi, che giravano in macchina. Vi erano persone addette ai controlli delle macchine. Avevamo divise e palette dei carabinieri, della finanza, della polizia.

(Commissione parlamentare d'inchiesta
sul ciclo dei rifiuti e sulle attività illecite a esso connesse,
seduta del 7 ottobre 1997)

I Casalesi in cucina

I Casalesi non sono impegnati soltanto nella solitaria corsa agli appalti. In alcuni casi decidono anche cosa può o non può arrivare sulle tavole dei consumatori di Caserta e provincia. Prendiamo il latte, ad esempio: attraverso delle ditte controllate che si occupano della distribuzione, impongono ai supermercati e alle salumerie di vendere esclusivamente i prodotti di un determinato marchio. Chi prova ingenuamente a rompere questo monopolio passa un brutto quarto d'ora, come racconta il mensile «Narcomafie»:

Sono numerosi i casi di aggressioni a camionisti, rapine a Tir e altri atti di violenza e intimidazione ai danni delle aziende concorrenti. Un clima di paura diffusa, tanto che in zona era impossibile non solo distribuire, ma anche trovare qualcuno disposto a vendere marchi diversi da quelli imposti dalla camorra. Alla fine degli anni Novanta, anche l'Autorità garante della concorrenza aveva fotografato la situazione di monopolio, imponendo alla Eurolat la cessione di alcuni rami d'azienda. Ma il regime di monopolio non è cessato e – come ha sottolineato il procuratore di Napoli, Agostino Cordova – ha continuato a gravare sui consumatori, determinando una dinamica dei prezzi assolutamente sfavorevole. I prezzi del latte in Campania, con ogni probabilità proprio per la presenza e «l'intermediazione» della camorra, sono infatti tra i più alti d'Italia.

(*Ibidem*)

Il giro d'affari dei Casalesi è impressionante. Larga parte dei soldi sporchi viene reinvestita in attività perfettamente lecite nel nord Italia (Emilia Romagna e Lombardia, soprattutto) e all'estero: dai paesi dell'Est – notoriamente più permeabili – fino a Brasile, Spagna, Olanda e Francia. Dirà il magistrato Franco Roberti:

Sono così ricchi che agiscono investendo capitali nelle imprese legali, senza pretendere il controllo della gestione. Hanno inventato le società a p.c.m., ossia a partecipazione di capitale mafioso, che sono ormai parte rilevante dell'economia campana e nazionale. Ma trovano mercato anche all'estero. Perché la loro strategia è vincente: i boss guadagnano facendo risparmiare le imprese. Sono più morbidi delle banche: chiedono interessi inferiori, non fanno fretta per recuperare l'investimento. Hanno una ricchezza talmente vasta che li esonera dalle intimidazioni e dallo strozzinaggio.

(«L'Espresso», 11 agosto 2007)

Uno Schiavone si pente

Il 1993 è l'anno in cui si verificano un paio di episodi che condizioneranno in maniera pesante l'egemonia dei Casalesi. Il primo è dirompente: a maggio Carmine Schiavone decide di collaborare con la giustizia. Il secondo è una brutta mazzata: a dicembre finisce in carcere Francesco Bidognetti, numero due della cosca.

Il pentimento di "Carminuccio", cugino di "Sandokan", è un evento inaspettato che prende in contropiede tutta l'organizzazione. È sempre stato uno dei pilastri del clan e indubbiamente era tra i più esperti, essendo cresciuto alle dipendenze di un boss come Antonio Bardellino. Ai giudici dirà che è stato lui ad allevare "Sandokan", e anche ora che lo ha tradito continua a provare dell'affetto nei suoi confronti:

> Io a mio cugino me l'ho cresciuto, anche se ora stiamo nelle barricate opposte, non è che io non sento... anche se lui, per dire, ha fatto qualche errore di valutazione credendo alle chiacchiere sia della moglie che non gli diceva niente o glielo diceva con torto o dei fratelli, o di altri, però con tutto ciò non è che si può annullare quello che c'è stato, rimane sempre una situazione tra me e lui, anche se oggi noi siamo nemici purtroppo [...]. Signor Presidente, io se parlo così con mio cugino è perché mio cugino all'età di 13 anni l'ho cresciuto fino a 25 anni [...]. E io, anche se l'accuso gli voglio ancora bene...
>
> (Corte di Assise di Santa Maria Capua Vetere, II sezione, sentenza contro Abbate Antonio + altri)

La storia di "Carminuccio" è piuttosto insolita: si è dato al crimine molto presto, come molto presto si è appassionato alla politica diventando un estimatore di Giorgio Almirante, figura storica della destra italiana e segretario del Movimento sociale. Col passare degli anni ha smesso i panni del fascista duro e puro per abbracciare la causa della Democrazia cristiana, diventando un sostenitore di Francesco Patriarca, senatore di Gragnano noto con il soprannome di "Ciccio 'a promessa". Dal 31 gennaio del 1977 al 23 settembre del 1982 è stato in galera e quando è tornato in libertà ha ricominciato a delinquere. Il 29 aprile del 1983 lo hanno arrestato insieme a "Sandokan" per possesso di armi clandestine (una pistola calibro 9 e 2 pistole calibro 7.65).

Prima di scegliere la strada della collaborazione si è sempre occupato degli affari, dimostrando di possedere delle buone qualità da manager. Non a caso è stato lui ad amministrare la "Ba.schi", società di produzione di calcestruzzo, azienda fondamentale per l'attività della cosca. I rapporti con "Sandokan" sono stati di reciproca stima fino all'alba degli anni '90, poi l'armonia s'è dissolta a causa degli screzi con i cugini Walter e Francesco, tutt'altro che soddisfatti per come gestiva la "Ba.schi":

> Carmine Schiavone si comporta come se l'impianto fosse interamente 'suo', vanta crediti nei confronti degli altri associati, crea problemi e contenziosi con il consorzio CEDIC (per la sua naturale tendenza a non rispettare le regole, qui di ripartizione interna delle quote di fornitura), accusa i cugini di percepire parte dei proventi dell'azienda, non riconosce – in buona sostanza – l'esistenza di un 'controllo' della organizzazione camorristica sulla sua attività, derivante dalle modalità della sua 'investitura' come gestore di quell'impianto.
>
> (*Ibidem*)

I dissapori sono frequenti e a un certo punto "Carminuccio" ha intuito di essere finito sulla lista nera e che alla prima occasione utile gli altri componenti della famiglia si sarebbero sbarazzati di lui, in un modo o nell'altro. Un sospetto che si è trasformato in una sgradevole conferma il 6 luglio del 1991, giorno in cui all'interno della "Ba.schi" i carabinieri hanno trovato due mitra e due fucili a pompa; uno dei mitra era stato utilizzato in una sparatoria avvenuta in una bisca a Casapesenna la notte del 18 dicembre del 1988. Non è stato un ritrovamento casuale: qualcuno ha avvertito i carabinieri, i quali si sono presentanti alla "Ba.schi" con una pala meccanica, come se sapessero già di dover scavare. "Carminuccio" ha sempre sospettato che quello strano blitz sia stato provocato da una spiata dei parenti:

> [...] Cominciai a pensare a dalle notizie che mi pervenivano, di cui era chiaro e logico che era stato fatto un complotto, uno scarica barile, diciamo, addosso a me dai miei due cugini... non "Sandokan", bensì Schiavone Francesco di Luigi e Schiavone Walter, l'altro mio cugino...
>
> (*Ibidem*)

Sarebbe stato utile un chiarimento con il cugino-boss, ma incontrarlo a quattr'occhi non è stato possibile: una volta in galera ci stava lui, una volta in galera ci stava "Sandokan". Tre settimane dopo il ritrovamento di armi alla "Ba.Schi". finisce ai domiciliari. In casa ci resta per qualche mese, quando per sfuggire alla galera (un residuo di pena di 5 anni che si sarebbe cumulato con la condanna per le armi poi arrivata il 29 aprile

'93) si dà alla latitanza rifugiandosi in Puglia dove può contare su una rete di sostegno logistico garantita da amici conosciuti durante un soggiorno obbligato a Otranto. Il 3 luglio del 1992 lo arrestano a Maglie, in provincia di Lecce.

Dieci mesi dopo la consapevolezza di non avere più chances di tornare a essere il ricco e potente ras del calcestruzzo lo spinge a collaborare con la giustizia; è una decisione che provocherà danni irreparabili al gruppo già minato qualche anno prima dalle confessioni di Luigi Basile. Ma rispetto a Basile, il contributo del cugino di "Sandokan" si rivela pesantissimo perché ciò che sa riguarda soprattutto il versante economico-imprenditoriale. È anche grazie a lui che sarà possibile imbastire un processo complesso come "Spartacus" e impoverire il clan dei Casalesi con sequestri di beni per svariati miliardi di euro.

Tradire la famiglia e la fiducia di "Sandokan" è stato un gesto temerario che nessuno avrebbe mai potuto immaginare. Carmine Schiavone spiegherà così le ragioni che lo hanno convinto a voltare le spalle al cugino e ai vecchi compagni di strada:

> Ho analizzato tutta la mia vita, tutta la loro, tutto ciò che era successo nei minimi particolari, come un proiettore che proietta un film, e dissi: sono bestie, io mi sono trovato in mezzo a delle bestie e sono diventato più bestia di loro [...]. Noi poi facemmo Cosa nostra casalese, e fummo battezzati io e mio cugino Sandokan. Ciò avvenne nel 1981. Io ero già mafioso dal 1974 ma non ero mai stato affiliato formalmente. Comunque, già vedevo come sarebbero andate le cose alla lunga: c'era gente che teneva la madre che faceva la vita a Milano, oppure gente che faceva lo sfruttamento della prostituzione o che spacciava droga. Dove si poteva arrivare con queste persone? Si sentivano forti perché erano diventati una massa, ma non c'era un credo ideologico, non c'era il proposito fermo dell'uomo d'onore [...].
>
> (*Dalla mafia allo Stato. I pentiti: analisi e storie*, Edizioni Gruppo Abele 2005)

Gli effetti delle prime confessioni non promettono nulla di buono soprattutto perché sono missili lanciati contro la cassaforte del clan. La magistratura sequestra beni per circa quindici miliardi di lire sparsi tra la Campania e la Puglia (a Maglie e Otranto, dove il pentito ha trascorso parte della latitanza): una cooperativa agricola, una società che produce e vende calcestruzzo, appezzamenti di terreno, un lido balneare, un ristorante, un bar, un paio di appartamenti, tre auto di grossa cilindrata, dieci autocarri e una pala meccanica. È solo una goccia nel mare di denaro in cui navigano "Sandokan" e i suoi uomini. Di sequestri, che poi si trasformeranno in confische, ne arriveranno molti altri e la collettività recupererà ciò che i Casalesi le aveva tolto.

A Carmine Schiavone la scelta di collaborare provoca delle sgradevoli ripercussioni nella sua famiglia. La figlia Giuseppina, ad esempio, rifiuta di entrare nel programma di protezione e prende pubblicamente le distanze dal genitore con una lettera inviata ai giornali dopo l'arresto del marito e del fratello Mattia:

> Mio padre è un megalomane infame. Infame perché ha detto che il pentimento è stato dettato dall'amore per il figlio bellissimo di cinque anni. Allora vale la pena di chiedersi: noi altri figli non esistiamo? Voglio fargli sapere piuttosto che quando c'era lui vivevamo nel terrore. Ora stiamo bene, anzi benissimo. Non mi ha mai sopportato, il pentito. Non ha mai sopportato il fatto che mi ero scelta il marito da sola [...]. È un grande falso, un bugiardo, cattivo ed ipocrita. Ha venduto i suoi fallimenti. È una bestia. Non è mai stato mio padre. Anzi, ha fatto arrestare anche mio fratello Mattia.
>
> («la Repubblica», 14 dicembre 1995)

Dopo quella di camorrista e di pentito, il cugino di "Sandokan" ha poi vissuto una terza vita. Quando oramai il processo "Spartacus" era finito in archivio, è diventato una presenza fissa sui giornali e nelle tv rilasciando interviste nelle quali lanciava l'allarme sui rifiuti tossici che il clan aveva seppellito per anni a cavallo delle province di Napoli e Caserta.

"Condizioni inumane"

Mentre "Carminuccio" confessa tutto ai magistrati, Francesco Schiavone – nel frattempo finito al 41 bis – si rivolge al presidente della Repubblica Oscar Luigi Scalfaro. Nell'agosto del 1993 il padrino di Casal di Principe fa parte del poker di detenuti rinchiusi nel carcere dell'Asinara (gli altri sono Tiberio La Torre, Cuono Crimaldi e Michele Musto) che scrive al capo dello Stato per denunciare «la inumana condizione di vita». Nella lettera, spedita anche ai presidenti di Camera e Senato, alla Corte europea per i Diritti dell'uomo e al procuratore generale della Corte di Cassazione, Schiavone e gli altri tre chiedono «la revoca del trattamento penitenziario al quale sono sottoposti e il ripristino dello stato di legalità». Nessuna delle istituzioni prenderà in considerazione l'appello. Ma Schiavone non ha bisogno di una risposta perché a sottrarlo alla "inumana condizione di vita" ci pensa lo Stato: due mesi dopo l'accorata missiva, la Corte di Appello di Napoli applica un sostanzioso sconto di pena che gli consente di ottenere la scarcerazione con netto anticipo. Il ritorno in libertà era infatti previsto nel luglio del 1995, ma lui riesce a uscire dalla cella nell'ottobre del 1993.

L'omicidio di don Diana

Mentre la guerra insanguina diversi centri dell'agro-aversano, a Casal di Principe c'è un instancabile parroco che invita i cittadini a ribellarsi alla camorra. Si chiama don Peppe Diana, per i giovani è un punto di riferimento e il suo impegno per la legalità e contro la violenza non passa inosservato. Nel conflitto che si combatte nella provincia di Caserta a un certo punto finisce anche lui: la mattina del 19 marzo del 1994 due killer irrompono in un luogo sacro, chiedono ad alcuni fedeli chi è "don Peppino", si avvicinano e lo ammazzano. È un omicidio sconvolgente, oramai i camorristi non esitano a entrare in chiesa e a sparare su un prete. Roba che solo in alcuni Paesi del Centro e del Sud America. Al termine di indagini tortuose e di processi di una certa complessità, e dopo aver valutato un ventaglio di ipotesi, arriverà la condanna per gli assassini e il mandante, individuato in Nunzio De Falco. Si scoprirà che i criminali non hanno esitato a sacrificare la vita di un giovane e coraggioso uomo di Chiesa per i loro giochi di potere. Scriverà il giornalista Gigi Di Fiore:

> [...] E ha preso piede, così, un altro movente: don Diana fu ucciso per creare scompiglio a Casal di Principe e attivare le forze dell'ordine contro gli Schiavone, ancora liberi, nel timore di loro ulteriori azioni violente. Una strategia, con delitto eccellente, ideata da De Falco per far ricadere su Schiavone le colpe del delitto.
>
> (Di Fiore, *op. cit.*)

L'operazione "Spartacus"

I Casalesi fanno i loro comodi fino all'alba del 5 dicembre del 1995. Quel giorno scatta l'operazione "Spartacus", una maxi retata storica che prende il nome del gladiatore che si ribellò alla schiavitù dell'Impero romano. I numeri dell'operazione sono imponenti: 143 ordinanze di custodia cautelare, beni sequestrati per un valore complessivo di 1500 miliardi di lire. Sotto sequestro finiscono 107 ditte individuali, 137 società, centinaia di immobili, aziende agricole, imbarcazioni, e due squadre di calcio: l'Albanova che milita in serie C, e il Casale iscritto ai campionati dilettanti. Secondo i magistrati che hanno condotto l'inchiesta – Federico Cafiero de Raho, Francesco Greco, Lucio Di Pietro e Antonio Laudati – anche i due club venivano utilizzati per riciclare denaro sporco. In manette finiscono non solo decine e decine di criminali, ma pure imprenditori, dirigenti di Unità sanitarie locali, politici. Il lavoro degli inquirenti – fondato anche sulle rivelazioni di alcuni collaboratori di giustizia – è stato monumentale, adesso gli elementi per incastrare capi e gregari ci sono tutti. I vertici della cosca però non stanno con le mani in mano e reagiscono con le vendette trasversali nei confronti di chi ha tradito: il primo a pagare un prezzo esorbitante è Dario De Simone, al quale uccidono prima il fratello Aldo (7 agosto 1996) e poi il cognato Rodolfo Previdente (26 agosto 1996). Nonostante le terribili rappresaglie, la pattuglia dei pentiti diventa però più consistente: dopo Carmine Schiavone, collaborano con i magistrati Giuseppe Quadrano, Luigi Diana, Franco Di Bona, Alberto Di Tella, Antonio Abbate. Le loro confessioni costituiscono l'impalcatura che ha retto, in tutti e tre i gradi di giudizio, del primo processo "Spartacus". Si, perché c'è anche "Spartacus 2", una seconda maxi retata dell'ottobre del 1996: le ordinanze sono 86 e riguardano quasi esclusivamente i cosiddetti "colletti bianchi".

Il bunker di Schiavone

Mentre magistratura e forze dell'ordine smantellano il giocattolo costruito pazientemente per anni, Schiavone continua a guidare il clan dalla latitanza. Intanto perde un'altra pedina fondamentale: il 7 ottobre del 1996 viene arrestato il fratello Walter, l'ultimo soggetto del quale poteva fidarsi ciecamente. I Casalesi, insomma, non sono più una invalicabile muraglia perché lo Stato è riuscito ad aprire più di un varco. E nel frattempo anche le indagini per la cattura del boss si fanno più serrate. Secondo le voci che circolano con insistenza, si sarebbe nascosto all'estero; qualcuno altro sostiene che abbia trovato rifugio in Lombardia. Invece, come tutti i capi che si rispettano si è imboscato nel suo paesino, proprio a Casal di Principe. Nella notte tra il 10 e l'11 luglio del 1998 un pool di investigatori – carabinieri, poliziotti e uomini della Direzione investigativa antimafia – fa irruzione in un appartamento di via Salerno tenuto sotto controllo da alcuni giorni. Sono tutti convinti che "Sandokan" si nasconda lì dentro. Ma il blitz inizialmente produce solo uno scoramento totale: il capo dei Casalesi non c'è. Ma nulla è ancora perduto:

> Le uniche rumorose presenze non hanno niente a che vedere con la camorra, sono tre mastini napoletani chiusi in un recinto che fanno l'unica cosa che sanno fare: abbaiano. Gli agenti, però, sono sicuri che da quella casa il camorrista non è mai uscito: oltre alle pistole e ai giubbotti antiproiettile, hanno portato anche pale, picconi, aggeggi sofisticati in grado di fare le "radiografie" ai muri e cani "antivalanga" in grado di avvertire pure il più flebile dei respiri. Per undici ore ab-

battono pareti, scavano nel pavimento, demoliscono tutto quanto c'è da demolire. Ma di Schiavone non c'è traccia. Cresce il timore di aver preso un abbaglio e di essersi fatti sfuggire il latitante sotto al naso. Sarebbe una figuraccia clamorosa. Poi di fianco al canile, dove ci sono i tre mastini sempre più inferociti, gli agenti notano dei bocchettoni d'aria che conducono in un sotterraneo. Quando vengono accesi dei candelotti lacrimogeni, i bocchettoni si chiudono dopo pochi secondi. È la conferma che sotto l'appartamento c'è qualcuno. E infatti intorno alle 12 da un bunker sotterraneo sbuca Sandokan con in braccio una delle due figlie piccole. "Sono io, sto qua, non fate niente perché ci sono le bambine". Dal covo escono altre quattro braccia alzate: due appartengono alla moglie Giuseppina Nappa, le altre due al cugino Mario. La caccia al latitante è durata 13 ore.

(Bruno De Stefano, *op. cit.*)

Da una perlustrazione del covo – tappezzato di quadri e immagini sacre – si scopre che il numero uno dei Casalesi coltivava un hobby da uomo sensibile e raffinato: dipingeva. Per stemperare la tensione che gli procurava l'attività di criminale, ci dava dentro con tele e pennelli con discreta frequenza ed essendo un amante della perfezione s'era fatto procurare delle videocassette per imparare le tecniche di disegno e pittura. L'arresto gli ha impedito di completare la sua ultima opera, un Volto Santo. È, invece, in bella mostra una tela raffigurante un Napoleone visto di spalle mentre osserva un malinconico tramonto. Apprezzabile pure un suo autoritratto nel quale appare con barba e capelli curati, grandi occhiali da vista e una maglietta a girocollo bianco. Nel bunker il tempo lo trascorreva anche leggendo: tra i tanti volumi a portata di mano ci sono quelli sulla dinastia dei Borboni e la Bibbia, immancabile presenza nelle biblioteche di molti feroci delinquenti.

Una settimana dopo la cattura Francesco Schiavone fa la sua prima apparizione in aula nelle vesti di imputato, anche se in videoconferenza, in un processo sulle tangenti per i lavori dei Regi Lagni. Resta in silenzio, ma ad agitarsi è la moglie Giuseppina che prende carta e penna e scrive ai giornali per lamentarsi dell'inflessibile trattamento riservato al consorte:

Siamo vittime di abusi, se i giudici non fanno qualcosa sono pronta a fare lo sciopero della fame insieme ai miei figli. La cosa più scandalosa è che lo stanno privando delle cose più elementari e necessarie. Ditemi se questo non è un abuso, se non c'è la volontà nell'attuare queste pressioni. Ma cosa vogliono ancora? Hanno creato un mostro e ora gli stanno togliendo i diritti più elementari.

(Bruno De Stefano, *op. cit.*)

La mole di prove raccolte dagli investigatori è imponente, ma "Sandokan" sostiene che su di lui gli inquirenti hanno preso un grosso abbaglio. Quando dall'arresto sono trascorsi quasi 40 giorni, comincia a circolare la voce secondo la quale avrebbe deciso di pentirsi; lui smentisce subito e in una lettera inviata al quotidiano «La Gazzetta di Caserta» scrive:

> Sono ben felice di scontare in carcere tutte le condanne [...]. Non sono uno che mangia carne umana, voglio soltanto che cessi il clima di persecuzione a cui sono sottoposto.
>
> (*Ibidem*)

L'assenza del capo e dei suoi principali sottoposti (il fratello Walter e il fido Bidognetti) non ferma le numerose attività del clan. Perché nel frattempo l'organizzazione è finita nelle mani di Michele Zagaria e Antonio Iovine: sono stati catapultati in prima linea e se la stanno cavando egregiamente. Zagaria, noto come "capastorta" perché ha la testa leggermente inclinata a causa di un'ernia cervicale, ha il cervello più fino, e pur essendo cresciuto nell'ala militare possiede eccellenti capacità manageriali; ha gestito i business più redditizi, in particolare quello legato al cemento. Il suo potere si fonda pure sulle altrettanto eccellenti capacità manageriali del fratello Pasquale, meglio noto come "Bin Laden", che ha messo radici soprattutto a Parma e a Milano. Iovine, ribattezzato "'o ninno" (il bambino), non è da meno: è sospettato di aver partecipato a numerosi omicidi, ha ottimi rapporti con esponenti del mondo politico e ha un discreto fiuto per gli affari. Sono entrambi latitanti ma godono di un consenso sociale elevatissimo e infatti a proteggerli c'è una rete a maglie strette formata da insospettabili compaesani. Di complici "Capastorta" ne ha parecchi, come del resto tutti i padrini, ma quelli più importanti forse sono all'interno delle istituzioni. Non è un pettegolezzo di paese, questo, ma quanto si legge – nero su bianco – nella relazione della Direzione investigativa antimafia (DIA) del secondo semestre del 2011:

> Sfuggito all'esecuzione dell'Operazione "Spartacus", ha costruito la sua potenza criminale attraverso rapporti trasversali, anche con personaggi importanti appartenenti agli apparati istituzionali che gli hanno consentito di crescere (sotto il profilo criminale) praticamente indisturbato. È riuscito a sfruttare la complicità di soggetti infedeli nelle procure, negli uffici di polizia, al comune, alla provincia, alla regione [...]. Michele Zagaria era, ormai da tempo, diventato il vertice più alto della piramide del clan dei Casalesi, abile nell'intrecciare pericolose ma redditizie relazioni istituzionali e di muovere i fili di affari come il calcestruzzo, l'edilizia e naturalmente i rifiuti.

Dunque, secondo la DIA, la forza di Zagaria sta anche nelle "redditizie relazioni istituzionali". Dei rapporti con strutture dello Stato ne scrive pure la giornalista Rosaria Capacchione che racconta di un patto tra il camorrista ed esponenti dei Servizi segreti in merito alla realizzazione di un termovalorizzatore:

C'era un convitato eccellente al tavolo della trattativa per la localizzazione del termovalorizzatore a Santa Maria la Fossa. Un tavolo misto, opaco, segreto, del quale si è intuita l'esistenza senza che questa fosse mai dimostrata. Un tavolo al quale la camorra partecipava a pieno titolo, discutendo alla pari – così com'era stato ai tempi degli appalti dell'Alta velocità – con le istituzioni. A rappresentare il cartello casalese c'era l'uomo forte dell'ala imprenditoriale del clan: Michele Zagaria. Fonti riservate aggiungono: ci fu una riunione alla quale Zagaria partecipò assieme a un uomo legato ai servizi segreti e a un delegato istituzionale, del commissariato straordinario di Governo o della Regione.

(«Il Mattino», 2 gennaio 2011)

La pioggia di ergastoli

A poco più di undici anni dall'operazione "Spartacus", e a sette anni e mezzo dall'inizio del dibattimento, si chiude il processo di primo grado che pianta una lapide sull'era di Schiavone. Il 15 settembre del 2005, dopo dieci giorni di camera di consiglio, la Corte di Assise del tribunale di Santa Maria Capua Vetere (presidente Catello Marano, giudice a latere Raffaello Magi) emette una sentenza storica: 91 sono le condanne, 21 delle quali all'ergastolo. "Sandokan" prende il carcere a vita perché ritenuto coinvolto in sei omicidi; identica punizione per tutti i vertici del clan, compreso suo fratello Walter. Passano nelle mani dello Stato 19 fabbricati, beni mobili e immobili per un valore di 750 milioni di euro, 52 terreni, 14 società, 12 auto di grossa cilindrata, tre imbarcazioni. Arrivare a un verdetto è stato faticosissimo: le udienze sono state 626, davanti ai giudici sono sfilati 508 testimoni e 24 collaboratori di giustizia. La requisitoria del Pm Federico Cafiero de Raho (che nel novembre 2017 diventerà procuratore nazionale antimafia) è durata dal febbraio al luglio del 2004, per un totale di cinquanta udienze. Le arringhe dei difensori, invece, hanno occupato 108 udienze. Dunque, dopo un lungo periodo di colpevole assenza lo Stato vince finalmente una battaglia, almeno sotto il profilo repressivo.

Le minacce a giornalisti e scrittori

Per quel che rappresenta, si tratta di una sentenza storica ma i grandi giornali e le tv nazionali – tranne qualche lodevole eccezione – sembrano non coglierne l'importanza. E così i Casalesi tornano nel loro "luogo preferito": l'oblio. Ma nella primavera del 2006 a trascinarli di nuovo sotto i riflettori è lo scrittore Roberto Saviano che dà alle stampe il romanzo *Gomorra* nelle cui pagine vengono ricostruiti molti degli affari dell'organizzazione criminale casertana. Abituati a tenere un profilo basso, i mafiosi casalesi mostrano di non gradire tanta attenzione e a Saviano arrivano delle minacce di morte, tant'è che sarà messo sotto scorta. Nicola Schiavone, l'anziano babbo di Francesco e Walter, è particolarmente disturbato dall'ondata di pubblicità e il suo pensiero lo esprime, senza nascondere un forte risentimento, nel corso di una intervista a *Terra*, il settimanale del Tg5, in una puntata andata in onda nel settembre del 2007. Davanti alle telecamere Schiavone senior dichiara:

> I miei figli sono i migliori che ci sono, non sono come quelli che stanno fuori, quelli sono tutti ricchioni. La camorra? Non esiste. Saviano? È 'nu strunz'.
>
> (Bruno De Stefano, *op. cit.*)

I Casalesi non hanno mai amato scrittori e giornalisti. Nella lista nera delle penne sgradite non c'è solo Saviano ma pure Rosaria Capacchione, cronista del quotidiano «Il Mattino», considerata fin troppo attenta e pignola da quella folta pattuglia di criminali allergica ai riflettori dei media. Due collaboratori di giustizia riveleranno che la Capacchione era stata condannata a morte: l'avevano pedinata per studiarne orari ed abitudini, ma poi l'agguato era stato rinviato. Per lei, come già accaduto per Saviano, sarà necessaria la scorta. Altre minacce le subisce Lorenzo Diana, deputato e poi senatore dei Ds, nonché componente della Commissione parlamentare antimafia: dimostra troppo interesse nei confronti di Schiavone e dei suoi uomini, riceve delle intimidazioni e finisce pure lui scortato.

Nel frattempo la lista dei pentiti s'allunga: nel 2007 decide di collaborare Domenico Bidognetti, cugino di Francesco ed elemento di primo piano della cosca. È una diserzione di rilievo e suscita un certo allarme, tant'è che c'è una mobilitazione per convincerlo a fare marcia indietro. Quando la notizia della sua collaborazione diventa ufficiale, inizia il pressing dei Casalesi sull'avvocato difensore che viene ripetutamente minacciato dai familiari del pentito che si spingono fino in Toscana, dove vive il legale, per obbligarla a lasciare la difesa del camorrista:

> Come si legge nelle dichiarazioni della parte offesa (il legale di Bidognetti) la stessa fu raggiunta in Toscana da molti familiari del neo collaboratore (la madre, la zia, il figlio e vari cugini) che cercavano inizialmente di convincerla che il congiunto avesse 'perso le capacità mentali' avendo ricevuto, anni prima, un colpo alla testa; successivamente passavano a pesanti atteggiamenti intimidatori nei suoi confronti.
>
> (Colletti, *op. cit.*)

Sempre nel 2007 finisce la carriera di costruttore di Pasquale Zagaria: il fratello di "Capastorta" viene arrestato e nei processi ai quali sarà sottoposto accumulerà condanne che finirà di scontare nel 2027. Nel febbraio del 2019 il magistrato di sorveglianza di Cuneo, Stefania Bologna, gli ha ridotto la pena di 210 giorni perché durante la detenzione in varie carceri italiane ha subito «un trattamento inumano e degradante»:

Attualmente Pasquale Zagaria è detenuto nel carcere di Sassari. L'istanza presentata dai suoi legali riguarda i periodi di detenzione trascorsi negli istituti penitenziari di Torino, L'Aquila (dove ora si trova il fratello Michele), Spoleto, Santa Maria Capua Vetere, Tolmezzo, Napoli Poggioreale, Napoli Secondigliano, Lecce, Nuoro e Cuneo. Pasquale Zagaria è in carcere dal 28 giugno del 2007 e la sua scarcerazione è prevista, al momento, per il 2027. Non tutti i reclami presentati da Zagaria per ciascun carcere dove è stato recluso sono stati accolti dal magistrato di sorveglianza che ha calcolato lo sconto di pena in relazione ai periodi di detenzione trascorsi a Poggioreale (17 giorni), Lecce (10 giorni), Nuoro (5 giorni). La parte più consistente, 178 giorni, di riduzione della pena, è stata calcolata per l'insufficiente riscaldamento della cella subito quand'era a Cuneo, dal 4 agosto 2010 al 23 giugno 2015, giorno in cui è stato trasferito a Sassari, dove si trova attualmente.

(https://corrieredelmezzogiorno.corriere.it/napoli/cronaca/19_febbraio_20/camorra-trattamento-inumano-carcere-sconto-pena-boss-casalesi-486971e4-3541-11e9-be51-a53d9d2a4b74.shtml)

Setola, il "cecato" che sparava benissimo

Dopo quella provocata da Saviano con *Gomorra*, i Casalesi vanno incontro a una nuova ondata di "popolarità" mediatica della quale avrebbero fatto volentieri a meno. A riportare la mafia casertana sulle prime pagine dei giornali è una scheggia impazzita che risponde al nome di Giuseppe Setola. Nato nel 1970, è un ex chierichetto e da bambino ha frequentato l'Azione Cattolica, ma gli insegnamenti ricevuti quando portava ancora i calzoni corti sono clamorosamente evaporati. Cresciuto alle dipendenze di Francesco Bidognetti, lo chiamano "'a puttana", un appellativo che sta ad indicare che l'affidabilità non è esattamente il suo forte. Col tempo il nomignolo legato alla prostituzione viene oscurato da un soprannome che fa riferimento a una menomazione fisica: lo chiamano "'o cecato" per presunti problemi alla vista. Nell'aprile del 2008 gli vengono concessi i domiciliari per consentirgli di sottoporsi a un intervento agli occhi in una clinica specializzata di Pavia, ma invece di presentarsi dal chirurgo torna nel Casertano e dà il via a una mattanza senza precedenti. Da maggio a dicembre semina il terrore uccidendo chi si rifiuta di pagare il pizzo:

Giuseppe Setola che, dopo l'evasione da Pavia dell'aprile 2008, raggiunge Casal di Principe allo scopo di 'rimettere insieme' gli aderenti alla 'storica' fazione bidognettiana del clan dei casalesi, nel cui ambito erano sorte delle frizioni tali da mettere in forte crisi la stessa operatività del clan. Il rientro di Giuseppe Setola consente un drammatico 'rilancio' della azione intimidatrice e predatoria del gruppo, realizzato attraverso una precisa strategia di annientamento di ogni possibile resistenza, nuove imposizioni di tangenti agli operatori economici, vendette esemplari contro i collaboratori di giustizia. La linea di terrore [...] che si apre nella primavera dell'anno 2008 nell'intera provincia di Caserta si chiuderà solo con l'arresto di Giuseppe Setola e dei suoi più fidati accoliti nel gennaio del 2009.

(Colletti, *op. cit.*)

La folla e sanguinaria azione repressiva di "'O cecato" raggiunge il picco la sera del 18 settembre: dopo aver assassinato il titolare di una sala giochi, lui e i suoi uomini uccidono sei immigrati africani che lavoravano all'interno della sartoria "Ob Ob Exotic Fashion", a Castel Volturno. Setola viene definito il capo dell'ala stragista dei Casalesi, ma in realtà è solo un soggetto oramai fuori controllo. Tra gli omicidi nei quali è coinvolto c'è anche quello di Michele Orsi, assassinato il primo giugno del 2008, un imprenditore con interessi in diversi settori che stava svelando ai magistrati i nomi di protagonisti e comprimari di quel grande affare che era lo smaltimento dei rifiuti. Un giro vorticoso di imbrogli, clientele, mazzette del quale facevano parte mafiosi, politici e massoni. Se non lo avessero falciato, sarebbe diventato un collaboratore di giustizia. Mandanti ed esecutori sono stati tutti condannati con sentenze definitive, ma per Miranda Diana, la vedova Orsi, il marito è stato ammazzato anche per altre ragioni, come spiega in un'intervista:

Se pagava la camorra, mio marito andava in carcere. Se denunciava, veniva ucciso. E ora che è morto, io con i miei figli veniamo additati come camorristi. Michele doveva essere protetto e invece è stato abbandonato. E poi, voglio sapere chi sono i mandanti di secondo livello di mio marito, non mi basta sapere che c'è solo la camorra dietro [...]. I magistrati si sono serviti di mio marito, – continua Miranda – quando Michele chiedeva protezione si è sempre visto chiudere le porte in faccia. Un conoscente mi ha anche detto che il magistrato che si occupava di lui disse: tanto a Casale non lo tocca nessuno a Orsi. E invece Setola lo ha ucciso. Ricordo ancora il volto di quei giudici e le loro mani fra i capelli quando seppero di mio marito, qualche giorno dopo uno di loro mi chiamò in procura e con mio marito ancora all'obitorio mi disse: signora, era un criminale. In tutti questi anni hanno tentato di avvalorare questa tesi nei processi. È facile prendersela con un morto.

(«Il Mattino», 15 maggio 2018)

Setola finisce in trappola. La fuga si conclude il 14 gennaio del 2009 a Mignano Montelungo, nel Casertano: tenta di scappare dai tetti, ma non ci riesce. Mentre colleziona diversi ergastoli, nell'ottobre del 2014 annuncia che intende collaborare con la giustizia. Ai magistrati dice che una notte ha sognato Papa Wojtyła che gli suggeriva di pentirsi. Visite notturne del santo polacco a parte, non tutti credono alla conversione di "'o cecato". E fanno bene: perché qualche mese dopo Setola spiega che non ha alcuna intenzione di collaborare e che ha deciso di confessare alcuni reati (compresi 46 omicidi) solo perché voleva uscire dal carcere. Nel febbraio del 2019, in primo grado, "'o cecato" sarà condannato dal tribunale di Santa Maria Capua Vetere a 9 anni per essersi procurato dei falsi certificati che attestavano una inesistente malattia agli occhi.

Schiavone junior finisce dentro

Il 15 giugno del 2010 è un'altra pessima giornata per Sandokan. In un villino-bunker a Casal di Principe, gli uomini della Squadra mobile della questura di Caserta, guidati da Angelo Morabito, arrestano uno dei figli del boss, Nicola: era latitante da sei mesi, da quando la Direzione distrettuale antimafia di Napoli ne aveva chiesto l'arresto perché sospettato di essere il mandante di tre omicidi. Fino a quel momento, Nicola aveva alle spalle solo una condanna in primo grado a 2 anni e 8 mesi per intestazione fittizia di beni. Ma certificato penale a parte, per gli inquirenti era lui ad aver sostituito il babbo nella gestione della cosca. Il questore Guido Longo esulta:

> Abbiamo colpito nel cuore della potente organizzazione camorristica dei casalesi. Nicola Schiavone era uno degli obiettivi primari delle forze dell'ordine. Il suo arresto è un'altra importante tappa del lavoro che, insieme con carabinieri e Dda, stiano facendo per contrastare, in maniera sempre più efficace in provincia di Caserta la criminalità organizzata e in particolare il clan dei casalesi.
>
> (www.repubblica.it/cronaca/2010/06/15/news/camorra_arrestato_il_figlio_di_sandokan-4847576/)

"'O ninno" in gabbia

Lo Stato segna un altro punto a suo favore il 17 novembre del 2010 quando a Casal di Principe viene arrestato Antonio Iovine. "'O ninno", in fuga da quasi quindici anni, finisce in manette al termine di una operazione condotta dalla Squadra mobile di Napoli, con a capo il vicequestore Vittorio Pisani, dalla sezione Criminalità guidata dal vicequestore Andrea Curtale e dagli uomini della Mobile di Caserta. Lo scovano in un bunker ricavato nell'appartamento di un incensurato; quando si accorge di essere in trappola, prova a scappare dal tetto ma non gli riesce. Arrivare alla cattura di Iovine non è stato affatto semplice perché godeva di una complicità diffusa. I poliziotti, il procuratore aggiunto Federico Cafiero de Raho e i Pm Antonello Ardituro e Alessandro Milita hanno trascorso molte notti insonni pur di arrivare al suo covo. Per i Casalesi è una perdita assai grave, mancano i leader e Iovine era uno dei pochi in grado di gestire, insieme a Michele Zagaria, una organizzazione così articolata e con interessi economici sparsi per l'Italia, l'Europa e nel resto del mondo. Sul groppone di Iovine pesa un ergastolo che gli hanno inflitto i giudici del processo "Spartacus", per cui resterà in gabbia per sempre. Ma evidentemente in quel momento la prospettiva di finire al 41 bis non deve turbarlo perché all'uscita della questura è sorridente e ha il look – un maglione amaranto, pantaloni di velluto nero, scarpe chiare e nuove di zecca – di chi spende parecchio nello shopping. La galera, però, non è uguale a un giro nei negozi di lusso, neppure per chi l'ha messa in conto da sempre. E quando capisce che difficilmente gli tornerà quel sorriso esibito il giorno dell'arresto, mette da parte l'aria sfrontata da boss per indossare i panni del pentito. Dopo qualche timido segnale di apertura (poi subito rientrato), "'o ninno" si arrende e nel maggio del 2014 firma il suo primo verbale.

Zagaria in manette

L'unico padrino rimasto in circolazione è "Capastorta". Michele Zagaria può fare affidamento su una estesa rete di fiancheggiatori, tant'è che gli inquirenti arrivano più volte a un passo dalla cattura che però salta per un pelo perché c'è qualche insospettabile che interviene in extremis. E in una occasione inciampano, diciamo così, anche in qualche clamoroso incidente di percorso. Nel novembre del 2010, pochi giorni dopo l'arresto di Iovine, la Squadra mobile di Napoli è convinta che Zagaria si nasconda ad Aversa, grosso centro del Casertano, in qualche vano ricavato all'interno di un negozio di abbigliamento di proprietà di Giuseppe Inquieto o nel suo appartamento. Gli agenti intervengono con Bobcat e trivelle, buttano giù tutto ma dopo 26 ore di ricerche del latitante non c'è traccia. I danni ammonteranno a 70.000 euro. Amalia Abbate, moglie di Inquieto, in lacrime protesterà contro i poliziotti:

> Ci hanno distrutto, ci hanno trattati come delinquenti. Siamo gente perbene. Ci alziamo ogni mattina per andare a lavorare. Ci hanno fatto perdere la faccia.
> («la Repubblica», 20 novembre 2010)

Il blitz di Aversa è un fallimento duro da digerire, ma in ogni caso il cerchio attorno all'erede di Schiavone sta per chiudersi. Nella primavera del 2011 finisce in carcere Mario Caterino, ritenuto dagli inquirenti uno dei suoi uomini più fidati. Il boss avverte il fiato dello Stato sul collo nel giorno del suo cinquantatreesimo compleanno: il 21 maggio trecento tra poliziotti e carabinieri invadono Casapesenna, il comune dov'è nato, nella convinzione che si nasconda proprio tra la sua gente che da sempre lo protegge e lo venera. L'operazione – coordinata dal procuratore aggiunto Federico Cafiero de Raho e dai sostituti Marco Del Gaudio, Raffaello Falcone e Catello Maresca – ha lo scopo di esercitare una pressione psicologica sui potenziali fiancheggiatori e sui suoi familiari. Vengono sequestrati diversi negozi, divelte telecamere installate abusivamente dal clan per evitare l'intrusione di forze dell'ordine e nemici, rimossi paletti posti lungo le strade per rallentare il percorso alle auto di carabinieri e polizia. Ai giornalisti Cafiero de Raho spiega:

> Questi sono i nostri "auguri" per Michele Zagaria, lo festeggiamo con le perquisizioni e i controlli ai suoi familiari e ai suoi affiliati.
> (corrieredelmezzogiorno.it, 21 maggio 2011)

Michele Zagaria riesce a trascinare la sua latitanza fino al 9 dicembre del 2011: undici poliziotti del gruppo "C" della Omicidi della Squadra mobile di Napoli lo scovano a Casapesenna, in un bunker ricavato nell'appartamento di Vincenzo Inquieto, fratello di quel Giuseppe al quale era stato devastato il negozio l'anno prima. A guidare gli agenti ci sono il procuratore aggiunto Cafiero de Raho e il Pm Catello Maresca. Dopo oltre sedici anni, Zagaria finisce in galera per rimanerci per sempre, ma la soddisfazione per averlo ammanettato viene smorzata da un episodio inquietante e controverso. Nel nascondiglio di "Capastorta" vengono sequestrati un iPad, un telefonino ed un server con dentro migliaia di dati e 6800 euro in contanti; nel frigo c'era una bottiglia di champagne Moët & Chandon e vini pregiatissimi. Manca invece all'appello una pen drive con dentro documenti riservati; secondo gli inquirenti sarebbe stata fatta sparire da un poliziotto che sarà poi posto sotto processo. Si sospetta anche che la pen drive sia stata rivenduta a un imprenditore per 50.000 euro, ma questa resta una ipotesi non suffragata da prove. Resta il mistero sul contenuto della pennetta.

Rispetto a "'o ninno", dal giorno della cattura Zagaria ha sempre tenuto un atteggiamento da duro e puro senza mai smettere di comportarsi come un capo. Tant'è che durante i colloqui avrebbe trasmesso degli ordini ai suoi familiari utilizzando un linguaggio criptato. Pure "Capastorta", come molti suoi "colleghi", non gradisce l'attenzione dei media. E in una occasione, nel corso di un colloquio con la sorella che era andata a fargli visita nel carcere di Opera, se l'è presa con il giornalista Sandro Ruotolo dicendo: «Come si permette di infangarmi? Lo voglio squartato vivo». La "colpa" di Ruotolo, al quale sarà subito assegnata una scorta, era quella di aver fatto una intervista al pentito Carmine Schiavone il quale, tre le altre cose, aveva riferito dei rapporti tra Zagaria e i servizi segreti. Il sospetto che Zagaria possa avere goduto di coperture all'interno delle strutture dello Stato lo ha avanzato pure il collaboratore di giustizia Oreste Spagnuolo, uno dei componenti della squadra di killer al servizio di Giuseppe Setola. Spagnuolo disegna un ritratto inedito di "Capastorta", considerato un boss intoccabile ma anche una spia che preferisce consegnare i rivali a carabinieri e poliziotti invece di ucciderli:

> Meno di due anni dopo l'arresto di Setola, hanno preso anche Antonio Iovine, che aveva protetto l'ultima latitanza di Peppe. Io credo che lo abbia consegnato Michele Zagaria. Quello è uno che i rivali non li uccide, li fa arrestare. E in questo caso era importante allentare l'attenzione delle forze dell'ordine, che ormai era diventata asfissiante, per poter gestire tranquillamente gli affari. E di affari Michele Zagaria ne ha fatti tanti, tantissimi. Noi siamo stati killer, malavitosi. Zagaria è stata un'altra cosa, un altro livello: noi non lo potevano nemmeno nominare. Ha gestito un patrimonio enorme e se l'è fatta con i servizi segreti. Ma alla fine chi lo proteggeva lo ha mollato, ed è stato preso anche lui.
>
> (Daniela De Crescenzo, *Confessioni di un killer. Oreste Spagnuolo: così ho imparato a uccidere*, L'Ancora del Mediterraneo 2012)

Tradito dal suo stesso sangue

Che rispetto agli anni '80-'90 il clima sia radicalmente cambiato lo si capisce attraverso alcuni episodi che riguardano la famiglia Schiavone. La dinastia di Casal di Principe subisce un'altra mazzata il 21 gennaio del 2013, quando i carabinieri arrestano uno dei figli del boss: Carmine, 29 anni, detto "'o staffone" e considerato il reggente della cosca. La barba e i capelli folti lo rendono fisicamente molto simile al padre; lo si evince soprattutto dalle foto scattate dopo la cattura quando viene immortalato mentre indossa una tuta della squadra di calcio del Milan. Per gli inquirenti le manette a Schiavone junior devono avere una funzione pedagogica: infondere coraggio a quei commercianti e a quegli imprenditori che fino ad allora non hanno trovato la forza necessaria di ribellarsi al pizzo imposto dal rampollo di "Sandokan".

Intanto il buco aperto molti anni prima dalle confessioni di Carmine Schiavone diventa una voragine: il numero dei pentiti cresce in maniera progressiva, ma il dato più sconcertante per "Sandokan" è che i traditori arrivano dall'interno della sua famiglia. Nel luglio del 2018 il boss subisce un affronto che non avrebbe mai immaginato: suo figlio Nicola decide di collaborare con la giustizia. È una mossa a sorpresa che spiazza magistrati e forze dell'ordine perché nessuno si sarebbe aspettato che il primo degli eredi di Schiavone passasse dalla parte dello Stato:

> Veniva ritenuto un duro, Nicola Schiavone, tanto che si racconta in paese che avesse ordinato alla moglie di non portare più i figli alla madre dopo che questa aveva lanciato un appello al marito capoclan affinché si pentisse.
>
> (www.ilfattoquotidiano.it/2018/07/25/casalesi-nicola-schiavone-si-pente-il-figlio-di-sandokan-collabora-da-20-giorni-con-i-magistrati/4517080/#)

Dopo la cattura del babbo, avvenuta nel 1998, era salito ai vertici dell'organizzazione fino a diventarne il numero uno qualche anno più tardi; aveva dispensato ordini fini al giugno del 2010 quando la Squadra mobile di Caserta lo aveva arrestato mentre si nascondeva in una villa-bunker a Casal di Principe. Le condanne all'ergastolo non avevano scalfito la fama da duro e l'atteggiamento da irriducibile, sembrava il degno erede del barbuto capoclan ma evidentemente le rudezze del 41 bis lo avevano indotto a riflettere su come e dove avrebbe trascorso il resto della sua esistenza.

Bidognetti tradito tre volte

La stessa amara condizione la vive Francesco Bidognetti: pure "Ciciotto 'e mezzanotte" sarà tradito dagli affetti più cari. Gli volteranno le spalle un figlio, un cugino e la compagna.

La prima a collaborare è la compagna – e complice – Anna Carrino. Non è esattamente un angelo del focolare, nel senso che lei nel clan dei Casalesi ha avuto un ruolo non secondario per cui la sua collaborazione ha un impatto fortissimo. Quando il marito era in carcere aveva il compito di riferire all'esterno ordini e direttive, ed era lei ad incassare i soldi delle tangenti e degli altri affari sporchi. Poi – come racconterà alla giornalista Flaminia Giambalvo – ha cominciato a perdere potere mentre, contestualmente, molti affiliati finivano in galera. La paura che le cose potessero mettersi male l'ha convinta a saltare il fosso:

> L'ho conosciuto che tenevo 13 anni. Pensavo fosse il principe azzurro [...]. Mi sono trovata con le spalle al muro. Nel 2007 hanno cominciato ad arrestare tutti. Sapevo che prima poi avrebbero arrestato anche me. Ma non è solo per questo che

ho scelto di collaborare. La situazione in famiglia era diventata insostenibile. Mia figlia Katia, la prima, aveva preso il sopravvento [...]. Cercavano di mettermi da parte in ogni modo. Scrivevano a Francesco dicendogli che ero impazzita, che non stavo mai a casa, che non ci stavo più con la testa. Sono cose che fanno male.
(https://d.repubblica.it/attualita/2014/11/27/news)

Il resto, come nella più classica delle relazioni, l'hanno fatto le corna. La certezza che per lungo tempo il suo Francesco avesse frequentato un'altra donna ha avuto una indiscutibile influenza:

Quando mi sono messa con Francesco sapevo che era un personaggio rispettabile a Casal di Principe. Poi nel 2002 ho scoperto che da vent'anni si frequentava con un'altra donna [...]. E mi è crollato il mondo addosso. Me lo disse il suo avvocato che era vero, non aveva avuto il coraggio di guardarmi in faccia e dirmelo lui. Una donna con cui Francesco aveva avuto anche tre figli, di cui tutti sapevano, pure le mie sorelle. Nel 2003 ci ho litigato e sono stata tre mesi senza fare i colloqui. Ero decisa a lasciarlo. Mia figlia, Teresa, era piccola, me la sarei potuta portare via con me però lui mi aveva sibilato: "se ti prendi Teresa, ti cemento". Sapevo che l'avrebbe fatto davvero, ho avuto paura [...]. Sapevo che se me ne fossi andata, lui mi avrebbe ammazzato. Ne ero certa. La prima cosa che Francesco mi ha detto quando sono entrata a casa sua è stata: "tu non esci più da Casal di Principe".
(*Ibidem*)

Per aver pugnalato il suo uomo alle spalle, la Carrino non poteva certo passarla liscia. Nel maggio del 2008 un commando bussa alla porta della casa in cui vive la sua famiglia e spara ripetutamente: la madre e la sorella restano illese, la nipote Francesca viene colpita all'addome. Tre anni dopo i vecchi compari preparano un attentato dopo aver saputo che la pentita si nasconde a Chiavari (Genova). L'intervento delle forze dell'ordine consente di sventare il piano omicida poco prima della sua attuazione.

Nel maggio del 2019 in una intervista a Matilde Andolfo, la Carrino ha confessato di avere ancora paura perché di lì a poco sarebbe uscita dal programma di protezione:

Senza nuovi documenti, vivo nell'angoscia di una vendetta. La legge italiana non aiuta i collaboratori. Prima ti spremono e poi ti gettano via. Altrove non è così. Negli Stati Uniti, ad esempio, l'Fbi ti fornisce subito una nuova identità, così puoi ricominciare una nuova esistenza [...]. La verità è che lo Stato italiano non sa che fine farmi fare. Ora posso anche finire ammazzata.
(www.leggo.it/italia/cronache/casalesi_anna_carrino_boss_francesco_bidognetti-4465613.html)

Poi a cedere di schianto è un altro Bidognetti: si chiama Domenico ed è il cugino di Francesco "Cicciotto 'e mezzanotte". Domenico decide di collaborare nell'autunno del 2007: confessa una quarantina di omicidi oltre a ricostruire una parte degli affari legali dell'organizzazione. Il suo pentimento è considerato pericolosissimo e nel 2008 gli ammazzano il padre Umberto, titolare di un'azienda bufalina, che però non lo aveva voluto seguire e quindi non era sotto protezione. Ma l'omicidio del babbo del pentito non è solo una vendetta contro un traditore:

> A condannare a morte l'imprenditore non erano state le inchieste giudiziarie scaturite dalle rivelazioni del figlio ma le parole pronunciate da Domenico nel corso di una trasmissione televisiva andata in onda pochi giorni prima. Inizialmente, nell'agenda del terrore stilata da Setola, il nome di Umberto Bidognetti non c'era, ma era stato inserito all'improvviso nell'elenco degli uomini da abbattere dopo che l'aspirante boss aveva visto l'intervista rilasciata da Domenico Bidognetti ad Annozero, la trasmissione condotta da Michele Santoro. In quell'occasione, lanciando un appello ai camorristi ancora in servizio, il pentito aveva inconsapevolmente mandato suo padre al macello. «Lasciate il clan e collaborate con la giustizia», aveva detto. Nessun proclama particolare, dunque, anzi frasi anche piuttosto scontate da parte di chi ha saltato il fosso passando dalla parte dello Stato. Ma secondo gli inquirenti quella frase aveva dato tremendamente fastidio a Setola, che tutto avrebbe potuto tollerare tranne un invito così esplicito alla diserzione.
>
> (Bruno De Stefano, *Storia e storie di camorra*, Newton Compton 2019)

Il vero movente lascia sconcertati pure gli inquirenti. E nel commentare l'esito delle indagini, il procuratore aggiunto Federico Cafiero de Raho spiega:

> Credo sia importante segnalare come l'omicidio è peraltro da ricondurre a un episodio molto particolare. Giuseppe Setola ed altri componenti del gruppo assistettero alla trasmissione Annozero e quindi poterono verificare come Domenico Bidognetti ebbe a riferire non solo sulla sua collaborazione, ma anche su quello che era il comportamento che avrebbero dovuto assumere i camorristi. Questo monito di Domenico Bidognetti ebbe una conseguenza immediata. Setola riunì il gruppo e deliberò l'eliminazione proprio per dimostrare che i collaboratori di giustizia innanzitutto non dovessero dare moniti di alcun tipo e d'altro canto bisognava comunque scoraggiare nuove collaborazioni.
>
> (*Ibidem*)

Molti anni dopo in una intervista a Francesco Oggiano, di «Vanity Fair», Domenico Bidognetti spiegherà:

> È stato Cicciotto, mio cugino, la ragione per cui sono diventato un camorrista. Noi casalesi non siamo nati mafiosi. I nostri genitori erano quasi tutti onesti contadini. Io fino a poco più di vent'anni ero un muratore. Però la sera mi ritrovavo con i ragazzi del paese, che stavano vicini a mio cugino, già allora un leader naturale e per me un Dio. Un giorno mi chiesero se potevo conservargli una pistola. Qualche giorno fu un fucile, poi una Fiat Croma turbo grigia, da tenere parcheggiata dietro casa. Quando i miei la videro capirono tutto: era la macchina più usata per gli agguati. Mio padre mi pregò di continuare a lavorare onestamente, di

non fargli mettere vergogna. Fu tutto inutile. Perché in realtà noi Casalesi siamo ominicchi, e ci tradiamo continuamente l'un l'altro.

(www.vanityfair.it/news/storie-news/2019/03/28/
il-boss-e-la-vecchietta-nel-palazzo-cosi-vive-un-pentito-di-camorra)

Nel maggio del 2019 Bidognetti incassa un'altra clamorosa delusione: si pente il figlio Raffaele Bidognetti, detto "'o puffo": dopo tredici anni trascorsi al 41 bis preferisce non marcire in galera.

Tutti (o quasi) fuori

Arresti, condanne, pentiti: il clan ha subito degli scossoni pesantissimi, ma dare per morti i Casalesi sarebbe un errore imperdonabile. È vero che gli esponenti più importanti – da Francesco Schiavone a Francesco Bidognetti, fino a Michele Zagaria – sono inchiodati da un grappolo di ergastoli, ma è altrettanto vero che nei prossimi anni torneranno in libertà una serie di soggetti che in passato hanno fatto parte dell'organizzazione. A lanciare l'allarme è stata Rosaria Capacchione: Emanuele Schiavone, uno dei figli di "Sandokan", sarà libero nel 2022, mentre Gianluca Bidognetti, rampollo di "Cicciotto 'e mezzanotte", uscirà dal carcere nel 2027. Scrive la Capacchione:

Ma guardiamola più da vicino, la geografia dei clan in vinculis. Francesco Russo, fratello di "Peppe il padrino", fazione Schiavone, sarà scarcerato entro la metà di ottobre di quest'anno. Salvatore Nobis, uomo di fiducia di Michele Zagaria, tre mesi dopo. Andranno a raggiungere quanti sono stati già liberati: Carmine Zagaria, Filippo Capaldo (nipote di Zagaria), uno dei figli di Schiavone-Sandokan (Ivanhoe) che non ha seguito il fratello più grande nella scelta della collaborazione e ha rinunciato alla protezione. Nel giro di poco (fine pena lordo tra il 2022 e il 2026) a loro si aggiungeranno Maurizio Capoluongo, Pasquale Apicella, Salvatore Di Puorto, Elio Diana, Giuliano Martino, Aldo Picca, Oreste Reccia, Pasquale Zagaria (il capo dell'ala imprenditrice del clan). Ancora pochi mesi, dunque, e si saprà in che modo il clan avrà cambiato la sua pelle. Se prenderà il sopravvento l'ala militarista, più prossima alle modalità di azione napoletane (uso massiccio della forza ma scarsa visione strategica), o quella più tradizionale a trazione mafiosa (sommersione e affari, possibilmente sulle piazze straniere). E non è una questione di poco conto.

(https://napoli.fanpage.it/
il-ritorno-del-clan-dei-casalesi-boss-e-affiliati-di-nuovo-liberi/)

Mazzarella

Più che un impenetrabile blocco di granito è una comunità frastagliata, un groviglio di fratelli e sorelle, cognati e cognate, zii e zie, nipoti di primo e secondo grado, cugini e cugine; e poi ancora di mogli, di fidanzate, di compagne, di amanti.

Parlare dei Mazzarella significa infilarsi in un labirinto di parentele il cui potere è forgiato sui vincoli di sangue, non sempre saldissimi ma comunque piuttosto resistenti, come del resto dimostra la longevità del clan.

Ma legami a parte, tutti i componenti di questa sterminata dinastia sono coinvolti in una organizzazione criminale che nel corso degli anni come la sabbia si è infilata negli ingranaggi dell'economia legale e illegale, allargando a dismisura il proprio orizzonte geografico e diventando di fatto forse la più forte cosca di Napoli. Quella dei Mazzarella è una storia che parte da molto lontano e con un altro cognome: Zaza. Scrive il sociologo Luciano Brancaccio:

> Gli Zaza-Mazzarella sono una famiglia dinastica assai estesa. Si tratta della più importante famiglia camorristica della città. Non è riconducibile a unità, ma è chiaramente distinguibile dal resto. La numerosità dei figli è dunque una risorsa cruciale del clan. Consente alla famiglia di cogliere con alcuni suoi componenti più intraprendenti le opportunità che si presentano nelle grandi trasformazioni del mondo economico criminale. Michele Zaza e Ciro Mazzarella diventano trafficanti di alto livello, vivono buona parte della loro vita lontano dai quartieri di origine, in una dimensione economica che si potrebbe definire pienamente globale.
>
> (Luciano Brancaccio, *I clan di camorra*, Donzelli 2017)

Il primo della famiglia a riempire la cassaforte di miliardi è stato Michele Zaza, detto "'o pazzo": affiliato a Cosa Nostra, è diventato negli anni '70 uno dei boss più ricchi grazie al contrabbando di sigarette. Poi nei decenni successivi sono saliti alla ribalta i suoi nipoti (figli della sorella Nunzia) Ciro, Gennaro e Vincenzo Mazzarella che dopo un lungo rodaggio alla corte dello zio hanno avuto l'indubbia capacità di diversificare le loro attività gestendo con eccezionali risultati un ventaglio di business: dalla droga al mercato dei CD e dei DVD taroccati – un segmento che assicura introiti da paura – dalle estorsioni al controllo del mercato del pesce. I tre fratelli e il loro poderoso giro di parentele hanno accumulato patrimoni impressionanti, una parte dei quali viene investito per dare da vivere anche alle centinaia e centinaia di talpe laboriose che occupano i gradini più bassi della piramide e che portano a casa uno stipendio solo grazie agli eredi di "'o pazzo".

Per imporre la propria legge su una larga fetta di territorio cittadino i Mazzarella hanno dovuto attraversare più di una turbolenza: la guerra contro l'Alleanza di Secondigliano è stata cruenta e ha lasciato sull'asfalto un discreto numero di vittime; e anche in anni recenti altri conflitti, seppur di minore intensità, si sono rivelati particolarmente sanguinosi e le conseguenze ancora oggi non sono del tutto evaporate. Se le battaglie per la conquista o la difesa di vicoli, strade e quartieri hanno procurato perdite in termini di vite umane, l'offensiva delle forze dell'ordine e della magistratura ha invece lasciato segni ancora più profondi con inchieste che si sono trasformate in condanne e centinaia di arresti che hanno portato a un ciclico e forzato cambio della guardia ai vertici del gruppo. In più di una circostanza, però, le nuove generazioni hanno dimostrato di non essere all'altezza dei vecchi boss e non avendo alle spalle la dura gavetta di molti dei loro predecessori non sono riusciti a gestire affari e alleanze con la necessaria oculatezza. A proposito di famiglia, i Mazzarella sono stati i protagonisti di un matrimonio passato alla storia e che li ha resi ancora più potenti: quello tra Michele Mazzarella, figlio del boss Vincenzo, e Marianna Giuliano, figlia di Luigi, il "re" di Forcella. Fu definita "l'unione tra due troni", come se all'altare fossero saliti due rampolli di casate reali. Quelle nozze poi però non hanno prodotto i risultati sperati, e una delle due schiatte – i Giuliano – si è addirittura dissolta, divorata dagli stessi padrini che l'avevano creata. Neppure gli sposi hanno raccolto grandi soddisfazioni: Mazzarella s'è fatto vent'anni di galera (è uscito nell'estate 2020 grazie a un supersconto di pena), Marianna dietro le sbarre di anni ne ha trascorsi una dozzina.

Va detto che i colpi subiti dallo Stato e le periodiche guerriglie con gruppi emergenti hanno provocato delle ammaccature pure vistose ma non hanno affatto compromesso la forza militare e il potere economico dei Mazzarella che resta una delle famiglie più influenti della camorra partenopea.

Michele Zaza, il re del contrabbando

Il capostipite è uno dei personaggi più singolari del panorama criminale campano: Michele Zaza, meglio noto come "'o pazzo", stroncato da una stenosi mitralica nel 1994 quando aveva appena 59 anni. Molta fame e tanta voglia di affrancarsi da un'esistenza che si prospetta assai grama: da ragazzo, Michele sogna di riscattarsi dalle ristrettezze alle quali lo hanno obbligato le tutt'altro che floride condizioni economiche della famiglia, visto che il babbo è un pescatore che vive dignitosamente ma alla giornata. Qualche furto e qualche rapina rappresentano le prime esperienze nell'universo della malavita, ma si rivelano una sorta di prezioso apprendistato prima di lanciarsi anima e corpo in affari che lo renderanno miliardario. La fortuna di Zaza è che negli anni '60 molti boss di Cosa Nostra sono stati mandati al soggiorno obbligato in diversi comuni della Campania; un clamoroso errore strategico dello Stato che produce effetti devastanti perché i mafiosi sbarcati nel Napoletano non trascorrono il tempo a giocare a briscola ma a delinquere come hanno sempre fatto nei luoghi di origine. E in quel periodo uno dei business più redditizi è quello del contrabbando di sigarette che vede primeggiare palermitani come Gerlando Alberti e Alfredo Bono, ai quali "'o pazzo" si lega dimostrandosi amichevole e collaborativo. I siciliani lo prendono in simpatia e lo coinvolgono nei loro traffici:

> Alla metà degli anni '60 il business è conteso da tre gruppi: i siciliani, i Marsigliesi (che provengono da diverse città della Francia meridionale) e i napoletani cosiddetti "indipendenti" perché agiscono in proprio. È vero che il commercio di "bionde" frutta un sacco di quattrini, ma il mercato non basta per soddisfare le necessità di tre contendenti. Facile pestarsi i piedi, dunque, inevitabile farsi la guerra. Dallo scontro esce vincente la fazione di Alberti e Bono, e Zaza a quel punto è destinato a rappresentare in Campania gli interessi di Cosa Nostra.
>
> (Bruno De Stefano, *I boss che hanno fatto la storia della malavita*, Newton Compton 2018)

L'impegno che profonde nelle attività illegali è totale, e le privazioni della giovinezza diventano solo lontani frammenti di vita da conservare nell'album dei ricordi. Quella con i mafiosi si rivela un'alleanza decisamente proficua che gli consente di guadagnare una montagna di soldi nell'arco di poco tempo. Zaza si rivela particolarmente abile ma in più di una circostanza manifesta un difetto che nessuno riuscirà mai a correggere: non è facilmente controllabile, per questo motivo i siciliani decidono di affiliarlo a Cosa Nostra allo scopo di mettergli le briglie. Per andare sul sicuro lo affidano all'occhio autorevole, severo e attento di Michele Greco, detto "il Papa", che anni dopo sarà al vertice della Cupola. Racconterà il pentito Tommaso Buscetta al giudice Giovanni Falcone:

> All'incirca nel 1973-74 avviene il boom del contrabbando di sigarette estere; allora i maggiori contrabbandieri erano i palermitani Tommaso Spadaro e Nunzio

La Mattina, entrambi della famiglia di Pippo Calò, e il napoletano Michele Zaza [...]. Zaza diviene uomo d'onore dopo il boom del contrabbando... Mi risulta che La Mattina si associava con Stefano e Giovanni Bontate, mentre Spadaro era socio soprattutto di Pippo Calò; Michele Zaza era socio di Alfredo Bono che chiamava "compariello". In sostanza nel contrabbando di tabacchi e sigarette estere la mafia ha svolto esclusivamente il ruolo di finanziatrice, mentre l'onere di organizzare il traffico gravitava esclusivamente su Spadaro, La Mattina e Zaza.

(www.csm.it/documents/21768/1957009/Ord+maxiprocesso+volume+5+pagine+711_985.pdf/08b87e3c-7a79-ef16-4dc4-4d0878d7e6ab)

Negli anni '70 a Napoli il commercio illegale delle sigarette dà da vivere a un sacco di gente. La guardia di finanza sequestra pescherecci e motoscafi utilizzati per trasportare la merce, però è una guerra impari. Zaza è assai scaltro, in breve tempo si trasforma in una sorta di manager che gestisce un'azienda fuorilegge che conta centinaia di dipendenti. L'attenzione della Finanza nei suoi confronti lo innervosisce parecchio, si ritiene un imprenditore ingiustamente perseguitato: si definisce "il Giovanni Agnelli del Sud" perché come la Fiat pure lui dà da mangiare a un numero impressionante di famiglie. È una tesi, questa, particolarmente diffusa a Napoli e per difendere chi lavora nel settore nasce persino un Collettivo autonomo contrabbandieri che nel giugno del 1983 convoca un'assemblea pubblica attraverso un manifesto:

Il contrabbando a Napoli permette a 5000 famiglie di sopravvivere a stento. Da poco meno di un anno, oltre a chiudere i posti di lavoro, lo Stato e la Finanza hanno dichiarato guerra al contrabbando. Ci sparano addosso quando usciamo con i motoscafi blu. Il contrabbando non si tocca! Fino a quando non ci daranno un altro mezzo per vivere, dobbiamo organizzarci ed essere uniti per difendere il nostro diritto alla vita.

(*Traffici criminali*, a cura di Gabriella Gribaudi, Bollati Boringhieri 2009)

Il figlio del pescatore di Procida è sicuramente astuto ma a volte si sopravvaluta, come racconterà il pentito Tommaso Buscetta:

Si verificavano delle continue stranezze perché, anche dopo essere diventati uomini d'onore, Spadaro e La Mattina non avevano modificato la loro mentalità di truffatori e la loro scadente fibra umana, forse anche a causa dell'influenza che i napoletani esercitavano su di loro. Nonostante l'obbligo di dire la verità agli altri uomini d'onore frenasse la loro tendenza a fare i furbi, essi e Michele Zaza dovevano essere sorvegliati attentamente [...]. Anni dopo, Stefano Bontate mi raccontò ridendo che Michele Zaza era un incorreggibile impostore perché ricorreva a ogni trucco possibile per scaricare le casse di sigarette nel suo interesse, trascurando quello di Cosa Nostra.

(Pino Arlacchi, *Addio Cosa Nostra*, Mondadori 1994)

Sulla onestà intellettuale di "'o pazzo" avanza dei dubbi un altro ex boss mafioso, Francesco Marino Mannoia:

Zaza si comportava scorrettamente, nel senso che scaricava quantitativi notevolmente superiori al tetto massimo di 40 mila casse.
(Roberto Ciuni, *Le macerie di Napoli*, Rizzoli 1994)

I siciliani devono arrendersi: pensavano che accogliendolo nelle loro fila lo avrebbero addomesticato ma invece Michele tiene fede al soprannome che gli hanno affibbiato e continua ostinatamente a fare di testa sua. I mafiosi, almeno formalmente, sono meno inclini a perdersi in vizi e a cedere a certe umane debolezze, e generalmente un comportamento sobrio e serio è particolarmente apprezzato. Basti pensare che Tommaso Buscetta è considerato un pessimo elemento perché ha tradito la moglie e ha l'abitudine di correre dietro alle donne. Ma Zaza, pur essendo un esponente di Cosa Nostra a tutti gli effetti, non intende assolutamente condurre un'esistenza frugale, anzi ha inseguito la ricchezza proprio per vivere alla grande. E quindi si concede di tutto, anche se a sedurlo più che le donne è il gioco d'azzardo, un altro argomento tabù per i morigerati (e spesso ipocriti) boss della mafia. Don Michele è un abituale frequentatore dei casinò e quando si siede al tavolo del "chemin de fer" si fa una gran fatica per riportarlo a casa.

Il giudice Giovanni Falcone ricorda un episodio riferitogli da un collaboratore di giustizia:

Il pentito Antonino Calderone, catanese, racconta che suo fratello Giuseppe rinfacciava a Michele Zaza e Alfredo Bono la passione ossessiva per la roulette e lo chemin de fer […]. Si tratta comunque di un genere di attività che non reca alcun prestigio a un uomo d'onore. È tollerata a titolo personale, ma provoca un richiamo all'ordine se diventa troppo vistosa.
(Giovanni Falcone e Marcelle Padovani, *Cose di Cosa Nostra*, Rizzoli 1991)

Quella per il gioco è soltanto una delle passioni che occupano il tempo libero dell'"Agnelli del Sud": contrariamente agli altri suoi colleghi dell'epoca è un amante del lusso, gli piace spendere, adora ostentare le sue ricchezze e possiede ville sfarzose in suggestive località francesi e negli Stati Uniti, in particolare a Los Angeles. Ne possiede pure una a Nizza, dove lo arrestano un paio di volte. A Napoli alloggia in una villa in via Petrarca, a Posillipo, una strada abitata rigorosamente da gente dal debordante conto in banca. La dimora di Zaza è enorme, ha un terrazzo con una vista sul golfo che lascia incantati, e una piscina. Se la gode a lungo quella residenza extra lusso, ma molti anni dopo, dove il boss bivaccava tra donne e champagne, si è insediata una cooperativa che aiuta disabili e persone che hanno bisogno di sostegno psicologico. L'esibizione ossessiva dello straordinario benessere raggiunto è un tentativo di prendersi la rivincita con la vita di ristrettezze degli anni giovanili, ma è un modo di fare che agli occhi dei big di Cosa Nostra lo fa apparire come un soggetto del quale è meglio non fidarsi.

Vanitoso, esibizionista, giocatore d'azzardo: ma non è tutto. Zaza è anche furbo, parecchio furbo, al punto da non esitare a lucrare sulle spalle dei suoi soci siciliani. I quali decidono addirittura di liberarsene, come il pentito Totuccio Contorno spiegherà al giudice Falcone:

> Nel 1979 avvenne a Marano, nella tenuta agricola dei Nuvoletta, una riunione per sciogliere di comune accordo la "società" tra napoletani e siciliani relativa al contrabbando di tabacchi e ciò a causa della difficoltà di controllare l'attività di Michele Zaza e Tommaso Spadaro che facevano la parte del leone. Lo scioglimento della società non significò che i rapporti s'interrompessero perché ognuno poteva stipulare accordi con chi voleva per il contrabbando di sigarette. Alla riunione parteciparono i Nuvoletta, Michele Zaza, Pippo Calò, Salvatore Riina, Bernardo Brusca e Franco Di Carlo, capofamiglia di Altofonte [...]. Nel frattempo s'era sviluppata l'attività inerente al traffico degli stupefacenti alla quale partecipavano sia napoletani che siciliani.
>
> (Roberto Ciuni, *Le macerie di Napoli,* Rizzoli, Milano 1994)

A proposito di mafia: secondo il pentito Francesco Di Carlo, padrino di Altofonte (Palermo) e pezzo da novanta di Cosa Nostra, Michele Zaza e il nipote Ciro Mazzarella sono tra i protagonisti di un agguato che solo per fortuna ha conseguenze non irreparabili: entrambi, sostiene Di Carlo, erano nel commando che il 5 aprile del 1973 a Roma sparò sul questore Angelo Mangano, condannato a morte dal boss Luciano Liggio, e sul suo autista. Un commando composto perlopiù da delinquenti napoletani:

> In via Tor Tre Teste a Roma, nell'aprile del 1973, dentro alla Mercedes appostata davanti a casa di Mangano c'è Lucianeddu in persona. "Liggio è in compagnia di Michele Zaza, Angelo Nuvoletta, che ancora non era entrato in Cosa Nostra, e Ciro Mazzarella. Sono tutti giovani, meno di trent'anni, Ciro forse è il più piccolo, ma è il nipote di Michele Zaza, figlio di una sorella, e gode di massimo rispetto".
>
> (Enrico Bellavia, *Un uomo d'onore*, Bur 2010)

Per la cronaca: Mangano si salvò per miracolo, il suo autista Domenico Casella fu solo ferito.

Zaza, come molti altri, scopre nuovi orizzonti: secondo gli inquirenti si lancia nel mercato della droga, anche se lui non smetterà di negare che non è mai stato un narcotrafficante. Insieme a lui c'è il nipote Ciro, che nel frattempo ruba il mestiere allo zio. Il contrabbando resta una miniera d'oro, tuttavia è con la droga che si fanno più soldi e in tempi più rapidi.

Il primo vero problema sorge quando nel commercio illegale di sigarette ha deciso di entrare pure il boss di Ottaviano Raffaele Cutolo, fondatore e capo della NCO, il quale avanza una pretesa che appare fuori dalla grazia di Dio: vuole una tangente su ogni cassa scaricata a Napoli, e don Michele piuttosto che fargli la guerra preferisce trattare come si evince dal contenuto di una telefonata intercettata il 24 luglio del 1980. Zaza parla col nipote Ciro di un accordo con Vincenzo Casillo, il vice di Cutolo, e dice:

> Noi ci dobbiamo comandare Napoli e Casillo comanda la provincia... ce ne fotte di tutti quanti... di Nuvoletta, di tutti quanti... ma ora ci difendiamo Napoli e se noi ci stiamo fermi con la provincia, loro non devono venire a Napoli... Io ci devo parlare Ciro, ma però devo sfogare. A Casillo io gli devo dire: senti tu hai vinto ma non hai vinto... Io mi sono sposata questa causa e ci muoio con questa causa... noi questa causa ce la siamo sposata ma non per quelli di giù perché facciamo la guerra anche a quelli di giù.
>
> (Bruno De Stefano, *op. cit.*)

Ma con Cutolo, noto come "'o professore", c'è poco da negoziare. Tant'è che il capoclan di Ottaviano non cerca un accordo ma condanna a morte Zaza, costretto a darsi alla latitanza pur di salvare la pelle. Il 24 gennaio del 1983 al "professore" arriva una spiata secondo la quale il contrabbandiere è ricoverato in una clinica napoletana; è l'occasione che aspettava per fare fuori "'o pazzo":

> Il boss di Ottaviano si fida della voce raccolta e manda nella clinica uno squadrone di killer composto da dodici persone armate fino ai denti. La soffiata è credibile perché chi l'ha fatta ha indicato anche il numero della stanza, la 46, in cui la vittima designata è ricoverata. Il 24 gennaio del 1983 il commando fa irruzione a Villa del Sole, blocca due guardamacchine e il centralinista, sequestra due dipendenti e minacciandoli con le armi si fa condurre fino alla stanza 46. Ma lì non c'è nessuno. I killer scendono nella hall, si fanno consegnare il registro dei ricoveri e scoprono che in quei giorni nella stanza 46 non era ricoverato Michele Zaza ma suo fratello Salvatore, dimesso un paio di giorni prima del raid. I componenti di quella singolare irruzione nella clinica saranno arrestati un anno dopo dagli agenti della Squadra mobile guidati da Franco Malvano.
>
> (Bruno De Stefano, *op. cit.*)

L'"Agnelli del Sud" riesce a schivare gli attacchi di Cutolo, ma su altri due fronti è costretto a soccombere: giustizia e salute. Le indagini sul suo conto si trasformano in processi il cui esito è spesso spiacevole. Il cuore malandato invece continua a tormentarlo, costringendolo a periodici ricoveri in strutture specializzate. Intanto pure suo fratello Salvatore finisce nei guai con la legge, e mentre gli Zaza si allontanano prudentemente da Napoli, si fanno largo i tre nipoti Ciro, Vincenzo e Gennaro Mazzarella, figli della sorella Nunzia: fino ad allora hanno mantenuto una posizione più defilata, schiacciati dal prestigio e dall'autorevolezza dell'ingombrante parentela, ma sono pronti a ereditarne lo scettro. Con Michele e Salvatore che concentrano i loro interessi altrove, per i tre fratelli Mazzarella si schiudono possibilità immense. Grazie al silenzioso lavoro svolto negli anni precedenti accanto agli zii, Ciro diventa il ras tra San Giovanni a Teduccio e il Pallonetto di Santa Lucia, Gennaro governa a Piazza Mercato e Vincenzo è il capo assoluto nel rione Luzzatti.

Nelle loro vene scorre lo stesso sangue, la loro origine ha lo stesso identico ceppo, ma i tre fratelli non sono una organizzazione compatta come scrive il capitano Leonardo Lucci, comandante della guardia di finanza di Fiumicino:

> Una precisazione si rende a questo punto indispensabile: in realtà, i tre fratelli Mazzarella, vale a dire Ciro, Vincenzo, e Gennaro sono apparsi nel tempo sempre "un po' divisi tra loro" e non come un unico gruppo criminale presente sul territorio. Sostanzialmente, le investigazioni svolte hanno messo in evidenza che Gennaro Mazzarella ha sempre mantenuto con i propri fratelli un rapporto distaccato, tanto da apparire – nelle relazioni con le altre organizzazioni – come un'aggregazione criminale divisa ed autonoma rispetto a quelle dei fratelli. Difatti, dopo lo sfaldamento della originaria famiglia mafiosa, cioè quella degli Zaza-Mazzarella, i tre fratelli assumevano decisioni diverse come ad esempio quella di trasferirsi in differenti quartieri cittadini. Mentre, infatti, Vincenzo Mazzarella decideva di spostarsi con un proprio gruppo criminale nel rione Luzzatti (controllando indirettamente – tramite suoi congiunti ed affiliati – il quartiere San Giovanni), Ciro e Gennaro si insediavano rispettivamente nella zona di Santa Lucia e nella zona Mercato, traendo evidentemente i mezzi di sostentamento da "attività" la cui gestione non era direttamente connessa al controllo del territorio (ad esempio l'importazione di droga e di tabacchi lavorati esteri, l'usura ed altro). Tuttavia, a partire dai primi anni del 2000, i segnali di una presenza più tipicamente connessa al controllo del territorio e la tangibile operatività di un autonomo gruppo criminale diretto da Gennaro Mazzarella iniziavano a manifestarsi con una certa insistenza. In realtà, si era presentata a Gennaro Mazzarella (scarcerato il 26/11/2001) una favorevole occasione per imporre la propria supremazia, estromettendo definitivamente dalla gestione degli affari illeciti tutti i vecchi affiliati del clan Contini (egemone in quel momento dell'intero quartiere), alcuni dei quali erano stati destinatari di provvedimenti restrittivi, altri, invece, erano stati ritenuti incapaci di gestire a un certo livello le attività illecite.
>
> (Informativa riepilogativa sul clan Mazzarella del 5 marzo 2009 – II Nucleo operativo del Gruppo di Fiumicino della guardia di finanza)

Ciro, il predestinato

Il più intraprendente è Ciro, noto col soprannome di "'o scellone", il cui temperamento irrequieto si manifesta fin dalla giovane età. Che non sia facilmente gestibile lo si capisce molto presto perché una delle sue prime esperienze "formative" la vive dietro le sbarre. Trovato in possesso di due pistole che si è procurato per vendicare il ferimento del padre, finisce nel carcere minorile di Napoli, il "Filangieri". Puntando sulla fama assicurata dal soprannome del suo illustre zio Michele ('o pazzo), dà fuoco alla cella e si finge uno squilibrato per ottenere il trasferimento nel manicomio criminale di Sant'Eframo, una struttura nella quale le restrizioni per gli ospiti sono sensibilmente più blande di quelle di un penitenziario. Ci deve restare due anni, ma invece di rendere la permanenza più serena e scivolosa possibile, fa di tutto per complicarsela. Un giorno per un banale motivo si azzuffa con un altro internato e viene legato a un letto di forza:

> Lì ho sofferto tantissimo perché non volli farmi l'iniezione di scopolamina, utile ad attutire la sofferenza. Il letto di forza è qualcosa di disumano e io avvertii quel supplizio ancora di più perché non ero sotto l'effetto dell'anestetico. Durante la notte credetti davvero di morire, ma per tutti gli otto o nove giorni che rimasi lì sopra non mi sono mai lamentato. Io amo queste sofferenze perché mi hanno permesso di diventare la persona che sono.
>
> (Fabrizio Capecelatro,
> *Lo spallone – Io, Ciro Mazzarella, re del contrabbando*, Mursia 2013)

Quando torna di nuovo in libertà capisce che probabilmente è il caso di cercarsi una strada tutta sua: va a lavorare per gli Zaza ma dopo la prima settimana lo zio Salvatore gli dà 20.000 lire, una cifra che il ragazzo considera ridicola tant'è che gliele sbatte in faccia, annunciando che si sarebbe trasferito a Santa Lucia per mettersi in società con i contrabbandieri della zona.

Non è solo per un'antica e radicata tradizione di famiglia che Ciro sceglie di non emanciparsi dall'illegalità. A convincerlo a proseguire lo stesso percorso di zio Michele e del babbo è la certezza che solo il contrabbando possa garantirgli una vita da ricco sfondato:

> Mi piaceva guardare le persone benestanti, magari molto più adulte di me, come si divertivano e come ci tenevano a poterlo fare. Andavo spesso nel night Trocadero, frequentato da persone adulte, mentre io ero ancora un ventenne, ma avevo la possibilità di andarci grazie ai proventi del contrabbando. Mi mettevo in un angolo e osservavo come gli altri avessero un'incredibile capacità di divertirsi, di gloriarsi, di godersi la vita [...]. Nella miseria non si può essere brillanti, non si riesce a esternare niente perché non lascia il tempo di pensare. Io ho messo le scarpe per la prima volta quando mi hanno portato al riformatorio, ma non mi ha mai spaventato l'idea di poter tornare in quella condizione.
>
> (*Ibidem*)

I guai con la legge

Anche se lui ha sempre negato di essere stato organico alla Nuova camorra organizzata, il pentito Carmine Alfieri – futuro capo della Nuova

Famiglia – ha sostenuto di averlo incontrato in una occasione nella veste di emissario del "professore" di Ottaviano. Agli inquirenti Alfieri ha riferito che Ciro Mazzarella è uno dei componenti della ristretta delegazione che alla fine degli anni '70 è costretto a ricevere in casa sua, a Saviano. È una improvvisata che lo turba: all'epoca è appena uscito dalla galera e non ha alcuna intenzione di dedicarsi al crimine organizzato. Ma su ordine di Cutolo, Mazzarella e altri tre big – Vincenzo Casillo, Corrado Iacolare e Davide Sorrentino – riferiscono ad Alfieri che il boss di Ottaviano lo vuole a tutti i costi nelle sue fila. Alfieri è spaventato perché sa che Cutolo non gradisce i "no", ma questa consapevolezza non gli impedisce di declinare l'offerta e suscitare un gesto di disapprovazione di "'o scellone" e dei suoi compari, che tolgono il disturbo con l'aria di chi non ha gradito affatto il rifiuto.

Nel 1980 Ciro deve misurarsi con i primi e seri problemi con la giustizia. A metterlo nei guai sono alcune telefonate dello zio Michele Zaza, il quale parlando con alcuni componenti della famiglia sostiene che Ciro ha fatto una consistente cresta su un carico di sigarette. Nelle stesse conversazioni, intercettate dalla guardia di finanza, "'o pazzo" sostiene che il nipote è un affiliato alla NCO di Raffaele Cutolo per conto della quale ha persino commesso degli omicidi. Al processo nato anche sulla base di quelle conversazioni, prova a discolparsi però i giudici non gli credono e lo condannano a tre anni e sette mesi di carcere. Non ha mai digerito quella sentenza, la considera una ingiustizia e ipotizza una sorta di complotto:

> Michele Zaza mi ha sempre coinvolto come merce di scambio con lo Stato. Le pare normale che mio zio, parlando a un telefono chiaramente intercettato dalle forze dell'ordine, vada a dire a un indagato che io ero riuscito a trattare 20.000 casse di sigarette senza essere coinvolto nelle indagini della procura?
>
> (*Ibidem*)

Nonostante l'autorevolezza di cui gode lo zio, Ciro non ne ha una buona opinione. Va detto, però, che la disistima è reciproca perché don Michele non perde occasione per dipingere il nipote nel peggiore dei modi. Zaza è riverito e rispettato dappertutto, ma Ciro non ne subisce il carisma, anzi. A dividere lo zio più potente e il nipote più sveglio sono diversi elementi, a partire dal carattere: "'o pazzo" è uno a cui piace ostentare la ricchezza in maniera pacchiana, gli piace essere adulato; "'o scellone" invece ha un profilo più basso, fa la vita da benestante ma senza irritanti smargiassate. Poi c'è l'età: è vero che sono zio e nipote, ma Ciro ha sei anni in più. Infine c'è una vicenda che potrebbe aver influito non poco sui rapporti – e le distanze – tra i due, come racconta Mazzarella:

Probabilmente alla base c'è anche un fatto morboso, dovuto a uno shock psicologico. Non dimentichiamo che, quando ero rinchiuso nel riformatorio di Macerata, mia nonna, la madre di Michele, morì in un incidente automobilistico nel venirmi a trovare. Forse mio zio mi riteneva, anche inconsciamente, responsabile della perdita della mamma.

(Capecelatro, *op. cit.*)

Zaza, comunque, ha sparlato del nipote non soltanto nelle conversazioni private. Nel corso del processo "Pizza Connection" dopo che il pentito Luigi Riccio ha sostenuto che "'o scellone" si occupava anche di droga e armi e che voleva uccidere Salvatore Zaza, "'o pazzo" prende la parola e urla: «Signor presidente, Luigi Riccio è un uomo d'onore e sta dicendo la verità che Ciro Mazzarella voleva ammazzare mio fratello. Io per questo ho sempre schifato mio nipote».

Insulti a parte, oramai Ciro è lanciatissimo, la parentela con zio Michele gli è stata utile all'inizio per beneficiare di un'autorevolezza che altrimenti non avrebbe avuto, ma arriva il momento in cui esce dal cono d'ombra dell'"Agnelli di Napoli":

Fra i personaggi nuovi ce n'è uno, Ciro Mazzarella, "'o scellone", che si avvia ad assumere una dimensione diversa da quella, incolore, di nipote di Michele Zaza. Finora di Ciro Mazzarella si parlava come di un contrabbandiere di San Giovanni a Teduccio con un consistente giro d'affari, un giro alla cui espansione non era estranea l'autorevole parentela. Ma la situazione va mutando e Ciro Mazzarella comincia adesso a dare la scalata alla piramide del contrabbando.

(Marisa Figurato e Francesco Marolda, *Storie di contrabbando*, Tullio Pironti editore 1981)

Quasi morto

Il disprezzo dello zio è tutto sommato sopportabile rispetto all'odio che nei suoi confronti nutre chi lo considera una minaccia. La sua carriera rischia infatti di concludersi nel primo pomeriggio del 12 marzo del 1981, quando ha da poco cominciato a digerire un abbondante porzione di cozze mangiate con gusto in una osteria nei pressi della stazione centrale. È in compagnia del suo autista, sta percorrendo via Padre Rocco e non si accorge che gli si è affiancata una macchina: i finestrini si abbassano e sbucano pistole e mitra puntate contro di lui. Gli assassini sparano più volte, la gente urla, scappa, prova a trovare riparo da qualche parte. Il volume di fuoco è notevole, i sicari hanno una sola missione: uccidere il nipote di Michele "'o pazzo". Ciro Mazzarella viene colpito ripetutamente e stramazza a terra, è coperto di sangue, pure la faccia è una maschera rossa. A terra resta pure Mariano Mellone, 33 anni e padre di una bambina di un anno. Mellone non c'entra niente, era davanti a una officina per ritirare la 500 di sua moglie, i proiettili vaganti lo hanno abbattuto. Sparando all'impazzata gli assassini hanno colpito pure Francesca Moccia, 50 anni e cinque figli: ha una bancarella con la frutta proprio a pochi metri dall'agguato, una pallottola vagante l'ha fulminata. Morirà in ospedale qualche ora dopo. In ospedale ci va pure Ciro Mazzarella, chi ha assistito alla scena non scommetterebbe un centesimo sulla sua sopravvivenza: ha il corpo bucherellato, difficile che possa farla franca. Invece "'o scellone" ha un fisico robusto e riesce a scampare alla morte. Il bilancio dell'imboscata resta ugualmente terribile: due morti innocenti, la vittima designata in condizioni disperate. Mazzarella è in sala rianimazione e non sa che gli inquirenti lo accusano di concorso in duplice omicidio: ha risposto al fuoco dei suoi boia e potrebbe aver contribuito a provocare la tragica fine di Mellone e della Moccia.

La tempra del camorrista è tale che riesce a recuperare rapidamente, anche se i segni dell'agguato se li porterà appresso per il resto dell'esistenza:

> Ho un proiettile nel polmone, uno nella quinta vertebra dorsale, uno dell'ipocondrio destro, uno nell'omero. Sicuramente l'obiettivo era quello di uccidermi, visto il fuoco che venne aperto contro di me, ma non mi sono mai fatto un'idea di chi potesse essere stato.
>
> (Capecelatro, *op. cit.*)

E quasi un mese dopo l'agguato decide unilateralmente di mettere fine alla convalescenza con una felpata evasione dal reparto di ortopedia dell'ospedale Cardarelli, dov'è piantonato dalle forze dell'ordine. Nell'immaginario collettivo le fughe avvengono calandosi al suolo con le lenzuola legate tra loro o neutralizzando gli uomini di guardia, oppure facendosi prelevare da complici armati. Niente di tutto questo: "'o scellone" approfitta di un colpo di sonno degli agenti che lo piantonano, probabilmente dopo aver fatto bere loro qualche potente sedativo; poi indossa la vestaglia, esce dalla stanza con ancora attaccato il drenaggio al braccio e si allontana percorrendo i corridoi fino all'uscita, dove la moglie lo attende per portarlo in un luogo sicuro. Un pentito sosterrà che Mazzarella ha corrotto le "guardie" con 300 milioni di lire, ma la storia risulterà non vera.

La latitanza dura meno di un anno: il 19 gennaio del 1982 la Squadra mobile diretta dal vicequestore Antonio Ammaturo lo arresta in un appartamento nella zona di San Giovanni a Teduccio, dove i Mazzarella dettano legge. "'O scellone" in casa aveva un arsenale. Per il dottor Ammaturo (assassinato sei mesi dopo dalle Brigate Rosse) si tratta di un grande colpo:

> Questo pregiudicato è con Michele Zaza il capo della organizzazione che controlla il contrabbando nella zona di San Giovanni a Teduccio. Mazzarella ha anche collegamenti con la mafia siciliana del clan di Vincenzo Spanzano e Nicolò Milano. Abbiamo sequestrato diverse armi, quattro revolver e cinque pistole tra cui una "44 magnum". Abbiamo anche trovato diverso danaro nigeriano.
>
> (Ansa, 19 gennaio 1982)

Che "'o scellone" abbia una visione della realtà diversa dalla massa, lo si capisce quando invece si restare abbarbicato a Napoli decide di fare affari da tutt'altra parte. Nel 1990 si trasferisce in Svizzera dove moltiplica i suoi guadagni comprando le sigarette da una fabbrica polacca e rivendendole ai contrabbandieri che salpando dalle coste del Montenegro le smistano in altri Paesi:

> A Lugano aveva tentato di sbarcare e creare una sua società di intermediazione anche Ciro Mazzarella [...]. Ma si scontrò con gli intrighi e le connivenze di altri intermediari già da tempo residenti in Svizzera. Eppure fu proprio Ciro Mazzarella, prima di Varano e Franco Della Torre, a capire che, chiusa la strada dell'Albania dopo la grande crisi economica di quel Paese che rischiò il tracollo definitivo, le rotte del contrabbando potevano spostarsi in Montenegro.
>
> (Gigi Di Fiore, *La camorra e le sue storie*, Utet 2016)

Per spostare la merce non usa le navi ma addirittura un areo russo, un Antonov, abitualmente adoperato per il trasporto dei passeggeri: toglie tutti i sedili e riempie il velivolo con almeno mille casse.

Col passare degli anni il business del contrabbando si affievolisce e anche per un "re" delle sigarette come Ciro Mazzarella i guadagni si assottigliano. Il nipote di Zaza prova a lanciarsi nel mercato legale, ma senza risultati. A ogni modo ritiene che quello delle sigarette sia un segmento fondamentale dell'economia del nostro Paese:

> Credo che, dopo il petrolio, le sigarette siano uno dei fattori che più di tutti fanno girare l'economia mondiale, perché in fumo si bruciano un sacco di soldi. Vista anche la professione di mio nonno e di mio padre, ho sempre desiderato dedicarmi al mercato delle sigarette: ma onestamente non è possibile farlo. Avrei le capacità per entrare nel mercato delle sigarette, ma sono sempre stato ostacolato dalle autorità del mio Paese. E questa è libertà? Perché un mercato deve essere a tal punto ristretto soltanto ad alcune persone e io non posso entrare a farne parte?
>
> (Capecelatro. *op. cit.*)

Gli investigatori, però, sostengono che i soldi li abbia fatti pure con un altro business, più ignobile: quello della droga. Nel luglio del 1993 il nome di Ciro Mazzarella finisce dentro l'operazione denominata "Hurricane in Naples" (uragano a Napoli) con la quale vengono sgominate quattro organizzazioni dedite al commercio di hashish e cocaina tra Marocco, Spagna, Italia, Colombia, Brasile, Olanda, Germania e Svizzera. L'accusa è di associazione per delinquere e traffico internazionale di stupefacenti:

> In particolare il gruppo composto, tra gli altri, da Ciro Mazzarella, Alfonso Lamboglia e Vittorio Pirozzi, era riuscito a far arrivare in Italia circa 700 chilogrammi di hashish attraverso il Marocco e la Spagna, ma la droga era stata sequestrata dagli investigatori della sezione narcotici.
>
> (Ansa, 6 luglio 1993)

Quando scattano gli arresti "'o scellone" è latitante, ma riesce a scansare le manette solo per un paio di mesi. Il 28 settembre la Squadra mobile della questura di Napoli e la polizia elvetica lo ammanettano a Lugano, la cittadina svizzera diventata la sua nuova base operativa. Secondo gli inquirenti aveva messo in piedi una società di copertura e preso in affitto due ville sfarzose sulla collina di Viganello:

> Dalle indagini è emerso che Mazzarella aveva compiuto negli ultimi tempi un "salto di qualità", stabilendo contatti con esponenti internazionali del crimine finanziario soprattutto per il riciclaggio di danaro sporco. Gli investigatori hanno accertato l'esistenza di una fitta rete di società riconducibili a Mazzarella che gestiva attività – anche attraverso investimenti nei paesi dell'Est – capaci di fruttare all'organizzazione guadagni mensili nell'ordine dei 50 miliardi di lire. La polizia sospetta che Ciro Mazzarella, per il quale è stata chiesta l'estradizione, sia coinvolto anche nella vicenda che questa estate ha suscitato allarme per il rischio di importazione in Italia di una partita di sigarette "radioattive". Da intercettazioni telefoniche risulta che il boss fosse interessato alla vendita di un carico di sigarette "trattate" per le quali era necessario trovare al più presto una collocazione, anche mediante una forte riduzione del prezzo. Gli investigatori non escludono che si trattasse di un espediente per smaltire in tempi brevi il carico.
>
> (Ansa, 28 settembre 1993)

Alcune accuse nei suoi confronti cadranno. Uscito di scena e lontano dai radar dei media e della Legge, si rifà vivo molti anni dopo attraverso un libro-intervista del giornalista Fabrizio Capecelatro dal titolo *Lo spallone – Io, Ciro Mazzarella, re del contrabbando*. In quelle pagine si racconta con qualche punta di vanità ma senza ipocrisia, ripercorrendo la sua vita con una vaga indulgenza umanamente comprensibile. E come molti suoi "colleghi" scarica le colpe sullo Stato:

> La camorra vogliono che esista perché nel DNA napoletano non è previsto il concetto dell'organizzazione, né tantomeno quello di associazione. Lo Stato, quando vuole, vince ed è per questo che dico che c'è la volontà di non vincere o

forse un'incapacità davvero grave. Certe situazioni si potrebbero anche risolvere democraticamente.

(Capecelatro, *op. cit.*)

Poi assolve pure i suoi concittadini che delinquono con la più classica delle giustificazioni: lo fanno perché devono mangiare.

Il napoletano come mentalità non è portato per la malavita organizzata, noi siamo anarchici. Io la vedo più come una sopravvivenza: la gente ha bisogno di sopravvivere e si allea per trovare un modo per realizzare dei soldi. Speriamo che abbiano sempre una vista così bassa, perché io penso che se fossero davvero persone intelligenti, sfrutterebbero le loro capacità in un'altra maniera.

(*Ibidem*)

Dalle parole di "'o scellone" emerge ancora una volta il rapporto non idilliaco con gli zii, privo di affetto e stima reciproca. A suo dire Salvatore Zaza, ad esempio, non era certo meglio di Michele.

Salvatore Zaza, visto le due imputazioni a suo carico per violenza carnale, sapeva bene di essere moralmente in difetto nei confronti dei siciliani e per questo ha studiato mille diavolerie al solo fine di allontanarli da Napoli. Tuttavia il guadagno del solo contrabbando di sigarette era troppo lucroso perché questi potessero facilmente convincersi ad abbandonare la Campania. Salvatore Zaza non solo doveva nascondere le sue immoralità, ma doveva occultare anche tre episodi vergognosi del fratello Michele. Una volta, mentre veniva arrestato a Roma, si fece la pipì addosso davanti ai poliziotti e in un'altra circostanza, mentre veniva interrogato dal Pm titolare dell'inchiesta Pizza Connection, si mise a piangere davanti al magistrato, come peraltro risulta dagli atti.

(*Ibidem*)

Vincenzo "'o pazzo" alla guida della famiglia

Quando Ciro decide di continuare la sua attività lontano da Napoli spostandosi in Svizzera, Vincenzo diventa il numero uno della famiglia. Fino ad allora il suo nome è noto alle cronache soprattutto per una antica vicenda. Alla metà degli anni '70 è stato il protagonista di un singolare duello che lo ha visto contrapposto a Nunzio Giuliano, componente della famiglia di Forcella. La scintilla che accende la sfida è un tamponamento tra le auto dei due contendenti, niente di grave ma sufficiente per riportare a galla un'acredine mai sopita. Lo scontro però ha un esito tragico: è il 14 giugno del 1975 quando la sparatoria tra Nunzio e i suoi fratelli da un lato e Mazzarella con i suoi amici dall'altro, si chiude con la morte di Maria Rosaria Avagliano, 21 anni appena. Incuriosita dal rumore degli spari, la ragazza si è affacciata al balcone di casa sua insieme ai genitori ed è stata colpita alla testa da un proiettile vagante.

A ogni modo quando Ciro imbocca la strada che lo porta altrove, "'o pazzo" eredita il controllo di San Giovanni a Teduccio dove la sua leadership è fuori discussione come riferirà il pentito Antonio Formicola:

> Tutta la zona di San Giovanni all'epoca era controllata dalla famiglia Mazzarella. Che io sappia, agli inizi degli anni '80 era Gennaro Mazzarella a comandare; poi successivamente fu il fratello Vincenzo a gestire il loro clan. Noi come famiglia di malavitosi, e come noi anche la famiglia Rinaldi e la famiglia Altamura, facevamo affari illeciti nel nostro rione; principalmente il traffico di droga. Io all'epoca ero ragazzo. Dai discorsi che sentivo da mio padre Gaetano e da mio zio Bernardo la zona era comandata dai Mazzarella. Per capire, nessuno di noi, ossia dei Formicola, dei Rinaldi e degli Altamura si poteva permettere di fare estorsioni o di uccidere qualcuno; bisognava chiedere il permesso ai Mazzarella. Questa tranquillità a San Giovanni durò sino alla rottura dei rapporti tra i Mazzarella e i Rinaldi, ossia sino all'omicidio di Antonio Rinaldi, noto come "'o giallo", che si verificò il 31 dicembre del 1989. La voce di popolo, all'epoca dei fatti, era che "'o giallo" stava diventando "più grosso" di Vincenzo Mazzarella e quindi per questo motivo fu ammazzato.
>
> (Questura di Napoli, Squadra mobile, Sezione I, indagini relative alla faida Mazzarella-Alleanza di Secondigliano, 1° luglio 1998)

Lo scontro con i Rinaldi produce effetti dolorosi sulla pelle dei nipoti di Michele Zaza. Il 27 maggio a San Giovanni viene assassinato Salvatore Mazzarella, il quarto dei fratelli che però non era coinvolto nelle vicende criminali e che era impiegato al comune di Napoli. Il sospetto che è la sua morte sia opera dei Rinaldi che hanno così voluto pareggiare i conti per l'omicidio di Antonio detto "'o giallo".

Assorbito a fatica lo choc per la perdita di Salvatore, il resto della dinastia si rituffa negli affari. Intanto il clan ha acquisito una forza notevole pure in virtù del fatto che dispone di un esercito particolarmente numeroso, come spiegherà il pentito Gennaro Lauro:

> [...] Posso dire che l'associazione camorristica è composta da circa 200/300 persone se consideriamo non solo coloro che operano nei quartieri di Forcella, Maddalena e San Gaetano, ma anche quelli che si trovano a San Giovanni a Teduccio, che operano a Marigliano, Castello di Cisterna e Casalnuovo e che fanno comunque capo a Vincenzo Mazzarella. Vi sono poi gruppi alleati a Mazzarella: ricordo gli Ascione ad Ercolano, i Faiano ai Quartieri spagnoli, i figli di Gennaro Mazzarella al Mercato, i Sarno a Ponticelli, i Prinno a Palazzo Ammendola ed i Caldarelli alle Case Nuove. Tutti questi gruppi sono alleati di Vincenzo Mazzarella [...]. A San Giovanni il suo referente è il nipote Roberto Mazzarella.
>
> (Ordinanza di custodia cautelare nei confronti di Allagrande Maria + 21 del 27 novembre 2008)

"'O pazzo" dallo zio Michele Zaza non ha ereditato solo il soprannome ma pure la statura del capo. È il più giovane dei fratelli ma gode di un diffuso rispetto e le sue decisioni sono considerate irrevocabili. Il piglio autoritario e la capacità di non farsi quasi mai condizionare dall'istinto lo hanno reso affidabile agli occhi degli affiliati, molti dei quali nei suoi confronti nutrono un'autentica ammirazione. In tanti sono così orgogliosi di appartenere alla truppa di Vincenzo Mazzarella che indossano – ostentandoli – ciondoli, braccialetti e catenine che portano le iniziali del boss: V.M.; farsi riconoscere come un soldato di don Michele è una vecchia abitudine:

> Per un periodo gli scagnozzi del boss sono stati riconoscibili anche attraverso delle ampie camicie con sopra stampati i personaggi dei cartoni animati della "Looney Tunes": da Gatto Silvestro a Speedy Gonzales, da Wile Coyote allo struzzo Beep Beep, fino a Bugs Bunny. E la grandezza dell'immagine del personaggio dei cartoons era proporzionale al grado ricoperto all'interno dell'organizzazione.
>
> (Bruno De Stefano et al., *I nuovi boss*, Newton Compton 2011)

Dal punto di vista gerarchico Vincenzo si posiziona un gradino sopra al fratello Gennaro; i rapporti tra i due, però, non sono privi di incomprensioni. Come riferirà il pentito Ciro Giovanni Spirito, Gennaro tiene a evidenziare una differenza che ritiene sostanziale: lui è un mafioso, mentre Vincenzo è un camorrista. Dirà Spirito:

> In altri termini stigmatizzava che per il fratello era ben possibile stringere rapporti anche con persone che avessero in passato colpito la sua famiglia o i suoi amici. Cosa che Gennaro diceva essere per lui impossibile.
>
> (Ordinanza di custodia cautelare nei confronti di Amodio Clemente + 16 del 20 novembre 2007)

Il potere di "'o pazzo" cresce a dismisura alla fine di settembre del 1996 quando il figlio Michele sposa Marianna Giuliano, figlia di quel Luigi che è un boss di prima grandezza della camorra napoletana nonché padrone incontrastato di Forcella insieme alla sua schiera di fratelli.

Il giornalista Simone Di Meo descrive così l'evento:

> La cerimonia nuziale si celebra nella parrocchia di Forcella. Un intero rione si ferma per osservare, assistere, curiosare. La sposa è Marianna Giuliano. È giovanissima, entra in chiesa indossando un abito color avorio che non mette in evidenza la gravidanza. Entra accompagnata da uno dei suoi fratelli. Il padre Luigi non c'è, sebbene sia da poco tornato in libertà dopo un lungo periodo di detenzione. Sono presenti invece la madre, Carmela Marzano, elegantissima, e alcune decine di parenti. Lo sposo è Michele Mazzarella, appena maggiorenne, rampollo del boss Vincenzo. Dei suoi più stretti familiari non c'è quasi nessuno: polizia e carabinieri giustificano questa assenza ipotizzando che la famiglia abbia preferito rimanere a San Giovanni a Teduccio per il timore di eventuali agguati.
>
> (Simone Di Meo, *Vita da Cattivi*, Forumitalia edizioni, Napoli 2007)

Di Meo sottolinea anche la figura del parroco che unisce nel sacro vincolo del matrimonio i rampolli delle due famiglie:

Le nozze sono celebrate da don Franco Rapullino, il sacerdote divenuto famoso qualche anno prima per una predica "anticamorra". Risaliva al 1990: celebrando i funerali di un bambino di due anni assassinato dalla camorra, don Rapullino invitò provocatoriamente i napoletani ad abbandonare Napoli perché la città era diventata troppo violenta. «Fujtevenne», ripeté durante l'omelia, ovvero "fuggite". Di fronte ai due giovanissimi sposi il sacerdote si lascia andare a una considerazione: «Più che un matrimonio mi sembra una prima comunione». Marianna Giuliano, per potersi sposare, ha dovuto chiedere un'autorizzazione al tribunale per i minorenni. «Quando si è giovani», dice il parroco durante l'omelia, «certi passi possono essere avventati. Ma se c'è la grazia di Dio si possono affrontare anche scelte di vita così impegnative». Don Rapullino, che aveva già celebrato le nozze di un'altra figlia di Luigi Giuliano, Gemma, dichiarerà poi ai giornalisti che non c'era alcun motivo per sottrarsi alla richiesta dei due ragazzi di essere uniti in matrimonio. Dopo la cerimonia religiosa, sposi e invitati si riuniscono a Sant'Antonio Abate per i festeggiamenti. Il banchetto si svolge alla "Sonrisa", lussuoso albergo-ristorante della zona. Oltre duecento ospiti, tavole imbandite con sfarzo e un menu abbondante tutto a base di pesce: gamberi e aragosta in salsa rosa, salmone, pesce spada e gamberetti marinati, e linguine all'aragosta e spigola all'ammiraglia servite sulla terrazza. Il pranzo di nozze, secondo un calcolo approssimativo fatto dai carabinieri, è costato agli sposi più di quaranta milioni di lire. Ovviamente non mancano i cantanti: al ricevimento, come è tradizione, sono invitati i personaggi più in voga nel panorama della musica neomelodica napoletana che si esibiscono per ore mentre sposi e invitati si scatenano nelle danze.

(*Ibidem*)

Non è ovviamente un matrimonio qualsiasi, e non solo per lo sfarzo che accompagna la cerimonia. A unirsi, infatti, non sono soltanto i ragazzi (anzi, ragazzini) ma due potentissime dinastie della malavita partenopea. Luigi Giuliano dichiara che si è di fronte all'unione di due "troni": e ha perfettamente ragione perché ora è tutt'uno con un clan potente ed entrambi tengono in pugno vaste aree della città. Tutto potrebbe andare liscio per Vincenzo Mazzarella se, proprio nel periodo in cui è all'apice, sul suo percorso non si mettesse di traverso l'Alleanza di Secondigliano, una terribile armata composta dalla triade Licciardi-Contini-Mallardo, tutt'altro che intenzionata a lasciare campo libero al nipote di Zaza. Spiegherà il pentito Ciro Giovanni Spirito:

I primi attriti per le quote sulle sigarette nacquero con Pierino Licciardi. In questa prima fase fece da mediatore Luigi Giuliano il quale riuscì a comporre la situazione. La questione nasceva perché Secondigliano voleva riconoscere all'intera zona di San Giovanni- Barra-Ponticelli un'unica quota sulle sigarette e ciò sul presupposto che quella era un'unica aggregazione o, comunque, alleanza. In pratica rivendicava per sé una seconda quota. Vincenzo Mazzarella, invece, riteneva che a Secondigliano nulla spettasse quanto al contrabbando di sigarette in città, perché, comunque, Secondigliano aveva già un guadagno direttamente alla fonte, posto che in Jugoslavia vi era un loro uomo e, cioè, Costantino Sarno, all'epoca latitante. Ne conseguiva che Vincenzo Mazzarella voleva che il mercato cittadino fosse diviso solo in tre quote: Barra, San Giovanni e Ponticelli. In pratica tutto a noi. Luigi Giuliano riuscì però a stemperare l'attrito e la situazione rimase nei termini in cui la voleva Mazzarella.

(Informativa riepilogativa sul clan Mazzarella del 5 marzo 2009 – II Nucleo operativo del Gruppo di Fiumicino della guardia di finanza)

La prima collisione impegnativa si registra quando nel rione Siberia esplode uno scontro tra i Riera e gli Equatore per la gestione del traffico di droga: Vincenzo appoggia i Riera, i Contini sostengono gli Equatore. Poi la battaglia per il controllo del contrabbando di sigarette pone le due organizzazioni una contro l'altra, e l'acredine cresce nel momento in cui i Mazzarella fanno la guerra ai Rinaldi (legati all'Alleanza), fazione che storicamente rappresenta una scomoda concorrenza all'interno del perimetro di San Giovanni a Teduccio. Come se non bastassero già queste rogne, si apre un altro fronte:

Nell'ambito della contrapposizione tra i Mazzarella e l'Alleanza di Secondigliano maturava l'avvicinamento tra i primi ed i Misso, verosimilmente dettato dall'esigenza di fronteggiare il comune nemico, in quanto questo ultimo gruppo stava subendo l'offensiva di Nicola Rullo, capo zona del Mercato per conto dei Contini, che voleva estrometterlo dalle attività illecite di quell'area.

(Indagine "Santa Lucia", informativa di reato nei confronti di Andriola Mattia + 27 del Raggruppamento Operativo Speciale dei carabinieri – Sezione Anticrimine di Napoli)

Dunque, da un lato "'o pazzo" e la sua sterminata famigliola appoggiati dai Misso; dall'altro le baldanzose truppe dell'Alleanza di Secondigliano. Due potenze che conquistano un po' alla volta nuovi mercati e il controllo di altre frazioni di territorio con l'inevitabile effetto di pestarsi vicendevolmente i piedi:

Nonostante abbia origine da dissidi riguardanti le quote dei traffici di contrabbando gestiti dalla camorra nel Montenegro, lo scontro si tramuta ben presto in una faida plurima, che attraversa i quartieri del centro. Lungo la spaccatura di interessi del mondo dei traffici internazionali, si saldano alleanze che riportano immediatamente il conflitto a una dimensione territoriale. Dunque, la scintilla è esogena, ma il fuoco divampa in una feroce contesa combattuta casa per casa per conquistare pezzi anche minuti di territorio. Inoltre la guerra riveste un'importanza cruciale anche, e forse soprattutto, per il fatto che per la prima volta si contrappongono in uno scontro frontale i clan cittadini.

(Luciano Brancaccio in *Traffici criminali*, a cura di Gabriella Gribaudi, Bollati Boringhieri 2009)

Nessuno è intenzionato a fare un passo indietro e neppure a ridiscutere il perimetro del proprio raggio d'azione, per cui il conflitto è l'unica soluzione. Si contano diversi morti e feriti su entrambi i fronti, ma lo scontro deflagra nella serata del 16 febbraio quando l'Alleanza mira al bersaglio grosso: Vincenzo Mazzarella. Il giudice per le indagini preliminari Carlo Di Casola non ha convalidato il fermo di qualche giorno prima, quando "'o pazzo" è stato sospettato di essere coinvolto nella mattanza in corso. Il boss quindi deve tornare in libertà. La sera del 16 febbraio davanti al portone del carcere di Poggioreale passeggia un uomo anziano: è il papà del boss, il settantacinquenne Francesco Mazzarella. Vuole essere il primo a riabbracciare il figliolo. Ma ad aspettare il capoclan non c'è solo un babbo apprensivo (in compagnia di altre persone) felice di riportarlo a casa. No, oltre a chi gli vuole bene ad attenderlo c'è pure un commando del clan avversario deciso a togliere dalla circolazione il numero uno della famiglia di San Giovanni a Teduccio. Mazzarella senior ha l'occhio allenato e mentre aspetta il suo rampollo nota che nei paraggi ci sono facce sconosciute, gente che non ha affatto l'aria di chi è lì per condividere la gioia di una scarcerazione. Quando Vincenzo sta per varcare il portone, il padre gli corre incontro: è in quell'istante che i killer entrano in azione. A poche decine di metri ci sono i militari dell'operazione "Partenope 2" da sette mesi a Napoli per proteggere i cosiddetti "obiettivi sensibili" e liberare da una serie di incombenze centinaia di carabinieri, poliziotti e finanzieri. Le divise verdi dei soldati, e le loro armi, non spaventano i boia della camorra. "'O pazzo" scansa la pioggia dei proiettili, ma le vittime sono due: suo padre Francesco e un altro uomo che era con lui. Un terzo cadavere verrà trovato nei giardinetti dell'ospedale Cardarelli: qualcuno lo ha soccorso, ma quando si è reso conto che non c'era nulla da fare ha preferito abbandonarlo in mezzo alle aiuole. Al di là del numero dei morti, c'è da registrare l'arroganza dei camorristi che non hanno esitato a organizzare un agguato davanti a un carcere e sotto gli occhi delle reclute dell'operazione "Partenope 2". I Mazzarella oltre al dolore lancinante per la perdita del capostipite, incassano una legnata pesantissima perché l'Alleanza ha dimostrato di essere pronta a tutto pur di vincere la guerra. Dirà Ciro Mazzarella:

> Io all'epoca ero in carcere al 41 bis, e, se avessi obbedito a una certa logica, avrei dovuto vendicare mio padre, invece non appena uscito tentai di evitare che potessero succedere altri crimini che non avrebbero fatto altro che danneggiare la mia città. Io me la sbrigo in un'altra maniera, più pacificamente e senza coinvolgere la popolazione. Questo è l'esempio di come si sarebbe comportato un guappo.
>
> (Capecelatro, *op. cit.*)

La lotta intanto continua. La mattina del 18 febbraio due giovani in sella a uno scooter Skipper uccidono un ragazzino di 14 anni la cui unica colpa è quella di essere il fratello di un killer dei Mazzarella. Sui giornali tiene banco non solo la nuova ondata di sangue ma pure l'incapacità dello Stato di combattere una camorra che fa quello che vuole, quando vuole e come vuole e che non risparmia nemmeno i ragazzini. Senza averlo mai desiderato sotto l'attenzione dei media finisce Carlo Di Casola, il giudice per le indagini preliminari che aveva rimesso in libertà Vincenzo Mazzarella per mancanza di indizi: se il boss fosse rimasto dentro, ora almeno tre persone sarebbero ancora vive. Si torna a parlare di una magistratura eccessivamente garantista e a Goffredo Buccini, inviato del «Corriere della Sera», Di Casola spiega il suo amaro punto di vista:

> Qui siamo nel Bronx. Peggio. Siamo nella Chicago degli anni Venti [...]. Le questioni di coscienza di un magistrato non devono assumere alcun rilievo nella decisione tecnica. Certo che in queste ore, da uomo, me lo sono posto il problema di Mazzarella. Ma il mio sgomento può entrare nelle carte processuali? Sarei un buon giudice, allora? No, no, il problema vero è l'opinione pubblica [...]. Quando si parla di collaboratori di giustizia e dichiaranti, per esempio su Tangentopoli, si ritiene che i giudici siano sostanzialisti e interventisti, li si accusa di voler tenere la gente in galera. Poi quando i giudici applicano i principi di garanzia, quelli che tutti invocano, di fronte a un cittadino che non è un colletto bianco e magari è un pregiudicato – ma sempre cittadino resta – tutti vorrebbero che le garanzie si abbassassero. Perché? Perché abbiamo a che fare con un camorrista o un mafioso. Allora forziamo le regole? Non si può. Se invochiamo più garanzie, queste devono valere per chi siede in Parlamento, per gli amministratori pubblici e pure per i criminali da strada.
>
> («Corriere della Sera», 20 febbraio 1998)

A Buccini che obietta: "I criminali però per strada lasciano una fila di morti ammazzati", Di Casola replica:

> Già. E io cosa faccio? Il garantismo selettivo? Vede, nella coscienza della gente, corrompere o rubare sembra sia poco grave. Io non sottovaluto la violenza di mafia e camorra. Ma non posso violare la legge [...]. Le faccio un altro esempio. La stampa ha molto criticato la sentenza sul caso Sofri, che si basa sul pentitismo. Si è parlato di giudici sostanzialisti, che sbagliano e che devono essere più rigorosi nell'interpretazione delle norme. Se abbiamo invece un giudice che applica rigorosamente le norme su fatti di camorra... beh, contro quel giudice si scatena l'opinione pubblica. Per me questo è un problema di civiltà.
>
> (*Ibidem*)

In difesa di Di Casola si schiera l'Associazione nazionale magistrati (Anm), il sindacato delle toghe, che in un documento approvato all'unanimità scrive:

> Siamo consapevoli che la critica sia essenziale e irrinunciabile in un Paese democratico, ma va rettamente interpretata quale mezzo di controllo della società

civile sulle istituzioni, pertanto non spetta, al di fuori dei rimedi processuali, ai singoli magistrati interessati. Si sottolinea, inoltre, che i toni utilizzati e il contenuto delle critiche mosse, fuoriescano da ambiti fisiologici, e così come l'Associazione ha sempre rifiutato la lettura dei provvedimenti giudiziari in termini politici, è inaccettabile la lettura di atti giudiziari in termini di incidenza sull'ordine pubblico. Siamo vicini alle forze dell'ordine e agli organi di procura impegnati in difficili indagini, ma ribadiamo che deve essere estranea alla valutazione del magistrato la tematica dell'ordine pubblico soprattutto quando rischia di porsi in conflitto con il principio della serena e imparziale valutazione della prova.

La polemica sul garantismo riempie i giornali ma non svuota gli arsenali delle cosche. E infatti i Mazzarella e l'Alleanza di Secondigliano riprendono le ostilità. Il 23 febbraio all'interno di una Fiat Uno, e avvolto in una coperta, viene trovato il cadavere di Giovanni Mallo, considerato uno dei guardaspalle del boss Costantino Sarno, nemico dei Mazzarella; il fratello Valter era sparito nel nulla un anno prima. Il 27, invece, il conflitto avviene in mezzo alla gente: nella centralissima Porta Nolana – nei pressi della stazione centrale – i killer uccidono Carmine Zambello (che indossava un giubbotto antiproiettile) ed Enrico Figliolini, sospettati di essere vicini ai Mazzarella.

Tra i sicari al servizio di "'o pazzo" spicca Giovanni Ciro Spirito: un esecutore implacabile che andrà poi incontro a un destino altrettanto terribile. Secondo gli investigatori Spirito era fuori al carcere di Poggioreale la sera del 16 febbraio per scortare il capo quando questi sarebbe uscito dal penitenziario per fare ritorno a casa. A guastare il benvenuto sono stati quelli dell'Alleanza di Secondigliano, che per eliminare "'o pazzo" hanno spedito gli uomini migliori del suo battaglione; Spirito era lì e ha sparato:

Il ruolo svolto dallo Spirito all'interno dell'organizzazione dei Mazzarella va sicuramente collegato a quello del killer, di capacissimo killer. È questo infatti quello che gli viene riconosciuto da tutti i propalanti che hanno riferito e che trova un riscontro assolutamente forte nella presenza in occasione dell'agguato nel quale perse la vita il padre di Vincenzo Mazzarella. In tale occasione, lo Spirito è stato uno di coloro che per primo ha ingaggiato il conflitto a fuoco con i ben più numerosi appartenenti all'Alleanza, continuando a sparare anche dopo l'arrivo della prime auto della polizia.

(Corte di Assise, III sezione, sentenza del 19 maggio 2003
a carico di Bocchetti Gaetano ed altri)

Alla fine il braccio di ferro lo vincono i Mazzarella, che oramai sono da considerare la famiglia più potente di Napoli.

"'O pazzo", un boss prudente

I Mazzarella sono i padroni assoluti del territorio ma si sentono costantemente nel mirino dei clan avversari. Lo si deduce dal fatto che le abitazioni di boss e gregari sono state blindate attraverso l'innalzamento di cancellate abusive, in maniera tale da rendere praticamente impossibile l'accesso alle facce sconosciute. In un caso, addirittura, all'ingresso della dimora di un pezzo grosso è stata costruita una garitta con i vetri blindati, tipo quelle che si vedono davanti ai ministeri o a qualche Palazzo di Giustizia. Uno dei più prudenti è proprio Vincenzo Mazzarella; il pentito Gennaro Lauro spiegherà come il boss ha attrezzato il suo appartamento per evitare visite sgradite:

> L'ingresso è come quello di una banca. C'è una specie di bussola formata da una doppia porta di cristallo blindata, in questo modo chi si trova all'interno della casa può vedere chi entra e decidere se aprire o meno. Se non ricordo male c'è anche un metal detector e superata la seconda porta di vetro si accede a un corridoio. Sulla sinistra c'è una porta scorrevole attraverso cui si entra in un salottino dove ci sono due divani posti uno di fronte all'altro e divisi da un tavolino basso, un camino nell'angolo e un televisore di grandi dimensioni. In quel salotto avvenivano le riunioni.
> (http://simonedimeo.blogspot.com/2009/11/gli-altri-fratelli.html)

Un altro pentito, Francesco Capuozzo, ha invece riferito di aver visto nell'abitazione del capoclan quattro monitor collegati con le telecamere a circuito chiuso, mentre sotto al balcone era stato posizionato un materasso che avrebbe ammorbidito il salto nel caso fosse stata necessaria una fuga improvvisa.

Qualora non dovessero bastare gli uomini e le armi, si ricorre a qualcosa di ugualmente persuasivo: un animale bello da vedere ma pericoloso. In una informativa della Squadra mobile della questura di Napoli si legge che

> nel cortile retrostante il palazzo dove abita, alla II Traversa Murialdo del rione Luzzatti, deteneva, fino a qualche mese fa, un giaguaro. Tale cortile ha sempre costituito il luogo abituale di ritrovo dei ragazzi di fiducia di Mazzarella Vincenzo.
> (Questura di Napoli, Squadra mobile, Sezione I,
> indagini relative alla faida Mazzarella-Alleanza di Secondigliano,
> 1° luglio 1998)

La conquista di Forcella

Nel corso degli anni i Mazzarella riescono nell'impresa di impadronirsi di una zona che fino a poco tempo prima appariva inespugnabile: Forcella. Da quelle parti hanno sempre comandato i Giuliano e in quei vicoli nulla s'è mosso senza il consenso del boss Loigino e dei suoi fratelli. I quali, però, agli inizi del 2000 hanno deciso di collaborare con la giustizia e con le loro dichiarazioni hanno praticamente demolito tutto ciò che avevano costruito nell'arco di decenni di assoluto dominio. Il vuoto provocato dalla fine dei Giuliano lo riempiono i Mazzarella: un po' per eredità – Michele Mazzarella ha sposato Marianna Giuliano – un po' perché adoperano le cattive maniere per spegnere le resistenze dei fedelissimi di Loigino e dei suoi germani. Da questo punto di vista uno degli omicidi strategicamente più importanti è quello di Giuseppe Ginosa, avvenuto il 29 marzo del 1999: gli inquirenti lo considerano legato ai Giuliano e l'agguato in cui cade è firmato da Michele Mazzarella, figlio di Vincenzo, che il 20 febbraio del 2003 verrà condannato a 30 anni (poi ridotti in Appello a 28 e 8 mesi) dalla V sezione della Corte di Assise presieduta da Massimo Amodio. I due sposini che avevano sancito l'unione dei due troni non hanno esattamente fatto la stessa vita di una coppia reale: dopo Michele, anche Marianna finirà in galera dove resterà per dodici anni.

A ogni modo, "'o pazzo" è il nuovo padrone di Forcella come sostengono i Pm della Direzione distrettuale antimafia Sergio Amato, Marco Del Gaudio, Giuseppe Narducci, coordinati da Alessandro Pennasilico.

Deve considerarsi che Vincenzo Mazzarella dopo aver conseguito, all'indomani della disgregazione per via giudiziaria del clan Giuliano, il pieno controllo di una parte rilevante della zona centrale della città, in particolare quella compresa tra i quartieri Forcella-Duchesca-Maddalena, nel 2005, per effetto dell'alleanza con il clan Di Biasi dei Quartieri spagnoli, estende la sua egemonia in città anche a tale ultima zona. D'altra parte già prima di questa forte espansione dei primi anni 2000 se ne era comunque registrata la presenza nella zona orientale del rione Luzzatti, quartiere di residenza di Vincenzo Mazzarella, ciò che d'altra parte ha consentito a quest'ultimo di spingersi fino ad acquisire il pieno controllo anche del diverso e limitrofo quartiere di San Giovanni a Teduccio che ha infatti quale suo capo-zona il nipote Roberto Mazzarella.

(Ordinanza di custodia cautelare nei confronti di Barile Salvatore + 22, emessa il 28 settembre 2011)

Le case scippate ai proprietari

Un clan non vive solo di droga, estorsioni o DVD taroccati. Un elemento fondamentale è il consenso sociale; avere dalla propria parte intere fasce di popolazione significa maneggiare un'arma tanto silenziosa quanto micidiale. E nell'arsenale dei Mazzarella quest'arma non manca perché, tra le altre cose, viene utilizzata per soddisfare una necessità vitale per migliaia di famiglie: la casa. Nei luoghi dove regna la legge dello Stato le case popolari vengono assegnate attraverso delle graduatorie stilate sulla base di precisi requisiti. Dove, invece, c'è il dominio dei Mazzarella le graduatorie ufficiali sono delle inutili scartoffie, carte buone solo per farne dei coriandoli. Non è un mistero per nessuno: lo sa il comune, lo sanno le forze dell'ordine, lo sa la magistratura.

Quel che succede nell'area controllata dai Mazzarella succede purtroppo anche altrove, ma nell'occupazione abusiva delle case popolari gli eredi di Michele Zaza danno il meglio (si fa per dire). Decine e decine di legittimi assegnatari sono stati costretti ad abbandonare gli appartamenti, e chi si è opposto è stato brutalmente scaraventato fuori. Non solo: ci sono pure legittimi assegnatari che nella loro abitazione non hanno mai potuto mettere piede perché l'hanno trovata occupata da famiglie vicine ai Mazzarella. Lo Stato è energicamente intervenuto più volte per riportare la situazione alla normalità, ma poi tutto è tornato come prima. Le case occupate con la forza sono state di nuovo trasformate in inaccessibili bunker protetti da cancelli e paletti e sorvegliate da telecamere a circuito chiuso:

> Nell'ottobre del 2006 per dimostrare che non sarebbero più state tollerate le illegalità, furono impiegati i carabinieri del Comando provinciale, della compagnia di Poggioreale, del Nucleo operativo, delle Compagnie di intervento dei Battaglioni Toscana, Lazio, Campania, Puglia e Sicilia, insieme agli artificieri antisabotaggio, alle unità cinofile di Napoli e a un elicottero del VII nucleo di Pontecagnano: quasi mille uomini in divisa setacciarono palmo a palmo i rioni Pazzigno e Villa per compiere il consueto repulisti di cancelli, muri e telecamere e per sgomberare le case occupate illegalmente da esponenti dei clan Mazzarella e dal gruppo Rinaldi-Reale. Evidentemente, però, i boss e i loro gregari non avevano una grande considerazione dello Stato, perché nel novembre del 2007 fu necessaria un'altra "spedizione" per liberare dai camorristi il rione Pazzigno. In quella occasione il Pm Barbara Sargenti spiegò che un fortino era "diviso in sei scale, ciascuna di sette piani, e comprende 144 appartamenti. I clan hanno isolato le aree abitative mediante la creazione di ostacoli all'accesso veicolare e pedonale, la dislocazione di posti di controllo e vigilanza, l'installazione di telecamere e la blindatura degli appartamenti".
>
> (Bruno De Stefano, *op. cit.*)

Debellare il fenomeno si è rivelato complicato. Nel 2016, nel corso di una inchiesta di Antonio Crispino per Corriere.it, dirà l'allora procuratore aggiunto di Napoli Giuseppe Borrelli:

> Abbiamo fatto delle attività investigative nel passato che hanno dimostrato come nella zona orientale della città alcuni clan camorristici abbiano di fatto gestito l'ingresso e l'uscita dalle case popolari. E dopo che è stato accertato questo, non è accaduto nulla.
>
> (https://video.corriere.it/napoli-case-popolari-occupate-camorra/a664c2a0-37bd-11e6-ad05-6c8e02b5840c)

Sul tema scriverà la sociologa Gabriella Gribaudi:

I clan si possono impadronire del quartiere perché cacciano gli assegnatari che lo Stato non riesce e non prova a difendere, e controlla gli alloggi, crea zone franche dove vendere la droga, costruisce veri e propri fortini blindati. Si crea in questi luoghi una monocoltura quasi esclusivamente basata sul traffico di droga e si forma continuamente una manovalanza pronta all'ingaggio.

(Gabriella Gribaudi in *Affari di camorra*, a cura di Luciano Brancaccio e Carolina Castellano, Donzelli 2015)

Il business della droga

Una parte del malloppo il clan se lo procura con il narcotraffico, un segmento che segue percorsi piuttosto tortuosi e che si sviluppa in un asse con la Spagna dove in alcune località costiere – come Benidorm – ci sono uomini specializzati nel trattare gli stupefacenti. I collaboratori di giustizia sostengono che il commercio di droga è al centro degli interessi di Vincenzo Mazzarella, che su questo terreno dimostra di essere una mente raffinata. Potrebbe continuare a incassare montagne di denaro senza porsi il benché minimo problema, invece decide di effettuare una piccola rivoluzione per far lievitare ulteriormente gli introiti e abbassare la soglia di rischio, perlomeno la sua. Chi conosce bene le strategie di "'o pazzo" è il pentito Gennaro Lauro che ai magistrati rivela:

Questo è un settore che è stato completamente riorganizzato da Vincenzo Mazzarella dopo la sua scarcerazione. Secondo l'idea di Mazzarella egli non sarebbe stato mai condannato per droga, in quanto non avrebbe fornito lui direttamente la droga, ma avrebbe preso dei soldi dai titolari delle piazze, per cui al massimo, sarebbe stato condannato per estorsione.

(Ordinanza di custodia cautelare a carico di Allagrande Maria + 21 emessa il 27 novembre del 2008)

Poi è lo stesso Lauro a fare nomi e cifre dell'affare:

Tra le attività illecite va, in primo luogo, menzionata quella relativa al traffico degli stupefacenti, che è stata la prima ad essere riorganizzata sistematicamente da Mazzarella. Per quanto riguarda la gestione del traffico della cocaina di essa si occupa tale Gabriele, che si trova a San Gaetano. Gabriele è una persona che opera sul mercato della cocaina su diretta investitura di Vincenzo Mazzarella: è noto che quando Gabriele acquista partite di cocaina è come se le acquistasse Vincenzo Mazzarella. Gabriele dà a Mazzarella 50.000 euro al mese in relazione al traffico che gestisce. Le singole "piazze" ove viene distribuita la cocaina, acquistata obbligatoriamente da Gabriele, devono versare 10.000 euro al mese ciascuna a Mazzarella. Si tratta di somme ulteriori rispetto a quelle che i singoli gestori delle piazze pagano per acquistare la droga da Gabriele [...]. Anche il traffico di eroina è gestito da Mazzarella [...]. Secondo gli accordi tra Mazzarella Vincenzo e Gabriele, noi del sistema (corsivo) saremmo intervenuti nel caso qualche venditore non avesse pagato a Gabriele o la fornitura oppure la quota destinata al clan Mazzarella. In questi casi Gabriele avvertiva Bove e noi mandavamo qualcuno a sollecitare il pagamento.

(*Ibidem*)

Consapevole che la droga rende molto ma può costare svariati anni di galera, Mazzarella decide dunque di subappaltare la vendita di tutte le sostanze stupefacenti, come scrive il giudice per le indagini preliminari Sergio Marotta:

[...] I collaboratori di giustizia (quali Lauro, Albino, Pacifico, Spirito, Antini, Capuozzo, Terracciano e Martusciello) hanno posto in luce come, a partire dal 2002, il capoclan Mazzarella Vincenzo, ritenendo che fosse più conveniente non esporre direttamente la sua associazione nelle attività di approvvigionamento, vendita al dettaglio e stoccaggio degli stupefacenti, individuò una serie di "fiduciari" a ciascuno dei quali affidò il compito di sovrintendere uno specifico settore "merceologico" (quello della cocaina, quello dell'eroina, quello dell'hashish ed quello della marijuana). Ogni "responsabile", a sua volta, il quale liberamente si avvaleva di una microstruttura criminale – composta di mezzi e uomini – da lui stesso formata e gestita, era tenuto a versare mensilmente al clan una somma di denaro predeterminata dalla stessa organizzazione camorristica.

(*Ibidem*)

La morte di una ragazzina innocente

Il nome di Vincenzo Mazzarella rimbalza anche in una vicenda tragica: la morte della quattordicenne Annalisa Durante, colpita da un proiettile alla testa la sera del 27 marzo del 2004, a Forcella. La ragazzina è in compagnia di alcune amiche e di Salvatore Giuliano, detto "'o russ", imparentato con la dinastia che in quel quartiere ha dominato fino all'ascesa dei Mazzarella. Mentre il gruppetto è intento a chiacchierare, arrivano due motorini con in sella quattro persone: i due seduti sul sellino posteriore cominciano a sparare e Giuliano risponde al fuoco. A terra, però, resta solo Annalisa che morirà poco dopo in ospedale: il colpo che uccide la ragazzina, stabiliranno i giudici, è stato esploso da "'o russ". L'omertà e la paura rendono complicata la ricostruzione dello scenario in cui è maturato l'agguato, poi i collaboratori di giustizia consentono di mettere insieme le tessere del puzzle. Si scopre, quindi, che l'imboscata a Salvatore Giuliano era stata ordinata da "'o pazzo", il cui obiettivo era quello di stroncare sul nascere le ambizioni di Ciro Giuliano, detto "'o barone", pure lui componente della dinastia criminale. Salvatore andava punito perché faceva da guardaspalle al "barone". Al processo Gennaro Lauro spiegherà ai giudici:

Una mattina ci mandò a chiamare Vincenzo Mazzarella, a casa sua, io e Eduardo Bove. Ci chiese cos'era questa storia che girava, se realmente 'o barone camminava con queste persone appresso, che c'aveva 'o russ che lo scortava armato. Bove disse si, è una realtà che sappiamo anche noi. Vincenzo Mazzarella saltò in aria e disse che questa cosa non andava bene, che 'o barone si stava mettendo dei brutti grilli in testa. Lui decise che la sera stessa si doveva sparare 'o russ, immediatamente, in malo modo. Ma non ammazzarlo, ma rimanerlo sulla sedia a rotelle. Perché doveva servire da monito a chiunque altro si sarebbe potuto permettere di aggregarsi a un Giuliano.

(www.raiplay.it/video/2015/05/Un-giorno-in-pretura-del-10052015-922bc21f-1803-4b77-896e-d4847a768a43.html)

Gli esecutori, però, non sono riusciti a compiere la missione e di mezzo c'era andata una innocente ragazzina. La tragedia ha però un risvolto di grande generosità: i genitori di Annalisa, nonostante il dolore che li scortica vivi, acconsentiranno alla donazione degli organi della loro figlia.

L'arresto a Parigi

Vincenzo Mazzarella non è solo un abile stratega, ma sa anche nascondersi. Però non sempre gli va bene. Di lui si torna a parlare il 17 dicembre del 2004 quando viene arrestato a Parigi, nei pressi del parco giochi di Eurodisney. Non era da quelle parti per tirare ai barattoli e vincere un orsacchiotto di peluche e neppure per un giro sulle montagne russe. Lo sanno bene gli agenti del Servizio centrale operativo (SCO) e della Squadra mobile di Napoli che da qualche settimana tenevano sotto controllo un gruppo di fiancheggiatori, tra cui qualche vecchia conoscenza degli inquirenti transalpini. Quando lo circondano e lo ammanettano è in compagnia di tre extracomunitari, ma non si tratta di gente che passava di lì per caso né di sprovveduti. Uno dei tre infila la mano nel cappotto e tira fuori un passaporto diplomatico del Senegal. Secondo il procuratore aggiunto Felice Di Persia, il boss – sottoposto al regime di libertà vigilata – si era rifugiato in Francia «quasi certamente grazie a compiacenti rapporti collusivi, verosimilmente avvertito che stava per essere emessa, il 2 novembre, dal tribunale di sorveglianza di Napoli, la misura di sicurezza dell'assegnazione a una casa agricola».

La scissione stroncata a colpi di pistola

Il giro d'affari del clan Mazzarella è assai sostanzioso. Tanto, forse troppo per non ingolosire chi coltiva l'idea di sganciarsi dall'esercito di "'o pazzo" per mettersi in proprio e infilarsi in tasca una parte del bottino, assai più consistente di un seppur lauto stipendio. Voltare le spalle al proprio capo significa correre rischi serissimi, ma c'è chi questi rischi li affronta senza badare troppo alle conseguenze. Come Edoardo Bove, diventato l'ambasciatore del clan a Forcella, l'ex roccaforte dei Giuliano controllata da Michele Mazzarella fino al giorno in cui l'hanno arrestato per omicidio. A scalciare insieme a lui c'è un altro big, il killer Ciro Giovanni Spirito. Sarà l'esuberanza giovanile maldestramente miscelata a un imperdonabile eccesso di sfrontatezza, ma i due commettono l'imprudenza di riferire a qualcuno delle loro aspirazioni, al punto che sono diventate un segreto di Pulcinella: oramai in tanti sanno che stanno tramando per organizzare una "scissione" dal clan di Vincenzo Mazzarella e che si sono già riuniti con altri personaggi interessati a entrare nel loro progetto. I mugugni di Bove (convivente di Anna Giuliano, sorella di Luigi "'o rre") e Spirito riguardano ovviamente il denaro: "'o pazzo" non li tratta male visto che gli dà 10.000 euro a testa al mese, ma la cifra è considerata poco più di una mancia se rapportata alle loro responsabilità e soprattutto alle carrettate di milioni che il boss porta regolarmente a casa. Non solo: Bove e Spirito sono arrabbiati soprattutto perché 10.000 euro sono spiccioli se paragonati ai 7-8.000 incassati da affiliati con mansioni assai meno impegnative, tipo portare le "imbasciate". Per la coppia di allievi che vogliono superare il maestro, c'è un solo modo per riparare alla non più tollerabile ingiustizia: portare la retribuzione mensile da 10 a 50.000 euro. Una richiesta folle, in nessuna azienda s'è mai visto qualcuno a cui è stato quintuplicato uno stipendio, neppure nella più florida e con un capo particolarmente generoso.

L'esorbitante pretesa, dunque, ha tutta l'aria di essere un insuperabile pretesto per arrivare a un divorzio forzato. Mazzarella sa bene che dietro le lagnanze sulle retribuzioni c'è ben altro: i due vogliono mettersi in proprio, e Bove avrebbe addirittura già stipulato un patto con i Misso. La concorrenza interna è uno di quegli impicci che si possono risolvere in un solo modo: eliminando fisicamente la concorrenza interna. E infatti all'orecchio di Bove e Spirito arriva la voce secondo la quale il loro capo sarebbe intenzionato ad accopparli. Spirito, nel frattempo diventato collaboratore di giustizia, spiega come andarono le cose:

> [...] Venni a sapere che Vincenzo Mazzarella aveva in animo di uccidere entrambi. Lui, infatti, appartiene a quella categoria di capi che ti fa crescere fino

a quando non costituisci per lui un pericolo. Allora ti ammazza. Resici conto di questa situazione io e Edoardo decidemmo, allora, di rompere con Vincenzo Mazzarella. In pratica volevamo portare avanti questo discorso: noi riconosciamo solo Michele Mazzarella che sta in carcere ed è estraneo a questa volontà omicidiaria del padre; noi avremmo mandato a Michele anche uno stipendio, ma rompevamo con Vincenzo Mazzarella, tenendoci le nostre zone e non riconoscendo a lui nulla. Eravamo anche pronti allo scontro armato.

(Ordinanza di custodia cautelare a carico di Amodio Clemente + 16 emessa il 29 ottobre 2007)

Prevenire è sempre meglio che curare, ed ecco che i Mazzarella si muovono d'anticipo: Bove viene assassinato in casa sua il 5 gennaio del 2005, un mese prima ha compiuto 27 anni. Non gli hanno salvato la vita neppure la porta blindata e le telecamere a circuito chiuso: quando hanno bussato, ha aperto perché conosceva i visitatori e si è fidato ciecamente. Non avrà una sorte migliore Ciro Giovanni Spirito: nel 2006 deciderà di collaborare con la giustizia e il 23 dicembre del 2009 si impiccherà nel carcere di Rebibbia.

A proposito di stipendi. C'è chi guadagna cifre infinitamente inferiori rispetto a Bove e Spirito. Come, ad esempio, Gennaro Albino, ingaggiato per sorvegliare il palazzo dove abita Bove: una insolita mansione di "portiere" per la quale prende 7-800 euro al mese. Quando finisce in galera il clan gli fa avere mille euro al mese, che vengono consegnati alla sua convivente. I Mazzarella però temono che possa diventare un collaboratore di giustizia. Non è a conoscenza di segreti particolari, ma se parla può ugualmente provocare dei danni. Proprio per questo, dopo aver tentato di rabbonirlo con i mille euro dati alla convivente, gli pagano pure l'avvocato. Nel dubbio cominciano a minacciarlo perché temono che, preso dallo sconforto, possa pentirsi. Una pressione che si fa sempre più soffocante, fino a quando non decide di mettere un punto e di collaborare:

Perché ho deciso di collaborare? Perché sono stufo della vita; ho perso tutto; non voglio essere più minacciato da nessuno [...]. Io ho perso tutto, ho perso un figlio; fino a quando vivrò, darò tutto allo Stato.

(Ordinanza di custodia cautelare nei confronti di Allagrande Maria + 21, emessa dal Gip del tribunale di Napoli il 27 novembre 2008)

Da quel che hanno raccontato i collaboratori di giustizia, i Mazzarella non sono proprio generosissimi con i loro affiliati che vanno in carcere. Se l'Alleanza di Secondigliano, ad esempio, offre un supporto non indifferente – stipendio alle famiglie e assistenza legale – il clan di "'o pazzo" ha mediamente il braccino corto. Ferdinando Spirito, fratello di

Ciro Giovanni, da detenuto prendeva appena mille euro, il denaro veniva consegnato alla moglie; per altri il contributo della cosca arrivava a 500 euro. A pochi fortunati toccano 2.000 euro, però non sempre viene fornito loro un avvocato. Eppure il denaro non manca.

Ricchezze sterminate, consenso sociale, le mani in pasta in tutti gli affari: i Mazzarella sono gli unici padroni del territorio come scrive il giudice per le indagini preliminari Antonella Terzi:

> Un gruppo, quello dei Mazzarella, che non esita a porsi in contrasto con antagonisti di vecchia e non appannata tradizione camorristica, che rivendica con azioni dimostrative la primazia territoriale, che conta su un discreto bagaglio di armi, che mette in opera automatismi ben oliati e sperimentati di autodifesa, forte di un asfissiante controllo di vasti lembi del centro cittadino. La Maddalena, il rione Luzzatti, sono "cosa loro", presidi pressoché inviolabili, luoghi che li accolgono e proteggono, grazie a spontanei meccanismi di esclusione degli estranei e nei quali possono agevolmente trovare rifugio e protezione. È l'essenza stessa della camorra, che si manifesta nelle sue forme più tipiche e caratterizzanti.
>
> (Ordinanza di custodia cautelare nei confronti di Barile Salvatore + 22, emessa il 28 settembre 2011)

Gli affari di Gennaro

Dei fratelli, Gennaro è forse il meno "famoso" sebbene abbia sempre saputo coltivare il suo personale orticello al pari degli altri componenti della famiglia. Sul suo conto, però, gli inquirenti hanno le idee molto chiare:

> Dotato di forte carisma e di grosse capacità organizzative, Gennaro Mazzarella è riuscito in pochi anni ad acquisire il controllo totale dell'intero quartiere Mercato. Egli infatti ha adottato una strategia che gli ha consigliato, dapprima, di tenersi fuori dalla violenta faida con l'Alleanza di Secondigliano (in cui era invece direttamente coinvolto il fratello Vincenzo), e lo ha indotto, poi, in assenza di elementi della contrapposta fazione criminale che avessero l'ardire di contrastarlo, ad affiliare al clan criminali giovani ed emergenti con i quali ha creato un autonomo gruppo di tipo mafioso.
>
> (Informativa riepilogativa sul clan Mazzarella del 5 marzo 2009 – II Nucleo operativo del Gruppo di Fiumicino della guardia di finanza)

Come altri esponenti della dinastia, pure lui riesce a farsi notare per alcune "imprese" davvero singolari. Il 4 novembre del 1985, sette mesi dopo il suo arresto, evade dall'ospedale "Monaldi" di Napoli dov'è stato trasferito per essere sottoposto a degli accertamenti. Sparisce dopo aver chiesto di andare in bagno ai poliziotti che piantonano la sua stanza. Probabilmente nei paraggi ci sono dei complici che lo aiutano a darsi alla fuga. Resta irreperibile fino al 14 luglio del 1986, giorno in cui viene intercettato dalla polizia mentre è in compagnia della moglie: la coppia è in macchina e sta transitando per il Borgo Marinari, quando viene bloccata dagli uomini della sezione Antirapina della questura partenopea. Mazzarella esce dalla vettura e si lancia in acqua nella convinzione di dissuadere i poliziotti dall'inseguirlo, ma invece gli agenti si tuffano e lo riportano su per ammanettarlo. Come lo zio, pure lui è uno che sa godersi la vita, tant'è che le sue latitanze le trascorre in luoghi ameni e senza badare a spese:

Nell'agosto del 1998, viene rintracciato in un residence extralusso a Porto Banus, Marbella, dove il soggiorno quotidiano costa dieci milioni di lire. È inseguito da una condanna a cinque anni per una rapina a un portavalori compiuta quattro anni prima a Venezia. Altre ordinanze di custodia cautelare si susseguono negli anni, soprattutto per traffico di droga, in accordo con la famiglia Giuliano di Forcella, e per usura; accuse che lo trattengono in carcere, mentre indagini patrimoniali particolarmente accurate della polizia e della guardia di finanza portano al sequestro di beni per svariati milioni di euro.

(http://simonedimeo.blogspot.com/2009/11/gli-altri-fratelli.html)

Sul piano militare pure il gruppo di Gennaro non scherza. Dopo aver perso il controllo della zona del Mercato negli anni '90, si riprende tutto con gli interessi riuscendo a liberarsi della presenza di un clan fortissimo come quello dei Contini. Scrive a questo proposito la sociologa Gabriella Gribaudi:

Sull'onda dell'arresto del capoclan nemico, agli inizi del 2000, i Mazzarella riprendono il sopravvento: espellono letteralmente dalla zona tutti gli affiliati al clan nemico, che vengono costretti a cambiare residenza e a ritirarsi nella zona di competenza, secondo una dinamica che si ripropone puntualmente a ogni sconfitta giudiziaria. Una volta allontanati i membri dei Contini, Gennaro Mazzarella procede a imporre la sua legge sui gruppi minori.

(Gribaudi, *op. cit.*)

Il monopolio dei frutti di mare

Non sfugge al controllo dei Mazzarella neppure il mercato del pesce che si svolge nella zona denominata "sopra le mura". I commercianti non possono assolutamente sottrarsi al pizzo anche se hanno una opzione: possono rifornirsi da soggetti indicati dal clan, evitando così di versare la tangente di un tot al mese. Nel periodo natalizio non sono però ammesse deroghe: tutti, indistintamente, sono obbligati ad acquistare anguille e capitoni da rivenditori all'ingrosso contigui a Gennaro Mazzarella. In qualche caso, tutt'altro che sporadico, si riesce a ricavare molto di più di una tangente: attraverso prestiti in contanti sui quali vengono applicati interessi esagerati o tortuosi giri di assegni, il clan costringe le vittime a indebitarsi e non sono pochi i commercianti costretti a cedere l'attività per ripianare il debito. Nel migliore dei casi, si fa per dire, il commerciante deve accettare i Mazzarella come soci.

Dirà il pentito Michelangelo Mazza, del clan Misso, in un interrogatorio del 15 aprile 2008:

> So, per averne parlato direttamente con Gennaro Mazzarella e con i figli, che il gruppo Mazzarella aveva interessi economici significativi nel settore dei frutti di mare nella zona di sopra le mura, Porta Nolana. Se ne parlava, in particolare, perché nell'idea, soprattutto di Gennaro Mazzarella, era un settore che si poteva ampliare a tutta la città monopolizzando la gestione e l'imposizione dei frutti di mare ed anche i proventi di questa attività sarebbero stati divisi tra i tre gruppi così come avveniva per altre attività illecite. Per quanto riguarda il gruppo di Vincenzo Mazzarella, invece so che aveva analoghi interessi nel settore dislocati invece nella zona di San Giovanni ed in quella del mercato del pesce di via Marina. Non so, però, fornire ulteriori indicazioni sul punto anche perché questa idea non è stata, poi, per vicende legate agli arresti di vari componenti del gruppo, realizzata. In questo settore i Mazzarella hanno anche acquisito, nel tempo, alcune pescherie. In genere a partire da Gennaro, che per uno di questi fatti è stato anche arrestato, facevano prestiti ai titolari praticando tassi usurai e quando questi non erano più in grado di pagare i debiti si faceva intestare le attività. Così è avvenuto, ripeto, sicuramente per una pescheria della zona sopra le mura nella quale avvenne un duplice omicidio.
>
> (Informativa riepilogativa sul clan Mazzarella del 5 marzo 2009 – II Nucleo operativo del Gruppo di Fiumicino della guardia di finanza)

Il meccanismo è perfetto, ma ogni tanto c'è qualcosa che s'inceppa. Come quando il titolare di un importante ristorante di Mergellina un giorno riceve la visita di alcuni emissari del clan Torino che gli dicono che i frutti di mare deve comprarli dai loro amici. Il ristoratore replica che per lui non ci sono problemi, ma che prima di procedere devono chiarirsi con i Mazzarella, i quali gli hanno già imposto i loro fornitori. Al nome "Mazzarella" quelli del clan Torino si dileguano all'istante.

Film e dischi, business da capogiro

Un'altra moltitudine di denari arriva dalla contraffazione di diversi prodotti. Scarpe, abbigliamento, film e dischi consentono guadagni inimmaginabili, è un mercato che fa gola a molte cosche ma che i Mazzarella tengono saldamente tra le mani:

> Altra attività delittuosa è quella del controllo del mercato della contraffazione, sia in relazione al settore calzaturiero che alla produzione dei CD e dei DVD. Trat-

tasi di un settore altamente remunerativo che, in termini di capacità di produrre profitti illeciti, si colloca oggi subito dopo quello del controllo del traffico illecito di sostanze stupefacenti. Ci si trova a cospetto di quell'ambito criminale che i collaboratori di giustizia definiscono comunemente "parallelo" inteso come settore afferente la produzione e la collocazione sul mercato di beni contraffatti di diversa natura. Proprio l'alta remuneratività del settore in esame ha fatto sì che su di esso si sia concentrata l'attenzione dei principali cartelli camorristici della città che ne hanno così preteso il controllo e la suddivisione dei proventi per quote percentuali prestabilite [...]. L'intero ciclo produttivo della citata illecita commercializzazione di scarpe è, senza dubbio, una delle fonti economiche del clan stesso.

(Ordinanza di custodia cautelare nei confronti di Barile Salvatore + 22, emessa il 28 settembre 2011)

Tra i prodotti taroccati con maggiore successo ci sono le scarpe con il marchio Hogan realizzate con grande maestria in uno dei numerosi laboratori clandestini sparsi tra Napoli e provincia. Una delle "fabbriche" più produttive è stata scoperta dai carabinieri il 23 giugno del 2009 a Melito: in una struttura di circa 140 metri quadrati sono stati sequestrati 24 macchinari per la fabbricazione di calzature (fra cui macchine per cucire, occhiellatrici, smerigliatrici, torchi, spazzole, un umidificatore, un forno, un tiraforme, una cardatrice) e due matrici in ottone riportanti il logo della Hogan montati su una timbratrice. La produzione delle scarpe contraffatte era affidata a dodici lavoratori italiani, tutti rigorosamente al nero.

Anche gli ambulanti che affollano le stradine nella zona della Maddalena (non lontano dalla stazione centrale) sono obbligati a versare del denaro ai Mazzarella per poter esporre le loro mercanzie. La quota è di 100 euro a settimana e chi non si adegua prima subisce delle intimidazioni, poi se insiste a non pagare ha una sola scelta: sparire, e in fretta, dalla circolazione. Chi occupa dei posti lasciati vacanti, prima di allestire la bancarella deve sganciare al clan almeno 200 euro, una sorta di licenza commerciale; poi pagherà una quota mensile. Gli ambulanti, in prevalenza africani e dell'est europeo, sono avvicinati da affiliati che si presentano come "i compagni di mezzo alla Maddalena", mentre la tangente viene chiamata "imbasciata". Il giro d'affari non è vertiginoso, ma è comunque appetibile. A questo proposito spiega il pentito Gennaro Lauro (cognato di Salvatore Giuliano):

Mazzarella organizzò anche tutte le attività illecite connesse alle estorsioni alle bancarelle della Maddalena e alla realizzazione di numerosi prodotti con marchi falsi. Per quanto riguarda le estorsioni alle bancarelle della Maddalena [...] i proventi di tali attività illecite ammontavano a 6-7.000 euro alla settimana. A questa somma però devono aggiungersi gli altri proventi che derivano da altre attività che si svolgono alla Maddalena; in particolare vi sono quelli che comprano oro rubato, gli extracomunitari che vendono apparecchi cellulari rubati; i "pacchisti" (coloro che fanno le truffe), i gestori dei depositi ove è custodita merce con marchi falsi. Tutti costoro sono obbligati a versare una quota settimanale a Mazzarella, per cui i guadagni complessivi ammontano a circa 10.000 euro alla settimana.

(ROS-sezione anticrimine Napoli, informativa indagine "Santa Lucia" del 12 ottobre 2009)

Il business del falso è un frutto troppo succoso per non attirare l'interesse di altre organizzazioni. E infatti per poco non scatena una guerra all'interno della coalizione con i Misso della Sanità e i Sarno di Ponticelli. Sono soprattutto questi ultimi ad accampare dei diritti, come spiega Vincenzo Sarno:

Dagli inizi del 2000, in pratica da quando mio fratello Luciano decise di stringere un accordo con i Misso ed i Mazzarella, non avevo visto di buon occhio il fatto che egli, nell'ambito di quella alleanza avesse inserito anche la spartizione dei proventi ricavati dalla vendita di CD e DVD contraffatti. Questo era un settore che avevo creato io, mettendo con me in società mio fratello Ciro e non trovavo giusto che mio fratello Luciano dividesse con gli altri i proventi di quello specifico settore. Ritenevo, e lo dissi apertamente fin dall'inizio, che così facendo noi subissimo dai Mazzarella e dai Misso una vera e propria estorsione, che avrei fatto loro ripagare appena tornato in libertà. Furono affermazioni forti che feci proprio perché fossero da un lato Luciano e dall'altro i Misso ed i Mazzarella a rinunciare a spartirsi quei proventi. Ma non fu raggiunto l'obiettivo che mi ero prefisso. È stato così che, memore di questa situazione, quando sono tornato in libertà ho convocato a me tutti i rivenditori di CD contraffatti dell'area di piazza Mercato per imporgli il pagamento a me della quota che riversavano ai Mazzarella. Ben sapevo che ciò avrebbe determinato l'immediata reazione di questi ultimi.

(Ordinanza di custodia cautelare nei confronti di Barile Salvatore + 22, emessa il 28 settembre 2011)

Alla fine, secondo la versione del pentito, un accordo viene raggiunto grazie anche alla mediazione di Carmine Montescuro, detto "zi Menuzzo": ai Sarno va la metà dei 30.000 euro che i Mazzarella ogni mese portano a casa con gli audiovisivi contraffatti. Dopo un po' però i Mazzarella rinnegano il patto, una iniziativa che innesca un conflitto che lascia subito delle vittime sull'asfalto: Gioacchino Cantone e Ciro Persico. A quel punto è necessario riparlare della faccenda per evitare derive pericolose. Spiega ancora Sarno agli inquirenti:

Dopo l'omicidio di Cantone, ho avuto nuovi incontri con gli esponenti del clan Mazzarella al fine di risolvere quel contrasto. Sempre con l'intermediazione di Carmine Montescuro mi sono incontrato con Francesco Mazzarella, fratello di Roberto, con il quale ho discusso in generale dei rapporti tra i due clan, anche con riferimento alla zona di San Giovanni. L'incontro si tenne perché, in forza dei vecchi rapporti con i Mazzarella, dopo l'omicidio di Cantone avevo inviato una proposta alla moglie di Gennaro Mazzarella, in base alla quale ero disponibile a riaffrontare il discorso della suddivisione dei proventi dei CD contraffatti, e mi aspettavo da lei una risposta. Francesco Mazzarella mi disse che la zia non voleva essere coinvolta in quelle situazioni, e che non le interessavano i proventi di Piazza Mercato. A quel punto decisi di gestire direttamente quel territorio.

(*Ibidem*)

L'espansione nel nuovo millennio

I Mazzarella raggiungono l'apice del loro potere verso la metà degli anni 2000, periodo in cui controllano ampie zone della città. Scrive la sociologa Gabriella Gribaudi:

Vincenzo, Gennaro e Ciro Mazzarella sono i capi di un clan vasto, oggi fra i dominanti nell'enclave napoletana, forse attualmente il più forte e il più ricco di legami internazionali, uscito vincitore da una lunga faida con i clan di Secondigliano e Scampia. Fra i maggiori trafficanti di droga della città, hanno in Spagna una base estesa e sicura; si dice che a Malaga e Marbella controllino anche il flusso delle banchine. Motoscafi a loro riconducibili collegano la costa spagnola con le coste africane trasportando la droga. I tre fratelli costituiscono in effetti tre clan distinti con organizzazioni e territorio autonomi che sono strettamente alleati e si spalleggiano nei momenti di necessità.

(*Traffici criminali*, *op. cit.*)

Alle roccaforti abitualmente presidiate dal clan, se ne aggiungono altre nelle quali a dominare sono dei gruppi satelliti numericamente piccoli ma particolarmente aggressivi. Il territorio dove comanda la famiglia parte da San Giovanni a Teduccio per poi dilagare al rione Luzzatti, a Forcella, alla Duchesca, alla Maddalena, a Piazza Mercato, alle Case Nuove, ai Quartieri Spagnoli. Ma riescono a spingersi pure in provincia: da Portici e San Giorgio a Cremano, fino a Somma Vesuviana e Marigliano. Negli anni successivi però gli equilibri vengono in parte scompaginati per merito dell'azione repressiva dello Stato. Mentre i Mazzarella finiscono in galera a frotte, inizia la dissoluzione dei Misso, i loro principali alleati, i cui vertici decidono di collaborare con la giustizia.

Amicizia e riconoscenza sono una merce facilmente deperibile nel mondo della camorra, per cui di queste condizioni di difficoltà dei Mazzarella e dei Misso tentano di approfittarne i Sarno, in quella fase l'unico gruppo in perfetta salute (poi si dissolverà qualche tempo dopo). La cosca dei fratelli di Ponticelli si lancia alla conquista di Piazza Mercato e dei Quartieri Spagnoli, oramai rimasti sguarniti, provando a capitalizzare il momento di forte difficoltà di Gennaro Mazzarella. Un progetto espansionistico sostenuto pure dal clan Cardarelli, che fino a poco prima era stato un fedele compagno di strada dei Mazzarella. A sostegno della causa di Gennaro non interviene nessuno, neppure il fratello Vincenzo probabilmente consapevole di non poter ingaggiare un duello alla pari perché non dispone degli uomini necessari. A risolvere il problema penseranno gli stessi Sarno: tutti i fratelli decideranno di pentirsi provocando una irreversibile implosione del clan e risolvendo così la faccenda senza spargimenti di sangue.

Lo sbarco in provincia

Partendo dal centro della città di Napoli, i Mazzarella sono arrivati fino all'entroterra. L'espansione in alcune aree della provincia non deve suscitare stupore perché non è affatto casuale. La loro presenza a Marigliano o ad Afragola, tanto per citare due esempi, è dovuta al fatto che in seguito al terremoto del novembre 1980 moltissime famiglie napoletane sono state trasferite (per certi versi deportate) nell'hinterland. Alcuni di questi nuclei familiari legati ai Mazzarella hanno progressivamente conquistato il controllo del territorio estromettendo la criminalità locale dalla gestione delle estorsioni e del traffico di droga. A questo proposito scrive la sociologa Gabriella Gribaudi:

> Alle case Gescal di Marigliano, Pomigliano e Castello di Cisterna sono arrivati gruppi dipendenti dai Mazzarella, il potente clan che si estende da San Giovanni a Teduccio a Santa Lucia e attraverso la parentela con i Zazo, a Fuorigrotta. Il maggiore dei carabinieri Angelillo, responsabile delle inchieste in queste ultime zone, spiega che la camorra si è estesa nell'hinterland seguendo proprio gli alloggi della 219, cioè l'edilizia popolare che segue il terremoto del 1980. Il fenomeno viene confermato nell'ordine di cattura stilato nel 2006 dal giudice per le indagini preliminari dove si afferma che "la genesi dell'affermazione del gruppo è collegata al fenomeno collettivo del post-terremoto, con il suo indotto, consistito nell'esportazione in periferia di esperienze criminali maturate in città".
>
> (Gabriella Gribaudi in *Affari di camorra* a cura di Luciano Brancaccio e Carolina Castellano, Donzelli 2015)

Sullo sbarco in provincia si sofferma pure il giudice per le indagini preliminari Antonella Terzi:

> Si registrano significative infiltrazioni in provincia, nell'area nolana, più specificamente a Marigliano, ove troviamo insediati emissari del clan [...] che, con l'aiuto di luogotenenti ivi insediati, pongono mano alla gestione delle estorsioni e del traffico di stupefacenti, estromettendo la delinquenza autoctona. Il fenomeno, comune ad altri potenti gruppi cittadini (vedi i Sarno), agevolato dalle coattive migrazioni post-terremoto che avevano visto sciamare, loro malgrado, molti napoletani verso squallidi quartieri-dormitorio, tra cui il rione Pontecitra di Marigliano,

ma anche il Parco Verde di Caivano, il rione Salicelle di Afragola, per ricordarne solo taluni, realizza una sorta di esportazione di metodi ed appetiti verso le limitrofe periferie.

(Ordinanza di custodia cautelare nei confronti di Barile Salvatore + 22, emessa il 28 settembre 2011)

Le indagini della guardia di finanza

Nel 2010 finisce in carcere Salvatore Esposito, considerato dagli inquirenti colui il quale ha gestito una serie di affari nel periodo in cui sono stati in galera tutti i big. La cattura di "'o cuzzcaro" (cioè il venditore di cozze) avviene sulla base di una monumentale inchiesta del II Nucleo operativo del Gruppo di Fiumicino della guardia di finanza guidato dal comandante Leonardo Ricci. Numerose delle oltre 700 pagine dell'inchiesta sono incentrate sulla figura di Esposito, il cui profilo "professionale" è così sintetizzato:

Viene, innanzitutto delineata la figura di Salvatore Esposito che attraverso il ricorso a simulate patologie riesce ad ottenere gli arresti domiciliari, e da tale posizione, a mantenere la reggenza del clan i cui capi storici sono detenuti (Gennaro Mazzarella e suo figlio Francesco) o latitanti (Ciro Mazzarella), fino al recente arresto. Infatti, l'Esposito dirige il clan dalla sua abitazione unitamente alla moglie Imparato Annunziata, giovandosi della sempre presente disponibilità del Vincenzo Di Giuseppe e delle "imbasciate" che gli arrivano per il tramite anche di altri affiliati; ma non è tutto. Infatti, l'Esposito, violando sistematicamente gli obblighi custodiali e ricorrendo a permessi per visite specialistiche, esce frequentemente dal domicilio per gestire in prima persona gli affari del clan, anche con funzioni conciliative per dirimere i dissidi interni; l'uomo è punto di riferimento di altre persone del quartiere che a lui si rivolgono per favori o grazie.

(Informativa riepilogativa sul clan Mazzarella del 5 marzo 2009 – II Nucleo operativo del Gruppo di Fiumicino della guardia di finanza)

Fin qui la descrizione del contributo che secondo la Finanza "'o cuzzcaro" apporta alla famiglia malavitosa napoletana. Il comandante Ricci e i suoi uomini non si limitano però a inquadrarne il ruolo, e con poche ed efficacissime pennellate ne descrivono anche i tratti caratteriali:

La sua personalità criminale, violenta e determinata, in un delirio egomaniacale trova riscontro nella pari pervicacia della moglie Annunziata Imparato e in aperte manifestazioni di potere, come quando fa realizzare una cappella votiva per celebrare la detenzione domiciliare anziché in carcere, che definisce una grazia ricevuta, ovvero fa sparare fuochi d'artificio per celebrare la sua liberazione per decorrenza dei termini.

(*Ibidem*)

«Scornacchiati!»

All'interno del clan Mazzarella c'è chi sostiene di essere vittima di un accanimento da parte delle forze dell'ordine. Un concetto ribadito in più occasioni e accompagnato dai maliziosi riferimenti al trattamento morbido riservato ad altre organizzazioni. Il 5 dicembre del 2008 nel corso di una conversazione intercettata all'interno di una Nissan Qashquai, Assunta Mazzarella (moglie di Angelo Marmolino, appena arrestato) dice a Anna Talocci (madre di Luciano Mazzarella):

> Non hanno mai fatto un blitz ai Sarno, perché hai mai letto qualche giornale che hanno fatto qualche blitz ai Sarno? Tutti i giorni apri i giornali i Mazzarella, apri i giornali i Mazzarella, apri i giornali i Mazzarella, ma tu hai capito tutti i giorni i Mazzarella, fateli un po' i blitz dall'altro lato, e fateli. I Mazzarella e i Casalesi.

E la Talocci chiosa: «Quelli si mettono paura».

Un concetto analogo, impreziosito da qualche insulto, viene espresso qualche giorno dopo; è il 9 dicembre ed è stato arrestato Luciano Mazzarella, il papà di Assunta. Conversando con la madre Anna Talocci, la ragazza sbraita e dice:

> Lo sapete scornacchiati, come lo sapete però, non li spiccate i mandati, hai capito? Perché per sapere, sapete quello che stanno facendo e i mandati però non li state spiccando, scornacchiati, ci state facendo distruggere solo a noi, scornacchiati, che ci abbiamo messo una vita per costruirci il nome dei Mazzarella e un momento per farci cadere.

Figli & nipoti

A dare l'idea del vorticoso giro di denaro che passa tra le mani del clan è il pentito Ciro Giovanni Spirito. Agli inquirenti rivela che fino al 2002 Michele Mazzarella, il figlio di Vincenzo, guadagnava 50.000 euro al mese dal solo traffico di cocaina. In quegli anni Michele è poco più che ventenne e ha un reddito che neppure un manager di una multinazionale. Ma, si sa, i soldi sono un'arma a doppio taglio e bisogna saperli maneggiare. Evidentemente il babbo non si fida del figliolo. Quando esce dal carcere e riprende in mano le redini, Vincenzo Mazzarella sostiene che 50.000 euro sono troppi per il ragazzo, e così stabilisce una nuova ripartizione: Michele incasserà 30.000 euro al mese (che restano una retribuzione pazzesca), gli altri 20.000 saranno utilizzati per il pagamento degli stipendi ad altri affiliati e agli amici finiti in carcere.

La decurtazione imposta dal genitore-boss non suscita le ire particolari di Michele. Il mucchio di banconote che il papà gli ha scippato dalle mani è assai consistente ma – stando sempre alle rivelazioni di Spirito – il giovanotto porta a casa somme sostanziose dalle macchinette mangiasoldi: il 30% va ai bar che le ospitano e l'altro 70% se lo dividono Michele e un certo "'o nirone".

Secondo la ricostruzione del pentito Lauro, la quota di Michele Mazzarella viene consegnata alla moglie Marianna Giuliano; un compito che non può essere svolto da chiunque perché è «principio di camorra», come spiega Lauro, che nessuno possa andare a casa di una donna sola se il marito non c'è; dunque, la delicata mansione viene affidata a Salvatore Barile che può recarsi dalla Giuliano perché la donna è sua cugina.

Il figlio di Ciro

Luciano Mazzarella si ritrova ai vertici dell'organizzazione soprattutto perché i capi sono tutti in galera. Dalle conversazioni intercettate dagli inquirenti si deduce che non goda di grande considerazione perché bollato come inadatto a ricoprire ruoli di comando. La ragione della disistima è contenuta in una informativa del Raggruppamento operativo speciale dei carabinieri firmata nel 2009 dal tenente colonnello colonnello Giovanni De Chiara:

> Durante le prime fasi della presente attività investigativa emergeva che Luciano Mazzarella, all'epoca in libertà, reggeva le sorti del clan, sebbene fosse ritenuto da alcuni stessi suoi affiliati inadeguato a tale compito per la forte dipendenza dalla droga come si evince anche dalla conversazione tra presenti alle ore 20:09 del 12 dicembre del 2008 sull'autovettura Nissan Quashqai nel corso della quale la moglie Anna Talocci confidava alla figlia Assunta Mazzarella «chiama a Dio che se lo prendono perché io non ce la faccio più…poi sparla pure la gente», e quest'ultima affermava «quello ti fa drogare pure a te».
>
> (Ros-sezione anticrimine Napoli, informativa indagine "Santa Lucia" del 12 ottobre 2009)

Non è gratificante neppure quel che scrive il giudice per le indagini preliminari Antonella Terzi che nel leggere gli atti dell'inchiesta non si è fatta una grande opinione dell'erede di Ciro, che però resta un personaggio di vertice:

> La patologica passione per la cocaina e lo scarso prestigio di cui gode tra gli adepti ed, in genere, tra gli interlocutori, non tolgono nulla al grado di partecipazione, in una fase in cui la scelta della "classe dirigente" era limitata ed in qualche

modo obbligata e l'indagato poteva inscrivere nel suo curriculum, oltre all'altisonanza del cognome, la continuativa presenza sul territorio, una dose sufficiente di aggressività, relazioni con sodalizi operanti in città ed in provincia ed una specifica vocazione per il traffico di stupefacenti.

(Ordinanza di custodia cautelare nei confronti di Barile Salvatore + 22, emessa il 28 settembre 2011)

Lo scontro con i Sibillo

L'egemonia dei Mazzarella traballa dopo alcune indagini che si sono prima trasformate in uno tsunami di arresti e poi in un grappolo di condanne. L'offensiva dello Stato ha provocato danni di diverso tipo, uno dei quali è il vuoto di potere a Forcella. È dunque una fase di estrema debolezza e c'è chi prova ad approfittare della palese vulnerabilità dei Mazzarella. Agli inizi del 2013 la leadership di "'o pazzo" e dei suoi uomini viene fortemente messa in discussione da quella che passerà alla storia come "la paranza dei bambini": è un'aggregazione di giovanissimi con alla guida il diciassettenne Emanuele Sibillo, un ragazzo con alle spalle un'adolescenza turbolenta trascorsa in parte nel carcere minorile. Emanuele ha l'aria innocente, una più che discreta dimestichezza con l'italiano, sa scrivere bene, è intelligente e possiede i mezzi necessari per fare qualcosa di buono nella vita. Nel gennaio del 2011 è finito in una comunità di recupero perché aveva buttato giù dalla finestra di casa due pistole. È evaso, poi l'hanno riacciuffato ed è tornato in un'altra comunità dove ha partecipato a un corso di giornalismo televisivo. Sembra un ragazzino scivolato in un incidente di percorso ma assolutamente in grado di rialzarsi e di evitare di essere risucchiato da un ambiente malsano. Sembra. Perché una volta tornato in libertà invece di rimettersi in carreggiata, è perseguitato da una fissazione: costringere i Mazzarella ad abbandonare Forcella. In una telefonata con un amico dice che pensa ai rivali dalla mattina alla sera, come se fossero un'ossessione. La voglia di spazzare via il nemico va a buon fine perché tra il 2013 e il 2015 Sibillo e il suo manipolo di ragazzini riescono a conquistare la gestione dello spaccio di droga e le estorsioni. Lo scontro coinvolge diversi gruppi minuscoli sul piano della consistenza numerica ma particolarmente sanguinari. Per la cronaca: Sibillo sarà ammazzato il 2 luglio del 2015. Il conflitto per il narcotraffico e il racket non si è mai spento, sebbene l'intensità sia diminuita soprattutto per l'efficace lavoro delle forze dell'ordine. Ma i Mazzarella continuano a essere in guerra, come sottolinea la Direzione investigativa antimafia nella relazione del secondo semestre del 2019:

Nei quartieri di Forcella, Maddalena, Tribunali e Decumani continua a registrarsi una situazione di acceso antagonismo tra il clan Sibillo, unico superstite della "paranza dei bambini" cartello formato anche dai clan Giuliano, Amirante e Brunetti, e lo storico clan Mazzarella, appoggiato dalla locale famiglia Buonerba (i cosiddetti Barbudos) [...]. A seguito dell'indebolimento dei sodalizi antagonisti, la storica famiglia Mazzarella ha iniziato a tessere una serie di alleanze che le hanno consentito di riaffermare la propria egemonia, riappropriandosi man mano del controllo di gran parte del Centro Storico.

Buone e cattive notizie

Il 2018 è un anno terribile per i Mazzarella che perdono i loro due personaggi più importanti, ma almeno stavolta senza spargimenti di sangue. Il 4 settembre muore Ciro, sconfitto da una malattia che lo perseguitava da tempo: "'o scellone", 78 anni, passa a miglior vita mentre è nel suo appartamento di Posillipo. Due mesi dopo, il 5 novembre, un malore stronca Vincenzo, 62 anni, nel carcere milanese di Opera dove era ristretto al 41 bis. Qualche anno prima aveva provato a farsi concedere la libertà perché soffriva di "disturbo ansioso depressivo reattivo", ma i giudici avevano ritenuto le sue condizioni fisiche compatibili con la permanenza in carcere.

Poi arrivano altre lacrime, ma di gioia. Nel giro di poco più di dodici mesi si ricompone la coppia della celeberrima "unione tra due troni". Nel giugno del 2019 esce dal carcere Marianna Giuliano che riacquista la libertà dopo aver scontato dodici anni di reclusione. La figlia del boss di Forcella Luigi Giuliano era finita dietro le sbarre al termine di un processo contro un gruppo di trafficanti di droga che operava nel centro storico di Napoli. Scrive Leandro Del Gaudio:

Difesa dal penalista napoletano Sergio Lino Morra, Marianna Giuliano ha lasciato la cella con qualche mese di anticipo rispetto alla data prevista, dal momento che era stata condannata – in via definitiva – a una pena di sedici anni. Ma il calcolo dei giorni, la cosiddetta buona condotta, le ha consentito di chiudere i conti con la giustizia italiana in anticipo rispetto alle previsioni iniziali. Fatto sta che chi la conosce non ha dubbi sulle sue scelte di vita: Marianna Giuliano – raccontano tra i vicoli di Forcella – punta ora a stare lontano dal crimine organizzato e dai traffici illeciti, nel tentativo di riconquistare una vita al riparo da accordi criminali e da indagini antimafia, in attesa che di qui a poco tempo possa ritornare libero – sempre per un fine pena – il marito Michele Mazzarella.

(www.ilmattino.it/napoli/cronaca/forcella_tornata_libera_carcere_marianna_giugliano_figli_luigi_e_carmela_marzano_moglie_michele_mazzarella-4555592.html)

Facendo un po' i conti, Marianna dovrebbe attendere altri otto anni per poter riabbracciare il suo Michele, la cui pena dovrebbe terminare nel 2028. Ma per la felicità di entrambi, l'attesa della Giuliano e del consorte si riduce sensibilmente. Utilizzando al meglio le possibilità che gli concede la legge, Michele Mazzarella lascia il carcere alla fine di agosto del 2020, ovvero con la bellezza di nove anni di anticipo rispetto a quanto previsto. Del Gaudio spiega com'è stato possibile ottenere un abbuono così consistente:

Dopo circa venti anni di cella (era stato arrestato nel 2000), Michele Mazzarella ha lasciato il carcere, ottenendo una sorta di maxisconto di fine stagione rispetto alle condanne definitive rimediate in passato: secondo i calcoli iniziali, Michele Mazzarella doveva scontare 29 anni e due mesi, per un cumulo di pene, tra cui quella maturata per un omicidio; e per due condanne legate all'accusa di associazione camorristica e traffico di sostanze stupefacenti (due reati aggravati dal fine mafioso, come boss emergente dei Mazzarella). Ma le cose per lui si sono messe al meglio. In sintesi, sono stati due i fattori che hanno garantito la scarcerazione di Michele Mazzarella: l'indulto, con lo scorporo di tre anni dalla condanna a 21 per l'omicidio di Giuseppe Ginosa (reato per il quale, in appello era caduta l'aggravante mafiosa); e il calcolo dei cosiddetti «giorni» (tre mesi per ogni anno di detenzione), la cosiddetta buona condotta riservata a chi non crea problemi in cella.

Dopo vent'anni trascorsi in galera, il rampollo di Vincenzo "'o pazzo" non avrebbe dovuto trovare più nulla del clan del quale ha fatto parte. Invece i Mazzarella sono vivi e vegeti più che mai.

Nuvoletta

Avevano il loro quartier generale a Poggio Vallesana, nel comune di Marano, un paesone alle porte di Napoli. Lì abitava tutta la famiglia Nuvoletta. Ogni fratello aveva uno stabile per conto suo e nelle stanze di quegli appartamenti si facevano pranzi, cene, feste, riunioni. Come in milioni e milioni di altre famiglie, dunque. Ma dietro quell'apparente vita tranquilla di una ricca e numerosa stirpe di imprenditori ortofrutticoli, c'era ben altro. Molto altro.

Una illuminante descrizione di cosa fosse davvero Poggio Vallesana l'ha data agli inizi degli anni '90 l'allora sostituto procuratore Armando D'Alterio: nella requisitoria del processo per l'omicidio del giornalista Giancarlo Siani ha definito la dimora dei Nuvoletta «il Regno del Male, pregno degli umori di cadaveri dissolti nell'acido».

E sì, perché a casa di don Lorenzo e dei suoi fratelli Angelo e Ciro è stata ammazzata un bel po' di gente; c'è stato un giorno in cui hanno assassinato cinque persone, tre delle quali strangolate e poi sciolte nell'acido.

Il "Regno del Male" resterà un luogo simbolo della criminalità organizzata italiana per una serie di ragioni. Omicidi efferati a parte, Poggio Vallesana sarà una sorta di enclave nel quale si svolgeranno lunghe e impetuose assemblee con centinaia di criminali impegnati a farsi la guerra; diventerà teatro di una spettacolare irruzione di una ventina di killer; ma sarà soprattutto un affollato e sicuro rifugio per decine di mafiosi siciliani, molti dei quali scriveranno le pagine più strazianti della storia del nostro Paese.

E mafiosi erano anche i Nuvoletta: affiliati a Cosa Nostra, avevano in Michele Greco, detto "il Papa", il loro rappresentante attorno al tavolo della Cupola. La famiglia di Marano offrirà ospitalità e protezione a padrini del calibro di Luciano Liggio, Totò Riina, Rosario Riccobono, Bernardo e Giovanni Brusca, Gaspare Mutolo e Antonino Calderone: per anni rappresenterà un porto sicuro per qualsiasi siciliano abbia la necessità di trascorrere una latitanza senza patemi d'animo, placidamente al sicuro perché tanto a casa Nuvoletta non avrebbero bussato né i carabinieri né i poliziotti.

Non c'è pagina della camorra napoletana in cui non si intraveda, in controluce, la sagoma dei Nuvoletta: hanno fatto il bello e il cattivo tempo condizionando – spesso senza darlo a vedere – il tumultuoso evolversi degli eventi. Molti collaboratori di giustizia sono stati concordi nel sostenere che don Lorenzo e i fratelli hanno avuto la straordinaria capacità di giocare su più tavoli, di fingersi amici di persone che hanno poi pugnalato alle spalle. Il doppio gioco ha funzionato a lungo, ma ha avuto l'effetto di seminare malintesi e diffidenze che alla fine si sono trasformate in un sanguinoso boomerang.

I mafiosi di Marano hanno compiuto numerosi omicidi e in genere hanno preferito ricorrere all'eliminazione di amici e nemici senza stare a pensarci su. I loro killer non hanno soppresso solo boss e gregari dei clan rivali, ma hanno pure fatto fuoco contro gente inerme e perbene: come Giancarlo Siani, un giovane giornalista che pagherà con la vita aver adombrato il sospetto che i Nuvoletta avessero tradito l'alleato Valentino Gionta facendolo arrestare dai carabinieri.

È una storia costellata di sangue, quella dei Nuvoletta, ma piena anche di ricchezze. Nell'estate del 1991 da un'inchiesta del settimanale economico «Il Mondo» emerse che la dinastia criminale maranese era tra le più benestanti d'Italia, dietro solo alla Nuova Famiglia di Carmine Alfieri.

Il capo riconosciuto della cosca era Lorenzo, che agli inizi degli anni '90 veniva così descritto:

> È un vero capo, l'unico di livello elevato rimasto nell'area napoletana dopo l'allontanamento di alcuni capi camorristici, l'uccisione di altri, la condanna definitiva ed a lungo termine di altri ancora: senz'altro il più lucido, il più moderno e per questo il più pericoloso.
>
> (www.senato.it/documenti/repository/relazioni/archiviostorico/commissioni/X_LEG_BASILICATA_CAMPANIA_DOC_RELAZ/X_LEG_BASIL_CAMP_DOC_XXIII_27_VOL_2_TOMO_5.pdf)

Franco Roberti, Pm a Napoli e futuro procuratore nazionale antimafia, disegna invece il profilo di un personaggio fintamente remissivo:

> A Nuvoletta piace atteggiarsi a brav'uomo, a vittima. Fa il modesto. È quasi ossequioso nei rapporti con lo Stato. Anche se poi ti guarda con occhi di fuoco quando pensa che tu non te ne accorga.
>
> (Giovanni Marino, *Bella e mala Napoli*, Laterza 1993)

Secondo alcuni, però, il vero leader della famiglia era Angelo, forse il più intelligente, sicuramente il più abile nella pianificazione e nella gestione degli affari. A questo proposito dirà Umberto Ammaturo, narcotrafficante pentito:

> Tutti poi mi dicevano, in particolare ricordo che me lo disse anche Raffaele Ferrara, che il vero capo di quella famiglia non era il Lorenzo, che pure appariva tale all'esterno, ma invece il fratello Angelo che invece era persona di poche parole.
> (Procedimento nr. 9086/1992 D.D.A. nei confronti di Agizza + 101)

In ogni caso, Angelo sarà il primo a finire nei guai con la legge: a 21 anni va incontro a una condanna – emessa dalla Pretura di Marano il 28 ottobre del 1963 – per detenzione illegale di arma da fuoco e per averla usata a scopo di minaccia: stando a quello che farà negli anni a venire quel reato sarà poco più di un peccato veniale.

Di quel potere oggi è rimasto ben poco e la famiglia si è polverizzata. Lorenzo e Angelo sono morti in carcere, dov'erano rinchiusi per scontare un ergastolo. La corsa di Ciro, invece, si era interrotta molto prima con una fucilata alla testa esplosa da un uomo che per anni aveva considerato un fratello.

Mele, insalata e affari fuorilegge

Agricoltori: ecco cosa sono i Nuvoletta alla fine degli anni '50. Hanno qualche possedimento in Toscana ma nulla lascia presagire che qualche decennio più tardi saranno arci miliardari. La scalata comincia comprando dei terreni a Marano, probabilmente da contadini persuasi a cederli attraverso pressioni e intimidazioni. Accanto agli interessi legali nel mondo dell'agricoltura, se ne sviluppano altri assai meno leciti coltivati insieme al gruppo Maisto di Giugliano.

La progressione sotto il profilo criminale precede di pari passo a quella finanziaria perché l'intuizione imprenditoriale non manca a nessuno dei fratelli:

> Dopo le prime imprese nel clan Maisto, fecero la loro prima mossa indipendente nell'attività che li avrebbe da allora in poi caratterizzati: a metà degli anni Sessanta si diversificarono diventando grandi proprietari terrieri; usando i fondi statali stanziati per istituire piccole tenute agricole, acquistarono un totale di circa 100 ettari da alcuni piccoli proprietari. Un'impresa chiamata "Viticola Nova", fondata nel luglio 1966 e diretta da Giuseppe Iacolare, aveva il compito di pagare i braccianti. Il primo prestito ai Nuvoletta in questo caso ad Angelo, arrivò nel 1969 dal Banco di Napoli: 25 milioni di lire da restituire in 40 anni.
> (Tom Behan, *Il libro che la camorra non ti farebbe mai leggere*, Newton Compton 2009)

Ma le entrate procurate dalla vendita di tonnellate di ortaggi, frutta e altri prodotti di Madre Terra sono poca cosa rispetto alle cifre mostruose che arrivano da un business illegale ma florido come pochi: il contrabbando di sigarette. All'inizio degli anni '70 di fronte alla possibilità di guadagnare cifre a nove zeri, Lorenzo, Angelo e Ciro Nuvoletta si organizzano ed entrano in un affare che dà da vivere a migliaia di persone e che vede coinvolti pure criminali francesi e siciliani. In Campania a dividersi la costa, e quindi gli approdi per lo sbarco delle sigarette, sono quattro gruppi, in uno dei quali spiccano i maranesi. Fino a un certo punto Lorenzo e i suoi fratelli sono soltanto degli abili contrabbandieri, ma poi c'è un salto di qualità che si traduce, col tempo, in una incontrastata leadership in tutta la regione. A proiettarli nell'Olimpo della criminalità organizzata è l'ingresso in Cosa Nostra con tanto di cerimonia di affiliazione: i Nuvoletta diventano mafiosi e si legano in particolare a Michele Greco, detto "il Papa" e futuro capo della Cupola all'alba degli anni '80. Specializzati come pochi nel fiutare l'aria che tira, qualche anno dopo balzeranno in sella ai cavalli vincenti, ovvero ai Corleonesi di Totò Riina.

Se i Nuvoletta e la mafia s'incontrano, la colpa è però dello Stato. La partnership, infatti, nasce perché negli anni '70 decine di mafiosi vengono spediti in provincia di Napoli al soggiorno obbligato. Nessuno è interessato a rigare dritto, per cui la loro permanenza all'ombra del Vesuvio diventa l'occasione propizia per continuare a delinquere. In Campania arrivano personaggi del calibro di Stefano Bontate (in soggiorno a Qualiano), Vincenzo Spadaro (Sant'Anastasia), Gaetano Riina (Caivano), Filippo Gioè (Gragnano), Salvatore Bagarella (Frattamaggiore), tanto per citarne alcuni. E se arrivano in Campania, l'unico posto dove sono al sicuro – benvoluti e coccolati – è a Poggio Vallesana.

Il primo novembre del 1972 i carabinieri perquisiscono la dimora di don Lorenzo e in una stanza trovano una faccia nota: è Rosario Riccobono, boss palermitano di Partanna-Mondello e futuro componente della Cupola di Cosa Nostra. Alla domanda degli investigatori «Lei cosa ci fa qui?», Riccobono replica che la sua presenza si deve al fatto che è amico dei Nuvoletta e con loro intrattiene rapporti d'affari nell'ambito del commercio di prodotti ortofrutticoli.

Mentre Lorenzo tesse la tela delle relazioni, gli altri fratelli collezionano qualche problema con le legge. Tra il 1972 e il 1974 Ciro viene prima denunciato e poi arrestato per associazione per delinquere insieme a Rosario Riccobono, al padrino Stefano Bontate e a Gerlando Alberti; un altro fratello, Gaetano, nel 1976 finisce in manette per associazione per delinquere e truffa.

Tra i primi a essere ospitati a Poggio Vallesana c'è Tommaso "Masino" Buscetta, che agli inizi degli anni '70 è un padrino rampante, tenuto in grande considerazione da tutto lo stato maggiore delle cosche palermitane. "Il boss dei due mondi", come lo ribattezzeranno tempo dopo per le lunghe permanenze in America, riferirà ai magistrati che nel 1974 ha partecipato a una riunione nella masseria di Marano alla quale c'erano soggetti dal luccicante destino: Totò Riina, Pippo Calò, Bernardo Brusca, Giuseppe e Antonino Calderone, Giovanni Pullarà, Tommaso Spadaro e Nunzio La Mattina. Al centro della discussione, spiegherà don Masino, una riorganizzazione del contrabbando di sigarette. Un altro ospite illustre come Antonino Calderone, padrone di Catania, s'imbatte invece in Riina e Pippo Gambino.

È proprio il matrimonio d'interessi con i padrini siciliani che fa della famiglia di Marano una delle cosche più potenti della Campania. E sotto la loro ala cercano riparo quanti non si vogliono assoggettare all'arrembante Raffaele Cutolo e alla sua Nuova camorra organizzata:

> Ciò che rileva in particolare, ai fini della ricostruzione storica in corso, è che furono proprio quei rapporti e quelle attività criminali a rendere, nella criminalità campana di quel periodo, preminente il ruolo di comando dei Nuvoletta, ed a trasformare la loro "masseria" di Poggio Vallesana nel cuore pulsante da cui si dipartiva un complesso reticolo di attività illegali, e nello stesso tempo nel cervello strategico della direzione ed organizzazione di tutti i traffici illeciti; e poi, nel momento dell'arrivo sulla scena camorristica di un personaggio la cui prepotenza voleva tutti sottomettere, nel luogo dell'aggregazione di tutti coloro che a quella prepotenza non intendevano sottostare.
>
> (Procedimento nr. 9086/1992 D.D.A. nei confronti di Agizza + 101)

Un altro personaggio che abitualmente dimora dai Nuvoletta è Luciano Liggio, detto "Lucianeddu", il padrino di Corleone che si è fatto strada uccidendo il suo mentore, il medico Michele Navarra. Liggio è al vertice della mafia siciliana ed è particolarmente temuto perché ha una personalità aggressiva nascosta dietro atteggiamento bonario e accondiscendente. Che i Nuvoletta siano in eccellenti rapporti con Liggio è provato dalle numerose telefonate tra il boss di Corleone e i componenti della famiglia di Marano: in particolare il padrino chiama numeri intestati a Nuvoletta e alla madre Maria Orlando. Dirà il pentito Francesco Di Carlo, ex boss di Altofonte (Palermo):

> Aveva un carattere esuberante e questo oggettivamente lo rendeva un personaggio assai particolare. A Marano iniziava a spadroneggiare, a dettare regole per gestire i Nuvoletta a suo piacimento e ovviamente non si consultava con nessuno, tantomeno con gli Zaza. Mentre la polizia di mezzo mondo lo cercava, il questore Angelo Mangano in testa, lui se ne stava a Marano, utilizzando quel territorio come fosse il suo regno.
>
> (Enrico Bellavia, *op. cit.*)

Secondo quanto ha riferito Di Carlo, il legame con "Lucianeddu" è confermato anche dalla partecipazione di uno dei Nuvoletta all'agguato al questore Angelo Mangano organizzato la sera del 5 aprile del 1973. Il poliziotto era stato condannato a morte da Liggio che lo odiava perché non aveva mai smesso di dargli la caccia. Spiega ancora Di Carlo:

> Liggio è in compagnia di Michele Zaza, Angelo Nuvoletta, che ancora non era entrato in Cosa Nostra, e Ciro Mazzarella. Sono tutti giovanissimi, meno di trent'anni. Ciro forse è il più piccolo, ma è il nipote di Michele Zaza, figlio di una sorella, e gode di massimo rispetto [...]. Agganciano il questore Mangano quando questi sale sulla sua auto. A quel punto lo affiancano, lo costringono a fermarsi e aprono il fuoco. Alla guida c'è Michele Zaza, che era molto bravo. Dall'auto scendono Liggio, Angelo Nuvoletta e Ciro. Forse Angelo, secondo quanto mi ha poi raccontato Michele Zaza, era alla sua prima volta, potrebbe dunque averlo tradito l'emozione o la pistola che si è inceppata. Di sicuro si verifica un contrattempo che fa perdere minuti preziosi. Zaza a quel punto scende dall'auto anche lui e spara a sua volta. Il piano subisce qualche variazione. Liggio non riesce a dare il colpo di grazia. Lo fa per lui Angelo Nuvoletta.
>
> (*Ibidem*)

Il questore Mangano viene ferito da sei colpi di pistola, ma se la caverà.

Secondo quanto riferisce il pentito Giuseppe Di Cristina, Liggio è di fatto proprietario, tra Napoli e Caserta, di una grande azienda per la produzione e lavorazione della frutta; l'azienda è intestata a una donna che è una semplice prestanome, la gestione è affidata ai fratelli Nuvoletta.

I giuramenti a casa dei Nuvoletta

Che la masseria sia frequentata dai big della mafia siciliana lo conferma pure il boss palermitano Gaspare Mutolo, che negli anni '70 è uno dei pezzi grossi del contrabbando. Dunque, Poggio Vallesana non è soltanto un luogo nel quale soggiornare serenamente, ma pure il teatro che ospita numerose cerimonie di affiliazione a Cosa Nostra. Ed è proprio a Poggio Vallesana che Mutolo fa il suo ingresso formale nella mafia: si sottopone al giuramento di rito e in quella occasione s'imbatte in Totò Riina, all'epoca ospite di Lorenzo, Angelo e Ciro:

> Sono stato combinato uomo d'onore nel 1973 mentre mi trovavo a Marano (NA). Mio presentatore è stato D'Agostino Manuele ed al rituale erano presenti Riccobono Saro e Nuvoletta Lorenzo nonché un certo 'bastimento' [...]. Ricordo che una volta uscito dal carcere fui prelevato davanti alla Questura, dove ero stato

portato una volta scarcerato dal carcere, da Saro Riccobono e Angelo Nuvoletta. A bordo di una Mercedes ci portammo verso l'interno, mi sembra nella zona del casertano, territorio in cui i Nuvoletta avevano proprietà agricole. In una casa di campagna incontrai Salvatore Riina, con il quale mi trattenni a pranzo insieme ad i miei accompagnatori. È rimasto nel mio ricordo la circostanza che mangiammo cosce di pollo arrostite ed intorno a noi una ventina di donne raccoglievano frutta dagli alberi.

(Procedimento nr. 9086/1992 D.D.A. nei confronti di Agizza + 101)

Pure Mutolo non è a Marano per rigenerarsi ma per concludere affari, ovvero per elaborare nuove strategie nel contrabbando di sigarette:

Nel 1973 i miei interessi erano soprattutto nel traffico di tabacchi lavorati esteri ed il mio campo di azione era Napoli, dove esistevano due famiglie mafiose, una capeggiata da Zaza Michele e l'altra capeggiata da Nuvoletta Lorenzo, quest'ultima era particolarmente vicina ai corleonesi di Riina Totò e Leggio Luciano [...]. In Campania, vi era una famiglia di Cosa Nostra, il cui rappresentante era Salvatore Zaza, con sottocapo Lorenzo Nuvoletta e consigliere tale Liguori, detto peppe 'u biondo, suocero di Michele Zaza. All'interno di questa famiglia vi erano dei contrasti, essendo Salvatore Zaza tendenzialmente vicino a Gaetano Badalamenti, mentre suo fratello Michele, compare di Alfredo Bono, era vicino alla corrente avversa, così come Lorenzo Nuvoletta. Gli interessi erano enormi perché legati agli ingenti traffici di t.l.e. [...]. Col gruppo di Napoli i rapporti dei palermitani continuarono sostanzialmente buoni, infatti vennero istituiti i c.d. 'turni', che regolavano gli sbarchi clandestini di t.l.e.

(*Ibidem*)

Sigarette a parte, al pari di altri criminali pure i Nuvoletta sono padroni del territorio e di molte strutture dislocate dalle loro parti. Una di queste è l'Opg di Aversa (Caserta), l'ospedale psichiatrico giudiziario nel quale sulla base di perizie taroccate vengono ricoverati molti delinquenti, alcuni dei quali vicini alla cosca maranese come confermerà il narcotrafficante (pentito) Umberto Ammaturo:

Erano ristretti con me anche il Giaconia ed un altro siciliano a nome Nino – non ne conosco il cognome, aveva circa 35 anni –, ed a fare colloqui con loro vidi giungere anche Angelo e Ciro Nuvoletta (fratelli di Lorenzo), non so se sotto il loro o sotto falso nome.

(*Ibidem*)

I Nuvoletta sono già una potenza ma la loro pericolosità aumenta quando arruolano Antonio Bardellino, un giovanotto di San Cipriano d'Aversa destinato a diventare il padre fondatore di quel gruppo che qualche decennio più tardi sarà il famigerato clan dei Casalesi. Ha coraggio, intelligenza, invidiabili capacità organizzative e soprattutto spara da Dio, tant'è che diventa l'indiscusso leader del gruppo di fuoco dei mafiosi di Marano. A Bardellino vengono delegate tutte le operazioni relative a omicidi e ferimenti, tant'è che nel corso di una conversazione con Umberto Ammaturo, don Lorenzo lascia chiaramente intendere che il ragazzone di San Cipriano ha carta bianca. Spiegherà Ammaturo ai magistrati:

> [...] Mi ricordo io stesso della volta in cui, mentre stavamo a casa sua, Lorenzo Nuvoletta mi disse, indicandomi Bardellino che ascoltava: "Don Umbè, 'o facimmo fa tutte cose a isso"; come a dire che gli delegavano le iniziative.
>
> (*Ibidem*)

Uno come Bardellino non può non entrare in Cosa Nostra e infatti a Poggio Vallesana giura fedeltà alla mafia. Ad accoglierlo a braccia aperte nella grande famiglia siciliana è un pezzo da novanta che risponde al nome di Francesco Di Carlo, che ricostruisce così le ore che precedono l'affiliazione:

> Era un giovane di azione, aveva una famiglia che si dava molto da fare. I fratelli erano rapinatori. Uno ero stato ucciso da un carabiniere durante una rapina e lui provava a sapere dove era stato trasferito quel militare per vendicare il fratello morto. Era molto benvoluto nella famiglia Nuvoletta e in tutta Napoli. Era un nome conosciutissimo nel Casertano [...]. Un giorno arrivai a Marano di sera, ero stato a Napoli per occuparmi delle sigarette, e mi dissero che in un furgone posteggiato fuori poco lontano c'erano due che avevano strangolato e che la notte avrebbero dovuto bruciare. Mi dissero che avevano anche intenzione di combinare (corsivo) chi glieli aveva portati. I Nuvoletta, che a me davano del voi, mi invitarono alla festa fissata per l'indomani durante la quale avrebbero dovuto combinare (corsivo) questo nuovo elemento. Mi chiesero cosa ne pensassi, io mi limitai a notare che dovevano essere loro a valutare la moralità del soggetto e che Totuccio Riina o Bernardo Brusca gli avrebbero risposto allo stesso modo. Così l'indomani feci da padrino ad Antonio Bardellino. Gli spiegai le regole e lui divenne compariello (corsivo). In quei pochi anni a venire abbiamo avuto ottimi rapporti [...]. I Nuvoletta lo tenevano sempre in grande considerazione. Del resto Antonio era un trascinatore. Aveva venti, trenta giovani vicino, ma non stava alle regole perché era troppo intraprendente, non capiva lo spirito di Cosa Nostra: era però devoto ai Nuvoletta che lo coprivano in tutto e lui ricambiava con una totale disponibilità. Era sempre pronto a occuparsi di sistemare i problemi che i Nuvoletta via via incontravano. Tanta considerazione però era malvista da Riina, al quale non sono mai piaciuti gli uomini capaci di fargli ombra e di acquistare consensi.
>
> (Bellavia, *op. cit.*)

Tra le fila dei Nuvoletta c'è pure un giovane piuttosto energico, dalla personalità esuberante: si chiama Luigi Baccante, da tutti chiamato Maurizio. È un tipo irrequieto ben conosciuto da carabinieri e polizia:

> Luigi Baccante, ventunenne, un fisico da gladiatore, esordisce armi in pugno attaccando la caserma dei carabinieri di Marano con un manipolo di pregiudicati. Resta ferito il comandante della stazione; Baccante è arrestato settimane dopo. L'impresa crea scompiglio nella mala giuglianese, ma il giovane Luigi Baccante

riesce a farsi in qualche modo notare. Quando uscirà dal carcere, infatti, la sua statura non sarà più quella del balordo di provincia; si legherà agli Orlando e ai Nuvoletta, diventerà guardaspalle di Michele Zaza e autista della sua "Rolls Royce", e attirerà su di sé i rigori dell'antimafia.

(Marisa Figurato e Francesco Marolda, *Storia di contrabbando: Napoli, 1945-1981*, Pironti 1981)

Gioca a calcio in una compagine locale, Baccante, è un mediano che picchia, incline alla rissa che tra l'altro può sostenere contro chiunque in virtù di un fisico possente. Diventerà una pedina importante non in una squadra di football ma nella cosca di Poggio Vallesana.

Oltre al contrabbando di sigarette, c'è un altro mercato nel quale i mafiosi di Marano si fanno largo: quello della droga. Anche in questo caso l'elenco delle famiglie che smerciano stupefacenti è lungo. Dall'inizio degli anni '70, quando Raffaele Cutolo è ancora uno strambo e violento ragazzo di paese, i clan stanno molto attenti a non pestarsi i piedi. I confini territoriali son ben limitati, ma nonostante il raggio d'azione sia stabilito da criteri rigidi si prova, spesso con successo, a evitare che qualcuno sia avvantaggiato a discapito di altri. La camorra di Caserta e dintorni, ad esempio, ha l'ordine di non spacciare droga nel grande e quindi più redditizio mercato napoletano. Però in cambio riceve una sorta di indennità in denaro, come spiegherà il pentito Carmine Schiavone, "ragioniere" del clan dei Casalesi:

All'epoca il mercato napoletano era essenzialmente gestito dal gruppo di Michele Zaza e da quello di Umberto Ammaturo che, comunque, agivano sotto il controllo di Lorenzo Nuvoletta e i fratelli Angelo e Ciro [...]. Capo regione della mafia, all'epoca, era Lorenzo Nuvoletta ed il suo vice era Antonio Bardellino. I gruppi napoletani erano molto legati a quelli siciliani: nel 1982, al fine di evitare sconfinamenti territoriali nell'ambito della gestione del traffico di stupefacenti, fu pattuito che il gruppo casertano non doveva smerciare nell'area napoletana. In cambio riceveva una quota mensile di 100 milioni di lire dal gruppo Zaza, da Ammaturo Umberto e da Aniello Nuvoletta. Ciascun gruppo erogava la somma di 100 milioni al mese. Ciò si protrasse certamente fino alla fine del 1983.

(Procedimento nr. 9086/1992 D.D.A. nei confronti di Agizza + 101)

La retata con i big di Cosa Nostra

Mentre i criminali si arricchiscono, non sempre lo Stato sta a guardare. Non certo i carabinieri che nei primi mesi del 1974 raccolgono una serie di elementi dai quali si deduce che il clan di Marano è invischiato in attività illegali insieme a una pattuglia di criminali siciliani, tutti accusati di associazione per delinquere. A maggio scatta una maxi retata: il giudice istruttore emette un mandato di cattura nei confronti di Lorenzo e Ciro Nuvoletta; tra i destinatari ci sono anche nomi e cognomi di mafiosi di rango: Stefano Bontate, Rosario Riccobono, Gaspare Mutolo, Pietro Madonia.

Tre anni dopo, nel febbraio del 1977, la compagnia dei carabinieri di Capua invia alla procura della Repubblica di Santa Maria Capua Vetere una proposta di applicazione della legge antimafia nei confronti di Lorenzo, Gaetano, Angelo e Ciro Nuvoletta. Le indagini puntano a qualcosa di assai più consistente del contrabbando: il traffico di droga e le armi.

> Furono emessi mandati di arresto per i Nuvoletta con l'accusa di aver importato illegalmente un carico di cocaina dal valore di circa 184 milioni di lire. Inoltre, l'imputazione riguardava anche le telefonate fatte da Aniello Nuvoletta in Germania relativamente all'acquisto di carri armati Leopard e Centurion il cui costo, sembra, oscillava tra 700 milioni e 1,4 miliardi di lire, anche se la polizia tedesca non trovò prove a sostegno di tale accusa.
>
> (Behan, *op. cit.*)

Paolo Borsellino "scopre" don Lorenzo

Nell'aprile del 1980 il nome e il volto di Lorenzo Nuvoletta entrano ufficialmente nei radar della magistratura palermitana. Accade quando il capitano Emanuele Basile, comandante della compagnia di Monreale, si ritrova tra le mani una fotografia saltata fuori durante una perquisizione nell'abitazione di Francesco Di Carlo:

> In quella immagine un signore distinto e con i capelli brizzolati è in compagnia di gente già nota agli investigatori: Andrea e Giulio Di Carlo, Antonino Gioè e Giacomo Riina. Basile mostra la foto a Paolo Borsellino, il giudice la osserva per qualche secondo e poi, indicando l'uomo brizzolato, chiede all'ufficiale: «E questo chi è?».
>
> (Bruno De Stefano, *op. cit.*)

L'uomo coi capelli brizzolati è Lorenzo Nuvoletta.

Nel febbraio del 1980 don Lorenzo finisce in una inchiesta dei carabinieri di Palermo che lo denunciano per associazione per delinquere insieme ad altri 18 mafiosi. A quel punto che i Nuvoletta siano diventati i padroni della Campania lo scopre anche Carmine Alfieri, il futuro capo della Nuova Famiglia. Da quando è uscito dal carcere, Alfieri è preoccupato: Cutolo ha tentato di arruolarlo nella Nuova camorra organizzata ma lui gli ha coraggiosamente detto di no. Però ha poi saputo che il diniego gli ha fatto guadagnare una condanna certa: Cutolo lo vuole morto. Carmine e il fratello Salvatore sono guardinghi, sanno che i killer della NCO potrebbero sbucare fuori in qualsiasi momento. Il destino viene loro in soccorso perché all'ippodromo di Agnano un amico comune – Antonio Malventi – li presenta a Lorenzo, Angelo e Ciro Nuvoletta, che diventeranno i loro santi protettori:

Ben presto Salvatore ed io capimmo che, per tutelarci dalle pazze iniziative di Cutolo, avremmo potuto trovare protezione proprio presso i Nuvoletta, la cui masseria di Poggio Vallesana iniziammo a frequentare: ciò in quanto il nome dei Nuvoletta era già quello di gente di rispetto (giravano voci di collegamenti con la Sicilia, ma assai vaghi), ed anche perché si sapeva che erano comunque in buoni rapporti con Cutolo.

(Procedimento nr. 9086/1992 D.D.A. nei confronti di Agizza + 101)

La tutela assicurata dalla cosca maranese non è solo di facciata perché i Nuvoletta si preoccupano di far circolare la voce che i fratelli Alfieri sono "cosa loro" e quindi nessuno deve toccarli. Cutolo, che con i maranesi è in rapporti necessariamente pacifici, è una furia e ordina decine di omicidi ma è sufficientemente intelligente per capire che i gruppi campani legati a Cosa Nostra – quindi i Nuvoletta e gli Zaza – non devono essere neppure sfiorati.

Il comportamento di don Lorenzo e dei fratelli però non è proprio lineare: nelle conversazioni con Alfieri parlano malissimo di Cutolo, lo dipingono come un pazzo che andrebbe chiuso in manicomio. Allo stesso tempo, però, quando il capo della NCO ha bisogno di sostegno, soprattutto per la latitanza, gli danno volentieri una mano.

La sensazione, poi diventata una solida certezza, è che i Nuvoletta siano abilissimi nell'abbagliare il prossimo mostrandosi affettuosi e protettivi, ma si tratta solo di effetti speciali: fingono di essere amici di tutti, ma in realtà giocano su più tavoli seminando zizzania in nome dell'antico detto: "dividi et impera". Racconterà Alfieri:

Fra Nuvoletta e Zaza non correva buon sangue, come facilmente capivo dai pur contorti discorsi che mi facevano Angelo e Lorenzo. I motivi di questo contrasto erano da individuarsi semplicemente nella lotta per il potere. E riuscii anche a capire che il legame che i Nuvoletta continuavano a mantenere con Cutolo era dovuto sempre al desiderio di mantenere in atto un continuo contrasto fra Zaza e Cutolo, rimanendo defilati con un abilissimo doppio gioco.

(*Ibidem*)

Anche se poi gli artigli della Legge non affonderanno nella carne dei Nuvoletta, i carabinieri indagano sulla famiglia di Marano che intanto finisce pure nel mirino dell'agenzia antidroga americana:

Sono specialisti nel traffico di stupefacenti che gestiscono in collaborazione con i clan emergenti della mafia siciliana. I loro nomi sono noti da anni agli archivi del DEA (Drug Enforcement Administration) eppure tutte le proposte di applicazione a loro carico di misure di prevenzione sono state sistematicamente respinte [...]. Il campo dei loro interessi è vastissimo; riguarda qualsiasi attività, lecita o illecita, dalla quale possano trovare profitto. È dal 1975 che vengono segnalati in azioni delittuose che vanno dal traffico di stupefacenti e armi, alle estorsioni e ai sequestri di persona. Così come da anni vengono evidenziati i rami "leciti" o solo apparentemente tali delle attività in cui sono inseriti; i quattro fratelli attuano spericolate operazioni finanziarie; acquistano terreni per centinaia di miliardi, con il contributo dello Stato, attraverso la cassa per la formazione della piccola proprietà contadina; forniscono enti civili e militari di prodotti ortofrutticoli e avicoli; posseggono allevamenti di cavalli da corsa; operano nei settori della pollicoltura, dell'allevamento, della frutticoltura altamente specializzata. La stagione d'oro l'hanno vissuta con la pioggia di miliardi dei contributi Cee per l'agricoltura, destinati alle aziende del settore che comprovino il rispetto delle norme del contratto nazionale e di quelle del collocamento. I contributi dovevano andare alle aziende conserviere per la riconversione e la ristrutturazione del settore; e invece, in molti casi, sono finiti nelle tasche dei camorristi. Anche i Nuvoletta hanno attinto a questa fonte inesauribile di ricchezza, investendo il ricavato nelle poco ortodosse speculazioni nell'edilizia di rapina. Decine di società fantasma hanno operato, a loro vantaggio, della edificazione di mastodontici complessi residenziali sparsi lungo l'intera Penisola.

(Sergio De Gregorio, *I nemici di Cutolo*, Pironti, 1983)

Don Lorenzo e i suoi fratelli sono astuti e quando hanno la sensazione che qualcuno possa far loro concorrenza, provano subito a disinnescare il pericolo. Intuiscono fin dall'inizio che Raffaele Cutolo può diventare un grosso problema e quindi tentano di portarlo dalla loro parte offrendogli l'affiliazione a Cosa Nostra, senza però riuscirci come racconterà il pentito Francesco Di Carlo:

In quel periodo, credo fosse il 1978, evade dal manicomio giudiziario di Aversa Raffaele Cutolo. Era fuggito facendosi aprire un varco nella cinta muraria ed era andato a rifugiarsi dai Nuvoletta che lo tennero a casa per un po'. Cutolo non è stato mai affiliato: fu quasi sul punto di essere combinato (corsivo) durante un incontro in cui c'erano anche Michele Greco e Bernardo Brusca ma lui si tirò indietro. Non so dire se sia stato più incosciente o coraggioso. Avrebbe dovuto pagare con la morte, invece riuscì a passare indenne anche dopo quello sgarbo non da poco perché i Nuvoletta garantirono per lui.

(Bellavia, *op. cit.*)

Un paio d'anni dopo Lorenzo Nuvoletta ci riprova ma con altri due promettenti criminali. Seppure senza insistere troppo – altrimenti avrebbe ingenerato dei sospetti – invita Carmine Alfieri e Pasquale Galasso ad aggregarsi al suo gruppo, promettendo loro un ruolo di primo piano. Per dimostrare che fa sul serio e che non ci sono secondi fini, regala a entrambi una parte consistente di un carico di fucili a pompa che gli è arrivato da Palermo e che rappresenta un gradito omaggio della Cupola. I due futuri capi della Nuova Famiglia, però, declinano perché dubitano fortemente della sincerità del boss maranese.

Nonostante le voci siano ricorrenti, i Nuvoletta tengono gelosamente al riparo da occhi e orecchie indiscrete le loro amicizie siciliane. Alfieri, Galasso e gli altri sanno che Poggio Vallesana è frequentata dallo stato maggiore di Cosa Nostra, ma don Lorenzo e i fratelli fanno in modo che non li incontrino mai. Alfieri, Galasso e gli altri sanno ma fingono di non sapere, tant'è che nessuno osa chiedere ai padroni di casa di poter stringere la mano agli importanti "colleghi" che periodicamente arrivano da Palermo e dintorni.

Secondo un rapporto dei carabinieri i Nuvoletta hanno intanto approfittato delle maglie larghe dei contributi per l'agricoltura erogati dalla Comunità europea: una gigantesca montagna di denaro che aveva l'obiettivo di consentire alle aziende conserviere di ristrutturare o di riconvertire la produzione, e che invece in alcuni casi ha ingrossato i conti in banca dei criminali. La famiglia di Marano, quindi, mette in piedi una serie di società che spaziano dall'ortofrutta all'edilizia, dal calcestruzzo ai prodotti avicoli, fino all'allevamento di cavalli. Spesso le imprese sono intestate ad amici o personaggi compiacenti, il che rende difficile – ma non impossibile – risalire agli effettivi proprietari.

Albicocche e ravanelli continuano a garantire buone entrate, ma il bottino più consistente arriva soprattutto dall'edilizia. Tra gli anni '70 e gli anni '80 c'è un boom spaventoso, ma è con i lavori del post-terremoto che viene servita loro l'irresistibile chance di infilarsi dentro un business con numeri da capogiro. Secondo gli inquirenti pure i Nuvoletta si fiondano sulla ricostruzione con la fornitura di calcestruzzo attraverso la Bitum-Beton, azienda a loro riconducibile. Nel 1980 il fatturato è di 270 milioni, nel 1984 è lievitato incredibilmente fino ad arrivare a 23 miliardi. Scrive l'Alto commissario Domenico Sica nella relazione inviata alla Commissione parlamentare d'inchiesta sulla ricostruzione post-terremoto presieduta da Oscar Luigi Scalfaro:

> L'ingresso della Bitum Beton nel mercato avvenne in concomitanza con l'inizio delle opere di ricostruzione post-sisma e produsse immediatamente un effetto dirompente. Anche la nota C.M.C. Cooperativa Muratori e Carpentieri di Ravenna che era solita acquistare prodotti dalla Calcestruzzi S.p.A. del gruppo Gardini, anch'essa ravennate, venne "consigliata" a fornirsi dalla Bitum Beton che oltre al prodotto garantiva tacitamente (e forse neanche tanto) "la pace sociale" [...]. L'affermarsi delle imprese di Nuvoletta costrinse i maggiori operatori del settore, la Calcestruzzi S.p.A. del gruppo Gardini, la Cal.Co.Bit. dei Tuccillo e la Maione, pure emergente in quel periodo, ad accettare la proposta del Romano di associarsi alla Bitum Beton nel Consorzio dei Produttori di Calcestruzzo Preconfezionato

della provincia di Napoli. Ciascun consorziato, secondo l'accordo accettato, conferiva il proprio mercato che poi veniva suddiviso in parti eguali. Rimanevano, ovviamente, penalizzati i soci con più vasta clientela.

La straordinaria progressione economica della Bitum-Beton è alquanto singolare, anche perché a dirigerla non ci sono dei geni dell'imprenditoria né dei maghi del settore. Dell'affare del calcestruzzo se ne occupa a lungo la magistratura napoletana e al termine di una complessa inchiesta, il giudice istruttore Paolo Mancuso firma una sentenza ordinanza nella quale ricostruisce, districandosi tra una galassia di sigle e centinaia di nomi, la rete di fiancheggiatori dei Nuvoletta. Scrive Mancuso:

> Il fatturato della Bitum Beton passa dai 270 milioni del 1980 (e da una cifra di poco superiore nel 1981, se si vuole prendere a riferimento questo e non il primo anno di attività) a 23 miliardi nel 1984. Con un fattore di moltiplicazione dunque pari ad oltre 85 (in altre parole, fatta pari a 100 la cifra iniziale, le più intraprendenti ditte del settore raggiungono quote di 2.400, solo la Bitum Beton quella di 8.500)! E questo riesce a una ditta guidata da un commerciante ortofrutticolo ed un titolare di ditte di pulizie, senza alcuna esperienza specifica precedente nel settore (peraltro, di così alta specializzazione e di tanta delicatezza).
>
> (www.senato.it/documenti/repository/relazioni/archiviostorico/commissioni/X_LEG_BASILICATA_CAMPANIA_DOC_RELAZ/X_LEG_BASIL_CAMP_DOC_XXIII_27_VOL_2_TOMO_5.pdf)

La "mediazione" nella guerra NCO-NF

Il 1981 è un anno cruciale nello scontro tra la NCO di Cutolo e il cartello della Nuova Famiglia che comprende numerosi clan napoletani e altri gruppi della provincia. È un conflitto sanguinoso che rischia di provocare danni a entrambe le organizzazioni, per cui si decide di sottoscrivere una tregua per fermare l'escalation di morti ammazzati. Il prestigio di cui godono i Nuvoletta è tale che il loro quartier generale viene eletto a sede ufficiale per le assemblee tra i vertici dei due clan in guerra. Il ruolo di arbitro lo svolge Lorenzo Nuvoletta, il quale però agisce su impulso dei capi di Cosa Nostra, interessati affinché la Campania torni a essere un posto tranquillo dove nascondersi e poter fare affari. La riunione si tiene nell'ampio salone della palazzina in cui abita Ciro Nuvoletta. Oltre ai cutoliani a Poggio Vallesana arrivano alla spicciolata i rappresentanti dei gruppi Alfieri, Zaza, Spavone, Giuliano, Mallardo, Maisto, Gionta, D'Alessandro, Vollaro, Ferrara, Vastarella, Nuzzo; ogni "delegazione" è composta da almeno quattro o cinque persone.

Ma Zaza e gli altri non sono gli unici a popolare il quartier generale dei maranesi. Lungo la strada che conduce al cuore della masseria e alle dimore di tutti i fratelli, c'è un fabbricato nel quale alloggiano alcuni capimafia, tra i quali Totò Riina e Leoluca Bagarella. Mentre la discussione si accende e la necessità di trovare una sintesi si fa sempre più complicata, a turno uno dei Nuvoletta si alza dal tavolo e va a consultarsi con i siciliani. In quei momenti raggiungere una soluzione condivisa sembra quasi impossibile, come riferisce agli inquirenti il pentito Pasquale Galasso:

> Il Bardellino (che in quel periodo era legatissimo ai Nuvoletta, di cui costituiva il braccio armato) inizialmente espresse forti resistenze a raggiungere una pacificazione con coloro che avevano effettuato il massacro in Poggioreale di uomini a lui vicini, fra cui un imprenditore a lui molto legato (mi sembra si chiamasse Baldascini, addirittura impalato, ed era stato ucciso anche Michele Casillo, vicino al gruppo Alfieri: per questo Carmine pure appoggiava la richiesta di Bardellino su questo punto) ed aggiunse che sino a che i cutoliani non avessero essi stessi eliminato i responsabili di quel massacro nessuna pace sarebbe stata possibile. Dal canto loro gli Zaza (con Russo Pasquale, Mario Fabbrocino e Fiore D'Avino) chiedevano la testa di coloro che avevano ucciso Ciccio Fabbrocino, mentre i Mallardo ed i Giuliano volevano vendicare un congiunto, mi sembra un cognato, di Licciardi, e così faceva ogni gruppo.
>
> (Procedimento nr. 9086/1992 D.D.A. nei confronti di Agizza + 101)

Solo l'autorevolezza di don Lorenzo mette fine alle rivendicazioni incrociate: si fa la pace, punto e basta. Ma come i più diffidenti avevano previsto è solo una illusione. Perché la NCO rompe l'accordo assestando ai rivali un uno-due pesantissimo: a dicembre del 1981 viene assassinato Salvatore Alfieri, il fratello di Carmine; qualche mese dopo fa la stessa fine Nino Galasso, fratello di Pasquale. In fondo sarebbe una faccenda tra i cutoliani da una parte e Alfieri e Galasso dall'altra, ma i due omicidi mostrano di quale pasta sono fatti i Nuvoletta. I fratelli di Marano non porgono le condoglianze né ad Alfieri e né a Galasso, i quali la prendono malissimo. Non è, ovviamente, una questione di buona creanza ma un gesto che in quella fase assume significati ben più profondi. Dirà ancora Pasquale Galasso:

> All'omicidio di Salvatore Alfieri seguì quello di mio fratello Nino, in occasione del quale identico fu il comportamento dei Nuvoletta, che ci confermò tutti i nostri sospetti. Da quel momento io giurai vendetta sia nei confronti dei cutoliani, che mi avevano ucciso Nino, sia nei confronti dei Nuvoletta che, con la loro condotta ambigua e temporeggiatrice avevano consentito allo stesso Cutolo di raggiungere quel potere. Da allora non aspettai che il momento di andare a uccidere i Nuvoletta nella loro stessa masseria, mi costasse quell'iniziativa anche la vita, per sfogare l'odio che avevo concepito contro di loro [...]. Dimostrò che stava più

con Cutolo che con noi perché in quel momento Nuvoletta ci vedeva perdenti. È un po' la mentalità dei politici, di alcuni politici campani: se vedono uno perdente lo scaricano e vanno a creare l'amicizia con il camorrista vincente della zona, rapporti pure normali, formali, ma comunque un rapporto tra un camorrista e un politico. Questa è la figura di Nuvoletta, perché i Nuvoletta nascono ambigui. Forse non so se contattando qualche politico hanno preso questa mentalità oppure ce l'hanno in loro stessi.

(*Ibidem*)

Va detto, comunque, che al di là di una certa doppiezza di fondo – emersa pure in altre circostanze – i Nuvoletta tirano il freno per una ragione ben precisa: i Corleonesi, a cominciare da Totò Riina, non vogliono assolutamente infilarsi in una guerra con Cutolo perché temono che le conseguenze potrebbero essere disastrose.

Che la famiglia maranese non sia proprio nemica del boss di Ottaviano lo si evince da un altro episodio, cioè quando il boss Umberto Ammaturo piazza una bomba sotto l'abitazione della madre di don Raffaele. È un gesto per certi versi assai imprudente che rischia di provocare reazioni violentissime, ma una parte della camorra napoletana – delusa dall'atteggiamento remissivo dei Nuvoletta – non ha nessuna intenzione di farsi massacrare e quindi vuole reagire. I Nuvoletta s'incavolano di brutto e convocano una riunione nel corso della quale pretendono una punizione esemplare per Ammaturo: dev'essere ammazzato perché ha colpito una donna anziana che non c'entra nulla con la guerra in corso. E chiedono a Bardellino di occuparsi della pratica. Alfieri racconterà perché l'ordine di far fuori Ammaturo non fu eseguito:

Ci fu questa riunione dai Nuvoletta con il Bardellino Antonio, stavo io presente, mi sembra che c'era anche il Galasso Pasquale con Lorenzo Nuvoletta, con il fratello Angelo ed altri componenti sia da parte di Bardellino e sia da parte dei Nuvoletta, al che i Nuvoletta chiedevano al Bardellino la testa di Ammaturo, dice: "Queste sono cose che non si fanno, il Raffaele Cutolo sta in carcere cosa c'entra la madre… questo ha solo la madre e la sorella, mettere un ordigno sotto questa abitazione non è una cosa fatta da uomo". E praticamente imponevano a Bardellino che Bardellino avesse dovuto consegnare la testa di Ammaturo, cioè di far ammazzare Ammaturo. Io ricordo che Bardellino Antonio quando Lorenzo Nuvoletta ed Angelo Nuvoletta insistevano, ricordo che dette un pugno sul tavolo e disse: "Io la testa di Ammaturo non la consegno mai, i cutoliani sono questo, questo, questo e questo ed è giusto che uno si ribella", perché in quel periodo i cutoliani ammazzavano un sacco di persone.

(Corte di Assise di Santa Maria Capua Vetere, II sezione, sentenza contro Abbate Antonio + altri)

I legami con i mafiosi

Secondo gli investigatori, la droga è un altro business con il quale i Nuvoletta fanno un sacco di soldi. In un rapporto datato 24 novembre 1983, i carabinieri del Gruppo Napoli II segnalano la presenza in Canada di una raffineria che apparterrebbe alla famiglia di Marano. Mentre infuria lo scontro tra la Nuova Famiglia e la Nuova camorra organizzata, i collegamenti tra i Nuvoletta ed esponenti di rilievo di Cosa Nostra non sono più un segreto per nessuno, come si legge nel rapporto dell'Arma:

> [...] Come è noto e come più volte anche la stampa ha pubblicato, i fratelli Lorenzo, Ciro, Gaetano ed Angelo Nuvoletta sono ritenuti i componenti di una delle più potenti famiglie camorristiche della Campania e, certamente, la sola oggi ad avere collegamenti con le più autorevoli rappresentanze della malavita organizzata siciliana e calabrese [...] il 1° novembre 1972, militari dell'Arma sorprendono nell'abitazione di Lorenzo e Ciro Nuvoletta il noto mafioso siciliano Riccobono Rosario, all'epoca soggiornante obbligato in Casandrino, perché appartenente ad associazione mafiosa [...] il 28.02.1974 i predetti Lorenzo e Ciro Nuvoletta, unitamente a Zaza Michele, Ferrara Raffaele, Simeoli Mattia ed altri noti pregiudicati della mala napoletana vengono denunciati dall'Arma per associazione per delinquere di stampo mafioso. Con gli stessi vengono denunciati, quali componenti la stessa organizzazione, anche gli altrettanto noti mafiosi siciliani Di Bella Gioacchino, Vaccaro Antonino, Mutolo Gaspare, D'Amore Salvatore, Riccobono Rosario, Madonia Pietro, Fiore Antonino, Gerlando Alberti e Bontate Stefano. Il tribunale di Napoli – 23^ Sezione – il 24.05.1974 emette nei confronti dei suddetti Mandato di Cattura Nr. 187/73 RG e Nr. 229/74 R.M.C. e la 2^ Sezione dello stesso tribunale, in data 6.12.1977, li condannava a pene varianti dai sei mesi ai cinque anni di reclusione. In particolare, ai fratelli Nuvoletta venivano inflitti cinque anni di reclusione più un anno di casa di lavoro da espiare a fine pena [...].
>
> (Gruppo Napoli II, rapporto del 24 novembre 1983)

Il mistero delle coperture

Stando a quanto hanno dichiarato molti collaboratori di giustizia, il quartier generale dei Nuvoletta era al centro di un continuo via vai di mafiosi e camorristi, molti dei quali latitanti. Non solo: in più di una occasione la roccaforte di Marano avrebbe ospitato summit con decine e perfino centinaia di persone. Domanda: com'è stato possibile che le forze dell'ordine non si siano mai accorte di nulla? Com'è possibile che quanto accadeva a Poggio Vallesana non sia mai stato oggetto di un'attenzione particolare pur essendo conclamata la fama dei Nuvoletta? Più di un pentito ha offerto una spiegazione: i Nuvoletta godevano di coperture politiche di alto livello. Il primo a riferire sull'argomento è Pasquale Galasso. In un'audizione alla Commissione parlamentare antimafia, l'ex numero due della Nuova Famiglia fa un solo nome, quello dell'ex ministro dell'Interno Antonio Gava:

> Venni a sapere da Alfieri, che a sua volta lo aveva saputo da Nuvoletta, che non c'erano problemi, neanche per quanto riguardava le forze dell'ordine che lui riusciva a controllare. La perplessità derivava dal pericolo che durante le riunioni potessero intervenire i carabinieri facendo accadere un marasma. Nuvoletta invece ci ha sempre tranquillizzati e talvolta io e Alfieri abbiamo visto qualche auto dei carabinieri fuori dalla masseria dei Nuvoletta. Quella per noi era la dimostrazione che Nuvoletta era ben protetto. Ricordo che all'epoca Nuvoletta era in stretto rapporto con un politico nazionale di grosso rilievo. Chi era? Gava. Questo perché se ne parlava durante le riunioni; talvolta io, Alfieri e qualche altro componente della sua organizzazione abbiamo pranzato con Lorenzo Nuvoletta su esplicita sua richiesta. Il rapporto tra i Nuvoletta ed il Gava era di estrema evidenza: ad esempio la pressione della polizia giudiziaria nei nostri confronti era già fortissima: ricordo che in quel periodo, per le centinaia di omicidi già avvenuti, nelle nostre case un giorno sì ed uno no subivamo perquisizioni eppure, nel corso di quegli incontri nella masseria di Nuvoletta, dove arrivavano decine di autovetture, non abbiamo mai avuto un fastidio. Addirittura a volte vedevamo la gazzella dei carabinieri ferma all'ingresso di Poggio Vallesana [...]. Quindi se ne parlava perché vedevamo un'ostentata tranquillità a casa di Lorenzo Nuvoletta mentre a quell'epoca anche l'abitazione dell'ultimo malavitoso era soggetta a perquisizione.
>
> (www.archivioantimafia.org/verbali/violante/51.pdf)

Se Galasso dice di averlo saputo da Alfieri, Alfieri sostiene di averlo saputo a sua volta da Antonio Malventi, considerato uno dei cervelli dell'organizzazione poi assassinato dal fuoco amico della Nuova Famiglia perché sospettato di essere un confidente delle forze dell'ordine:

> Malventi mi raccontò di una riunione di oltre cento persone, fatta nel salone dell'abitazione di Ciro Nuvoletta. Il Malventi mi disse che arrivò verso le dieci-dieci e mezza di mattina l'onorevole Gava, Lorenzo Nuvoletta unitamente a Angelo Nuvoletta presentarono il Malventi all'onorevole Gava, dopo però che il Gava fece un certo discorso. Il punto principale del discorso era la preoccupazione di un sorpasso del PCI ai danni della Democrazia cristiana. Lui chiedeva ai presenti di dare un contributo per fare in modo che questo sorpasso non avvenisse...
>
> (Corte di Assise di Napoli, prima sezione, processo nr. 11/95 nei confronti di Archetti Biagio + 77)

Pure Giovanni Brusca, boss di San Giuseppe Jato, fa riferimento alle amicizie potenti della famiglia di Marano. Il mafioso che ha preso parte alla strage di Capaci dirà ai magistrati:

I Nuvoletta li conosco. Sono andato da loro a Napoli e ho fatto per loro degli omicidi [...]. Proprio a me fu infatti affidato il compito di tenere i contatti tra Leoluca Bagarella e Salvatore Riina al fine di garantire lo scambio di informazioni direttive, essendo il primo per conto del secondo impegnato nella ricucitura dei rapporti con i Nuvoletta [...]. Fu Salvatore Riina a consigliarmi di recarmi da Angelo Nuvoletta per chiederne l'aiuto. Si pensava che i Nuvoletta potessero spendere in nostro favore i loro canali politici per condizionare il giudizio della Cassazione. A sua domanda preciso che si sapeva che i Nuvoletta avevano un contatto, non so se diretto o indiretto, con il ministro Gava.

(Bruno De Stefano, *op. cit.*)

Il tema è stato affrontato pure dall'imprenditore Luigi Romano, che ha fatto cenno a un colloquio avuto con lo stesso Nuvoletta prima delle elezioni politiche:

Effettivamente io chiesi a Lorenzo Nuvoletta di votare per Scotti; ritengo che per questa mia richiesta, egli gli fece avere anche dei voti, che non so quantificare, ma il Nuvoletta faceva la campagna elettorale per Gava e non per Scotti (all'epoca i due erano in correnti diverse). Ciò era assolutamente notorio, e mi meraviglia che non ne abbiate mai saputo nulla. Lo stesso Nuvoletta mi diceva che Gava, in occasione delle campagne elettorali, si recava nella masseria Vallesana, per incontri "politici"; e diceva non solo a me ma a tutti (si tratta di riunioni alle quali partecipavano anche il fratello Angelo e pochi altri, ma comunque persone fidate) che era legatissimo a Gava ed in ottimi rapporti con lui.

(Corte di Assise di Napoli, prima sezione, processo nr. 11/95
nei confronti di Archetti Biagio + 77)

Le dichiarazioni di Galasso e di Alfieri (con il primo che cita il secondo e il secondo che cita un morto) non saranno ritenute attendibili, così come il vago riferimento di Brusca. Nella sentenza la Corte presieduta da Omero Ambrogi scriverà:

L'indeterminatezza che ha connotato tutti i citati riferimenti ai presunti rapporti tra il Gava e l'organizzazione Nuvoletta, impedisce di attribuire agli stessi una qualsiasi valenza nella valutazione dell'accusa di concorso esterno nell'associazione Alfieri mossa all'imputato.

(*Ibidem*)

Doppio gioco

Il comportamento dei Nuvoletta non ha mai smesso di essere ambiguo e si è lasciato dietro una sfilza di sospetti che tormentano soprattutto Antonio Bardellino. È un criminale di alto rango, è coraggioso e ha un temperamento aggressivo, ma nonostante tutto ha paura dei fratelli di Marano perché ne conosce bene la spietatezza. Tant'è vero che a Poggio

Vallesana non ci va mai da solo perché sospetta che possano accopparlo da un momento all'altro. Lo conferma il pentito Carmine Schiavone, secondo il quale il boss di San Cipriano d'Aversa temeva i Nuvoletta anche in virtù delle loro coperture politiche:

> Già nel 1981-82 era nata una crescente diffidenza da parte di Antonio Bardellino verso i Nuvoletta che, nelle grandi riunioni, così come in altre occasioni, egli accusava di voler tenere "i piedi in due staffe" e di volere, in realtà, comandare sia su noi che sui cutoliani. Ricordo anche che, in quel periodo, Bardellino ed i suoi uomini non si recavano mai da soli nella masseria dei Nuvoletta, infatti se una o due auto entravano dentro, un'altra li attendeva fuori. Bardellino sapeva, infatti, che i Nuvoletta godevano di fortissime coperture politiche da parte dei Gava e di altri e che non avrebbero mai sparato all'interno della masseria, per non mettere in difficoltà carabinieri e polizia dai quali avevano appoggio proprio tramite quelle coperture politiche. Per questo la misura precauzionale dell'auto, lasciata con alcune persone fuori dalla masseria, era sufficiente a garantirci che i Nuvoletta non avrebbero strangolato, come solevano fare, i loro nemici, poiché altrimenti avrebbero palesato, a tutti, l'apertura di uno scontro frontale.
>
> (Procedimento nr. 9086/1992 D.D.A. nei confronti di Agizza + 101)

I Nuvoletta, dunque, non fanno paura solo ai nemici ma pure a quelli che stanno dalla loro parte. Se Bardellino non si fida, non si fida neppure Paolo Di Lauro, il boss di Secondigliano che qualche anno dopo diventerà un ricchissimo narcotrafficante. Di Lauro, conosciuto come "Cioruzzo 'o milionario", in quanto a ferocia non è secondo a nessuno, però i mafiosi di Marano – dei quali è alleato – gli fanno paura perché potrebbero eliminarlo facendolo sparire col solito sistema: squagliandolo nell'acido. Maurizio Prestieri, uno degli uomini più rappresentativi del clan Di Lauro, confesserà:

> Con i Nuvoletta noi Di Lauro avevamo un rapporto di alleanza, anche se Di Lauro ha sempre temuto la propensione dei Nuvoletta di eliminare le persone anche loro alleate col mezzo della lupara bianca. Infatti era nota la modalità abbastanza cruenta di come le persone ricevute nella loro tenuta venivano uccise e poi squagliate in pentoloni pieni di acido posti sui bracieri. Devo dire che nelle diverse occasioni in cui io mi sono recato a Poggio Vallesana, nella tenuta di Lorenzo, io ho visto sempre questi due grandi tini posti sopra i bracieri.
>
> (Ordinanza di custodia cautelare Abbinante + 6
> emessa dalla Sezione XXIII dell'Ufficio Gip il 18 gennaio 2011,
> Gip Maria Gabriella Pepe)

La circospezione di Bardellino non è figlia delle sue paranoie perché i Nuvoletta vogliono davvero liberarsene e per raggiungere l'obiettivo creano e disfano alleanze con una invidiabile lucidità. Il pentito Pasquale Galasso ricostruisce i movimenti della cosca maranese sullo scacchiere della criminalità campana finalizzati a indebolire l'asse Alfieri-Bardellino:

Nel frattempo, proprio in quel periodo, i Nuvoletta si erano alleati con i Mallardo (e con gli alleati di questi ultimi, primi fra tutti il Licciardi ed il Contini). Questa alleanza con i Mallardo e con i gruppi emergenti a questi legati, tutti rappresentati da giovani malavitosi, si iscriveva nella strategia dei Nuvoletta di isolare Bardellino, di indebolire conseguentemente il gruppo Alfieri, e di ritornare a controllare tutto il territorio campano approfittando della sconfitta di Cutolo. In pratica, i Nuvoletta stavano iniziando a stringere una rete di alleanze che li avrebbe portati progressivamente a controllare il territorio, in particolare: attraverso i Mallardo, a estendersi fino alla zona dei mazzoni, grazie al rapporto tra i Mallardo e Francesco Bidognetti, detto "Cicciotto e mezzanotte"; attraverso Contini e Licciardi, a estendersi nella zona di Napoli città; attraverso i loro vecchi alleati Gionta, i D'Alessandro ed i Falanga a estendersi lungo la costiera fino a Sorrento ed Amalfi; attraverso i fratelli Nuzzo ed Antonio Egizio a estendersi nella zona acerrana e pomiglianese; attraverso Puca Giuseppe, detto "o giappone" a estendersi nella zona di Sant'Antimo (i fratelli Verde erano, in particolare quello detto "o negussiello", fedelissimi di Bardellino, anche se Verde Domenico, detto "Menecone", era stato cutoliano). Con viva sorpresa appresi, in quello stesso periodo, che i Nuvoletta avevano stretto alleanza persino con i Catapano, vecchi cutoliani, ai cui familiari corrispondevano ben dieci milioni al mese e tendevano pertanto a controllare persino Poggiomarino.

(Procedimento nr. 9086/1992 D.D.A. nei confronti di Agizza + 101)

Intanto togliere il terreno da sotto i piedi del gruppo Alfieri diventa un chiodo fisso per i Nuvoletta. Don Lorenzo e i suoi fratelli riescono infatti a portare dalla loro parte il clan di Michele D'Alessandro, attivo nella zona di Castellammare di Stabia e dintorni, che in precedenza era stato sempre in eccellenti rapporti con Alfieri, tant'è che aveva partecipato alla comune battaglia contro la NCO di Raffaele Cutolo.

Una bomba per Casillo

Il nome dei Nuvoletta viene evocato nell'omicidio di Enzo Casillo, il numero due della Nuova camorra organizzata fatto saltare in aria con una bomba nel gennaio del 1983. Casillo era considerato "il Cutolo fuori dal carcere", girava con in tasca un tesserino dei servizi segreti ed era stato uno dei protagonisti principali della trattativa (per conto del suo capo) per la liberazione dell'assessore regionale Ciro Cirillo, rapito della Brigate Rosse. A collegare la famiglia di Marano con il vice di Cutolo è il pentito Claudio Sicilia, il quale sostiene che fu assassinato perché si era schierato con don Lorenzo e i fratelli:

La decisione di eliminare Casillo venne direttamente da Rosetta Cutolo, che trasmetteva l'ordine del fratello. Iacolare mi disse che Casillo era stato ucciso per ragioni interne, che era passato ai Nuvoletta facendo man bassa dei soldi della cassa della Nuova camorra organizzata. Questa è la ragione della eliminazione di Casillo.

(Gianni Flamini, *La banda della Magliana*, Kaos edizioni 2012)

La vendetta di Bardellino

Un po' alla volta Bardellino, impetuoso ma tutt'altro che sprovveduto, perde la pazienza perché i Nuvoletta non fanno niente per celare la tendenza a giocare su più tavoli. Due episodi in particolare alimentano l'odio nei confronti di quelli che oramai stanno per diventare i suoi vecchi datori di lavoro. Il primo è legato alla sua cattura in Spagna: dopo averlo lungamente inseguito, il 2 novembre del 1983 gli agenti della Criminalpol lo arrestano a Barcellona mettendo fine a una latitanza durata cinque anni. Il sospetto, fortissimo, è che siano arrivati sulle sue tracce grazie a una soffiata arrivata dai fratelli di Poggio Vallesana. Un sospetto che successivamente si rivelerà infondato. In galera ci resta poco perché corrompe i giudici, torna in libertà e trascorre alcuni mesi nascondendosi in giro per il mondo. La classica goccia che fa traboccare il vaso del suo spirito di sopportazione è l'omicidio di Raffaele Ferrara, assassinato il 10 dicembre del 1983. Lui è convinto che l'eliminazione di Ferrara sia opera dei Nuvoletta intenzionati a indebolirlo attraverso la soppressione dei suoi più stretti collaboratori. A Marano arrivano voci tutt'altro che tranquillizzanti circa le intenzioni di Bardellino, ma si confida sull'intelligenza dell'ex luogotenente: il suo bollente desiderio di vendetta dovrebbe infatti smorzarsi di fronte alla consapevolezza che da solo non può dichiarare guerra a nessuno, tantomeno a una famiglia che ha alle spalle la dirompente forza di Cosa Nostra. Per un po' Bardellino se ne sta buono e si gode la latitanza in luoghi esotici. Poi, però, in suo aiuto arrivano Alfieri e Galasso, la cui stima nei confronti dei Nuvoletta si è irrimediabilmente logorata col tempo. Per tutti e tre l'episodio che spazza via ogni prudenza avviene nel maggio del 1984, quando un commando uccide Leopoldo Del Gaudio, cugino di Fernando Cesarano, boss di Pompei ed elemento importante della Nuova Famiglia. A quel punto l'intenzione di punire severamente don Lorenzo e i fratelli si trasforma in una autentica ossessione. È una faccenda complessa da gestire sul piano militare e Bardellino dà fondo a tutta la sua creatività malavitosa per dribblare le misure di sicurezza a protezione del fortino di Poggio Vallesana.

Alfieri e Bardellino, rientrato per l'occasione dal Brasile, riuniscono i vertici del clan e organizzano una spedizione punitiva. Il piano è però decisamente spericolato: prevede l'irruzione della tenuta di Poggio Vallesana con l'obiettivo di uccidere tutti i componenti della famiglia. Spiegherà Alfieri:

Era un'azione molto rischiosa, cioè non era una cosa semplice poter fare un assalto in questa tenuta, perché i Nuvoletta non è che si era sicuri che si trovavano soli, cioè erano gente malavitosa, e Bardellino – proprio per la sua audacia – praticamente con la sua presenza imponeva un coraggio maggiore a tutto il gruppo.
(Procedimento nr. 9086/1992 D.D.A. nei confronti di Agizza + 101)

Per avere la certezza di raggiungere il bersaglio si sceglie anche un giorno preciso: la domenica, perché la domenica i Nuvoletta sono abitualmente nel piazzale della masseria per ricevere tutti quelli che vanno a elemosinare un favore.

Le fasi dell'assalto al quartier generale di Marano sono degne di un film. Non sarà mai possibile sapere con certezza quanti fossero i componenti del commando, ma in ogni caso la mattina del 10 giugno del 1984 almeno cinque macchine entrano a Poggio Vallesana; dalle vetture scende uno squadrone di killer dotato di fucili e pistole. Cominciano a sparare verso le abitazioni dei Nuvoletta, le persone che sono lì in attesa di essere ricevute vengono fatte inginocchiare e tenute a bada con le armi puntate alla testa. Nel frattempo inizia una sorta di caccia all'uomo che premia solo il fervore di Bardellino: il boss dei Casalesi – che si toglie il passamontagna – intercetta Ciro Nuvoletta. Lo insegue nelle campagne, gli spara e lo ferisce, poi lo raggiunge e consuma la sua vendetta mirando alla testa:

[...] Il Nuvoletta aveva riportato tre ferite da arma da fuoco a carica multipla, delle quali una, quella letale, aveva interessato la scatola cranica provocandone lo scoppio, le altre due avevano rispettivamente interessato l'avambraccio destro e, di striscio, la spalla sinistra. I colpi non erano stati sparati a distanza.
(*Ibidem*)

Quella domenica sono presenti anche il boss di Torre Annunziata Valentino Gionta e i suoi uomini: dopo i primi spari, si dileguano in ordine sparso per le campagne riuscendo a mettersi in salvo.

Pasquale Galasso ricostruisce così il blitz Poggio Vallesana in un interrogatorio reso il 17 marzo del 1993:

Partimmo a bordo di parecchie auto. Bardellino sulla prima macchina arrivò sullo spiazzo del fabbricato "B", prendendo di sorpresa tutti in quanto non vi erano cancelli, allora, né sentinelle; il suo obiettivo era Ciro Nuvoletta considerato il più feroce dei Nuvoletta. Eravamo armati delle armi più diverse lo seguivamo noi su altre macchine con lo scopo di colpire altri Nuvoletta. So che il Bardellino aveva il volto travisato da una calzamaglia, mentre noi portavamo barba, o baffi o parrucche finte, in modo da non essere riconosciuti. Il Ciro Nuvoletta fu individuato e inseguito tra il fabbricato "B" ed il fabbricato "C" fu raggiunto e ucciso a fucilate da Bardellino. Il Bardellino fece l'errore di togliersi la calzamaglia, e fu riconosciuto. Molte persone che si trovavano sugli spiazzi furono fatti inginocchiare sotto la minaccia delle armi, ma non riuscimmo a trovare gli altri fratelli Nuvoletta perché Angelo ed Aniello erano andati via pochi minuti prima mentre Lorenzo si era rifugiato al nostro arrivo sul fabbricato "A". Alcuni di noi lo videro, certamente il Bardellino. Non potemmo raggiungere il Lorenzo perché il fabbricato "A" era provvisto, come tutte le abitazioni Nuvoletta, di porte blindate e di nascondigli. Perciò ci raggruppammo sul piazzale ed andammo via con le macchine.

(*Ibidem*)

Ciro Nuvoletta è dunque l'unica vittima del raid. Rispetto alla mobilitazione di uomini e mezzi e al volume di fuoco adoperato (più di cento i colpi esplosi), si tratta di un risultato modesto, anche se la temeraria azione militare dimostra che Bardellino, Alfieri e i loro sodali non hanno paura di niente e di nessuno.

Mentre il commando si allontana, vengono esplosi altri colpi di pistola e ci va di mezzo un innocente: un proiettile raggiunge alla testa Salvatore Squillace, un imbianchino di 28 anni. Lui non c'entra niente con le bande di criminali, sta semplicemente raggiungendo gli amici davanti a un bar. Morirà dopo sei giorni di coma. A questo proposito ammetterà Galasso:

Lungo il tragitto della fuga, sentii dei colpi sparati da una delle macchine del nostro gruppo. Poi seppi che era stata uccisa una persona fuori a un circolo, a circa due chilometri dalla casa di Nuvoletta. Certamente l'omicidio fu accidentale, ma certamente causato da uno del gruppo nostro.

(*Ibidem*)

Il dolore per la perdita di Ciro e lo smacco subito fin dentro casa obbligano i Nuvoletta a reagire nel più breve tempo possibile per ottenere due risultati: castigare chi ha agevolato l'irruzione e passare al contrattacco per dimostrare di essere i più forti. L'obiettivo viene raggiunto poche settimane più tardi quando cinque persone spariscono dopo aver messo piede a Poggio Vallesana. Si tratta di Vittorio Vastarella, del figlio Luigi, del cugino Gaetano Di Costanzo, e di due amici fidati, Antonio Mauriello e Gennaro Salvi. Il condannato a morte era Vastarella senior: Bardellino ha fatto astutamente giungere all'orecchio dei Nuvoletta che era stato Vastarella ad aiutarlo a preparare il blitz e i mafiosi maranesi, com'è nel loro stile, non hanno perso tempo per regolare i conti. Per eliminare i cadaveri arriva dalla Sicilia un esperto del mestiere: Giovanni Brusca, talmente specializzato da essere ribattezzato "lo scannacristiani". Dirà Brusca ai magistrati:

All'epoca Riina era latitante e viveva in un caseggiato in località Dammusi di San Giuseppe Jato. Ricordo che si trattava di un fabbricato su due livelli in campagna dove Riina ha trascorso per un periodo la sua latitanza insieme anche a mio padre Bernardo e che era intestato a un tale Barbaro. La riunione si tenne alcuni giorni prima dell'omicidio [...]. Nel corso della riunione si disse che Vastarella era un doppiogiochista ovvero un infiltrato del gruppo Bardellino, avversario dei Corleonesi. All'epoca in cui avvenne la riunione si era già verificato l'omicidio di Ciro Nuvoletta, che noi avevamo interpretato come un atto di guerra contro noi Corleonesi da parte di Bardellino, alleato della cosiddetta mafia perdente... D'altra parte sapevamo bene degli stretti rapporti tra Bardellino e Tommaso Buscetta ed in genere il gruppo Bontade-Badalamentì [...]. Sia prima che dopo l'omicidio di Vastarella, Riina si lamentava in continuazione con i Nuvoletta, ed in particolare con Pasquale Liccardo, del fatto che i Nuvoletta si erano rifiutati, accampando dei motivi loro interni, di ammazzare subito Bardellino, nonostante le sollecitazioni in tal senso del capo dei Corleonesi.

(https://corrieredelmezzogiorno.corriere.it/campania/cronache/articoli/2007/11_Novembre/20/brusca_bardellino_nuovoletta.shtml)

Su questa agghiacciante storia si sofferma anche il magistrato Paolo Itri, sostituto procuratore in servizio alla Direzione distrettuale antimafia di Napoli:

Il 19 settembre del 1984 il boss di Villaricca Vittorio Vastarella, al secolo Naso 'e cane, e il figlio Luigi vestono l'abito buono ed escono di casa per recarsi alla masseria di Poggio Vallesana dei fratelli Nuvoletta insieme ai tre guardaspalle Gennaro Salvi, Gaetano Di Costanzo, nipote di Vittorio, e Antonio Mauriello, detto 'o sturlacchio. L'occasione è di quelle importanti: Luigi è stato convocato dai maranesi per essere punciuto (corsivo), ovvero formalmente affiliato alla Cosa Nostra siciliana, di cui la famiglia mafiosa dei Nuvoletta rappresenta la massima espressione in Campania. La solenne cerimonia dovrebbe avvenire alla presenza degli emissari siciliani dell'organizzazione. Ma ad attenderli, i due Vastarella e le guardie del corpo trovano la morte. Giunti alla masseria, i cinque vengono trucidati, e i loro colpi dissolti nell'acido. Alle macabre operazioni sovrintende in prima persona Giovanni Brusca, l'esperto in materia appositamente inviato a Marano dal boss Totò Riina per assistere e istruire gli alleati napoletani sulla tecnica da seguire per sciogliere i cadaveri. La cosiddetta strage dei Vastarella è un episodio storico della camorra, emblematico per la sua efferatezza e assai istruttivo in quanto costituisce un magistrale esempio di doppiogiochismo tra opposte consorterie criminali, tanti e tali sono gli intrighi che ne costituiscono l'antefatto.

(Paolo Itri, *Il Monolite. Storie di camorra di un giudice antimafia*, Piemme 2019)

I Nuvoletta nei verbali del giudice Falcone

Nell'estate del 1984 i Nuvoletta finiscono nelle indagini che Giovanni Falcone ha avviato sulla base delle dichiarazioni di Tommaso Buscetta, il primo pentito di Cosa Nostra. Sorprendendo un po' tutti – dentro e fuori l'organizzazione – Buscetta ha deciso di raccontare tutto ciò che sa e nei suoi verbali ci sono pure i nomi dei maranesi, gente che lui conosce bene per averla frequentata anni addietro:

> Faccio presente che anche nella Campania vi sono famiglie mafiose, trattasi di tre famiglie che fanno capo, rispettivamente a Michele Zaza di Napoli, Antonio Bardellino ed ai fratelli Nuvoletta, che fanno capo, credo, a Marano. Di queste tre famiglie mafiose il 'capo-mandamento', e cioè il rappresentante delle stesse in seno alla Commissione di Palermo è il più anziano dei fratelli Nuvoletta, i quali sono tutti mafiosi [...]. Alle riunioni della commissione non partecipava nessuna delle tre famiglie napoletane (Zaza, Bardellino, Nuvoletta) perché il loro rappresentante in seno alla commissione stessa era Michele Greco. Il più anziano dei fratelli Nuvoletta era il portavoce, nei confronti di Michele Greco, delle esigenze delle famiglie napoletane. Il Greco, infatti, era il 'responsabile' delle tre famiglie napoletane in seno alla commissione. Quando, pertanto, come la S.V. mi fa rilevare, ha verbalizzato che capo-mandamento delle tre famiglie napoletane era il più anziano dei Nuvoletta, ha scritto cosa parzialmente esatta, poiché mai i napoletani hanno partecipato a riunioni della commissione di Palermo [...]. I Nuvoletta, invece, sono diventati mafiosi soprattutto in virtù dei loro vincoli di amicizia con i corleonesi, e prima di tutto con Luciano Leggio.
>
> (Ordinanza-sentenza nel procedimento penale contro Abbate Giovanni + 706)

Le confessioni di Buscetta rilanciano un tema che fino a quel momento è stato sottovalutato: quello dei rapporti tra la camorra e Cosa Nostra. Un tema affrontato pochi mesi più tardi dal prefetto Riccardo Boccia, l'Alto commissario per la lotta alla mafia che in un'audizione alla Commissione parlamentare antimafia parla dei Nuvoletta e delle relazioni pericolose con le cosche palermitane:

> Prescindendo da quelle che sono state le interessanti ed importanti rivelazioni del pentito Buscetta, direi che i legami fra mafia e camorra siano diventati stretti. Importanti famiglie come quella dei Nuvoletta, dei Bardellino, sono addirittura inserite nella struttura portante della mafia. Nell'ambito dei loro legami può darsi benissimo che ci sono delle ripartizioni dei compiti. Tanto per fare un esempio, fino a qualche anno fa il commercio della cocaina sembrava a esclusivo appannaggio della camorra napoletana. Attualmente, sembra che la cocaina sia diventata un mezzo di scambio con l'eroina, tenuto conto della maggiore diffusione che sta avendo la prima nei confronti della seconda. Quindi, i rapporti sono strettissimi. Secondo la mia impressione, la mafia e la camorra, tutto sommato, in questo momento (eccezion fatta per le faide locali) si trovano in una fase di attesa: i grossi scontri debbono ancora avvenire. Non c'è dubbio che in Campania le due famiglie dei Nuvoletta e dei Bardellino abbiano legami con la mafia: la seconda è, infatti, collegata con la mafia cosiddetta perdente, mentre la prima è in rapporto con la famiglia dei Greco di Ciaculli.
>
> (Commissione parlamentare antimafia, IX legislatura, audizione del 14 giugno 1985)

L'agguato ai Gionta e l'omicidio Siani

Sempre nell'estate del 1984 Bardellino e soci assestano un'altra mazzata ai Nuvoletta organizzando una spedizione a Torre Annunziata contro il boss locale Valentino Gionta e gli uomini del suo clan. I Gionta sono gli alleati principali della cosca di Marano. L'imboscata scatta nella tarda mattinata del 26 agosto, il giorno di Sant'Alessandro, davanti al Circolo del Pescatore, abituale ritrovo degli affiliati a don Valentino: 14 killer, arrivati sul posto a bordo di un pullman, sparano più di cento colpi, uccidono otto persone e ne feriscono sette. Valentino Gionta riesce a salvarsi.

E di Gionta si torna a parlare quasi un anno dopo: nel pomeriggio dell'8 giugno del 1985, quando i carabinieri lo arrestano proprio a Marano. La sua latitanza finisce nei pressi di Poggio Vallesana, il quartier generale dei Nuvoletta dove aveva trovato un rifugio sicuro. Per la dinastia mafiosa non dovrebbe essere una bella notizia perché Gionta è sempre stato il socio più fedele. Gli inquirenti però sospettano che i fratelli maranesi non siano estranei alla cattura del boss di Torre Annunziata. Il giorno dopo un giovane cronista che si chiama Giancarlo Siani si mette al lavoro per scrivere un articolo per «Il Mattino», il quotidiano per il quale è corrispondente da Torre Annunziata. Siani pur essendo napoletano – abita al Vomero – conosce bene il contesto malavitoso della zona per averlo raccontato dozzine di volte sulle pagine del giornale, per cui non gli è difficile ricostruire lo scenario che avrebbe fatto da sfondo all'arresto di don Valentino. Il giorno 10 su «Il Mattino» esce il suo pezzo nel quale, tra le altre cose, avanza un sospetto: e cioè che Gionta possa essere stato tradito da chi avrebbe dovuto proteggerlo, ovvero i Nuvoletta. Scrive Siani:

> La sua cattura potrebbe essere il prezzo pagato dagli stessi Nuvoletta per mettere fine alla guerra con l'altro clan di Nuova famiglia, i Bardellino. I carabinieri erano da tempo sulle tracce del super latitante che proprio nella zona di Marano, area d'influenza dei Nuvoletta, aveva creduto di trovare rifugio.
>
> («Il Mattino», 10 giugno 1985)

Siani, in sostanza, lascia intendere che i Nuvoletta abbiano "venduto" Gionta alle forze dell'ordine per stare più tranquilli. L'ipotesi può apparire forzata ma in realtà ha un suo fondamento perché all'epoca, siamo nel 1985, nell'ambiente criminale circola con insistenza la voce secondo la quale la lealtà non è esattamente in cima ai valori (si fa per dire) dei Nuvoletta. Non è da escludere che la notizia di un probabile tradimento sarà stata suggerita al giornalista da una sua fonte della quale si fida ciecamente; forse un suggerimento non proprio disinteressato perché finalizzato a sondare la reazione alla pubblicazione della notizia da parte dei vari gruppi in guerra. Archiviate le manette a Gionta, Siani torna al lavoro: l'estate la trascorre alla redazione centrale dov'è stato chiamato con un contratto a termine per sostituire i colleghi in ferie; molto probabilmente a ottobre sarà assunto in pianta stabile. Ma a ottobre Giancarlo non ci arriva perché due killer lo ammazzano la sera del 23 settembre mentre rientra a casa.

Le indagini sull'omicidio puntano dritto a Torre Annunziata: Siani aveva scritto sui Gionta più volte ed è ipotizzabile che abbia suscitato l'ira del boss locale. Ma non è così. La caccia a mandanti e assassini del cronista va a vuoto per molti anni: piste che sembravano promettere qualcosa di buono si rivelano un clamoroso flop, alcuni testimoni si dimostrano stranamente reticenti, e gli investigatori prendono delle clamorose cantonate. Il risultato è desolante, tant'è che la verità sembra un obiettivo irraggiungibile. Poi nell'estate del 1993 l'indagine viene riaperta dal Pm Armando D'Alterio che con grande pazienza rimette insieme i cocci lasciati sul terreno dai suoi colleghi e con il contributo dei collaboratori di giustizia imbastisce un'inchiesta che si concluderà con un processo. La prima spinta arriva da Salvatore Migliorino, uomo di Gionta, che decide di pentirsi e sollecitato da D'Alterio dice due cose utilissime. La prima: lui e altri componenti del clan Gionta non sono camorristi ma mafiosi perché si sono affiliati a Cosa Nostra attraverso i Nuvoletta. La seconda: all'interno del clan Gionta si diceva che Siani era stato ammazzato perché a Torre Annunziata con i suoi articoli dava fastidio al pretore Luigi Gargiulo e al sindaco Domenico Bertone. È uno spunto interessante che successivamente viene arricchito con informazioni di primissima mano da un altro pentito, Gabriele Donnarumma, il cognato di Valentino Gionta. Sarà lui a rivelare un movente che lascia sconcertati: Siani è stato ammazzato, dice a D'Alterio, perché sul numero de «Il Mattino» del 10 giugno aveva scritto che erano stati i mafiosi di Marano a tradire Gionta e a farlo arrestare. Dunque, il giornalista sarebbe stato condannato a morte proprio dai Nuvoletta che non potevano tollerare il sospetto di essere additati come dei volgari traditori che pugnalavano alle spalle i loro amici. Spiega Donnarumma in un interrogatorio reso il 25 novembre 1994:

Posso parlare dell'omicidio di Giancarlo Siani. Me ne sono interessato personalmente. Ricordo che un giorno, alla tenuta dei Nuvoletta a Marano, Angelo Nuvoletta e Maurizio Baccante mi dissero che Giancarlo Siani doveva essere ucciso perché aveva scritto un articolo in cui si faceva capire che i Nuvoletta erano responsabili dell'arresto di Gionta Valentino. Infatti mio cognato era stato arrestato nei pressi della tenuta dei Nuvoletta, dopo poco che ne era uscito e Giancarlo Siani aveva fatto un articolo su «Il Mattino», che faceva capire che Valentino era stato venduto dai Nuvoletta. Ricordo che effettivamente l'articolo faceva capire che Valentino era stato tradito dei Nuvoletta. Maurizio e Angelo Nuvoletta mi dissero di andarne a parlare con Valentino, che era detenuto a Pianosa. Andai a colloquio con Valentino. Quando gli riferii dell'intenzione dei predetti, Valentino disse di rassicurarli perché lui non aveva mai creduto di essere stato tradito dai Nuvoletta.

(Bruno De Stefano, *op. cit.*)

Gionta non crede di essere stato tradito ed è disinteressato alle sorti del cronista, ma i Nuvoletta insistono. Racconta ancora Donnarumma:

Sull'omicidio, diceva che c'era il pericolo che la colpa ricadesse su di noi, perché il giornalista scriveva su Torre Annunziata. Di ritorno dal colloquio con Valentino dissi ai predetti che lui non credeva alla possibilità che l'avessero tradito. Tempo dopo, Angelo e Maurizio ritornarono sull'argomento. Dissero che lo «zio» dalla Sicilia non accettava che, nei confronti di mafiosi – tali eravamo noi e i Nuvoletta – si dicessero cose del genere e che perciò dovevamo uccidere il giornalista. Chi era lo «zio»? Totò Riina. I Nuvoletta lo chiamavano così. Loro erano mafiosi e anche molti di noi. Anche io lo sono.

(*Ibidem*)

Donnarumma pensa di aver fatto la sua parte, ma invece deve subire le insistenze di Angelo Nuvoletta e di Maurizio Baccante, intenzionati ad ottenere a tutti i costi il benestare di don Valentino. Il padrino torrese insiste nel replicare che secondo lui è meglio soprassedere, ma oramai non c'è più nulla da fare. Nuvoletta e Baccante chiedono a Donnarumma di procurare due silenziatori per pistole calibro 7.65: non si torna indietro, Siani deve morire.

Il 23 settembre il giornalista viene ammazzato. Donnarumma sostiene, inoltre, di aver assistito a una scena che non lascia dubbi circa la firma dei Nuvoletta in calce all'omicidio del giornalista:

La mattina successiva, nella tenuta di Marano dei Nuvoletta, incontrai Angelo e Lorenzo Nuvoletta e Maurizio Baccante. Preciso che Lorenzo Nuvoletta aveva partecipato anche lui ai precedenti discorsi, fatti però principalmente dal fratello Angelo. Stavano con il giornale in mano. Sorridevano; mi chiesero: «Hai letto il giornale? Gli abbiamo fatto un bel lavoro». Con loro c'era anche Baccante. Mentre dicevano questo, vennero Armando 'o Pecoraro e Ciro. Armando 'o Pecoraro consegnò due pistole a Maurizio Baccante; riconobbi le pistole come calibro 7.65. Entrambe le pistole avevano il silenziatore. I due furono abbracciati dagli altri, con felicità Angelo Nuvoletta mi disse: «Non glieli dai gli auguri a Ciro e Armando?». Io li abbracciai e baciai. Dopo un quarto d'ora venne anche Gaetano Nuvoletta, figlio di una sorella. Angelo Nuvoletta mi invitò a fare gli auguri anche a Gaetano Nuvoletta. Io baciai e abbracciai anche Gaetano. Capii che i tre erano responsabili dell'omicidio di Siani. Maurizio Baccante disse che si dovevano cambiare le canne e i percussori delle pistole. Angelo Nuvoletta disse che invece le pistole si dovevano buttare, perché era roba che scottava troppo. Mi invitarono poi a mangiare e festeggiare con loro. Restai con loro fino a sera, quando verso le otto, le nove di sera, me ne andai [...]. Armando 'o Pecoraro e Ciro sono due del clan Nuvoletta. Qualche giorno dopo andai nuovamente a colloquio con Valentino a Pianosa. Gli dissi che l'omicidio era stato fatto perché ordinato dallo «zio» e Angelo aveva detto che non se ne poteva fare a meno perché gli infami devono morire. Valentino disse: «Va bene».

(*Ibidem*)

Una ulteriore conferma del coinvolgimento dei Nuvoletta nell'assassinio di Giancarlo Siani arriva da Ferdinando Cataldo, uno dei killer del clan Gionta, pure lui diventato collaboratore di giustizia. A suo dire, il cronista era una spina nel fianco per la cosca di Torre Annunziata, ma Valentino Gionta non lo avrebbe mai ammazzato, furono i Nuvoletta a insistere:

Dava fastidio molto. Ma Gionta era il tipo da vedere se poteva avvicinarlo per parlare, per non fargli fare questi articoli tremendi. Se tu parli tutti i giorni di me, che faccio queste attività, comunque la polizia è costretta a chiudermi un negozio, perché sono mafioso e quindi come faccio a tenere un negozio? Però lui voleva fare una cosa pulita, perché Gionta è uno che gli piaceva il dialogo. Non gli piaceva dire subito: «Ammazziamo questa persona». Una volta che diceva «ammazziamo qualcuno», si ammazzava. Però prima di arrivare ad ammazzare, lui ci ragionava sopra [...]. Angelo Nuvoletta era incazzato e diceva: «No, non lo posso perdonare. Bisogna fare qualcosa». Subito Lorenzo Nuvoletta disse: «Si deve ammazzare questo giornalista. Noi non possiamo dare un'immagine di noi sbagliata alle persone. Anche per la Sicilia, che possono pensare. Se i siciliani leggono questo articolo. Se Salvatore Riina o Bernardo Provenzano leggono questo articolo...». E allora si pensava di dargli una lezione, al livello nelle gambe, sai qualche cosa così. Dice: «No, no... dobbiamo ammazzarlo e basta». Quando Valentino Gionta ha saputo che volevano ammazzare il giornalista, lui si è ribellato, dicendo: «Attenzione, io vi credo a voi che non siete degli infami. Anche perché se noi ammazziamo il giornalista per fare un messaggio alla malavita campana o siciliana, quello che sia, l'indagine parte da Torre Annunziata. A me mi distruggono i carabinieri e la polizia». Perché giustamente un qualunque carabiniere poteva prendere qualche articolo di giornale e poteva capire il movente. E Valentino non voleva questo. E diceva: «Lasciamoli perdere, questi sono giornalisti, fanno il loro lavoro, dicono un sacco di cazzate. Che ci interessa a noi di ammazzare questo giornalista?». A un certo punto Lorenzo Nuvoletta disse: «I carcerati devono fare i carcerati. Questa è una cosa che ce la vediamo noi. Noi abbiamo stabilito di ammazzarlo. Basta. Digli che deve fare il carcerato, che non si deve preoccupare». Quando Gionta ha detto «ormai non posso fare niente», fra virgolette ha fatto come Ponzio Pilato, se ne è lavato le mani: «Fate. Però una cosa vi chiedo: non fatelo a Torre Annunziata. Perché se succede a Torre Annunziata, mi distruggete»

(www.lastoriasiamonoi.rai.it/puntata.aspx?id=390)

Le responsabilità dei Nuvoletta sono illustrate dal Pm D'Alterio nella sua lunga e articolata requisitoria al processo per l'assassinio del cronista:

Siani morì perché lo vollero i vertici del clan Gionta-Nuvoletta, anche con il consenso dei massimi livelli della mafia siciliana, nell'intento di eliminare colui che, già avversato per le inchieste indirizzate verso le attività criminali e collusive del gruppo, aveva, in un articolo pubblicato su «Il Mattino» di Napoli, definito l'arresto di Valentino Gionta a Marano, nei pressi del complesso immobiliare sede del gruppo Nuvoletta, come il segno dello sfaldamento dell'alleanza fra le due organizzazioni criminose, e in particolare del tradimento del Gionta a opera dei Nuvoletta. Il doveroso esercizio della cronaca giudiziaria, da parte del Siani, senza paure nei confronti degli uomini, ma con il senso di responsabilità verso la società proprio di chi sa di dover rispondere unicamente delle obiettive veridicità dell'informazione, in un momento in cui la criminalità Torrese era assolutamente compatta (le famiglie Gionta-Gallo-Limelli formavano all'epoca gruppo unico) oltre che saldamente federata con la più pericolosa organizzazione camorristica campana, il clan Nuvoletta, e con Cosa Nostra siciliana, lo portò, come si è detto, a violare contemporaneamente gli interessi, i crismi di omertà e la dignità delinquenziale della criminalità più efferata. La scelta etica, oltre che professionale, che era alla base dell'attività della vittima, imponeva l'esaltazione di un dato – il tradimento dell'alleato – che efficacemente dimostrava come anche il codice mafioso, non diversamente da quello camorristico, era privo della pseudo-morale che tentava di accreditarlo come codice di una società fondata su valori umani concreti, seppur alternativi a quelli del mondo della legalità. Il giornalismo d'inchiesta poggia infatti, e non potrebbe essere altrimenti, su di un impulso di giustizia e verità che si propone anche uno scopo di crescita morale e sociale. Dei pericoli Siani era certamente consapevole; già oggetto di intimidazioni e minacce, continuò tuttavia fino all'ultimo giorno la sua azione, come dimostra la pubblicazione, il giorno prima dell'omicidio, dell'ultimo articolo sulla criminalità torrese, che ulteriormente ne evidenziava la pericolosità e ne abbatteva il prestigio criminale.

(Bruno De Stefano, *op. cit.*)

Sia nel corso delle indagini che durante il processo emergono diversi elementi dai quali si deduce che ci potrebbero essere state anche altre ragioni che hanno spinto Siani verso la morte. Ma in ogni caso l'articolo nel quale il cronista alludeva al probabile tradimento dei Nuvoletta ha rappresentato il movente principale. Il processo di primo grado si chiude con la condanna all'ergastolo per i mandanti Angelo Nuvoletta, Valentino Gionta e Maurizio Baccante, e per i killer Ciro Cappuccio e Armando Del Core. Il nome di Lorenzo Nuvoletta non c'è perché quando si celebra il dibattimento è già passato a miglior vita. La sentenza di secondo grado viene confermata, tranne che per Valentino Gionta, per il quale si celebra un nuovo processo d'appello nel quale verrà assolto dall'accusa di aver dato l'assenso per l'assassino del giornalista.

Della cosca di Marano intanto si parla pure in un'audizione che la Commissione parlamentare antimafia tiene nel Trapanese nel dicembre del 1986. Vengono ascoltati Antonino Coci, procuratore capo di Trapani, e Paolo Borsellino, procuratore capo a Marsala. In quella occasione, nel ricostruire la mappa della presenza di Cosa Nostra nella sua zona di competenza, Borsellino riferisce alla Commissione dell'esistenza di una società che commercia ufficialmente pesce congelato e che vede tra i soci esponenti della mafia siciliana e dei Nuvoletta:

> A Marsala operava, sino a qualche tempo fa, una società chiamata Stella d'Oriente in cui troviamo come soci, tutti i componenti della famiglia mafiosa campana Nuvoletta, insieme con Agate Mariano e grossi personaggi palermitani.
> (www.parlamento.it/application/xmanager/projects/parlamento/file/repository/commissioni/bicamerali/antimafia18/borsellino/02_11_12_1986_Trapani/11_Dic_86.pdf)

L'audizione di Coci e Borsellino viene secretata, sarà resa pubblica soltanto nel 2019.

Come già ricordato, i Nuvoletta fanno soldi anche con aziende che lavorano per strutture pubbliche. E quando fiutano la possibilità di perdere dei quattrini, fanno leva sulla loro forza criminale. Come nel caso di una impresa riconducibile ai mafiosi maranesi che ha in appalto il servizio di pulizia in una università napoletana. Tutto fila liscio fino a quando alcuni docenti si fanno due conti e scoprono che c'è un'altra impresa che per lo stesso servizio chiede il pagamento di un terzo rispetto alla cifra versata agli amici di don Lorenzo. I vertici dell'università decidono di assegnare l'appalto alla ditta che pratica prezzi più onesti, ma prima che la procedura possa essere conclusa entrano in scena gli scagnozzi del clan. I docenti vengono intimiditi e l'appalto resta alla ditta vicina ai Nuvoletta.

La disavventura del cronista giapponese

Poggio Vallesana è un bunker dotato di telecamere, il sistema di sorveglianza funziona una meraviglia e guai ad avvicinarsi se non si è stati invitati. Lo scopre a proprie spese il giapponese Hirohide Takeyama che nell'ottobre del 1989 bussa al cancello dei Nuvoletta armato di penna, taccuino e, nel caso fosse necessario, di registratore: il suo obiettivo è realizzare un'intervista da pubblicare su un settimanale del suo Paese. Hiroide è troppo ottimista, e anche troppo ingenuo, perché non c'è nessuno disposto ad accoglierlo e a fare quattro chiacchiere con lui sorseggiando un tè caldo. L'esperienza in quel di Marano si rivela traumatica:

> L'incauto giornalista nipponico viene maltrattato, rapinato e picchiato mentre tenta di fare delle interviste ai parenti del boss. Hirohide si era presentato con la macchina fotografica bene in vista a Poggio Vallesana, quando è stato affrontato da due donne, Maria Ciotti e Angela Nuvoletta di 35 anni, che gli hanno intimato di andar via. Subito dopo il reporter giapponese è stato avvicinato da due uomini a bordo di un'auto di grossa cilindrata che con le minacce lo hanno invitato ad andarsene prima possibile. Poi sono arrivati altri due ragazzi in sella a una Vespa che lo hanno aggredito e picchiato, si sono allontanati soltanto dopo avergli portato via l'attrezzatura, il passaporto e i documenti personali. Il giornalista ha denunciato le percosse e la rapina ai carabinieri della compagnia di Giugliano, coordinati dal capitano La Stella, che hanno provveduto ad istituire posti di blocco in tutta la zona e a realizzare foto-fit dei due rapinatori.
>
> (Bruno De Stefano, *I boss che hanno cambiato la storia della malavita*, Newton Compton 2018)

Il padrino in gabbia

La corsa del boss finisce un paio di settimane prima del Natale del 1990. Le indagini hanno portato i carabinieri fino a Baden Baden, in Germania, dove Lorenzo Nuvoletta si nasconde in mezzo alla folta pattuglia di immigrati italiani. Le condizioni di salute non rassicuranti e la necessità di seguire da vicino gli affari di famiglia lo costringono a tornare a casa. Una scelta non priva di rischi ma dalle conseguenze non proprio catastrofiche, visto che l'unico reato di cui è accusato è associazione camorristica; e tra l'altro il processo non si è ancora concluso. I militari dell'Arma presidiano tutti i possibili rifugi, soprattutto quelli che una vasta rete di fiancheggiatori insospettabili può offrire. Ma alla vigilia dell'Immacolata, don Lorenzo sbarca a Marano e, convinto di non avere nessuno alle calcagna, fa una mossa azzardata che si rivelerà un imperdonabile errore: si nasconde in uno degli appartamenti del quartier generale della famiglia, a Poggio Vallesana, tenuto da giorni sotto controllo dagli investigatori. A quel punto i carabinieri decidono di intervenire e in poche ore organizzano una irruzione per ammanettare il latitante, anche se non sarà proprio una passeggiata. E infatti una passeggiata non è: quando gli uomini del Gruppo Napoli II si presentano davanti al cancello e circondano la masseria, le sentinelle danno l'allarme e dopo il blitz alcune donne, tra urla e spintoni, tentano di ostacolare i militari. Tutto inutile: Lorenzo Nuvoletta viene sorpreso all'interno di un prefabbricato utilizzato come stalla. Non è da solo ma è impegnato in una amabile conversazione con il suo consulente per la gestione della scuderia e con un consigliere comunale democristiano. A proposito di scuderie: una delle passioni dei Nuvoletta, in particolare di Lorenzo, sono i cavalli. Ed è una passione che frutta anche un bel po' di denari perché il boss se ne intende parecchio. Ne possiede diversi e almeno due sono dei campioni che collezionano vittorie prestigiose. Uno si chiama Eliano e ha portato a casa premi per quasi un miliardo di lire. Un altro si chiama Justacinch, uno stallone con il "petto" pieno di medaglie.

Quando i carabinieri lo ammanettano, il boss è visibilmente provato:

> Rispetto alle foto segnaletiche, che risalgono a dieci anni prima, appare più appesantito e sembra che stia invecchiando male. Al magistrato che per primo va a interrogarlo nella caserma del Gruppo Napoli 2 di Castello di Cisterna, rifiuta di rispondere. Dice soltanto di avere dei problemi di salute, chiede e ottiene un flacone di cardiotonici. Il giorno dopo, in una conferenza stampa, il colonnello Antonello Sessa manifesta tutta la sua soddisfazione per aver consegnato alla giustizia un pericoloso capoclan latitante da quasi un decennio. «È un duro colpo per la camorra», spiega l'ufficiale dell'Arma, «Nuvoletta è uno dei primi esponenti della moderna criminalità organizzata: un mafioso imprenditore che si apprestava a diventare un imprenditore mafioso».
>
> (Bruno De Stefano, *op. cit.*)

Il boss sta male

Nel corso degli anni diverse indagini hanno accertato la partecipazione di imprese legate alle mafie nella ricostruzione post-terremoto, sulla quale hanno lucrato in tanti e in maniera illecita. Tra i tanti ci sono gli immancabili Nuvoletta, il cui ruolo viene sottolineato dall'Alto commissario per la lotta alla delinquenza mafiosa, Domenico Sica. Il 15 dicembre del 1990 Sica consegna alla Commissione parlamentare sulla ricostruzione post-terremoto del 1980 – presieduta da Oscar Luigi Scalfaro – una ricca documentazione, compresa una sentenza ordinanza del giudice istruttore Paolo Mancuso sugli interessi del clan di Marano nel ciclo del cemento. Scrive l'Alto commissario:

> Tra le organizzazioni camorristiche, quella del Nuvoletta si è distinta oltre che per l'abilità mediatrice del suo capo carismatico, per una spiccata propensione verso le attività imprenditoriali. Fin dagli anni 70 venivano segnalati radicamenti del Nuvoletta e di personaggi allo stesso legati da vincoli di parentela, comparaggio o di affiliazione camorristica, nell'agro del comune di Marano di Napoli suo paese di origine. Appassionato di cavalli investì le ingenti risorse provenienti dalle diverse attività criminose nell'acquisto di fondi, aziende agricole e nell'allevamento di cavalli di razza. Oltre all'agricoltura, l'unico settore economico con prospettive di sviluppo nella Campania risultava quello dell'e-

dilizia verso il quale cominciò ad orientarsi per diversificare gli investimenti dei proventi illeciti realizzati.

Nel 1991 Angelo Nuvoletta è latitante, mentre il fratello attraversa un periodo difficile a causa di alcuni malanni che stanno pesantemente minando il suo fisico. Il 20 marzo don Lorenzo, ospite del carcere di Poggioreale, viene trasportato d'urgenza all'ospedale Cardarelli per una crisi cardiaca. Il bollettino parla di una sofferenza dovuta ad «angor retrosternale con tachicardia sinusale sinistra». Secondo i medici, dunque, si tratta di patologie che non sarebbero compatibili con la detenzione. Ma la prima sezione penale del tribunale di Napoli decide di approfondire e affida a un medico militare di Padova il compito di analizzare la situazione, il quale sostiene che il capomafia può essere tranquillamente curato a Poggioreale.

Don Lorenzo è troppo preso dai problemi di salute per rendersi conto che il suo impero è sotto attacco da parte dello Stato. Le ricchezze accumulate negli anni sono diventate stratosferiche e inimmaginabili. Nel giugno del 1991 il settimanale economico «Il Mondo» pubblica una inchiesta sui patrimoni di camorristi, mafiosi e 'ndranghetisti: dal censimento di circa 600 organizzazioni criminali, emerge che le più agiate sono quelle campane. Al primo posto c'è Carmine Alfieri (al vertice della Nuova Famiglia) con un giro d'affari di 1500 miliardi, al secondo invece ci sono proprio i Nuvoletta con 1200 miliardi. Terzo Totò Riina con 900 miliardi. A dare l'idea della robustissima potenza economica della dinastia mafiosa campana sono le posizioni in classifica di altri due big: l'ex capo della Cupola Michele Greco è soltanto ottavo, mentre Giuseppe Piromalli – il primo dei calabresi – è undicesimo.

Un mese dopo l'inchiesta de «Il Mondo», la passione per gli equini finisce nelle pagine di cronaca. Nei pressi del Parco Archeologico di Cuma i finanzieri del Gruppo investigativo criminalità organizzata (GICO) sequestrano un ippodromo con due appartamenti, 58 box e 43 cavalli. La struttura – dal valore complessivo di 40 miliardi di lire – è composta da un maneggio, una pista di due chilometri e un laboratorio di inseminazione artificiale per esemplari di razza. Il pezzo forte della scuderia è Justancich, uno stallone che garantisce soldi e gloria. Un anno più tardi c'è chi si preoccupa della sorte dei cavalli sequestrati. Antonio Parlato, deputato del Movimento sociale italiano, presenta una interrogazione al ministro dell'Interno Nicola Mancino e raccogliendo l'inquietudine di associazioni animaliste dice di sapere «che sarebbero stati richiesti per una oscura attività di "ricerca" e per incrementarne la riproduzione da una associazione di medici e studenti veterinari».

Nell'interrogazione si legge che varie organizzazioni «hanno espresso preoccupazioni e dissenso per un'eventuale "utilizzazione" dei cavalli che attenti, per motivi di "sperimentazione", alla loro integrità fisica». A Mancino il politico missino chiede quale sia stato il destino degli animali, se siano stati adeguatamente custoditi e trattati e se si possa e voglia impedire per il futuro una qualunque utilizzazione che produca loro disagi e sofferenze. L'allarme di Parlato riguarda in particolare un esemplare assai noto tra gli appassionati: si chiama Justancich, stallone di 16 anni che ha vinto decine e decine di corse e accumulato una moltitudine di premi; uno campione il cui valore è di quasi un miliardo di lire. La replica del ministro Mancino è immediata ma è piuttosto vaga, perché in realtà le bestiole sono ancora alla ricerca di una nuova casa:

L'allevamento di cavalli "Vallesana", sito in Pignataro Maggiore, di proprietà della famiglia Nuvoletta, è stato confiscato ai sensi della normativa antimafia con decreto del 4 luglio 1991 della corte di appello di Napoli. Al fine di salvaguardare il patrimonio ippico ivi custodito, è stata esaminata la possibilità di trasferire i cavalli dalla tenuta "Vallesana" in un'altra, di proprietà pubblica, esistente nella regione. Pertanto, è stata interessata l'intendenza di finanza allo scopo di valutare possibili soluzioni alternative all'attuale gestione.

L'incontro con Chiambretti

Il capoclan di Marano mostra il suo temperamento pure in una occasione piuttosto singolare che nulla ha a che vedere con l'ambiente dal quale proviene. Come racconta l'edizione napoletana del quotidiano «la Repubblica», a metà gennaio del 1993 incrocia per puro caso il conduttore televisivo Piero Chiambretti impegnato nella realizzazione di una puntata della trasmissione *Tg Zero*. L'incontro avviene nel cortile di Castelcapuano, il palazzo di giustizia di Napoli: il boss è reduce da un'udienza, il conduttore sta registrando delle interviste su Tangentopoli. L'episodio viene ricostruito dal giornalista Giovanni Marino:

Piero Chiambretti piomba in tribunale in una giornata definita "storica" dagli addetti ai lavori (il rinvio a giudizio di Corrado Carnevale, il primo processo sul voto di scambio, il dibattimento contro il boss Lorenzo Nuvoletta), sconvolge Castelcapuano, intervista tutti alla sua maniera, faccia tosta e domande provocatorie, finisce persino al centro di un piccolo giallo. Il reporter del Tg Zero della terza rete corre per i corridoi ma Napoli non è Milano e può anche accadere di imbattersi in tipi poco inclini alle battute: si sparge in fretta la voce di un aspro faccia a faccia tra Piero il provocatore e il boss della camorra Lorenzo Nuvoletta, padrino di Marano e proconsole di Cosa nostra in Campania, ieri presente in tribunale in sedia a rotelle per una malattia. Secondo alcuni testimoni Chiambretti avrebbe detto al padrino di Marano: “Scusi, è lei Nuvoletta Lorenzo?”; don Lorenzo gli avrebbe risposto a muso duro: “E lei per quanto tempo vuol continuare a essere Chiambretti?”. Una minaccia? Mistero. L’episodio, ricostruito anche dalle agenzie di stampa, è seccamente smentito nel pomeriggio dallo staff del Tg Zero: “Piero si inibisce davanti alla malattia e non sarebbe certo capace di fare lo spiritoso con un uomo, camorrista o meno, ridotto in sedie a rotelle. Non andrà in onda nulla su Nuvoletta, l’ episodio non esiste, si tratta di un’incomprensione”. Resta il piccolo giallo: a Castelcapuano in molti sono pronti a giurare sull’incontro-scontro tra Chiambretti e il camorrista.

(repubblica.it, 14 gennaio 1993)

Nuvoletta è turbato anche perché ha poco da ridere. All’inizio dell’estate del 1993 le sue condizioni di salute peggiorano con allarmante rapidità: il cancro al fegato progredisce e le cose si mettono male, malissimo. I suoi legali, pressati dalla figlia Tina, ne chiedono la scarcerazione perché sarebbe «in imminente pericolo di morte perché affetto da ipertensione arteriosa, cardiopatia ipertensiva con crisi angina pectoris, eventi aggravati dal fatto di essere portatore di infarto al miocardio». Marco Taradash, deputato del partito radicale, il 6 luglio presenta una interrogazione al ministro di Grazia e Giustizia Giovanni Conso per chiedere cosa si stia facendo per salvaguardare la vita del padrino costretto, in quei giorni, a un logorante via vai tra vari ospedali di Milano e dintorni. Taradash chiede se la situazione non imponga «quantomeno, un ricovero urgente in un centro specializzato al fine di provvedere ai trattamenti speciali ed estremi che il progredire del male richiede».

La replica di Conso è secca: dopo aver ricordato chi è Nuvoletta (“soggetto che presenta un alto indice di pericolosità”), il ministro rassicura il parlamentare radicale sul fatto che al boss mafioso sono garantite tutte le cure necessarie; anzi, proprio perché è in condizioni gravi gli è stato concesso un secondo colloquio straordinario con i familiari invece dell’unico previsto dalle strettissime maglie del 416 bis – il cosiddetto carcere duro – al quale è sottoposto.

L’istanza di scarcerazione viene respinta e gli avvocati Vincenzo Maria Siniscalchi e Raffaele Esposito presentano un ricorso alla Corte di Strasburgo per violazione del diritto alla tutela della salute dell’imputato sostenendo che Lorenzo Nuvoletta «è affetto da metastasi diffusa con prognosi di morte imminente» e annunciano di aver preparato «un dossier da inviare ai gruppi parlamentari e al Consiglio superiore della magistratura nel quale si denuncia che l’accertamento del pericolo di vita compiuto dai sanitari del carcere di San Vittore e dagli specialisti nominati come periti, non consente le valutazioni contrarie che gli organi giudicanti hanno fatto su Nuvoletta, detenuto soltanto per un'imputazione di 416 bis, attualmente all'esame della Corte di Appello di Napoli».

Agli inizi del 1994 il declino fisico è irreversibile. Il 16 febbraio don Lorenzo lascia l'ospedale Niguarda di Milano per essere trasferito all'istituto Pascale di Napoli, specializzato nella cura dei tumori. Un paio di settimane dopo il bollettino dei medici è chiaro: ha solo una manciata di settimane di vita. Gli vengono concessi gli arresti domiciliari e all'alba del 7 aprile muore nel suo letto a Marano. Aveva 63 anni. Il questore Ciro Lomastro firma un decreto con il quale vieta le esequie in forma pubblica. Il giorno dopo, oltre a presidiare massicciamente il cimitero, la polizia pattuglia le strade di Marano per evitare che ai commercianti venga imposta la chiusura in segno di lutto.

Con il padrino passato a miglior vita e l'altro fratello latitante, le redini della cosca finiscono nelle mani di Giuseppe Polverino, considerato dagli inquirenti un soggetto dalle notevolissime capacità, uno dei pochi in grado di consentire al clan di resistere ai colpi inferti dallo Stato.

Nella primavera del 2001 la famiglia di Marano subisce l'ultimo e definitivo colpo. A Poggio Vallesana viene arrestato Angelo Nuvoletta, che si era dato alla latitanza diciassette anni prima. Sul suo capo pende una condanna all'ergastolo per l'omicidio del giornalista Giancarlo Siani. Rinchiuso al 41 bis nel carcere di Spoleto, l'ultimo dei fratelli muore nell'ottobre del 2013 all'ospedale di Parma. Aveva 71 anni. I Nuvoletta non esistono più.

Giuliano

Il potere logora. Soprattutto quando a esercitarlo è un grappolo di fratelli molto simili nella fisionomia ma piuttosto diversi nel modo di intendere sia il crimine che la vita. La famiglia Giuliano rappresenta un pezzo fondamentale nella storia della camorra napoletana: è stata un'affollata dinastia che ha conosciuto picchi elevati di prestigio e di ricchezza per poi concludere la sua parabola con una implosione che ha disintegrato un clan che appariva solido e indistruttibile. La fine dell'impero è cominciata con il pentimento di uno dei fratelli, imitato dai suoi consanguinei che, come in un imprevedibile effetto domino, uno dietro l'altro hanno deciso di ripararsi sotto l'ombrello dello Stato consentendo alla magistratura e alle forze di cancellare un'intera generazione di malavitosi. Tra gli ultimi ad arrendersi è stato proprio il capo, Luigi, detto Lovigino o Lovegino, il più intelligente di tutti e probabilmente quello dotato di una personalità più forte e di uno spessore umano assai più consistente. Amante della musica, delle poesie e delle buone letture, Luigi aveva spesso avuto la tentazione di sfilarsi ma poi per non manifestare una inammissibile debolezza per uno del suo rango, era rimasto incollato al suo trono: condizioni di salute poco rassicuranti, un clan irrimediabilmente sfibrato dai pentiti e la consapevolezza di marcire in carcere lo hanno portato a una decisione clamorosa. Per qualche decennio Lovigino e i suoi fratelli hanno avuto il totale e indisturbato controllo di Forcella, uno dei quartieri più popolari di Napoli che è stato tutt'uno con i Giuliano, considerati alla stregua di filantropi che con la loro generosità colmavano il vuoto cosmico lasciato dallo Stato. Una benevolenza garantita da almeno un paio di fattori: contrariamente ad altri clan, i Giuliano non si sono mai imposti col terrore, hanno sempre mantenuto un atteggiamento misurato; e poi hanno conquistato le simpatie di tutti perché nonostante le ricchezze accumulate hanno continuato a vivere a Forcella, in mezzo alla loro gente. Per molti, però, avrebbero solo recitato la parte dei "buoni", spacciandosi per ciò che non erano e non sarebbero mai stati:

I Giuliano mistificano il ruolo della famiglia cercando di dare a bere, alla maniera dei vecchi mafiosi, d'essere gli angeli del rione. Neri ma angeli. Giusti e benefattori.

(Roberto Ciuni, *op. cit.*)

Di quell'organizzazione capillare, composta da almeno duecento affiliati tutti stipendiati più che discretamente, a Forcella non è rimasto nulla. O meglio: è rimasto qualcosa che non ha niente a che vedere con i vecchi Giuliano; c'è una nuova generazione numericamente meno consistente e sgangherata sul piano strategico ma dall'indole molto più violenta. E come succede in molte aree in cui hanno spadroneggiato i vecchi boss, pure a Forcella c'è chi rimpiange l'epoca di Loigino.

Tutti insieme, appassionatamente

Luigi Giuliano senior e la moglie hanno messo al mondo quindici figli. Pio Vittorio è il più vivace e intraprendente e capisce in fretta che il babbo, che fa il cocchiere, è impegnato in spericolate capriole per tenere in piedi tutta la combriccola. A scuola non ci vuole andare, le aule le considera delle celle e gli insegnanti dei carcerieri. Preferisce vagare per le strade, che non è da considerare esattamente una buona idea. Forcella, infatti, è tra i quartieri napoletani meno tranquilli, popolato da nuclei familiari che spesso vivono in condizioni economiche traballanti e con una diffusa allergia al rispetto delle regole. La frequentazione dei vicoli trasforma un ragazzino inquieto in un giovanotto rissoso, tant'è che a 19 anni finisce in carcere per oltraggio e resistenza a pubblico ufficiale. Per aiutare i genitori e gli altri 14 fratelli e sorelle a sopravvivere, entra nel mondo del contrabbando di sigarette, un affare che negli anni '60 attraversa una fase di notevole espansione. Agli inizi è solo un manovale, però non ci sta a spaccarsi la schiena e a rischiare la galera mentre il suo datore di lavoro fa un mucchio di quattrini. E così un po' alla volta, con intelligenza e notevoli capacità relazionali, conquista posizioni su posizioni fino a diventare un "capo paranza", uno che comanda e guadagna benone. Tra una cassa di Marlboro e un accordo con i gruppi siciliani, trova il tempo di ripetere gli exploit del babbo sotto il profilo della fertilità. La moglie Gemma Sacco dà alla luce sei maschi e cinque femmine, per un totale di undici pargoli: Nunzio, Luigi (detto Lovigino), Guglielmo ('o stuorto), Carmine ('o lione), Salvatore ('o montone), Erminia (detta Celeste), Anna, Patrizia, Silvana, Antonietta e Raffaele ('o zuì).

Nella abbondante nidiata Luigi si distingue fin da ragazzino, tant'è che ha appena 14 anni quando, dopo che la Finanza ha sequestrato un carico di sigarette al papà, dimostra qual è il suo temperamento:

> L'affare andato a male mise in difficoltà tutta la famiglia. *Lovigino*, allora, rubò l'auto di un turista americano piena di valigie e portò il bottino al capostipite Pio Vittorio, compresi un bel po' di dollari trovati nel bagagliaio, presentandogli il tutto come suo personale primo contributo all'immediata ripresa economica dei Giuliano.
>
> (*Ibidem*)

Mentre il padre (ribattezzato "'o padrino") riprende la fiorente attività di contrabbandiere, *Lovigino* si specializza in furti e rapine. Ma non è da solo: lo accompagna Giuseppe Misso, un ragazzo decisamente sveglio tant'è che diventerà un boss pure lui. Insieme fanno diverse cose, non solo i criminali. Giocano a calcio nella stessa squadra, lo Sporting Duomo, e condividono un sogno che nessuno dei due riuscirà mai a realizzare: fare l'attore. È andato persino a Cinecittà per sostenere un provino, ma dalla trasferta a Roma è tornato solo con un grossa delusione.

Lui e Misso si esercitano recitando i versi di Shakespeare davanti allo specchio, e gli amici li incoraggiano perché se la cavano piuttosto bene. Del resto Giuliano il fisico dell'attore ce l'ha. Occhi azzurri esaltati da una carnagione decisamente scura, sguardo seducente, portamento elegante:

> Luigi "il bello" incantava le ragazze. Riccioli neri, grandi occhi chiari in un volto oliva, alto: alle coetanee, erotizzate dai modelli del cinema americano di quei tempi, sembrò love (in corsivo). Ai coetanei apparve l'amicone di tutta la vita: fu il loro Luigino. Venne fuori così l'astruso *Lovigino* che si porta addosso, in cronaca *Loigino*.
>
> (*Ibidem*)

Il figlio di "'o padrino" non è un rapinatore da quattro soldi ma un autentico professionista del settore. Alle indubbie capacità personali si aggiunge un "corso" di specializzazione alle dipendenze della famigerata Banda della Magliana attorno a cui gravitano i migliori specialisti italiani nell'uso della lancia termica. Il legame con la gang romana lo porta a compiere anche un colpo molto particolare per conto di un personaggio come Roberto Calvi, il presidente del Banco Ambrosiano trovato poi impiccato il 18 giugno del 1982 sotto il ponte dei Frati Neri a Londra. Secondo quanto lui stesso riferirà, Calvi gli aveva commissionato il furto di documenti compromettenti, ma il blitz andò male perché la fiamma ossidrica non riuscì ad aprire il caveau:

> Ci chiese di rubare dei documenti dalla sede centrale del Banco Ambrosiano a Padova [...]. Giuseppe Misso mi disse che se gli avessimo consegnato i documenti sicuramente non sarebbe morto. Non so perché Misso abbia collegato la

morte di Calvi alla mancata consegna dei documenti. Mi disse che lo avevano ammazzato Calò, Badalamenti, Zaza, Nunzio Barbarossa.

(«Il Sole 24Ore», 15 aprile 2014)

Il tandem con Misso produce ottimi risultati fino a quando non s'inceppa dopo lo spiacevole esito di una rapina; Misso va in carcere e viene colto dal forte sospetto che a tradirlo sia stato proprio Lovigino. Da quel momento in poi l'amicizia si trasformerà prima in disprezzo e poi in odio. Dirà ancora Misso ai magistrati:

Luigi Giuliano ed io siamo cresciuti anche criminalmente insieme. Siamo stati anche molto amici. Siamo nati infatti nello stesso quartiere di Forcella. Abbiamo iniziato a compiere insieme piccoli furti, fino a giungere nel caveau delle banche come rapinatori. Ricordo che io sono stato arrestato a Ventimiglia mentre mi recavo a compiere una rapina in banca in Francia e portato nel carcere di Sanremo, e dopo pochi giorni sono stato trasferito a Poggioreale. Era il 1976 o 1977, venni arrestato in quanto latitante per due diversi reati: un tentato omicidio nei confronti dei fratelli Cardone, da cui sono stato assolto, ed un tentativo di rapina presso il Banco Antoniano di Padova. In tale secondo reato era coinvolto anche Luigi Giuliano. Quando io sono stato arrestato, Giuliano era un semplice rapinatore, quando io sono uscito dal carcere alla fine del 1979 inizio anni '80, ho ritrovato Luigi Giuliano che si era affiancato a persone e gruppi criminali di Secondigliano quali i Lo Russo, i Licciardi, i Mallardo, anche al La Monica ed al suo gruppo ossia a Silvestri, Di Lauro, Pariante. Tale gruppo nasceva per contrastare la NCO di Cutolo. Luigi Giuliano mi propose di partecipare al progetto della NF volto a sconfiggere Cutolo ed impadronirsi della città di Napoli. Io gli dissi che non ero interessato [...]. Gli ribadii la mia amicizia e la mia disponibilità ad aiutarlo qualora ne avesse avuto bisogno, senza nulla a pretendere. Quindi i miei rapporti in quel periodo con Luigi Giuliano erano buoni.

(Ordinanza di custodia cautelare a carico di Abbinante + 6
emessa dalla Sezione XXIII dell'Ufficio Gip del tribunale di Napoli
il 18 gennaio 2011)

In ogni caso, Luigi Giuliano non ha bisogno di nuovi partner perché il precipitare degli eventi gli cambia la vita; e la cambia, per sempre, pure alla sua famiglia. Seppur con qualche screzio di entità non trascurabile, il contrabbando di sigarette ha funzionato a meraviglia, i vari gruppi napoletani hanno trovato – insieme ai siciliani – dei faticosi equilibri che però hanno assicurato guadagni per tutti. Ma verso la fine degli anni '70 e l'inizio degli anni '80, a disturbare la quiete arriva Raffaele Cutolo: è un giovinastro di Ottaviano che nel carcere di Poggioreale – dove è finito per aver ucciso un uomo – ha reclutato decine e decine di detenuti nel suo clan, la Nuova camorra organizzata (NCO). Ha messo insieme un gruppo di delinquenti che terrorizza la provincia di Napoli imponendo il pizzo a chiunque. Cutolo però vuole espandersi, è intenzionato a conquistare il controllo di Napoli e ha deciso di lucrare nel business del contrabbando: pretende dai Giuliano e dagli altri una tangente di 20.000 lire su ogni cassa di sigarette che sbarca all'ombra del Vesuvio. Il boss di Ottaviano fa sul serio, dispone di battaglioni di killer che uccidono chiunque si rifiuti di sottostare alle loro richieste. Tra le fazioni napoletane circola una certa apprensione, tutti però sono concordi nel respingere senza se e senza ma le pretese di quel pazzo padrino di provincia. E a questo punto scende in campo Luigi Giuliano: è ancora giovane ma ha coraggio e temperamento. È lui che convoca una riunione con i rappresentanti dei vari clan cittadini: si incontrano in una garage e in quella occasione il figlio di Pio Vittorio si rivela un trascinatore perché riesce ad arringare una folla di quasi duecento persone, in mezzo alla quale c'è il gotha della delinquenza. Quella sera *Lovegino* propone la nascita della Fratellanza Napoletana – un cartello di famiglie che si deve coalizzare per frenare l'impetuosa e sanguinaria ascesa della NCO – che successivamente si chiamerà Nuova Famiglia. Il primo ad aderire alla proposta di Giuliano è Luigi Vollaro, il boss di Portici noto come "'o califfo", pure lui tartassato dalle richieste estorsive dei cutoliani:

> La prima alleanza in funzione anticutoliana fu quindi stabilita fra i Giuliano, che avevano offerto protezione ai contrabbandieri in cambio del 20% del valore dei tabacchi importati (contro la pretesa del cutoliano Savio Mario del 25%), ed i Vollaro, nelle cui bische si presentavano ripetutamente uomini di Cutolo per richiedere denaro per la loro organizzazione.
>
> (Procedimento nr. 9086/1992 D.D.A. nei confronti di Agizza + 101)

Per irrobustire la platea degli anticutoliani, Luigi si rivolge pure a una vecchia conoscenza, Giuseppe Misso, il quale però alla fine rifiuta di aggregarsi alla Nuova Fratellanza. Misso rivela che Giuliano gli chiede pure di assumere la direzione del suo clan:

> Luigino Giuliano con il quale avevo commesso in passato reati contro il patrimonio, mi propose di entrare nella organizzazione, che nel frattempo lui aveva costituito con altre famiglie camorristiche, denominata Fratellanza Napoletana. Io non accettai l'offerta di Giuliano perché ero contrario a quelle forme di criminalità organizzata e ritenevo di dover continuare a fare il mio lavoro di rapinatore di banche e poi ero portatore della ideologia fascista radicata su profonde convinzioni storiche pur senza essere un fanatico [...]. Luigi Giuliano che si trovava in soggiorno obbligato in una località vicino Bologna, mi convocò e mi pregò quasi piangendo di entrare nella sua organizzazione, come aveva già fatto in passato [...]. Aggiunse che aveva un disperato bisogno del mio appoggio perché i suoi familiari lo stavano distruggendo mettendolo contro a tutti gli altri capi clan; insomma, Giuliano voleva che io prendessi in mano le redini della organizzazione. Io replicai che non sarei mai stato disponibile a trattare droga ed estorsioni, mentre per il resto, ovvero toto clandestino e bancolotto ero senz'altro d'accordo

a entrare in affari con lui. Io dissi a Giuliano che ci sarebbe anche convenuto evitare di fare droga ed estorsioni perché ciò non avrebbe attirato la attenzione dello Stato sulle nostre altre attività illecite. Giuliano obiettò che ciò non era possibile perché ci avrebbe privato della potenza del denaro che le due attività criminali producevamo, ma alla fine accettò, sia pure a malincuore, la mia proposta. Da quel momento comunicò ai suoi familiari che io avrei assunto le redini della organizzazione. Io quindi mi recai a Forcella, riunii tutta la famiglia Giuliano insieme ad Antonio Capuano, e constatai che la decisione di Luigi Giuliano aveva provocato sconcerto e reazioni negative da parte dei suoi familiari i quali mi vedevano in pratica come un intruso ed un usurpatore.

(Informativa riepilogativa sul clan Mazzarella del 5 marzo 2009 – II Nucleo operativo del Gruppo di Fiumicino della guardia di finanza)

Col passare dei mesi la NCO si fa sempre più pericolosa al punto da costringere tutti gli altri clan a compattarsi; le adesioni al progetto di Giuliano diventano via via più numerose fino a comporre uno schieramento piuttosto affollato:

La Nuova Famiglia si presenta quindi, fin dal suo sorgere non come un'organizzazione verticistica simile alla N.C.O., ma come confederazione delle seguenti famiglie [...]: 1) Giuliano, capeggiata da Giuliano Luigi e dai suoi fratelli, operante nella zona di Forcella e S. Giorgio a Cremano; 2) Vollaro, capeggiata da Vollaro Luigi, con il controllo della zona di Portici, San Sebastiano al Vesuvio; 3) Nuvoletta, con a capo Nuvoletta Lorenzo, operante in Marano e zone limitrofe; 4) Bardellino, capeggiata da Bardellino Antonio; 5) Ammaturo Umberto, operante tra Portici e Castellammare di Stabia; 6) Zaza, Mazzarella e Fabbrocino [...]. L'elemento unificante fu la lotta anticutoliana. Principio informatore dell'alleanza fu quello del rispetto dei territori di influenza e dell'autonomia di attività.

(Sentenza n. 6123 del 23 aprile 1986 del tribunale di Napoli contro Abagnale Giuseppe + 101)

Grazie al paziente lavoro di mediazione di Luigi, i Giuliano scalano rapidamente il potere malavitoso. Con grande fatica, e dopo le decine di morti nello scontro con la NCO, il clan di Forcella riesce a imporsi e a conquistare il controllo di una serie di affari fuorilegge.

Spiegherà Salvatore Giuliano, uno dei fratelli di Loigino:

Dopo la vittoria su Cutolo, vi fu un periodo di assestamento tra le varie famiglie che avevano vinto la guerra e di relativa pace. In questo periodo, gli introiti di tutte queste attività illecite confluivano a Forcella, in una cassa comune, da cui poi, fatti i conteggi, venivano successivamente distribuiti in quattro quote e cioè: 30% ai Giuliano, 30% a Secondigliano, 30% ai Quartieri Spagnoli e il restante 10% ai Mazzarella di San Giovanni e cioè, Ciro, Vincenzo e Gennaro.

(Tribunale di Napoli – Sezione del giudice delle indagini preliminari, nr. 28515/03 r.g.n.r., nr. 29166/04 r.gip del 16 aprile 2009)

Lovegino diventa Re

Dunque, il boss della famiglia è Luigi. Lo chiamano "'o rre", il Re, ma corona a parte, si comporta davvero come un monarca assoluto. È temuto e rispettato. Veste sempre in maniera elegante e utilizza dosi abbondanti di profumo di marca che nessuno in quei vicoli si può permettere. Chi va a fargli visita deve mettere in conto una lunga, silenziosa e solitaria permanenza in anticamera. Lovegino fa tutto con comodo, e poi si concede all'interlocutore, il quale avverte con inequivocabile chiarezza un senso di inferiorità. La corte del capoclan è affollata e tra quanti vanno a omaggiarlo o a prendere ordini ci sono alcuni personaggi che col passare degli anni diventeranno delle stelle di prima grandezza della criminalità napoletana come Eduardo Contini e Gennaro Licciardi. Se i suoi sottoposti ne subiscono l'autorità e l'autorevolezza, il popolo di Forcella lo vede come un leader magnanimo e protettivo, che respira la stessa loro aria.

Sigarette & scommesse

Una cella del carcere invece delle tavole di un palcoscenico. Le manette al posto del copione. Le accuse di un pubblico ministero invece degli applausi del pubblico. A separare i sogni dalla realtà non c'è stato un fossato ma un canyon. Luigi Giuliano sogna di fare l'attore, ma è un'aspirazione giovanile coltivata in silenzio e pudicamente nascosta alla famiglia, una famiglia nel frattempo impegnata in faccende assai meno "elevate".

Fare l'attore resta un desiderio inappagato, ma quando la rude realtà lo richiama all'ordine, Luigi Giuliano non si fa trovare pronto ma prontissimo. Accantonata l'arte, si lancia in un mondo nel quale le sue potenzialità sono largamente apprezzate: il mondo della delinquenza. Quando il suo nome diventa un ospite fisso nelle pagine di cronaca dei giornali, Lovigino sente il bisogno di giustificarsi per aver scelto di fare il camorrista. I Giuliano sono tra i principali protagonisti del contrabbando di sigarette e la loro attività fuorilegge dà da vivere a moltissime famiglie di Forcella. Dunque, un intero quartiere è votato al crimine. Ma il boss non ci sta e propone un'altra chiave di lettura:

> Non è vero che a Forcella ci sono soltanto delinquenti. Qui quasi tutti vivono onestamente con il contrabbando. A Forcella non si può campare senza infrangere la legge; sono *loro* a volere così, sono *loro* a chiamare questo posto la casbah. Quando uno di noi ne esce e cerca lavoro gli si chiudono tutte le porte in faccia.

Nessuno guarda l'uomo, tutti guardano l'ambiente, la casbah... Io ho rubato perché sono nato a Forcella, sono cresciuto tra questa gente e ho creduto così si dovesse fare. Non sono mai stato a scuola. A proteggere me e i miei fratelli ci pensa mia madre... Se qui ci sono centinaia di famiglie che vivono col contrabbando è perché non possono vivere in un altro modo. Se a questa gente dessero dei posti non avrebbero più bisogno di fare il contrabbando.

(Marisa Figurato e Francesco Marolda, *op. cit.*)

I Giuliano diventano un'autentica potenza sul piano economico e militare. Inoltre godono di una popolarità elevatissima perché con le loro attività illegali consentono a molte famiglie di mettere il cosiddetto "piatto a tavola":

Vivono e prosperano con il consenso della gente del quartiere, un popolo che, se occorre, offre loro una cintura protettiva. Sono alle finestre, al bar, per la strada, riveriti, amati e temuti. Simboleggiano il capitalismo camorristico, l'unica fonte imprenditoriale conosciuta. Da loro può venire l'ingaggio come esattore delle bollette del toto nero, un *bancariello* del lotto clandestino, il permesso per acquistare uno stock di sigarette a credito, la raccomandazione al ricettatore di orologi rubati – "Chille è nu' bravo guaglione" – che consente di monetizzare immediatamente un furto: insomma, può venire il pane.

(Ciuni, *op. cit.*)

Il contrabbando di sigarette resta per un bel po' una voce importante delle entrate, ma Luigi e i suoi fratelli hanno delle preziose intuizioni che consentono loro di moltiplicare gli incassi. A partire dalle scommesse clandestine, un pozzo senza fondo dal quale gli eredi di "'o padrino" tirano su secchiate di banconote. A occuparsi di questo segmento è Salvatore "'o montone", che molti anni dopo fornirà una illuminante ricostruzione di una parte degli affari della cosca. Lui si occupa di scommesse clandestine e videopoker, un business "inventato" a Forcella che ogni settimana assicura guadagni strabilianti, quasi sempre da dividere con altre organizzazioni malavitose sparse per la città. In un interrogatorio al giudice per le indagini preliminari Antonella Terzi, Salvatore spiegherà:

Io all'interno della famiglia Giuliano ero, tra le altre cose, anche il responsabile del settore dei giochi e delle scommesse [...]. Tale attività portava introiti molto alti alla famiglia Giuliano di circa 400/500 milioni al mese [...]. L'attività di organizzazione e gestione dei videopoker, del lotto clandestino cosiddetto "Banco lotto", del totocalcio clandestino e successivamente dei centri SNAI, sale "Bingo" ed in genere di tutte le attività dei giochi e delle scommesse, sono state tradizionalmente appannaggio della famiglia Giuliano, fin dalla fine degli anni '70 e inizio degli anni '80 e fino all'anno 2000, epoca in cui poi la famiglia Giuliano ne perse definitivamente il controllo. L'introito che derivava da queste attività e dal contrabbando di sigarette, altro settore di rilevante interesse patrimoniale, era davvero consistente, basti pensare che il solo "banco lotto" fruttava circa 2 miliardi di lire a settimana ed era gestito in maniera capillare, in tutti i quartieri napoletani sottoposti al nostro controllo.

(Tribunale di Napoli-Sezione del giudice delle indagini preliminari, nr. 28515/03 r.g.n.r., nr. 29166/04 r.gip del 16 aprile 2009)

Per parecchio tempo giochi e scommesse sono una esclusiva dei Giuliano, ma a un certo punto il monopolio finisce. E Salvatore imputa al fratello Luigi di aver mollato la presa su alcuni affari, consegnandoli di fatto a personaggi che lo avrebbero slealmente scavalcato dopo esserne stati dei fedeli servitori:

Io suggerii a mio fratello Luigi di evitare che anche gli altri gruppi appartenenti alla Nuova Famiglia avessero delle conoscenze dettagliate della tipologia e dell'entità dell'introito e del guadagno, partecipando ai tavoli in cui venivano decise le spartizioni. Si trattava infatti, di settori, in cui a differenza di noi Giuliano, gli altri non avevano conoscenze specifiche e soprattutto esperienza nella gestione. L'errore che io addebito oggi a mio fratello Luigi è proprio quello di non essere stato capace di tenere fuori dalle logiche spartitorie alcuni soggetti, che poi si sono dimostrati capaci e pericolosi, tra cui Gennaro Licciardi detto 'a Scigna, Francesco Mallardo, Giuseppe Lo Russo ed altri. Tant'è che proprio queste persone, acquisite con il tempo queste conoscenze e, soprattutto, acquisita la consapevolezza dell'entità dei ricavi, hanno poi cercato di instaurare rapporti diretti con i gruppi operativi che gestivano questi settori, imponendogli di dover versare direttamente anche a loro, le percentuali di guadagno che prima andavano direttamente a Forcella.

(*Ibidem*)

Il business del gioco è particolarmente succoso tant'è che si è sviluppato pure in un'altra zona di Napoli, quella Flegrea. In tutta la città, comunque, ci sono slot machine della camorra. Spiega ancora Salvatore Giuliano:

Ogni esercizio, bar o sale giochi, anche di nuova apertura, doveva quindi, non solo prendere una o più macchinette, e per macchinette intendo videopoker illegali, che consentivano giocate anche di milioni, ma doveva rifornirsi anche obbligatoriamente dalla persona indicata dal gruppo criminale di riferimento [...]. La divisione degli introiti avveniva all'incirca ogni mese ad opera di un nostro referente ed un referente del gestore. Tolte tutte le spese, tra cui un 10-15% che andava al titolare del bar o sala giochi in cui era installata la macchinetta, il 50% degli introiti andava al gestore ed il restante 50% a noi. Inizialmente questi videopoker erano "nudi" cioè privi di qualsiasi camuffamento, in quanto riuscivamo a controllare, in maniera capillare, gli appartenenti alle forze dell'ordine che avrebbero dovuto effettuare i controlli. Questi infatti venivano stipendiati settimanalmente dal clan.

(*Ibidem*)

Gli incassi sono stratosferici ma la pacchia non è eterna. Dai rubinetti del gioco non sgorgano più quattrini quando esplode la piaga della ludopatia: molti cominciano a indebitarsi, qualcuno si suicida perché per colpa dei videopoker ha mandato la famiglia sul lastrico. La politica interviene e dà una regolata alla diffusione delle macchinette ma Salvatore trova un sistema per continuare a far soldi:

> Successivamente, poi quando il fenomeno ha cominciato a destare un certo allarme sociale per l'espansione e l'entità delle somme perse dagli avventori, si escogitò uno stratagemma che consisteva nella predisposizione di una scheda a doppia funzione che consentiva di cambiare l'operatività della macchinetta, da un gioco consentito a videopoker con l'ausilio di un semplice telecomando. In questo caso i gestori dei locali venivano avvertiti da vedette, appositamente predisposte, dell'arrivo di eventuali controlli di polizia alla voce "Mario, Mario" ed avevano tutto il tempo per modificare la funzionalità dell'apparecchio sottraendosi così ai controlli.
>
> (*Ibidem*)

Sempre copiosa, invece, la pioggia di denari che garantisce il lotto clandestino, un affare per il quale si mobilita una pattuglia consistente di soggetti impiegati a vario titolo nel gioco preferito dai napoletani. Spiega ancora Salvatore "'o montone":

> Per quanto riguarda la gestione del "banco lotto" la raccolta era organizzata, in maniera precisa, attraverso il coinvolgimento di centinaia di persone, con ruoli diversi, che andava dalla raccolta delle giocate, al trasporto delle matrici, attraverso dei cosiddetti galoppini, alla concentrazione delle giocate ai cosiddetti capigruppo ed all'attività finale di spoglio che avveniva a Forcella talvolta anche in mia presenza, perché fosse garantita la trasparenza e si evitasse sottrazione di parte del capitale raccolto.
>
> (*Ibidem*)

Il lotto clandestino non regala solo gioie. Nel 1995, ad esempio, alcune estrazioni prosciugano le casse perché dalla "botola" escono numeri che non venivano pescati da anni. Poi c'è il calcio. Secondo un altro componente della famiglia, Guglielmo, il clan ha taroccato pure le partite di pallone e ha lucrato sulle scommesse grazie ad agenzie gestite da prestanome della famiglia di Forcella:

> Molte partite sono state combinate e truccate attraverso il rapporto che esisteva tra la nostra famiglia in particolare, ma non solo, con persone del mondo del calcio [...]. Gran parte del settore delle agenzie è direttamente controllato da tutte le famiglie camorristiche, nel senso che i titolari delle agenzie, più volte chiuse dalla polizia, sono prestanome dei clan [...]. L'agenzia non registra esattamente la puntata e trasmette all'agenzia madre, in Inghilterra, una somma inferiore a quella puntata. Noi camorristi incameriamo la somma non trasmessa alla casa madre.
>
> (Ansa, 21 gennaio 2000)

Col tempo la famiglia di Forcella ha perso completamente il controllo del business del gioco, finito nelle mani di altre organizzazioni. Come spiega Salvatore Giuliano in un interrogatorio avvenuto il 18 gennaio del 2005:

> Devo premettere che, fino a quando c'è stata la famiglia Giuliano, tutte le attività illecite nella zona di nostra competenza erano svolte per conto nostro. Con l'avvento dei clan Misso e Mazzarella, costoro hanno occupato anche i territori che prima rientravano nella competenza dei Giuliano e, al fine di evitare degli scontri tra di loro, si sono accordati per dividersi i settori illeciti, nel senso che ognuno di questi clan ha iniziato a gestire un settore illecito, senza però fare una cassa comune, a eccezione di qualche attività (come i centri SNAI) che hanno gestito in comune. Per effetto di questo accordo, esemplificando: il clan Misso si interessa del bancolotto clandestino, del totocalcio clandestino, delle cooperative ex detenuti, dell'usura, della falsificazione di borse, pellami e scarpe, delle rapine, della droga prevalentemente della zona della sanità e comunque al di fuori di Forcella; il clan Mazzarella si interessa della droga (eroina, cocaina, hashish ed altro), delle estorsioni, di usura, di falsificazione di CD e trapani, di video poker. Per i centri SNAI, invece, come ho detto, vi è una gestione comune tra le due organizzazioni, nel senso che ogni organizzazione fornisce qualche persona di propria fiducia per la gestione di tale settore.
>
> (Ordinanza di custodia cautelare nei confronti di Allagrande Maria + 21, emessa dal Gip del tribunale di Napoli il 27 novembre 2008)

Quella sporca dozzina

Non si vive, però di solo contrabbando e scommesse. Il controllo del territorio è millimetrico e prevede anche che nessun affare di una certa consistenza possa essere consumato senza che il clan non ne tragga dei vantaggi. E i Giuliano ne fiutano uno particolarmente lucroso e realizzato con innegabile astuzia da un gruppo di insospettabili ribattezzato "La sporca dozzina", definizione mutuata dal film *Quella sporca dozzina* uscito nelle sale nel 1967 e ambientato nella seconda guerra mondiale, alla viglia dello sbarco in Normandia. La "dozzina" napoletana non è in trincea a combattere il nemico ma molto più comodamente siede su soffici poltrone di confortevoli uffici. Si tratta, infatti, di un'associazione per delinquere che controlla le aste pubbliche organizzate dal Monte dei Pegni del Banco di Napoli:

> L'organizzazione è assai composita: vi fanno parte gioiellieri, dipendenti del Banco di Napoli compiacenti (dagli uscieri sino al direttore delle aste), sgherri che intimano agli eventuali acquirenti di farsi indietro, guardie giurate, metronotte, addetti al riciclaggio dei proventi illeciti, cassieri, prestanome, finanziatori, contabili per la ripartizione delle quote. L'attività va avanti almeno dagli anni Ottanta. Il sistema prevede che i gioielli siano acquistati sottoprezzo da prestano-

me e poi rimessi sul mercato. I gioiellieri della zona non facenti parte della banda sono costretti ad acquistare dalla banda e solo a prezzi maggiorati.

(a cura di Gabriella Gribaudi, *Traffici criminali*, Bollati Boringhieri 2009)

"La sporca dozzina" smette di agire nell'ombra quando i Giuliano scoprono che l'affare si realizza proprio sotto il loro naso. Il Monte dei Pegni è infatti in una strada che rientra nella zona da loro controllata. Spiegherà il boss Luigi Giuliano:

Quando noi Giuliano, all'incirca nel 1991, ci rendemmo conto che già da tempo andava avanti una situazione di questo tipo nella nostra zona, convocammo i componenti della sporca dozzina [dicemmo loro] che era un attività che si svolgeva sul nostro territorio e che quindi dovevano darcene conto. A partire da quel periodo, dunque, il gruppo della sporca dozzina cominciò a versarci prima 4 e poi regolarmente 6 milioni a settimana. Era il prezzo che veniva pagato da loro per poter proseguire in questa attività e continuare a lucrare in questo settore.

(Procura della Repubblica di Napoli, richiesta di misure cautelare nei confronti di Misso Michelangelo + 35)

Oltre a incassare una tangente dalla "sporca dozzina", il clan di Forcella entra a piedi uniti nel business delle aste e investe su orologi di pregio, come spiegherà Salvatore Giuliano:

I Rolex non venivano "passati" all'asta perché si trattava di oggetti di altissimo valore. Venivano direttamente comprati da noi a prezzo di oro, ma solo se il nostro super esperto (un fabbricante di borse di san Gregorio Armeno, *ndr*) accertava che si trattava effettivamente di Rolex originali.

(«la Repubblica», 1 febbraio 2006)

I Rolex rapinati, invece, vengono spediti negli Stati Uniti e venduti con garanzie taroccate. In qualche caso il meccanismo s'incaglia ed è necessario ricorrere alle maniere forti. Spiegherà ancora Salvatore Giuliano:

Un gioielliere si rivolse a me per chiedermi aiuto. Aveva cercato di partecipare a un'asta del Monte dei Pegni del Banco di Napoli. Venne subito convocato dalla "sporca dozzina" in un bar del clan e picchiato. Gli ruppero il naso [...]. Un gioielliere di Ponte San Severino venne punito per essersi rifiutato di comprare il nostro oro. Per ritorsione organizzammo un furto nella sua gioielleria. Il gioielliere fu così ammorbidito e cominciò a comprare da noi...

(*Ibidem*)

Gli stipendi del clan

Di denaro ne circola a vagonate, ma i Giuliano non sono avari. Lovigino è un capo riconosciuto e rispettato da tutti perché all'autorevolezza del leader aggiunge di tanto in tanto – tra un reato e l'altro – lampi di generosità. Con i soldati del suo esercito non si comporta da perfido schiavista: chi lavora per lui, e sono in tantissimi, riceve uno stipendio mensile più che soddisfacente. Cifre inarrivabili – ad esempio – per un impiegato pubblico. Scriveranno i giornalisti Goffredo De Pascale e Giantomaso De Matteis:

> I circa duecento affiliati vengono pagati mediamente quattro-cinque milioni di lire al mese e se qualcuno dei guaglioni o dei luogotenenti finisce nelle patrie galere, la cifra viene assicurata direttamente alla loro famiglia, alla quale è garantito anche il sostegno legale. Alcune decine di milioni, sempre mensilmente, sarebbero destinate all'acquisto di armi; si aggirerebbe intorno ai cento milioni, invece, il mantenimento sul libro paga degli informatori e di quanti, anche occasionalmente, ricevono regali in cambio di favori.
>
> («Diario», 2 giugno 1999)

Il boss è andato sempre orgoglioso del fatto che nessuno dei suoi affiliati sia stato mai abbandonato al suo destino:

> Tutti erano stipendiati. La famiglia Giuliano ha sempre mantenuto e sostenuto i detenuti, qualsiasi problema economico si doveva affrontare e risolvere.
>
> (*Ibidem*)

Forse perché non saranno stati proprio soldi suoi, ma il boss è particolarmente magnanimo pure con i nipoti. Tra i beneficiari c'è Luigi junior, figlio del fratello Nunzio:

> Per me era un Dio [...]. Era una festa quando veniva lui perché portava soldi, portava potere... Ti mandava a comprare un dentifricio e uno spazzolino e ti dava centomila lire e ti faceva prendere il resto [...]. Mi piaceva sentirmi potente, mi piaceva essere il nipote di uno che comandava tutta Napoli [...]. Era come essere il nipote di un re, anche se in negativo. Ma a 12 anni che vuoi capire... Quando andavo nei vicoletti salutavo mio zio e lui si sfilava 3-400.000 lire e me le dava [...].
>
> (www.youtube.com/watch?v=czKqTVn34xI)

Maradona

A proposito di Dio: senza voler essere blasfemi, ce n'è un altro che è stato visto più volte nei vicoli di Forcella. Sembra una balla, invece è vero: è un Dio del calcio, si chiama Diego Armando Maradona, è il fuoriclasse argentino che il Napoli ha acquistato dal Barcellona nell'estate del 1984.

Ogni tanto Diego va a Forcella. Ma cosa ci fa un calciatore miliardario e con villa sulla collina di Posillipo nelle stradine "sgrarrupate" di un quartiere povero? La risposta sembra assurda, ma non lo è: Maradona va a Forcella ospite dei Giuliano. In particolare ha stretto un rapporto con Carmine, appassionato di football e aspirante calciatore prima che un incidente "professionale" gli impedisse di sognare un futuro da attaccante. Quando le voci cominciano a circolare con insistenza, nessuno può immaginare qual è il motivo che spinge un campione conosciuto nel mondo a frequentare una famiglia di camorristi nota soprattutto a carabinieri, poliziotti, giudici e agenti penitenziari. Agli occhi della gente del quartiere, i Giuliano grazie all'"amicizia" con Maradona acquisiscono così ancora più prestigio. Quando "Dieguito" fa capolino da quelle parti, Loigino non c'è, è ospite dello Stato. C'è invece il nipote Luigi Giuliano junior, il figlio di Nunzio:

> È venuto in vico Pace, c'era un palazzo di mio zio, era tutto suo. E giù aveva anche un biliardo con delle carambole. E ricordo che Maradona presa la palla del biliardo e fece dei palleggi.
>
> (www.youtube.com/watch?v=Okc9MP_SgXI)

In tanti sono a conoscenza delle periodiche apparizioni di Diego in uno dei quartieri meno ricchi di Napoli e del fatto che sia ospite di esponenti di uno dei più potenti clan della camorra. E la voce impiega pochissimo per fare il giro della città ma nessuno vuole creargli dei problemi: è una divinità e quindi non si tocca, e poi deve regalare (cosa che farà) lo scudetto al Napoli. Ma è solo questione di tempo, perché agli inizi del 1986 i mormorii diventano qualcosa di assai più consistente.

Il volto di Maradona è famosissimo e a Napoli in molti locali pubblici – in particolare nei bar e nei ristoranti – è facile vedere attaccato al muro un poster che ritrae il fuoriclasse sudamericano dotato di una folta capigliatura riccia e di un fisico tutt'altro che slanciato. E proprio perché ha una sagoma inconfondibile che gli agenti della Squadra mobile, guidata dal vicequestore Matteo Cinque, impiegano un istante per capire che il tizio piccoletto e ricciolutto che compare nelle foto trovate durante una perquisizione a casa di Carmine Giuliano, è proprio Diego Armando Maradona. Sono ben settantacinque gli scatti nei quali il campione argentino è ritratto insieme a rappresentanti della famiglia Giuliano. La perquisizione avviene il 6 marzo del 1986 e nel rapporto consegnato alla procura dal vicequestore Cinque si legge:

> Non sfugge a questo ufficio la strana presenza di Maradona in compagnia di pregiudicati e inquisiti ritenuti organizzatori del lotto e del toto nero, fonte primaria di sovvenzione della camorra. Appare opportuno procedere a ulteriori accertamenti onde accertare il ruolo di Maradona in questo contesto, qualora l'autorità giudiziaria lo disponga.
>
> (Giovanni Marino, *op. cit.*)

Forse sarebbe il caso di approfondire, come suggerisce il dottor Cinque, ma la magistratura napoletana non manifesta interesse per il rapporto e quindi non dispone nessun accertamento. Il malloppo di carte e fotografie finisce in un cassetto. Intanto si torna a parlare di calcio e camorra pochi mesi dopo. Il primo ad avanzare un collegamento tra i due mondi – football e malavita – è il «Sunday Mirror», un settimanale britannico che nel gennaio del 1987, quando il Napoli è in testa alla classifica alla fine del girone d'andata, scrive che Maradona era perseguitato dalla camorra del totonero e che se il Napoli avesse vinto lo scudetto, i clan avrebbero dovuto pagare 200 miliardi di lire di scommesse:

> Negli ultimi tempi Maradona è stato spesso minacciato di morte», scrisse il Mirror, «specialmente alla vigilia di partite importanti. La polizia lo sa ma non può intervenire perché nessuno testimonierebbe contro la camorra». Secondo il giornale inglese, i boss non avrebbero mai ammazzato il giocatore argentino perché guadagnava un sacco di soldi con il mercato nero dei gadget che portavano il suo nome.
>
> (Bruno De Stefano, *op. cit.*)

Quella del periodico britannico è una lettura dei fatti impregnata di pregiudizi. Le allusioni si rivelano prive di fondamento perché cinque mesi dopo quell'articolo velenoso arriva una risposta inequivocabile: il Napoli vince il primo scudetto della sua storia, trascinato proprio da un Maradona che disputa una stagione strepitosa.

Poi succede qualcosa di strano. Il Napoli sta per rivincere lo scudetto anche nella stagione successiva, a cinque giornate dalla fine i partenopei hanno quattro punti di vantaggio sul Milan. Ma la squadra improvvisamente si affloscia e perde clamorosamente lo scontro diretto in casa proprio contro il Milan, risultato che spiana al club di Silvio Berlusconi la strada verso la vittoria finale: rossoneri campioni d'Italia, Maradona e compagni solo mestamente secondi. Il rapido e apparentemente inspiegabile crollo suscita diversi sospetti, uno dei quali porta dritto alla camorra: il Napoli – questa la tesi dei più maliziosi – è stato "costretto" a perdere le partite e quindi lo scudetto per le pressioni della camorra, che in caso di vittoria dei partenopei avrebbe dovuto pagare miliardi e miliardi di lire agli scommettitori del totocalcio clandestino. È una interpretazione che giocatori, allenatori e società respingono con sdegno, sostenendo che la disfatta è invece figlia di un calo di forma arrivato sul finale di un campionato dispendioso sia sul piano fisico che sotto il profilo mentale. La delusione dei tifosi e i chiacchiericci non svaniscono nei mesi successivi. In tanti non credono alla tesi secondo la quale una squadra di eccellenti giocatori e con il valore aggiunto di Maradona possa all'improvviso trasformarsi in una compagine imbrocchita nei piedi e svalvolata nella testa. Sospetti a parte, a un certo punto torna a galla la storia della strana amicizia tra Maradona e alcuni componenti della famiglia di Forcella. Il rapporto del vicequestore Cinque con allegate le oltre 70 foto riemerge dalle nebbie nella tarda estate del 1989, quando il campione argentino vuole andare via da Napoli perché – si sussurra – è stato minacciato dai camorristi.

Nell'edizione del 6 settembre 1989 «Il Mattino» offre ai lettori uno scoop di Giuseppe Calise, capocronista del quotidiano. Calise scrive del vecchio rapporto della polizia e pubblica alcune fotografie che ritraggono Maradona in compagnia dei Giuliano. In particolare ce ne sono diverse nelle quali il calciatore è immortalato con Carmine, Raffaele e Celeste. Lo scatto più originale è quello che li vede insieme mentre brindano in una vasca a forma di conchiglia. Dunque, i sussurri circolati sulle frequentazioni non selezionatissime del calciatore sudamericano ora sono diventate una certezza. Ovviamente Maradona non ha commesso nessun reato, ma per una comprensibile questione di opportunità sarebbe stato preferibile non intessere legami con soggetti notoriamente inseriti in ambienti criminali. Alle notizie esclusive pubblicate da «Il Mattino», il Napoli reagisce con una buona dose di irritazione. In un comunicato la società manifesta il suo disappunto e si chiede come mai l'articolo e le foto siano state pubblicate proprio nel momento in cui il club sta ricucendo i rapporti con Maradona, ancora alle prese con un tira e molla per convincerlo a tornare a Napoli e a indossare ancora la maglia azzurra:

> In relazione a un articolo pubblicato oggi da un quotidiano napoletano dal titolo "Maradona, non erano solo voci", il «Calcio Napoli» sottolinea come la citata vicenda sia stata a suo tempo vagliata dalla magistratura che ritenne di non doversi in alcun modo procedere, relativamente a presunte implicazioni del calciatore Diego Armando Maradona, non avendo ravvisato alcuna ipotesi di reato o di illecito di qualsiasi natura. Non si può comunque non porre in evidenza come l'articolo pubblicato, peraltro non motivato neanche dalla necessità di immediatezza dello 'scoop', non dia un contributo di chiarezza, né di informazione tale da giustificare l'evidente turbativa da esso rappresentata in un momento di grande delicatezza nei rapporti tra la società ed un suo tesserato.
>
> (Ansa, 6 settembre 1989)

Mentre tra il quotidiano e il club la scaramuccia prosegue, la vicenda finisce in Parlamento. Quattro deputati del Partito comunista – Gianfranco Nappi, Angela Francese, Silvano Ridi e Andrea Geremicca – presentano una interrogazione al ministro di Grazia e Giustizia Giuliano Vassalli per chiedere lumi «sui motivi per i quali la magistratura non ha dato seguito alla segnalazione della Squadra mobile di Napoli relativa ai rapporti intercorsi tra il calciatore Maradona ed alcuni ricercati». I deputati chiedono inoltre a Vassalli

se non convenga sul fatto che, mancando ulteriori accertamenti e assumendo quindi come normali simili comportamenti, non si siano forniti, in qualche modo, elementi di legittimazione agli occhi dei cittadini per fenomeni criminali e per ricercati che mentre, appunto, sono tali per l'autorità giudiziaria, possono poi vantare rapporti fraterni ed amichevoli con campioni sullo sport; se non convenga sul fatto che, nel caso in cui effettivamente nessuna domanda sia stata rivolta a Maradona da parte della magistratura, nessuna extra legalità possa essere consentita a una persona, solo magari in virtù del suo essere 'campione multimiliardario' e che quindi vada lui chiesto quello che quotidianamente si chiede a milioni di cittadini "comuni mortali".

(*Ibidem*)

Come mille altre interpellanze, pure quella dei deputati PCI cadrà nel vuoto.

In difesa dell'amico Maradona si schiera lo stesso Carmine Giuliano che in una intervista al quotidiano milanese «Il Giorno» sostiene che il calciatore all'inizio non sapesse dell'ingombrante nomea della famiglia di Forcella:

No, l'ha saputo dai giornali successivamente. Quando mi è sembrato che quest'amicizia con il sottoscritto potesse procurargli qualche problema, gli ho chiesto se voleva smettere di incontrarmi. Io sarei stato disponibile. Ma lui non volle: per me sei un bravo ragazzo come tanti altri, mi disse.

(«Il Giorno», 7 settembre 1989)

Il fuoriclasse argentino viene convocato dal sostituito procuratore Federico Cafiero de Raho (che molti anni dopo sarà nominato procuratore nazionale antimafia). In un interrogatorio avvenuto il 28 settembre il magistrato chiede a Maradona, tra le altre cose, del suo rapporto con la famiglia malavitosa di Forcella. Il fuoriclasse del Napoli replica:

Le foto con i Giuliano? Beh, sì, Carmine lo conosco. Lo vidi in una casa in cui fui portato da Palummella, Gennaro Montuori, il nostro capotifoso della curva B [...]. Vedo che ci sono io in una casa con alcune persone. Voi mi dite che si tratta di gente della famiglia Giuliano... io, io riconosco i posti in cui fui portato proprio quella sera, dopo l'allenamento. Anzi, la foto nella vasca da bagno a forma di ostrica, dove ci sono io con un ragazzo dal pullover rosso, mi hanno detto che quello era un altro capo tifoso del Napoli, un altro di quei giovani che mi invitarono a cena. Oltre al ragazzo riconosco Carmine Giuliano. Poi nessun altro [...]. Posso dire che ci siamo visti con Carmine Giuliano. Una volta. Roba di sei mesi fa. Al ristorante Rosolino. C'era un matrimonio a cui Palummella mi aveva pregato di intervenire. D'altronde mi capita spesso di essere invitato dai tifosi a riunioni sportive o a manifestazione d'altro genere. Non prendo una lira per intervenire, ma regali o premi. Comunque io non sapevo affatto chi si sposava e incontrai Giuliano per puro caso. Con lui non ho avuto altri rapporti.

(Giovanni Marino, *op. cit.*)

La storia finisce qui, con tanto rumore. Maradona non ha commesso nessun reato frequentando sporadicamente esponenti della famiglia Giuliano. Anni dopo, durante un processo per droga nel quale è imputato pure il calciatore, a riportare a galla i nomi dei Giuliano e di Diego sarà il collaboratore di giustizia Pietro Pugliese. Il pentito ripesca vicende del passato e ripropone quanto accadde nella stagione 1987-1988, quella del clamoroso sorpasso del Milan: a suo dire la camorra impose al Napoli di farsi superare dai rossoneri e di fargli vincere il tricolore. Aggiunge inoltre che Maradona aveva subito un furto e che quel furto altro non era che un vero e proprio avvertimento:

"Maradona vendette per conto della camorra lo scudetto della stagione 1987-88, l'anno in cui il Napoli aveva un vantaggio di cinque punti e il campionato fu, poi, vinto dal Milan". La clamorosa rivelazione è stata fatta in un'aula giudiziaria durante il processo contro il calciatore argentino per detenzione e spaccio di droga. A parlare è stato Pietro Pugliese, ex guardia giurata anche lui accusato di violazione della legge sugli stupefacenti. L'imputato ha precisato ai giudici della Prima sezione penale del tribunale di Roma che la camorra obbligò Maradona a vendere lo scudetto perché la malavita, gestendo il totonero, avrebbe dovuto pagare troppi miliardi agli scommettitori che avevano puntato sul Napoli campione d'Italia. A questo punto e su domanda del tribunale, Pugliese ha precisato che Maradona lo incaricò di recuperare oggetti di valore che gli erano stati rubati durante una rapina in banca e ha aggiunto: "Quel furto fu un avvertimento" [...]. Pugliese all' inizio del 1991, con un'autodenuncia, affermò di essere stato inconsapevolmente partecipe di un traffico di cocaina, avendo consegnato, nascosto in un pacco di giornali, un involucro proveniente dall'Argentina dentro il quale ci sarebbero stati tre chilogrammi di cocaina [...]. "Maradona", ha precisato Pugliese, "aveva con il clan dei Giuliano di Forcella un rapporto di scambio e la droga che gli arrivava nei pacchi inviati dall'Argentina non era soltanto per uso personale".

(https://ricerca.repubblica.it/repubblica/archivio/repubblica/1994/03/11/maradona-vendette-ai-clan-lo-scudetto.html)

Le rivelazioni di Pugliese sembrano potenzialmente fragorose, ma il processo si chiuderà in maniera indolore per Maradona, assolto (insieme al suo manager) dall'accusa di violazione della legge sugli stupefacenti perché "il fatto non sussiste". Quindi la faccenda dei rapporti con i Giuliano per questioni legate alla droga è risultata completamente falsa. Ma Pugliese insiste e il giorno dopo la sentenza nel corso di una telefonata all'agenzia Ansa sosterrà che non si è voluti arrivare alla verità:

Hanno detto che non sono stati trovati riscontri alle mie affermazioni ma questo è accaduto perché non sono state fatte le indagini né a Napoli né a Roma. Non c'è stata attività investigativa. Farò appello [...]. Non ci sto a passare per un calunniatore.

(Ansa, 13 dicembre 1995)

Molti anni dopo è proprio Maradona a parlare dei rapporti con i Giuliano. L'11 settembre del 2001 l'agenzia Ansa diffonde una notizia relativa all'uscita in Germania della biografia del calciatore – dal titolo *El Diego – Mein Leben* (*El Diego – La mia vita*); stando alle anticipazioni pubblicate dal quotidiano «Bild», il campione argentino racconta pure dei rapporti con alcuni tifosi particolari:

[...] Cominciarono a chiedermi di andare a trovare i tifosi più ricchi. Loro mi regalavano orologi... Ogni volta che mi recavo in uno di tali circoli mi regalavano un rolex d'oro. E in più automobili, tante automobili. Fui io a ricevere per esempio la prima Volvo 900 in circolazione in Italia [...]. Io chiesi: ma io cosa devo fare? E loro: niente. Lasciati fare una foto. Grazie, dissi io, e il giorno seguente vidi quella foto sul giornale. Fu così che fui visto insieme al boss mafioso Carmine Giuliano.

(Ansa, 11 settembre 2001)

L'anticipazione del quotidiano tedesco sembra fornire l'occasione per riaprire la discussione sui legami che Maradona aveva intrattenuto con i camorristi, ma la polemica viene involontariamente disinnescata da un evento planetario che proprio quel giorno monopolizza l'attenzione. L'11 settembre, il giorno della notizia sull'uscita di *El Diego – La mia vita*, ci saranno gli attentati che colpiranno le Torri Gemelle di New York e il Pentagono a Washington, e il campione argentino e il suo libro finiranno nel dimenticatoio. La storia riemerge nel gennaio del 2017 quando in una intervista a Maurizio Costanzo, Maradona ammette di conoscere i Giuliano. Nella lunga confessione televisiva c'è spazio pure per quell'inciampo con la famiglia di Forcella. Scriverà il giornalista e saggista Gigi Di Fiore:

[...] C'è stato un passaggio che, più degli altri, mi ha incuriosito perché mi è apparso una novità. Una notizia-conferma data dopo 28 anni. Un passaggio su un tema ancora oggi d'attualità, nel capitolo sui rapporti del grande genio calcistico con la camorra quando era a Napoli. Diego ha ammesso che sentì a telefono Carmine Giuliano, con cui aveva conservato contatti, uno degli 11 figli del capostipite Pio Vittorio del clan camorristico dominante per anni a Forcella, temendo per la sorte delle figlie. E Carmine, morto da qualche anno per tumore, gli rispose: "Stai tranquillo, nessuno farà del male alle tue figlie. Se la vedrebbe con me e i miei fratelli" [...]. Una conoscenza particolare almeno dal 1986, di cui Maradona si ricordò nell'estate del 1989. Il racconto della telefonata con Carmine Giuliano, ricordata nell'intervista a Costanzo priva di contesto storico, ha fornito un nuovo tassello a ciò che accadde allora. Maradona disse a telefono in quell'estate del 1989: "Se toccano le mie figlie, non giocherò mai più al calcio".

La rassicurazione, una protezione a voce, di Carmine Giuliano anche a nome dei fratelli allora ancora uno dei clan camorristici di peso a Napoli, convinse Diego che non aveva nulla da temere. La camorra vegliava sull'idolo della città. Gli esponenti dei clan di camorra sono sempre stati tifosi, l'amore per il Napoli ha sempre superato barriere sociali e fedine penali. Una passione livellatrice. E il potere camorra, che si è sempre intrecciato con tutti gli altri poteri della società italiana, non poteva non aver avuto contatti con l'allora potere Maradona. Ma i contatti, nei modi raccontati, non hanno mai superato i limiti, mai sconfinati in richieste illecite come hanno accertato le inchieste giudiziarie di quegli anni. Maradona era un Dio, l'altare a lui dedicato domina ancora Forcella. Un foto con lui era ostentazione di potere nei quartieri-Stato, come dichiararsi suo "amico". Fargli del male, o chiedergli cose diverse dall'autografo, non conveniva. Neanche ai clan di Forcella. Piaccia o no, è questa la verità accertata.

(www.ilmattino.it/blog/controstorie/
maradona_la_camorra_intervista_a_costanzo-2225685.html)

Quei "bravi ragazzi"

L'indole violenta è un tratto che accomuna tutti i camorristi, e quindi anche i Giuliano. Ma tra i fratelli c'è qualcuno più aggressivo degli altri, abituato a ricorrere alle maniere forti sempre e comunque, anche con le persone che dovrebbe amare e proteggere. Come Raffaele, poco disposto a percorrere la strada del dialogo per ricomporre gli screzi con la moglie: in una occasione, infatti, l'ha lanciata dal balcone dopo una accesa discussione; la donna, fortunatamente, non è morta. È invece morto Antonio Capuano, uomo di strettissima fiducia di Luigi Giuliano, assassinato nel gennaio del 1991. Non è però un delitto di camorra, perlomeno non in senso stretto perché la condanna a morte se l'è guadagnata per una questione di gelosia:

Molti sospetti si riversarono sul clan: nessuno poteva entrare a Forcella ed andarsene indisturbato dopo aver eseguito un omicidio. Così la polizia ipotizzò che Capuano fosse stato ucciso proprio dai Giuliano, perché aveva alzato troppo la testa. In realtà, l'omicidio venne compiuto per motivi più banali: la gelosia di Raffaele Giuliano per la moglie Elvira Daniele, che riteneva insidiata da Capuano. L'omertà familiare non poteva far trapelare all'esterno quella verità, anche se molti avevano intuito qualcosa. Domenica 6 gennaio 1991, così, il funerale venne celebrato nel rispetto di tutti i rituali della tradizione malavitosa. Cappotto nero con bavero alzato, foulard intorno al collo, Lovigino era presente. Quasi a voler smentire che ci fosse il suo zampino in quella morte. Carmela Marzano stringeva forte Teresa Deviato, la convivente di Capuano.

(Gigi Di Fiore, *La camorra e le sue storie*, Utet 2005)

Nunzio, il "gemello" diverso

Quella dei Giuliano è una macchina perfetta: tutti in famiglia fanno la loro parte. Certo, non mancano le tensioni, ma è inevitabile considerando il gran numero di persone coinvolte nella gestione quotidiana dell'organizzazione. Ma in questo meccanismo all'apparenza granitico, c'è qualcosa di diverso: si chiama Nunzio, il primo dei fratelli. Un'anomalia, un corpo estraneo in un contesto che per lui si era fatto sempre più opprimente. Della cucciolata messa al mondo da Pio Vittorio, Nunzio è stato il fratello meno organico alla famiglia, anche se è ancora giovanissimo quando è tra i protagonisti di un insolito duello:

> Nel pomeriggio, in via Sant'Arcangelo a Baiano, si accende la scintilla che sarà il pretesto per un sanguinoso scontro a fuoco tra contrabbandieri: Nunzio Giuliano, uno dei figli del vecchio Pio Vittorio, e Vincenzo Mazzarella, che appartiene a un grosso clan di San Giovanni a Teduccio, litigano per un banale incidente d'auto. Un tamponamento è l'appiglio per rinfocolare rancori mai sopiti, per riacutizzare tensioni che nascono dalla concorrenza. Giuliano e Mazzarella organizzano una sfida in piena regola: si danno appuntamento a Forcella dove si affrontano spalleggiati dai rispettivi parenti e amici.
>
> (Marisa Figurato-Francesco Marolda, *op. cit.*)

Il luogo convenuto è davanti a un palazzo, all'altezza del civico 216 di via Forcella. Non si usa la "molletta" (una sorta di coltello a serramanico) come facevano i guappi, ma le pistole. Gli schieramenti sono così composti: Nunzio è insieme ai fratelli Luigi e Carmine, mentre Mazzarella si è portato appresso due fidatissimi amici. L'epilogo è tragico: c'è una vittima che però non appartiene a nessuno dei contendenti:

> Echeggiano i primi colpi, e richiamati dagli spari si affacciano al balcone Pasquale Avagliano, la moglie Anna Cuorvo e la figlia Maria Rosaria. Sulla strada la sparatoria si fa fitta: i proiettili s'incrociano sfiorando i muri di palazzotti cadenti schizzando in alto. L'unico suono di cui rimbomba tutta Forcella è il botto secco, ripetuto, di quelle pallottole che finiscono dappertutto, finché un urlo disperato interrompe il fuoco di fila. Al balcone del primo piano Maria Rosaria Avagliano si accascia, fra il padre e la madre impietriti dal terrore. Un proiettile l'ha centrata alla testa. Ora le pistole tacciono; per le strade di Forcella si fa il vuoto, un ragazzo con gli occhi iniettati di sangue gira bardato come un giustiziere folle per i vicoli. Inforca una moto giapponese, nella cintola ha infilato due pistole e in pugno brandisce un revolver. È Vincenzo Avagliano, il fratello di Maria Rosaria. È assetato di vendetta.
>
> (*Ibidem*)

Tutti scappano, rientrano nelle case. Non fa in tempo la moglie di Nunzio Giuliano, che fortunatamente resta solo ferita.

Questo episodio dà l'idea della sua personalità irrequieta che si è già manifestata durante l'infanzia, in parte trascorsa in collegio dove la nonna lo spedisce per sottrarlo alle tentazione di aggregarsi agli scugnizzi del rione. E l'idea sembra buona: Nunzio impara il mestiere del falegname nella bottega di uno zio. Poi va a Cassino, dove apprende l'arte del pizzaiolo. Ma il richiamo della foresta è troppo forte e a un ragazzo che è il primogenito di "'o padrino" riesce difficile tenersi lontano da certe pratiche illegali. È bravo a realizzare una mensola e a infornare una margherita, ma se la cava molto meglio con i furti che diventano il suo principale impegno quotidiano. Magistrati e carabinieri lo accusano di essere una delle pedine del clan, lo mandano al soggiorno obbligato, conosce l'umiliazione del carcere. Dei sei fratelli, Nunzio è l'unico a rendersi conto che fare il camorrista non porta da nessuna parte, se non all'obitorio o in galera. Fa quel che può per evitare che i figli Vittorio e Luigi restino impigliati nelle attività fuorilegge della famiglia e prova a infondere loro un'educazione fondata sul senso di responsabilità. E, soprattutto, è consapevole che l'ignoranza è una fatale palla al piede per chi è nato e cresciuto in un ambiente intriso di valori negativi. Nunzio pretende che i figli frequentino la scuola con profitto, vuole che in casa si parli l'italiano e non il più comodo dialetto napoletano, sa benissimo che la conoscenza è il più potente antidoto alla seduzione del potere e del denaro conquistati con l'uso di pistole e mitra. A Luigi consiglia di leggere autori come il filosofo Giordano Bruno e il giornalista Tiziano Terzani.

Come padre è piuttosto rude, controlla sempre se i figli hanno fatto i compiti, e li rimprovera con severità se fanno i lavativi. Dirà Luigi:

> Era un po' padrone, ma perché voleva che noi avessimo ciò che non aveva avuto lui. Avevo paura di mio padre, avevo molta paura.
>
> (www.youtube.com/watch?v=Okc9MP_SgXI)

Quando lui va in carcere e ci resta quattro anni, il paziente lavoro fatto per educare i suoi ragazzi si sbriciola completamente:

> E Luigi passa alla scuola dello zio, il «re» Lovigino. Che al posto dei libri gli consegna una pistola 7,65 con canna modificata e silenziatore, sempre pronta a sparare. Gli dice di portarla sempre con sé. Diventa il suo guardaspalle ma anche il suo «Armageddon». Lo manda a gambizzare quelli che non si vogliono allineare, sia i clan rivali che gli imprenditori che rifiutano il pizzo. Lo riempie di soldi e di cocaina. A 13 anni Luigi Giuliano è già un cocainomane, ne consumerà in quantità industriali. Diventa il terrore di ogni negoziante. Nelle discoteche ci va unicamente per attaccare briga con i Mariano, altra famiglia storica della camorra napoletana. Sente il dovere di dimostrare allo zio di essere all'altezza, «di non avere paura a fare un reato».
>
> («Corriere della Sera», 21 luglio 2017)

Nonostante l'impegno profuso dal babbo, Vittorio e Luigi sbandano pericolosamente, e il più grande paga il prezzo più alto: comincia a drogarsi e ci lascia la pelle. La sua morte è seguita da un evento unico – fortunatamente – nella storia della camorra napoletana. Nel pomeriggio del 10 dicembre del 1987 Vittorio è a casa della nonna quando si sente male dopo essersi fatto di eroina. Gli amici lo portano all'ospedale Ascalesi, situato proprio nel cuore di Forcella. I medici gli iniettano quattro dosi di Narcan, ma il ragazzo va in coma e poi spira. La voce della morte di uno dei Giuliano fa il giro del quartiere in men che non si dica e l'abitazione della famiglia diventa meta di una processione di gente che vuole dimostrare vicinanza e affetto. Intorno alle 21 succede qualcosa di inimmaginabile: una folla composta da qualche centinaio di persone fa irruzione all'ospedale Ascalesi travolgendo il pugno di agenti del drappello di polizia, entra nell'obitorio e preleva la salma del ragazzo; in quattro lo sistemano sul sedile posteriore di un'auto che parte sgommando verso casa Giuliano dove, nel frattempo, hanno allestito una camera ardente.

È un episodio che ha dell'incredibile e che dimostra chi, tra lo Stato e i Giuliano, comanda veramente a Forcella. E quel che accade dopo conferma come la camorra riesca a piegare le istituzioni. Lo Stato, infatti, non reagisce con la forza, ben sapendo che avrebbe innescato un pericoloso e probabilmente ingestibile braccio di ferro. E allora affida il compito di risolvere la faccenda a Matteo Cinque, capo della Squadra mobile. Il funzionario di polizia bussa alla porta di Nunzio Giuliano in via Ascensione a Chiaia, ma lì non c'è nessuno. Poi si reca nel quartier generale dei Giuliano e scopre che la salma è stata adagiata su un lettino circondato da fiori. Cinque chiede di parlare con il capostipite Pio Vittorio, il nonno del giovanotto stroncato dall'overdose, al quale spiega che ovviamente quel che è accaduto è gravissimo e non può essere tollerato. Il poliziotto e il padrone di casa raggiungono un accordo: la folla di amici e parenti sarà fatta sgomberare senza provocare tensioni, poi arriverà la polizia mortuaria a prelevare il corpo di Vittorio. L'incidente diplomatico – se così possiamo chiamarlo – si chiude intorno alle 23, quando la salma viene trasportata al Policlinico per essere sottoposta ad autopsia.

Al di là dell'esito – per fortuna privo di gravi conseguenze – la vicenda lascia sconcertati. Ma che l'irruzione in ospedale avesse avuto incredibilmente successo, non deve sorprendere. Alcuni anni dopo nel corso di un'audizione davanti alla Commissione parlamentare antimafia il Pm Maurizio Fumo riferendosi all'ospedale Ascalesi, dirà:

> [...] Un ulteriore episodio dimostra il tipo di controllo esercitato sul territorio da queste associazioni (mi riferisco sempre ai Giuliano). Si è detto, l'ha detto – come direbbe qualcuno – una collaborante, una collaboratrice di giustizia, che

alcuni ospedali napoletani sono sotto il diretto controllo dei clan camorristici. È facile intuirne la ragione. Nell'ospedale, infatti, possono essere ricoverate persone ferite a seguito di conflitti a fuoco: è quindi importante che la persona finisca nell'ospedale giusto perché, se finisce nell'ospedale di pertinenza di altre organizzazioni camorristiche, corre parecchi rischi.

(seduta del 4 maggio 1993)

Quando il peso del lutto è ancora un macigno da portare sulle spalle, Nunzio Giuliano intraprende una sua personale crociata contro la droga che spiazza il resto della famiglia: va nelle scuole, incontra i giovani, cerca sponde nel mondo della Chiesa, si rivolge ai giornali, lo invitano in tv affinché spieghi perché il componente di una dinastia di camorristi ha deciso di cambiare radicalmente vita. È stato sempre un timido, ha sempre parlato il meno possibile, ma dopo la morte di Vittorio approfitta di ogni occasione per prendere la parola e ripetere che chi sceglie la strada del crimine oramai ha già perso, è già un uomo finito. Non sono pochi, però, quelli che storcono il naso di fronte a un esponente dei Giuliano che rinnega il passato e persino la famiglia da cui proviene. C'è una certa diffidenza nei suoi confronti, tant'è che qualcuno interpreta il suo incessante impegno come una mania di protagonismo; e c'è pure chi sospetta che dietro l'ossessivo fervore si nasconda l'obiettivo di distogliere l'attenzione dalle attività illegali dei suoi fratelli, che – secondo alcune voci – continuerebbero a passargli somme di denaro. Nunzio diventa un caso nazionale quando nel maggio del 1990 interviene alla messa che si celebra nella chiesa di Santa Maria delle Grazie. In maniera decisamente irrituale, il parroco don Antonio Maione gli porge un microfono per un intervento durante il quale denuncia il rischio che i giovani, privi di qualsiasi alternativa, vengano arruolati dalla camorra perché quello del malvivente è oramai diventato l'unico modello di riferimento. L'iniziativa fa molto discutere e crea un incidente diplomatico tra don Maione e il cardinale Michele Giordano, poco persuaso della necessità di concedere il pulpito a un esponente della famiglia Giuliano. Il parroco si difende:

Nunzio è una persona come le altre che da tempo partecipa alle riunioni del venerdì e alle preghiere della domenica. I fedeli sentono l'esigenza di prendere parte attiva nella società e di lottare contro i soprusi. Dobbiamo ricordarci che il popolo cattolico è un popolo regale: ogni individuo è un re e non una massa informe e se un fedele sente il bisogno di parlare col padre non può esporre le sue motivazioni al maggiordomo aspettando a lungo di essere ricevuto.

(Ansa, 28 maggio 1990)

Dalla Curia arriva però una severa nota ufficiale con la quale si stigmatizza la scelta di don Maione. Luigi Pignatiello, capo dell'Ufficio stampa, spiega il perché:

Non è consentito ai fedeli parlare durante la messa, se non per brevi esortazioni a Dio [...]. Ci siamo invece trovati di fronte a un vero discorso, probabilmente precostituito e che aveva i caratteri di una provocazione. Don Antonio Maione non è nuovo a simili iniziative che, anche se compiute in buona fede, si rivelano oggettivamente disoneste... [...] Se non si accettano le regole della Chiesa, si può uscirne.

(Ansa, 30 maggio 1990)

Nunzio non gradisce le polemiche, resta particolarmente critico nei confronti della Chiesa napoletana e l'accusa di non aver mosso un dito per chi vive nei quartieri più disagiati:

Sono solo credente. Il pensiero cristiano è il mio riferimento. Se nella Chiesa avessi visto qualcosa di meglio di quello che ho visto, sarei religioso. Ma cosa ha offerto la Chiesa alla gente dei vicoli napoletani? San Gennaro e la Madonna dell'Arco. La sede della diocesi è a due passi ma il cardinale, che ricordi io, 'na camminata a Furcella non se l'è mai fatta, Cristo non è mai sceso là miez.

(Ciuni, *op. cit.*)

Archiviata la ruvida parentesi con il potere ecclesiastico, Nunzio continua a voler parlare con i giovani a partecipare a manifestazioni e dibattiti nelle scuole. In una intervista denuncerà i pericoli che corrono soprattutto i bambini:

Sono oltre 20 anni che sto manifestando la mia opposizione interiore alla presenza dei clan e dei boss nella nostra città, nonostante che abbia dei familiari coinvolti in questa realtà, nonostante che l'insegnamento e la scuola che mi è stata data è stata quella della illegalità, della lotta per la sopravvivenza con la violenza. Oggi vedo che questo accade ancora a migliaia di bambini napoletani, ma per loro è peggio. Quando ero bambino non c'era la droga, non c'erano gli omicidi, non c'era la camorra che conosciamo oggi, c'era solo la camorra politica. Dunque io sono nato a Forcella con tutti questi problemi, in una famiglia particolare, difficile, come difficile è stata la mia infanzia e questa è la forza che io nutro dentro, profondamente dentro di me, che mi fa ribellare alla camorra.

(https://www.ilfattoquotidiano.it/2015/03/25/nunzio-giuliano-ucciso-seconda-volta-dai-professionisti-dellanticamorra/1536239/)

Col passare del tempo dirada le sue apparizioni, ma quando prende la parola riesce sempre a dire qualcosa di efficace, dimostrando di essere fatto di una pasta diversa rispetto al resto della stirpe. Poi sparisce dalla scena e ammette di aver perso la sua battaglia:

La mia esperienza dimostra che lottare da soli non serve a niente. Penso che nessuno abbia apprezzato quello che ho fatto. Mi sono sentito molto isolato.

(Ciuni, *op.cit.*)

"Io, una vittima"

Come molti altri suoi "colleghi", anche Luigi Giuliano spinge il piede sul pedale dell'auto-assoluzione. Certo – dice – lui è un boss della camorra, ma se è diventato un delinquente la colpa non è sua, o perlomeno non è tutta sua. Una delle più appassionate autodifese "'o rre" la mette in scena in televisione, nel corso di una puntata di *Mixer* condotta da Giovanni Minoli e andata in onda il 19 gennaio del 1993. Non è un'intervista ma un lungo monologo nel corso del quale prevale il tentativo di giustificare in qualche modo i suoi crimini. Si dipinge come una vittima e accusa la società di aver contribuito a fare di lui ciò che è diventato:

Dio non mi ha messo sulla terra perché dovevo essere Lovigino Giuliano. Ci sono diventato, e andiamo a vedere, andiamo a scoprire perché ci sono diventato. Mica il Signore, Dio, quando mette un bambino sulla terra gli mette il fucile in mano? Non lo fa questo. E allora chi me lo ha dato il fucile in mano? Chi me l'ha dato? Chi me l'ha dato? L'emarginazione, il degrado, i tabù, e tante altre manifestazioni. E chi governa tutto questo? Non è la società? E perché la società mi condanna quando sbaglio? È giusto che lo faccia? Ma la società deve capire che ci sono due condanne: una è quella che io pago, ma la prima è sua. Io pago ma lei no. Se ho sbagliato, e durante il mio passato ho pagato, forse ho strapagato addirittura perché mi sono fatto 17 anni di carcere. Ora io chiedo dinnanzi alla società e alla vita: che devo fare io? Che devo fare io? Devo essere sempre Giggino Giuliano? Vi fa comodo questo? E allora fatemelo sapere. Io sto in attesa di una risposta, di una risposta che mi dovete dare voi tutti, voi tutti che siete la società. Perché la risposta che darete a me la darete a migliaia di persone che stanno dietro alle mie spalle e non si sanno esprimere come mi esprimo io ma che vorrebbero dire come me e forse più di me. Io resto in attesa di una risposta. Io suppongo che quando verrà la fine del mondo Dio perdonerà anche il diavolo, perché il diavolo rimane solo.

(*Mixer*, Rai 2, 19 gennaio 1993)

Giuliano è molto religioso e nel suo "sermone" davanti alle telecamere di *Mixer* non manca una divagazione sul Signore e sulla fede:

La misericordia di Dio è immensa. Forse è la troppa sicurezza di essere perdonati da Dio che commettiamo delitti ogni momento, delitti morali, delitti spirituali, di tutti quelli che vuol dire la famiglia del delitto. Perché il delitto non è solo quello di ammazzare materialmente una persona. È quello di ammazzarlo spiritualmente, fisicamente, moralmente.

Nel corso della puntata, girata per le strade di Forcella, il boss ammette che la vita da camorrista gli ha procurato molti vantaggi ma anche tanti dispiaceri, il più doloroso dei quali riguarda i suoi bambini:

Quello che mi è pesato di più moralmente e spiritualmente? Tutto il mio passato. Perché il mio passato ha inciso sui miei figli. Inciderà sicuramente sui figli dei figli miei. Per esempio quando mia figlia va a scuola viene additata dagli altri bambini come la figlia di Luigi Giuliano. Quante volte ho visto mia figlia piangere di nascosto e per confessarsi di questo danno che vive dentro di lei. E quante volte in quel momento mi sono sentito morire. La colpa non è di quei bambini che additano mia figlia, anzi, sono degli innocenti. La colpa è mia che ho dato ai genitori di quei bambini la possibilità di dire: guarda, stai attento, non frequentare la figlia di Luigi Giuliano perché il padre è camorrista. I bambini, poveri innocenti, hanno incamerato questo. E l'hanno fatto vivere nell'indifferenza che hanno dato alla loro amica di scuola che è mia figlia. E sempre nella loro innocenza non sanno quanto male le hanno recato. La responsabilità non va additata ai bambini ma ai loro genitori, che non hanno capito niente. Bello dire io sono figlio di quell'industriale, io sono figlio di quel ricco, figlio di persone perbene, ho il sangue blu, il sangue marrò, il sangue bianco. Abbiamo tutto quanti il sangue rosso.

(*Ibidem*)

Nel lungo monologo a *Mixer*, il boss affronta pure temi universali come la violenza, l'amore verso gli altri, l'amore per Gesù:

La violenza è un'arroganza, e un'arroganza è la violenza. Ma ci sono molte sfumature, molti significati della violenza. Si diventa violenti e si attua la violenza in tante circostanze. Ma nel mentre che cresce la violenza, muore l'amore. Nel mentre che cresce la megalomania si perde l'umiltà. Nel mentre si mira al potere, si mira alla propria morte. La propria morte non è solo un fatto materiale che una persona fisicamente muore. Una persona muore quando perde la sensibilità dell'amore, dell'affetto, del bene. Innanzitutto verso il prossimo. E quindi perde tutti i valori, non riesce più a distinguere i colori, non riesce più a capire la natura di un fiore dell'autunno, del sole, della primavera [...]. Io sono un uomo molto romantico. Io sono diventato Giggino Giuliano perché non ho mai sopportato certe cose che sono venute a crescere dinanzi a me, certe violenze. Amo Gesù più della mia vita. Ma non ho questa forza di sopportare se uno mi aggredisce.

«Oggi sono tutti boss. Miliardi di boss»

Siamo nel 1993 eppure il padrino di Forcella ha già intuito che la camorra sta cambiando pelle, diventando per certi versi ancora più pericolosa di quella che ha imperversato fino ad allora:

Una volta esisteva il capo perché erano certi valori a distinguere la promozione, il capo. Ma oggi quale capo, dove stanno questi capi? Al di là che ci possono stare, ma oggi aprite il giornale e esce un boss, un altro boss, miliardi e miliardi di boss. Capite quello che voglio dire? Cioè oggi si è tutti boss, tutti valorosi, non si capisce più niente [...]. Lasciamo perdere il passato. Amiamoci, amiamoci, amiamoci. Cercando di salvare una vita più che condannarla, perché siamo tutti coraggiosi e abbiamo tutti un cuore. Ma soprattutto quel cuore di cui tutto il mondo ha sempre invidiato, il cuore dei napoletani; oggi ci abbiamo messo la vergogna sopra, noi napoletani. Perché se si arriva a uccidere un amico, se si arriva a uccidere un conoscente, se si arriva a uccidere senza motivo, se si arriva a uccidere solo per potere, significa non avere più un cuore. Io lancio questo invito a dire: facciamo in modo che come sorge l'aurora del mattino, risorgono i cuori dentro di noi. Pcché tanto sim tutti un chiu' coraggioso e n'at, nisciun s'arrende.

(*Ibidem*)

Nella veemente arringa davanti alle telecamere di *Mixer* il capoclan non è solo. Accanto a lui c'è la moglie Carmela Marzano che difende il suo Luigi senza se e senza ma: se magistrati, carabinieri e poliziotti lo descrivono come un soggetto invischiato in loschi affari e dedito alla violenza, lei lo ritiene un consorte perfetto, un uomo buono e per questo benvoluto da tutti:

Io penso che mio marito non è rispettato per la potenza che lei dice. Ma gli vogliono bene per il fatto che mio marito è molto buono, è molto buono. Mio marito se c'è qualcuno che non può mangiare, e noi abbiamo un pezzo di pane in casa, noi lo dividiamo con gli altri. E diciamo che più che rispettata, è una persona voluta bene dal quartiere perché lui è innamorato dei vecchi e delle vecchiette del quartiere, delle persone che non possono mangiare, di qualcuno che in inverno non c'ha nemmeno un maglione da indossare, piace aiutare a tutti quanti. Questa potenza che lei dice non è una questione di rispetto per il fatto che mio marito è una persona rispettata perché, come dicono, "rispettiamo un camorrista". Mio marito lo rispettano come ragazzo di Forcella, cresciuto fra loro, e che ama la gente del suo quartiere e che da buon cristiano ama tutti quanti. Poi per il fatto che è stato in carcere, per me l'esperienza è stata brutta, perché l'unica persona che io ho a questo mondo è mio marito, e i miei figli.

(*Ibidem*)

Tre mesi dopo il lungo monologo televisivo, Luigi Giuliano riacquista la scena. Se da giovane era stato rapito dalla recitazione, in età adulta s'è appassionato alla poesia al punto da mandare alle stampe un volume dal titolo "Ciliegie del dolore", 158 pagine di liriche impreziosite dall'introduzione di Alessandro Quasimodo, figlio di Salvatore, grande poeta e premio Nobel per la letteratura. Il prezzo di copertina non è proprio abbordabilissimo – 22.000 lire – ma per l'editore milanese Targa italiana il prodotto vale perché lo ha realizzato – si legge in una nota – un uomo protagonista di «una catarsi umana e civile dopo aver vissuto ai margini della legalità». Il boss tiene moltissimo alla sua opera, tant'è che intende presentarla personalmente il 29 aprile alla libreria Feltrinelli di Napoli. Poesie a parte, l'evento è molto atteso: non capita tutti i giorni di incontrare un camorrista che – almeno stando a quel che dice – pur non essendo formalmente un pentito e pur non avendo rinnegato ciò che ha fatto e rappresentato, ha dato una sterzata alla propria esistenza. La Legge, però, si mette in mezzo e impedisce al "re" di Forcella di partecipare alla presentazione: proprio il giorno 29 aprile del 1993 e negli stessi istanti in cui dovrebbe essere alla Feltrinelli, deve invece assolutamente trovarsi a Palata, in provincia di Campobasso, dove è stato inviato al soggiorno obbligato. Uno dei suoi legali, Francesco Maglione, chiede alla magistratura di posticipare il trasferimento in Molise per consentire al suo cliente di presentare il libro, ma il tribunale delle Misure di prevenzione è irremovibile. Nonostante l'assenza del ras di Forcella, la presentazione è ugualmente affollata di curiosi e soprattutto di giornalisti. Ad illustrare il contenuto de "Le ciliegie del dolore" sono l'editore Mario Rapallo, Alessandro Quasimodo, il docente universitario Pasquale Colella, il sociologo Amato Lamberti, direttore dell'Osservatorio sulla camorra, e Massimo Capasso, "assistente letterario" del padrino incamminato verso la redenzione. Quasimodo junior declama alcuni versi, poi Rapallo prende la parola:

> L'autore purtroppo non è presente, ma noi intendiamo dare la possibilità di esprimersi a chiunque diventi un protagonista, per scelta o suo malgrado. Le poesie di Giuliano sono frutto di un travaglio umano e della scoperta di una religiosità interiore.
>
> (Bruno De Stefano, *op.cit.*)

La tesi di Rapallo è suggestiva ma gli investigatori non credono affatto nella reale conversione del camorrista; il sospetto è che Giuliano voglia dare una riverniciata alla sua immagine. Per i magistrati, però, Loigino è un capo oramai in disarmo; non è più il leader anche se il suo gruppo è ancora molto forte come spiegherà il Pm Maurizio Fumo alla Commissione parlamentare antimafia:

> I Giuliano, a differenza delle altre famiglie camorriste, in questo momento (per una serie di motivi, probabilmente per mera fatalità) sono stati alquanto risparmiati da provvedimenti cautelari e restrittivi. Con questo intendo dire che nell'attuale fase il clan Giuliano non annovera molti detenuti. Quello che attualmente può essere considerato il capo, Ciro Giuliano, è latitante ed è stato colpito, se non ricordo male, da un paio di ordinanze di custodia cautelare, una delle quali riguarda sicuramente gravi fatti di droga (ne ho la certezza perché conosco direttamente la vicenda). Un altro personaggio di spicco del clan, Luigi Giuliano [...] è in declino ed è al soggiorno obbligato in Molise. Nonostante la situazione potrebbe far pensare a un clan decapitato, quello dei Giuliano è vivo e vegeto ed opera sotto gli occhi di tutti, anche se ha dovuto subire un ridimensionamento della propria zona di influenza e ha perso una parte del proprio territorio. Tuttavia, in quello che è rimasto il territorio dei Giuliano, sostanzialmente la cosiddetta *casbah* di Forcella, il clan fa un po' quello che vuole. I giornali hanno riportato un episodio accaduto non tanto tempo fa. I Giuliano si stavano fortificando, nel senso letterale della parola, cioè stavano creando bunker, rafforzando le proprie abitazioni, installando vetri antiproiettile, sistemando luci per avere una illuminazione a giorno di pezzi di strada di Forcella, installando telecamere e così via. Ciò è ovvio perché

essi si aspettavano da lì a poco, la reazione degli avversari [...]. Si suppone che a quell'epoca gli avversari fossero gli appartenenti al clan Licciardi.

(Seduta del 4 maggio 1993)

Viva gli sposi

Quando l'ecatombe del clan è ancora lontanissima e i pentiti non sono neppure all'orizzonte, la famiglia di Forcella diventa più potente e allarga la zona d'influenza. Nel settembre del 1996 Marianna Giuliano, figlia di Loigino, sposa Michele Mazzarella, esponente dell'omonimo gruppo che domina nell'area occidentale di Napoli. Due tra le cosche più influenti di Napoli, dunque, diventano una cosa sola. Oltre che i cognomi, a colpire è anche l'età dei due sposini: Marianna, che è in dolce attesa, ha quasi 17 anni; Michele uno in più. Alla cerimonia non partecipa il babbo della ragazzina: Lovegino, da poco tornato in libertà dopo una breve detenzione, ha preferito disertare l'evento delegando uno dei fratelli a portare Marianna sull'altare. A celebrare il matrimonio è don Franco Rapullino, un sacerdote salito alla ribalta della cronaca quando durante i funerali di Nunzio Pandolfi, un bambino di 2 anni ucciso in un agguato di camorra teso al padre nel maggio del 1990, esortò i napoletani a scappare: «Fujtevenne a Napoli», disse riprendendo un analogo invito che Eduardo De Filippo aveva rivolto ai suoi concittadini molti anni prima:

"Più che un matrimonio, sembra una prima comunione", ha commentato don Rapullino, riferendosi alla giovane età degli sposi. Poi, una considerazione meno scherzosa: "Quando si è giovani, certi passi possono essere avventati. Ma se c'è la grazia di Dio, si possono affrontare anche scelte di vita così impegnative".

(Ansa, 30 settembre 1996)

I fiori d'arancio sanciscono un patto tra famiglie importanti, ma segnano irreversibilmente il destino di Marianna che resterà invischiata negli affari di famiglia. Un ruolo nella squadra del clan, infatti, ce l'ha pure lei come spiega in un interrogatorio il pentito Ciro Spirito:

Marianna agisce per conto del marito, che si interessa di tutta la roba del marito, tutti i soldi, l'incarico del marito dei soldi della cocaina, la quota che prende il marito perché il marito, quando io stavo fuori, quando io... prima che uscii, il 2002, che ho già ho citato questo fatto, lui pigliava cento milioni al mese, Michele. Ora disse il padre... uscimmo da carcerati, disse il padre: ma che ha capito questo? Ha detto cento milioni? Disse: sono troppo assai, dagli trentamila euro al mese. E ci scalò il prezzo, e ora sta pigliando trentamila euro al mese, sessanta milioni al mese. Marianna ogni mese prende questi sessanta milioni, in più che teneva un paio di piazze di fumo che... Ah, i soldi dei videogiochi, i soldi dei videogiochi. I soldi dei videogiochi cento cento se li prende lei, che 'o Nirone, questo qua nel Vasto, 'o Nirone, Baccari di cognome, che tiene il compito tra Maddalena, Forcella, carica lui i videogiochi, e i soldi, l'incarico dei videogiochi… per esempio 'o Nirone fa il cinquanta per cento, il trenta cento va a questo del bar, poi sta il settanta per cento, settanta per cento dividono lui e Michele… lui e Marianna Giuliano, e Marianna si prende questi soldi dei videogiochi. Tra i soldi della droga del marito e più i soldi dei videogiochi divide lei e 'o Nirone.

(Tribunale di Napoli-Sezione del giudice delle indagini preliminari, nr. 28515/03 r.g.n.r., nr. 29166/04 r.gip del 16 aprile 2009)

La ragazza sarà arrestata nel 2007 e condannata a 12 anni.

I sorrisi esibiti al matrimonio di Marianna sono tra gli ultimi per la famiglia di Forcella, che va incontro a una serie di eventi infelici che preludono alla dissoluzione totale. Sebbene l'immagine proiettata all'esterno sia quella di una dinastia solida e compatta, la realtà è che tra i fratelli Giuliano i rapporti non sono sempre improntati alla massima condivisione. Ciascuno ha sempre goduto di una certa autonomia, ma sulle questioni fondamentali l'ultima parola l'ha pronunciata sempre Lovegino, l'unico provvisto di carisma e autorevolezza necessari per guidare un clan dalla gestione complessa. I primi dissapori cominciano a propagarsi proprio quando "'o 'rre" manifesta qualche titubanza, dando la netta impressione di non avere più la situazione sotto controllo. Seppur non apertamente, gli viene attribuito un comportamento poco in linea con il ruolo di capo di un importante gruppo criminale. La passione per le poesie, un certo distacco rispetto a questioni che in passato aveva seguito con scrupolo e attenzione, qualche manifestazione di stanchezza nei confronti di un mondo nel quale è nato e cresciuto e che gli ha regalato potere, soldi e prestigio: il sospetto è che dietro alcune posizioni più morbide ci sia lo zampino di Anyo Arcella, il suo avvocato. Per il boss più che un legale di fiducia è un amico con il quale ha trascorso anche parte del suo tempo libero. Ex calciatore – ha giocato nell'Internapoli, che alla fine degli anni '60 è arrivato a un passo dalla serie B – Arcella ha alle spalle una lunga carriera nel penale ma pure delle disavventure giudiziarie non da poco e delle parentele un pizzico ingombranti:

[…] Ha difeso molti camorristi, e in qualche occasione è andato un po' oltre il rapporto tra cliente e avvocato. Accusato di associazione camorristica nell'ambito di un processo al clan di Raffaele Stolder, è stato poi condannato in primo grado per favoreggiamento e infedele patrocinio. Inoltre è il cognato del brigatista rosso Nicola Pellecchia per averne sposato la sorella. Arcella è stato testimone nel processo per il rapimento dell'assessore Ciro Cirillo da parte delle Br e ha raccontato di essere stato contattato da Corrado Iacolare, un luogotenente di Raffaele Cutolo, per trasmettere ai terroristi un messaggio con il quale il capo della Nuova camorra organizzata chiedeva il rilascio di Cirillo.

(Bruno De Stefano, *op. cit.*)

Tra i Giuliano c'è chi lo guarda con sospetto perché ritiene che sia soprattutto colpa sua se Lovegino non è più un boss vigoroso e decisionista ma un padrino tristemente appassito: qualcuno in famiglia è convinto che quell'avvocato stia mettendo delle strane idee in testa a "'o rre". Anyo Arcella resta il fedele amico e affidabile difensore di Luigi Giuliano (in quel periodo detenuto) fino al 16 dicembre del 1996. Quella sera un commando lo uccide a colpi di pistola:

> [...] È a cena dalla moglie di Loigino, insieme al collaboratore di studio Massimo Capasso; si discute dei dettagli della strategia processuale da adottare d'ora in avanti. A fine serata il penalista si congeda dalla Marzano, accompagna Capasso a casa e prosegue per tornare nella sua abitazione, al Vomero. Ma all'incrocio di via Pessina, a pochi metri dal Museo Nazionale e da piazza Dante, la vettura dell'avvocato, una Opel «Corsa», viene affiancata dai killer in sella a due moto. Almeno venti pistolettate stroncano la vita del professionista. Gli assassini spariscono in pochi secondi, mentre la macchina si schianta contro una saracinesca. Quello di Arcella è un omicidio «eccellente», anche se i trascorsi della vittima spingono gli inquirenti ad indagare in diverse direzioni.
>
> (Bruno De Stefano, *op. cit.*)

Movente a parte, i killer di Arcella erano sicuramente al corrente dell'incontro che pochi minuti prima aveva avuto a casa della Marzano. Poi si scoprirà perché sapevano degli impegni del legale. A ogni modo, per il Pm Giuseppe Narducci – che insieme al collega Alessandro Pennasilico indaga su Loigino e famiglia – la decisione di assassinare Arcella è maturata all'interno dello stesso clan Giuliano. Dunque, il penalista sarebbe vittima del "fuoco amico" e non della vendetta di una cosca avversaria. Qualche anno dopo l'intuizione dei magistrati si rivelerà azzeccata: sarà proprio Raffaele Giuliano, nel frattempo diventato collaboratore di giustizia, a confermare che la sentenza di morte fu emessa dal "tribunale" di Forcella. Arcella pagò col sangue il terrore che volesse convincere Luigi a pentirsi; prima che il boss potesse saltare il fosso, pensarono bene di eliminare quell'avvocato che lo aveva spinto a cambiare vita. Al netto della tragedia per la morte di una persona senza colpe, questa vicenda contiene un aspetto paradossale: Raffale Giuliano, che aveva ordinato l'omicidio (sarà condannato a 15 anni) temendo il pentimento del fratello, sarà il primo della famiglia a collaborare con la giustizia.

Anoressico e malandato

I primi mesi del 1998 sono durissimi per Luigi Giuliano. È in carcere per scontare un residuo di pena e perché si è auto accusato del sequestro di Gianluca Grimaldi, il nipote di Anna Parlato, la nobildonna ammazzata nel 1981. Come se non bastasse, la salute traballa e lo costringe al ricovero all'ospedale Cardarelli. Una forma allarmante di anoressia gli ha fatto perdere un discreto numero di chili; e si sono fatti più seri i problemi al cuore che lo tormentano da anni. Lontano dai rassicuranti vicoli di Forcella, il padrino si è indebolito pure sul piano psicologico, tant'è che la sera dell'11 febbraio tenta il suicidio: si taglia i polsi con l'ago di una flebo mentre è ricoverato. Il gesto non è dovuto allo sconforto ma è una protesta contro i magistrati che hanno deciso di trasferirlo nel centro clinico del carcere milanese di San Vittore, dove potrà ricevere cuore adeguate.

Lo tsunami delle collaborazioni

Il clan di Forcella resiste per un bel po' all'offensiva giudiziaria che sta decimando decine e decine di organizzazioni criminali. Ma tra la fine del 1998 e l'inizio del 1999 la cosca di Loigino implode perché i suoi fratelli decidono di collaborare. Il primo a pentirsi è Raffaele (che ritratterà per poi ritrattare la ritrattazione), successivamente ad alzare bandiera bianca è Guglielmo; infine si consegna al nemico pure Carmine, che il 29 marzo del 1999 annuncia la decisione durante l'udienza di un processo ad alcuni poliziotti sospettati di essere stati sul libro paga del clan. C'è però qualcosa che lo tormenta, tant'è che sei mesi dopo si rimangia quel che ha riferito agli inquirenti e rinuncia a collaborare con la giustizia. Carmine non è più il ragazzo riccioluto e sorridente visto nelle foto insieme a Maradona. Ha perso chili, equilibrio e serenità da quando gli è stato diagnosticato un tumore alla gola. Quel brandello di personalità ribelle che ha sempre avuto si manifesta nella mattinata del 16 marzo del 2000, giorno in cui evade – all'alba – da una clinica di Cassino dov'era ricoverato per accertamenti e dove era sottoposto agli arresti domiciliari. Tre giorni dopo viene ammanettato a Napoli, dopo che a bordo di una Fiat 127, rubata in provincia di Frosinone, non si è fermato all'alt dei carabinieri. È fisicamente assai provato, chiede scusa per il casino che ha combinato e pronuncia frasi senza senso. Di lui si torna parlare nell'estate del 2003 perché consegna una lettera scritta a stampatello alla moglie Amalia Stolder nella quale denuncia di essere sottoposto a una serie di angherie nel carcere di Poggioreale. Scrive "'o lione":

> Mi hanno rotto le costole, le ossa, non ricevo cure, non farò mai la Tac… andrò direttamente a morte […]. Non è stato mai fatto niente ma dalle cartelle risulta

che tutto è stato fatto. Non dimenticate la mia agonia. È l'ultimo lumicino di speranza, addio.

(Ansa, 24 luglio 2003)

Poi è la Stolder a riferire quel che gli ha rivelato il consorte:

Carmine mi ha raccontato che una sera una guardia ha lanciato a voce l'allarme nella camerata, subito sono arrivati altri uomini in divisa, tutti urlavano: è stato Giuliano. E così giù botte su mio marito, la guardia sostiene di essere stata picchiata ma mio marito è semiparalizzato da un lato; pesa ormai 44 chili ed è alto un metro e novanta. Il morbo di Hodgkin lo sta consumando. La sua bocca è devastata, i denti rovinati, soffre di acidosi epatica... come avrebbe fatto a picchiare qualcuno? E invece è stato punito con le 'mazzate'. Lo stanno lasciando morire. Non voglio che lasci il penitenziario, non voglio che ottenga gli arresti domiciliari ma che sia portato in una struttura dove ci siano gli strumenti per curarlo.

(*Ibidem*)

Le malattie però avanzano con una certa rapidità e agli inizi di luglio del 2004 Carmine Giuliano muore; aveva 52 anni. Quasi sette anni dopo – nel marzo del 2011 – un cancro stroncherà anche la moglie Amalia Stolder, 51 anni: le esequie resteranno nella storia perché il carro funebre sarà trainato da otto cavalli neri che non senza difficoltà attraversano gli sconnessi vicoli di Forcella.

Donna Celeste

Intanto nelle cronache giudiziarie, da sempre monopolizzate dai maschi della famiglia, fa capolino anche un'esponente femminile dei Giuliano. È Erminia, che tutti chiamano Celeste per il colore dei suoi occhi. Ma, stando alla ricostruzione degli inquirenti, lo sguardo ammaliante non è l'unico pezzo forte; se la cava, infatti, anche con le mani. Agli inizi di luglio del 1997 la polizia la denuncia con l'accusa di tentato omicidio e porto abusivo di coltello per aver sfregiato una donna al petto e alle braccia.

La Giuliano dagli occhi belli varca il portone del carcere di Pozzuoli il 17 gennaio 2005: è sospettata di essere coinvolta, insieme a esponenti del clan Mazzarella, in un giro di estorsioni ai commercianti di Forcella e della Maddalena. Il fermo però non viene convalidato e cinque giorni dopo è pronta a tornare a casa, ma i militari del Gico della guardia di finanza la riportano in cella sulla base di un'ordinanza di custodia cautelare legata al mancato rispetto delle misure di prevenzione.

Celeste chiama la parrucchiera

Con i fratelli tutti in galera, il clan rischia di restare senza una guida autorevole, sebbene la stirpe sia sterminata tra zii, cugini e nipoti. Ma secondo gli inquirenti il problema viene risolto agevolmente proiettando al vertice l'agguerrita Celeste: è lei a prendere il comando e la sua leadership non passa inosservata perché il suo nome viene inserito nell'elenco dei trenta latitanti più pericolosi stilato dal ministero dell'Interno. Per dieci mesi riesce a sfuggire alla cattura, ma all'antivigilia di Natale del 2000 i carabinieri riescono ad ammanettarla: si nascondeva a casa di una delle due figlie, all'interno di un cunicolo ricavato dietro la colonna del forno della cucina. In quella occasione dimostra tutto il suo temperamento: prima di consegnare i polsi e farsi portare in carcere chiede di poter chiamare una parrucchiera che ha il negozio sotto casa sua, perché vuole uscire di casa con la capigliatura in ordine. Davanti al portone ci sono fotografi e giornalisti e non ha alcuna intenzione di mostrarsi con un look non degno di una bella donna come lei. Che fosse un'autentica boss, con gli stessi poteri un tempo gestiti dai fratelli, lo si deduce dalla reazione del ministro dell'Interno, Enzo Bianco, che considera l'arresto un grande risultato:

«Un bel regalo di Natale per la sicurezza di Napoli».

(Ansa, 23 dicembre 2000)

Nell'aprile del 2006 il pubblico ministero Giuseppe Narducci chiede una condanna a 15 anni perché la ritiene uno dei capi del clan di Forcella. I giudici della settima sezione del tribunale sono però meno severi e le danno dieci anni.

Una sorta di "riconoscimento" alla sua importanza glielo assegnerà *Frammenti di storia. L'Italia attraverso le impronte, le immagini e i sopralluoghi della polizia scientifica*, una mostra itinerante allestita dalla polizia scientifica. Il volto di Celeste è esposto insieme a tanti altri (da Raffaele Cutolo, Totò Riina, Renato Vallanzasca) e accanto a quello della cognata Carmela Marzano, moglie di Lovegino.

La resa: il Re abidca

C'è chi muore in galera, chi muore ammazzato. Luigi Giuliano non intende perire in carcere né per mano dei nemici e imbocca la terza via della collaborazione con la giustizia assestando il colpo definitivo alla sua famiglia. Sfiancato nel fisico e nella mente e consapevole di essere un boss al capolinea, il 21 novembre del 2002 l'oramai ex "re" di Forcella alza bandiera bianca: durante un'udienza chiede di prendere la parola e di leggere un foglietto che non contiene solo una dichiarazione di resa ma pure un appello ai giovani, e sono tanti, che in certi quartieri della città subiscono ancora il fascino del crimine. È un invito che lancia a tutti i ragazzi di Napoli:

> Non seguite la camorra, non smarritevi nella perdizione. Nella camorra i giovani non possono che trovare la morte. E se anche sopravvivessero, il loro destino sarebbe comunque quello di morire in galera. Spero che le mie parole tocchino il cuore delle mamme e quello dei ragazzi di Napoli, per confortare la loro speranza, perché i ragazzi non muoiano e non si perdano. Quei ragazzi che non ascoltano i consigli delle loro mamme, quelle mamme che li aspettano a casa e che, spesso, non li vedono mai più tornare i loro figli. Ora voglio dare un minimo di bene, perché finora ho fatto male alla società e anche alla mia famiglia. Io sono un mito e una leggenda per i ragazzi. Ecco perché lancio questo disperato appello. È il pentimento la strada giusta, la rettitudine e l'onestà i valori da seguire.
>
> («Il Mattino», 22 novembre 2002)

È una decisione epocale perché Lovigino era considerato un monumento della camorra, un capo che non avrebbe mai e poi mai ceduto alle lusinghe della legge sui pentiti. Il sostituto procuratore Giuseppe Narducci, che per primo verbalizzerà le sue confessioni, è meno sorpreso:

> I motivi del pentimento di Luigi Giuliano sono legati a quello che è accaduto anzitutto nell'ambito familiare. Luigi Giuliano è entrato in galera alla fine del 1996 e a quel punto, siamo nel 2002, ha cominciato a scontare, ed è la prima volta, in modo significativo un periodo lungo di detenzione. È un detenuto in regime di 41 bis, quindi un regime detentivo duro, quello che è accaduto però in precedenza è sostanzialmente lo sfaldamento della famiglia Giuliano, come famiglia di tipo criminale e di governo del territorio. Nel 1998 iniziano contrasti molto forti fra i membri della famiglia Giuliano. I fratelli hanno iniziato a collaborare e Luigi Giuliano ha deciso di fare una scelta di collaborazione che io credo che, avendo raccolto le sue dichiarazioni, seguito la sua collaborazione, fatto le indagini su quelle dichiarazioni, sia stata una scelta sincera, autentica.
>
> (www.youtube.com/watch?v=dEmcuf7g98U&t=3111s)

Giudici e poliziotti

Le confessioni di Lovegino si traducono in robuste picconate che demoliscono per sempre il clan Giuliano. Omicidi, estorsioni, droga, centinaia di nomi e di episodi: c'è tutto e di più nei verbali dell'ex boss di Forcella. Ma talvolta le sue rivelazioni invece del boom provocano un flop, soprattutto su vicende particolarmente delicate e al di fuori del perimetro squisitamente criminale. Sostiene, ad esempio, che i Giuliano hanno pagato alcuni magistrati per ottenere favori di vario genere, comprese scarcerazioni, dissequestri e arresti domiciliari. Tra le toghe chiamate in causa c'è pure il giudice Gianpaolo Cariello, il quale ritiene che l'ex boss lo abbia tirato in ballo per vendicarsi:

> Sono indagato perché nella mia qualità di presidente e coordinatore del tribunale del riesame avrei agevolato i clan di Secondigliano percependo 885 milioni di lire nel luglio 2001. Si fa riferimento a dichiarazioni del pentito Luigi Giuliano che non ho avuto modo di leggere e ho più volte definito inattendibili nei miei provvedimenti. Non so quale tipo di riscontro potranno trovare anche perché a casa mia hanno trovato solo documentazione relativa a proprietà per svariati miliardi che ho venduto in questi anni per poter fare il magistrato onestamente [...]. Troveranno un rendiconto fino all'ultimo centesimo.
>
> (Ansa, 22 luglio 2005)

Cariello e gli altri colleghi finiti sotto inchiesta risulteranno del tutto estranei alle accuse rivolte loro dal pentito. Ma la credibilità del camorrista esce ammaccata anche da un'altra vicenda. Agli inizi di febbraio del 2006 il settimanale «L'Espresso» pubblica la notizia secondo la quale Luigi Giuliano avrebbe sostenuto di aver avuto sul suo libro paga l'ex questore di Napoli Franco Malvano. È un'accusa pesantissima perché Malvano è un poliziotto dalla solida fama: prima di sedersi sulla poltrona più prestigiosa (e impegnativa) della Questura, ha ricoperto incarichi di grande responsabilità. Non è la prima volta che il pentito riferisce episodi di questo tipo; ha già fatto arrestare e condannare agenti corrotti. Stando alle dichiarazioni raccolte dai Pm Sergio Amato, Filippo Beatrice e Giuseppe Narducci, Malvano avrebbe fatto diversi favori in cambio di consistenti somme di denaro:

> Una "relazione pericolosa" iniziata nel 1978 e proseguita per anni, imperniata sul versamento di somme di denaro in cambio di favori. Tanti soldi, venti milioni di lire al mese fino ai primi anni '80. E altri pagamenti "una tantum", ad esempio 250 milioni, sempre del vecchio conio, per favorire la fuga del fratello Carmine dalla camere di sicurezza della questura.
>
> («la Repubblica», 4 febbraio 2006)

La reazione di Malvano è immediata e il suo avvocato Sebastiano Giaquinto corre dai Pm per sostenere che le parole dell'ex boss sono un cumulo di menzogne:

> Abbiamo spiegato nel dettaglio che Malvano non si è limitato, nella sua attività di funzionario di polizia, ad indagare sul clan Giuliano, ma ha svolto un'attività addirittura persecutoria nei confronti di questo clan camorristico, che ha portato ad accuse gravissime nei confronti di Luigi Giuliano e dello stato maggiore dell'organizzazione. Nel merito delle accuse abbiamo replicato con una serie di

atti che consentono di ritenere documentalmente smentite le parole del pentito. D'altro canto le dichiarazioni sono paradossali e obiettivamente incredibili se si considera solo che con venti milioni nel 1978 si comprava un appartamento. Si può ben immaginare quanti appartamenti avrebbe potuto acquistare Malvano con venti milioni al mese elargiti per anni. Ebbene, come evidenziato dagli accertamenti patrimoniali, Malvano non è titolare di alcuna unità immobiliare.

(*Ibidem*)

Giaquinto consegna ai magistrati una denuncia per calunnia contro Giuliano e in sessanta pagine dattiloscritte smonta le tesi del pentito. Malvano, invece, liquida le parole del pentito definendole "fango". Alla fine pure le accuse a Malvano risulteranno false.

Lovigino risulterà non credibile anche in un'altra vicenda che negli anni '80 aveva monopolizzato per settimane le cronache dei giornali. Agli inizi della primavera del 1981 viene assassinata Anna Parlato Grimaldi, un'affascinante nobildonna – moglie di un facoltosissimo armatore – collaboratrice de «Il Mattino». Nella redazione del quotidiano la Grimaldi aveva conosciuto il capocronista Ciro Paglia, i due si erano innamorati e avevano intrecciato una relazione della quale erano a conoscenza in tanti, compresa la moglie di Paglia, la collega giornalista Elena Massa. Per questo motivo dopo l'omicidio, avvenuto la sera del 31 marzo, la Massa venne arrestata con l'accusa di aver ucciso la Grimaldi per gelosia. La consorte di Paglia era stata poi assolta anche se con la formula dubitativa dell'insufficienza di prove.

Ma quando Giuliano si pente, ai magistrati spiega che le corna non c'entrano assolutamente nulla, e offre un movente sideralmente diverso: la Parlato Grimaldi fu fatta fuori, spiega, perché era intervenuta nelle trattative per la liberazione del nipote Gianluca Grimaldi, sequestrato il 2 dicembre del 1980 dalla Nuova Famiglia per finanziare la guerra a Cutolo. A scatenare il delitto, secondo l'ex boss, un clamoroso passo falso della vittima:

La nobildonna, però, aveva commesso l'incauto errore di rivolgersi proprio a Cutolo per chiedere di impegnarsi per la liberazione del ragazzo. Una iniziativa che fece scattare la reazione di Giuliano e dei suoi alleati: la Grimaldi doveva essere solo gambizzata per ottenere un duplice obiettivo: accelerare il pagamento del riscatto e far capire al «professore» che doveva restar fuori dalla faccenda. Ma il killer la sera del 31 marzo dell'81 avrebbe sbagliato mira assassinando la signora con cinque colpi di pistola calibro 6,35.

(Bruno De Stefano, *op. cit.*)

Sul piano puramente teorico, è un ragionamento che fila; tanto più che Lovigino non avrebbe alcun interesse a sostenere il falso e – in sostanza

– ad autoaccusarsi di essere uno dei mandanti del delitto. Ma anche in questo caso il collaboratore non verrà ritenuto credibile. Il caso Grimaldi è comunque rimasto senza colpevoli.

Annalisa, morire a 14 anni nei vicoli di Forcella

A Forcella continua a scorrere sangue innocente. Il quartiere nel quale i Giuliano hanno regnato per diversi decenni non solo è rimasto lo stesso, ma per certi versi è pure peggiorato. Al punto che si spara per strada, senza badare minimamente alla possibilità che possa finirci di mezzo qualcuno che non c'entra nulla con le guerre tra criminali.

Agli inizi della primavera del 2004 Forcella è di nuovo sulle prime pagine dei giornali e nei titoli dei telegiornali e ancora una volta per un omicidio. La sera del 27 marzo un commando insegue Salvatore Giuliano, considerato vicino all'emergente Ciro Giuliano, detto "'o barone"; i killer sparano più volte, ma la mira è imprecisa. Giuliano risponde al fuoco ma nella concitazione sbaglia bersaglio e colpisce Annalisa Durante, una quattordicenne che in quegli istanti stava parlando con delle amiche mentre infuriava la sparatoria. Annalisa spira poco dopo in ospedale. I genitori doneranno gli organi. Non è la prima volta che un innocente perde la vita, e non è la prima volta che muore un adolescente.

Quanto è accaduto non lascia indifferente Luigi Giuliano. Si è pentito e oramai è lontano da Forcella, ma nonostante si sia lasciato alle spalle il passato si sente ancora legato al quartiere. Tre settimane dopo l'agguato in cui è morta Annalisa, l'ex "Re" consegna ai giudici della settima sezione del tribunale di Napoli quattro pagine scritte a stampatello, una sorta di lettera aperta indirizzata ai suoi ex "sudditi":

> Non fate in modo di essere ancora schiavizzati, vi invito ad andare avanti sino in fondo per battervi contro chi semina paura. Denunziate a voce alta chi vi fa ancora del male, che fosse un Giuliano, un Misso o un Mazzarella chiunque è responsabile della morte di quell'angelo di nome Annalisa. Vi esorto a dirlo senza remore, con coraggio e determinazione, senza coprire nessuno. Se davvero volete bene a quel fiore spezzato dalla brutalità di chi ha sparato, senza pensare che stava crescendo per sorridere alla vita, e spegnendo per sempre quel sorriso, andate avanti e assieme alle istituzioni fate in modo da difendere don Luigi Merola, parroco del vostro quartiere, sostenendolo con tutte le vostre forze. Annalisa dal cielo vi sarà vicino e vi darà una mano in questa vostra lotta. Il nuovo Luigi Giuliano vorrebbe starvi accanto e in prima linea a battermi assieme a voi per il trionfo della giustizia e la legalità, cosa che mi è impossibile ma il mio cuore è con voi. Sento il dovere di dire che per decenni gli abitanti di Forcella sono stati sotto il predominio camorristico dei Giuliano. Consapevoli

o meno hanno vissuto ogni sorta di schiavitù ed oggi la stessa sorte la stanno vivendo sotto il predominio assoluto dei Misso-Mazzarella, cartello malavitoso subentrato a Forcella subito dopo il mio pentimento. Gli abitanti di Forcella hanno subito ogni sorta di mortificazioni e violenza [...]. I Giuliano, in parte oggi perdenti e debellati dalla giustizia di Dio e degli uomini, stanno giustamente pagando le loro colpe.

(Ansa, 19 aprile 2004)

Salvatore, l'ultimo dei mohicani

L'ultimo dei fratelli a resistere alla tentazione di collaborare con la giustizia è Salvatore. A convincerlo che è il caso di mettersi sotto l'ombrello dello Stato è la consapevolezza di essere stato condannato a morte, come testimonia un agguato tesogli lungo l'autostrada. Il 7 ottobre del 2004 si siede davanti al magistrato e dichiara:

Lei mi chiede di indicare quali sono gli ambienti criminali dai quali proviene questo pericolo ed io rispondo che esso è riferibile agli attuali capi reggenti della camorra napoletana e cioè Peppino Misso, Vincenzo Mazzarella e Vincenzo Licciardi, quale vero capo del gruppo di Secondigliano. Vengo invitato a riferire se vi sono stati fatti concreti che testimoniano questa situazione di pericolo ed io rispondo che, ad esempio, nei giorni immediatamente precedenti il 06.04.04, io sono rimasto vittima di un tentativo di agguato che è fallito solo al termine di un lunghissimo inseguimento iniziato a Cassino, subito dopo avere apposto la firma presso la Stazione dei CC, e poi proseguito per tantissimi chilometri sulla autostrada Napoli-Roma sino all'altezza dell'area di servizio "La Macchia". Io ero a bordo di un'auto e sono stato inseguito da altra autovettura a bordo della quale vi erano tre persone. L'auto ha cercato più volte di speronarmi e farmi uscire fuori di strada tanto è vero che abbiamo urtato diverse altre auto durante il tragitto. Ho pensato di salvarmi la vita fermandomi in un luogo affollato, e cioè dunque l'area di servizio, ed a quel punto i tre che mi inseguivano e che io non conosco, hanno rallentato, mi hanno visto fermo e hanno deciso di proseguire.

(Informativa riepilogativa sul clan Mazzarella del 5 marzo 2009 – II Nucleo operativo del Gruppo di Fiumicino della guardia di finanza)

Il pericolo a cui fa riferimento "'o montone" arriva pure dall'interno del suo stesso nucleo familiare. Agli inquirenti, Giuliano riferisce di avere paura dei cognati Biagio Saltalamacchia, passato con i Misso, e Gennaro Lauro, transitato nei Mazzarella:

Entrambi hanno fatto il doppio o triplo gioco ed io ad esempio ho saputo da mia nipote Marianna, figlia di Luigino, che Biagino aveva avuto incarico di ammazzarmi e che avrebbe anche portato a termine l'incarico, magari tramite interposta persona.

(*Ibidem*)

Un delitto senza castigo

I Giuliano devono fare i conti con un altro dolore. La sera del 21 marzo del 2005 Nunzio è in sella a un ciclomotore Honda Sh insieme alla compagna, sta transitando per via Tasso per poi dirigersi verso Chiaia, dove abita. Due killer in moto affiancano l'Honda Sh e sparano a ripetizione. Uno dei colpi lo raggiunge alla testa: Nunzio Giuliano muore all'istante, la compagna si ferisce ma solo per la rovinosa caduta del ciclomotore. Ai suoi funerali Samuele Ciambriello, un ex sacerdote impegnato in difesa dei detenuti, lo paragona a un martire come don Pino Puglisi, ucciso da Cosa Nostra.

> I suoi assassini lo hanno preso alle spalle perché avevano paura di confrontarsi con lui. I killer avevano paura del suo sguardo penetrante, quello sguardo che giungeva fin dentro l'animo delle persone. Un po' come don Giuseppe Puglisi, il parroco siciliano che quando vide i suoi carnefici disse: "Vi aspettavo".
>
> (www.ilfattoquotidiano.it/2015/03/25/nunzio-giuliano-ucciso-seconda-volta-dai-professionisti-dellanticamorra/1536239/)

Quello di Nunzio Giuliano è un omicidio che scuote la città. Fino a poco tempo prima nessuno avrebbe mai osato toccare la dinastia di Forcella; dunque l'agguato dimostra che gli equilibri criminali sono oramai saltati. Tre giorni dopo, nel corso di un interrogatorio Salvatore Giuliano parla l'assassino del fratello sostenendo che si è trattato di una intimidazione: l'obiettivo, sostiene, è quello di spaventare lui e gli altri componenti della famiglia che hanno deciso di collaborare con la giustizia. Salvatore riferisce anche che in precedenza esponenti del clan Misso e Mazzarella hanno offerto dei soldi al fratello Luigi per indurlo a ritrattare:

> Con questo omicidio si è voluto mandare un altro messaggio alla mia famiglia e in particolare a tutti noi componenti della famiglia Giuliano che siamo collaboratori di giustizia, sia alla stessa procura. Come ho già riferito in altre occasioni, sopratutto in relazione alla collaborazione di mio fratello Luigi, i Misso-Mazzarella hanno tentato in vario modo di far terminare tale collaborazione, di farlo recedere dai suoi propositi collaborativi. Io stesso sono stato più volte avvicinato e mi sono state messe a disposizione grosse somme di danaro per cercare di farlo recedere dalla sua collaborazione. Peraltro si era già deciso che allorché si fosse arrivati ai processi o alle condanne si sarebbe avverata la vendetta nei confronti di tutti. Peraltro mentre prima vigeva un codice di onore secondo cui venivano colpiti solo i familiari dei collaboratori coinvolti nelle attività delittuose, oggi questo codice non esiste più e si pensa solo agli affari. Ritengo che l'omicidio di mio fratello sia un omicidio firmato.
>
> (Informativa riepilogativa sul clan Mazzarella del 5 marzo 2009 – II Nucleo operativo del Gruppo di Fiumicino della guardia di finanza)

L'ipotesi avanzata da Salvatore Giuliano, cioè silenziare i pentiti, non è nuova. Cinque mesi prima, infatti, è stata Carmela Marzano – la moglie di Luigi – a riferire agli inquirenti del tentativo di disinnescare la collaborazione del marito da parte dei Mazzarella. È il 24 ottobre del 2003 quando la Marzano mette a verbale:

> [...] Particolare ed insistente è stato l'atteggiamento assunto nei confronti miei e della mia famiglia dal fratello di Vincenzo, Gennaro Mazzarella. Più volte ed in più circostanze di luogo, Gennaro Mazzarella mi ha fatto offerte di denaro e di un più ampio mantenimento per me, per i miei figli ed anche per mio marito se Luigi avesse fatto dichiarazioni esclusivamente nei confronti degli avversari del gruppo Mazzarella e cioè quelli di Secondigliano, salvando Gennaro e gli altri componenti della famiglia Mazzarella. Diceva anzi che lui era contento per la scelta fatta e che se Luigi avesse fatto quello che lui si auspicava noi non avremmo avuto problemi dal punto di vista economico e della stessa protezione, perché Gennaro avrebbe preso una casa di fronte casa sua, ci avrebbe fatto proteggere dai suoi uomini ed avrebbe corrisposto grosse somme di denaro per tutta la sua famiglia. Un giorno aggiunse poi che era pronto a sborsare un miliardo di lire se Luigi si fosse prestato ad accusare falsamente la famiglia Mauri di piazza Mercato con i quali il gruppo Mazzarella era in aspra guerra [...]. Io ovviamente dissi che mio marito non si prestava a fare cose di questo tipo e che comunque se lui voleva io potevo anche riferirlo a mio marito in carcere ma che lui, Gennaro Mazzarella, doveva sapere che le sale colloqui erano imbottite di microspie e che quindi qualcuno poteva ascoltare questa proposta che io dicevo a mio marito.
>
> (*Ibidem*)

La matrice del delitto sembrerebbe chiara: una vendetta nei confronti dei fratelli che hanno deciso di passare dalla parte dello Stato. Ma è una tesi che resta sospesa per aria perché esecutori e mandanti non sono mai stati individuati. Un anno e mezzo dopo l'omicidio, la compagna di Nunzio, Maria Rosaria Rivieccio, darà alle stampe un libro dal titolo *Diario di una coscienza*; nella prefazione si legge:

> Questo non è un libro su Nunzio ma intende essere il libro di Nunzio, quello che tante volte lui stesso era stato sul punto di scrivere, ma che per tanti motivi non aveva mai visto la luce. Il compito che Nunzio ha lasciato a noi è stato dunque quello di realizzare un testo di questo tipo, ricco di riflessioni vive, composte in maniera del tutto originale, fatte da un uomo che ha affrontato la sua esistenza come un viandante affronta un viaggio che dura tutto l'arco di una vita. Niente di residuale, ma il pensiero lucido di chi ha saputo emergere dalla sua condizione, indirizzando la propria riflessione su temi che spaziavano dal sociale al politico, dal religioso al filosofico [...]. L'abitudine di Nunzio di annotare tutto su foglietti sparsi, che spesso rileggendo metteva da parte, e alcuni frammenti di interviste, ci hanno consentito di farlo parlare quasi sempre in prima persona e di sottrarre all'oblio i suoi pensieri.
>
> (Nunzio Giuliano, *Diario di una coscienza*, Pironti, Napoli 2006)

Uno dei semi lasciati da Nunzio è il figlio Luigi che del babbo dirà:

Reputo mio padre una persona illuminata, ma non perché era mio padre, perché ha fatto un percorso interiore – lui la chiamava catarsi – che ogni uomo deve fare [...] quando mio padre è uscito in televisione è stato anche minacciato da qualche mio zio.

(www.youtube.com/watch?v=czKqTVn34xI)

Pur essendo cresciuto in un ambiente familiare inquinato, Luigi Giuliano junior è diventata un'altra persona: è Luigi Giuliano e non un soldato dell'esercito di "'o rre". Ecco come lo racconta il giornalista Antonio Crispino:

Oggi Luigi Giuliano legge Nietzsche, Tiziano Terzani, Osho, Eckhart Tolle. Ascolta il jazz più raffinato. Ha una pila di CD da intenditore nella sua abitazione a Reggio Emilia. Un bilocale arredato con gusto al piano terra di una palazzina vista parco che condivide con la moglie e un cane. Sono sempre insieme da quando la conobbe in una discoteca a Ischia da minorenne. Erano i tempi in cui entrava con tutta la sua paranza nei locali senza pagare. Anzi, se era il caso i soldi li chiedeva lui. Quando arriva a Reggio si presenta al collocamento come uno qualunque. Fa tre mesi di messa alla prova e poi lo assumono come magazziniere. Grande e grosso com'è risulta impacciato, non ha mai lavorato in vita sua. Impara a guidare il muletto in un mercato ortofrutticolo dopodiché apre una piadineria. L'attività di ristoratore non gli va benissimo. «Oggi lavoro con un imprenditore del posto che ha una società di recupero crediti. Ma voglio evolvermi, voglio intraprendere, mi piace la dignità del lavoro», dice. Il suo ricordo più bello è quando gli hanno consegnato un cartellino da timbrare e delle scarpe antinfortunistiche. «Mi sembravo un'altra persona. Era bello anche quando mi sgridavano. In altri tempi gli avrei sottratto l'azienda e avrei detto "Da oggi sono io il capo", ammesso che avrei cercato un lavoro».

(«Corriere della Sera», 21 luglio 2017)

Due Giuliano abbattuti in quattro mesi

Forse lo aveva messo in conto, forse no. In ogni caso è un dolore fortissimo quello che Luigi Giuliano prova due settimane prima del Natale del 2006. È la sera del 7 dicembre quando due killer fanno irruzione in una sala giochi nel cuore di Forcella e uccidono il figlio Giovanni che stava giocando alle slot machine. All'inizio il ragazzo aveva seguito il babbo in una località protetta, ma poi aveva deciso di rinunciare alla protezione dello Stato ed era tornato a Forcella.

Ma quando tutti i fratelli sono fuori gioco, a farsi spazio è un cugino. Si chiama Ciro Giuliano, ma tutti lo conoscono come "'o barone": è l'uomo al quale il clan Mazzarella ha dichiarato guerra. È uno che ha fatto tutta la trafila per poi diventare un capo, favorito anche dall'uscita di scena degli eredi di Pio Vittorio. Il suo nome è legato all'omicidio del giornalista Giancarlo Siani: nell'ottobre del 1987 è stato arrestato con l'accusa di essere il mandante del delitto, ma è poi risultato completamente estraneo. Secondo i collaboratori di giustizia il suo interesse principale è il traffico di droga, al quale può dedicarsi contando sulla benevola concessione di Vincenzo Mazzarella, noto come "'o pazzo", nel frattempo assurto a capo indiscusso nell'ex regno dei Giuliano. Ecco come il pentito Gennaro Lauro traccia il profilo criminale di "'o barone":

> Ha svolto tutte le attività illecite per conto della famiglia Giuliano, quando è stato il suo turno si è occupato della gestione della droga sempre nell'interesse della famiglia Giuliano, ha gestito la cassa comune (con i soldi del contrabbando, totonero, estorsioni, droga). Attualmente continua a gestire la cocaina, ma sottobanco, per conto suo. In questa attività, egli viene tollerato ed anzi agevolato da Vincenzo Mazzarella; basti pensare quello che è successo a Giovanni D'Alpino, il quale, per vendere al di fuori del sistema e per fare sottobanco di nascosto, ha subito un agguato e ha rischiato di morire, mentre Ciro Giuliano continua a vendere. Io chiesi a Eduardo Bove per quale motivo Ciro fosse così agevolato e Bove mi spiegò che questo era dovuto al fatto che c'era stato un accordo tra lo stesso Ciro Giuliano e Vincenzo Mazzarella, in base al quale Ciro Giuliano si sarebbe adoperato per bloccare la collaborazione soprattutto di Luigi Giuliano o quantomeno di evitare che, con la sua collaborazione, Luigi Giuliano accusasse Vincenzo Mazzarella. Eduardo Bove mi ha detto che, alla base, vi era stato un accordo tra Vincenzo Mazzarella e Giuseppe Misso, i quali avevano messo a disposizione, o comunque erano disponibili a sborsare, una grossissima somma di denaro (questa fu l'espressione di Bove) purchè si riuscisse a bloccare le collaborazioni e soprattutto quella di Luigi; Bove mi specificò che, sulla base di questo accordo Mazzarella-Misso, Mazzarella si era assunto l'incarico di contattare per l'appunto Ciro Giuliano per avviare una trattativa.
>
> (Ordinanza di custodia cautelare a carico di Allagrande Maria + 21)

Ciro Giuliano resta in circolazione fino al 14 marzo del 2007: l'ultimo boss della dinastia di Forcella esce di scena con un colpo di pistola alla testa che un killer gli spara mentre è in sella al suo motorino. Scriverà il giornalista Dario Del Porto:

> Secondo la procura era rimasto sempre nel cuore delle attività illecite cittadine, droga innanzitutto, entrando in contrasto con i cugini agli inizi degli anni '90 quando il territorio del quartiere fu diviso in Forcella 'di sopra', gestita proprio da Ciro, e Forcella 'di sotto' controllata dal futuro pentito Raffaele. Con la collaborazione di Luigi, i clan divenuti dominanti gli lasciarono spazio con l'intesa che "'o Barone" avrebbe provato a far cambiare idea al cugino. Attualmente Ciro Giuliano era libero dopo aver scontato una pena a cinque anni di reclusione. Era rimasto

nella "enclave" della zona Vasto-Arenaccia dove aveva stabilito il suo quartier generale e dove un solo colpo di pistola, ieri sera, lo ha lasciato sul selciato.

(«la Repubblica», 15 marzo 2007)

Da camorrista ad autore di canzoni

Se gli altri fratelli sono scivolati nell'oblio, Luigi Giuliano ha continuato a far parlare di sé. In particolare per le sue velleità artistico-culturali che non ha mai accantonato e che ha sempre sostenuto di averle coltivate con passione:

Io sono un uomo cambiato, ormai. Ed è cambiata la mia capacità artistica, anche. Sono iscritto alla Siae dal 1992 e ho depositato un'ottantina di canzoni. Scrivo di getto e leggo di continuo per arricchirmi di nuove parole, di nuove sensazioni. Vorrei trasformare questa mia passione nel mio futuro lavoro; però, per riuscirci, lo Stato deve potermi affiancare un musicista, per lavorare fianco a fianco e poter costruire così delle canzoni [...]. Oggi più che le rime amo le note. Ho deciso di cimentarmi con un mondo che non è quello in cui si imbraccia un fucile, ma si impugna una penna. Ma anche allora sentivo dentro di me una vena artistica. All'inizio scrivevo poesie [...] poi mi sono dato alla musica [...]. Ho cominciato con le canzoni in napoletano, ma voglio scrivere in italiano. Per scrivere canzoni non basta il talento, c'è bisogno di studio, tanto studio.

(«Il Giornale», 17 luglio 2011)

Rispetto alla camorra la musica offre gratificazioni diverse e più nobili, ma tuttavia pure il mondo delle sette note lo trascina in tribunale. In aula però ci va perché lo decide lui nel momento in cui ritiene di essere stato derubato due volte di un suo diritto:

Loigino si iscrive persino alla Siae, la società che tutela i diritti d'autore, e grazie al cognato Luigi Ponticelli, titolare di un'agenzia che gestisce decine di artisti, nelle feste di piazza molti neomelodici cantano i suoi versi. Ed è proprio per tutelare una sua composizione che denuncia il produttore di «Pianese Nunzio, 14 anni a maggio», un film del regista napoletano Antonio Capuano, nella cui colonna sonora c'è una sua canzone dal titolo «Chillo va pazzo pe' tte'», cantata da Ciro Ricci. Il boss si sente offeso due volte: innanzitutto perché nei titoli di coda non compare il suo nome come autore del brano, e poi perché una sua composizione è stata utilizzata in una pellicola dal contenuto scabroso. «Sono iscritto alla Siae», sostiene il camorrista, «e sono autore di testi di canzoni di molti cantanti napoletani, tra cui Mario Merola, chiedo che il mio nome compaia tra i titoli di coda del film [...]. Se avessi saputo in anticipo la trama nella quale si parla di un sacerdote omosessuale non avrei mai dato il mio consenso a utilizzare una mia canzone: ma visto che lo hanno fatto pretendo che il mio nome sia inserito tra i titoli di coda».

(Bruno De Stefano, *op. cit.*)

A ogni modo, Giuliano con la musica fa sul serio: nella primavera del 2014 si è diplomato "autore di testi" dopo aver frequentato il Centro europeo di musica di Avigliano (Terni) diretto da Mogol, il noto paroliere che ha firmato moltissimi brani di grande successo.

La passione per la musica è un eccellente balsamo per curare le ferite del passato, che ogni tanto riemergono durante i numerosi processi nei quali è chiamato a testimoniare. Luigi Giuliano torna in aula (anche se da una località protetta) per essere interrogato dal Pm Francesco Del Bene nell'ambito del dibattimento sulla trattativa "Stato-mafia" che si celebra a Palermo: deve riferire sui rapporti intrattenuti in carcere con Vittorio Mangano. Nell'udienza del 3 luglio 2015, dopo aver risposto alle domande di Del Bene, l'ex boss torna a spiegare perché ha deciso di collaborare con la giustizia:

> Ho avuto una conversione spirituale, innanzitutto, e questo mi ha fatto rivedere tutta la mia vita. I miei errori, i miei peccati. Il peso sulla coscienza, nel cuore. Non è che questa conversione è avvenuta dall'oggi al domani, ma dopo tante e tante cadute e tutte le volte che Gesù mi ha rialzato [...]. E ho detto: anche se salvo una sola vita, ho il dovere di farlo. Ho il dovere davanti a Dio, agli uomini e alla giustizia di farlo. E ho fatto questa scelta e l'ho pagata anche a caro prezzo perché mi hanno ammazzato tre dei miei cari, tra questi anche mio figlio.
>
> (www.youtube.com/watch?v=HO0eeqAvvWA)

Acquisti coi soldi dei diritti d'autore

Nell'estate del 2020 si torna a parlare dei Giuliano dopo che il tribunale per le misure di prevenzione ha ordinato il sequestro di due appartamenti a Marianna Giuliano perché – secondo i giudici – frutto di attività illecite. Un provvedimento contro il quale la figlia dell'ex "re" di Forcella si è opposta sostenendo che le due case sono state invece acquistate con soldi frutto del sudore della fronte e, soprattutto, delle meningi del genitore. Chiamata a testimoniare, Carmela Marzano – moglie di Luigi – ha perorato la causa della figlia sostenendo che quei beni sono immacolati:

> Dal 1993 al 2002, mio marito versava a nostra figlia Marianna i proventi della Siae, ottenuti per le canzoni di successo e per le poesie pubblicate, si tratta di soldi puliti, come sono puliti quelli resi all'altra nostra figlia, grazie soprattutto alla pensione di invalidità di mio marito.
>
> («Il Mattino», 21 giugno 2020)

Una tesi non condivisa affatto dalla Direzione distrettuale antimafia, come spiega Leandro Del Gaudio:

A leggere le carte del processo, c'è una convinzione da parte degli inquirenti: le due case sarebbero state intestate a Marianna Giuliano dal suocero Vincenzo Mazzarella, altro boss della camorra napoletana, per anni in contrapposizione armata alla cosiddetta Alleanza di Secondigliano. Tutto risalirebbe al matrimonio celebrato alla fine degli anni Novanta tra Michele Mazzarella (figlio di Vincenzo, oggi detenuto) e la stessa Marianna Giuliano, che creò le condizioni di una sorta di fusione dinastica tra due clan familiari. Una fusione suggellata anche da alcuni regali, tra cui quei due appartamenti intestati a Marianna Giuliano, che oggi lo Stato cerca di portare definitivamente dalla propria parte.

(*Ibidem*)

Dispute giudiziarie a parte, i Giuliano – quelli che abbiamo conosciuto – sono quasi completamente spariti. C'è ancora qualcuno in giro con quel cognome, ma si tratta di parentele che nulla hanno in comune con la dinastia di Pio Vittorio. Sono solo dei delinquenti comuni che pensano di essere dei camorristi di rango. Aveva ragione Luigi Giuliano quando diceva:

Ma oggi quale capo, dove stanno questi capi? Al di là che ci possono stare, ma oggi aprite il giornale e esce un boss, un altro boss, miliardi e miliardi di boss. Capite quello che voglio dire? Cioè oggi si è tutti boss, tutti valorosi, non si capisce più niente.

(*Mixer*, Rai 2, 19 gennaio 1993)

Moccia

Per le forze dell'ordine e la magistratura il clan esiste ancora, tant'è che nella mappa semestrale della Direzione investigativa antimafia è considerato ancora vivo e vegeto.

Per i componenti della famiglia, invece, il clan è morto e sepolto da anni: omicidi, estorsioni ed altre violenze appartengono a un'epoca lontana e le cui tracce sono reperibili soltanto nelle carte processuali ormai ammucchiate negli archivi dei tribunali.

A prescindere da chi abbia torto o ragione, un dato è innegabile: quella dei Moccia è stata una delle dinastie camorristiche più longeve del Napoletano, uomini e donne che hanno fatto la storia della criminalità organizzata. Una saga che ha conosciuto la sua fine nel momento in cui – con una mossa decisamente imprevedibile – il rappresentante più autorevole della famiglia ha deciso di cambiare vita.

Il capostipite è stato Gennaro Moccia, assassinato nell'aprile del 1976, considerato più che altro un uomo di "rispetto" in virtù di una disponibilità economica tutt'altro che trascurabile che lo aveva trasformato in un personaggio assai influente. Dopo di lui sono prepotentemente comparsi sulla scena i figli Angelo, Luigi, Vincenzo e Antonio e la moglie Anna Mazza (passata alla storia come la "vedova della camorra"), le cui imprese criminali hanno occupato molto spazio sulle cronache dei giornali e riempito i fascicoli della magistratura.

I Moccia devono la loro intramontabile fama ad alcuni episodi collegati da un collante robusto e universale: la vendetta. Nel caso specifico la vendetta è quella contro chi ordinò e partecipò all'omicidio di papà Gennaro. Il primo a pagare sarà Luigi Giugliano, giustiziato nel 1979 nel cortile di Castel Capuano (all'epoca sede del palazzo di giustizia) da uno dei figli di don Gennaro, l'allora tredicenne Antonio; si sospettò che ad armare la mano del ragazzino fosse stata la madre, la donna però – dopo essere stata arrestata e processata – risulterà completamene estranea all'iniziativa del più giovane dei suoi rampolli. L'ardente voglia di rappresaglia nei confronti di chi gli aveva portato via il babbo, spingerà poi Angelo Moccia, da molti chiamato "Enzuccio", a diventare uno dei soci fondatori della Nuova Famiglia, il gruppo che verso la fine degli anni '70 aveva dichiarato la guerra alla Nuova camorra organizzata di Raffaele Cutolo.

I figli di don Gennaro hanno furoreggiato per un bel po' tra morti ammazzati e tangenti, ma pure la madre ha fatto parlare di sé, soprattutto quando è stata spedita al confino in un paio di comuni del nord Italia suscitando l'ira degli abitanti del luogo, fortemente irritati dalla prospettiva di averla come ospite, pur se solo per un periodo limitato.

A ogni modo, il segno più profondo lo ha lasciato Angelo, e per più di un motivo. Innanzitutto perché ha preso parte alla sistematica eliminazione dei presunti assassini del padre (sia nelle vesti di killer che di mandante) e poi soprattutto perché è stato il primo boss "dissociato", così come lo furono i terroristi negli anni '80: non hai mai voluto collaborare con lo Stato, non ha mai fatto i nomi dei complici ma si è limitato a confessare soltanto i reati commessi negli anni di militanza nella Nuova Famiglia. In questo modo ha voluto pagare il suo debito con la Legge senza chiedere sconti, il suo obiettivo era solo quello di lasciarsi alle spalle «una scia violenta di vendette in un contesto di soprusi criminali», come dirà una intervista al quotidiano «Il Mattino».

Nonostante abbia più volte sostenuto di essersi dissociato, i pubblici ministeri dell'Antimafia non gli hanno mai creduto. E così quella che lui ha sostenuto essere una scelta singolare ma coraggiosa, per gli inquirenti è rimasta una decisione carica di sospetti.

Per spiegare che si è trattato di un genuino ravvedimento, i suoi avvocati Saverio Senese e Libero Mancuso nel 2015 hanno dato alle stampe un libro *Una mala vita*; secondo i legali, i Moccia sarebbero stati risucchiati nel gorgo della camorra solo perché spinti da un'ansia vendicatrice; inoltre – sempre secondo i difensori – un'aggressione mediatica condizionata da pregiudizi e colpevoli superficialità ha ingiustamente trasformato la vedova Moccia in una spietata capoclan quando invece era del tutto estranea alle attività fuorilegge dei figli.

L'omicidio di don Gennaro

Anni '70. Afragola, provincia napoletana. Chi sono i Moccia? È una famiglia che economicamente se la passa piuttosto bene. Papà Gennaro ha un sontuoso conto in banca, gonfiato grazie a un fiorente commercio di vini e alla gestione di un ragguardevole patrimonio immobiliare composto da un discreto numero di appartamenti e di terreni agricoli avuti in eredità dai suoi genitori e dai genitori della moglie Anna. Insomma, sono circondati da ammirazione e rispetto, e forse anche da timore perché don Gennaro è tutt'altro che remissivo. Ma tra Afragola e dintorni la loro posizione suscita pure gelosie e invidie, come sostengono Senese e Mancuso:

> Gennaro, nella gestione dei propri beni, si districava in un contesto sociale nel quale convivevano retaggi della vecchia cultura e mentalità contadina e cominciavano ad affermarsi le prime forme di comportamento di violenza criminale. Cresciuto quando ancora, soprattutto nell'entroterra campano, era viva l'eco dei vecchi "guappi", riusciva a godere di un certo "rispetto" per la propria condizione di obiettivo privilegio.
>
> (Saverio Senese e Libero Mancuso, *Una mala vita*, Pironti 2005)

Insomma, secondo la ricostruzione degli avvocati, a don Gennaro non manca nulla; non è un malavitoso né aspira a diventarlo. Essere ricco procura gradevolissimi vantaggi, ma attira l'attenzione di chi fiuta la possibilità di guadagnarsi da vivere sulle spalle altrui. Negli anni '70 ad Afragola c'è chi detta legge con la violenza: è Luigi Giugliano, un soggetto che i giudici definiscono "personalità di grosso rilievo nell'ambiente delinquenziale della zona" (sentenza nr. 41 del 28 aprile 1978 della III sezione della Corte di Assise di Napoli). Tra Moccia senior e Giugliano ci sono degli screzi i cui effetti si riveleranno devastanti:

> Gennaro Moccia si era rifiutato di cedere a Luigi Giugliano parte di un terreno da lui acquistato e, nella speranza che la sua ingiustificata pretesa non degenerasse, era "ricorso a intermediari per convincerlo a desistere bonariamente da mire espansionistiche su parte di un suo fondo". Certo è che nel tribunale di Napoli Gennaro Moccia era stato fisicamente aggredito da Luigi Giugliano, "il quale lo accusava di fastidi che subiva da quando si diceva che suo figlio Biagio fosse andato per ucciderlo". Biagio, figlio di Luigi Giugliano, aveva inoltre litigato con Angelo Moccia e aveva "sparato qualche colpo di pistola".
>
> (Senese-Mancuso, *op. cit.*)

Allo scontro con Giugliano si aggiunge ben presto un'altra rogna: dei personaggi dall'aria truce si presentano da Moccia e gli impongono di pagare una tangente. Altrimenti – gli dicono – lui e la sua famiglia potrebbero passare un brutto quarto d'ora. L'imprenditore sa che cedere anche una sola volta alla richiesta di pizzo è come infilarsi un cappio al collo; per cui decide di non pagare. Un altro al posto suo sarebbe andato dai carabinieri o dalla polizia a denunciare l'estorsione, ma lui non si fida di nessuno perché sospetta che chi vuole imporgli la tangente goda di qualche protezione da parte delle forze dell'ordine. Molti anni più tardi Angelo Moccia dirà ai giudici:

> Mio padre non ha mai inteso dare una lira a nessuno, a un certo punto trovammo una pala meccanica bruciata e altri mezzi bruciati nella cava e da questo

cominciarono, man mano, tante altre cose, come una sera ci venne sparato all'interno di casa nostra, mentre stavamo a casa, dei colpi di fucile [...]. Si è andati avanti nel tempo subendo queste cose. Noi figli abbiamo capito di chi si trattava che facevano questo tipo di attività criminale nei confronti della mia famiglia.

(Corte di Assise di Napoli, prima sezione, processo nr. 11/95 nei confronti di Archetti Biagio + 77 udienza del 5 maggio del 1998)

Gennaro Moccia pensa solo a difendere se stesso e i familiari, per questo motivo compra illegalmente una pistola. Una iniziativa che gli si ritorce contro perché i carabinieri, avvertiti da una telefonata anonima, perquisiscono casa sua, trovano l'arma e lo arrestano. È l'inizio della fine. Quelle manette ai polsi del genitore rappresentano un intollerabile e ulteriore torto e provocano la reazione dei figli. Il più furioso è Angelo, il quale decide di rispondere con violenza all'aggressione alla sua famiglia:

A un certo punto abbiamo cercato di difenderci nel modo, forse, più sbagliato che possa esistere, ma comunque l'abbiamo fatto. Ho pensato di ammazzare Luigi Giugliano che era il guappo del paese che comandava queste cose.

(*Ibidem*)

Alla vigilia della Befana del 1976 scatta l'agguato a Giugliano, ma va tutto tragicamente storto. Quella sera in giro c'è anche il maresciallo dei carabinieri Gerardo D'Arminio, è con il figlio Carmine al quale ha appena comprato una bicicletta. D'Arminio non è un sottufficiale che se ne sta dietro la scrivania: è impegnato in delicate inchieste su mafia e camorra; in particolare indaga sul traffico di droga, un business che in quel periodo storico attraversa una fase di grande espansione e ha come protagonisti esponenti delle cosche siciliane e alcuni clan napoletani. La sera del 5 gennaio D'Arminio sta parlando proprio con Giugliano, per strada, quando arriva una Fiat 500 di colore aragosta. Dall'utilitaria parte una fucilata destinata all'uomo sospettato di aver aggredito i Moccia, ma invece a morire è il maresciallo D'Arminio. Una sciagura. Gli inquirenti impiegano qualche ora per ricostruire dinamica e movente e pochi giorni dopo finiscono in carcere i figli di don Gennaro. Dalle indagini emerge un particolare sconcertante: a sparare è stato Vincenzo, appena sedicenne. Spiegherà Angelo:

Da qua è iniziato il dramma della mia famiglia, perché a quel punto ci siamo trovati contro sia la malavita che i carabinieri, perché bene o male avevamo ammazzato un maresciallo dei carabinieri. Venimmo arrestati tutti quanti, anche i mei fratelli, anche Luigi, pur essendo che Luigi non c'era proprio a Napoli, stava a Torino, con tutto che aveva questo forte alibi con tante persone, Luigi fece sei-sette mesi di carcere.

(*Ibidem*)

Gli effetti di quell'agguato in cui è caduto il carabiniere sono devastanti. Da quel momento in poi Gennaro Moccia e i suoi rampolli non sono più considerati dei benestanti cittadini ma una famiglia dedita al crimine, la cui fama travalica i confini di Afragola. Della vicenda se ne occupa anche il quotidiano «La Stampa» di Torino:

> "Non volevo uccidere il maresciallo, ma soltanto dare un avvertimento all'uomo che era con lui. È stato uno sbaglio". Questa, in sintesi, la confessione resa al sostituto procuratore Martusciello da Enzo Moccia, di 16 anni e mezzo, il più giovane dei tre fratelli ricercati per il delitto. Stamane alle 11 il ragazzo si è costituito alla procura di Napoli, accompagnato dall'avvocato Andrea Della Pietra e questa sera, in casa dello zio materno, Umberto Fresa, è stato arrestato a Napoli anche Angelo Moccia, di 18 anni: è probabile che il terzo fratello, Luigi, si costituirà nelle prossime ore. Data la minore età Enzo Moccia è stato rinchiuso nel carcere-scuola «Filangieri»; Angelo è finito invece a Poggioreale [...]. Agli inquirenti rimane il compito di proseguire negli interrogatori dei testi e mettere al vaglio la confessione di Enzo Moccia, che sembra fatta su misura per pagare il meno possibile e del tutto addomesticata. Il ragazzo infatti si è addossata ogni responsabilità, escludendo la complicità dei fratelli e di altre persone. Anche l'arma, che ha i numeri di matricola cancellati, non sarebbe sua; l'avrebbe trovata in una cava di pozzolana durante lavori di sterro. "Ero solo in auto lunedì sera, verso le 21:30", ha detto. "Dovevo incontrarmi con la mia ragazza. In piazza Gianturco ho notato un mio conoscente, Luigi Giugliano, che mi guardava minaccioso. Ho visto che, accanto a lui, c'era un uomo. Soltanto dopo ho saputo che era il maresciallo che insegnava al figlio ad andare sulla bicicletta. Ho pensato di dare una lezione al Giugliano, un semplice avvertimento... Ho abbassato il finestrino e ho sparato. In quel momento il maresciallo si è alzato e il colpo è andato diritto a lui".
>
> («La Stampa», 8 gennaio 1976)

La versione del ragazzo è zeppa di domande senza risposta. E per gli investigatori c'è un dubbio residuo da chiarire: è proprio sicuro che D'Arminio sia stato ucciso per errore? Quesito legittimo perché pure nei confronti del carabiniere c'era del risentimento: era stato proprio il maresciallo a perquisire casa Moccia, a rinvenire la pistola ad arrestare don Gennaro. Da quel momento nei confronti del sottufficiale era montato un odio mai svanito. Il giovane assassino però nega di aver voluto ammazzare quell'uomo in divisa

> sebbene alcuni mesi prima avesse eseguito una perquisizione in casa sua e arrestato suo padre per detenzione illegale di una pistola, senza dargli ascolto quando egli aveva detto che l'arma apparteneva a lui e aveva insistito perché arrestasse lui in luogo del genitore.
>
> (Mancuso-Senese, *op. cit.*)

La fucilata che ha abbattuto il maresciallo D'Arminio è una data spartiacque perché oramai i Giugliano hanno la certezza che i Moccia sono diventati i loro nemici più pericolosi. E sulla base di questa certezza organizzano una reazione che non può non essere sanguinaria. La risposta all'agguato del 5 gennaio arriva il 31 maggio: Gennaro Moccia viene ammazzato a colpi di pistola mentre è in macchina. Anche in questo caso gli inquirenti impiegano poche ore per comprendere che l'eliminazione del ricco imprenditore è da collegare con quanto è avvenuto alla vigilia della Befana. All'epoca nessuno immagina che da quel delitto germoglierà una rappresaglia spalmata in trentatré anni e che si chiuderà con un bilancio di 13 morti ammazzati, tutti collegati all'assassinio di Gennaro Moccia. Angelo, Antonio e Luigi sono giovanissimi e avrebbero tutto il tempo di imboccare strade diverse ma gli eventi li spingono nel mondo della malavita.

Angelo è ancora in carcere quando gli ammazzano il papà ed è divorato dal senso di colpa perché è consapevole del fatto che l'agguato mortale a don Gennaro è stata la inevitabile conseguenza del fallito attentato a Luigi Giugliano. Il malessere interiore moltiplica la voglia di pareggiare i conti. Durante la detenzione raccoglie la voce secondo la quale sono stati proprio i Giugliano i mandanti dell'imboscata a don Gennaro. Da quel momento in poi lui e i suoi fratelli saranno ossessionati dal desiderio di vendetta. Nella primavera del 1978 a dare il via alla rappresaglia sarà il più giovane dei Moccia, il tredicenne Antonio: la mattina del 29 maggio del 1978 nel cortile del tribunale di Napoli uccide a colpi di pistola Antonio Giugliano, fratello di Luigi. Nella sparatoria ci sono anche due feriti non gravi, tra cui un agente di pubblica sicurezza. Resta ferito pure il ragazzino diventato killer, che riuscirà a salvarsi solo sottoponendosi ad interventi chirurgici particolarmente invasivi. Gli inquirenti dubitano che un gesto del genere possa essere stato organizzato da un adolescente e ritengono che ad armare la mano di Antonio, non punibile in quanto minorenne, sarebbe stata la madre Anna Mazza.

> Era il più grande dei piccoli, per questo pensò che, data la situazione, toccasse a lui vendicare papà Gennaro. Quello che sembrava essere poco più di un bambino insospettabile, aveva pedinato, scrutato, studiato le abitudini dell'odiato malavitoso. Quando aveva imparato a conoscerlo bene, non gli fu particolarmente difficile procurarsi le armi. In quegli anni nelle famigerate zone della Duchesca o di Forcella, bastava passeggiare per sentirsi offrire sesso, droga e armi: era sufficiente disporre di denaro contante. Antonio si allenò segretamente nelle campagne dell'afragolese e, quando si sentì sicuro, agì. Come un grande. In realtà, era molto più grande di quanto non sembrasse. Aveva elaborato il grave lutto, il dolore lo aveva precocemente invecchiato.
>
> (Senese-Mancuso, *op. cit.*)

Il ragazzo sarà anche stato mostruosamente intraprendente, ma per gli investigatori la tesi dell'iniziativa personale non regge. Tant'è che la Mazza e il figlio Angelo vengono arrestati con l'accusa di essere i mandanti dell'omicidio avvenuto nel cortile del tribunale. All'angoscia provocata dal rischio di andare incontro a condanne pesantissime, si aggiunge l'amarezza per come si conclude il processo ai presunti assassini di don Gennaro. Il 4 ottobre del 1979 la Corte d'Appello di Napoli assolve tutti e sette gli imputati: Luigi Giugliano (per insufficienza di prove) e Giuseppe Di Micco, Antonio Setola, Franco Agozzino, Umberto Iavarone, Antonio Limongelli e Mariano Bacio Terracino (per non aver aver commesso il fatto). L'assassinio di Moccia senior resta impunito. Ma a quanto pare il verdetto di assoluzione non è stato frutto del caso, qualcuno ha fatto in modo che killer e mandanti tornassero in libertà:

> Angelo Moccia, sebbene fosse convinto della colpevolezza di alcune delle persone accusate di aver trucidato il proprio padre, chiamato a rendere pubblica testimonianza nel processo, rese dichiarazioni tese a discolpare gli imputati.
>
> (Senese-Mancuso, *op. cit.*)

Negli anni successivi alcuni dei soggetti assolti dai giudici non saranno invece perdonati dal "tribunale" dei Moccia: saranno assassinati quasi tutti, l'ultimo in ordine temporale sarà Mariano Bacio Terracino, giustiziato a Napoli nel maggio del 2009.

Dopo tanti bocconi amari, finalmente arriva una buona notizia per la dinastia afragolese: il 5 dicembre del 1979 la Corte di Assise di Napoli assolve per insufficienza di prove Anna Mazza e il figlio Angelo dall'accusa di essere i mandanti dell'omicidio Giugliano: non ci sono elementi per sostenere con indubitabile certezza che siano stati loro ad armare la mano di Antonio. Nonostante l'esito favorevole sul piano giudiziario, quel processo produce effetti nefasti su Angelo: quando ritorna in libertà non è più lo stesso ragazzo di prima, ora è gonfio di livore.

La madre, invece, si ritrova addosso l'etichetta di "vedova della camorra" e – benché scagionata dai giudici – si porta appresso il sospetto di aver ordinato a un ragazzino di compiere un omicidio, rovinandogli la vita. Nel libro gli avvocati Mancuso e Senese sostengono che da quel momento la donna è rimasta impigliata per sempre in una fama immeritata che le ha stravolto l'esistenza:

> L'ingiustificata, reiterata, arbitraria attribuzione alla signora Mazza di tutti i crimini – che intanto venivano consumati dai propri figli e persino da ignoti criminali operanti nella vasta area del comune di Afragola e paesi limitrofi – servì a sedimentare nell'opinione pubblica la convinzione che ella fosse davvero la mandante di decine di orribili delitti. Le cronache riportavano quotidianamente le notizie delle iniziative giudiziarie a suo carico, generando una spirale perversa e inestricabile tra le accuse e la loro enfatizzazione mediatica, a riprova del ruolo di vera e propria manipolazione che talora può svolgere l'informazione [...]. In tale

ottica non pare azzardato affermare che il linciaggio morale a cui fu sottoposta Anna Mazza da parte della stampa locale e nazionale, oltre a conferirle la sinistra fama di "donna di malavita" (la "vedova della camorra"), di fatto concorse a procurarle l'ingiusta espiazione di anni di carcerazione preventiva. Infatti, per circa 20 anni la polizia giudiziaria e la magistratura inquirente riterrà di poterle attribuire il ruolo di regista occulta di diverse vicende delittuose, in relazione alle quali, tuttavia fu sempre, in sede di giudizio, riconosciuta innocente. Fatta eccezione per la condanna riportata, dopo ben sette gradi di giudizio, per la rapina "Montefibre", reato rispetto al quale Anna Mazza si è sempre proclamata del tutto estranea. Metteranno fine a tal massacro mediatico-giudiziario solo le parole dei collaboratori di giustizia i quali spiegarono che i fratelli Moccia avevano sempre tenuto la mamma all'oscuro di ogni loro decisione.

(Senese-Mancuso, *op.cit.*)

L'amicizia con Alfieri e Galasso e la lotta a Cutolo

Angelo Moccia, dunque, non proviene esattamente da una famiglia di benefattori però non avrebbe alcun bisogno di delinquere perché è ricco abbastanza per potersi consentire una vita spensierata. Ma il dolore che ha provato per l'assassinio del papà e la successiva esperienza in carcere lo hanno completamente trasformato. Non è più quello di prima, non ha alcuna intenzione di rigare dritto perché ha soltanto un chiodo fisso: regolare i conti con chi ha prima perseguitato la sua famiglia e poi gli ha portato via uno dei suoi affetti più cari. Come se non bastasse questa rovente inquietudine a tormentarlo, il destino ci mette del suo e gli fa incontrare Carmine Alfieri e Pasquale Galasso, che successivamente diventeranno rispettivamente il numero uno e il numero due della Nuova Famiglia. I tre si incrociano nel luogo più malsano di Napoli, il carcere di Poggioreale, nel quale fraternizzano per una serie di ragioni, a partire dalla comune indole: in quel periodo – siamo a cavallo tra gli scampoli finali degli anni '70 e gli albori degli anni '80 – non sono ancora i boss che conosceremo negli anni a venire, hanno un temperamento relativamente tranquillo e nei loro pensieri non c'è quello di fare del crimine la propria ragione di vita. Ma tutti e tre hanno la sfortuna di condividere il soggiorno forzato a Poggioreale con uno strano soggetto di Ottaviano che risponde al nome di Raffaele Cutolo, noto col soprannome di "'o professore": all'epoca sta arruolando soldati per quell'esercito che si chiamerà Nuova camorra organizzata (NCO). Cutolo sembra un invasato c per questa ragione lo evitano come la peste, ma in ogni caso il "professore" condizionerà il prosieguo delle loro vite.

Quando tornano tutti e tre in libertà, trovano una situazione profondamente cambiata, e in peggio. Cutolo è riuscito a realizzare il suo progetto: gli uomini del suo esercito (in larga parte piccoli delinquenti comuni) si sono spinti fino al Nolano (da dove proviene Alfieri), sono arrivati a Poggiomarino (dove vive Galasso) e hanno persino messo radici ad Afragola (la città di Moccia). La NCO ha cominciato a dettare legge in quasi tutta la provincia di Napoli praticando estorsioni a tappeto e mettendo le mani su quasi tutti gli affari illegali. Un'affermazione raggiunta attraverso il sistematico uso della violenza: chi non accetta le regole dei cutoliani, ha una buona possibilità di finire al camposanto.

Di fronte all'avanzata della NCO i tre amici si rendono conto che per non soccombere si devono alleare e quel sincero legame costruito durante la permanenza a Poggioreale si trasforma quindi nelle fondamenta sulle quali costruire un clan che combatta Raffaele Cutolo. Dirà Angelo Moccia:

> Era all'incirca l'Ottanta, perché ricordo che ero latitante per la rapina alla Montefibre. Ero già amico di Galasso e di Alfieri con i quali avevo trascorso dei periodi in carcere. Però all'epoca non esisteva alcun clan, c'era una semplice amicizia, poi con l'avvento di fatti delittuosi, anche noi verso l'Ottanta formammo un gruppo. Ci siamo stretti di più con l'amicizia per difenderci da quelli che potevano essere gli attacchi da eventuali malavitosi che erano ostili e che tendevano ad aggredirci.
> (Bruno De Stefano, *op. cit.*)

Alfieri, Galasso e Moccia gettano le basi per una organizzazione che coinvolge molte altre cosche, tutte preoccupate per l'aggressività della NCO. Progressivamente attorno a loro si sviluppa un'aggregazione di gruppi criminali che prenderà il nome di Nuova Famiglia.

Giustizia privata

Mentre Angelo si lega a Alfieri e Galasso, un altro Moccia torna sulle cronache dei giornali. Stavolta si parla di Luigi, protagonista – il 4 ottobre del 1981 – di una spericolata evasione dal carcere di Frosinone. Uno dei rampolli di don Gennaro si dà alla fuga insieme a un altro detenuto che farà parlare di sé – e tanto – per molti anni ancora. Si chiama Cesare Battisti, terrorista del gruppo Proletari Armati per il Comunismo, poi rifugiatosi in Brasile:

> Un commando composto da quattro persone — tra cui una donna — ha liberato ieri due detenuti dal carcere di Frosinone. Uno degli evasi, Cesare Battisti, 26 anni, era stato coinvolto nell'omicidio dell'orefice milanese Pierluigi Torreggiani, rivendicato da una organizzazione terroristica poi confluita in «Prima linea». Questo particolare può lasciare supporre che si tratti di una azione compiuta da un gruppo di brigatisti e non da uomini legati alla delinquenza comune. Erano passate da poco le 14, i detenuti erano appena entrati nel cortile per l'ora d'aria. Con

un pretesto, una donna s'è fatta aprire il portone del carcere. Ma dietro di lei sono subito entrati tre uomini armati che hanno costretto gli agenti di custodia a farsi da parte. Luigi Moccia, 24 anni, napoletano, precedenti penali per omicidio e tentato omicidio, e Cesare Battisti, un giovane passato dalla delinquenza comune ai gruppi del terrorismo armato, si sono subito spostati vicino alla portineria. Uno dei tre uomini armati ha chiamato i due detenuti: «È tutto in ordine», ha detto. Moccia e Battisti si sono uniti al commando e sono fuggiti.

(«Stampa Sera», 5 ottobre 1981)

Nell'udienza del 6 maggio 1998 del processo "Maglio", Luigi Moccia racconterà la sua versione dei fatti:

Evademmo grazie a un commando di Prima Linea che venne a liberarci [...]. Nacque questo rapporto di amicizia con il Battisti [...]. Nacque un affetto con questo ragazzo, io mi lamentavo del carcere perché ero innocente come hanno poi dimostrato le sentenze. Alla fine mi sono trovato a scontare cinque anni per l'evasione ma non per il reato per cui evasi. Lui mi disse che aveva intenzione di andare via e mi propose: "Giggì, vuoi venire?".

(www.youtube.com/watch?v=5DYCewCl138)

Luigi si fa due conti: l'avvocato gli ha detto che il giudice istruttore vuole rinviarlo a giudizio, per cui passeranno almeno altri due anni prima che cominci il processo. Si ritiene innocente e non se la sente di trascorrere ventiquattro mesi dietro le sbarre:

Fu una forma di vigliaccheria la mia evasione perché non me la sentii di farmi due anni di carcere. Quando sono uscito, sono stato dieci giorni con questo ragazzo, perché loro avevano pianificato tutto. Fino all'ultimo ero indeciso se approfittare di questa situazione.

(*Ibidem*)

Nel frattempo è già iniziata la vendetta contro quelli che avrebbero partecipato alla soppressione di Gennaro Moccia. Il figlio Angelo, con il sostegno morale e materiale della Nuova Famiglia (della quale è diventato uno dei leader), provvede ad eliminare coloro che ritiene coinvolti nell'omicidio del papà. A questo proposito si legge nel libro *Una mala vita*:

Egli, nel tempo, riuscì ad acquisire certezza circa l'identità degli assassini del padre, ed ebbe modo di portare a totale compimento il suo personale progetto di vendetta familiare. Con abilità, riuscì a conoscere l'esatta identità di coloro che avevano avuto ordine di morte dai mandanti, che aveva già eliminati uno a uno. Tutti quelli che certamente erano stati, a diverso titolo, concorrenti nell'omicidio del padre, lo trovarono sulla propria strada e non riuscirono a sopravvivergli.

(Senese-Mancuso, *op. cit.*)

Lui stesso, poi, confesserà di aver fatto fuori buona parte di quelli che riteneva responsabili dell'imboscata a papà Gennaro:

Seppi che a uccidere mio padre erano stati Luigi Antonio Giugliano, Giuseppe Di Micco come mandanti; Luigi Polito, Umberto Iavarone e il ragionier Biscotto di Napoli come esecutori [...]. Tutte le persone che ho indicato come mandanti ed esecutori dell'omicidio di mio padre sono state da me uccise o come mandante o come esecutore.

(*Ibidem*)

Il rancore è un sentimento che Angelo si porta appresso ogni istante della sua vita, ma il pensiero rivolto costantemente alla vendetta non gli impedisce di occuparsi di faccende assai più concrete come, ad esempio, fare denari a palate senza muovere un dito. L'orfano più intraprendente di don Gennaro, infatti, dimostra di essersi perfettamente integrato nelle logiche camorristiche; si dà un gran da fare con le estorsioni e nella sua zona non c'è impresa che non sia costretta a pagare il pizzo:

Diciamo che io avevo, diciamo la gestione – se si può dire gestione – nelle mie zone, diciamo ero il responsabile di quelle zone. Maggiormente di Afragola [...]. Poi quando è nata la spartizione, diciamo, di soldi del dopo terremoto, le cosiddette tangenti, diciamo sui lavori di grossa entità, io ho gestito questi soldi in queste zone.

(Corte di Assise di Napoli, prima sezione,
processo nr. 11/95 nei confronti di Archetti Biagio + 77)

La palmare dimostrazione di quanto Moccia sia entrato pienamente nel ruolo di boss della camorra sta nella sontuosa tangente che l'imprenditore Carmelo Aitala gli versa dal 1983 al 1992 per poter lavorare tranquillamente alla realizzazione di insediamenti di edilizia residenziale, dell'Asse Mediano, della Circonvallazione e di una strada provinciale. Aitala dichiarerà di essere stato costretto a consegnare a "Enzuccio" la cifra complessiva di un miliardo e trecento milioni di lire. Oltre a pagare il pizzo, l'imprenditore deve pure affidare subappalti e forniture a ditte collegate al figlio di don Gennaro. E quando proprio Aitala prova a fare il furbo, viene subito castigato da Moccia e dalla Nuova Famiglia:

Nel 1986 l'impresa Costanzo vince l'appalto per la realizzazione dell'Asse Mediano, che attraversa anche il comune di Afragola. E se si lavora ad Afragola, Aitala lo sa, bisogna pagare Moccia. Il capoclan lo convoca e i due si accordano. Ma in quel patto tra gentiluomini c'è qualcosa che non quadra. Infatti, un giorno l'ingegnere siciliano riceve all'Hotel Royal, a Napoli, dove alloggia, la visita di Antonio Malventi, imprenditore legato alla Nuova famiglia. Malventi gli dice che bisogna ridiscutere l'ammontare della tangente e lo accompagna nelle campagne del Nolano dove li aspettano Moccia e Alfieri. Il capo della NF e il suo luogotenente afragolese lo accusano di aver fornito una cifra falsa circa l'entità dei lavori e ora che hanno scoperto che l'importo è più elevato, deve pagare più di quanto pattuito in precedenza. Il professionista catanese ha la sensazione che i suoi interlocutori conoscano alla perfezione i dettagli dell'appalto, anche quelli meno importanti. Poi capisce perché: qualche giorno prima gli uomini di Moccia al cantiere hanno sequestrato un geometra e lo hanno obbligato a consegnare la documentazione relativa alla realizzazione dell'Asse Mediano. Prevedendo l'oggetto del colloquio con Malventi e con il superboss, Aitala si è portato appresso una valigetta con dentro cento milioni in contanti da versare cash. L'accordo per il solo Asse Mediano prevede una tangente di 300 milioni di lire da corrispondere in tre rate. «Il clima era cambiato», spiegherà l'ingegnere al processo, «perché si chiedevano subito degli importi sostanziosi come anticipo su quanto dovuto. Le prime due rate le ho consegnate personalmente a Enzo Moccia». Altri 400 milioni la ditta Costanzo dovrà poi sborsarli per l'appalto relativo alla strada del Cantariello, tra Afragola e Casoria.

(Bruno De Stefano, *op. cit.*)

Per spaventare gli imprenditori e per sparare ai nemici non è necessario disporre di un esercito particolarmente numeroso. Il clan Moccia è composto da un pugno di uomini, tutti fedelissimi al capo, come spiegherà Angelo:

Nel tempo eravamo tre-quattro persone che diciamo della zona, che forse anche di più, perché poi nel tempo chi si è allontanato, chi purtroppo è morto. Vi sto rispondendo, vi sto dicendo la verità, io dico che gestivo Afragola e Casoria o dire altre zone intorno, non cambierebbe la mia posizione [...]. Dico la verità per ricostruire una fase storica di quello che è successo. Se fa piacere che io dico anche Cardito o Caivano o altre zone, cioè la mia responsabilità penale rimane la stessa [...]. Poi nel tempo potevano essere di più, non ho detto... Comunque queste erano le persone, dottore. Diciamo che il mio era un gruppo, del gruppo Alfieri e per cui avevo la forza alle spalle del gruppo Alfieri.

(Corte di Assise di Napoli, prima sezione,
processo nr. 11/95 nei confronti di Archetti Biagio + 77)

Nella NF Angelo è in buoni rapporti con tutti, ma tra i componenti della direzione strategica dell'organizzazione c'è qualcuno che è più di un amico, è quasi un fratello: è Pasquale Galasso, un ragazzo con il quale ha solidarizzato a Poggioreale. Come lui pure Pasquale viene da una famiglia ricca e avrebbe potuto fare ben altro nella vita. Oltre all'abbondante conto in banca, i due hanno in comune il desiderio di vendetta contro chi li ha colpiti negli affetti più cari. Dirà Galasso:

Enzo Moccia mi è stato accanto dopo la morte di mio fratello Nino, e nei nostri vari discorsi si parlava di morire insieme. Enzo Moccia mi dirà: «Andiamo avanti, sto accanto a te, vendichiamo tuo fratello Nino e nel frattempo cercheremo di ammazzare anche i responsabili della morte di mio padre».

(*Ibidem*)

Se paragonato ad altri boss, Moccia è probabilmente il meno aggressivo del gruppo. Contro i nemici cutoliani è brutale, ma in altre circostanze s'impegna per evitare spargimenti di sangue. È, ad esempio, l'unico che si oppone alla eliminazione di Peppe Ruocco, uno dei protagonisti della guerra alla NCO che però ha cominciato a fare troppo di testa sua. Carmine Alfieri è preoccupato, teme che Ruocco voglia prendere il suo posto e per questo lo ha condannato a morte. Ma Moccia si oppone e lo implora di soprassedere: dice ad Alfieri che è il caso di parlare con Ruocco e di convincerlo a darsi una calmata, quindi è un omicidio che si può evitare. L'opera di mediazione viene respinta da tutti gli altri, d'accordo con la tesi di Alfieri, e così il recalcitrante Ruocco viene ammazzato.

Secondo quanto lui stesso ha riferito ai giudici, in un'altra vicenda, assai più complessa, invece il suo "no" salva altre vite. Al Pm salernitano Ennio Bonadies rivelerà che Pasquale Galasso voleva uccidere il Pm napoletano Franco Roberti per una vicenda legata a un sequestro di beni. Il boss di Poggiomarino se l'era presa per l'impegno che Roberti aveva profuso in quella indagine. Aveva manifestato i suoi propositi bellicosi anche a Carmine Alfieri, il quale dopo aver replicato che sarebbe stata una follia, restò preoccupato perché quando Pasquale si metteva una cosa in testa, era quasi impossibile fargli cambiare idea. Al processo Maglio, Moccia sosterrà che pur di placarne l'ira, a Pasquale fu prospettata una soluzione pacifica: Alfieri e Moccia avrebbero dato mandato ad Antonio Malventi – l'uomo con importanti agganci nel mondo delle istituzioni – di "avvicinare" Roberti (attraverso un suo amico d'infanzia) affinché avesse un atteggiamento meno intransigente nei confronti di Galasso:

> Fu cercata una strada per avvicinarlo. Il dottor Roberti rispose per quello che è, una persona perbene. Mise "a posto" la persona che lo avvicinò e per quello che mi è stato riferito, usò queste parole nei confronti di chi lo aveva avvicinato: non ti permettere più di fare un discorso del genere, di queste cose non ne parlo se non nelle sedi adatte [...]. Se l'attentato ai danni del dottor Roberti non si è fatto è perché io e Alfieri ci siamo opposti.
>
> (*Ibidem*)

La rivolta contro la madre dei Moccia

Mentre Angelo e i suoi fratelli diventano un pezzo importante della Nuova Famiglia, sulle cronache torna il nome della madre. I magistrati considerano Anna Mazza un elemento pericoloso, tanto che agli inizi del 1984 – dopo averle sequestrato beni per qualche centinaio di milioni – la spediscono al soggiorno obbligato nel comune di Solarolo, in provincia di Ravenna, dove dovrà restare per quattro anni. Secondo gli inquirenti la signora avrebbe presto il posto del marito e sarebbe

"uno degli elementi più pericolosi della malavita organizzata operanti nella zona di Afragola", e ciò sarebbe provato, secondo i giudici, "non solo dai numerosi precedenti penali e giudiziari, ma da tutto un sistema di vita, tutta una organizzazione finalizzata al compimento di illeciti e all'acquisizione in tal modo di incredibili ricchezze".

(Ansa, 18 gennaio 1984)

Com'era facile prevedere l'accoglienza a Solarolo non è delle più entusiaste. Il sindaco Gualtiero De Giovanni convoca il consiglio comunale in seduta straordinaria per opporsi alla presenza di un ospite indesiderato. Gli avvocati della Mazza fanno ricorso sia contro il soggiorno obbligato che contro il sequestro dei beni. Sostengono che gli immobili della loro cliente non sono il frutto di attività illegali ma provengono da rapporti ereditari e da acquisti compiuti con l'impiego delle stesse rendite dei beni legittimamente posseduti. La signora Mazza sostiene di essere oggetto di una persecuzione giudiziaria la cui origine risale a quando nel gennaio 1976 il figlio Vincenzo «uccise erroneamente» il maresciallo dei carabinieri Gerardo D'Arminio, e trova assolutamente ingiusto che le si possano sequestrare beni acquisiti quattro secoli prima dalla famiglia Moccia. La vedova, inoltre

sostiene "di subire ancora una grave ingiustizia" e "di poter dimostrare in maniera inoppugnabile la sua attività commerciale più che lecita e la legittima provenienza dei beni sequestrati".

(Ansa, 18 gennaio 1984)

Sembra una partita impegnativa ma alla fine la Moccia batte lo Stato 2-0: la presunta boss può lasciare Solarolo per trasferirsi nella più comoda Formia (Latina), dove possiede una villa; e inoltre i beni le vengono restituiti. Gli eredi di don Gennaro, comunque, sul piano economico non se la passano affatto male. Il 21 gennaio 1984 finisce in manette Luigi, al quale gli uomini della Squadra mobile, guidati da Franco Malvano, sequestrano una Maserati biturbo e assegni per circa 50 milioni di lire.

L'omicidio di Moccia junior

Undici anni dopo l'assassinio di papà Gennaro, un nuovo lutto devasta la famiglia di Afragola. Il 21 novembre del 1987 è l'ultimo giorno di vita per Vincenzo Moccia: un commando gli tende un agguato mentre è in auto insieme all'amico Raffaele Ciuccio. I killer gli sparano con due pistole e un mitra; Vincenzo viene ferito gravemente, morirà poche ore dopo in ospedale. Era tornato in libertà da qualche mese dopo aver scontato la condanna per l'omicidio del maresciallo D'Arminio. La perdita del fratello è un'altra tremenda batosta per Angelo, il quale reagisce da spietato padrino della camorra qual è ormai diventato. Mobilita una ventina di suoi uomini e organizza una rappresaglia: il bersaglio è Giuseppe Fusco, sospettato di aver essere coinvolto nell'agguato a Vincenzo. Per dare una lezione impossibile da dimenticare – nel caso specifico al clan Magliulo – si ricorre alla violenza più efferata: Fusco viene prelevato a casa sua all'alba, mentre è ancora a letto, portato in un casolare nelle campagne di Pomigliano d'Arco, torturato e ucciso dopo avergli legato mani e piedi. Accanto al cadavere viene piantata nel terreno una croce di legno. Tra i tanti delitti, Angelo Moccia confesserà anche questo:

> Ammetto anche l'omicidio di Fusco Giuseppe. Io sono stato il mandante e confermo la partecipazione di coloro che si sono accusati di tali fatti. Non so descrivervi però le modalità esecutive di tale omicidio perché sono stato solo il mandante.
> (Interrogatorio del 28 giugno 1996
> reso al giudice per le indagini preliminari Luigi Esposito)

L'agguato mortale a Vincenzo è il primo e il più importante di una serie di eventi che picconano le certezze di "Enzuccio". Nel 1987 è all'apice della sua carriera nella Nuova Famiglia, dispone di un potere enorme e guadagna soldi a palate. Un altro criminale al posto suo si sentirebbe appagato ma lui comincia ad avvertire la netta sensazione di aver fallito, che il tentativo di difendere la sua famiglia dai soprusi altrui si sia rivelato un clamoroso autogol. È ricco e potente, però ricchezza e potere non sono bastati a proteggere i suoi affetti: gli hanno ammazzato il papà e un fratello, la madre è considerata la mente del suo clan; nella NF s'è tirato dietro l'altro fratello, Luigi, e per questo si sente in colpa. Insomma, il bilancio non è dei migliori; e partendo da questa constatazione comincia a riflettere su cosa è stata la sua vita e soprattutto su come potrà essere in futuro. Anche perché nel 1986 è nata la sua prima figlia:

> La morte di mio fratello comprovava che potevo essere forte quanto volevo io, ma se si ragiona con la logica della morte alla fine si subisce, si può subire pure essendo molto forte, al che, è nato questo travaglio interiore che mi ha portato alla scelta della dissociazione, perché io all'epoca, al momento in cui è stato ammazzato mio fratello ho cominciato a riflettere, mi sono reso conto, ripeto ancora una volta, di aver sbagliato tutto, però non riuscivo a trovare una via di sbocco a quella che era stata la mia vicenda, la mia vita e in che modo e dove poteva andare, in che modo farla finita [...]. Nel momento in cui sarei uscito dal carcere, se un domani fossi uscito dal carcere, sarebbe stato quello di abbandonare non Afragola, la Campania, forse l'Italia per andarmene via, per chiudere questa vita.
> (Senese-Mancuso, *op. cit.*)

In mezzo al dolore e ai tormenti s'infilano i problemi giudiziari. Nel giugno del 1988 i carabinieri arrestano diciassette persone coinvolte nella faida che da decenni insanguina Afragola e dintorni. La bufera giudiziaria investe pure Anna Mazza che riceve una comunicazione giudiziaria in cui si ipotizza il reato di associazione per delinquere di stampo camorristico e di concorso negli omicidi di Giuseppe Fusco e Domenico Di Maso.

Intanto Afragola è diventata una polveriera. In ballo ci sono un sacco di soldi e per i soldi si comincia ad ammazzare con una certa frequenza. La corsa ad accaparrarsi lavori legali e business illegali scatena un conflitto tra i Moccia e il clan Magliulo, un tempo alleati. Uno scontro che lascia sull'asfalto decine di morti. A sollecitare certi appetiti è in particolare la realizzazione del Parco a Tema, una sorta di Disneyland, per il quale è previsto un investimento iniziale di 170 miliardi di lire.

La posta in gioco, dunque, è alta e le forze in campo ricorrono a esecuzioni feroci per scoraggiare gli avversari. Che gli appalti della Disneyland campana interessino pure ai Moccia – che secondo gli inquirenti controllano una parte del mercato delle forniture del cemento – lo confermerà il pentito Pasquale Galasso:

> Devo premettere che Afragola è il paese di Enzo Moccia, un mio caro ex amico (purtroppo oggi l'ho abbandonato); già da diversi anni Enzo Moccia era al corrente del fatto che si doveva realizzare il Parco a Tema; anni addietro era in atto – credo – soltanto il programma e il progetto, e Enzo già aspettava questo grosso investimento. Egli mi disse diverse volte di tenere quella zona tranquilla e serena perché in futuro, nel giro di poco tempo, avrebbe potuto raccogliere i frutti su questo appalto.
>
> (Commissione parlamentare antimafia, audizione del 13 luglio 1993)

Dal Parco a Tema nessuno ricaverà neppure un centesimo perché alla fine il progetto salta, ma nonostante quel mancato introito la famiglia afragolese gode di uno straordinario benessere sul quale forze dell'ordine e magistratura avanzano dei sospetti. Intanto Angelo e Antonio finiscono in manette mentre si godono il sole su una barca:

> I giudici frugano nelle tasche degli eredi di don Gennaro e sequestrano beni per diversi miliardi: un negozio all'ingrosso di elettrodomestici, tre imprese edili, un appartamento a Formia, un fabbricato e una boutique a Casoria, un terreno a Caivano. Poi il 12 agosto del 1989 i carabinieri mettono fine alla latitanza di Enzuccio, beccato insieme al fratello Antonio mentre si gode il sole su uno yacht, l'Engiusi II, ormeggiato nel golfo di Gaeta.
>
> Un anno dopo, l'inchiesta del sostituto procuratore Luigi Gay sugli affari dei Moccia si chiude con dieci comunicazioni giudiziarie. Tra i destinatari oltre a Enzuccio e Antonio, c'è pure un nome noto alle cronache: quello del finanzie-

re Flavio Carboni. Il reato ipotizzato è di associazione a delinquere di stampo camorristico. L'indagine, condotta dalla Criminalpol, ha accertato che il clan afragolese ha aperto diverse attività economiche in Sardegna, Campania e basso Lazio utilizzando soldi provenienti da estorsioni su appalti pubblici.

(Bruno De Stefano, *op. cit.*)

L'arresto scattato sotto il sole d'agosto di Gaeta rappresenta una tappa decisiva nella vita di Angelo e, più in generale, della famiglia Moccia. "Enzuccio" in carcere ci resta poco, ma quando torna in libertà nella sua testa si agitano pensieri irrequieti, come se avesse la netta sensazione di essere finito su un binario morto. Nell'ottobre del 1990 incontra i suoi compagni di cordata della Nuova Famiglia ai quali manifesta il suo stato d'animo, che è quello di chi non ne vuole più sapere più di omicidi, estorsioni e appalti. Vuole solo tirarsi fuori da quell'ambiente che lo ha risucchiato fin da giovanissimo, regalandogli un'esistenza impregnata di sangue e risentimento. Il suo evidente disagio mette però in allarme i vertici della NF, preoccupati per la possibile defezione di uno dei suoi elementi più rappresentativi. Lui tranquillizza gli amici, spiega loro che comunque vada il malessere non lo porterà mai e poi mai a diventare un collaboratore di giustizia. Sebbene non abbia mai dubitato della lealtà di Angelo, il boss Alfieri è allarmato e nel tentativo di riaccendere l'entusiasmo del suo interlocutore avanza una proposta sorprendente: gli offre una promozione sul campo, ovvero la guida della Nuova Famiglia. Se accettasse la proposta di Alfieri, "Enzuccio" si ritroverebbe al vertice di una organizzazione dalla fertile condizione finanziaria e all'apice della sua potenza militare. Nel 1991 da un'inchiesta del settimanale economico «Il Mondo» emerge che la Nuova Famiglia ha un giro di affari che si aggira 1500 miliardi di lire all'anno. Una cifra mostruosa. Pur gratificato dall'attestato di stima, Moccia ringrazia ma l'idea di ereditare lo scettro di Alfieri non lo ingolosisce affatto. È una rinuncia consapevole e definitiva che però gli fa correre qualche brivido alla schiena: il "no" all'irripetibile offerta del suo capo e la volontà manifestata più volte di uscire dal giro, potrebbero trasformarlo in un ostacolo da eliminare. Il timore si rivela eccessivo, nessuno vuole fargli la pelle, ma anche se così fosse lui non intende tornare sui suoi passi. E a un certo punto il malessere è talmente insopportabile da trasformarsi in una clamorosa e inaspettata resa incondizionata. Tra la fine di gennaio e gli inizi di febbraio del 1992 le notti di "Enzuccio" non sono per nulla uguali alle precedenti. Ha maturato una decisione che cambierà radicalmente la sua esistenza: ha scelto di costituirsi perché – dirà – solo pagando per intero il suo debito con la Legge potrà compiere il primo passo verso una nuova vita. Non è stato facile approdare a questa conclusione e a niente sono serviti i tentativi di dissuaderlo da parte di Pasquale Galasso, con il quale si è lungamente confrontato:

> Io all'epoca lo invitai pure a pensare bene prima di presentarsi ma solo perché oggi, finalmente, lo posso definitivamente chiarire, perché io all'epoca avevo queste tensioni nel gruppo Alfieri...forse egoisticamente lo portavo a riflettere a non presentarsi perché per me lui rappresentava una forza [...] potevo sperare in un suo supporto.
>
> (Corte di Assise di Napoli, prima sezione, processo nr. 11/95 nei confronti di Archetti Biagio + 77)

Galasso, dunque, lo invita a desistere, sebbene lo faccia in maniera non del tutto disinteressata. Lo chiama al telefono pure la notte in cui il suo amico di Afragola sta per mettersi in viaggio con la sua Golf blindata verso il carcere de L'Aquila. Ma ogni tentativo di fargli cambiare idea cade nel vuoto: il 3 febbraio Angelo Moccia si costituisce mettendo fine a una carriera criminale vissuta ai vertici. È un gesto clamoroso e assolutamente inusuale per un boss della sua statura e agli investigatori più ottimisti sembra una incoraggiante premessa: un camorrista del suo rango che si consegna spontaneamente probabilmente è intenzionato a collaborare con i magistrati. Ma non è così e a scoprirlo è il giudice per le indagini preliminari Antonio Sensale, al quale Angelo nel primo interrogatorio riferisce che intende dissociarsi: ovvero, ammetterà le proprie responsabilità ma senza fare i nomi dei suoi complici. Però c'è un problema: la legge che aveva previsto la dissociazione per i terroristi – la numero 15 del 6 febbraio del 1980 – non è applicabile a chi è accusato di associazione per delinquere di stampo mafioso. In attesa di capire come affrontare la questione, si procede con cautela:

> Hanno parlato a lungo, il magistrato e il camorrista, alla presenza degli avvocati Saverio Senese e Michele Cerabona, l'altro componente del collegio difensivo del boss di Afragola. Si sono "annusati" a vicenda. Hanno cercato di capire se potevano fidarsi l'uno dell'altro. E hanno stabilito una sorta di gentlemen agreement: Moccia comincerà a confessare tutti i crimini commessi, ma i verbali, almeno in quella prima fase, dovranno riportare la canonica formuletta: "L'indagato si è avvalso della facoltà di non rispondere". In realtà, più che di un patto tra gentiluomini, si è trattato di una elementarissima misura di cautela. O, se si preferisce, di un compromesso. Adottato perché è stato difficile pervenire subito a una qualificazione giuridica della posizione di Moccia. Pentito? Dissociato? O semplicemente reo confesso?
>
> (Massimiliano Amato, *L'altra trattativa*, Edizioni Centoautori 2015)

Nel breve volgere di pochi mesi una serie di eventi cambia radicalmente il corso delle cose. Mentre la posizione di Angelo non è ancora definita, il 9 maggio i carabinieri arrestano Pasquale Galasso. Meno di due settimane più tardi, il 23 maggio all'altezza di Capaci, il tritolo uccide il giudice Giovanni Falcone, la moglie Francesca Morvillo e gli agenti della scorta Antonio Montinaro, Vito Schifani e Rocco Di Cillo. Il 19 luglio un'altra strage a Palermo: un'autobomba fa saltare in aria il procuratore aggiunto Paolo Borsellino e gli agenti della scorta Emanuela Loi, Agostino Catalano, Vincenzo Li Muli, Walter Cosina e Claudio Traina. L'Italia è sconvolta e lo Stato reagisce trasferendo centinaia di camorristi, 'ndranghetisti e mafiosi in carceri di massima sicurezza. Spaventato dalla piega che sta prendendo la situazione, Pasquale Galasso compie un balzo ancora più lungo del suo amico "Enzuccio": si pente. Sì, proprio colui il quale aveva implorato a "Enzuccio" di non costituirsi e di non abbandonarlo, ora passa armi e bagagli tra le braccia del nemico. Ed è proprio grazie a lui che l'11 settembre del 1992 i carabinieri arrestano Carmine Alfieri, fino ad allora capo indiscusso della Nuova Famiglia.

Quando comincia a circolare la notizia del voltafaccia di Pasquale, il clan va in ebollizione. Nessuno crede che un personaggio del suo spessore abbia deciso di collaborare con lo Stato. Per scoprire come stanno le cose si mobilita Luigi Moccia: è il fratello di Angelo, l'amico del cuore di Pasquale, dunque l'uomo più adatto per capire cosa stia succedendo. I Moccia, tra l'altro, sono in grado di controllare le mosse di Galasso perché nella scorta del pentito c'è un sottufficiale dei carabinieri buon amico di Angelo. Ma Pasquale ha deciso di salvarsi e quindi non è più il sincero e fraterno compagno di strada dei tempi andati. Però conosce bene i suoi vecchi amici ed è consapevole che non gli perdoneranno la decisione di essere passato dall'altra parte. Per cui, nel tentativo di prendere tempo, fa pervenire a Luigi delle rassicurazioni che si riveleranno false: e cioè che ai magistrati ha confessato episodi marginali e che non parlerà mai delle decine e decine di omicidi firmati dalla Nuova Famiglia.

Ignaro del doppio gioco e tranquillizzato dalle parole del pentito, Luigi Moccia riferisce allo stato maggiore della Nuova Famiglia che non c'è molto da preoccuparsi perché Galasso terrà la bocca chiusa su reati che potrebbero portare all'ergastolo. È una bugia colossale che sarà ben presto smascherata. In ogni caso, rassicurazione a parte, l'obiettivo dei vertici della Nuova Famiglia è fare in modo che Galasso faccia marcia indietro: in qualche modo, dunque, bisogna fargli cambiare idea e impedirgli di collaborare. E chi può riuscirci se non uno dei Moccia, ai quali è storicamente legato? Questo onere tocca – tra gli altri – a Luigi, il quale (su mandato della NF) prova prima con le buone offrendo al pentito la possibilità di rientrare dei soldi persi con la mancata acquisizione di un albergo di Montecatini, il Kursaal, e degli studi cinematografici De Paolis. Il collaboratore dimostra di essere interessato alla trattativa, ma è una finta:

Egli manifestò la propria disponibilità alla richiesta allo scopo di tutelare i familiari dalle probabili ritorsioni dell'associazione, di cui ben conosceva la potenza e la ferocia, temendo che lo Stato non fosse in grado di assicurargli adeguata protezione.

(Corte di Assise di Napoli, prima sezione, processo nr. 11/95 nei confronti di Archetti Biagio + 77)

Tutti si fidano di Pasquale, nessuno immagina che stia cinicamente giocando su due tavoli. Nel corso delle sue torrenziali dichiarazioni l'ex boss di Poggiomarino parla in maniera sfumata pure di Angelo Moccia, dice che ha alle spalle una storia analoga alla sua e si augura che pure lui possa collaborare per poi rifarsi una vita.

Ma Galasso si sbaglia, Angelo non lo seguirà nella strada della collaborazione nonostante i Pm Paolo Mancuso, Franco Roberti e Luigi Gay gli elenchino più volte i vantaggi a cui va incontro un pentito. I tentativi si rivelano un buco nell'acqua: "Enzuccio" è irremovibile, lui non vuole pentirsi ma dissociarsi. Molti anni dopo spiegherà in una intervista a Gigi Di Fiore:

Fu una scelta in evoluzione sin dal 1986, nasceva dalle esperienze di sangue che coinvolgevano la mia famiglia, dall'amore per i miei figli. Mi costituii nel 1992, dopo dieci anni di latitanza. In carcere, conobbi molti terroristi, come Giovanni Senzani. Pensai, sulla scia dei dissociati di terrorismo, che potevo accusarmi di tutto ciò che avevo personalmente commesso, senza coinvolgere altri, assumendomi ogni responsabilità.

(«Il Mattino», 20 dicembre 2019)

La sua è una intenzione che arriva da lontano, più volte ne ha parlato col fratello Luigi al quale ha affidato il compito di fare proseliti. Quando Luigi finisce in galera a Salerno con l'accusa di aver corrotto un magistrato, approfitta della carcerazione per saggiare il terreno con altri componenti della Nuova Famiglia detenuti insieme a lui: le reazioni sono buone, più d'uno si dichiara disponibile a dissociarsi.

L'ottimismo però si sgonfia quando Luigi, una volta tornato in libertà, parla del progetto allo stato maggiore della NF che infatti reagisce con un entusiasmo pari a zero. Nessuno ritiene che Angelo Moccia abbia avuto una brillante idea, e il dissenso più forte arriva da Fiore D'Avino (poi diventato collaboratore di giustizia), capozona a Somma Vesuviana, e da Geppino Autorino, tra gli uomini di punta del cosiddetto "braccio armato". Mario Fabbrocino, boss di San Gennaro Vesuviano, si mette addirittura a ridere. Qualche adesione arriva invece da personaggi importanti ma di seconda fila come Pasquale Loreto, Gennaro Brasiello e Costantino Laiola.

Intanto nella truppa della Nuova Famiglia monta l'odio nei confronti di Galasso, le cui confessioni si annunciano devastanti per l'organizzazione. E così una pattuglia di camorristi si mobilita per uccidere il pentito e tra gli uomini coinvolti nella caccia al traditore c'è pure Luigi Moccia. Nella scorta del collaboratore c'è un carabiniere in rapporti con i fratelli di Afragola:

> D'Avino Fiore, dopo avere ricordato che Moccia Luigi fu uno dei più assidui partecipanti agli incontri in cui si dibattevano le linee operative del sodalizio in quel difficile frangente ("Queste erano le persone che più o meno noi incontravamo con una certa frequenza"; ud. 22/4/98), ne ha compiutamente illustrato il fondamentale contributo fornito. Ha riferito che l'imputato prospettò con vigore la necessità di uccidere Galasso Pasquale, ormai apertosi completamente con gli inquirenti. Per raggiungere quest'obbiettivo si avvalse anche di un dipendente delle forze dell'ordine: "A parte che noi abbiamo rincorso per mezza Italia anche Galasso, perché da quello che risulta a me, oltre questo sottufficiale della D.I.A. che aveva rapporti con Pasquale Russo, c'era anche un altro dipendente delle forze dell'ordine che aveva rapporti con Luigi Moccia (ud. 15/4/98).
>
> (Corte di Assise di Napoli, prima sezione, processo nr. 11/95 nei confronti di Archetti Biagio + 77)

Che Galasso sia un condannato a morte lo conferma il ritrovamento, a Poggiomarino, di alcuni missili e il sospetto è che sarebbero stati utilizzati per colpire il pentito, tornato per un breve periodo nella sua città natale. La voce che circola è che a preparare l'attentato siano i Moccia, ma Angelo smentirà sostenendo di essere legato affettivamente a Pasquale:

> Galasso avrà pensato che ero diventato un animale, una bestia. Cosa che non sono stato neppure per vent'anni, nemmeno nel momento in cui ci sono state persone che ci hanno ammazzato i nostri cari [...]. Non sono mai stato così violento nemmeno con chi ha ammazzato i miei cari. Ci tengo a dirlo, ancora oggi lo sento un mio amico. I sentimenti non si vanno a comprare al supermercato. I sentimenti sono una cosa che si sentono. Per me ammazzare Pasquale Galasso è come ammazzare un fratello.
>
> (*Ibidem*)

Forse Angelo non ne è al corrente, ma secondo quanto riferiranno alcuni collaboratori di giustizia, suo fratello è tra i principali nemici del pentito. Secondo Fiore D'Avino – componente del direttivo – tra i più interessati a uccidere Galasso c'è proprio Luigi Moccia:

> Noi cerchiamo sempre attraverso il finanziere che stava con la D.I.A., qualche notizia ce la portava anche Luigi Moccia, qualche altra notizia ce la dicevano i napoletani a Moccia, che anche loro avevano qualche persona nella D.I.A.... So che Luigi Moccia aveva qualche persona che stava nella D.I.A. e gli dava qualche dritta su Pasquale Galasso, ma non so chi è, come si chiama... Ora non so se era notizia del finanziere oppure della persona di Luigi Moccia, comunque venimmo a sapere che Pasquale Galasso si trovava in un albergo sull'Aurelia, o una cosa del genere, ed ogni tanto si spostava ed andava a mangiare in un ristorante sardo a Piazza Navona o a Piazza di Spagna e quindi noi, insieme a Moccia e tutti questi

qua che vi ho detto prima, pensammo di fare un attentato a Pasquale Galasso. Al che Luigi Moccia, che aveva degli appoggi a Roma, cioè Luigi Moccia, Autorino, Pierino Pianese, Maurizio Procida e qualcuno altro andarono a Roma per vedere se si individuava il Galasso Pasquale. Perché se poi lo individuavano, dovevamo partire io, Marzio Sepe, Russo Salvatore e qualcuno altro; perché eventualmente dovevamo fare irruzione in questo albergo o aspettarlo sulla strada quando passava con delle macchine blindate, ma non si fece più niente. Quando tornarono, dissero che non erano riusciti a vedere Galasso e che degli amici di Luigi Moccia avevano dei Bazooka, dei lanciagranate perché se avessimo individuato Pasquale Galasso eravamo pronti con quelle armi micidiali sicuramente a eliminarlo.

(*Ibidem*)

Mentre Luigi – stando ai pentiti – vuole accopparlo, Galasso nei confronti di Angelo si comporta da amico leale: infatti nei primi interrogatori non pronuncia mai il nome di "Enzuccio", come se lo volesse salvare. Poi anche l'ex boss di Poggiomarino si dilunga nel ricostruire tutti i misfatti del suo ex sodale afragolese.

La rivolta di Codognè contro la vedova Moccia

Nel frattempo nella primavera del 1993 sulle cronache dei giornali irrompe la vedova Moccia. I magistrati napoletani spediscono Anna Mazza al soggiorno cautelativo a Codognè, piccolo e placido comune in provincia di Treviso. Com'era già accaduto una decina d'anni prima a Solarolo, anche gli abitanti di Codognè manifestano contro la donna perché non gradiscono la presenza di una "camorrista" nel loro ameno paesino. La Mazza, forse pure per farsi rimandare a casa, ci mette del suo per esasperare gli animi:

È ormai l'imbrunire quando, il 17 aprile del 1993, il democristiano Mario Gardenal, sindaco di Codognè, riceve una telefonata inaspettata. Altro capo dell'apparecchio c'è una voce femminile dal forte accento campano che, con spiazzante naturalezza, gli dice: "Dovrò effettuare il soggiorno cautelativo nel vostro comune, arrivo entro lunedì". "Soggiorno cautelativo? Da noi? ripete sbalordito Gardenal [...]. È sconvolto. Non sa se si tratta di uno scherzo. Tanto più che la donna, che si presenta come Anna Mazza, aggiunge: "Io lì non ci voglio venire. Vedete un po' di organizzare una protesta tosta" [...]. L'arrivo di quella che tutti chiamavano "la vedova nera" ebbe l'effetto di una bomba al plastico. Nel giro di nemmeno ventiquattrore il paese venne tappezzato di manifesti e striscioni [...]. E cortei e manifestazioni popolari, accompagnati da bandiere e da roboanti trattori, furono organizzati in tutto il comune. La gente era arrabbiata: il Veneto è pulito – diceva – noi, qui, i mafiosi non li vogliamo.

(Danilo Guerretta e Monica Zornetta, *A casa nostra. Cinquant'anni di mafia e criminalità in Veneto*, Baldini e Castoldi 2006)

La mobilitazione è così massiccia e rumorosa che oltre ai comuni cittadini riesce a coinvolgere i politici del centrodestra e una larga rappresentanza di imprenditori della zona. I sindaci del circondario chiedono e ottengono di parlare con il ministro dell'Interno Nicola Mancino: gli consegnano un esposto nel quale c'è scritto che pretendono la revoca del provvedimento che ha spinto la Mazza fin lassù. L'indignazione intanto non si placa. Il 30 aprile 1500 persone scendono in piazza, c'è chi fa lo sciopero della fame e della sete.

La vedova Moccia evidentemente vuole alzare la temperatura dello scontro perché mentre a Codognè e dintorni ribolle la rabbia, lei assume atteggiamenti provocatori: circola per le strade del paese a bordo di auto di lusso, pretende che il comune le paghi l'alloggio, nelle interviste polemizza con gli abitanti e i politici del posto. A Codognè non vedono l'ora di sbarazzarsene, e anche lei freme per abbandonare le lande venete prima possibile. Pur di tornare nella sua Afragola scrive ai ministri dell'Interno (il già citato Mancino) e di Grazia e Giustizia (Giovanni Conso) lamentandosi del trattamento ricevuto:

> Sono cardiopatica, qui offendono la mia dignità di donna e di mamma...mi fanno stare in locali umidi, dove non c'è l'acqua calda e dove manca il riscaldamento. La casa non è piccola ma sporca, il mangiare assomiglia al pastone per i cani: puzza. Io non voglio regali da nessuno, il pranzo che portano a me se lo possono mangiare il sindaco, la giunta comunale e i leghisti. Quello che voglio è una stanza con un servizio adeguato e del cibo. E voglio protezione: le istituzioni hanno disatteso la legge che prevede la difesa della mia incolumità. Tra i leghisti c'è brava gente ma ci può essere sempre qualcuno che esagera.
>
> (*Ibidem*)

Il termometro della tensione schizza verso l'alto quando la signora si chiude nei bagni del consiglio comunale e poi minaccia di suicidarsi lanciandosi dalla finestra. L'insofferenza nei suoi confronti cresce, al punto che davanti alla sua nuova abitazione vengono lanciate delle bottiglie incendiarie. L'escalation di intolleranza suggerisce di trovare una soluzione prima che la situazione possa degenerare: sotto la costante pressione della Lega Nord, si mobilitano il procuratore nazionale antimafia Bruno Siclari e il presidente della Commissione antimafia Luciano Violante; e alla fine Camera e Senato trovano una via d'uscita che riporta la pace a Codognè:

> La rivolta della gente, la protesta dei sindaci, le dimissioni (poi rientrate) di Gardenal, lo sciopero della fame di Padovan e l'intervento di un altro onorevole locale, portarono la Camera e il Senato a modificare in tempi record – un solo mese e mezzo – il discusso regolamento su soggiornanti obbligati. La legge 256, intitolata "Modifica dell'istituto del soggiorno obbligato", entrò in vigore il 30 luglio

e imponeva ai criminali, sia sospettati che condannati, sottoposti alle misure di sorveglianza speciale, il soggiorno coatto nel luogo di dimora o residenza abituale e non in un luogo qualsiasi. E fu così che il 12 agosto, Anna Mazza poté far ritorno, sotto scorta, nella sua Afragola.

(*Ibidem*)

Don Riboldi e la dissociazione che non c'è

Mentre la madre provoca un trambusto nel Trevigiano, il figlio Angelo è sottoposto al pressing dei magistrati che non mollano la presa: sperano che abbandoni la scelta della dissociazione (che non gli porterebbe alcuno sconto di pena) e si convinca a collaborare. L'ultimo assalto lo tenta il Pm Luigi Gay che va a interrogarlo nel carcere di Velletri, ma "Enzuccio" non si smuove di un millimetro: è consapevole del suo salto nel vuoto, ma non diventerà mai un pentito. Per un periodo la Direzione distrettuale antimafia di Napoli lo ignora, per cui Moccia chiede di essere interrogato dal Pm di Salerno Ennio Bonadies al quale confessa alcuni omicidi commessi in quella provincia e per i quali non era stato ancora neppure indagato.

Durante la permanenza nel carcere di Velletri comincia ad avvertire sempre di più il peso della sua vita precedente e cerca una sponda che lo aiuti ad affrontare il malessere che lo pervade. Potrebbe coinvolgere politici particolarmente sensibili alla vicenda, ma evita perché teme possano strumentalizzare le sue intenzioni. Allora chiede al fratello Luigi di contattare il cappellano del carcere di Poggioreale, don Elvio Damoli, il quale a sua volta mobilita don Antonio Riboldi, il vescovo di Acerra noto per le sue storiche battaglie in difesa dei più deboli: ha credibilità e tenacia, è l'uomo giusto per convincere le istituzioni a riconoscere la possibilità di dissociarsi pure ai camorristi.

All'uomo di Chiesa, al quale scrive un'accorata lettera e con il quale s'incontrerà più volte, l'oramai ex camorrista non confessa soltanto i suoi peccati ma rivela pure qual è il suo orizzonte:

> Vorrei arrivare ad avere un colloquio con lei per dimostrare che da parte mia vi è una concreta e tangibile volontà di conversione, partendo dal presupposto che il cammino di conversione deve passare sì attraverso la penitenza, ma che rimanga umana. Se mi sono rivolto a un uomo che rappresenta la Chiesa è perché, nonostante tutto, ho ancora intatti i valori della vita, pur consapevole che dovrò pagare il debito con la giustizia per i miei errori. E se lo faccio è anche per impedire che i miei figli seguano questo cattivo esempio.

(Bruno De Stefano, *op. cit.*)

Il vescovo resta impressionato dalle parole dell'ex capoclan e decide di perorare la causa. Dirà poi don Riboldi al processo:

> Io posso solo dire che questa intenzione in Angelo era vera, cioè in fondo non aveva... voleva tirarsi fuori. Alla fine dice: non mi serve neanche un piccolo premio, una piccola considerazione, mi interessa uscirne, dire quello che sono e tornare a vivere dopo essermi pentito. Posso anche dire che siamo andati più in là, ma più in là non posso parlare, signor presidente, perché qui comincia la mia... professione. Lui ha chiesto addirittura di confessarsi. E questo mi pare... una confessione non è come qui, la confessione è un fatto sacramentale, dove non si può barare e dove non c'è nessun premio... Se uno viene da me e dice quello che ha fatto...intendo riconciliarmi con Dio e con l'umanità, io non posso dire avrai dieci anni di carcere in meno... Io ho incontrato tanti altri, presidente... Ho incontrato Cutolo, ho incontrato altri. Ho incontrato tanti terroristi e so quando uno mi prende in giro e quando dice la verità, almeno questo lo so distinguere.
> (Corte di Assise di Cassino, procedimento nr. 1/95, udienza del 3 febbraio 1996)

Don Riboldi è convinto della genuinità delle intenzioni di Moccia. È sulla base di questa granitica certezza che accetta volentieri il ruolo di portavoce di una battaglia che potrebbe portare alla resa centinaia e centinaia tra capi e gregari, probabilmente non solo appartenenti alla camorra ma pure ad altre organizzazioni criminali. Il vescovo bussa alla porta dello Stato per chiedere di approfittare di una occasione che si profila epocale: si dice più che sicuro che se passa la dissociazione, le mafie andranno verso l'autodistruzione:

> I malavitosi disposti a dissociarsi riconoscerebbero che essere camorrista, alla luce del Vangelo e di una vita degna dell'uomo, non porta che un vivere infelicemente, sempre avendo paura e quello che più conta vivendo una vita che non può essere testamento degno di un padre ai figli. I camorristi, alcuni dei quali ancora sconosciuti alla giustizia, non vogliono essere considerati pentiti. [...] Chiedono al presidente della Repubblica, al Governo, al presente Parlamento se vi sia una accoglienza umana a questa loro disponibilità alla resa. [...] (i camorristi) Hanno molto discusso tra di loro sulla possibilità di un pentitismo che avrebbe dato tante agevolazioni. Ma in forza del loro atteggiamento che è di conversione sul modello della Chiesa, scelgono il ruolo della dissociazione; anche se questa porta pochi vantaggi. [...]. Chiedono solo un processo con rito abbreviato e se possibile riconoscere la loro dissociazione. Questo per dare loro la possibilità, pagando i loro errori, di ricostruirsi la vita dentro, di riparare nello stesso tempo il male e di avere la possibilità di trasmettere una educazione diversa ai loro figli. I camorristi dissociati sarebbero pronti anche a dare una dimostrazione tangibile delle loro intenzioni. Assicurano che, per mostrare la serietà dei loro propositi sono pronti a dare graduali segnali ben precisi, che saranno puntualmente fatti sapere all'opinione pubblica. È un fatto di grande rilevanza che apre una grande porta alla scomparsa della camorra. Un fatto che può avere dell'incredibile, del fantastico o altro. E adesso Dio illumini loro e tutti gli altri, a cominciare da chi detiene il potere.
> (Bruno De Stefano, *op. cit.*)

Uno dei "graduali segnali ben precisi" (per la verità non troppo persuasivi) arriverà molto presto: in un'auto parcheggiata in un garage di Salerno vengono fatte trovare delle armi: è una dimostrazione palese, secondo don Riboldi, della volontà dei camorristi ad alzare bandiera bianca. In cambio, spiega il presule al giornalista Ottavio Lucarelli, i camorristi chiedono

> che sia approvata una legge per il rito abbreviato e che, considerate le proporzioni della resa, siano applicate pene non eccessivamente pesanti. Sono pronti ad arrendersi, a essere rinchiusi in carcere, ma poi vogliono uscirne rinnovati, ripuliti [...]. Se ho deciso di annunciare questa resa è perché proprio loro me lo hanno chiesto. Il gioco stava diventando troppo pericoloso.
>
> («la Repubblica», 7 febbraio 1994)

Angelo Moccia, intanto, non sa quel che accade fuori dal carcere e non gli interessa più di tanto. Agli inizi del 1994 le sue intenzioni si trasformano in una scelta definitiva. Prima però di mettere nero su bianco, ne parla alla moglie Lina, alla quale suggerisce di trovarsi un altro uomo perché merita di avere un'altra esistenza priva di sofferenze:

> Devi rifarti una nuova vita perché non intendo pentirmi, ma ho deciso di confessare tutte le mie colpe. Potrei non uscire più dal carcere. Non ho il diritto di condannare anche te. Tu sei innocente. Devo lasciarti libera di rifarti una vita. Ti chiedo solo di trovarti un uomo onesto. I figli hanno diritto a un esempio positivo.
>
> (Senese-Mancuso, *op. cit.*)

Lina, ovviamente, non lo sta a sentire e appoggia in pieno le volontà del consorte. Il 9 febbraio del 1994, nel carcere di Rebibbia, "Enzuccio" dichiara al pubblico ministero Gay:

> È da tempo che meditavo di confessare tutti i reati commessi nell'arco della mia vita, e la S.V. è ben a conoscenza di questa mia decisione che aveva solo bisogno di una certa maturazione, anche perché sapevo di esporre i mei familiari a gravi rischi. Non intendo assumere, tuttavia, la qualifica di "pentito". Tale ultima espressione non vuole né essere la difesa dei valori della camorra, nei quali non ho mai creduto fino in fondo, né intende esprimere un giudizio critico nei confronti di chi ha scelto di collaborare, ma è il frutto di un percorso interno e ha come aspirazione massima quella di impedire che i miei figli e tanti altri giovani facciano gli errori che ho commesso io.
>
> (*Ibidem*)

Poi spiega cosa si aspetta dal futuro per sé e per la sua famiglia:

> Non intendo fare i nomi dei miei eventuali correi proprio perché voglio che i miei figli e voi giudici capiate che ho fatto questa scelta non per beneficiare di trattamenti premiali, ma perché, oggi, mi sento distante dalla logica della violenza che pure ho praticato, e perché spero di poter ricominciare a vivere una vita nuova

e in una diversa realtà. In caso contrario potrei essere accusato di averlo fatto per puro interesse personale mentre invece voglio che si capisca che è una scelta che riguarda solo me e le mie responsabilità. La mia non è omertà, ma mentre non intendo nascondere nulla di ciò che ho commesso, mi creda, non me la sento di fare qualcosa che è fuori dalla mia coscienza. Io non chiedo nulla per me, ma sono convinto che solo una vera e completa dissociazione può sconfiggere la camorra, piuttosto che pentimenti strumentali e spesso molto limitati.

(*Ibidem*)

Se don Riboldi è sempre più convinto che Moccia abbia aperto una falla che diventerà una voragine, i magistrati della Direzione distrettuale antimafia di Napoli esprimono forti perplessità sulla concessione della dissociazione e respingono qualsiasi ipotesi di trattativa. Scrivono i pubblici ministeri in una nota:

Attualmente sono in corso numerose, complesse, incisive investigazioni sulle attività delittuose, la rete collusiva e il riciclaggio delle conseguenti risorse economiche delle organizzazioni criminali che da anni controllano il territorio campano. Nessuna trattativa è possibile fra lo Stato, in tutte le sue articolazioni da un lato e le organizzazioni criminali dall'altro. La legislazione vigente già adeguatamente disciplina la collaborazione per reati di camorra, correttamente subordinando la concessione dei benefici a un contributo incondizionato alle indagini. La concessione di analoghi benefici in relazione a ipotesi di mera dissociazione lascerebbe intatti i vincoli camorristici e la struttura delle organizzazioni criminali. La sola prospettazione dell'allargamento dei benefici ai semplici dissociati già determina un pericoloso effetto di dissuasione da incondizionate collaborazioni. Ogni eventuale costituzione dei latitanti e dichiarate posizioni di "dissociazione" saranno positivamente valutate alla stregua delle leggi vigenti.

(Bruno De Stefano, *op. cit.*)

La chiusura dei magistrati è netta, non lascia intravedere nessun margine di negoziazione. E le loro perplessità le mettono in fila nell'ordinanza di custodia cautelare "Maglio", la maxi retata contro la Nuova Famiglia che nel 1994 porterà in carcere una centinaio di persone, tra cui alcuni politici come l'ex ministro dell'Interno, il democristiano Antonio Gava. Si tratta di parole dure che smontano la genuinità dell'iniziativa di Moccia per descriverla come un tentativo di limitare i danni provocati dalle devastanti rivelazioni dei pentiti:

La delicatezza delle connesse problematiche giuridiche e di politica criminale e l'eterogeneità dei soggetti (e delle relative aspettative) intervenuti per favorirla od anche soltanto per verificarne gli effettivi significati non consentono in questa sede di esprimere articolate valutazioni politico-giudiziarie sulla "dissociazione". Tuttavia, la "politica della dissociazione" per alcuni mesi perseguita da alcuni dei più pericolosi settori della criminalità organizzata (e concretatasi soltanto nell'interrogatorio di Angelo Moccia allegato, oltre che nello spettacolare quanto strumentale rinvenimento delle armi abbandonate in Salerno) sembra essere l'espressione di un consapevole disegno di perpetuazione del potere criminale camorristico, attraverso forme di "negoziazione" con lo Stato ambigue e pericolose. Accanto all'evidente scopo di frenare gli effetti delle collaborazioni con la giustizia già in atto e di impedirne l'espansione, non può non scorgersi il raffinato disegno di: – lasciare intatta la rete di trame collusive per anni intessuta con rilevanti settori della pubblica amministrazione e delle istituzioni politiche, nulla rivelando su tali, invasivi versanti criminosi; – conservare ed anzi legittimare le ingenti risorse economiche accumulate dalle organizzazioni criminali, nulla ovviamente rivelando circa provenienza e canali di reinvestimento delle stesse; – tacere sui collegamenti operativi (al fine della realizzazione dei traffici delittuosi più vari) con altre organizzazioni non coinvolte dalla scelta della "dissociazione"; – continuare ad avvalersi del potere economico-criminale conseguito, dopo aver riconquistato nel volgere di pochi anni libertà personale e di relazioni grazie ai trattamenti premiali pretesi. La rilevazione dell'insidiosità criminale di tale progetto colora di obbiettivi significati il ruolo di "ambasciatore" svolto da Luigi Moccia. Ne palesa, per altra ed emblematica via, la piena adesione alle logiche dell'organizzazione mafiosa della quale è componente organico ed attivamente operante sin dalla sua formazione originaria, concretamente svolgendo funzioni tipicamente dirigenziali sia in ordine alle specifiche attività delittuose del proprio gruppo sia nella gestione dei complessivi interessi della "federazione camorristica".

(Procedimento nr. 9086/1992 contro Agizza + 101)

Nonostante Moccia rivendichi la limpida onestà intellettuale della sua scelta, l'ipotesi che si sia trattato di una iniziativa strumentale resta sempre in piedi. Qualche tempo dopo la vedova Moccia prende carta e penna e scrive ai vertici dello Stato (ma pure a don Luigi Ciotti e a don Antonio Riboldi) per ribadire che la dissociazione di suo figlio Angelo non è finalizzata a ottenere benefici o sconti di pena. Scrive Anna Mazza:

Come si può parlare di strategia se mio figlio non ha preso contatto con nessuno dei coimputati per dissociarsi ma si è spontaneamente determinato con la sola fermissima volontà di staccarsi dall'ambiente criminale? [...] Mio figlio è stato preso dalla stanchezza, dalla nausea e dal rigetto nei confronti dell'ambiente criminale nel quale ha ammesso di aver operato per tanti anni per vendicare l'uccisione di suo padre. [...] È stato guidato dalla volontà di dare una possibilità di vita onesta, di pace e di laboriosità ai figli [...]. Ha fatto rivelazioni su tutti i reati da lui commessi ed esponendo particolari e fatti anche sconosciuti alla polizia e alla magistratura. [...]. Voi che rappresentate le più alte autorità in materia di giustizia non rifiutate la mano del dissociato che a voi si offre con sincerità e rispetto di verità.

(Ansa, 13 agosto 1996)

La tempesta mediatica e il dibattito sulla dissociazione si trasforma in una innocua pioggerella perché alla fine della fiera non ci sarà nessuna resa di massa. In tanti decideranno di collaborare con la giustizia, mentre tra i boss campani la strada della dissociazione sarà imboccata solo da "Enzuccio" Moccia. Il quale, gli va riconosciuto, resterà fermamente inchiodato alla sua scelta senza farsi mai sedurre dalla prospettiva di collaborare. Neppure dopo aver assistito alla progressiva resa di quasi tutti i suoi ex amici della NF.

La fine dei giochi

Il declino definitivo della famiglia di Afragola viene sancito ufficialmente dalla sentenza del processo "Maglio" che si chiuderà con condanne pesantissime irrogate a tutto lo stato maggiore della Nuova Famiglia. I giudici della prima sezione della Corte di Assise di Napoli, presieduta da Omero Ambrogi, fanno a pezzi la tesi secondo la quale la "dissociazione" di Angelo fosse una scelta sincera e priva di secondi fini. Anzi: l'atteggiamento di "Enzuccio" non avrebbe contribuito a smantellare la NF ma avrebbe avuto l'effetto di proteggere gli interessi del clan:

> Non solo, quindi, nessun contributo alle indagini da parte di Moccia Angelo, tanto più che le rivelazioni dei collaboratori hanno consentito di ricostruire solo parzialmente proprio l'organigramma del gruppo di Afragola (infatti, come si è visto, ancora nel giugno 1998 le forze dell'ordine hanno proceduto al sequestro di armi micidiali in un immobile nella disponibilità di Tuccillo Gennaro), ma un'evidente tentativo di sminuire una realtà ben più allarmante. Il che legittima ulteriormente la conclusione secondo cui la scelta della "dissociazione" non è dettata da pura resipiscenza [...]. La realtà è che il Moccia non ha mai inteso fare i nomi delle persone con lui concorrenti nei reati. Pertanto la sua condotta non ha sortito nessun effetto sostanziale, quale lo smantellamento dell'organizzazione criminale di appartenenza, né ha contribuito (e la legge in argomento richiede espressamente che l'aiuto fornito concerna elementi "decisivi") all'identificazione degli autori delle imprese criminose. Ben avrebbe potuto, invece, il giudicabile non limitarsi alle dichiarazioni confessorie e fornire informazioni utili per fare piena luce sulle azioni delittuose in contestazione e sui responsabili delle stesse, specie per quel che concerne le persone che militavano nella formazione da lui guidata. Egli, invece, non solo non ha fatto il nome di costoro (limitandosi a confermare le accuse solo nei confronti di coloro che già avevano reso confessione o erano deceduti), ma non ha nemmeno compiuto approfondita ricostruzione delle vicende cui pur aveva preso parte, preferendo spesso trincerarsi dietro comodi "non ricordo".
>
> (Corte di Assise di Napoli, prima sezione, processo nr. 11/95 nei confronti di Archetti Biagio + 77)

I giudici smontano pure le giustificazioni di Angelo Moccia: gli eventi tragici e l'ambiente nel quale è cresciuto avranno senz'altro avuto il loro peso, ma "Enzuccio" nel mondo della criminalità ci ha sguazzato volentieri fino a raggiungere posizioni di vertice. Ecco cosa scrive sul suo conto la prima sezione della Corte di Assise di Napoli:

Innanzitutto non può condividersi la tesi secondo cui il Moccia abbia imboccato la via della delinquenza organizzata solo per vendicare l'uccisione del padre ad opera dei cutoliani. Certo il grave lutto patito contribuì alla maturazione di questa decisione, ma, a essa non può ritenersi estranea la volontà di acquisire potere malavitoso. Infatti, una volta conquistata una posizione di supremazia criminale, l'imputato la gestì per conseguirne il massimo utile possibile. Egli fu, in particolare, uno dei più attivi protagonisti di quella generalizzata imposizione estorsiva in danno delle ditte appaltatrici di lavori pubblici, che ha pesantemente condizionato il regolare funzionamento del mercato delle imprese e consentito a lui ed ai suoi sodali di intercettare notevoli flussi di denaro pubblico.

(Corte di Assise di Napoli, prima sezione, processo nr. 11/95 nei confronti di Archetti Biagio + 77)

Dunque, sostengono i giudici, Angelo non è una vittima del sistema; anzi, è stata una delle rotelle più importanti della Nuova Famiglia, tant'è che fin dall'inizio ha fatto parte di quel selezionato gruppo a cui era affidata la direzione strategica dell'organizzazione, partecipando pure a una serie di omicidi:

Nell'ambito di tale consesso il Moccia occupò, poi, un posto di prestigio in quell'ancora più ristretto "nucleo storico" che aveva dato vita all'organizzazione, i cui membri si riservarono sempre una posizione di privilegio anche nei confronti di nuovi ed importanti adepti, quali i fratelli Russo ed i fratelli D'Avino, personaggi di grande ed antico spessore malavitoso [...]. In tale importante veste Moccia Angelo concorse a deliberare (e spesso a eseguire materialmente) numerosissimi omicidi, in particolare quelli di maggior rilievo per la vita e lo sviluppo della consorteria. Quando, con la vittoria sui cutoliani, l'associazione si estese sul territorio campano il prevenuto assunse il "controllo" della zona di Afragola, gestendo le tipiche attività delinquenziali del clan (in particolare le estorsioni alle imprese che avevano ottenuto appalti pubblici) [...]. Dal suo canto il Moccia ha riconosciuto la veridicità delle accuse mossegli, confessando di essere stato da sempre uno dei capi dell'organizzazione criminale [...]. Ha, altresì, ammesso il proprio ruolo di protagonista negli omicidi in danno dei fratelli Francesco ed Umberto Giugliano, di Catapano Alfonso, di Catapano Antonio, di Carnevale Carmine e Graziuso Francesco, di Ruocco Giuseppe e Sarmino Domenico, di Malvento Antonio e Cacace Giuseppe (per limitarci a quelli formanti oggetto del presente procedimento).

(*Ibidem*)

Per la Corte d'Assise, "Enzuccio" non era l'unico della famiglia ad aver aderito alla NF. Importante, anche se più sfumata, la figura del fratello maggiore Luigi, al quale – stando all'esito dei processi – toccava il compito di sostituire Angelo quando questi era latitante o in galera. In più di una occasione Angelo ha provato a minimizzare il ruolo di Luigi, accusato invece da diversi collaboratori di giustizia di essere stato un elemento strategicamente importante nella Nuova Famiglia. Per l'ex boss di Afragola, invece, non c'entrava nulla né con la NF né con il mondo del crimine:

Mio fratello Luigi è più grande di me. Non credo sia più sciocco di me, anzi credo che abbia qualche grado di intelligenza più di me. Perché dovevo essere io il capoclan e non mio fratello Luigi? Mio fratello Luigi, ci tengo a dirlo, è stato una mia vittima da quando che siamo nati. Già nel 1976 viene arrestato per l'omicidio D'Arminio senza sapere niente. Esce dal carcere, viene arrestato perché viene a fare il colloquio con me e avendo paura dei nemici ha una pistola addosso, e viene arrestato perché ha una pistola all'interno del carcere. Viene arrestato per una rapina innocentemente. L'unico reato che commette mio fratello Luigi nella sua vita è l'evasione dal carcere di Frosinone [...]. Altri reati non ne ha commessi, lo dimostra il fatto che dal momento in cui evade dal carcere di Frosinone è latitante, siamo agli inizi degli anni '80, i più terribili che abbiamo vissuto in Campania. Mio fratello Luigi era latitante e non veniva appoggiato né a Nola, né a Saviano, né a Napoli. In nessun posto di questi. Luigi la sua latitanza l'ha vissuta tra Formia, Gaeta, Roma. Non ha avuto nessun contatto con nessun malavitoso. Ci sono collaboratori storici del gruppo Alfieri e non nominano mio fratello in nessun fatto delittuoso in quell'epoca. Mio fratello viveva la latitanza come libertà, non come fatto malavitoso, come la vivevo io. Penso che questo sia un fatto talmente chiaro. Poi mio fratello comincia a essere accusato quando? nei delitti del '91, '92, '89... Ma lo capiva pure il più cretino del mondo che oramai era finito questo modo di vivere. Io mi dissocio, mi autoaccuso dei miei delitti e mio fratello che cosa fa? Si va ad impegolare in queste faccende quando è tutto finito. A che scopo? Nel momento in cui lo stesso Alfieri viene a dire in quest'aula, e in altre aule, che voleva lasciare il comando del clan e se il caso di passarlo a me. E se avessi avuto questa cosa, vabbè non lo voglio fare io? Mo' lo faccio fare a mio fratello il capoclan.

(Corte di Assise di Napoli, prima sezione,
processo nr. 11/95 nei confronti di Archetti Biagio + 77)

L'estraneità del fratello, Angelo l'ha ribadita anche in relazione al discorso sulla dissociazione: stando a quanto ha dichiarato, affidò a Luigi il compito di saggiare la reazione di altri camorristi nonostante quest'ultimo non fosse organico alla Nuova Famiglia:

A questo proposito voglio chiarire che mio fratello Luigi non godeva la stima dei capi camorra del napoletano, sapevano che egli era estraneo alle mie scelte criminali e per tali ragioni costoro inizialmente diffidarono del mio proposito di dissociazione. Io così facendo, cioè coinvolgendo mio fratello o meglio usandolo come messaggero delle mie idee, non facevo altro che esporlo a gravi rischi della sua incolumità fisica, però non avendo altra strada dovetti insistere a che egli continuasse ad avere, in mio nome e per mio conto, rapporti con i vari sodalizi criminali per la dissociazione.

(Senese-Mancuso, *op. cit.*)

"Enzuccio" insiste nel sostenere l'estraneità del fratello a qualsiasi organizzazione malavitosa, ma la sua chiave di lettura viene ribaltata senza alcuna esitazione da una fonte più che attendibile come Carmine Alfieri, il capo della Nuova Famiglia. Chi meglio di lui può aver avuto contezza del ruolo di Luigi? L'ex boss riferirà ai giudici:

Posso dire che nel periodo in cui è stato Enzo Moccia in carcere, da me veniva Luigi Moccia il quale aveva i rapporti con il nostro direttivo e faceva da tramite fra noi ed il fratello Angelo Moccia che si trovava in carcere ... Moccia viene arrestato la prima volta nell'89 – se io ricordo bene – ed esce nel 1990 (Moccia Angelo soffrì, infatti, una carcerazione dall'agosto 89 al novembre 1990), ed anche in quel periodo io con il mio direttivo avevamo contatti con Luigi Moccia. In quegli anni io i rapporti li avevo con Enzo Moccia, che era latitante presso i miei rifugi, nella mia zona di Piazzolla di Nola, Saviano, però sia Antonio che Luigi, unitamente a tutta la famiglia, venivano sempre da Enzo Moccia. Diciamo che erano i suoi familiari che curarono le sue cose nella zona di Afragola – Casoria – Cardito e paesi limitrofi. Mi riferisco a Moccia Luigi, nel periodo dopo che uscì dal carcere, a Moccia Antonio ed anche al cognato Filippo Iazzetta [...]. Io le cose le stabilivo sempre con Enzo Moccia al tavolo, perché questo Enzo Moccia era un personaggio di primo piano del nostro direttivo, e poi nella zona di competenza di Moccia... Cioè io poi non so se i fratelli hanno partecipato a cose delittuose, omicidi o cose [...]. Comunque io posso dire che nel periodo in cui è stato Enzo Moccia in carcere, da me veniva Luigi Moccia il quale aveva i rapporti con il nostro direttivo e faceva da tramite fra noi ed il fratello Angelo Moccia che si trovava in carcere [...]. Cioè Moccia viene arrestato la prima volta nell'89 – se io ricordo bene- ed esce nel 1990, ed anche in quel periodo io con il mio direttivo avevamo contatti con Luigi Moccia. Poi Moccia si costituisce nel 1992 e lo stesso in quel periodo io ho contatti con Luigi Moccia ... Noi aggiornavamo di tutto quello che era il nostro gruppo, tramite il Luigi Moccia, il fratello Enzo che stava in carcere; come poi Luigi Moccia aggiornava noi della situazione che stava nella sua zona, cioè sempre a livello di controllo della zona e soprattutto come si svolgevano i fatti della criminalità in quella zona ... Io posso dire che il Luigi Moccia, quando il fratello stava in carcere, lo sostituiva in tutto.

(Corte di Assise di Napoli, prima sezione,
processo nr. 11/95 nei confronti di Archetti Biagio + 77)

Più o meno dello stesso tenore le dichiarazioni di un altro pentito, Andrea Delli Paoli, uno che conosce bene la cosca afragolese per averne fatto parte:

Il capo è stato sempre Enzo Moccia. I fratelli lo hanno sempre ubbidito [...]. Guardi, lì come fratello il primo era Luigi, quindi se per un fatto di età, allora io le dico che potevo rivolgermi a Luigi Moccia, viceversa Antonio era il più piccolo, io non ho avuto mai problema a rivolgermi a uno di loro, però che io sappia gerarchia non vi era, solamente se Enzo poteva avere un affare, che le voglio dire, di costruzione o di un qualcosa che vi era da fare, il più indicato era Luigi Moccia.

(*Ibidem*)

Un altro dei componenti della famiglia, Antonio Moccia, è finito davanti ai giudici della Corte di Assise ma la sua posizione è risultata assai meno grave. Non sono emerse prove inconfutabili per poterlo inquadrare inequivocabilmente come un "soldato" del clan. Scriveranno i giudici:

Le risultanze processuali non forniscono prova certa dello stabile inserimento del prevenuto nell'associazione per delinquere di stampo camorristico in esame. Gli elementi acquisiti non offrono, invero, univoca dimostrazione di un effettivo contributo assicurato da Moccia Antonio all'organizzazione criminale. Infatti le plurime dichiarazioni che lo concernono non consentono di delineare, con la necessaria sicurezza, il ruolo che sarebbe stato da lui svolto all'interno del sodalizio, difettando di quella specificità che connota invece le chiamate in correità nei confronti del fratello Luigi. In particolare le contestazioni di avere concorso nell'omicidio di Marra Pasquale e nel tentato omicidio di Scotti Pasquale e di Marra Mauro non sono state positivamente suffragate dall'istruttoria dibattimentale (come si è visto nella sede propria); né è possibile attribuire comunque compiuto significato, ai fini che qui interessano, alla condotta tenuta nell'occorso dal giudicabile.

(*Ibidem*)

Il clan Moccia è morto. No, è vivo

Con la conclusione del processo alla NF la dinastia sparisce dalla scena, anche se nei rapporti semestrali della Direzione investigativa antimafia quello dei Moccia viene indicato come un clan ancora in attività. Nel 2015 si ritorna a parlare della famiglia afragolese quando gli avvocati Saverio Senese e Libero Mancuso (ex magistrato) danno alle stampe il libro *Una mala vita*, nel quale ricostruiscono "la vera storia" (così recita il sottotitolo) di Angelo Moccia. Nelle 230 pagine del volume si sottolinea più volte di come fosse stata sincera e disinteressata la scelta della dissociazione e di quanto "Enzuccio" sia oramai un uomo diverso dal boss della Nuova Famiglia che uccideva e intascava tangenti. Intanto mentre i suoi figli tornano in libertà dopo lunghe detenzioni, Anna Mazza si eclissa per sempre la notte del 17 settembre del 2017: aveva 80 anni. Chi, invece, si palesa dopo anni trascorsi nell'oblio è proprio Angelo Moccia (libero dal 2015): l'erede più importante di don Gennaro ribadisce che lui e la sua famiglia sono ormai sideralmente distanti dal mondo della camorra. S'è fatto più di vent'anni di galera, otto dei quali trascorsi nelle asperità del cosiddetto "carcere duro", il 41 bis. Non ha mai cambiato idea, nel senso che la tentazione di diventare un collaboratore di giustizia non lo ha mai sfiorato neppure nei più acuti momenti di sconforto. Nel dicembre del 2019 a Gigi Di Fiore, inviato del quotidiano «Il Mattino», l'oramai 63enne ex boss – dopo aver premesso «vivo del mio lavoro e dei beni ereditati, beni puliti e non confiscati, di una famiglia che ad Afragola era benestante» – assicura che è diventato un uomo completamente diverso da quello che commetteva omicidi e intascava centinaia di milioni di pizzo:

> Ho pagato il mio debito con la giustizia. Il passato è parte di me, ma vorrei ora vivere una vita davvero da uomo libero anche se incontro ostacoli [...]. Ho un passato che pesa, come il mio cognome, ma non è giusto che sia accompagnato sempre da sospetto e diffidenza sulla mia vita attuale. In carcere si cambia, non sono la stessa persona di tanti anni fa [...]. Ho vissuto cose orribili, una storia in anni di sangue, di violenze, di vendette. Iniziai dopo una richiesta di estorsione alla mia famiglia, poi vendette in successione. Ero immerso in una spirale in cui ho sofferto anche l'uccisione di un mio fratello. Ho pagato per questo, avevo un'idea sbagliata di giustizia personale. Pentirmi? Ci ho pensato più volte, in maniera sofferta. Non ho mai fatto questa scelta, perché sarei stato male per sempre e sarei potuto arrivare al suicidio.
>
> («Il Mattino», 20 dicembre 2019)

Nell'intervista Moccia parla anche dei suoi vecchi compagni di strada che si sono pentiti, come Carmine Alfieri e Pasquale Galasso, le cui confessioni hanno contribuito a tenerlo dietro le sbarre qualche decennio:

> Ero legato da un particolare affetto a Pasquale Galasso, entrambi abbiamo subito l'uccisione di un fratello. Chiese un confronto per incontrarmi, si tenne alla sede Dia a Roma. Pochi sanno che, quando ci vedemmo, chiese che mi togliessero le manette e ci abbracciamo, scoppiando a piangere tutti e due [...]. Alfieri? Lo rispetto. In un confronto, proprio Carmine Alfieri cercò di convincermi a fare la sua stessa scelta senza riuscirci.
>
> (*Ibidem*)

A Di Fiore, l'ex ras di Afragola lamenta anche l'attenzione rivolta alla sua famiglia dai giornali e dagli inquirenti che continuano a parlare di un "clan Moccia" che oramai non esiste più: lui e i fratelli si sono rifatti una vita ed è bene che tutti ne prendano atto:

> Vivo all'estero, lavorando nel settore alimentare. Ma il mio passato mi perseguita e non per colpa mia. Con i miei fratelli, mi ero trasferito a Roma, ma il nostro cognome, anche senza fare oggi nulla di male, viene bollato e c'è stato chi ha ipotizzato una nostra influenza sulla realtà criminale della capitale. Hanno pubblicato addirittura una mappa, in cui i Moccia figurano nel controllo del quartiere Parioli. Non è vero, ma ho deciso di lasciare Roma, dove mi trovavo bene, per andare all'estero [...]. Siamo quattro fratelli, abbiamo dodici figli e 5 nipoti. Conducono una vita onesta, e soprattutto per loro vorremmo che il marchio che ci accompagna fosse rimosso. Si può scontare una pena e cercare di essere dimenticati nella riabilitazione, ma sembra che a noi non sia consentito. In ogni arresto ad Afragola e dintorni si parla di clan Moccia, che non esiste più da anni. Il mio passato di omicidi per vendette e per il pizzo ottenuto sui grandi appalti, che io chiamavo tangenti, dopo il carcere è alle mie spalle. Mai fatto traffici di droga e ho sempre rispettato la scelta dei miei ex compagni di collaborare con la giustizia.
>
> (*Ibidem*)

Il figlio di Anna Mazza lancia anche un appello alle vittime delle estorsioni, spesso avanzate da soggetti che dicono di appartenere al "clan Moccia":

> A chiunque si trovi a ricevere richieste di pizzo, ad Afragola come altrove, dico di andare subito a denunciare. Credo ora nella giustizia, nelle forze dell'ordine, nei magistrati, e non ho nulla a che fare con chi spende il mio nome per compiere questi crimini.
>
> (*Ibidem*)

Dunque, secondo "Enzuccio" il clan Moccia non esiste più. Non la pensano, però, allo stesso modo alla Direzione investigativa antimafia. Nella relazione del secondo semestre del 2019, la cosca di Afragola viene citata per ben 25 volte.

E alla fine di settembre del 2020 arriva un'altra mazzata: la Direzione distrettuale antimafia della procura di Roma ordina tredici arresti per una serie di reati che vanno dall'estorsione all'intestazione fittizia di beni, arrivando fino all'esercizio abusivo del credito. Tutti con l'aggravante del metodo mafioso. Quattordici i ristoranti sequestrati la cui gestione sarebbe riconducibile ai Moccia. Tra gli indagati ci sono anche Angelo e Luigi Moccia.

Saranno l'inchiesta e l'eventuale processo a stabilire se la famiglia di Afragola è ancora un clan camorristico in attività o se la giustizia ha preso un abbaglio.

Sarno

Una macchina da guerra. E infatti la prima azione di rilievo era stata degna di una guerra: una strage all'interno di un bar con un bilancio finale di sei morti, quattro dei quali però completamente estranei al mondo criminale. La famiglia Sarno, per molti anni padrona assoluta del quartiere di Ponticelli – periferia est di Napoli – e di alcuni comuni della provincia, sembrava invincibile. Fino al 2009 era ramificata su un territorio presidiato da un esercito numeroso e ben equipaggiato, e guidato da personaggi dotati di una spiccata intelligenza strategica. Insomma, un cingolato della camorra in grado di schiacciare chiunque e in qualunque modo. Al vertice c'era Ciro "'o sindaco", non il più anziano della famiglia ma il più autorevole. Che fosse libero o in galera, sapeva come e quando muovere le sue pedine e poteva contare sull'assoluta obbedienza dei suoi fratelli Giuseppe "'o mussillo", Pasquale, Luciano (morto per un tumore nel 2018) e Vincenzo; tutti, chi più e chi meno, impegnati a turno a governare su un "regno" che col tempo s'era fatto sempre più esteso grazie ad annessioni costruite con accordi con bande locali quasi sempre preceduti da omicidi e ferimenti.

Poi a un certo punto è accaduto qualcosa di inimmaginabile. Il clan è imploso e a demolirlo progressivamente sono stati proprio i fondatori: i fratelli Ciro, Giuseppe, Pasquale, Luciano e Vincenzo Sarno. Uno alla volta – il primo è stato Giuseppe – hanno deciso di collaborare con la giustizia e hanno contribuito alla distruzione di una organizzazione altrimenti destinata a dominare chissà per quanto tempo ancora. Il resto lo hanno fatto alcuni loro parenti e una pattuglia di vecchi compagni di strada, tutti passati dalla parte dello Stato con la stessa velocità dei topi che abbandonano la nave prima che venga ingoiata dalle acque.

La ricostruzione dei fatti narrata dalla vive voce dei protagonisti ha suscitato orrore per la violenza praticata con una disinvoltura agghiacciante, con esecuzioni degne di un film pulp. Scriverà il giudice Antonella Terzi:

«L'intera storia dei "ponticellari" è segnata da centinaia di cadaveri, che gli uomini del rione si lasciano alle spalle con sistematica, cinica noncuranza. Ed è tutto un susseguirsi di violenza cieca, di disinvolto disprezzo per la vita altrui, di biechi tranelli, di trappole mortali.

(Procedimento penale nei confronti di Adamo Ferdinando + 20)

Le centinaia di pagine di verbali firmati dai fratelli Sarno e dai loro principali affiliati, hanno ribaltato anche delle radicate convinzioni: la famigliola non era così compatta come molti credevano, i rapporti non avevano nulla di idilliaco e anche all'interno dello stesso nucleo familiare il denaro e il potere avevano provocato pericolose frizioni. In questo quadro così ingarbugliato il clan ha avuto il tempo di entrare in conflitto con un gruppo scissionista e allearsi con due altri potenti famiglie napoletane. È una storia piuttosto singolare, quella dei Sarno, perché è stata l'unica cosca fondata dagli stessi fratelli che la condurranno all'estinzione.

Il merito va, ovviamente, alle forze dell'ordine e alla magistratura che con indagini e processi hanno inferto colpi così pesanti che di quella invincibile armata nulla è rimasto in piedi. Dei Sarno, dunque, non c'è più traccia e di quella macchina da guerra sono rimaste solo tante lapidi. E in qualche caso nemmeno quelle, perché i corpi delle vittime o sono stati bruciati e fatti a pezzi o infilati nelle betoniere e mescolati col cemento. Con la disfatta dei Sarno, Ponticelli purtroppo non si è liberata dalla camorra, anzi. Come si è verificato pure altrove, la scomparsa del gruppo più forte ha consentito una proliferazione di bande minori i cui leader adoperano più le pistole che il cervello andando incontro a carriere tanto intense quanto brevi.

Da Cutolo all'autonomia

Ciro Sarno è un ex appartenente alla Nuova camorra organizzata. Arrestato nel 1978, è rimasto dentro fino al 1981 quando è uscito grazie a un permesso premio. Però non è più rientrato in cella. Almeno fino al maggio del 1982, quando rientra ma non per una libera scelta: lo arrestano di nuovo, rivedrà la luce solo cinque anni dopo. Quando mette il naso fuori dalla galera non può scorrazzare come vorrebbe perché ha l'obbligo di soggiorno fuori dalla Campania, ma invece di sottoporsi alle limitazioni imposte dal giudice preferisce darsi alla latitanza. Non ha alcuna intenzione di abbandonare le antiche abitudini, e facendo leva sulle conoscenze pregresse si mette all'opera per costruire un gruppo tutto suo, il cui blocco principale è rappresentato da una nutrita pattuglia di familiari, a partire dai cinque fratelli. La zona di Ponticelli però è già presidiata da Andrea Andreotti, federato con il clan Norcaro del confinante quartiere di Barra. All'epoca Andreotti è in carcere e quando viene a sapere che

Sarno vuole rimettersi in pista lo fa contattare da un suo emissario: i due si conoscono da quando Ciro (che ha diversi anni in meno) portava i calzoni corti, quindi trovare un'intesa con Andrea si rivela più facile del previsto. Andreotti però non lo arruola solo in ricordo delle simpatie giovanili. Il ras di Ponticelli ha bisogno di manodopera che lo aiuti a fronteggiare i Norcaro, con i quali i rapporti si sono deteriorati perché hanno cominciato a giocare per conto loro. La prospettiva di tornare ad avere un ruolo importante sedurrebbe chiunque, figuriamoci un Sarno desideroso di rientrare nel giro dalla porta principale. Ma gli inizi sono tosti perché è chiamato a mettersi contro una cosca tignosa come i Norcaro. Racconterà Ciro Sarno ai magistrati:

> Accettai immediatamente la proposta e il giorno stesso mandai a bloccare tutti i pagamenti estorsivi su Ponticelli e su Barra, convinto del fatto che Salvatore Norcaro avrebbe chiesto un incontro con me. Cosa che puntualmente avvenne. Si presentarono a Ponticelli quattro suoi affiliati (Giovanni Romano "'o marziano", Luciano De Liguori, Antonio Maione "detto Tonino di Casarea" ed Esposito Salvatore "'o bombardiere"), ai quali rappresentai che avevo preso un accordo con Andreotti per cui non mi stava più bene che i proventi illeciti sia di Ponticelli che di Barra venissero gestiti esclusivamente dai Norcaro, che all'epoca provvedeva ad inviare una quota ad Andreotti. La situazione rischiò di precipitare in un'aperta guerra quando i Norcaro uccisero Luigi Bonifacio, detto "Gigino 'o pazz", uomo dell'Andreotti. Volevo infatti dare un immediata risposta a quell'omicidio, ma l'Andreotti dal carcere mi mandò a dire di aspettare la sua scarcerazione. Quando ciò avvenne, raggiungemmo l'accordo con i Norcaro in base al quale essi sarebbero rimasti su Barra, mentre io e Andreotti ci saremmo divisi al 50% Ponticelli.
>
> (Ordinanza di custodia cautelare a carico di Acanfora Vincenzo + 16)

Ciro sente di potersi rifare degli anni trascorsi a scappare o dietro le sbarre. Se sopra di lui c'è un capo che lo stima, al suo fianco ci sono i suoi fratelli che lo considerano il loro leader assoluto. Però è ambizioso, l'idea di trascorrere una vita da mediano del crimine non gli garba affatto, sente di avere tutte le carte in regola per fare carriera. Col passare dei mesi essere uno dei più quotati gregari di Andrea Andreotti comincia a stargli stretto, è una magra gratificazione che provoca solo una grande frustrazione. Anche perché la sua "giurisdizione" non è mai andata al di là del rione De Gasperi, il quartier generale dei Sarno costituito da un insieme di palazzine affollate da varia umanità, in particolare da nuclei familiari dal reddito incerto o, nel migliore dei casi, medio-basso.

Mentre Ciro e i suoi familiari vivono con disagio il fatto di essere finiti nelle retrovie, in quello stesso periodo la geografia malavitosa nell'area Est di Napoli registra delle scosse di assestamento: gli Aprea di Barra si arruolano nelle fila del clan Norcaro, e i Rinaldi-Formicola passano sotto l'ala protettiva degli Zaza-Mazzarella, l'organizzazione più potente della zona orientale.

Ciro finisce di nuovo a Poggioreale, ma la permanenza forzata in uno dei luoghi peggiori del pianeta gli consente prima di socializzare e poi di stringere un patto con personaggi che appartengono a una formazione composta dagli Aprea, dagli Alberto e dai Cuccaro che a Barra sta conquistando spazi di manovra. La confidenza raggiunta durante la comune detenzione spinge i nuovi compagni di strada a rivelare a Ciro una notizia top secret che incrina il rispetto che nutre nei confronti del suo capo e amico di gioventù. Spiega "'o sindaco":

> Da loro, legati ai Norcaro, venni a sapere che Andrea Andreotti aveva raggiunto un accordo con i Nemolato, anch'essi un tempo affiliati dei Norcaro, ma che già avevano da ridire nei confronti di costoro nella cattiva gestione del clan. Ci rimasi male e la cosa mi infastidì, non per l'accordo in sé, ma per il fatto che l'Andreotti non mi aveva preventivamente informato del fatto. Era peraltro un periodo in cui non mi piaceva come l'Andreotti stesse gestendo il clan, in ragione del fatto che non percepivo i proventi che mi aspettavo. L'Andreotti si era sempre giustificato col fatto che, non trattando droga e dovendo soddisfare le pretese economiche di un numero elevato di affiliati, i proventi che rimanevano da suddividere erano scarsi.
>
> (*Ibidem*)

Il clima già non esattamente quieto s'imbruttisce quando durante una riunione con i vertici del clan Andreotti, Giuseppe Sarno pone sul tavolo una questione suggerita dal fratello Ciro, ma invece di ottenere la massima attenzione viene trattato come un insolente uomo della servitù che non merita alcuna considerazione. L'autore dello sgarbo è Antonio Borrelli, detto "zazà", che col tono arrogante si rivolge a Giuseppe sibilando: "Digli a Ciro che faccia il carcerato... e che quando esce ragioneremo». Magari in un'altra circostanza l'atteggiamento di Borrelli sarebbe stato tollerato per tutelare una pacifica convivenza, ma l'aggressione verbale a Giuseppe avviene nel periodo in cui l'insofferenza di Ciro sta progredendo giorno dopo giorno.

Quando viene a conoscenza dell'episodio di superbia subito dal fratello, Ciro trasalisce e decide che passerà all'attacco:

> La circostanza mi fece andare su tutte le furie e decisi in seduta stante che Borrelli avrebbe dovuto essere ucciso, pensiero condiviso anche da mio fratello Giuseppe, il quale mi confidò che già nel corso dell'incontro aveva "saltato addosso" al Borrelli.
>
> (*Ibidem*)

La rabbia deve però reprimerla perché per andare allo scontro occorre avere uomini e mezzi necessari. Nel frattempo l'attrito cresce, soprattutto quando Andreotti gli impone di non spacciare droga a Ponticelli, un ordine che lo mortifica sul piano "professionale" e al tempo stesso gli sottrae la possibilità di arrotondare gli introiti.

Il caso vuole che proprio nella fase in cui i rapporti con il suo boss stiano scivolando verso una irreversibile ostilità, il confinante quartiere di Barra sia teatro di una serie di omicidi. Il 22 maggio del 1989 ammazzano (insieme al cugino Vincenzo Cocozza) il capo zona Giorgio Norcaro; secondo alcune voci raccolte dagli inquirenti poche settimane prima aveva manifestato l'intenzione di abbandonare le attività illegali. Ma è probabile che sulla sua fine prematura abbiano pesato almeno un altro paio di circostanze: lo scontro interno con i fratelli Nemolato, irritati per la squilibrata divisione dei proventi delle attività fuorilegge, e l'eliminazione di un loro amico noto col soprannome di "Lucrezia".

I Nemolato, dunque, si apprestano a diventare i nuovi padroni di Barra e questa prospettiva viene vissuta malissimo dagli Aprea, che avevano partecipato alla soppressione di Norcaro convinti di guadagnare qualche posizione e una discreta fetta di affari. Ma ciò non accade e Giovanni Aprea entra apertamente in conflitto con i Nemolato.

Ricapitolando: Ciro Sarno non vede l'ora di diventare il ras di Ponticelli e Giovanni Aprea scalpita per conquistare lo scettro del comando a Barra. I due aspiranti boss non ci stanno a rimanere degli anonimi manovali della camorra e fanno "squadra" tra loro, ma non avendo risorse sufficienti sono costretti ad aspettare il momento più opportuno per andare alla riscossa. Chi rischia di più è Aprea: le sue esplicite ambizioni hanno messo in allarme i Nemolato, i quali ora pensano di disfarsene. Aprea non è uno sprovveduto e capisce che è meglio eclissarsi rifugiandosi in un posto sicuro – il carcere – dove sarà al riparo dagli agguati; viene arrestato due volte per porto abusivo e detenzione di pistola, mentre in una terza occasione lo trascinano in galera dopo che, senza un motivo apparente, ha insultato e aggredito un sottufficiale dei carabinieri.

Una fonte confidenziale spiega agli investigatori che l'arresto non è casuale ma dettato dalla necessità di farsi mettere in gabbia per sparire dalla circolazione. L'estate del 1989 passa senza grosse rivoluzioni; l'unica novità è che finiscono di pagare il conto con la giustizia due ex killer della Nuova camorra organizzata di Raffaele Cutolo, la cui prima mossa è bussare alla porta di Ciro Sarno "raccomandati" dai De Luca Bossa, una importante costola della cosca del "sindaco". Uno dei due, però, ha vita breve. Il 6 ottobre Vincenzo Duraccio viene assassinato mentre entra in un negozio di articoli sportivi a Ponticelli: condannato in primo grado all'ergastolo per una sfilza di omicidi commessi dalla NCO, era stato poi assolto in Appello. Probabilmente era convinto che tutto fosse rimasto come ai vecchi tempi e aveva cominciato a taglieggiare alcuni commercianti, una invasione di campo che il clan Andreotti non avrebbe mai potuto tollerare. Su questo omicidio dirà Giuseppe Sarno:

> All'epoca in cui Ricci Luigi cominciò a collaborare con la giustizia, Duraccio Vincenzo, detto "o piscione", insieme a Ricciardi Tonino, andavano in giro a ricattare molti affiliati al clan, nel senso che andavano a chiedere somme di denaro spendendo il nome di Luigi Ricci, già collaboratore, ed in caso di rifiuto minacciavano che quegli avrebbe reso dichiarazioni contro di loro. Queste voci già mi erano giunte in carcere e mi vennero confermate all'atto della mia scarcerazione. Anche per questa ragione, ma soprattutto per dei vecchi contrasti che Duraccio ebbe con Andrea Andreotti, questi decise di farlo ammazzare. Il Duraccio venne ucciso all'interno di un negozio di abbigliamento di viale Margherita, mentre era in compagnia di De Luca Bossa Antonio, che riuscì a scappare, facendo però a tempo a riconoscere nel killer Borrelli Antonio, che era giunto sul posto a bordo di una motocicletta guidata, si disse in seguito, da un suo cugino, di nome Meo. Il Duraccio, come ho detto, era legatissimo al De Luca Bossa Umberto ed al gruppo degli Aprea. Dopo il suo omicidio, il De Luca Bossa manifestò quasi subito il suo intento di vendetta. Più volte veniva a dirci che era sua intenzione uccidere Borrelli Antonio, chiedendoci un appoggio, che noi non mancavamo di assicurare.
>
> (Ordinanza di custodia cautelare a carico di Acanfora Vincenzo + 16)

L'omicidio di Duraccio inasprisce i rapporti con i Sarno e i De Luca Bossa, che ora hanno un motivo in più per covare vendetta. Dirà Ciro Sarno:

> In quello stesso periodo, quando ancora ero detenuto, venni a sapere che lo stesso Borrelli, insieme a Vincenzo Meo, erano stati gli autori dell'omicidio di Vincenzo Duraccio, cognato di Luigi Riccio, mio vecchio amico e che già più volte mi aveva mandato a dire in carcere di voler far parte del gruppo che avevo creato. Già sapevo che l'Andreotti aveva intenzione di far uccidere il Duraccio, in quanto me lo aveva confidato quando eravamo entrambi liberi. Mi diceva che avevano avuto una discussione tra loro. Avevo già fermato Andreotti da quel proposito, dicendogli che il Duraccio non andava ucciso, perché era uno di Ponticelli e perché era un mio amico.
>
> (*Ibidem*)

Quando riacquista la libertà Ciro Sarno ha in testa un solo pensiero: liberarsi di Andreotti e colpire i sui uomini, il primo dei quali dev'essere Borrelli, il tizio che ha avuto l'ardire di fare il prepotente con il fratello Giuseppe trattandolo come uno straccio da buttare. Non appena mette piede fuori dal carcere incontra Giovanni Aprea e Umberto De Luca Bossa, ai quali espone il suo piano specificando che in cima alla lista delle persone da eliminare c'è Borrelli. Per far capire a tutti chi sono i Sarno, "'o sindaco" organizza in collaborazione con gli Aprea un'azione che resterà nella storia e il cui obiettivo è rimettere in discussione gli equilibri malavitosi a Ponticelli. Invece di colpire i bersagli uno alla volta, i Sarno scelgono di compiere una sola aggressione che faccia il maggior numero di morti possibili: ovvero una strage. Dirà Ciro Sarno:

> [...] Una volta scarcerato e stretta l'alleanza con il clan Aprea di Barra, per un reciproco appoggio, decisi di aprire la guerra contro Andreotti. Il primo a essere ucciso, su mio mandato e quello dei miei fratelli e di altri che indicherò, fu Borrelli Antonio nel corso di quella che venne definita dalle cronache la "strage del Sayonara" [...]. In questo arco temporale avevo informato e condiviso la decisione di uccidere il Borrelli con tutti coloro che nel clan ricoprivano un ruolo di rilievo, vale a dire mio fratello Peppe, mio cugino Peppe "caramella", l'altro mio cugino Peppe "maccarone", Luigi Piscopo "'o pazzignano", con Esposito Pacifico e anche con mio cugino Sarno Antonio "ciaciariello", il quale tra l'altro, propendendo come suo solito per una linea più morbida, voleva che prima di compiere un omicidio di un uomo dell'Andreotti, cercassimo di risolvere la questione in maniera diplomatica.
>
> (*Ibidem*)

Il piano prevede che uno squadrone di assassini arrivi davanti al Caffè Luisa e alla Gelateria Sayonara, locali di proprietà del fratello e del padre dell'odiato Borrelli oltre che abituale ritrovo di molti esponenti del gruppo Andreotti, e faccia fuori chiunque capiti a tiro. I killer saranno del clan Aprea, tutte facce sconosciute a Ponticelli. Una soluzione che Giuseppe Sarno non gradisce:

> Quell'azione fu pianificata da tutti i componenti di rilievo del clan Sarno. Come ho già spiegato l'obiettivo era Borrelli Antonio, detto "zaza". Io insistevo affinché il Borrelli lo uccidessimo noi. Ho insistito ancora di più in tal senso quando mio fratello Ciro ci mise al corrente di voler coinvolgere i "barresi" in quell'omicidio. Non so perché, ma i "barresi" non mi davano fiducia, per cui insistevo con mio fratello Ciro di voler commettere io quell'omicidio. Egli mi spiegò che era opportuno che lo compissero quelli di Barra, da cui voleva una dimostrazione di affidabilità. Alla fine concordammo con Ciro su quella decisione.
>
> (*Ibidem*)

Il raid viene programmato per la sera dell'11 novembre del 1989. È tutto pronto, ma c'è un dettaglio che rischia di mandare a monte l'operazione: i componenti del commando, infatti, sono tutti su di giri, la sensazione è che siano strafatti di cocaina. In realtà è più di una sensazione, al punto che Giuseppe Sarno chiama in disparte il fratello Ciro e lo invita a ripensarci perché forse non è il caso di affidare una missione così impegnativa a un manipolo di soggetti annebbiati dalla droga. Ma "'o sindaco" non ascolta il fratello e dà il via libera agli Aprea.

Intorno alle 19 sei killer arrivano sul posto a bordo di due auto – una Ford Fiesta e una Fiat Uno – e con pistole e fucili a pompa sparano e sparano ancora su qualsiasi cosa si muova. Sparano, ovviamente, soprattutto su Antonio Borrelli, che scappa ma viene raggiunto e giustiziato. Tutto dura pochi secondi accompagnati dal rumore delle revolverate, seguite dalle urla e dalle auto dei sicari che sgommano via.

La strage voluta dai Sarno c'è stata, ma è da considerare un mezzo fallimento. I primi che corrono al rione De Gasperi per riferire quanto è accaduto si mettono le mani nei capelli perché le cose per certi versi non sono andate per niente bene: le vittime sono state sei ma solo due facevano parte del clan Andreotti; le altre quattro non c'entravano nulla, sono degli innocenti la cui unica colpa è stata quella di vivere in un'area popolata da delinquenti sanguinari. Una parte degli errori commessi dai killer è da ascrivere senz'altro al fatto che non conoscevano gli obiettivi da colpire, ma questo è un alibi che regge fino a un certo punto. Perché molto probabilmente la mira imprecisa e il grilletto premuto a casaccio sono dovuti a un altro elemento che aveva allarmato Giuseppe "'o mussillo": le strisciate di coca che si son fatti i componenti del commando prima di imbracciare le armi. Per i Sarno l'unica buona notizia è che finalmente è stato accoppato Antonio Borrelli, ed è stato ammazzato pure suo cugino Vincenzo Meo. Ma purtroppo hanno perso la vita anche Mario Guarracino, Salvatore Benaglia, Gaetano Di Nocera (cassintegrato dello stabilimento siderurgico Italsider di Bagnoli) e Gaetano De Cicco, dipendente del comune di Napoli. Non è stato facile identificare De Cicco perché aveva la faccia spappolata dai proiettili e non aveva documenti in tasca. È rimasta ferita pure una bambina, per fortuna in modo non grave.

Nell'ordinanza di custodia cautelare per esecutori e mandanti, il giudice per le indagini preliminari Antonella Terzi esprimerà tutto il suo orrore:

> Ho cercato invano nel mio limitato vocabolario aggettivi che potessero rappresentare i sentimenti suscitati dalla vicenda oggetto della richiesta cautelare. Nessuno, tra quelli che mi venivano alla mente (feroce, folle, crudele, insensato) mi è parso adatto a descrivere l'orrore di quel tragico tardo pomeriggio di un ormai lontanissimo novembre del 1989. Ventuno anni fa. Una vita fa. Quel che accade è davvero troppo. Ed è troppo persino per gli ideatori ed artefici del gesto, che ne ricevono o ne riportano la notizia con inusuale sgomento. "Le mani nei capelli" sono la visibile manifestazione di un raccapriccio cui non riescono a sottrarsi neppure delinquenti incalliti, già rotti a ogni esperienza [...]. Quattro certamente estranei a qualsivoglia coinvolgimento in storie di criminalità. Quattro vittime "innocenti" immolate sull'altare di un onnivoro e spregiudicato disegno di affermazione. Morti che per oltre un ventennio sono rimaste impunite, avvolte dalla spessa cortina di omertà che induceva anche gli onesti a subire ed a tacere, impenetrabile pure a fronte dello sdegno, alimentata dalla paura e dalla triste consapevolezza delle maligne potenzialità di coloro che avevano agito e dei loro mandanti.
>
> (*Ibidem*)

Ma al netto del bilancio modesto, "'o sindaco" e i suoi fratelli hanno raggiunto perlomeno un obiettivo: hanno neutralizzato per sempre Borrelli e hanno mandato ad Andreotti un messaggio che più chiaro non si può. Ciro Sarno è soddisfatto ma non quanto avrebbe voluto:

> [...] È uno degli episodi più eclatanti e che ancora mi pesa, anche in ragione del fatto che, sebbene sia stato il mandante dell'azione, di certo non volevo gli esiti che poi si sono avuti. Quando fece ritorno mio cugino Sarno Ciro era ancora sconvolto da ciò che era successo. Si era infatti reso conto che erano stati colpiti degli innocenti e che invece erano riusciti a scappare gli altri appartenenti al gruppo di Andreotti. Mi parlò dei fratelli Viscovo (uno dei quali, se non erro venne ferito) e di Vincenzo Avolio. Dopo un paio di giorni, nei quali io e mio fratello Giuseppe ci allontanammo dal rione, nell'incontrarmi con De Luca Bossa Umberto pretesi da lui spiegazioni su come potesse essere successa quell'incredibile strage. Egli si giustificò dicendo che il suo obiettivo, Borrelli Antonio, era riuscito a colpirlo, inseguendolo fino a dentro la gelateria, per cui non era riuscito a controllare e a dirigere l'azione degli altri, che avevano sparato all'impazzata.
>
> (*Ibidem*)

La strage segna anche l'esordio di Vincenzo Sarno, il più giovane dei fratelli. Il suo ingresso nel clan risale al 1987, quando ha solo 17 anni, ma la sua prima partecipazione a un'azione importante è quella del Sayonara: il suo compito sarà quello di distruggere una delle auto usate dai killer, una Ford Fiesta che sarà data alle fiamme lungo la strada che da Ponticelli porta a Barra. Ma c'è anche un altro giovanissimo, destinato a fare carriera, che nei giorni successivi finisce sotto la lente d'ingrandimento di polizia e carabinieri. Si chiama Antonio De Luca Bossa, noto col soprannome di "Tonino 'o sicco", e non è ancora maggiorenne quando resta coinvolto nelle indagini sulla strage. Il padre Umberto, invece, è in libertà vigilata dopo aver scontato undici anni di galera, e si dà alla latitanza la sera stessa in cui è avvenuta la mattanza. Sulle mani del ragazzo vengono trovate delle tracce di polvere da sparo; lui però dice di non saperne nulla del conflitto a fuoco con i sei morti perché a quell'ora era in compagnia della fidanzata, la quale però lo smentisce categoricamente. Poi sostiene di essersi confuso e di aver visto la fidanzata il giorno prima del massacro. Il fermo non viene convalidato dal giudice per le indagini preliminari e De Luca Bossa junior torna in libertà.

La carneficina al Bar Sayonara rappresenta, dunque, il balzo in avanti dei Sarno che per sganciarsi dal ruolo di semplici gregari conquistano uno spazio tutto loro attraverso un'azione eclatante e purtroppo nefasta, visto che a terra restano quattro cadaveri di persone che non c'entrano nulla.

Benché si tratti di un'azione militare tesa a legittimare l'esistenza di un nuovo gruppo, la straordinaria gravità dell'evento (al netto dello strazio per il sangue innocente) non viene colta in pieno neppure dagli apparati investigativi. Scriverà il Gip Antonella Terzi:

[...] Un gesto che, come correttamente nota il pubblico ministero, non viene immediatamente inteso in tutto il suo significato simbolico. Tanto è vero che, non solo nelle cronache giornalistiche dell'epoca, ma anche nelle informative di polizia giudiziaria, la partecipazione dei Sarno viene trascurata o, comunque, svalutata nella sua portata effettiva. Errori di valutazione, come i fatti successivi dimostreranno. Ma era troppo presto e si avevano troppi pochi elementi per riconoscere negli allora giovanissimi fratelli del rione De Gasperi gli spietati, indomabili camorristi che avrebbero, di seguito, colonizzato Napoli e molti dei comuni limitrofi.
(*Ibidem*)

Le indagini puntano in due direzioni. La prima conduce al clan di Michele Anastasio: controlla l'area di Sant'Anastasia ma potrebbe aver fatto una incursione a Barra per allargare i suoi orizzonti. Tuttavia ad Anastasio, che certamente non è uno scialbo padrino di periferia, non si attribuisce la capacità di organizzare un assalto come quello dell'11 novembre. La seconda ipotesi, invece, porta dritto a Barra, dove c'è più d'uno che intende sconfinare per scalzare gli Andreotti. Il sospettato principale è Giovanni Aprea, noto come "'o figlio 'e punt 'e curtiell", già sotto la lente d'ingrandimento per gli omicidi di Giorgio Norcaro e Vincenzo Cocozza.

Al massacro hanno assistito diversi testimoni, ma uno solo trova il coraggio di parlare anche se ribadisce di avere paura e che quindi non firmerà nessun verbale: sostiene di aver visto bene in faccia uno degli assassini mentre il commando stava scappando dal luogo dell'agguato. In caserma, attraverso un vetro, i carabinieri gli fanno vedere uno degli indiziati, tale Pasquale Palumbo, convocato con una scusa. Il testimone lo riconosce: sì – dice senza esitazione – lui era uno dei killer in fuga. Ma non verbalizza, nonostante gli investigatori gli chiedano ripetutamente di collaborare alle indagini. Palumbo, dunque, torna a casa come se nulla fosse accaduto. Ma evidentemente della sua partecipazione al raid con sei morti sospettano pure i nemici del clan Nemolato. E infatti pochi giorni prima di Natale, il 21 dicembre, Palumbo muore in un agguato in cui perde la vita anche Michele Alberto: stavano andando a un appuntamento, ma su consiglio di un amico avevano lasciato le pistole a casa perché gli era stato detto che non era necessario girare armati. L'imboscata scatta a pochi metri di distanza dall'abitazione di un affiliato al clan di Nemolato (poi ucciso quattro mesi dopo) e a un solo isolato dal domicilio dei Norcaro nella cui rimessa era stato assassinato il boss Giorgio. Si scoprirà che Palumbo e Alberto prima di andare incontro ai loro boia, erano in compagnia di Ferdinando Tranquilli. Interrogato il giorno successivo al duplice omicidio, Tranquilli nega di conoscere Palumbo e Alberto, ma poi cambia versione. Il 2 marzo del 1990 sarà ammazzato pure lui.

Le indagini si arenano, la verità arriverà molti anni dopo e a raccontarla saranno direttamente alcuni dei principali protagonisti di quella ecatombe e nella sentenza di primo grado i giudici scriveranno:

> Il portato delle riunioni ed incontri tra i due gruppi criminali per la realizzazione dell'attacco al clan avverso era stata – dunque – una mattanza scellerata… la fase più nevralgica delle operazioni fu rimessa a un branco di criminali allucinati, mandati a colpire un obiettivo sconosciuto alla maggior parte di loro ed in un luogo in cui, per tutta evidenza, la loro azione non avrebbe potuto essere chirurgica… il bar Sayonara era in una zona tra le più frequentate del quartiere Ponticelli ed il reato è stato posto in essere in un orario in cui era presumibile la presenza di molte persone per strada… Il luogo in cui si era deciso di colpire era noto a tutti coloro che avevano preso parte alla fase organizzativa e preparatoria del delitto.
>
> (archiviodpc.dirittopenaleuomo.org/upload/1460977768Cass_15107_2016.pdf)

La pace dopo la strage

Dopo la tempesta scatenata nel giorno di San Martino, arrivano segnali improntati alla distensione. Dal carcere Andreotti fa recapitare un messaggio sia a un suo sottoposto, Vincenzo Ricci, che ai Sarno nel quale ammette di essere stato sconfitto. Non si tratta di un'affermazione sincera, come spiega Ricci, ma di un tentativo di capire se e come la strage abbia stravolto gli equilibri:

> Dopo un mese mi cambiarono cella perché dissero che i giudicabili non potevano stare insieme con i definitivi e andai a finire nella cella n.18 o 19, non ricordo bene, e lui che lì mi mandò un biglietto dicendomi che lui non voleva sapere più niente e che aveva mandato anche l'imbasciata ai Sarno che lui si riteneva sconfitto e che non voleva sapere più niente di Ponticelli. Andrea lo fece solo per vedere gli affiliati più fidati chi erano. Infatti molti si misero con il clan Sarno di Ponticelli e pochi di noi rimanemmo con Andrea. Altri non si misero né con i Sarno né con Andrea ma si andarono a chiarire con i Sarno dicendogli che loro non ne volevano sapere più niente [...]. Io sono uscito a semilibertà, sono uscito e dissi: dammi le armi, facciamo la guerra, e lui disse no, non ti preoccupare. Sì, Andrea Andreotti non volle fare la guerra, no? Non voleva uccidere i Sarno, lui voleva solo uccidere quei birilli dei Sarno, perché aveva paura di fare faida. Però io uscivo in semilibertà: tu non vuoi uccidere a loro e vuoi allora che uccidano me? Così mi andai a chiarire. Perché poi anche la famiglia… cose… perché la maggior parte della mia famiglia stava nel rione De Gasperi [...]. Gli chiesi di darmi le armi per fare la guerra contro i Sarno, ma lui mi disse che per ora non dovevamo fare niente perché i Sarno erano diventati molto forti e che dovevamo aspettare.
>
> (Interrogatorio reso al Pm Paolo Itri il 20 dicembre del 1997)

Dunque i Sarno si sono presi Ponticelli, hanno annientato un nemico e si sono fatti nuovi amici che ora li riconoscono come i veri e unici padroni della zona. Per un po' le armi tacciono per una scelta strategica, sebbene non sia trascurabile il contributo alla pace fornito indirettamente dagli arresti di Giuseppe Sarno e Giovanni Aprea. Per evitare di attirare l'attenzione delle forze dell'ordine si preferisce sospendere le ostilità. Ma è, appunto, solo una sospensione perché il 1990 è l'anno in cui i Sarno e i loro amici mandano al creatore Ernesto Nemolato e Luigi Cantone, e gli avversari si vendicano falciando Nunzio Micale e il fratello di un certo "Cipolla".

Ma il rione De Gasperi è più che un fortino, è una sorta di enclave, un'area che lo Stato ha "ceduto" a una organizzazione criminale. A questo proposito scrive il Pm Paolo Itri:

> Stando a quello che emerge dalle numerose risultanze processuali, lo stesso insediamento "storico" della famiglia Sarno, il rione De Gasperi di Ponticelli, dà l'idea di una vera e propria "occupazione" egemonica di una porzione di territorio ad opera dei privati, con conseguente sottrazione dello stesso alla sovranità statuale, piuttosto che di un mero predominio territoriale finalizzato esclusivamente alla commissione di reati. La stessa vicenda relativa all'abbattimento, seppure con molti anni di ritardo e solo in epoca recente, del muro di cinta del rione che ne impediva l'accesso dalla via Bartolo Longo, rievoca indiscutibilmente scenari di medievale memoria.
>
> (Requisitoria del processo Sarno Vincenzo + 40)

Il rione è impenetrabile perché il perimetro esterno è presidiato da numerose "vedette" dotate di due sistemi di allarme: uno, per così, dire artigianale, l'altro tecnologico. Quello artigianale è fatto di fischietti, l'altro di ricetrasmittenti adoperate da affiliati che stazionano sui piani alti dei palazzi con il compito di segnalare l'arrivo delle forze dell'ordine. Il quartier generale dispone anche di muri e cancelli abusivi, di un circuito di telecamere di sorveglianza e di rifugi segreti nei quali trovare riparo nel caso di una irruzione di polizia e carabinieri.

Intanto la forza oramai acquisita consente ai Sarno di stabilire delle alleanze alla pari con altri gruppi napoletani. Se i Mazzarella diventano ben presto dei solidi compagni di strada, pure con i Misso c'è un certo feeling. Seppur senza stringere alcun patto, i rapporti sono buoni con i Ranucci di Sant'Antimo, i Reale di San Giovanni a Teduccio, i Prestieri di Secondigliano, dai quali si riforniscono di droga, e gli Ascione di Ercolano.

I soldi della droga

La droga resta il business più redditizio e coinvolge ovviamente decine e decine di persone, alcune delle quali impegnate affinché lo spaccio non venga disturbato dall'arrivo delle forze dell'ordine. A ogni modo, qualora dovesse profilarsi all'orizzonte un'auto sospetta, sarà sufficiente urlare la parola d'ordine "Michele" per darsi alla fuga e mettere in salvo la merce.

Negli anni '90 il grosso degli incassi è garantito dall'eroina, ogni dose viene venduta a 25.000 lire. Nelle loro conversazioni telefoniche le persone che gestiscono il traffico di stupefacenti utilizzano un linguaggio cifrato che pur avendo l'obiettivo di ingannare chi ascolta risulta così grottesco da non poter non suscitare delle perplessità. Nelle telefonate si fanno riferimenti a ketchup e patatine da spostare da un posto all'altro, di vestiti da indossare prima di uscire di casa, di strane prenotazioni di panini e formaggio ma "quelli di ieri", di panini da riempire con 50 grammi esatti di formaggio e poi si parla ancora di panini morbidi, di brioche, di prosciutto e parmigiano. Non mancano le "petecchie" e i "loffi" da 30.000 lire l'uno.

Per un periodo i Sarno cambiano tattica e nel meccanismo di distribuzione degli stupefacenti si affidano a terzi. Uno dei perni principali sui quali si fonda lo spaccio è costituito dai coniugi Gennaro Busiello e Anna Sodano, due soggetti ai quali su rivolge una buona parte della platea di tossicodipendenti di Ponticelli. Per conto della cosca di "'o sindaco" comprano la cocaina a 160.000 lire al grammo e la rivendono tra le 200 e le 250.000, intascando la differenza. Il commercio avviene nel loro appartamento messogli a disposizione dal clan e dotato di una telecamera che consente di identificare tutti gli acquirenti.

Spari nella tibia per gli affiliati che si drogano

I Sarno la droga la vendono, eccome, ma gli affiliati al clan non possono consumarla. E chi lo fa subisce punizioni tanto singolari quanto brutali. Naturalmente il divieto di fare uso di sostanze stupefacenti non è figlio di un improbabile e inesistente codice etico ma risponde a una necessità di tipo cautelativo: un affiliato sotto l'effetto della droga è meno efficiente e più vulnerabile se finisce nelle mani della polizia o dei carabinieri, e rischia quindi di provocare dei guai all'organizzazione. Chi trasgredisce, dunque, merita una ritorsione che dovrà restare nella sua carne e soprattutto nelle sue ossa. Ma non è un modo di dire perché la punizione per chi si droga è un colpo di pistola alla tibia: in pratica chi sniffa o si fa le "pere", viene azzoppato. A riferirlo è il pentito Carmine Caniello, al quale è toccato "giustiziare" la gamba di un remissivo e consapevole Eduardo Troiano:

Responsabile di quest'azione sono stato io. Ho sparato alla gamba destra del Troiano, all'altezza della tibia, per punirlo per il fatto che egli aveva cominciato a fare uso massiccio di cocaina e non era in condizione di reggerla e ciò lo rendeva poco affidabile. Ne parlai prima con Luciano e Pasquale Sarno, i quali condivisero con me la decisione di sparare alla gamba al Troiano [...]. Giungemmo in località San Rocco di Ponticelli ed all'altezza dello svincolo che poi conduce a Via Argine scendemmo tutti dalle rispettive auto ed io sparai al Troiano con una pistola calibro 7,65 [...]. Non deve meravigliare una simile azione, né il fatto che il Troiano non avesse opposto alcuna resistenza quando gli ho annunciato che doveva seguirmi perché avrei dovuto spararglі a una gamba. Il ferimento a una gamba per coloro del clan che assumono cocaina era la classica punizione esemplare che già da anni praticava il clan Sarno.

(Verbale di interrogatorio di persona sottoposta a indagini del 7 settembre 2009)

Dopo la pistolettata, Troiano fu portato al pronto soccorso della clinica Villa Betania dove raccontò di essere stato colpito accidentalmente. Caniello racconta anche un altro episodio che ebbe per lui uno spiacevole epilogo:

In passato la stessa sorte l'avevano subita prima Antonio Ippolito e poi Ciro Esposito. Ippolito fu sparato da Pasquale Sarno. Ero presente anch'io quando ciò successe, in quanto ero stato incaricato di accompagnare l'Ippolito all'ospedale [...]. Se non ricordo male fu utilizzata una pistola calibro 7,65. Condussi l'Ippolito all'ospedale Loreto Mare ed anziché abbandonarlo sul posto e andare via, siccome si lamentava molto per il dolore alla ferita, rimasi con lui, subendo successivamente un'incriminazione per favoreggiamento. Ciro Esposito subì la stessa sorte un paio di mesi dopo. Anche su di lui, come in precedenza per l'Ippolito, erano giunte all'orecchio di Pasquale Sarno voci in ordine al fatto che egli aveva cominciato a fare uso di cocaina. Pasquale non tollerava simili atteggiamenti e tutti noi lo sapevamo. In questo caso, a provvedere alla punizione a Esposito sono stati i suoi stessi fratelli [...]. Ebbi modo di vedere nei giorni successivi Ciro Esposito ferito a una gamba.

(*Ibidem*)

Il patto con l'Alleanza di Secondigliano

Tonino Maione, noto come "Tonino 'e Casarea", in passato è stato vicino alla NCO di Raffaele Cutolo, con la sconfitta del boss di Ottaviano si è eclissato ma come tanti altri negli anni '90 è tornato sulla scena. La fedeltà, tuttavia, non dev'essere il suo punto di forza perché ha provato a collocarsi in quasi tutti i gruppi presenti nella zona (dai Norcaro agli stessi Sarno) dimostrandosi particolarmente furbo oltre che inaffidabile. Maione tuttavia è riuscito a riprendere il controllo del comune di Cercola e della frazione di Caravita, e anche di Casarea, una frazione del comune di Volla. La convivenza tra Maione e i Sarno procede senza intoppi ma poi a un certo punto i rapporti s'irrigidiscono. A generare i malumori è l'atteggiamento di "Tonino 'e Casarea" che arruola Vincenzo Tubelli, detto "Enzucciello", ritenuto vicino a Gaetano Bocchetti, uno dei componenti dell'Alleanza di Secondigliano in contrasto con "'o sindaco" e i suoi fratelli perché sospettato di avere delle mire su Ponticelli. Tubelli fa troppo il baldanzoso ed entra in conflitto con gli uomini dei Sarno, in particolare con un certo Giovanni Scolpito, che dimostra di gradire poco certi comportamenti arroganti. Scolpito viene anche richiamato dal suo gruppo, lo invitano a darsi una calmata perché il tandem Maione-Tubelli è capace di qualsiasi cosa. La sera del 13 gennaio del 1996 Scolpito muore in un agguato: gli sparano mentre a bordo di una Fiat Uno percorre via Argine, a Ponticelli, insieme a un amico che resta ferito. L'episodio scatena una guerra a bassa intensità che però lascia sull'asfalto cadaveri che appartengono a entrambe le fazioni. Poi tutto si placa, ma è solo apparenza come spiega il pentito Raffaele Cirella:

> Trascorse qualche mese quando poi quello scontro cessò, grazie anche alle intercessioni di Egidio Annunziata, uomo di Contini Eduardo e componente dell'Alleanza di Secondigliano. Ricordo che andai anch'io all'incontro con Egidio Annunziata assieme a Vincenzo Sarno e Minichini Ciro. Sopraggiunse a quell'incontro anche Sarno Antonio "ciaciariello" a quell'epoca latitante. All'Annunziata dicemmo di riferire al Bocchetti che era sufficiente che togliesse dalle zone di Casarea il Tubelli. Ciò avrebbe fatto cessare quella contrapposizione. Sia Vincenzo Sarno che Antonio Sarno garantirono comunque una tregua. In realtà era una tregua finalizzata a far abbassare la guardia sia al Maione che al Tubelli, al fine poi di poterli uccidere. Fatto sta che il Tubelli non si allontanò mai dal territorio e ciò ci indusse ancora di più a pensare che anche quelli dell'Alleanza avevano come recondito scopo quello di impossessarsi di Ponticelli. A ogni buon conto, dopo quella tregua mediata da Egidio Annunziata, ripresero i rapporti con il Maione, che insieme al Tubelli cominciò a frequentare nuovamente il "rione".
>
> (Procedimento penale nei confronti Sarno Vincenzo + 13)

Vincenzo Sarno finge di accettare il compromesso e in un incontro con alcuni componenti dell'Alleanza di Secondigliano sottoscrive una tregua che prevede la suddivisione in parti uguali dei proventi garantiti dalla gestione di Cercola e Caravita: 50% a Maione, 50% ai Sarno. L'esito dell'incontro ha talmente disturbato Sarno che la sera stessa ha deciso di uccidere Tubelli, pure lui presente – a sorpresa – all'assemblea. A dimostrazione che gli accordi tra camorristi talvolta sono scritti sulla sabbia, uno dei fratelli di Ponticelli dopo aver stretto delle mani e dato la sua parola, si procura due kalashnikov e due pistole e va a Cercola per intercettare Tubelli. Il piano omicida salta perché dopo aver visto la vittima a bordo della sua Fiat Ritmo blindata, i killer si accorgono che alle loro spalle c'è un'auto dei carabinieri. Fallito il primo tentativo, ce n'è un secondo: Vincenzo Sarno con una scusa convoca presso l'abitazione di Umberto De Luca Bossa sia Maione che Tubelli, intenzionato a ucciderli entrambi. Fuori c'è un furgone Fiorino che servirà per trasportare i cadaveri. Qualcosa però va storto e i due odiati finti amici non si presentano. Poi arriva il momento buono. Con una scusa vengono convocati a Ponticelli. Accompagnati da un amico, Tubelli e Maione arrivano nella piazzetta antistante una scuola nella quale vivono (abusivamente) i genitori dei Sarno. Quando le vittime designate mettono piede nell'edificio, si trovano davanti diversi esponenti del clan di Ponticelli. Ma non hanno il tempo di farsi troppe domande perché all'improvviso alle loro spalle arrivano pure gli assassini che con due pistole col silenziatore sparano a ripetizione. Tubelli muore sul colpo, mentre Maione è ferito gravemente ma ha ancora la forza di urlare parolacce contro i suoi aguzzini. Uno dei presenti va nella salumeria della suocera e si fa dare un grosso coltello con il quale infilzerà ripetutamente il corpo di Maione, facendo schizzare il sangue sul pavimento e sulle pareti. Poi il gruppo si divide i compiti: alcuni ripuliscono pavimenti e pareti, preoccupandosi soprattutto di non lasciare tracce di sangue; qualcuno va a comprare un barattolo di vernice bianca da passare su un muro, altri ancora prendono i cadaveri e li portano fino ai binari che si trovano a pochi metri di distanza dalla scuola. Successivamente li infilano nel portabagagli di una Fiat Croma, arrivano fino ad Afragola e lì danno fuoco alla vettura. Quando gli investigatori arrivano sul posto i corpi sono un indistinto ammasso di carne bruciata. Il riconoscimento di Tubelli è meno complicato perché le fiamme hanno risparmiato qualche lembo della carta d'identità, anche se saranno la madre e la convivente a fornire altri elementi utili. Maione, invece, viene identificato solo grazie al prelievo delle impronte papillari della mano sinistra, l'unica parte del corpo rimasta intatta.

La punizione inflitta a due presenze fastidiose non suscita grandi approvazioni nel mondo della camorra, anzi è fonte di rischiose frizioni con alcuni pezzi grossi napoletani, come spiega il pentito Raffaele Cirella:

> Il giorno successivo all'omicidio ricordo che venne al rione Carmine Montescuro, detto "o zi munuzzo", a dire a Vincenzo Sarno che Gaetano Bocchetti era contrariato per il fatto che i Sarno erano l'unico clan camorristico che non gli aveva inviato le condoglianze per la morte di Tubelli Vincenzo. Quella stessa sera anche Vincenzo Mazzarella telefonò a Sarno Vincenzo rappresentandogli la medesima circostanza. Ero presente anch'io quando Sarno ricevette quella telefonata.
>
> (*Ibidem*)

Tutti contenti, dunque? Si, tranne uno: Pasquale Sarno, incavolato perché Tubelli e Maione sono stati accoppati nel posto sbagliato:

Il giorno del duplice omicidio io ero latitante e mi trovavo in un'abitazione di Ponticelli. Nulla sapevo di quell'azione, non essendo stato preavvertito da nessuno. Subito dopo i fatti, peraltro, venne da me mio nipote Luigi Amitrano a raccontarmi ciò che era successo e ricordo ancora che mi arrabbiai con lui e con mio fratello Vincenzo per il luogo che avevano scelto per compiere quegli omicidi. Mi sembrò assurdo, infatti, che il tutto era avvenuto a casa dei nostri genitori. Si tratta dello stabile da noi comunemente chiamato "dentro la scuola".

(*Ibidem*)

Il welfare del clan

Ogni affiliato al clan Sarno riceve una "mesata", ovvero uno stipendio mensile. Fino all'alba degli anni 2000, un killer guadagna cinque milioni al mese, mentre un soldato semplice porta a casa dai 2 ai 3 milioni. Un bonus lo si può guadagnare, però, se si compie una rapina. Su questo aspetto la pentita Anna Sodano riferirà al Pm Paolo Itri:

Esiste in effetti una contribuzione settimanale o mensile che i Sarno danno agli affiliati al clan. Lo stipendio mensile si aggira attorno ai cinque milioni che si riduce a circa due milioni quando la persona si trova detenuta, in tal caso la somma viene corrisposta alla moglie. Questo mi consta personalmente perché prima che mio marito andasse in carcere pigliava cinque milioni al mese, mentre dopo la sua detenzione la somma che mi è stata data è stata infatti di due milioni. Voglio aggiungere che mi risulta che i Sarno versano ai familiari dei detenuti una somma complessiva di circa 200-220 milioni al mese. Le mesate vengono preparate nell'abitazione di Sarno Vincenzo, questo mi consta personalmente in quanto più volte mi sono recata presso questa abitazione per prendere queste mesate [...]. Posso dire ancora che le spese relative agli avvocati vengono pagate direttamente dal clan Sarno, infatti personalmente per le spese legali di mio marito ho già ricevuto in più soluzioni, 15 milioni. Per tali soldi mi sono rivolta a Sarno Vincenzo il quale mi ha indirizzata a sua cognata.

(Procedimento penale nei confronti di Sarno Vincenzo + 40)

Come tutte le grandi aziende, al "neo assunto" viene fatto un discorso chiaro sui benefici a cui andrà incontro, come spiega il pentito Raffaele Cirella:

Sono entrato a far parte del clan Sarno a far data dal 1990, nel senso che quello è il periodo in cui ho cominciato a essere stipendiato sebbene già fin da piccolo, essendo amico di Luciano e Vincenzo Sarno, ho "bazzicato" quei contesti criminali e già più volte mi ero occupato di incombenze varie di cui vengo incaricato, del tipo spostamenti di armi e simili. Nel 1990, quando ufficialmente entrai a far parte del clan, commettendo anche i miei primi omicidi, mi fu spiegato come funziona il "sistema". Mi venne detto che mi sarebbe stato garantito uno stipendio mensile e che in caso di arresto il clan avrebbe provveduto a pagare gli onorari agli avvocati e a retribuire delle spese la mia famiglia che veniva a colloqui. In caso di arresto avevamo già una serie di avvocati di riferimento, i quali venivano pagati a forfait, nel senso che il clan invia loro una determinata somma periodica per le difese cumulative che a loro vengono affidate. A secondo del gradino occupato nella scala gerarchica del clan, all'affiliato viene garantito un avvocato di prestigio più o meno elevato.

(Verbale di interrogatorio di persona sottoposta a indagini del 9 settembre 2009)

Dunque, nessuno viene lasciato indietro. Toccherebbe allo Stato non lasciare nessuno indietro o fare in modo che ciò non accada. Dovrebbe farlo lo Stato, invece lo fa (e molto bene) la camorra. Le paghe alle truppe dei Sarno arrivano dai proventi delle estorsioni, praticate soprattutto ai cantieri edili; quello che non viene utilizzato per gli stipendi, viene diviso tra i vertici dell'organizzazione. Il clan, inoltre, indica e paga anche gli avvocati dai quali farsi difendere, scelti sulla base della gravità del reato contestato. Chi ne vuole uno di sua strettissima fiducia deve però mettere mano al proprio portafogli. C'è una sola deroga: nel caso si fosse accusati di un omicidio commesso per conto della cosca, si può scegliere anche un principe del Foro perché le parcelle saranno coperte dalla "cassa comune". Ci sono avvocati che ricevono un tot al mese a prescindere se ci sono o meno affiliati da difendere, e altri invece che vengono pagati per ogni prestazione professionale.

I Sarno non dimenticano neppure le famiglie dei loro uomini caduti sul campo. In più di un caso la "mesata" è stata consegnata regolarmente a vedove e orfani di "guerra".

La famiglia di Ponticelli dà da vivere a un sacco di gente e al rione De Gasperi quasi nessuno li ritiene dei pericolosi nemici della società. Tant'è che sono pronti a proteggere i camorristi dalle incursioni della polizia. Il caso più emblematico risale alla fine di marzo del 2005, quando un centinaio di persone scesero in strada per impedire l'arresto di Pasquale Sarno. I poliziotti furono fermati a calci e sputi, e solo l'arrivo di rinforzi evitò il linciaggio. Sarno tentò la fuga ma venne arrestato prima che potesse dileguarsi in sella a una moto Honda Transalp guidata da un complice.

L'espansione in provincia

Sul piano militare le strategie di espansione funzionano alla grande. Verso la metà degli anni '90 i Sarno cominciano a mettere radici in molti comuni dell'area vesuviana approfittando del vuoto creato dalle centinaia di arresti di esponenti della Nuova Famiglia di Carmine Alfieri. "'O sindaco” e i suoi fratelli non hanno alcuna paura di andare allo scontro. A San Sebastiano al Vesuvio si impongono sulla storica famiglia dei Vollaro e senza sparare neppure un colpo la obbligano a dividere gli incassi. I Sarno e i Vollaro fanno 50% e 50% sulle estorsioni e sulla droga; chi primo dispone di cocaina ne cede la metà all’altro gruppo nell’ottica di una collaborazione piena e incondizionata. La longa manus del clan si estende pure su Massa di Somma, Sant’Anastasia e Somma Vesuviana con alleanze talvolta temporanee e la cui durata è fortemente condizionata dagli arresti di carabinieri e polizia. L’ampliamento del raggio d’azione fa lievitare i profitti soprattuto grazie alle estorsioni: da questo punto di vista Somma Vesuviana e Sant’Anastasia, prive di importanti presenze criminali, si rivelano un terreno particolarmente fertile per il racket perché popolate da centinaia di negozi e svariate decine di imprese, una parte delle quali impegnate nel settore edile, storicamente prosciugato dagli sciacalli delle cosche.

I De Luca Bossa e l’attentato con l’autobomba

“’O sindaco” e lo stuolo di fratelli e familiari conquistano progressivamente potere e prestigio, al punto tale che dispongono della vita e della morte di chiunque agisca nel loro territorio e nelle aree limitrofe. Ad esempio in un momento in cui sono i garanti di una tregua nell’area est di Napoli, i Formicola chiedono loro l’okay per uccidere i Cuccaro di Barra.

Una costola importante dei Sarno è rappresentata dalla famiglia dei De Luca Bossa: Umberto, il capostipite, il figlio Antonio, detto “Tonino ’o sicco” (il secco) per il fisico slanciato, e la madre di quest’ultimo, Teresa De Luca, convivente di Giuseppe Marfella, capoclan nel quartiere di Pianura.

Dopo la scomparsa di Umberto per cause naturali, il rapporto s’intensifica con mamma e figlio. “’O sicco” non solo è coinvolto nelle principali attività della cosca, ma è pure colui il quale gestisce il controllo dello spaccio di droga nella zona di Bartolo Longo, sempre a Ponticelli, in collaborazione con la mamma.

La pentita Anna Sodano in un interrogatorio reso al Pm Paolo Itri il 22 gennaio del 1998, dirà in proposito:

Fino a cinque o sei mesi fa il traffico di eroina era gestito solo indirettamente della famiglia Sarno in quanto Vincenzo Sarno aveva dato incarico a Teresa De Luca di vendere l’eroina dopo averla acquistata da clan camorristici operanti in altre zone di Napoli. Successivamente la De Luca la consegnava ad alcuni suoi galoppini che provvedevano a tagliarla e a rivenderla nella zona di rispettiva competenza. Il provento della vendita veniva poi versato alla De Luca che doveva a sua volta versare mensilmente a Vincenzo Sarno la somma di 250 milioni di lire.

(Paolo Itri, *Il Monolite – Storie di camorra di un giudice antimafia*, Piemme 2019)

Fino a quando le redini del clan sono in mano agli altri fratelli, i De Luca Bossa possono considerarsi in una botte di ferro. Ma quando al vertice dell'organizzazione si siede Vincenzo Sarno la musica cambia perché il nuovo capo è intenzionato a riprendere il controllo del narcotraffico sottraendo così ai De Luca Bossa la principale fonte di guadagno. A questo proposito il collaboratore Giuseppe Mastropietro conferma che una delle cause della sanguinosa rottura tra il clan Sarno e De Luca Bossa sarebbe costituita proprio dalla volontà di Vincenzo di estromettere la donna dalla gestione diretta del mercato degli stupefacenti:

I motivi ci sono stati perché la Teresa De Luca Bossa è stata sempre lei che ha fornito la cocaina, l'eroina, il fumo, cioè ha fatto sempre lei i traffici di droga e dava una quota ai Sarno e pagava anche degli stipendi a dei carcerati, degli affiliati carcerati. Poi si è deciso, non so perché, per quale motivo che l'Enzo Sarno ha deciso che si doveva spezzare questo fatto, che lo dovevano fare i Sarno direttamente questa cosa, non volevano più che lo faceva... Ed è iniziato a nascere un attrito su questo fatto qua, perché Antonio De Luca Bossa ha iniziato a non prenderla bene su questo fatto, ha detto «Come, sono stato sempre affiliato a voi e mi state facendo questa cosa?».

(Requisitoria del processo Sarno Vincenzo + 40)

E a quel punto il clan di Ponticelli perde un pezzo importante della sua storia e un discreto numero di soldati del suo esercito: i De Luca Bossa abbandonano "'o sindaco" e il resto della truppa per schierarsi con gli odiati nemici dell'Alleanza di Secondigliano, il cui appoggio potrebbe spianare a Tonino "'o sicco" la strada per il controllo di Ponticelli in regime di incontrastato monopolio. Il cammino che separa i De Luca Bossa dal vertice della piramide malavitosa è lungo e costellato di cadaveri. Come tutte le scissioni, anche questa non è affatto indolore, e a versare le prime lacrime sono i Sarno. Il 25 aprile del 1998 muore dilaniato da una bomba il loro nipote Luigi Amitrano: un ordigno piazzato sotto la sua auto esplode mentre il ragazzo sta percorrendo via Argine, una delle principali strade del quartiere. L'attentato è una mazzata durissima, ma gli attentatori hanno sbagliato bersaglio: su quella macchina ridotta a un ammasso di lamiere doveva esserci uno dei fratelli Sarno. Il messaggio, comunque, è chiaro: i De Luca Bossa hanno dichiarato guerra alla famiglia di "'o sindaco" e sono disposti a tutto. Dopo la morte di Amitrano tra le due fazioni inizia una faida il cui bilancio finale sarà assai pesante. Nella zona si verificano diversi omicidi, a partire da quello di Paolo Colaiacono, amico dei De Luca Bossa, vittima di un agguato proprio nei pressi del quartiere generale di "Tonino 'o sicco": gli sparano il 19 giugno, Colaiacono muore il giorno dopo. Quarantottore dopo tocca a Ciro Minelli, freddato nel rione De Gasperi, il bunker dei Sarno. Il 27 luglio a Cercola viene abbattuto Luigi Iorio, eliminato mentre era a bordo della sua Y10. L'11 settembre, sempre a Cercola, è la volta di Mario Paola: è agli arresti domiciliari quando i killer entrano a casa sua e gli sparano incuranti del fatto che tenga in braccio suo figlio.

Oltre che per i morti ammazzati, a Ponticelli il clima è agitato per colpa di Giuseppe Correale, il primo pentito del clan. Dopo aver ricostruito decine e decine di episodi relativi alle attività fuorilegge dei Sarno, prima che inizi il processo rivela di aver ricevuto una sostanziosa somma in danaro per ritrattare le accuse:

> Ho avuto cento milioni per ritrattare, mi hanno chiesto di non confermare in aula le accuse, perché così sarebbe stato impossibile utilizzare le mie precedenti dichiarazioni.
>
> (Ansa, 28 settembre 1998)

La vicenda, che presenta qualche aspetto da chiarire, è stata divulgata da alcuni familiari di Correale che, fingendo di essere d'accordo, hanno incassato i 100 milioni, posti sotto sequestro dall'autorità giudiziaria.

L'approdo di Vincenzo Sarno al vertice dell'organizzazione crea diversi contraccolpi. Non solo sugli equilibri interni ma pure nei rapporti con il resto della famiglia. Al Pm Vincenzo D'Onofrio lo spiega bene Carmine Caniello, un parente acquisito arruolato nel clan fin da giovanissimo. Ha solo 16 anni quando va a convivere con la figlia di Giuseppe Sarno detto "caramella", il cugino dei cinque fratelli. Dopo qualche anno di apprendistato si occupa dello spaccio della droga nel rione Conocal, scala tutti i gradini e alla fine degli anni '90 – grazie anche al fatto che i big erano quasi tutti in galera – diventa uno degli uomini più rappresentativi. Tutto fila liscio, fino a quando al vertice del clan arriva il meno diplomatico della famiglia:

> [...] In quel contesto temporale, l'assetto all'interno del clan si modificò notevolmente quando venne scarcerato Vincenzo Sarno, il più pazzo di tutti, il quale non mise nemmeno piede al rione che stabilì che da quel momento in poi le gerarchie all'interno del clan andavano modificate: a capo di tutto avrebbero dovuto esservi i fratelli Sarno – i cugini avrebbero dovuto avere un ruolo subalterno – perché il clan Sarno erano loro. Ciò determinò un certo malumore in mio suocero, suo

fratello e gli altri cugini, ma nulla potettero fare in quanto ebbero la percezione che quella di Vincenzo Sarno era la parola di tutti i fratelli.

(Verbale di spontanee dichiarazioni del 20 luglio 2009)

Ma che Vincenzo non sia proprio il leader ideale lo sostiene un'altra persona che lo conosce bene: il fratello Giuseppe. È da poco un fresco pentito quando nella sala magistrati del carcere di Rebibbia dichiara al Pm Vincenzo D'Onofrio:

Il ritorno in libertà di mio fratello ha determinato un mutamento della politica del clan Sarno: fino a quel momento avevo fatto di tutto per evitare scontri con chicchessia, pur coltivando comunque alleanze e rapporti con altri clan. Con la fuoriuscita di Vincenzo, tutto è cambiato. Ha iniziato una politica di guerra aperta contro tutti coloro che erano nemici nostri o nemici dei nostri amici, andando a dire in giro di non seguire più le mie direttive, quanto piuttosto le sue che erano le stesse dettate da nostro fratello Ciro detenuto. Decisi pertanto, per capire perché Vincenzo mi estrometteva in quel modo dalla gestione del clan, di inviare mio figlio Salvatore da lui, al fine di frequentarlo con maggiore assiduità e comprendere che discorsi egli faceva con le persone con cui si incontrava. Dopo qualche mese che mio figlio Salvatore assistette agli incontri che mio fratello aveva con i referenti di vari clan dell'area di Napoli e della provincia (dalla zona del Mercato fino a Pozzuoli), anch'egli trasse la conferma di quanto ho appena detto. Non le nascondo che mio figlio Salvatore, proprio in quanto assisteva in prima persona a quei discorsi dello zio Vincenzo, quando tornava da me a riferirmi quelle cose, manifestava la sua aperta preoccupazione che addirittura mio fratello volesse eliminarmi fisicamente dopo avermi estromesso dalla gestione del clan. Questo è stato anche un mio sospetto, sebbene debba dire che non c'è mai stato mai nulla di concreto da parte di mio fratello Vincenzo contro di me.

(Verbale di interrogatorio di persona sottoposta a indagini del 22 giugno 2009)

Che Vincenzo non sia un personaggio facile da gestire lo conferma pure Salvatore Sarno, figlio di Giuseppe:

Nel periodo in cui ho frequentato mio zio Vincenzo mi sono reso conto che effettivamente sparlava in giro di mio padre, assumendo che nel periodo in cui aveva gestito il clan aveva intascato per sé gran parte dei profitti. Devo aggiungere che se mio zio ha potuto permettersi tanto, vale a dire di estromettere mio padre nella gestione del clan, è solo perché tale decisione è stata assunta dal carcere da mio zio Ciro, l'unico in condizione di poter adottare una tale decisione. Non a caso, infatti, mio zio Vincenzo, interfacciandosi sia con i componenti del clan sia con i componenti dei clan alleati spendeva apertamente il nome del fratello Ciro quale colui che aveva assunto quella decisione.

(Verbale di interrogatorio di persona sottoposta a indagini del 24 agosto 2009)

Fratelli coltelli

Vista dal di fuori la famiglia dà l'idea di essere solida e compatta come un blocco di marmo, un'armata invincibile la cui forza sta tutta nei vincoli di sangue. Ma non è esattamente così, anzi. Frizioni, gelosie e personalità assai differenti condizionano la vita quotidiana della dinastia. Tanto più che a turno vanno tutti in galera, e chi si ritrova tra le mani il bastone del comando decide spesso sulla base di personali valutazioni senza tenere conto della necessità di una strategia unica e condivisa.

Giuseppe Sarno spiega al Pm Vincenzo D'Onofrio quanto siano tempestose le relazioni tra consanguinei:

> Tenga presente che sebbene siamo sei fratelli, i rapporti tra di noi non sono idilliaci, in quanto ognuno di noi ha un proprio carattere che non sempre si concilia con quello degli altri. Io, come ho detto, sono sempre stato un tipo che ha cercato di evitare contrasti e scontri aperti e la mia stessa idea sulla gestione del clan ce l'ha mia fratello Luciano, che non a caso è colui il quale tra i mei fratelli mi trovo meglio a discutere. Già con Pasquale c'è stata qualche divergenza di veduta, così come con Ciro. Quello con cui non riesco proprio ad andare d'accordo, per i suoi modi di fare troppo diretti ed eclatanti, è mio fratello Vincenzo. Per cui, sebbene di alcune vicende delicate che attengono alla vita della nostra organizzazione ne sia stato informato per sommi capi, di esse non so spiegare nei dettagli tutti i particolari, proprio perché in alcuni casi evitavo anche di discuterne con i miei fratelli. C'è altresì da aggiungere che a partire dalla metà degli anni '90 raramente è successo che siamo stati tutti contemporaneamente liberi, ora per una ragione ora per un'altra. È successo che fino praticamente a oggi i periodi di libertà di noi fratelli si sono alternati ed in alcuni periodi è anche capitato che eravamo tutti contemporaneamente detenuti.
>
> (Verbale di spontanee dichiarazioni del 16 giugno 2009)

Il patto con i Misso e i Mazzarella

All'inizio del 2000 la posizione dei Sarno si rafforza perché, in nome del comune odio nei confronti dell'Alleanza di Secondigliano, si coalizzano con il potente clan dei Mazzarella, egemone a San Giovanni a Teduccio, dopo aver già stipulato un patto con il gruppo di Peppe Misso, operativo nel rione Sanità. Il collante è, dunque, il rancore generato in particolare da due episodi: l'agguato nel quale aveva perso la vita la moglie di Misso (assassinata nel 1992) e l'autobomba che aveva ucciso Luigi Amitrano, nipote prediletto dei fratelli di Ponticelli.

L'accordo prevede in particolare la suddivisione in parti uguali degli introiti delle tangenti sui lavori pubblici, della commercializzazione dei

CD e dei DVD taroccati e dei capi d'abbigliamento contraffatti. Su questo terreno ha riferito il collaboratore Michelangelo Mazza, del clan Misso, secondo il quale per arrivare a una pacificazione con l'Alleanza di Secondigliano si decise che il business dei dischi, dei film e dell'abbigliamento sarebbe passato di mano:

> Nei giorni successivi si iniziarono anche a definire meglio i rispettivi ambiti di competenza tra i vari clan per ciò che concerneva il controllo di attività economiche. In particolare il mercato dei CD e DVD (da sempre monopolio del clan Contini) venne da noi acquisito insieme ai clan Sarno – Mazzarella e Caldarelli. Spiegammo a Peppe Ammendola che avevamo infatti bisogno di incrementare i guadagni in questo settore lasciando a lui solo il controllo del mercato dei DVD e CD falsi nella zona del Vasto. Per quanto riguarda il mercato dell'abbigliamento parallelo fu lo stesso-Ammendola a consegnarci merce per un valore di circa un miliardo e mezzo delle vecchie lire che i Sarno avrebbero dovuto commercializzare versando a noi Misso e Mazzarella le rispettive quote e pagando la merce medesima ad Ammendola.
>
> (Procedimento penale contro Acanfora Ciro + 214)

Con i falsi si fanno un sacco di quattrini e quindi ogni organizzazione vuole gelosamente custodire un affare a parecchi zeri che si può estendere in ogni angolo del globo, dove non tutti gli acquirenti sanno distinguere i capi firmati dalle loro perfette copie made in Naples. Il giro dei falsi ha margini di guadagno stratosferici pure negli Stati Uniti, dove il clan Licciardi di Secondigliano ha piantato le tende prima degli altri e dove agisce in regime di monopolio. Ma quando gli equilibri criminali richiedono un passo indietro per garantire la pace a tutti, allora è inevitabile cedere un pezzo dei propri business. Solo che non tutti lo fanno a cuor leggero e così il placido clima di fratellanza forzata rischia di saltare in aria da un momento all'altro. Ed è quello che per poco non succede a New York e Chicago dove i Sarno vendono le griffe taroccate pestando i piedi ai Licciardi, i quali non gradiscono affatto l'invasione di campo. Secondo quanto riferisce il pentito Luigi Casella, per evitare spiacevoli conseguenze scende in campo un mediatore, sempre lo stesso, tirato in ballo ogni qualvolta è necessario appianare uno scontro:

> Ricordo di un ulteriore incontro avvenuto proprio nell'abitazione di Carmine Montescuro nel quartiere Sant'Erasmo. Le questioni erano particolarmente delicate perché a New York e Chicago si erano aperti degli scontri tra esponenti del clan Sarno ed esponenti di Secondigliano per ciò che concerne il commercio di capi di abbigliamento in finta pelle o comunque di abiti confezionati che venivano venduti come capi firmati nonostante non valessero nulla. In particolare la famiglia Licciardi è attiva in questo commercio all'estero da diversi anni e quindi si vedeva con sfavore l'inserimento dei Sarno-Misso-Mazzarella in questo affare di proporzioni notevoli. Uno dei soggetti attivi in questo settore era mio zio Casella Salvatore il quale per motivi collegati al contrasto di cui ho detto picchiò un parente di Vincen-

zo Licciardi. Da ciò nacque l'esigenza di incontrarci con gli esponenti dei clan di Secondigliano e fu organizzata da Montescuro una riunione a casa sua alla quale partecipai io stesso in quanto accompagnatore di mio zio Salvatore che mi volle far salire con me lasciando in strada altri ragazzi del clan Sarno a fare da guardia.

(*Ibidem*)

Nonostante i rapporti siano più che consolidati, con i Misso non sono proprio tutte rose e fiori perché i Sarno coltivano il forte sospetto che facciano i furbi nella ripartizione degli incassi. Sia a Giuseppe che Luciano i conti non tornano: anche utilizzando la calcolatrice e affidandosi a professionisti della matematica, non riescono a capire perché gli vengano consegnate cifre inferiori rispetto a quanto dovuto. Dirà Giuseppe Sarno a questo proposito:

L'uomo dei Misso incaricato di questa incombenza era Michelangelo Mazza, che mensilmente veniva al rione a portarci la nostra quota parte. Un po' di attrito cominciò a serpeggiare quando il Mazza cominciò a saltare qualche consegna di denaro e si aprì apertamente il fronte della protesta quando un giorno venne da me e da Luciano a chiedere in prestito la somma di 15.000 euro che a suo dire doveva servire a pagare l'avvocato di uno dei Misso, Giulio Pirozzi, impegnato in un processo in Cassazione. Il Pirozzi era una delle persone che scampò alla strage in cui morì la moglie di Misso. Sebbene a malincuore ed in parte contro la mia volontà, alla fine quel prestito a Michelangelo Mazza lo facemmo. Sapemmo peraltro successivamente che quel denaro i Misso non li hanno utilizzati per quell'incombenza per dividerseli tra di loro. Non ci fu restituito nulla di quel prestito.

(Interrogatorio del 22 giugno del 2009 reso al Pm Vincenzo D'Onofrio)

Una ragazza nella betoniera

Come già ricordato, il clan Sarno sarà ridotto a brandelli dagli stessi che lo avevano creato: il boss Ciro, i suoi fratelli e un po' di parentela mista ad affiliati di rango, decideranno di pentirsi e seppelliranno l'organizzazione sotto un cumulo di condanne, molte delle quali all'ergastolo. Ma prima di indossare i panni dei collaboratori di giustizia, c'è stato un tempo in cui i Sarno hanno stroncato con ferocia chiunque manifestasse anche la più evanescente intenzione di passare dalla parte dello Stato. In questo senso sono emblematiche le storie di quattro soggetti andati incontro alla morte in circostanze atroci, come sottolineerà il Gip Antonella Terzi:

Il gruppo non poteva, a quei tempi, tollerare neppure la remota eventualità di sfilacciamenti e sbavature. Aveva necessità di sentirsi e apparire monolitico. Erano i momenti di un'ascesa vertiginosa, che si sarebbe compiuta rapidamente e che avrebbe consegnato ai Sarno un potere enorme, tenuto saldo per oltre un ventennio. Un potere sinistro, lordo di sangue, che si afferma e si accresce anche attraverso l'eliminazione degli infelici protagonisti di queste tristi vicende. L'intera storia dei "ponticellari" è segnata da centinaia di cadaveri, che gli uomini del rione si lasciano alle spalle con sistematica, cinica noncuranza.

(Ordinanza di custodia cautelare nei confronti di Adamo Ferdinando + 20)

In virtù di quanto accadrà molti anni dopo sembra paradossale – anzi lo è – ma negli anni d'oro del clan, per i fratelli Sarno chi decide di pentirsi deve morire. E affinché tutti comprendano la lezione, gli omicidi debbono avvenire con modalità tali da seminare il terrore e disinnescare qualsiasi tentazione di passare dall'altra parte. Per ben quattro volte la cosca di Ponticelli interviene per spegnere sul nascere la minaccia del pentitismo, e tutti e quattro i casi sono caratterizzati da particolari orribili.

La prima vittima è una donna, si chiama Anna Sodano ed è la moglie di Gennaro Busiello, detto "'o caino": tutti e due spacciano droga per conto dei Sarno. Busiello però a un certo punto finisce in una maxiretata provocata dalle confessioni di Giuseppe Correale, nella quale restano coinvolti numerosicomponenti dei Sarno. Dopo l'arresto del marito, la Sodano potrebbe continuare a smerciare stupefacenti ma decide di smettere quando conosce un ragazzo di nome Mario. Con lui intreccia una relazione sentimentale seria che la allontana dal suo ambiente di origine, fino a farle scegliere la strada della collaborazione con la giustizia, come spiega il magistrato Paolo Itri:

La ragazza è sposata con un esponente di secondo piano dell'organizzazione, ma è a conoscenza di molti segreti del clan. Da appena pochi giorni ha preso una decisione difficile, ma è ancora combattuta sul da farsi. Anna si è allontanata dall'abitazione della madre per fuggire insieme a Mario, un ragazzo del suo quartiere del quale si è innamorata e con il quale sta pensando di rifarsi una vita. E siccome sa bene che nel suo ambiente il prezzo del tradimento è la morte, ha deciso di affidare la sua vita alle forze dell'ordine e di "buttarsi a pentita". Le sue sono dichiarazioni pesanti, tanto da mettere in crisi l'intero "sistema" dei Sarno. Tra le altre cose, la donna afferma che il capo operativo dell'organizzazione, Vincenzo Sarno, avrebbe affidato l'appalto del traffico di eroina a Teresa De Luca, in arte Lady Cocaina, madre del boss Antonio De Luca Bossa.

(Itri, *op. cit.*)

Quando la voce di una sua collaborazione comincia a circolare, al rione De Gasperi tutti si accorgono che in effetti Anna non si vede più da un po', e non sta andando neppure ai colloqui in carcere dal marito. In attesa del trasferimento in una località protetta, la donna è alloggiata in una camera dell'Hotel Executive di Napoli. Fino a quel momento l'unico pentito è Giuseppe Correale, e le sue confessioni hanno già provocato decine e decine di arresti. Un altro pentito come la Sodano non potrebbe che rafforzare le prove nelle mani degli inquirenti e quindi portare a una condanna certa per un discreto numero di boss e gregari. Ma finché c'è soltanto Correale, ipotizzano i camorristi, non è detto che il processo vada male. Anna, intanto, non è né serena né convinta di ciò che sta facendo, sente di aver imboccato una strada che non la porterà da nessuna parte:

Man mano che passano i giorni, però, Anna avverte sempre di più la solitudine e il senso di sradicamento, e soprattutto il peso della lontananza dai suoi figli. Chiusa in quella stanzetta d'albergo, in attesa di essere trasferita verso una località protetta, ha deciso che il prezzo da pagare è troppo alto per lei. Anna ci ha ripensato vorrebbe delle garanzie, la certezza che nessuno le farà del male. Si rivolge perciò ai suoi familiari, ai quali chiede di metterla in contatto con qualcuno di cui si fida e che le possa garantire di tornare a casa senza dover fare una brutta fine.

(*Ibidem*)

Ciro Sarno però è preoccupato, è in galera e non ha alcuna intenzione di rimanerci e quindi punta dritto alla soluzione del problema: Anna Sodano dev'essere ammazzata. Spiega "'o sindaco":

Sapendo che la Sodano era molto amica di Di Stefano Luisa, moglie di Schisa Roberto e nipote di Luigi Piscopo "'o pazzignano", la quale regolarmente si presentava al processo in corso innanzi al tribunale di Napoli (se non ricordo male si trattava dell'udienza preliminare) decisi di utilizzare costei per convincere la Sodano a tornare indietro, già avendo in animo di farla uccidere, sebbene la Di Stefano non sapesse di queste mie intenzioni. Comunicai con quest'ultima perlopiù a gesti. Era una donna sveglia che riusciva a comprendere ciò che gli chiesi. Fatto sta che ella mi rassicurò che si sarebbe interessata a fare quanto le chiedessi.

(Ordinanza di custodia cautelare nei confronti di Adamo Ferdinando + 20)

La missione della Di Stefano va a buon fine: Anna Sodano viene convinta a rinunciare alla collaborazione e a rientrare al rione De Gasperi con la promessa solenne che non le verrà torto un capello. La sera del 29 gennaio del 1998 abbandona l'Hotel Executive convinta di non doversi preoccupare di nulla. Invece la portano in un appartamento dove trova Vincenzo Sarno, il cui compito è farla giustiziare:

Dopo aver posto qualche domanda alla Sodano su ciò che ella aveva dichiarato agli organi inquirenti e saputo dalla stessa che si era limitata ad accusare solo qualche persona per singoli episodi di spaccio, la consegnai a Luigi Amitrano, che già sapeva cosa doveva fare.

(*Ibidem*)

La donna viene affidata ad alcuni esponenti del clan Ranucci di Sant'Antimo, portata in un cantiere e uccisa a colpi di pistola. Il cadavere viene gettato in una betoniera per poi sparire in qualche pilastro di cemento armato. Secondo Vincenzo Sarno il marito non se la prenderà tanto quando verrà a sapere che fine ha fatto Anna:

> Informai, qualche tempo dopo anche Busiello Gennaro del fatto che avevo ucciso sua moglie. Egli non ebbe alcuna reazione. Anzi posso dire che mi era sembrato quasi risollevato nell'apprendere quella notizia. Sicuramente non ebbe una reazione di stizza o di rabbia nei miei confronti.
>
> (*Ibidem*)

Busiello non sa, non può immaginare, che il suo destino non sarà così diverso.

Il confidente fatto a pezzi

Mario Scala non ha una personalità particolarmente forte, colpa anche della droga che lo ha in parte svuotato della reattività necessaria a navigare nel mare della camorra pieno di squali famelici. È un anello debole della potente catena dei Sarno e la sua fragilità lo porta a pensare che non è il caso di farsi trascinare in storie più grandi di lui. Quindi per evitare rogne fa una scelta che lo mette al riparo da conseguenze per lui insostenibili: nei primi anni '90 diventa un confidente della polizia e consente agli uomini del Commissariato di Ponticelli di compiere arresti e sequestri. In carcere finiscono diversi esponenti del clan e quando le retate riguardano il traffico di droga lui riesce sempre a sfangarla. La frequenza di arresti e sequestri induce i camorristi più scafati a ipotizzare l'esistenza di uno spione all'interno dell'organizzazione. Il sospetto cade subito su Scala e suscita un comprensibile allarme tra le file della cosca perché di cose quel ragazzo ne sa davvero tante. Due affiliati vanno a prelevarlo a casa, lo portano in un luogo isolato e lo interrogano. Scala nega, ma in una tasca della giacca trovano un biglietto con i numeri di telefono di alcuni poliziotti. È la conferma che cercavano, quindi non resta che uccidere l'ignobile traditore.

Mario Scala sparisce dalla circolazione verso la metà di novembre del 1994. Il giorno 26 il padre Pasquale si presenta al commissariato per denunciarne la scomparsa. Di lui non ha nessuna notizia da diversi giorni.

Il 3 dicembre, intorno alle 8 e un quarto del mattino, ai dipendenti del servizio di nettezza urbana del comune di Giugliano per poco non viene un accidenti. Mentre prelevano la spazzatura da una cassonetto al Parco Susy di Licola, scoprono che in mezzo ai rifiuti ci sono il tronco di un cadavere carbonizzato privo del braccio destro, e un cranio avvolto in una busta di cellophane chiusa col fil di ferro all'altezza del collo.

Inizialmente si ipotizza che la vittima possa essere un extracomunitario o – viste le dimensioni del tronco, del braccio e del cranio – una donna, probabilmente una prostituta africana. Secondo i carabinieri della stazione di Varcaturo

> [...] siccome la parte di territorio in questione è spesso frequentata da tossicodipendenti che acquistano sostanze stupefacenti da extracomunitari, domiciliati in questa giurisdizione, da prostitute di colore, una prima valutazione del caso, forse, potrebbe far ipotizzare una esecuzione all'interno degli ambienti sopra specificati, nella malavita extracomunitaria d'importazione, non si scarta l'ipotesi dell'azione di un maniaco, di un macabro sacrificio di un rito religioso, addirittura la camorra. Inoltre da una prima visione esterna del cadavere carbonizzato, si è notato che le misure di larghezza tra le spalle e della lunghezza del mezzo busto erano tali da far dedurre che in vita appartenesse a una persona di sesso femminile di altezza circa 1.60 cm, oppure di adolescente [...].
>
> (Informativa nr. 83/6-1 del 3 dicembre 1994)

Quel tronco ridotto a un tizzone e quel cranio chiuso nella busta non appartengono però a una prostituta assassinata con un raccapricciante rito tribale. Ma all'epoca nessuno lo ha ancora capito e quindi quel macabro ritrovamento finisce, dimenticato da tutti, in uno dei fascicoli che riguardano uomini e donne arrivati dall'Africa e del cui destino, stringi stringi, non importa a nessuno.

Intanto di Mario Scala non si hanno più notizie. La madre è disperata e scaraventa il suo dolore contro i vertici del clan Sarno durante il processo per l'omicidio di Ernesto Nemolato. La donna, chiamata a testimoniare, urla contro le gabbie e implora che almeno le sia restituito il corpo del figlio. Sulla fine di uno dei tanti soldati del clan Sarno cala il silenzio più cupo, col passare degli anni i familiari e gli amici si rassegnano all'idea che non sapranno mai la verità. Poi si verifica un evento imprevisto e imprevedibile: il clan è falcidiato da un plotone di pentiti, compresi il boss "Ciro 'o sindaco" e i suoi fratelli. E dall'alluvione delle dichiarazioni viene fuori anche la storia di Mario Scala: non è scomparso, ma è stato ucciso, dato alle fiamme e fatto a pezzi. E il corpo fatto a pezzi trovato dai netturbini a Licola era il suo. Fine della storia. Ecco come Pasquale Sarno ricostruisce l'esecuzione:

> Il primo a raccontarmi gli avvenimenti fu mio cognato Cece Vincenzo, uno dei partecipi all'azione, il quale mi disse che il ragazzo era stato prelevato da De Luca Bossa Antonio, con la scusa di dover provare una partita di droga, e condotto in una villa di Varcaturo in uso a De Luca Teresa [...]. Lo Scala, condotto in quella villa, venne prima interrogato e poi ucciso. Nel corso dell'interrogatorio confermò di aver reso delle dichiarazioni accusatorie alla procura di Napoli, in cui aveva descritto il sistema relativamente al settore degli stupefacenti. Il Cece mi disse che quando l'interrogatorio finì, lo Scala venne ucciso a colpi di coltello, il suo

cadavere venne fatto a pezzi e dato alle fiamme, per essere poi abbandonato in un cassonetto della spazzatura sulla pubblica via in quelle zone di Varcaturo. Poco dopo il Cece, sopraggiunsero da me De Luca Bossa Antonio, Minichini Ciro, Marfella Giuseppe, i quali mi confermarono tutto ciò che il Cece mi aveva raccontato. Il cadavere carbonizzato di Scala Mario venne ritrovato il giorno successivo, ma nessuno ha mai sospettato che esso si appartenesse allo Scala. Proprio in quanto irriconoscibile, fin dall'inizio tutti hanno pensato che si trattasse del cadavere di un extracomunitario della zona. Dopo circa una decina di giorni dall'omicidio di Scala Mario, De Luca Bossa Antonio mi raccontò che a casa sua si era presentato il fratello maggiore di Scala Mario, di cui in questo momento non ricordo il nome, per chiedergli se gli potesse indicare dove poter posare un fiore sul cadavere del congiunto. Probabilmente, sapendo che il fratello aveva iniziato a collaborare con la giustizia, intuì subito che il clan lo aveva ucciso. Fatto sta che il De Luca Bossa Antonio fece finta di non sapere niente e rispose a quella persona che probabilmente Scala Mario si era allontanato con una partita di droga.

(Ordinanza di custodia cautelare nei confronti di Adamo Ferdinando + 20)

Nell'ordinanza di custodia cautelare a carico di mandanti ed esecutori dell'omicidio, il Gip Terzi sottolineerà:

Viene da pensare che sua madre abbia dovuto sopportare un dolore doppio, in cui il rimpianto per la perdita veniva esponenzialmente amplificato dalla preclusione di qualsiasi gesto consolatorio. A quella donna veniva negato il conforto di piangere su una lapide, di recare un fiore, di accendere un lume, di raccogliersi in meditazione accanto a una bara. Le restava solo, amarissima, una rabbia irrefrenabile, urlata con tutta la forza di cui era capace verso le "gabbie" di quelle belve senza cuore.

(*Ibidem*)

Schisa

Giuseppe Schisa è uno dei più anziani componenti del clan Sarno. In passato è stato vicino alla NCO di Cutolo, poi è migrato nelle fila della famiglia di Ponticelli conquistando una posizione di rilievo. Dell'organizzazione fa parte anche il fratello Roberto.

Tutto fila liscio fino al 24 febbraio del 1997, giorno in cui la Direzione distrettuale antimafia arresta una quarantina di esponenti del clan; le indagini si basano soprattutto sulle confessioni di Giuseppe Correale, un componente della cosca che dopo una condanna all'ergastolo ha deciso di collaborare con lo Stato. L'operazione è imponente e i reati di cui sono accusati padrini e affiliati sono pesanti; rischiano il carcere a vita tutti i big, a cominciare dai fratelli Sarno, perché devono rispondere pure dell'omicidio di Enrico Nemolato. Il blitz della polizia e dell'Antimafia inquieta Giuseppe Schisa, coinvolto nel delitto Nemolato, terrorizzato dalla possibilità di prendere l'ergastolo. Per questa ragione manifesta ai familiari il proposito di voler collaborare con gli inquirenti. Siamo nel '97 e chi ha intenzione di pentirsi rischia di morire. E rischiano di morire pure i familiari del pentito. Racconterà Vincenzo Sarno:

> Fu proprio durante i processi scaturiti dalla collaborazione del Correale che la figlia e la sorella dello Schisa vennero da me (che ero stato nel frattempo scarcerato dal tribunale del riesame) a dirmi che il loro congiunto aveva intenzione di collaborare con la giustizia. Consigliai alle donne di fare in modo di dissuaderlo e mi resi disponibile a fargli ulteriori regali di vestiario e di denaro. Il processo per l'omicidio Nemolato era fondato essenzialmente sulle dichiarazioni di Correale, per cui una collaborazione dello Schisa sarebbe stata molto pericolosa per mio fratello Ciro e per gli altri imputati, tra cui Roberto Schisa, fratello di Giuseppe, anch'egli imputato in quel processo. Benché Giuseppe Schisa si fosse convinto a non collaborare, io, mio fratello Ciro e lo stesso Roberto Schisa concordammo che egli non era più affidabile e andava eliminato. Fu lo stesso Roberto Schisa che prese l'impegno di uccidere il fratello all'atto della sua scarcerazione.
>
> (*Ibidem*)

Giuseppe Schisa, dunque, è una bomba da disinnescare, sebbene abbia solo accennato alla possibilità di pentirsi. Ma ai boia del clan Sarno basta e avanza per emettere una sentenza di morte: Schisa sarà ammazzato con nove colpi di pistola nel marzo del 2002.

Busiello

Condannato a 16 anni al termine del processo nato dalle rivelazioni di Giuseppe Correale, Gennaro Busiello detto "'o caino" è stato posto ai domiciliari ma non ha mai smesso di vendere droga, in particolare cocaina. Però agli occhi dei Sarno è oramai un soggetto inaffidabile perché durante il processo ha tenuto un atteggiamento che ha suscitato più di una perplessità. Nel corso di una udienza ha platealmente gettato a terra un fascicolo per far capire che lui stava prendendo le distanze dal clan. Il sospetto è che da un momento all'altro possa decidere di collaborare con i magistrati. Forse è una preoccupazione eccessiva ma ai Sarno non occorrono prove per ordinare un omicidio, basta e avanza il dubbio del potenziale tradimento. Per questo motivo quando a Busiello hanno dato i domiciliari, i Sarno lo hanno accolto con un finto entusiasmo allo scopo di tranquillizzarlo. E lui s'è tranquillizzato, tant'è che ha ripreso la vecchia attività di spacciatore. A marzo del 2000 i vertici della cosca decidono che è arrivato il momento per "'o caino" di passare a miglior vita. La pratica viene affidata a Luigi Casella, detto "giò giò", il quale molti anni dopo confessa di essere stato il carnefice di Busiello:

> Sono stato uno degli autori [...]. Un giorno venne da me Carmine Caniello a dirmi che "lo zio" aveva ordinato dal carcere l'uccisione di Busiello [...]. Ritornando all'incontro con Caniello, egli dopo avermi dato l'incarico di ucciderlo, mi consegnò anche una pistola cal. 7,65 cromata e munita di silenziatore. Siccome non riuscivamo mai a cogliere di sorpresa il Busiello, nonostante un paio di appostamenti da me fatti sotto casa sua, decidemmo insieme al Caniello di attirarlo in un tranello: sapendo che egli trattava droga, mi feci consegnare da Carmine Caniello una "pietra" di circa un grammo di cocaina da portare al Busiello facendogli credere che era un campione di una partita di quel prodotto che stavo per acquistare e che gli volevo cedere. Dopo che assaggiò il campione, Busiello disse che era interessato all'acquisto. Rimasi a casa del Busiello a discutere di ciò per circa un paio d'ore. In casa vi erano anche alcuni suoi familiari, tra cui ricordo un cognato, la moglie di questi e la figlia di questa coppia. Ci demmo pertanto appuntamento sotto il suo palazzo di lì a poco, con l'accordo che l'avrei accompagnato con la mia macchina, una Fiat Uno di colore rosso vecchio modello, sul luogo dell'appuntamento con i venditori.
>
> (*Ibidem*)

L'obiettivo di Casella è di portare "'o caino" in un luogo isolato dove c'è solo un cantiere abbandonato, ucciderlo e poi gettarlo in un fosso. Quando i due arrivano sul posto, Busiello s'insospettisce perché in realtà non c'è traccia degli acquirenti ma solo la faccia poco rassicurante di un complice di "giò giò". Busiello capisce di essere finito in una trappola e prova a darsi alla fuga, ma Casella gli spara mirando alla testa e alla schiena.

Nel primo pomeriggio del 18 marzo del 2000 un passante che sta portando a passeggio il suo cane nota il corpo di un uomo crivellato da colpi di pistola nei pressi di una fermata della Circumvesuviana. Quando gli agenti della Squadra mobile arrivano sul posto scoprono che la vittima è un nome noto ai loro archivi: è Gennaro Busiello.

La stangata

Il 18 gennaio del 2001 c'è l'inizio della fine del clan Sarno. Al termine di un processo che vede imputati quaranta tra boss e gregari, il Pm Paolo Itri chiede condanne per complessivi 900 anni di carcere: nella requisitoria di circa 500 pagine è ricostruita una parte dell'impero della banda di Ponticelli responsabile di una sfilza di reati. Meno di tre mesi dopo, è il 6 aprile, i giudici della sesta sezione del tribunale di Napoli accolgono le richieste del Pm Itri e irrogano 41 condanne e assolvono un solo imputato. Vincenzo Sarno prende 28 anni di galera, 25 ai fratelli Antonio, Ciro e Pasquale, tutti riconosciuti colpevoli dei reati di associazione camorristica e traffico internazionale di stupefacenti. Sedici anni li becca Teresa De Luca Bossa. Le pene inflitte agli altri imputati oscillano tra i 18 e i 3 anni. Una mazzata memorabile.

Petru ucciso per una "stesa"

Il delirio di onnipotenza della famiglia di Ponticelli, che da lì a poco imboccherà una strada senza ritorno, provoca una tragedia che colpisce un altro povero innocente. La sera del 28 maggio del 2009 alcuni esponenti del clan si presentano in sella agli scooter in via Pignasecca, a Napoli, dove abitano alcuni esponenti del clan Mariano. Sono lì per una cosiddetta "stesa": sparare colpi di pistola a scopo intimidatorio contro qualcuno o semplicemente per dimostrare di essere i padroni del territorio. Quel giorno, però, il grilletto viene premuto a casaccio con la pistola ad altezza d'uomo, e un proiettile colpisce Petru Birlandeanu, un musicista di strada romeno che si guadagna la giornata suonando la fisarmonica. Quando accade l'irreparabile, Petru è in compagnia della moglie Mirela:

> Dal filmato si vede che Petru e Mirela si dirigono verso la stazione «Montesanto» della funicolare. Negli stessi istanti, nella direzione opposta, arrivano quattro scooter con in sella otto persone, due delle quali imbracciano delle mitragliette. Sono le 19:47. Le raffiche partono all'altezza dell'abitazione di Salvatore Mariano, i killer sparano ad altezza d'uomo. O sono pazzi o sono drogati. O tutt'e due. È impossibile che sparando in quel modo non ci vada di mezzo un innocente. Due proiettili finiscono nel corpo di Petru: uno alla gamba, l'altro al torace. Un altro raggiunge un ragazzino a una spalla. Il solito scenario da Far West. Ma le immagini successive sono per certi versi ancora più sconvolgenti. Tutti scappano, terrorizzati dagli spari. Anche Petru, che però dopo qualche metro comincia ad arrancare. La moglie lo trascina, tutti e due salgono le scale mobili e arrivano fino alla biglietteria. Ma davanti ai tornelli il musicista rumeno crolla a terra insieme alla fisarmonica, mentre la maglietta grigia si è già intrisa di sangue. Petru tiene una mano sul petto. Quando Mirela capisce cosa è successo, implora aiuto. È in ginocchio e piange ma chi passa accanto alla vittima e alla sua donna ha troppa fretta. C'è chi scavalca i tornelli pur di correre al sicuro, chi oblitera il biglietto come se niente fosse accaduto. A terra c'è Petru che si contorce; la moglie urla e piange, cerca aiuto ma intorno c'è ancora il fuggi fuggi.
>
> (Bruno De Stefano, *101 storie di camorra*, Newton Compton 2010)

Petru, 33 anni, muore assassinato dai boia del clan Sarno e dall'indifferenza. Nelle tasche dei pantaloni aveva solo 8 euro.

La resa allo Stato

Il massacro di quattro persone mandate all'inferno perché stavano per tradire o avevano tradito il clan suona come una colossale beffa molti anni dopo, quando i fratelli Sarno compiono un gesto che fino ad allora nessuno avrebbe mai immaginato: si pentono e confessano centinaia di reati commessi, dalle estorsioni agli omicidi, dal traffico di droga alle guerre con gli altri clan, fino ai dettagli delle alleanze con gruppi storici come i Mazzarella e i Misso. Il primo a parlare è Giuseppe Sarno che alle 11:35 del 16 giugno del 2009 nel carcere romano di Rebibbia apre l'album dei ricordi davanti al Pm Giuseppe D'Onofrio, ai sottufficiali dei carabinieri Pietro Saccone e Massimo Natale Ira e ai funzionari di polizia Agostino Mele e Domenico D'Angelo. Il neo collaboratore di giustizia è un fiume in piena ma il primo pensiero è salvare il figlio da una brutta fine:

> Ho chiesto di parlare perché è mia ferma intenzione iniziare a collaborare con la giustizia. So bene cosa significhi ciò e so bene che questa mia scelta porterà a pesanti accuse non solo a carico di me stesso, ma anche dei miei più stretti familiari, primi tra tutti i miei fratelli. Ne ho già parlato con mia moglie e con mia figlia, le quali si sono dichiarate disposte a seguirmi in questa mia scelta. Voglio parlarne anche con mio figlio Salvatore, al quale ancora non ho accennato niente, sebbene ritengo che mia moglie gli abbia già parlato.
>
> (Verbale di interrogatorio del 16 giugno 2009)

Poi, come se volesse quasi giustificarsi, tiene a specificare di aver avuto sempre un modo di fare diverso da quello dei suoi fratelli:

> [...] Ci tengo peraltro immediatamente a evidenziare che dei fratelli Sarno io ero quello più propenso a una politica di pacificazione, tentavo sempre accomodamenti con tutti, al fine di evitare scontri armati, consapevole del fatto che ciò avrebbe comportato non solo il rischio di perdite umane ma anche massicci interventi degli organi inquirenti. Ho tentato di portare avanti questa mia linea da sempre. Negli ultimi periodi peraltro, a seguito della scarcerazione di mio fratello Vincenzo, ha prevalso una linea più determinata e decisa, di vero e proprio scontro armato con tutti, in qualsiasi zona di Napoli e provincia. Ho dovuto mio malgrado constatare che la linea dura di Vincenzo era molto più apprezzata dagli affiliati, specie quelli più giovani, che erano letteralmente felici nel prendere parte a quell'azione decisa e programmata da Vincenzo. Più volte ho avuto modo di criticare aspramente mio fratello Vincenzo per questo suo modo di fare, ma mi sono reso conto che era tutto inutile. Dal carcere è uscito completamente "montato di testa" e con l'intenzione di espandersi in tutta Napoli e provincia. I giovani erano talmente affascinati da questo suo modo di fare che a nulla sono valse le mie raccomandazioni a tenere un profilo basso.

Il problema principale di "'o mussillo" è salvare il figlio prima che possa precipitare nel burrone dove prima o poi lo trascinerà lo zio:

> Non sono riuscito a convincere di ciò nemmeno mio figlio Salvatore che segue lo zio ovunque questi gli chieda di andare [...]. Quando ho capito che la linea dettata da mio fratello Vincenzo era quella che gratificava gli affiliati, ho deciso di allontanarmi da Napoli e trascorrere la mia latitanza a Roma, appoggiandomi esclusivamente ai miei familiari più stretti [...]. In questi due anni in cui sono rimasto libero ho capito che la vita che ho fatto fino a oggi non sono più in condizione di portarla avanti. Temo fortemente soprattutto per la vita di mio figlio Salvatore, che ho visto troppo legato negli ultimi tempi alle scelte dello zio Vincenzo. Sono convinto che questa situazione porterà quanto prima a uno scontro armato contro i Sarno. Mio fratello Vincenzo si è fatto nemici dappertutto e temo che a breve, con tutti noi detenuti, si possa scatenare una controffensiva nei nostri confronti ed a farne le spese saranno di certo i nostri figli.
> (*Ibidem*)

Un mese dopo, Giuseppe disegna la gerarchia del clan nel corso di un interrogatorio che si tiene, sempre a Rebibbia, il 14 luglio:

> Al vertice del gruppo criminale è tuttora posto mio fratello Ciro, sebbene sia da tanti anni detenuto. Io, che sono il più anziano, sono rispettato e sono a un gradino immediatamente sotto Ciro. Ma tutti noi fratelli comunque abbiamo lo stesso ruolo all'interno del clan. Con una piccola differenza: io, a differenza di Luciano, Pasquale e Vincenzo, sono quello che è rimasto un po' dietro le quinte, lasciando a loro mantenere i rapporti diretti con le altre organizzazioni criminali. È stata una scelta casuale questa, nel senso che quando venni scarcerato all'inizio degli anni 2000, mio fratello Luciano era stato lui l'artefice della nascita di rapporti con numerosi organizzazioni criminali, sia di Napoli che della provincia. Per cui, d'accordo tra noi, decidemmo che sarebbe stato più opportuno che ad interfacciarsi con costoro continuasse a essere Luciano, al fine di non mostrarci troppi di noi all'esterno. Fu così che tutti questi rapporti vennero coltivati essenzialmente da Luciano e da mio fratello Pasquale. Ciò accadde per lo più sull'area vesuviana, Casalnuovo, Acerra, Sant'Anastasia, Somma Vesuviana. Mio fratello Luciano strinse anche rapporti, attraverso Esposito Giuseppe "'o schizzo", sia con il gruppo di Paolo Di Grazia, sia con i Belforte di Marcianise. Con la zona di Marcianise dei Belforte, così come con il gruppo Di Grazia, strettissimi rapporti li aveva anche mio fratello Pasquale. Sull'area di Sant'Anastasia il nostro referente principale era Carmine Caniello, che era stato lì posto da Luciano [...].

Nelle dichiarazioni del primo pentito della famiglia c'è spazio anche per un altro fratello che però non risulterà mai organico alla cosca. Si chiama Carmine, si occupa di un sacco di cose, sicuramente è consapevole che il cognome che porta gli è di grande aiuto. Dice ancora Giuseppe Sarno al Pm D'Onofrio:

Mio fratello Carmine, sebbene non possa dire che fa parte del clan, in quanto non prende parte alle decisioni più importanti della organizzazione, è stato posto da mio fratello Luciano, a partire dal 2004, a gestire le estorsioni raccolte nei mercatini rionali di Ponticelli, dove ogni singolo ambulante corrisponde una quota di dieci euro ogni qualvolta si tiene il mercato. So che mio fratello invia due suoi ragazzi a riscuotere queste somme, che consegna poi una volta al mese a qualcuno di noi. Mio fratello Carmine ha anche altri introiti che gli derivano dalla attività di compravendita degli appartamenti popolari, nel senso che sia il venditore che l'acquirente di quegli immobili (che in realtà non potrebbero vendere perché di proprietà del comune) sono costretti a corrispondergli una certa somma, che si aggira intorno ai millecinquecento- duemila euro. Devo precisare che li pretende da tutti, anche dalle persone che gli ho detto essere nostri amici.

(Verbale di persona sottoposta a indagini del 14 luglio 2009)

Il destino di Carmine è diverso rispetto a quello dei fratelli pentiti: dopo il declino della famiglia, i nuovi clan emergenti di Ponticelli lo taglieggiano, gli dicono che deve pagare il pizzo se vuole tenere aperta la sua agenzia per cantanti neomelodici. La sua compagna gli suggerisce di non sottostare al ricatto e alla fine i camorristi vengono arrestati. Lui però deve abbandonare Ponticelli:

Carmine Sarno si era ritrovato in una rara condizione di privilegio. Godeva dei vantaggi del potere della camorra senza essere camorrista. Era rispettato dal quartiere per le sue strette, temibili (e temute) parentele: ben quattro fratelli boss. Lui non lo era. E si era dedicato alla sua passione: fare l'impresario per neomelodici, avere una agenzia tutta sua senza paura di finire sotto la scure del racket della mala. "Nella mia vita non ho mai fatto direttamente parte del clan guidato dai miei fratelli, ma non nego di aver beneficiato del loro nome. Gli Esposito mi imposero la chiusura dell'attività. Mi dissero: 'Devi chiudere che stai dando fastidio'. Da quel giorno il mio unico sostentamento rimase l'impresa di pulizie". Una ditta che, peraltro, aveva avuto grazie al clan Sarno alcuni "insignificanti privilegi – si legge nel provvedimento – come occuparsi della pulizia del mercatino rionale e di un piccolo complesso edilizio imponendo il servizio ad alcuni commercianti". Anche l'impresa subisce l'attenzione del nuovo clan. Tangente da duemila euro al mese poi ridotta a mille. Ma poi cominciano le minacce alla famiglia Sarno, l'ordine di lasciare Ponticelli. La famiglia – come tante altre vittime della camorra prima di loro – è costretta a barricarsi in casa per due mesi. Infine viene avvicinata anche la donna, minacciata di morte davanti alla figlia di nove anni. E la donna si ribella, dice agli estorsori: «Visto che la situazione è questa, comincia a sparare prima a me». La ex cantante è per il Gip "una figura femminile di primissimo piano. È lei a convincere il suo uomo, spaventato e disorientato, che l'unica via di salvezza è quella che porta ai carabinieri". Sarà così proprio un Sarno non pentito a ripulire Ponticelli dalla camorra.

(«la Repubblica», 28 febbraio 2012)

Il "sindaco" si dimette

Alla fine, quando capisce che la nave sta affondando, anche Ciro Sarno infila la ciambella di salvataggio dello Stato. Il boss si arrende e decide di collaborare nella calura asfissiante del carcere di Viterbo, quando – evidentemente – si rende conto di dover dare un senso al tempo che gli resta davanti. È l'estate del 2009, precisamente il 27 luglio, quando avvicina l'ispettore della polizia penitenziaria addetto alla sua sezione e gli dice che vuole incontrare il Pm Vincenzo D'Onofrio. Una settimana dopo si siede di fronte al magistrato e mette fine alla sua carriera di capoclan per iniziarne un'altra da pentito. Al dottor D'Onofrio spiega che già da tempo pensava di fare il grande passo, ma poi ha smesso di indugiare quando ha saputo dell'arresto del figlio Antonio, incastrato dalle rivelazioni di suo fratello Giuseppe, della cui collaborazione ha saputo solo dal telegiornale. Il primo verbale lo firma il 4 agosto e al Pm dice:

> Questa mia collaborazione, come potrà comprendere, determinerà un vero e proprio terremoto nel panorama criminale di Napoli e della provincia. Sono convinto che ormai con questa mia scelta il sistema Sarno può considerarsi finito. Mi auguro solo che anche gli altri miei fratelli mi seguano su questa strada [...]. Il primo a essere ucciso, su mio mandato e quello dei miei fratelli e di altri che indicherò, fu Antonio Borrelli nel corso di quelle che venne definita dalle cronache la "strage del Sayonara" [...]. Il clan è sostanzialmente retto da me, immediatamente dopo opera mio fratello Giuseppe. Subito dopo vi sono i miei tre fratelli Pasquale, Luciano e Vincenzo e mio cugino Giuseppe Sarno "caramella" [...]. Sebbene sia rimasto da diversi anni sempre e costantemente detenuto, sono stato informato e anche coinvolto nella gestione del clan, sebbene in relazione a molte vicende sia stato messo al corrente degli avvenimenti a cose fatte.

Nel giorno in cui il capoclan firma la sua resa, c'è ancora poco da demolire. I fratelli, alcuni parenti e altri personaggi di prima e seconda fila hanno già riempito centinaia di pagine di verbali raccontando di decine e decine di omicidi commessi a partire dall'inizio degli anni '90 nell'area che da Ponticelli arriva fino a Somma Vesuviana. Il suo contributo sarà importante, ma le sue dichiarazioni serviranno soprattutto a confermare ciò che hanno già riferito altri.

Uno degli ultimi ad alzare le mani è Salvatore Sarno, il figlio di Giuseppe. Salvatore ha cominciato prestissimo: a 14 anni anni gli affidano la gestione di una "piazza" di marijuana all'interno del rione De Gasperi, attività che conserva fino al giorno dell'arresto.

Pure lui cede nel rovente agosto del 2009: il 13 fa pervenire al Pm Vincenzo D'Onofrio la volontà di collaborare, il 24 appone la firma sotto la sua prima confessione. Era sicuro di intraprendere una carriera malavitosa densa di soddisfazioni e l'idea di collaborare con la giustizia lo faceva inorridire. Poi s'è fatto due conti e ha capito che non gli sarebbe convenuto fare l'irriducibile, soprattutto perché avrebbe compromesso la gioia di crescere sua figlia:

> So bene che avrei dovuto assumere questa determinazione già all'epoca in cui la stessa scelta l'ha assunta mio padre, ma non me la sono sentita un po' per timore un po' perché la mia mentalità non mi consentiva di accettare una tale scelta. Signor giudice, so bene che il mio comportamento ha messo in pericolo i miei familiari e me stesso, ma ero convinto di poter gestire la situazione di distaccarmi da mio padre. Oggi mi rendo conto che non è così. La prospettiva di dover crescere mia figlia all'interno di un carcere mi fa star male, così come non mi fa dormire il pensiero che possano essere attuate delle ritorsioni nei confronti di mia moglie e dei miei suoceri. Fino a quando ero libero mi sentivo forte e capace di tenere sotto controllo la situazione, anche perché in questi ultimi anni mi ero fatto apprezzare nell'ambito del contesto criminale di famiglia. Anzi, posso dire che negli ultimi mesi mio zio Vincenzo, che da quando è uscito dal carcere ha assunto il comando del clan per volere di mio zio Ciro, ha avuto più contatti con me che non mio padre, che era stato del tutto estromesso dalla gestione del clan.
>
> (Verbale di interrogatorio di persona sottoposta a indagini del 24 agosto 2009)

Com'è facile immaginare, il pentimento del capoclan, dei suoi fratelli (Luciano è poi morto di tumore nel 2018) e di una variegata truppa di affiliati ha spazzato via per sempre il clan Sarno. Purtroppo dopo "'o sindaco" e la sua banda non è arrivata la pace ma altre pattuglie di delinquenti per certi versi ancora più violenti e feroci. C'è stata una frammentazione e ora la zona è presidiata da più gruppi in perenne guerra tra loro. E per le persone perbene vivere a Ponticelli è rimasto uno dei mestieri più difficili del mondo.

Graziano e Cava

Se nel multiforme universo della camorra campana c'è un luogo preciso nel quale la realtà ha superato la fantasia, questo luogo è Quindici, in provincia di Avellino. A partire dagli anni '70 in questo minuscolo comune di poco meno di duemila abitanti è stato proiettato un film che sembra nato dalla sovrapposizione di un western di Sergio Leone e di un pulp di Quentin Tarantino: morti ammazzati, vendette, ferimenti, esecuzioni truculente, sparatorie per strada, stragi, imboscate. E buona parte degli attentati e degli agguati è avvenuta con modalità spericolate. Roba che s'è vista solo, appunto, nelle pellicole di Leone e Tarantino.

Un brutto film il cui finale, a cinquant'anni dall'inizio delle ostilità, non è stato ancora scritto: nell'estate del 2019 si è infatti scoperto che era in programma un altro capitolo della saga, provvidenzialmente cancellato grazie al tempestivo intervento di forze dell'ordine e magistratura.

Quindici è stato l'epicentro di un conflitto nel corso del quale sono state falciate dozzine di criminali ma anche sindaci, donne, anziani, ragazzini, disabili, innocenti. La mattanza ha insanguinato tutto il Vallo di Lauro, un'area ai confini tra Avellino e Napoli formata da sette piccoli centri – Lauro, Pago del Vallo di Lauro, Taurano, Marzano di Nola, Domicella, Moschiano e Quindici – dove vivono complessivamente poco meno di quindicimila persone. Contrariamente ad altre zone nelle quali si sono sviluppate organizzazioni malavitose particolarmente aggressive, il territorio di Quindici e del Vallo di Lauro non è mai stato remoto e degradato come, ad esempio, i quartieri periferici delle grandi città o i comuni sparpagliati ai confini delle metropoli. Dal punto di vista estetico il Vallo di Lauro offre un colpo d'occhio suggestivo: siamo lontani anni luce dalla disordinata cementificazione che non di rado contribuisce all'abbrutimento collettivo e favorisce il sorgere di sacche di emarginazione e di delinquenza. Lo scenario che ha fatto da sfondo alla camorra in Irpinia è formato perlopiù da borghi feudali in ottimo stato di conservazione.

Nonostante le ristrette dimensioni geografiche e l'esiguo numero di abitanti, il Vallo di Lauro è stato il palcoscenico sul quale si è consumata (non ancora del tutto, evidentemente) una delle faide più sanguinarie della storia della criminalità organizzata italiana. Secondo il magistrato Francesco Soviero, per un periodo impegnato nelle indagini sui clan della zona, quello di Quindici è un ambiente "camorrizzato", ovvero un circondario

> in cui la legalità non riesce ad affermarsi, il cui il libero esercizio delle regole democratiche è spesso umiliato, in cui la violenza vince, in cui si spara per le strade, in cui per interi settori non valgono le regole di mercato, in cui lo spirito imprenditoriale viene continuamente mortificato.
>
> (Giovanni Sperandeo, *La Faida*, Mephite, Atripalda 2012)

Protagoniste della mattanza sono stati i Cava e i Graziano, due famiglie di Quindici imparentate tra loro. Il legame di sangue ha fatto da collante fino a quando gli interessi fuorilegge sono stati coltivati all'interno di una dimensione – per così dire – rurale. Poi la quiete è stata spazzata via da un paio di eventi di origine diversa ma collegati tra loro: la gestione dei finanziamenti per la ricostruzione post-terremoto del novembre 1980 e la guerra tra la Nuova camorra organizzata (NCO) di Raffaele Cutolo (alla quale si erano aggregati i Graziano) e la Nuova Famiglia (con la quale avevano solidarizzato i Cava). In quel periodo l'irripetibile occasione di uscire da un contesto agreste per fare il grande salto nella camorra miliardaria ha suscitato appetiti che si sono rapidamente trasformati in una rapacità che nessuno avrebbe mai immaginato: di fronte alla chance di fare quattrini a palate, i Graziano e i Cava hanno messo da parte le diplomazie parentali e hanno tirato fuori una crudeltà che ha raggiunto picchi (si spera) ineguagliabili.

La ferocia che ha caratterizzato la contrapposizione tra le due cosche non è stata proprio una sorpresa, perché una certa bestialità era più volte affiorata quando, da alleate, avevano imposto la loro legge affidando a un folto gruppo di affiliati con licenza di uccidere il compito di terrorizzare chiunque e con ogni mezzo.

Dopo la scissione la barbarie si è accentuata e in più di una circostanza uccidere un esponente della fazione rivale non è stato sufficiente; in alcuni casi, infatti, i volti delle vittime sono stati sfigurati di proposito affinché fossero irriconoscibili agli occhi dei loro familiari. Uno sfregio supplementare per rendere più tagliente la lama della vendetta. Come in tutte le faide la temperatura dell'odio – dettato perlopiù dalla difesa di interessi economici fortissimi – si è progressivamente innalzata al punto che nessuno ha esitato a sparare anche su qualsiasi bersaglio umano; in una circostanza sono state proprio le donne a prendersi a revolverate in pieno centro dando vita a una carneficina tutta in "rosa" della quale hanno parlato i media di mezzo mondo.

Per un bel po' il numero di morti ammazzati, l'efferatezza dello scontro e l'escalation di violenza sono rimasti quasi semi-sconosciuti all'opinione pubblica e ai media, mentre la repressione dello Stato fino a un certo punto si è rivelata troppo scialba e altalenante per poter essere efficace. Indubbiamente, dunque, quanto accadeva in una manciata di piccoli borghi della periferia avellinese è stato dapprima sottovalutato sul piano giudiziario e poi colpevolmente ignorato dal mondo dell'informazione, richiamato da quelle parti solo per seguire episodi particolarmente unici e cruenti (come nel caso della sparatoria tra donne). Si può legittimamente sostenere che uno scenario del genere avrebbe meritato più attenzione da parte dei media e probabilmente una maggiore presenza dello Stato avrebbe potuto evitare che lo scontro assumesse i connotati di una guerra.

Sebbene sia uno degli elementi principali, il sangue che ha fatto da sfondo alla faida racconta soltanto in parte cos'è accaduto a Quindici e nel Vallo di Lauro. A rendere decisamente unica questa sorta di enclave sudamericana in salsa irpina è la saldatura tra camorra e politica: per lunghi tratti a Quindici il sindaco e il boss del paese sono stati la stessa persona. E, come se non bastasse, i politici, i camorristi e gli imprenditori che si sedevano al tavolo della spartizione degli appalti pubblici appartenevano alla stessa famiglia. Raramente, perlomeno in Campania, un municipio è stato controllato da un solo nucleo familiare. In questo senso il dominio dei Graziano è stato assoluto: tranne che per pause brevi e inquiete, dagli anni Sessanta fino alla fine degli anni '90 al comune hanno sempre governato loro. In più di un frangente il mandato si è però concluso prima della scadenza naturale per vicende estranee alla politica: qualche sindaco è stato ammazzato, qualcuno è stato arrestato, qualcun altro ancora è stato destituito dal presidente della Repubblica per motivi di ordine pubblico.

La fusione degli interessi criminali con quelli politici ha reso i Graziano decisamente invulnerabili e per lunghi tratti ha fortemente contribuito a raffreddare qualsiasi tentativo della gente perbene di ribellarsi. Detto questo, va detto che i Cava hanno più volte tentato di mettere le mani sul municipio, ma non ci sono mai riusciti.

I quindicesi non coinvolti nello scenario malavitoso non avevano alcun dubbio sul fatto che i Graziano fossero doppiamente potenti: padroni assoluti del comune e padroni – grazie alle armi – pure di tutto il resto. Combatterli era oggettivamente impossibile. Anche perché lo Stato – con le sue leggi, le sue strutture, le sue divise – si vedeva poco, o comunque non abbastanza da infondere coraggio a chi era costretto a vivere in una realtà soffocata dal piombo della camorra. Come detto, per un discreto numero di anni lo scontro è prosperato all'ombra di una colpevole ed innegabile sottovalutazione. È tuttavia altrettanto innegabile che, quando si è manifestata, l'azione repressiva è stata smorzata da un clima di omertà impressionante, largamente favorito non solo da una sorta di diffusa vocazione alla reticenza ma soprattutto dai legami di sangue tra i componenti di ciascuna organizzazione. Sia i Graziano che i Cava erano stati così bravi a proteggere la loro privacy che neppure i più informati pentiti di altre organizzazioni hanno saputo riferire nomi e fatti precisi relativi alle due dinastie quindicesi. A questo proposito dirà il magistrato Maria Antonietta Troncone:

> Quello che ha caratterizzato le vicende del clan Cava e parimenti a quelle del clan Graziano è stata la prolungata impermeabilità alle dichiarazioni dei collaboratori di giustizia in seno ai suddetti sodalizi, mentre quelli a essi estranei hanno potuto dare solo indicazioni di massima sulle alleanze criminali riferibili a ciascuna delle organizzazioni in esame. Ciò ha indubbiamente contribuito a ostacolare un incisivo risultato delle indagini che sino a quel momento non erano riuscite a dimostrare l'esistenza dell'associazione per delinquere "Cava" ruotante attorno alla figura carismatica di Biagio Cava. Solo dopo che le indagini hanno cominciato a produrre i loro effetti e hanno provocato l'emissione di provvedimenti cautelari, prima solo per singoli fatti estorsivi (grazie alla rottura del patto di omertà da parte di talune parti offese) e poi anche perché era stata dimostrata l'esistenza e l'attualità di tali formazioni criminose, si è verificato un elemento di novità che ha consentito la conoscenza, dall'interno dei singoli gruppi, della loro composizione e delle attività illecite. Mi riferisco alla collaborazione di Felice Graziano [...]. È stata di eccezionale importanza investigativa: essa ha consentito di ripercorrere, dal vivo racconto di chi l'ha vissuta in prima persona, le varie fasi della faida, che ha coinvolto personalmente lo stesso Graziano.
>
> (Giovanni Sperandeo, *op. cit.*)

I segreti sono rimasti al riparo fino a quando anche tra le fila delle due cosche si sono registrate delle pesanti defezioni; più d'uno s'è reso conto che non avrebbe avuto alcun senso tenere la bocca chiusa perché oramai l'epoca dell'impunità era finita. Com'è accaduto per altre organizzazioni, il fenomeno del pentitismo ha dato una spinta decisiva alla demolizione di entrambi i gruppi, già parzialmente iniziata con processi e condanne definitive.

L'incisiva repressione dello Stato non ha però ancora cancellato del tutto la presenza delle due famiglie, che a distanza di cinquant'anni continuano a farsi la guerra. Certo, le modalità dello scontro non sono più le stesse, si spara molto ma molto meno e l'odio si è in parte affievolito per la definitiva uscita di scena di padrini e comprimari di una irripetibile e lunghissima stagione di sangue.

Oggi nelle mappe elaborate periodicamente dagli inquirenti, i Graziano e Cava sono ancora presenti, seppur – come si diceva – abbiano a disposizione eserciti assai meno consistenti rispetto a qualche anno fa. Benché ridimensionate, le due famiglie continuano a condizionare soprattutto la vita di commercianti e imprenditori di diversi comuni sparsi lungo i confini delle province di Napoli e Salerno, molti dei quali sottoposti all'odioso cappio delle estorsioni. Lo Stato, dunque, ha vinto molte battaglie ma la guerra, anche in questo angolo remoto della Campania, non è stata ancora vinta.

Un risultato incoraggiante è stato in ogni caso ottenuto: Quindici non è più un comune amministrato dai camorristi, al voto si può andare liberamente. Una conquista epocale ottenuta solo all'alba del terzo millennio.

Le tappe della faida

Come detto, a contraddistinguere i Cava e i Graziano è la lunga faida che li ha visti contrapposti per svariati decenni. Una sequela di attentati e omicidi il cui inizio ha una data precisa. L'episodio che incendia i rapporti tra le due famiglie è il blitz organizzato dai Cava in municipio per uccidere il sindaco Pasquale Raffaele Graziano, avvenuto l'11 ottobre del 1982 (e del quale si parlerà più avanti). Da quel momento s'innesca una spirale di attentati e omicidi che dura fino ai giorni nostri. Il giornalista Giovanni Sperandeo nel suo libro *La Faida* ha ricostruito nel dettaglio tutte le tappe dello scontro, e nell'introduzione al volume ha scritto:

> Oltre cinquanta episodi di sangue con ventiquattro morti. Tutto in un lasso di tempo non lungo; ventiquattro anni, dal 1982 al 2006. Questa è la faida, la guerra di camorra che contrappone i clan Cava e Graziano di Quindici, nata per il predominio criminale del territorio e diventata nel tempo una questione personale: la "lotta armata" più antica della storia della criminalità organizzata campana, e forse nazionale, che ha per protagonisti due dei clan più longevi della regione [...]. È anche, però, l'onta per un paesino e di una cittadinanza che nulla hanno a che fare con la camorra. Come spiegò il Pm della Direzione distrettuale antimafia Francesco Soviero, in una sua arringa: "A Quindici, il 99% della gente è onesta". Malgrado ciò, i due clan si sono "appropriati" di Quindici ancor prima che i Casalesi sporcassero il nome della loro cittadina [...]. I bersagli della faida non sono tutti criminali o pregiudicati, anzi, in diverse occasioni, sono persone che nulla hanno a che fare con i clan se non per parentela o amicizia, diventando così, loro malgrado, oggetto di vendette trasversali.
>
> (Giovanni Sperandeo, *op. cit.*)

Sarebbe complesso riproporre tutti e cinquanta gli episodi ricostruiti da Sperandeo nel suo libro. Ci limitiamo a ricordarne i più importanti.

Un Vallo di lacrime

Il 18 novembre 1982, un mese dopo l'incursione fallita in municipio per uccidere il sindaco Pasquale Raffaele Graziano, due figli di Luigi Salvatore Graziano tentano di eliminare Salvatore Cava. La risposta è immediata:

> Giovanni Cava, fratello di Antonio, detto "Ndò Ndò", e Umberto Grasso, genero di Salvatore Cava, sanno dell'accaduto e corrono sul posto facendo fuoco all'impazzata per difendere il loro capo. La sparatoria avviene in via Roma, strada centrale di Quindici, in prossimità del bar Moca e della macelleria Graziano, di proprietà di Antonio Graziano, detto "chiò chiò" e padre di "Felicione". Nel conflitto a fuoco viene ferito Adriano, il figlio di Luigi Salvatore.
>
> (*Ibidem*)

Passano quattro giorni e intorno alle 18 il bar-ristorante Graziano, di proprietà dei parenti del sindaco Pasquale Raffaele Graziano, viene bersagliato da una raffica di colpi di mitra. A cavallo tra la fine del 1982 e gli inizi del 1983 Pasquale Raffaele Graziano sfugge per puro caso a due attentati organizzati dalla Nuova Famiglia. Il 28 marzo del 1983 si registra il primo morto della faida: a lasciarci la pelle è un ragazzo di 20 anni, si chiama Giuseppe Fabi ma tutti lo conoscono come "Peppone". È in sella a una moto guidata da Biagio Cava quando i Graziano tendono un agguato lungo la strada che collega i comuni di Moschiano e Forino. Fabi viene colpito a un braccio, perde il controllo della moto, cade a terra e i killer gli sparano ancora fino a ucciderlo. Biagio Cava, invece, si salva perché indossa un giubbotto antiproiettile e soprattutto perché è più lesto a dileguarsi nelle campagne.

Nel mirino finisce pure Antonio Graziano: "chiò chiò" è sul terrazzo di casa sua quando gli sparano a ripetizione, la mira però è incerta e lui se la cava con ferite guaribili in tre settimane. Il 9 dicembre due colpi di un fucile calibro 12 caricato a pallettoni feriscono alla mano Crescenzo Bossone, considerato vicino a un gruppo legato ai Graziano. Il 3 marzo del 1984 c'è un altro morto:

> È un sabato sera, e un posto di blocco della polizia di Lauro ferma per un controllo una Renault 5 turbo. A bordo dell'auto, Luigi Salvatore Graziano, 49 anni, elemento di spicco del clan, con il figlio Adriano, 17 anni, suo nipote Aniello di 16. Addosso a Graziano, sorvegliato speciale, viene ritrovata una pistola calibro 9. Non ha il porto d'armi, è un camorrista. La tiene addosso per difesa persona-

le. Sarà sicuramente arrestato, quando la prontezza dei riflessi del figlio Adriano "sbroglia", a suo modo, la situazione. Il diciassettenne, infatti, estrae una Luger e la punta alla schiena del poliziotto. In questo modo i tre Graziano riescono a fuggire mentre la volante cerca di bloccarne la fuga. Nasce una sparatoria in cui ad avere la peggio sarà il sedicenne Aniello Graziano, nipote di Luigi Salvatore. Il ragazzo morirà a Napoli, all'ospedale Santobono, poco dopo il ricovero. Nel conflitto a fuoco rimarrà ferito lievemente anche un poliziotto.

(*Ibidem*)

Per qualche anno le due famiglie se ne stanno buone ma solo perché sono impegnate e leccarsi le ferite provocate da indagini e arresti. Le ostilità si riaprono il 23 marzo del 1988, giorno in cui viene regolato un vecchio conto rimasto in sospeso: a Moschiano i killer abbattono Crescenzo Bossone, al quale – come già ricordato – avevano tentato di fare la pelle nel dicembre del 1983. Quasi dieci mesi più tardi, il 6 gennaio del 1989, due persone vengono ammazzate all'interno di una A112 ferma a un passaggio a livello di Sarno: i morti sono Valentino e Mario Graziano, nipoti dell'ex sindaco Pasquale Raffaele. L'elenco delle vittime potrebbe allungarsi subito ma Eugenio Graziano riesce a salvarsi grazie a uno zio che lo avverte del pericolo: i Cava hanno deciso di eliminarlo durante una gara di rally, lo sport preferito da Eugenio, ma il ragazzo non si presenta alla corsa e così evita di finire al creatore.

Vivi per miracolo pure Adriano Graziano e la moglie: nell'autunno del 1990 mentre sono in auto all'altezza di Liveri si ritrovano nel mirino dei killer, ma riescono a darsi alla fuga prima che accada l'irreparabile perché dispongono di una vettura più veloce.

Quando pistole, fucili e mitra sembrano insufficienti per punire i nemici, allora si passa alle maniere forti: il tritolo. Siamo sempre alle fine del 1990 e le tecniche sono sempre più raffinate, una delle quali ricorda vagamente quella utilizzata a Capaci per uccidere il giudice Giovanni Falcone:

Il pentito Felice Graziano racconta che, in quel periodo, alcuni componenti del suo clan sistemarono del tritolo in vari contenitori, sotto il Ponte di Quindici, pronto a esplodere al passaggio di Biagio Cava. L'esplosivo acquistato risultò, però, di pessima qualità, come lo stesso collaboratore ha affermato. I contenitori con il tritolo furono sistemati sotto il ponte per qualche giorno e, poi, rimossi perché il bersaglio non era passato e l'esplosivo si era deteriorato.

(*Ibidem*)

Il 1991 è indubbiamente l'anno più turbolento. Le ostilità iniziano poco prima delle 11 del 20 gennaio, nel giorno in cui a Quindici si onorano San Sebastiano e Sant'Antonio Abate. La vittima designata è Antonio Cava, detto "Ndò Ndò", che dev'essere fatto fuori mentre segue la processione. A qualche centinaio di metri c'è un abile killer che imbraccia una carabina: preme più volte il grilletto e nonostante la banda musicale ci stia dando dentro con trombe, grancasse e sassofoni, il rumore degli spari si sente distintamente. La gente comincia a scappare nel tentativo di trovare riparo, "Ndò Ndò" è vivo ma è stato sfiorato dai colpi come si deduce dal volto sanguinante.

Quasi un mese dopo, siamo al 27 febbraio, i Graziano puntano al bersaglio grosso: Salvatore Cava, il numero uno della famiglia avversaria. Alla periferia di Quindici, Cava è a bordo di una Fiat Uno guidata dal suo autista, quando viene affrontato da un commando armato di mitra, pistole e fucili. Cava e l'autista restano solo feriti perché la loro auto finisce in un canale impedendo agli assassini di completare la missione. Alla scena assiste un gruppo di giovanissimi scolari:

> Nel campo sportivo, a poche centinaia di metri, si stava svolgendo una manifestazione sportiva. Sugli spalti tutti gli alunni del Vallo di Lauro, dalle elementari alle superiori. Alcuni studenti videro delle ombre che sparavano sotto al ponte ma la distanza e la paura non permisero a nessuno l'identificazione. I più piccoli abbracciarono i grandi, come se un sedicenne potesse capire quello che stava succedendo.
>
> (*Ibidem*)

Il 26 marzo potrebbe essere l'ultimo giorno di vita di Aniello Grasso, considerato vicino ai Cava. È alla guida di un'Alfetta e sta transitando per le strade di Quindici quando qualcuno gli spara contro ripetutamente. Grasso si salva, ma il portabagagli dell'auto viene bucherellato: il sospetto è che lì dentro trasportasse Biagio Cava.

Il 12 maggio tocca a un parente dei Cava: si chiama Salvatore Zampini, ammazzato con una carabina mentre ritorna a casa, a Quindici. Il 27 giugno la battaglia si chiude con un ferito per parte, vittime del botta e risposta (avvenuti a distanza di tre quarti d'ora) un adolescente e un anziano:

> Il primo a essere colpito è Amato Scafuro. Ha tredici anni e lavora nella ditta edile della famiglia. Sta guidando la pala meccanica per un lavoro in un cantiere a Bosacro, frazione di Quindici. È il fratello di Guerino, baby-killer che ha dato il via, suo malgrado, a una sotto faida tra gli Scafuro, vicini ai Graziano, e i Siniscalchi, affiliati ai Cava. Sono le otto di mattina quando viene attinto da alcuni colpi di fucile da caccia, caricato a pallettoni con calibro 12. Pochi minuti dopo, c'è già la risposta. Alle 8:45 qualcuno con una pistola calibro 9 ferisce leggermente Vincenzo Cava, settantunenne padre del boss Biagio.
>
> (*Ibidem*)

L'8 settembre per poco non finisce all'altro mondo Adriana Scibelli, ventenne cugina di Eugenio Graziano, ferita alla testa da un proiettile vagante.

In mezzo alla folle guerra tra le due famiglie ci vanno di mezzo pure gli innocenti come Nunziante Scibelli. Il 31 ottobre è in auto con la moglie, sta percorrendo la strada che va da Lauro a Quindici quando viene affiancato da una macchina dalla quale partono numerosi colpi di pistola. Scibelli muore, la moglie Francesca Cava (incinta di 7 mesi) resta illesa. Sembra un agguato camorristico come tanti altri, ma le vittime non hanno nessun rapporto né con i Graziano né con i Cava. Molti anni dopo il pentito Felice Graziano – uno dei tre assassini – confesserà che in quella occasione fu commesso un clamoroso errore: Scibelli e la moglie ebbero la sfortuna di viaggiare a bordo di un'auto – un'Alfa – dello stesso modello e dello stesso colore della vittima designata, ovvero un esponente della famiglia Cava.

La reazione dei Cava alla costante aggressione dei rivali è feroce e si manifesta la mattina del 21 novembre. Le vittime sono tre: l'ex sindaco Eugenio Graziano – considerato l'astro nascente del gruppo –, Vincenzo Graziano (fratello del più noto Felicione) e Gaetano Santaniello: il primo aveva 30 anni, gli altri 22. Il giorno precedente avevano portato la macchina blindata da un meccanico di Scisciano. Quando vanno a ritirarla, a bordo di una Fiat 132, ad aspettarli trovano i sicari che sparano con mitra, fucili e pistole: Eugenio muore con cinque colpi alla testa, pure il cugino Vincenzo viene assassinato allo stesso modo, mentre Santaniello sarà abbattuto mentre è ancora all'interno della Fiat 132.

Tre settimane più tardi arriva la vendetta dei Graziano, ma il piombo uccide un altro ragazzo senza nessuna colpa, se non quella di essere uno dei Cava. A morire ammazzato, a Pago del Vallo di Lauro, è Vincenzo, diciannovenne nipote del boss Biagio Cava: è un giovanotto psicologicamente assai fragile, tant'è che gira tranquillamente per le strade senza preoccuparsi minimamente della guerra in corso; è inconsapevole di essere un potenziale obiettivo perché non sa ciò che sta accadendo e non partecipa in alcun modo alle vicende della sua famiglia.

Leonardo Venezia, 20 anni, è la vittima numero uno del 1992. Nipote di un affiliato ai Cava, gli sparano col fucile il 13 gennaio mentre è nell'officina di autodemolizione che gestisce con i suoi familiari. Il 22 gennaio, invece, muore Guerino Siniscalchi, padre di un ragazzo sospettato di essere organico ai Cava. Il 6 aprile tocca a Santolo Fabi, il cui fratello – Giuseppe – è stato il primo morto ammazzato della faida. A Santolo va meno peggio: alle 11 esce di casa e viene colpito di striscio al petto da alcune fucilate. Ferite assai meno gravi le riporta Benedetto Cava, zio del boss Biagio. Il 22 agosto è in macchina con due amici, quando – intorno alle 21:30 – qualcuno gli spara con un fucile da caccia calibro 12. La pace regna per alcuni mesi ma il 4 giugno del 1993 ci sono altri due morti: il primo è Fiore Cava, fratello del boss "Ndò Ndò", il secondo si chiama Sebastiano Bossone. I killer sparano su Cava mentre è nel giardino della sua abitazione in compagnia di alcuni amici, tra cui l'incolpevole Bossone. La firma in calce al duplice omicidio è dei Graziano, tutt'altro che dispiaciuti per la tragica fine di Fiore Cava:

> Nell'effettuare i controlli presso le abitazioni del clan Graziano, fu segnalato un episodio ai magistrati. Durante la perquisizione nella casa di Alba Scibelli, vedova di Eugenio Graziano, e della suocera Chiara Manzi (moglie del boss Luigi Salvatore Graziano), alla notizia della morte di Fiore Cava, la Manzo testualmente affermava: "Allora vi offro dello champagne". Le donne del clan ostentarono gioia per la morte dei rivali, noncuranti di farlo dinanzi a polizia e carabinieri. Quella stessa sera al Commissariato di polizia di Lauro s'incrociarono alcune parenti dei Cava e dei Graziano, scatenando una rissa, a stento bloccata dagli agenti in servizio.
>
> (*Ibidem*)

Una caratteristica che accomuna i due gruppi criminali è quella di entrare in azione a qualsiasi ora del giorno e in pieno centro. Spesso si è rischiata una strage di innocenti, come il primo agosto del 1993: mentre in piazza Fontana, a Taurano, transita un corteo di sposi, i killer fanno fuoco su Gerardo Graziano, giovane (19 anni) genero di Arturo Graziano, uomo di punta del clan e fratello di altri due pezzi grossi come gli ex sindaci (e boss) Fiore (ucciso nel 1972) e Pasquale Raffaele (destituito da primo cittadino nel 1983). Il ragazzo riesce a scappare e a salvarsi. Non ha la stessa fortuna Beniamino Bianco: otto giorni dopo – è il 9 agosto – viene assassinato alle 9 del mattino mentre a bordo della sua macchina percorre la strada provinciale Lauro-Taurano.

Nel 1994 c'è solo un episodio legato alla faida, ma è l'ennesima circostanza nella quale i camorristi della zona dimostrano di non temere nulla e nessuno: i killer, infatti, sparano mentre in casa della vittima è in corso una perquisizione della polizia. È l'11 aprile:

> Sono le 23:15 e gli agenti del Commissariato di Lauro stanno effettuando un controllo ad Antonio Cava, all'epoca trentottenne boss noto come "Ndò Ndò", in regime di detenzione domiciliare. Mentre i poliziotti effettuavano l'ispezione di rito, alcuni colpi di arma da fuoco furono indirizzati contro Cava, mentre l'uomo era affacciato al balcone. Da circa 150 metri, almeno in due avevano sparato con fucili di precisione come emerse da una successiva perlustrazione. I bossoli ritrovati furono di calibro 12 e 22 Remington. Non si conosce il motivo per cui i killer, presumibilmente del clan Graziano, abbiano sparato alla presenza della polizia. Forse l'occasione fu scelta dopo aver studiato le abitudini di Antonio Cava.
>
> (*Ibidem*)

Il 7 ottobre 1995 tocca a Durante Siniscalchi, ritenuto dagli inquirenti vicino ai Cava: gli sparano mentre è in macchina, la mira è però imprecisa e a bucarsi è solo la carrozzeria. Una settimana dopo la febbre della faida si alza clamorosamente: il 14 ottobre viene ammazzato Vincenzo Cava, padre di quel Biagio che oramai è il capo indiscusso del clan. L'anziano babbo del boss cade in una imboscata mentre, a bordo di una Fiat 126, torna da una gita in montagna dove insieme a due amici è andato per funghi e castagne. Sulla strada verso casa un commando spara sulla 126, l'auto si ferma e arrivano i killer: la vittima designata viene tenuta sotto tiro, negli stessi istanti ai suoi amici viene intimato di allontanarsi più in fretta possibile. Poi sparano a Vincenzo Cava con una pistola e un fucile a pallettoni: non premono il grilletto solo per uccidere, ma per infliggere a lui e al figlio una lezione terribile. Gli sparano in faccia, il volto sarà devastato dal piombo al punto tale da essere irriconoscibile. Una ferocia senza pari che, secondo gli investigatori, è la risposta all'assassinio di Eugenio Graziano, ammazzato con cinque colpi in testa.

Negli anni successivi la situazione diventa meno incandescente. Un inaspettato patto di non belligeranza? No, piuttosto una necessità: si sono assottigliate le truppe necessarie per farsi la guerra. Nel frattempo, infatti, sono spariti dalla circolazione diversi soggetti: i più sfortunati sono finiti all'altro mondo, altri sono stati arrestati. Dopo un lungo e obbligato periodo di quiete, si riparte con le pistolettate perché sulla scena ci sono le nuove leve, giovani e meno giovani cresciuti con l'obiettivo di annientare il nemico. Scrive Sperandeo:

> È la terza fase, quella che vede contrapposti due fazioni dei gruppi criminali dei Cava e dei Graziano: "Biagino" contro "Giggino", il padre di Adriano e Antonio. È oramai una questione personale tra i due boss ai quali le famiglie malavitose danno il loro supporto.
>
> (*Ibidem*)

Il 4 maggio del 2000 si verifica un altro episodio che ha dell'incredibile, sembra la scena di un film e porta la firma del clan Cava. Alle tre e mezza del mattino davanti alla dimora dei Graziano arrivano alcune auto dotate di lampeggiante dalle quali scendono almeno nove persone, la maggior parte indossa la divisa da carabiniere; le altre hanno il volto coperto da passamontagna. Bussano alla casa di Luigi Salvatore Graziano spiegando che devono effettuare un controllo di sorveglianza.

È proprio il padrone di casa ad aprire la porta: non ha nulla da sospettare perché sa bene che a quell'ora quei controlli non sono irrituali. Ma quelli in divisa e gli altri col passamontagna non sono carabinieri: sono, invece, componenti del clan Cava e hanno organizzato la messa in scena perché vogliono rapire Luigi Salvatore e i suoi figli Adriano e Antonio. E dopo averli sequestrati, vogliono ucciderli. I finti carabinieri chiedono di Adriano e Antonio, ma il boss risponde che non sono in casa.

Il commando commette l'errore di non comportarsi come farebbero i veri rappresentanti delle forze dell'ordine: le loro titubanze insospettiscono Graziano e altri componenti della famiglia. Uno dei quali chiama la caserma dei carabinieri di Quindici per sapere se quelli che sono entrati in casa sono davvero dei loro colleghi. La risposta è, ovviamente, negativa:

La chiamata alla stazione dei carabinieri di Quindici fa intervenire una pattuglia dei militari. Intanto, nel palazzo sulla soglia della porta, Luigi Salvatore Graziano è ammanettato. Da indiscrezioni che non potranno mai essere confermate, si dice che il vecchio boss abbia notato le manette e le pistole non di ordinanza dei falsi militari. Lo strano nervosismo alla chiamata dei veri carabinieri e il riconoscimento di qualche faccia sospetta, gli elementi che li tradiscono. Si tratta di pregiudicati e non di carabinieri; questa è l'intuizione di qualche componente della famiglia Graziano, presente nell'appartamento quella notte. Potrebbe trattarsi di una trappola. Messi insieme i sospetti, Luigi Graziano non si fida. La moglie, convinta più di tutti che non si tratti di una vera operazione dei carabinieri, caccia i falsi militari fuori dall'uscio, chiudendo la porta blindata. Nel frattempo, sotto il palazzo, arriva la pattuglia di veri carabinieri. Sono in due. Ingannati dalle uniformi e consapevoli che questi blitz vengono fatti senza mettere a conoscenza i reparti territoriali, scendono dall'auto per chiedere delucidazioni. Vengono subito immobilizzati e disarmati. Il tentativo di sequestrare il boss è fallito. La macchina dei veri carabinieri viene resa inutilizzabile. I malviventi bucano le gomme e prendono le chiavi. Si danno poi, alla fuga, alcuni in auto, altri a piedi.

(*Ibidem*)

I veri carabinieri sono stati neutralizzati, ma gli autori del blitz si rendono conto che l'operazione è oramai irrimediabilmente compromessa e che quindi conviene dileguarsi in fretta. Benché astutamente organizzato, il tentativo di rapire Graziano e i suoi figli si rivela un clamoroso buco nell'acqua:

Le armi e le divise dei falsi militari furono ritrovate abbandonate nei terreni fra Quindici e le frazioni. Si trattava di due pistole e un fucile mitragliatore. Le armi sequestrate ai carabinieri, una pistola e una mitraglietta, non verranno più trovate: le auto usate, invece, vengono ritrovate a Palma Campania.

(*Ibidem*)

Il commando di falsi carabinieri era composto, secondo gli investigatori, soprattutto da esponenti del clan Fabbrocino, alleato dei Cava. Luigi Salvatore Graziano è convinto che quella sera in casa sua era entrato pure il capo della famiglia rivale, il temutissimo Biagio Cava:

Il 24 settembre del 2003 c'è un faccia a faccia tra i due boss, Luigi Salvatore Graziano e Biagio Cava, proprio durante il processo per il tentativo di sequestro di "Giggino", nel quale era imputato "Biagino", che, per motivi di sicurezza, si svolse nell'aula bunker di Poggioreale a Napoli. I due nemici sono in collegamento tramite videoconferenza dalle carceri di Novara e Viterbo, dove sono ristretti al 41 bis. “C’era lui quella notte”, le accuse del boss Graziano, “aveva il passamontagna rosso, bussò al citofono e aspettò giù, mentre i falsi carabinieri salivano per le scale. Si riconosceva anche dalle movenze e dalla voce” [...]. “Queste sono solo cattiverie e bugie”, la risposta laconica del rivale Biagio Cava, “ed io dimostrerò che non ero lì quella notte. E se poi, lui, veramente mi avesse riconosciuto, immaginate come sarei stato accolto?”.

(*Ibidem*)

Qualche anno dopo il pentito Raffaele Spiniello sosterrà di aver saputo che invece Cava era uno dei finti militari:

Del tentato sequestro di Luigi Salvatore Graziano si è molto parlato, per le caratteristiche dell’azione, subito dopo il fatto con Amedeo Genovese. Lui mi disse che era stato Biagio Cava per vendicarsi della morte del padre [...]. Mi spiegò che l’intento era di prendere Salvatore Graziano, portarlo nel luogo dove era stato ucciso il padre di Biagio Cava e ucciderlo.

(*Ibidem*)

Della partecipazione di Biagio Cava sia alla fase organizzativa che a quella operativa del fallito sequestro non verranno prodotte prove, per cui sarà completamente scagionato.

Una strage tutta al femminile

Uno degli episodi più cruenti del conflitto tra i Cava e i Graziano è senz’altro quello avvenuto il 26 maggio del 2002 a Lauro. Morti e feriti, come tutte le altre volte, ma con l’aggiunta di dettagli che rendono la vicenda ancora più agghiacciante. Quel giorno a dare vita a una sparatoria furono le donne dei due clan; una strage tutta al femminile, dunque, che rappresenterà il picco più alto dello scontro. Tutto comincia nei giorni precedenti la mattanza, quando una esponente dei Cava e una dei Graziano litigano per una banalità. Ma è una banalità sufficiente a rimettere in circolazione un odio così accecante che le Graziano decidono di dare una lezione alle nemiche con una vendetta da compiere sotto gli occhi di tutti, in modo tale che in chiunque si rafforzi la convinzione che le vere padrone del territorio sono loro.

L’agguato va in scena intorno alle 20:30 in via del Balzo, la strada principale di Lauro. Un’Audi e un’Alfa Romeo 147 si ritrovano una a fianco all’altra, si urtano più volte volontariamente. Sull’Audi viaggiano i familiari del boss Biagio Cava: le figlie Clarissa (appena sedicenne) e Felicetta, la nipote Italia Galeotalanza, la sorella Michelina e la cognata Maria Scibelli, seduta al volante. L’inseguimento dura fino a quando l’Audi è costretta a fermarsi perché dalla direzione opposta arriva un’Alfetta: è blindata e a bordo ci sono esponenti dei Graziano. Come nel vecchio West, ma con le auto al posto dei cavalli, gli uomini e le donne scendono dall'Alfetta e dall'Alfa 147 e aggrediscono le rivali.

C'è una sparatoria, ma non vengono adoperate solo le armi. L'imboscata si consuma in una manciata di secondi e il bilancio è terribile:

> I primi uomini delle forze dell'ordine ad arrivare trovano sul posto l'Audi 80 di colore verde con gli sportelli del lato guida aperti e il parabrezza perforato dai proiettili. A terra tre donne, mentre in auto ce ne sono altre due: tutte con evidenti ferite da arma da fuoco. Felicia Cava, figlia di Biagio, 19 anni, viene subito portata in ospedale con un'autoambulanza. Italia Galeotalanza, 21 anni, cugina di Felicia, è, invece trasportata con un'auto di servizio della polizia. Michelina Cava muore subito dopo l'arrivo in ospedale, Maria Scibelli e Clarissa Cava spirano mentre si organizzano i soccorsi [...]. Sul posto vengono repertati un martello uno scalpello, una piccozza in metallo, una sbarra di ferro e un bastone di legno. Nell'auto, l'Audi 80, saranno invece trovate delle forbici e un flacone con dell'acido muriatico. Un vero e proprio arsenale di armi improprie [...]. Di bossoli, invece, ne vengono trovati diversi: venti di calibro 40 Smith e Wesson, di cui diciotto in strada e due nell'auto. Sul selciato anche diverse ogive, i residui del proiettile, nove di calibro 40 sempre Smith e Wesson, uno calibro 30 Special o 357 Magnum e un calibro 9 per 21. Per terra c'è parte dello stemma di un'Alfa Romeo, caratteristico del frontale dell'auto. L'Audi, invece, ha il parabrezza perforato da sei colpi con ammaccature e danni da incidente stradale, oltre che da colpi di pistola.
>
> (*Ibidem*)

In virtù dei numerosi precedenti, non ci vuole molto per capire che quella mattanza è da inquadrare nella faida in corso da anni tra le due famiglie.

E la prima conferma arriva quando gli inquirenti si recano all'ospedale di Nola per verificare le condizioni delle due donne dei Cava e scoprono che sono ricoverati anche tre rappresentanti dei Graziano: il sessantottenne Luigi Salvatore e le nipoti Chiara (21) e Stefania (20), figlie di Eugenio (l'ex sindaco assassinato nel novembre del 1991). Che la pista che conduce alla faida sia quella giusta lo si evince da altri particolari che emergono nelle ore successive:

> La madre delle due ragazze e nuora del vecchio boss, Alba Scibelli, viene trovata mentre, con un batuffolo di ovatta, cerca di pulirsi le mani. Una tecnica utilizzata, forse, per eludere l'esame dello stub, quello che si fa per analizzare e certificare la presenza sulle mani di polvere da sparo [...]. È in ospedale anche Chiara Manzi, 62 anni, la nonna delle ragazze, nonché moglie di Luigi Salvatore. Non è ferita, è corsa a sincerarsi delle condizioni del marito e delle nipoti. In una perquisizione le verrà trovata addosso una pistola 9 per 21 con matricola abrasa. "Dopo quello che è successo a mio marito e alle mie nipoti, ho paura per la mia vita", le parole dell'anziana. Nello stesso momento si svolge una perquisizione domiciliare presso le abitazioni dei Graziano a Quindici e, dopo un giorno, viene scovato in un nascondiglio interno Antonio Graziano, 39 anni, con una ferita da arma da fuoco alla

spalla destra. Graziano aveva con sé due caricatori vuoti per una pistola calibro 40, compatibili con quella usata per l'eccidio, e tre ricetrasmittenti, probabilmente sintonizzate sulle frequenze della polizia.

(*Ibidem*)

Nonostante qualcuno avesse ripulito la scena del delitto portando via le armi, e nonostante il sospetto che altri partecipanti alla strage non siano mai stati individuati, forze dell'ordine e magistratura sono riusciti ad incastrare i colpevoli. Al termine di una indagine realizzata senza l'apporto di testimoni oculari, al processo fioccheranno le condanne:

Per la strage Antonio e il padre Luigi Salvatore verranno condannati all'ergastolo, pena tramutata in appello a 30 anni di reclusione. In giudizio separato verranno riconosciute colpevoli di omicidio, senza l'aggravante del metodo mafioso e la premeditazione, Alba Scibelli (ergastolo), Chiara e Stefania Graziano (10 anni e 10 mesi. In primo grado alle giovani Graziano era stata comminata una pena di 14 anni; alla nonna Chiara Manzi, invece, 16 anni perché condannata anche per detenzione illegale di arma da fuoco, l'episodio della pistola che nascondeva addosso nell'ospedale di Nola.

(*Ibidem*)

Tra i feriti di quella crudele serata del 26 maggio 2002 chi ci ha rimesso di più è stata Felicetta Cava, rimasta paralizzata.

Dopo la mattanza tutta al femminile, gli esponenti delle due dinastie evitano di farsi vedere in giro perché temono di morire ammazzati, ma la macchina della ritorsione procede a folle velocità e travolge pure chi non ha nulla a che vedere con gli ambienti criminali.

Nella tarda primavera del 2004 la furia dei killer si abbatte su Antonio Graziano, suocero di Adriano Graziano, e suo nipote Francesco. Antonio è fuori dal circuito malavitoso: è stato per diversi anni in Sud America e quando è tornato in Italia ha investito i suoi risparmi in un supermercato a Nola, e gli affari vanno anche molto bene. L'11 giugno, di primo mattino, zio e nipote restano vittima di una vendetta trasversale mentre transitano per San Paolo Belsito.

Meno di tre mesi dopo si registra un'altra rappresaglia trasversale: la vittima è Vincenzo Mazzocchi, un ex poliziotto in pensione la cui unica colpa è quella di essere il consuocero di Luigi Antonio Graziano; il figlio Antonio ha sposato la figlia del boss, ed è quindi pure il cognato di Adriano e Antonio. Mazzocchi viene ammazzato la sera del 31 agosto del 2004 a Lauro mentre è seduto su una panchina insieme ad alcuni amici: due sicari in sella a una moto si avvicinano e lo uccidono con nove colpi di pistola.

Negli anni successivi si registreranno altri episodi, ma tutti di lieve entità: non perché i protagonisti siano improvvisamente diventati più buoni, piuttosto perché i personaggi più importanti sono da tempo in carcere o finiti all'altro mondo.

L'elenco delle persone coinvolte nella guerriglia irpina dovrebbe comprendere anche Felice Graziano. Il boss era stato condannato a morte e della sua esecuzione se ne sarebbe occupato direttamente il suo omologo della fazione avversaria, ovvero Biagio Cava. L'episodio, risalente al maggio del 2005 e sconosciuto agli investigatori, sarà rivelato molti anni più tardi proprio da "Felicione":

> Biagio Cava mi voleva morto, come io a lui [...]. Erano sicuramente tra le diciotto e le diciannove del pomeriggio del mese di maggio. Prima dell'agguato avevo visto degli estranei passare sotto casa. Il giorno che avvenne l'agguato vidi svoltare il furgone con una cassetta di frutta che copriva un'apertura ricavata sul tetto. Capii subito che qualcosa non andava. Quando poi sentii dire all'uomo alla guida "Vai, vai", sono arretrato ed istintivamente misi la mano dove tenevo la pistola, che non trovai perché era sul frigorifero. Mio fratello l'aveva spostata. Il Fiorino era arrivato all'altezza della Chiesa quando sono uscito nella concitazione di trovare la pistola e da quel momento sparai 10 o 11 colpi.
>
> (www.ottopagine.it/av/cronaca/24781/la-rivelazione-choc-biagio-cava-mi-voleva-morto.shtml)

Il processo per il tentato omicidio di "Felicione" si chiude nel luglio del 2016 con una grandinata di assoluzioni: Biagio Cava viene scagionato, così come Durante Siniscalchi (sospettato di aver fatto parte del commando) e il pentito Aniello Acunzo, la cui confessione aveva consentito di imbastire il processo.

Da "Sciore bomba" ai giorni nostri

Dunque la faida tra i Graziano e i Cava ha regalato all'intera zona una imbarazzante fama planetaria, ma prima della sanguinolenta contrapposizione tra le due famiglie Quindici non era certo un'oasi francescana. Tant'è che la criminalità del posto s'era già fatta un nome: aggressivi e spietati, ai "quindiciari" era stato affibbiato un soprannome che si porteranno dietro per sempre e che stava ad indicare l'abitudine a terrorizzare il prossimo con qualcosa di particolarmente rumoroso, come scrive la docente universitaria Anna Maria Zaccaria:

> La forza intimidatoria e la violenza sono i caratteri prevalenti dei Quindiciari, sintetizzati nell'appellativo "i bummusi" perché prediligevano come strumento intimidatorio le bombe. L'estorsione era la loro attività prevalente e trovava terreno

fertile in quegli anni, in cui il benessere arrivava anche in quelle zone, sull'onda lunga del boom economico. Sono gli anni delle politiche di sviluppo "assistite", di cui la cassa per il Mezzogiorno ha rappresentato il principale strumento. La strutturazione interna in gruppi autonomi ma federati, sempre pronti a supportarsi (che sarà conservata da ciascun gruppo dopo la frattura) e il forte radicamento sul territorio rappresentano i punti di forza dei Quindiciari.

(*Affari di camorra*, a cura di Luciano Brancaccio e Carolina Castellano, Donzelli 2015)

Neppure nel Ventennio questo lembo di provincia irpina era mai stato una versione agreste del Principato del Lussemburgo. I delinquenti ci sono sempre stati e pure di alto livello:

Già in epoca fascista nel Vallo di Lauro regnava una forma di camorra che tentava di contrastare il sistema politico. Il boss era Michele Siniscalchi, grande amico del capomafia Lucky Luciano. La piovra muove i primi passi, si interessa di piccoli affari. Interviene nei dissidi matrimoniali, cioè nei rapimenti a scopo matrimonio. Ma passa subito a cose più serie: si avvicinarono alla politica per fare e ottenere favori. Quando qualche guappo tentava di alzare la testa veniva sistematicamente fatto fuori.

(https://ricerca.repubblica.it/repubblica/archivio/repubblica/1990/09/25/in-trappola-raffaele-graziano-era-il-sindaco.html)

Il capostipite dei Graziano è sicuramente Fiore, noto come "Sciore e bomba" per la già ricordata propensione all'uso degli esplosivi. Dal dopoguerra in poi aveva coltivato rapporti con Pasquale Simonetti, detto "Pascalone 'e Nola" – un guappo di Palma Campania, un piccolo comune della provincia di Napoli situato a una manciata di chilometri da Quindici – e con una banda di delinquenti di Teverola, nel Casertano.

Siamo negli anni Sessanta. In quel periodo storico la criminalità è ancora lontana dall'assumere forme e dimensioni che conosceremo qualche decennio più tardi, ma Fiore ha la statura del capo ed è da considerare il fondatore della famiglia malavitosa. È sempre lui che inaugura una tradizione che si tramanderà col tempo: quella che lo vedrà indossare la doppia veste di boss e di sindaco.

Diventa primo cittadino dopo essersi fatto eleggere sotto il simbolo di "Stella e Corona" di Alfredo Covelli, fondatore del Partito nazionale monarchico e avellinese pure lui (era nato a Bonito nel 1914):

Più forti degli altri, i Graziano avevano deciso che non gli bastava il pizzo sulla vendite delle nocelle, bisognava prendere di più, andare in piazza e salire le scalinate del comune. Con la fascia tricolore ad avvolgere la panza del sindaco e la gente plaudente nel giorno della festa della Madonna.

(*Malitalia*, a cura di Enrico Fierro e Laura Aprati, Rubettino 2009)

Prima di conquistare la fascia tricolore, Fiore Graziano era già noto alle cronache: non a quelle politiche, però, ma a quelle giudiziarie. Figlio di una robustissima e barbara cultura maschilista, si era opposto alle relazioni sentimentali di due sorelle risolvendo la questione a modo suo: una l'aveva uccisa, dell'altra ne aveva ordinato l'eliminazione. In un altro contesto un soggetto del genere avrebbe suscitato orrore. In un altro contesto, appunto, ma non a Quindici.

Un passato così impegnativo non gli impedirà di fare politica, sebbene la sua ascesa sia anche il frutto di un accordo con altre famiglie della zona, un patto finalizzato a spartirsi gli affari e la gestione della cosa pubblica:

> Entrano in scena i Graziano, in contrasto con i Manzi nel commercio del legname. Omicidi a catena: i Graziano erano legati ai Siniscalchi, con i quali fecero un accordo per spartirsi le amministrazioni: nel '60 Mario Siniscalchi è sindaco a Moschiano, Fiore Graziano vince le elezioni a Quindici e diventa primo cittadino. Secondo i patti, accordi di camorra. Inizia un'ascesa irresistibile: i Graziano emergono perché i cugini Siniscalchi non avevano eredi capaci di potersi imporre. Fiore, detto Sciore bomba, primo sindaco dell'era Graziano, ha un curriculum da far rabbrividire: a 14 anni commise il suo primo omicidio, vittima sua sorella Maria [...]. Arrivano valanghe di esposti anonimi: Graziano e tutta la sua famiglia sono assassini e ladri. Ci hanno costretto a votarli con la forza. Come si può tollerare lo stato d' assedio in cui viviamo a Quindici con a capo questo delinquente?
>
> (https://ricerca.repubblica.it/repubblica/archivio/repubblica/1990/09/25/in-trappola-raffaele-graziano-era-il-sindaco.html)

Quando nel 1960 si mette alla guida dell'amministrazione comunale, Fiore è consapevole di avere davanti delle praterie lungo le quali galoppare senza freni. In quel periodo la politica che conta – a Napoli come a Roma – si disinteressa completamente di ciò che avviene a Quindici: l'Irpinia è la remota periferia dell'impero.

La certezza di poter agire senza che nessuno lo disturbi consente a "Sciore" di diventare una sorta di monarca al quale nessuno si oppone anche perché, in virtù dei suoi precedenti, sbarrargli la strada significherebbe rischiare la vita. Usa il municipio a vantaggio della famiglia e col passare del tempo il suo potere cresce talmente a dismisura che viene rieletto più volte restando in carica per ben dodici anni: sarà il sindaco più longevo nella tormentata storia politica di Quindici.

L'esperienza da primo cittadino s'interrompe all'improvviso ma non per una velenosa congiura di palazzo: in un tiepido pomeriggio di fine estate del 1972, al termine della partita amichevole tra il Quindici e il Lauro, una pallottola gli si conficca nel ventre. Secondo quanto riportato dal quotidiano «La Stampa», quel giorno – è sabato 9 settembre – un giovanotto vuole a tutti i costi entrare nello stadio anche se non ha il biglietto. Il primo cittadino interviene e, in virtù della sua doppia autorevolezza (sindaco e boss), con le cattive maniere costringe il giovanotto ad andar via. Ma quando la gara è finita il pregiudicato si ripresenta al campo sportivo e mentre la folla sciama verso l'esterno, si avvicina a Graziano e gli spara un colpo alla pancia, spappolandogli il fegato. "Sciore" viene portato in ospedale a Nola dove spira alle 6:30 di domenica. Per molti quindicesi è una tragedia terribile e c'è da scommettere che chi ha osato tanto pagherà con la vita un così intollerabile affronto.

Asciugato il dolore del lutto, i Graziano affrontano con notevoli difficoltà la perdita di un uomo influente e autorevole – almeno secondo i loro parametri – che si era fatto rispettare da tutti sia come criminale che come sindaco.

La famiglia ci mette un po' riprendere il controllo della situazione e passa qualche anno prima che un Graziano possa ritornare alla guida dell'amministrazione comunale. Poi cominciano a verificarsi alcuni episodi che rendono plasticamente l'idea di come Quindici – e in seguito l'intero Vallo di Lauro – si prepari a diventare un enclave da Paese sudamericano.

Il nuovo astro nascente è il fratello del guappo morto ammazzato: si chiama Raffaele Pasquale, lo hanno ribattezzato "Capa 'e vitello" a causa di un un collo taurino che difficilmente passa inosservato. Pure lui finisce in carcere: lo arrestano perché è sospettato di aver ucciso per vendetta uno dei familiari del killer di "Sciore". E proprio mentre è ospite delle patrie galere costruisce la sua duplice carriera di criminale e di politico. Nel carcere di Poggioreale fa amicizia con un certo Raffaele Cutolo, uno scapestrato giovanotto di Ottaviano che s'è messo in testa di rinverdire le imprese dei camorristi del secolo precedente. Lo chiamano "il professore" perché è appassionato di letture e poesie, ha manie di grandezza e una ferocia fuori dal comune, due caratteristiche che affascinano centinaia di detenuti e risultano seducenti pure per il malavitoso di Quindici.

Se il rispetto della vita umana è prossimo allo zero, dev'essere bassissima pure la considerazione di cui godono la politica e le istituzioni dello Stato. Graziano, infatti, è rinchiuso nel carcere di Avellino quando viene candidato e poi eletto alle Comunali: la sua lista è la civica «Torre», vicina alla DC, che vince nettamente grazie pure al sostegno degli allora ancora fedeli cugini Cava:

> Eletto sindaco nel 1977 sotto l'effigie della Democrazia cristiana, Pasquale Raffaele Graziano, detto "Rafele", fu arrestato perché ritenuto l'autore dell'omicidio di Francesco Grasso, avvenuto il 14 dicembre del 1972. Grasso, cinquantenne, era il padre di Raffaele, condannato per l'omicidio di Fiore Graziano [...]. "Rafele" fu assolto nel 1977 dall'accusa di omicidio per insufficienza di prove. In quello stesso anno, mentre era ancora detenuto, fu eletto sindaco di Quindici. Caroselli di auto e pullman partirono dal paese per andare a festeggiare sotto carcere di Avellino la sua elezione.
>
> (Giovanni Sperandeo, *op. cit.*)

Una carovana di macchine e bus si dirige sotto le mura del carcere di Avellino per festeggiare la vittoria: anche questa immagine rimanda a scenari sudamericani.

La sua condizione di detenuto accusato di omicidio non pesa sugli elettori, che probabilmente ritengono moralmente accettabile l'idea che si possa uccidere una persona per vendicare l'assassinio di un parente. Tutti, comunque, sanno che non si accontenterà di fare il consigliere comunale e che sarà lui il prossimo sindaco.

Poco dopo Pasquale Raffaele viene completamente scagionato, torna in libertà e può finalmente indossare la fascia tricolore di primo cittadino di Quindici. Rispetto a Fiore, il suo prestigio criminale è sensibilmente superiore: se il fratello aveva dei tratti da guappo alla vecchia maniera, lui è molto di più grazie soprattutto al legame con Cutolo, il quale in carcere ha costruito un clan – la Nuova camorra organizzata (NCO) – che sta conquistando il controllo di ampie aree della Campania. E nella NCO il primo cittadino col collo taurino non è certo un comprimario:

> Durante un soggiorno detentivo nel padiglione Milano del carcere di Poggioreale, a Napoli, conosce Raffaele Cutolo: si guadagna la sua fiducia in occasione del sequestro del banchiere Fabbrocini, rapito il 22 dicembre del 1979 e tenuto prigioniero in un casolare delle montagne di Quindici. Diventa membro del "consiglio dei nove", un comitato di autorevoli referenti camorristici della NCO, sotto il comando di Cutolo. Per lui è capozona nell'area di Palma Campania e referente per l'Irpinia, che cominciava a solleticare gli interessi della camorra "alta".
>
> (Anna Maria Zaccaria, *op. cit.*)

Se sul piano squisitamente malavitoso l'alleanza con Cutolo lo ha trasformato in un boss a pieno titolo, dal punto di vista politico la sua carriera subisce una ulteriore spinta verso l'alto a causa degli effetti collaterali di un disgraziato evento provocato da Madre Natura: il 23 novembre del 1980 un terremoto devasta l'Irpinia, provocando danni ingenti pure in Basilicata.

Quella che per migliaia di persone è una catastrofe, per i camorristi si trasforma magicamente in una irripetibile opportunità di guadagno perché da lì a qualche mese gli appalti per la ricostruzione di case, strade, scuole e ponti rappresenteranno l'occasione propizia per arricchirsi con i soldi dello Stato e senza violare il codice penale. Attraverso il sostegno militare e gli agganci della NCO, il futuro di Pasquale Raffaele Graziano – che è ufficialmente un imprenditore edile – si prospetta radioso:

> I Graziano assumono il profilo di camorristi imprenditori nel settore edilizio e del movimento terra, particolarmente fertile in una provincia in buona parte rasa al suolo dal sisma e in cui maturavano figure di imprenditori spregiudicati, notoriamente vicini a Cutolo. Attraverso la gestione monopolistica di interi settori

imprenditoriali e commerciali e il condizionamento dell'attività amministrativa, il loro raggio d'azione si espande nel Sarnese e copre anche il Nolano e il Vesuviano.

(*Ibidem*)

Il malloppo per la ricostruzione in arrivo da Roma provoca però una spaccatura netta e violenta negli equilibri familiari. I Graziano non hanno alcuna intenzione di dividere equamente la torta con i soci-parenti dei Cava, e i Cava non hanno alcuna intenzione di razzolare le briciole di un affare che si prospetta miliardario. I Graziano impongono la loro legge, che in quella fase è quella del più forte. Si registra una scissione con i Cava e negli istanti in cui si compie il divorzio per motivi di interesse, comincia a prendere forma una violenta contrapposizione che si trascinerà per svariati decenni.

Nel frattempo c'è la corsa a trovare riparo sotto una delle due organizzazioni in conflitto nell'intera regione. Se i Graziano scelgono la NCO di Cutolo, i Cava abbracciano la fazione opposta: si legano a Mario Fabbrocino, boss di San Gennaro Vesuviano e nemico giurato di Cutolo, e alla Nuova Famiglia di Carmine Alfieri, il cartello criminale che ha dichiarato guerra al "professore" di Ottaviano. Lo scenario, dunque, cambia radicalmente:

La violenza bruta, le vessazioni, la coazione del consenso, le economie criminali continuano il loro corso, trovando nel sisma nuova linfa. Anche la plasticità della parentela e la centralità sociale della donna restano punti fermi dell'organizzazione delle comunità locali. Il sodalizio criminale dei Quindiciari, invece, si spacca. La faida tra i Cava e i Graziano frantuma la rete originaria, strutturata su base parentale, esponendone i frammenti da un lato a nuove alleanze dall'altro agli attacchi della magistratura. I due gruppi evolvono, comunque, grazie alle opportunità finanziarie generate dalla ricostruzione post-sismica. I Graziano, forti del controllo politico del territorio, si trasformano in camorristi imprenditori e intensificano l'attività originaria del racket nel Vallo e nel Sarnese. I Cava spiccano il salto di qualità attraverso strategie mirate. Riorganizzano la propria rete sulla base di una leadership duale tenuta da Biagio Cava e suo cugino Antonio (Ndò Ndò); attraverso numerosi nodi di collegamento con l'esterno cuciono nuove alleanze. Rinsaldano vecchi contatti criminali con organizzazioni mafiose statunitensi per il traffico di stupefacenti e la commercializzazione del falso.

(*Ibidem*)

La pace che ha regnato nel Vallo di Lauro viene spazzata via da un terribile duello che a distanza di decenni non si è ancora concluso. A generare il rancore è, ovviamente, una questione legata a interessi economici.

A Quindici arrivano i soldi per la ricostruzione post-terremoto del novembre 1980: il sindaco Pasquale Raffaele Graziano dimostra di saperci fare e invece di farsi mandare i container, come farà la maggior parte dei suoi omologhi, si fa staccare un assegno di 4 miliardi e rotti per costruire settantadue case da assegnare agli sfollati. Salvatore Cava, rappresentante della sua famiglia, è convinto di partecipare all'affare, ma viene clamorosamente ignorato. È da lì che parte tutto, come sottolinea la DIA:

> I Cava e i Graziano sono protagonisti di una cruenta faida iniziata negli anni '80 per contrasti legati alla spartizione dei fondi per la ricostruzione post-terremoto, protrattasi con alterne vicende fino a oggi.
>
> (Direzione investigativa antimafia, relazione del secondo semestre 2002)

La frustrazione per essere stato tagliato fuori è tale che Cava decide di mettere in discussione la solida leadership dei parenti-rivali:

> Alla base della spaccatura vi sarebbe, però, anche un altro episodio: una prima frizione nata da una tangente chiesta da Salvatore Cava a un imprenditore di Nola all'insaputa di Pasquale Raffaele Graziano. Il commerciante, però, titolare di una rivendita di auto già pagava e si lamenta di questa ulteriore richiesta.
>
> (Giovanni Sperandeo, *op. cit.*)

La consapevolezza che una rottura non farebbe comodo a nessuno spinge qualche volenteroso a tentare una riappacificazione tra i vertici delle due famiglie, uno dei quali è Salvatore Cava, detto "Tore 'e Clelia". Una manovra lodevole ma che non produce alcun effetto, anzi rischia di trasformarsi in un boomerang:

> Una sera, un parente dei Cava si fa garante di un appuntamento. Sa che fuori dalla sede scelta per il vertice ci sono alcuni killer della famiglia capeggiata da "Tore 'e Clelia". L'incontro non ha l'esito sperato. Ma, a prescindere dal finale, c'è chi vuole ammazzare Pasquale Raffaele Graziano e decapitare, così, l'omonimo clan. Quando il garante dell'incontro capisce che si tratta invece di un'imboscata, abbraccia il sindaco-boss mentre esce, facendo desistere i killer dal premere il grilletto.
>
> (*Ibidem*)

Tra le fila dei due gruppi si diffonde la certezza di essere diventati dei possibili obiettivi da abbattere. Ovviamente il soggetto più a rischio è Pasquale Raffaele Graziano: il sindaco-boss ha le mani in pasta dovunque, per cui ucciderlo significa privare gli avversari del loro uomo strategicamente più rappresentativo. E la condanna a morte di "Capa 'e vitello" scatta agli inizi dell'autunno del 1982 con un'azione militare degna di un film. L'intenzione non è solo quella di ucciderlo, ma di eliminarlo attraverso un agguato eclatante che serva da lezione a tutta la sua famiglia. La mattina dell'11 ottobre del 1982 davanti al municipio si fermano tre auto dalle quali scendono una decina di uomini; alcuni indossano il passamontagna, altri no. Sono tutti armati, hanno pistole, mitra e fucili. Disarmano un vigile urbano, fanno irruzione nel comune e, dopo aver intimato agli impiegati di chiudersi nei loro uffici, si dirigono a grandi falcate nella stanza del sindaco: la loro missione è abbattere Pasquale Raffaele Graziano. Ma il blitz non riesce perché nessuno riesce a scovarlo. Non è scappato, ma è andato a nascondersi in una soffitta della quale nessuno conosce l'esistenza. Tra i componenti del commando monta una rabbia enorme per il raid andato a monte e per sfregio sparano col mitra e le pistole sulla facciata del municipio, mentre gli impiegati sono in preda al terrore. Il timore che arrivino le forze dell'ordine o, peggio ancora i rivali, suggerisce allo squadrone di killer di dileguarsi. Ma non è ancora finita. Mentre tornano alla base incrociano una Mercedes alla cui guida c'è Arturo Graziano, fratello del sindaco: è una occasione d'oro per rifarsi dello smacco appena incassato. Ma pure il secondo tentativo va a vuoto: sparano sulla Mercedes, però senza alcun risultato perché l'auto è blindata.

Il bilancio del raid è amaro: nessun morto, solo tanta frustrazione e la certezza di attendersi una reazione violenta degli eredi di "Sciore bomba". Intanto il giorno dopo l'attentato, Pasquale Raffaele Graziano concede una intervista al giornalista Annibale Discepolo. Ci si aspetterebbe un uomo spaventato che implora l'aiuto dello Stato. Invece no: il sindaco bolla come "vigliacchi" gli autori del raid e, nonostante l'episodio che lo ha coinvolto, nega addirittura che a Quindici ci sia la camorra:

> Non c'è e non ci sarà mai. Le impediremo di arrivarci con tutte le nostre forze [...]. Io amico dei boss? Amico, suvvia, conosco qualcuno. Anche Cutolo. Verso di lui ho un obbligo morale. Quando nel '74 a Poggioreale ero detenuto, ci fu una rivolta. Fui travolto da una fiumana di detenuti. Mi risvegliai in infermeria: vicino a me c'era un uomo che mi curava. Era Cutolo. Lo conobbi allora. Ma oggi abbiamo due vite distinte, ognuno va per la sua strada.
>
> («Il Mattino», 13 ottobre 1982)

Dall'intervista di Discepolo salta fuori un altro elemento sconvolgente: anche i bambini vengono risucchiati nel clima di odio e di violenza che si è propagato in tutto il Vallo di Lauro:

> Al giornalista fu infatti mostrato come le pistole venissero nascoste addosso ai ragazzini che erano esenti dai controlli e diventavano, così, "strumenti di sicurezza personale". Graziano, chiamando un bambino che mostrò un'arma nella cintola, esclamò: "Ci dobbiamo difendere, dottò".
>
> (Giovanni Sperandeo, *op. cit.*)

La convulsa mattinata al comune di Quindici non può passare, ovviamente, inosservata. Si è conclusa senza morti e feriti, ma oramai nessuno può più ignorare cosa accade in quel paesino. E infatti le indagini della magistratura portano dritto a Pasquale Raffaele Graziano: il 16 ottobre «l'Unità» – il quotidiano del partito comunista – pubblica un articolo dall'inequivocabile titolo: «Quel sindaco è camorrista. Il PCI chiede che si dimetta da ogni carica».

Il primo cittadino – che in gioventù era stato comunista, una simpatia ereditata dal babbo Salvatore – reagisce sporgendo una querela per diffamazione. Ma serve a poco, perché «l'Unità» ha semplicemente fatto riferimento a un rapporto dei carabinieri secondo il quale Graziano sarebbe uno dei componenti di primo piano della Nuova camorra organizzata di Raffaele Cutolo.

Ma prima che lo Stato possa intervenire, trascorrono parecchi mesi: nel frattempo Graziano è costretto a una vita blindata perché sa di essere un condannato a morte. I nemici hanno fatto cilecca una volta, difficile che gli daranno una seconda chance di rimanere vivo. Ma intanto continua a fare l'amministratore pubblico, sebbene oramai venga guardato con sospetto:

> Lui, Pasquale Raffaele, andava pure alle riunioni alla Prefettura di Avellino. Avevano deciso di fargli la pelle e lo avevano inseguito sparando con i mitra fino al comune. Non si fece fottere. Prudente, si era costruito un bunker con la porta blindata proprio sopra il suo ufficio. Quando il Prefetto vide quel sindaco che non pronunciava una sola parola d'italiano arrivare alle riunioni con una macchina blindata e due di scorta, scrisse una informativa riservata al Viminale. Gli appunti arrivarono al Quirinale sulla scrivania di Sandro Pertini.
>
> (Enrico Fierro-Laura Aprati, *op. cit.*)

Il presidente della Repubblica Sandro Pertini, ex partigiano, è particolarmente sensibile ai temi della legalità. L'idea che un camorrista possa fare tranquillamente il sindaco lo turba non poco. Le leggi, tuttavia, sono armi spuntate: non c'è nulla che possa impedire a "capa 'e vitello" di indossare la fascia tricolore. Però non ha intenzione di dargliela vinta e allora pur di cancellarlo dalla scena politica ricorre a un Regio decreto del 1938 che gli consente di destituirlo. Nel marzo del 1983 Raffaele Pasquale Graziano è costretto a lasciare la guida dell'amministrazione comunale «per motivi di ordine pubblico». È la prima volta che si ricorre a un provvedimento del genere, una forzatura necessaria per rimuovere un'anomalia intollerabile in uno Stato democratico. Che quello del presidente della Repubblica non sia stato un eccesso di zelo lo si capisce due mesi dopo: il 17 giugno il nome di Raffaele Pasquale Graziano è inserito nell'elenco delle oltre 800 persone che la procura di Napoli fa arrestare nell'ambito della maxi retata contro la NCO di Raffaele Cutolo. Secondo i magistrati partenopei l'oramai ex sindaco di Quindici era il capozona del boss di Ottaviano nel Vallo di Lauro. Il politico dal collo taurino però in galera non ci va perché prima che i carabinieri bussino alla sua porta, si è già dato alla latitanza. La fuga durerà parecchi anni durante i quali si nasconderà in giro per l'Europa e in America latina; arrestato nel settembre del 1990, Raffaele Pasquale Graziano morirà poco dopo per un tumore ai polmoni mentre è agli arresti domiciliari nella sua abitazione di Palma Campania.

La destituzione di "capa 'e vitiello" alimenta la speranza dei quindicesi perbene perché finalmente le istituzioni hanno dato un segnale tangibile della loro presenza dopo un lungo periodo costellato di colpevoli distrazioni. Uno schieramento trasversale si organizza in vista di nuove elezioni coltivando il sogno di bonificare il municipio dalla nefasta presenza della camorra: la lista ha come simbolo una colomba che metaforicamente dovrebbe volare verso la libertà. Invece finirà con l'essere impallinata dai cecchini del clan. La buona volontà, infatti, non è sufficiente a creare un argine contro la prepotenza dei Graziano che fremono dalla voglia di rifarsi dello schiaffo subito con la forzata discesa dal trono del loro sindaco. Hanno una impellente necessità di riaffermare il loro dominio irrimediabilmente graffiato dall'iniziativa di Pertini. Nelle loro fila non hanno però gente del calibro dei predecessori e allora sono costretti a schierare l'acerbo Eugenio, 23 anni appena e un curriculum inevitabilmente scialbo. Si vota a metà settembre del 1984 e dalle urne esce un risultato che conferma il potere degli eredi di "Sciore" e Pasquale Raffaele: la loro lista, "la Torre" vince con il 42,6% e si aggiudica 16 consiglieri, mentre la Dc raggiunge il 26,4% e occupa i quattro seggi destinati all'opposizione. Il Pci tocca quota 23,8% ma resta fuori dall'assemblea consiliare. Il 12 ottobre viene eletto il nuovo sindaco: è Eugenio Graziano, nipote di Pasquale Raffaele che nel frattempo è latitante in Sud America. Ma la carriera politica dell'astro emergente della famiglia muore nella culla. Sono trascorsi appena dieci giorni dal giuramento davanti al Prefetto, quando il giovane Eugenio si alza dalla morbida poltrona di sindaco per sdraiarsi sulla scomoda brandina del carcere. Il 19 ottobre la procura di Avellino ne ordina l'arresto: insieme a lui finiscono in carcere anche un fratello e un cugino e altre ventisette persone ritenute legate al clan Graziano. Le accuse sono pesantissime, tant'è che il presidente Pertini deve subito intervenire di nuovo: come lo zio che lo aveva preceduto, pure Eugenio viene destituito per motivi di ordine pubblico. Per gli eredi di "Sciore" è una umiliazione indigeribile quella inflitta da Pertini, la seconda nel giro di pochi mesi.

Per nulla rassegnati, i Graziano si riorganizzano per riparare alla doppia insolenza del Quirinale. Si mettono subito al lavoro per assorbire rapidamente l'obbligata uscita di scena del giovane primo cittadino, stavolta c'è però un problema che appare difficilmente risolvibile: la famiglia è a corto di personaggi spendibili (la maggior parte è in galera, altri temono di finirci, altri ancora si sono prudentemente dati alla latitanza), a disposizione non ci sono uomini completamente immacolati sui quali investire senza correre il rischio di farsi tirare le orecchie da Pertini per la terza volta.

Alla fine una soluzione, seppure di ripiego, si trova, pur sapendo che alimenterà nuovi sospetti. Il 2 gennaio del 1985 il consiglio comunale elegge sindaco Carmine Graziano, cugino di quell'Eugenio appena destituito. Certo, governare la piccola comunità di Quindici non è la stessa cosa che gestire una megalopoli come Shangai, però l'ultimo rampollo della famiglia non sembra avere nessuna delle credenziali che si dovrebbero pretendere da un qualsiasi amministratore pubblico: ha appena 22 anni ed è soltanto uno studente universitario. Dunque non ha esattamente il profilo di chi dovrebbe avere le capacità necessarie per riscattare una immagine macchiata dalle precedenti esperienze.

Ma pure Carmine non ha il tempo di mettere in moto la macchina amministrativa perché due mesi dopo la conquista della fascia tricolore, il questore di Avellino Antonio Barrel chiede ai giudici della sezione Misure di prevenzione del tribunale di inviare il neo sindaco al soggiorno obbligato perché sarebbe legato alla Nuova camorra organizzata. Carmine è costretto a farsi da parte prima che la situazione possa precipitare perché due settimane dopo l'iniziativa di Barrel, i consiglieri comunali si dimettono in massa provocando lo scioglimento anticipato e il ricorso al voto. Per i Graziano è un periodaccio, dal punto di vista dell'immagine pubblica è un disastro, ma la parabola discendente non si è ancora conclusa. Alle elezioni successive – che si tengono nel gennaio del 1986 – si verifica un evento che ha dell'incredibile: la parte sana di Quindici ha finalmente trovato il coraggio di coalizzarsi e di sfidare i camorristi. In lizza, infatti, c'è "Rinnovamento", uno schieramento trasversale composto da democristiani, socialisti, comunisti e repubblicani che ha come leader Olga Santaniello, una farmacista di simpatie DC. Dall'altra non c'è più la solita lista "Torre" dei Graziano ma "la Colomba", il cui leader è un ex assessore della giunta di Raffaele Pasquale Graziano. Alle urne si va in un clima cupo, poliziotti e carabinieri presidiano i seggi, il timore è che boss e gregari possano condizionare il voto per l'ennesima volta. Stavolta, però, le cose vanno nel modo giusto: "Rinnovamento" raccoglie il 53% dei consensi, "la Colomba" si ferma al 42%. Il nuovo primo cittadino sarà Olga Santaniello che passa alla storia per almeno due motivi: è il primo sindaco donna ed è anche il primo sindaco che interrompe la lunga colonizzazione del municipio da parte di una dinastia criminale. La gioia per aver liberato il comune col trascorrere del tempo si stempera e la nuova maggioranza – tutt'altro che coesa – va in crisi: e a poco meno di tre anni dalla trionfale vittoria, di fronte all'impossibilità di appianare le divergenze, sindaco e consiglieri si dimettono in massa provocando lo scioglimento dell'assemblea e il conseguente ritorno al voto. Il 18 dicembre del 1988 si va a nuove elezioni ma invece di un altro passo in avanti se ne fanno due indietro. Si registra un clamoroso ritorno al passato: in campo c'è un'altro Graziano, si chiama Carmine, è un cugino di Raffaele Pasquale e fino a pochi anni prima ha fatto l'imprenditore edile negli Stati Uniti. Parentele a parte, non sembra avere dalla sua chissà quale reputazione. Anche se a dargli un tocco di credibilità è la forza politica con la quale si presenta agli elettori: il Partito socialdemocratico, quello di Giuseppe Saragat. Sembra strano che un partito come il Psdi possa essersi affidato uno dei componenti di una famiglia criminale ampiamente nota e che in passato ha eletto dei sindaci dal controverso pedigree. A Roma, quindi, dev'essere stato considerato un dettaglio trascurabile il fatto che Carmine Graziano sia il cugino di Pasquale Raffaele, considerato organico alla camorra e latitante all'estero.

Tra i partiti tradizionali, in campo ci sono pure la Dc e il Pci. Il Psdi vince con 662 voti su 1653 votanti, la Dc si ferma a quota 455, il Pci arriva solo a 198. In campo è scesa anche "la Colomba", collegata al clan Cava: una disfatta, ha preso solo 194 voti. Il 21 gennaio del 1989 Carmine Graziano, dunque, viene eletto sindaco con i voti del Psdi, mentre i 4 democristiani si astengono. Il segretario nazionale dei socialdemocratici, Antonio Cariglia, spegnerà così le polemiche sulla discutibile scelta di arruolare uno degli eredi di "Sciore bomba":

> La sezione del partito di Quindici è vecchia di diversi anni. Il vicesegretario, Facchiano, ha fatto tutti gli accertamenti sulla non responsabilità di nessuno rispetto a illeciti. Era tutto a posto e la sezione non poteva certo annullarla. O siamo in uno Stato di diritto o non ci siamo. Noi comunque teniamo d'occhio questo paese e se uscirà dal seminato non attenderemo un istante a prendere provvedimenti. Ma non possiamo fare la lotta alle intenzioni, dobbiamo attenerci ai dati obiettivi.
>
> (Bruno De Stefano, *La penisola dei mafiosi*, Newton Compton 2008)

Sospetti a parte, tutto sembra filare liscio. Sembra, perché non è affatto così. E lo si deduce in particolare da alcune precauzioni prese dal primo cittadino: sta sempre a casa sua, a Lauro, dove riceve i dipendenti del comune che gli portano i documenti da firmare. Se non si reca in municipio non è per un eccesso di timidezza ma per la paura che possano spararigli. Tant'è che nelle non frequenti apparizioni pubbliche sotto la giacca indossa un giubbotto antiproiettile. La Prefettura di Avellino avvia un monitoraggio degli atti dell'amministrazione comunale e alla fine scopre che dietro un'apparente quiete in realtà poco o nulla è cambiato rispetto al passato. Il 30 marzo del 1993 il ministro dell'Interno Nicola Mancino scioglie il consiglio comunale per infiltrazioni mafiose. Nell'atto pubblicato sulla Gazzetta Ufficiale, si legge che dalle indagini della Prefettura è emerso che

> risultano collegamenti diretti ed indiretti di alcuni amministratori con la criminalità organizzata locale che compromettono l'imparzialità degli organi elettivi ed il buon andamento dell'amministrazione di Quindici [...]. Le risultanze emerse dalla indagine disposta dal prefetto di Avellino hanno messo in luce una forma di costante condizionamento operato dalla criminalità locale, nei vari settori della vita politica ed amministrativa dell'ente. La grave situazione di deterioramento dell'amministrazione comunale di Quindici ha già dato luogo alla rimozione dalla carica, per gravi motivi di ordine pubblico, dei consiglieri comunali Aniello Scafuro ed Augusto Donnarumma.
>
> (www.gazzettaufficiale.it/atto/stampa/serie_generale/originario)

Poi c'è una parte dedicata al primo cittadino, cose che si sapevano ma che evidentemente erano state imperdonabilmente sottovalutate:

> L'inquinamento degli organi e dell'attività amministrativa dell'ente è evidenziato dagli stretti rapporti di parentela esistenti tra il sindaco del comune, Carmine Graziano ed elementi della malavita locale. Il sig. Carmine Graziano è, infatti, fratello del pluripregiudicato Antonio Graziano, rimasto vittima di un agguato camorristico nel 1991 e di Rodolfo Graziano, anch'egli pluripregiudicato. Il sindaco del comune di Quindici, Carmine Graziano, risultava, inoltre, essere legato da vincoli di parentela con il defunto Graziano Pasquale Raffaele, anch'egli rimosso a suo tempo dalla carica di sindaco di Quindici per gravi motivi di ordine pubblico, e con altri pluripregiudicati e latitanti. Inoltre, non solo numerosi altri amministratori comunali risultano legati da vincoli di parentela e di amicizia alla famiglia Graziano ma anche la quasi prevalenza dei dipendenti comunali.
>
> (*Ibidem*)

Una parte del decreto di scioglimento riguarda le modalità con le quali veniva amministrato il comune, trasformato in una "proprietà" dei Graziano:

> A delineare il quadro di inquinamento in cui versa l'amministrazione di Quindici concorre la gestione dell'attività amministrativa dell'ente, il quale ricorre per l'affidamento dei lavori e della fornitura di beni esclusivamente alla licitazione privata e alla trattativa privata, cui partecipa nella quasi totalità dei casi una sola impresa. Da parte degli altri imprenditori, come risulta dagli accertamenti degli organi competenti, sussistono delle "remore" ad intromettersi in ambienti che vedono coinvolte le faide delle famiglie Cava e Graziano. Il servizio di raccolta e di trasporto dei rifiuti solidi urbani, sin dall'anno 1980, risulta poi essere stato affidato dall'amministrazione comunale a persone appartenenti, o molto vicine, alla famiglia Graziano, o a prestanomi di essa. Ulteriori conferme della esistenza di inquinamenti da parte della criminalità organizzata all'interno dell'amministrazione

di Quindici emergono dalla individuazione dell'area turistico-ricettiva del piano regolatore generale del comune, che, nel 1988, ha subito un ridimensionamento da 40.000 mq a 18.000 mq dei quali 5.000 mq interessano terreni agricoli di proprietà della famiglia Graziano.

(*Ibidem*)

Se l'ingerenza su appalti e servizi può non essere considerata una sorpresa, nella relazione della Prefettura c'è qualche passaggio che rimanda a scenari da Repubblica delle Banane:

Emblematico poi dello stato di degrado della vita politica amministrativa del comune è la circostanza che l'attuale sindaco, sig. Carmine Graziano, per motivi legati alla tutela della propria incolumità, è stato notato spesso indossare un giubbotto antiproiettile. Inoltre, il sindaco Carmine Graziano, sempre per evitare pericoli per sé e per i familiari, vive nel comune di Lauro, frequentando con scarsa assiduità gli uffici comunali, i cui dipendenti per il disbrigo di affari di ufficio sono costretti a recarsi presso la sua abitazione.

(*Ibidem*)

La relazione che conduce allo scioglimento del consiglio comunale evidenzia

il clima di grave condizionamento e degrado in cui versa il consiglio comunale di Quindici, la cui libera determinazione risulta piegata agli interessi delle locali organizzazioni mafiose, la palese inosservanza del principio di legalità nella gestione dell'ente e l'uso distorto della cosa pubblica, utilizzata per il perseguimento di fini estranei al pubblico interesse, hanno minato ogni principio di salvaguardia della sicurezza pubblica e, nel compromettere le legittime aspettative della popolazione a essere garantita nella fruizione dei diritti fondamentali, hanno ingenerato diffusa sfiducia nella legge e nelle istituzioni da parte dei cittadini. Da quanto sopra esposto, emerge l'esigenza dell'intervento dello Stato mediante provvedimenti incisivi in direzione dell'amministrazione di Quindici, caratterizzata da costanti collegamenti diretti ed indiretti tra amministratori e criminalità organizzata che condizionano la libera determinazione degli stessi, inficiano il buon andamento dell'amministrazione ed il regolare funzionamento dei servizi alla medesima affidati.

(*Ibidem*)

Lo scioglimento del consiglio comunale segna la fine di un'epoca: i Graziano sono costretti a mollare il municipio per sempre, e quindi finisce la possibilità di condizionare la politica. Lo scontro con i Cava, intanto, prosegue e si fa talvolta più cruento, fino a registrare picchi di violenza inauditi. Il clan conserva una sua robustezza, ma comincia a perdere dei pezzi importanti. Il primo febbraio del 2007 si conclude una caccia all'uomo durata diversi anni e non concretizzata per un pelo nelle due settimane precedenti. I carabinieri arrestano Felice Graziano, noto come "Felicione", ritenuto il capo dell'organizzazione: si nascondeva in una palazzina al centro di Quindici, dove vivevano pure i suoi familiari.

Il 2008 è l'anno peggiore: a maggio le porte del carcere si aprono per 22 presunti affiliati, tra cui cinque donne accusate di gestire il clan al posto dei rappresentanti maschi della famiglia, tutti o quasi ospiti delle patrie galere:

> Un ruolo di comando sempre più rilevante, questo ha accertato l'inchiesta della Dda di Napoli, lo avevano le donne della famiglia camorristica: i capi in carcere o soggetti a provvedimenti che ne limitavano la libertà e gli spostamenti, venivano di fatto sostituiti da madri e mogli che insieme a figli e cognati impartivano ordini, gestivano il patrimonio accumulato con le estorsioni, (beni per sette milioni di euro sono stati sequestrati), affrontavano direttamente gli imprenditori da taglieggiare: chi provava a resistere, veniva portato al loro cospetto nelle ville bunker della famiglia e attraverso esplicite minacce di morte, dirette anche ai familiari delle vittime, costretti a pagare senza ulteriori ritardi.
>
> (Ansa, 5 maggio 2008)

Tra le cinque donne arrestate, ci sono pure la madre e la moglie di "Felicione". Il quale si rende conto che ormai lui e la sua famiglia sono attesi da periodi complicatissimi. E così decide di diventare un collaboratore di giustizia. Per gli inquirenti è una manna dal cielo perché il neo-pentito è stato un protagonista assoluto della faida e quindi potrà riferire – cosa che poi accadrà – nomi, cognomi, fatti e circostanze riguardanti decenni di attentati, ferimenti e omicidi:

> Mi pento perché ho portato troppi dispiaceri alla mia famiglia per colpa mia. Pure adesso che stanno in carcere per colpa mia. Non è giusto che altri devono pagare per colpa mia. Ho deciso di fare una certa strada, una strada che non era buona e me ne sono accorto. Da parecchio, non ora, questa è una decisione che viene da lontano.
>
> (Giovanni Sperandeo, *op. cit.*)

La scelta del del boss suona come una campana a morto per molti affiliati; in una intercettazione telefonica c'è chi urla "Siamo finiti!", mentre qualcuno meno coraggioso decide di darsi alla latitanza nella speranza, vana, di non farsi beccare. Una pia illusione: il pentimento di "Felicione" si tradurrà in una mazzata tremenda sui vertici e sull'esercito dei Graziano.

"Biagino", il numero uno dei Cava

A dare l'idea della impermeabilità dell'organizzazione e delle difficoltà affrontate per perseguire boss e gregari, basti pensare che l'esistenza di un "clan Cava" è stata provata solo nel 2011, al termine di un processo lungo e articolato.

Oscurata per diversi anni dai più equipaggiati Graziano, la famiglia

Cava viene fuori alla distanza. Sarà costretta a stare un passo indietro fino a quando non si impone la figura di Biagio Cava (morto nel novembre del 2017, a 62 anni). È grazie a lui se i Graziano dovranno mollare una parte del loro potere e della loro influenza. Se tra i Graziano le figure di rilievo sono state più d'una, tra i Cava il personaggio più rappresentativo è stato "Biaso", come lo hanno sempre chiamato gli intimi, l'unico ad avere la statura del vero capoclan:

> Irascibile, poco incline alla diplomazia, abile nell'usare le armi, astuto nel pianificare affari e alleanze: i collaboratori di giustizia sono tutti concordi nel descrivere Biagio Cava come un boss dal forte temperamento, un personaggio che si è guadagnato considerazione e rispetto per aver dimostrato di saper mescolare la violenza del criminale alla lucidità del manager.
> (Bruno De Stefano et al., *I nuovi boss*, Newton Compton 2013)

Da ragazzo è uno dei tanti componenti della truppa dei Graziano, ma già s'intuisce che non ha il temperamento del gregario. È troppo intelligente per non rendersi conto che non deve farsi travolgere dalla foga di diventare un numero uno. Aspetta il momento buono per emergere, anche se col passare dei mesi la possibilità di coltivare degli spazi soltanto suoi sembra sempre più remota. A convincerlo che è arrivato il momento di mettersi in proprio è l'insaziabilità dei Graziano che – come già ricordato – con gli appalti per la ricostruzione post-terremoto vogliono fare da asso pigliatutto lasciando ai loro alleati-parenti solo qualche briciola. L'ambizioso "Biaso" non ci sta e capisce che per fare la guerra ai vecchi compari ha bisogno di qualcuno che gli dia una mano, e questo qualcuno è la Nuova Famiglia di Carmine Alfieri che contende soldi, affari e controllo del territorio alla NCO nella quale militano i Graziano:

> Quando Cutolo con le sue manie di grandezza comincia ad invadere territori di competenza altrui allungando le mani su business che non gli competono, i clan napoletani decidono di coalizzarsi e di fargli guerra. Prima che il conflitto esploda, Cava si sgancia dai Graziano e si schiera con il gruppo di Carmine Alfieri, detto "'o ntufato" (che sta ad indicare una persona sempre gonfia di livore), uno dei principali nemici del "professore" e futuro capo del cartello della Nuova famiglia.
> (*Ibidem*)

La NF sarà pure una corazzata che assicura sostegno e protezione, ma è anche troppo affollata per cui "Biaso" corre il rischio di diventare solo uno dei tanti soldati agli ordini di un gruppo capeggiato da Alfieri e diretto da una ristretta cerchia di suoi fedelissimi. È una prospettiva che gli suggerisce un cambio di strategia: pur condividendo con Alfieri e la NF l'ostilità nei confronti di Cutolo, sceglie di aggregarsi a un altro criminale che farà strada: Mario Fabbrocino, noto come "'o gravunaro", un nemico giurato del capo della NCO. Fabbrocino e Cava hanno molto in comune, a partire dall'irruenza e dall'ardente desiderio di fare carriera senza legarsi a nessun carro:

E così si smarca da Alfieri ed entra a pieno titolo nel gruppo di Mario Fabbrocino, "'o gravunaro" (il carbonaio) il quale è pur sempre federato alla Nf e quindi in guerra con Cutolo, ma gode di una certa autonomia; e poi, particolare non secondario, controlla un'area della provincia di Napoli piuttosto vasta. Tra le fila di Fabbrocino c'è già il cugino Antonio Cava, una sorta di scomodo alter-ego che negli anni successivi gli contenderà la guida del clan [...]. "Biaso" è uno dei principali componenti del braccio armato di Fabbrocino, i due si aiutano l'un l'altro quando c'è da compiere un'azione criminale particolarmente impegnativa. Quanto agli affari, Cava s'impone nell'area del Vallo di Lauro e ai confini tra le province di Napoli e Avellino. Le estorsioni a commercianti e imprenditori rappresentano la voce più consistente delle entrate: Biagio e suo cugino Antonio terrorizzano chiunque, nessuno può sottrarsi all'obbligo di pagare; se qualcuno s'azzarda a dire di no, partono le rappresaglie. Nel frattempo l'espansione appare inarrestabile: oltre che su Avellino, "Biaso" mette le mani pure su Atripalda, Serino, Mercogliano, Ospedaletto d'Alpinolo, dove c'è una maggiore vivacità economica ed imprenditoriale che consente di reinvestire i proventi illeciti e imporre estorsioni ad aziende di medio-grandi.

(*Ibidem*)

Il clan Cava diventa ingordo. Una delle principali fonti di guadagno è il pizzo, per cui nella zona molti commercianti e imprenditori sono costretti a subire le prepotenze degli uomini di "Biaso". Chi non paga o non riesce a pagare in tempo, rischia di dover consegnare l'azienda ai camorristi. È una esperienza allucinante che vivrà Lucio Addeo, quarantaseienne imprenditore del settore della frutta secca suicidatosi in carcere nel maggio del 2006. Era sposato e padre di due figli (di 3 anni e un anno), un altro sarebbe sarebbe nato a breve. I Cava lo avevano costretto a rifornirsi dalle ditte segnalate dal boss, al quale pagava sostanziose tangenti pur di stare tranquillo. Lo avevano spolpato vivo e come se non bastasse lo avevano costretto a cambiare assegni per svariate migliaia di euro. Poi la tragedia:

L'imprenditore era stato accusato dalla magistratura di aver aver costretto il comproprietario di un terreno edificabile a cedergli la quota di sua pertinenza a prezzi inferiori a quelli di mercato. Per gli inquirenti non era che l'intestatario formale di un bene che sarebbe appartenuto a Biagio Cava. Addeo fu arrestato nel marzo del 2006 e due mesi dopo si tolse la vita strangolandosi con un cappio ricavato dalle lenzuola dopo aver lasciato un biglietto di ritrattazione nel quale aveva scritto che tutte le sue confessioni contro il clan di Quindici erano false e che aveva istigato i suoi due nipoti a riferire delle bugie agli investigatori.

(*Ibidem*)

Dirà la moglie Anna Imblema:

Si è ucciso per dimostrare a tutti che era una persona pulita per dare un futuro ai figli. La vergogna di essere accusato di essere vicino alla camorra lo aveva portato alla disperazione. Ultimamente mi ripeteva sempre di badare ai bambini e ora so cosa voleva dirmi.

(www.detenutoignoto.org/2009/11/
osservatorio-permanente-sulle-morti-in.html)

Non tutti però restano impigliati nei sensi di colpa e negli scrupoli. C'è pure chi preferisce stringere un patto di reciproca assistenza mettendo a disposizione le proprie risorse:

Gli imprenditori amici, però, prestano anche aiuto per altri scopi. Come quello dell'utilizzo dei mezzi di loro proprietà che, poi, vengono fatti sparire, se usati per agguati e altri episodi criminali. Ma per i commercianti vicini al clan vi è anche l'interessamento per non far pagare i debiti o fargli recuperare dei crediti. In una occasione c'è persino il tentativo di organizzare il rapimento di un imprenditore irpino per poi chiedere il riscatto. Si tratta di Nicola Sarno, padre dell'ex presidente provinciale di Confindustria, Silvio. È un'operazione da realizzare in tre, con l'ausilio di Mario Fabbrocino, il boss del vesuviano.

(Giovanni Sperandeo, *op. cit.*)

Secondo i piani alla famiglia Sarno sarà avanzata una richiesta di riscatto di 50 miliardi di lire. Alla fine, però, il sequestro salta.

Le estorsioni sono un pensiero fisso per Biagio Cava. Ma nella sua testa si agita pure un dubbio che non lo abbandona mai: quello di essere tradito da uno dei suoi uomini. È sospettoso come pochi, e le sue preoccupazioni raggiungono livelli da paranoia:

Il boss di solito usa quattro o cinque macchine che fanno da staffetta per vedere se ci sono controlli da parte delle forze dell'ordine. Gli accorgimenti sono maniacali. Nessuno al cospetto di "Biagino" può portare con sé un cellulare. Il boss ha sempre con sé un aggeggio elettronico che interferisce sul segnale per evitare possibili intercettazioni. "Lui non ha fiducia di nessuno", dirà il cugino Antonio Scibelli. Biagio non parla mai al telefono. Sono rare le occasioni nelle quali si fa chiamare "zio", lo stesso nomignolo usato dal cugino Antonio che, invece, al telefono è più loquace.

(*Ibidem*)

Dopo aver imperversato per anni in uno spicchio della provincia di Avellino, "Biaso" va incontro alla sua parabola discendente verso la fine degli anni '90, quando non pochi collaboratori di giustizia rivelano diversi dettagli sui clan irpini. Oramai incastrato, tenta la fuga senza riuscirci. Il 6 febbraio del 2002 la polizia francese lo arresta all'aeroporto di Nizza pochi minuti prima che possa salire su un volo diretto a New York; in quella occasione è in compagnia di un certo Michele Palmese, sospettato di essere il suo guardaspalle. Nel goffo e inutile tentativo di dipingersi come una vittima della giustizia, spiegherà al processo:

Io a Nizza avevo un'impresa di costruzioni e mi stavo imbarcando per gli Stati Uniti dove gestivo una pizzeria. Al di là del fatto che io tengo un deposito a Marsiglia andate a controllare, ho anche alcune pizzerie a New York. Palmese? Lo trovai sotto l'aeroporto per caso. Niente più di un incontro fortuito.

(«Corriere dell'Irpinia», 12 febbraio 2011)

Secondo gli investigatori in realtà il boss doveva affrontare una trasferta dall'altra parte del mondo perché negli Usa aveva intavolato rapporti con esponenti della criminalità organizzata locale. Il suo contatto era Adolfo Bruno, noto come "Big Al", rappresentante di una famiglia di stanza a Springfield, nel Massachussets. La stessa città nella quale, guardacaso, "Biaso" era stato arrestato nel 1987 dall'Interpol. Bruno sarà poi assassinato il 23 novembre del 2003. E il rapporto tra la mala americana e il gruppo quindicese emergerà in maniera inequivocabile proprio in quelle ore:

Il forte legame tra le famiglie criminali dei Bruno e dei Cava si evince da una palese circostanza. Subito dopo l'omicidio, Antonio Cava, detto "Ndò Ndò", chiama un conoscente, residente a Springfield, chiedendogli di inviare una corona di fiori per il funerale di "Big Al" con la scritta "Famiglia Cava di Quindici" e raccomandandosi di posizionarla davanti a tutte le altre. L'FBI rileverà che, durante la cerimonia funebre, la corona di fiori ordinata da Antonio Cava era posizionata davanti alle altre, così come da lui disposto.

(Giovanni Sperandeo, *op. cit.*)

La cattura a Nizza sembra l'inizio della fine, però dopo l'estradizione in Italia la situazione giudiziaria si alleggerisce di parecchio: le accuse nei suoi confronti perdono consistenza e così torna insperatamente in libertà, seppur sottoposto alle limitazioni della sorveglianza speciale. Ma non è affatto sprovveduto da pensare di averla fatta franca, per cui si dà alla latitanza e per due anni e mezzo si trasforma in un fantasma. Un fantasma che si materializza il 17 ottobre del 2006, quando la polizia lo arresta in un villino-bunker a Pago del Vallo di Lauro.

Dopo la cattura arriveranno diverse condanne, di cui una definitiva a 30 anni ma in galera ci resta solo fino al settembre del 2017, quando gli vengono concessi gli arresti domiciliari per motivi di salute. Il boss, ha infatti, un tumore al cervello allo stadio terminale: alla fine di novembre esce di scena per sempre, a 62 anni; per motivi di sicurezza il questore di Avellino Luigi Botte impone la celebrazione dei funerali in forma privata.

Di padre in figlio

Stando alle indagini di magistrati e forze dell'ordine, mentre il capoclan scontava la galera e veniva aggredito dal cancro, a tenere alto l'"onore" – si fa per dire – della famiglia ci pensava il figlio Salvatore. Un nome tutt'altro che sconosciuto alle cronache, quello di Cava junior: il 27 maggio del 2000, appena sedicenne, è stato arrestato a Monte Carlo perché trovato in possesso di una pistola calibro 38. Per lui i guai seri con la legge arrivano nel 2008, ma le manette ai suoi polsi scattano soltanto il 18 maggio del 2010, giorno in cui viene stanato a Pago del Vallo di Lauro. Al processo alla cosca di Quindici sarà condannato a 10 anni per estorsione (il pubblico ministero ne aveva chiesti 21). Ecco cosa si dice di lui nella sentenza emessa dal tribunale di Avellino il 23 luglio 2011:

> Il collaboratore di giustizia Graziano Felice, all'udienza del 9 luglio 2010, riferisce di Salvatore Cava come del "figlio di Biagio" che "compie attività illecite"; più preciso è il collaboratore Antonio Scibelli il quale lo descrive come colui che manteneva "i contatti" con gli altri clan, acquistava strutture e "faceva muovere i soldi". Lo Scibelli ha anche aggiunto che Salvatore Cava aveva preso il posto dello zio Salvatore Cava (classe '49), fratello di Biagio, ammalatosi. Si rileva che Scibelli ha iniziato la collaborazione il 14 maggio 2009 e, quindi, in epoca di gran lunga successiva rispetto a quella di Graziano (5.5.2002) [...]. Il Collegio ritiene che dall'istruttoria è emerso non solo che Salvatore Cava ha compiuto attività sicuramente agevolatrici dell'associazione camorristica denominata "clan Cava", ma soprattutto vi ha aderito, "facendone parte" in forza di un patto aggregativo, eseguendo soprattutto gli ordini del padre. Né può ritenersi che la condotta dell'imputato sia riconducibile al legame di sangue con Cava Biagio e, dunque, al rapporto di familiarità. Dimostrano la consapevolezza dell'imputato dell'esistenza dell'associazione criminosa, del relativo ambito di azione nonché il contributo causale fattivo da lui apportato nell'ambito dai clan e la sua posizione.
>
> (Bruno De Stefano, *op. cit.*)

Nella sentenza si legge inoltre:

> [...] Questo Collegio ha dato conto ampiamente dell'esistenza operativa del "clan Cava", fondato su base familistica, come è ampiamente emerso in dibattimento, poiché numerosi affiliati hanno legami di sangue o di affinità tra di loro. Orbene, le condotte tenute da Salvatore Cava e sopra illustrate non possono ricondursi a una mera vicinanza "per motivi familiari"; così facendo si dimenticherebbe, in maniera del tutto illogica, che i cosiddetti motivi familiari ben possono costituire proprio la ragione dell'inserimento a pieno titolo di un partecipe di un clan camorristico "familiare". D'altra parte la circostanza che Cava Salvatore possa avere posto in essere le condotte addebitategli per motivi familiari, non esclude la sussistenza del reato contestatogli, qualora tali condotte costituiscano attività oggettivamente omogenee agli scopi del sodalizio criminoso, apprezzabili come concreto e causale contributo all'esistenza ed al rafforzamento dello stesso, volontariamente poste in essere, dovendosi distinguere fra volontarietà della condotta e motivi della stessa, come emerge nel caso in esame in cui tutte le condotte tenute dal Cava Salvatore dimostrano ampiamente, ed oltre ogni ragionevole dubbio, il pieno inserimento dell'imputato nell'associazione camorristica denominata clan

Cava, con compiti attivi e senz'altro funzionali al raggiungimento degli scopi illeciti perseguiti dalla consorteria criminale.

(*Ibidem*)

Salvatore Cava è tornato in libertà nel maggio del 2019 dopo aver scontato la condanna per intero. Il suo obiettivo, secondo le voci che sono circolate a Quindici all'indomani del suo rientro a casa, sarebbe stato quello di rifarsi una vita lontano dal luogo che ha visto la sua famiglia contrapporsi con i Graziano. Se lui voleva rifarsi una vita, i Graziano volevano fargli la pelle: stando a quanto scoperto dagli inquirenti, i Graziano stavano organizzando un attentato nel quale Cava junior sarebbe stato eliminato insieme alla moglie Rosalba Fusco. L'intenzione di uccidere l'erede di "Biaso" e la sua consorte è stata scoperta per caso durante una indagine su alcune estorsioni dei Graziano a imprese di pompe funebri. Una conferma sarebbe arrivata pure dal ritrovamento di un manichino nelle campagne di Quindici utilizzato come bersaglio da colpire con un fucile di precisione. L'arresto di cinque persone sospettate di aver preso parte alla preparazione dell'attentato ha di fatto salvato la vita a Salvatore Cava e alla sua dolce metà.

Due famiglie ancora pericolose

Processi, condanne, un'attenzione mediatica maggiore non hanno però portato allo smantellamento dei Cava e dei Graziano. Tant'è che nella relazione del secondo semestre del 2019 la Direzione investigativa antimafia scrive:

> Per quanto riguarda i clan Cava e Graziano, entrambi hanno proiezioni anche in altre zone. Il primo ha forti interessi nel confinante agro-nolano e vesuviano, attraverso organizzazioni collegate (quali il gruppo Sangermano che fa capo a due nipoti del defunto boss Cava), che gestiscono le attività illecite a San Vitaliano, Scisciano, Cicciano, Roccarainola, Cimitile, Carbonara di Nola e Saviano. Il clan Graziano ha proiezioni nell'alta Valle dell'Irno, al confine tra le province di Salerno ed Avellino e nel Vallo di Lauro. Nell'ambito dei due gruppi diversi esponenti di spicco sono tornati di libertà. La loro presenza nel territorio rende concreto il pericolo di una ripresa dello storico conflitto tra le due famiglie.

Com'è accaduto anche altrove, lo Stato ha vinto diverse battaglie ma non la guerra.

Bibliografia

M. AMATO, *L'altra trattativa*, Edizioni Centoautori, Napoli 2015
P. ARLACCHI, *Addio Cosa Nostra*, Mondadori, Milano 1994
F. BARBAGALLO, *Storia della camorra*, Laterza, Bari 2010
E. BELLAVIA, *Un uomo d'onore*, Bur, Milano 2010
T. BEHAN, *Il libro che la camorra non ti farebbe mai leggere*, Newton Compton, Roma 2009
L. BRANCACCIO - C. CASTELLANO, *Affari di camorra*, Donzelli, Roma 2015
L. BRANCACCIO, *I clan di camorra*, Donzelli, Roma 2017
F. CAPECELATRO, *Lo spallone – Io, Ciro Mazzarella, re del contrabbando*, Mursia, Milano 2013
R. CIUNI, *Le macerie di Napoli,* Rizzoli, Milano 1994.
A. COLLETTI, *Il welfare e il suo doppio*, Ledizioni, Milano 2016
D. DE CRESCENZO, *Confessioni di un killer. Oreste Spagnuolo: così ho imparato a uccidere,* L'ancora del Mediterraneo, Napoli 2012
S. DE GREGORIO, *I nemici di Cutolo*, Pironti, Napoli 1983
B. DE STEFANO, *Napoli criminale*, Newton Compton, Roma 2006
ID., *I boss della camorra*, Newton Compton, Roma 2007
ID., *La penisola dei mafiosi*, Newton Compton, Roma 2008
ID., *Storie e storie di camorra*, Newton Compton, Roma 2016
ID., *I boss che hanno cambiato la storia della malavita*, Newton Compton, Roma 2018
B. DE STEFANO - V. CERUSO - P. COMITO, *I nuovi boss*, Newton Compton, Roma 2013
B. DE STEFANO, *Giancarlo Siani. Passione e morte di un giornalista scomodo*, Perrone, Roma 2012
G. DI FIORE, *L'impero*, Rizzoli, Milano 2008
ID., *La camorra e le sue storie*, Utet, Torino 2005
S. DI MEO, *L'impero della camorra*, Newton Compton, Roma 2008
S. DI MEO - V. FALCO, *Eduardo Contini, il boss in smoking*, Forumitalia edizioni, Napoli 2007
G. FALCONE - M. PADOVANI, *Cose di Cosa Nostra*, Rizzoli, Milano 1991
E. FIERRO - L. APRATI (a cura di), *Malitalia*, Rubbettino, Soveria Mannelli 2009
M. FIGURATO - F. MAROLDA, *Storia di contrabbando: Napoli, 1945-1981*, Pironti, Napoli 1981
G. FLAMINI, *La banda della Magliana*, Kaos, Milano 2002
N. GIULIANO, *Diario di una coscienza*, Pironti 2006
D. GUERRETTA - M. ZORNETTA, *A casa nostra. Cinquant'anni di mafia e criminalità in Veneto*, Baldini e Castoldi, Milano 2014
G. GRIBAUDI, *Traffici criminali,* Bollati Boringhieri, Torino 2009
GRUPPO ABELE, *Dalla Mafia allo Stato*, Ega Editore, Torino 2005
P. ITRI, *Il Monolite. Storie di camorra di un giudice antimafia*, Piemme, Milano 2019
G. MARINO, *Bella e mala Napoli,* Laterza, Bari 1993.
I. SALES, *Storia dell'Italia mafiosa,* Rubbettino, Soveria Mannelli 2015
S. SENESE - L. MANCUSO, *Una mala vita*, Pironti, Napoli 2015)
G. SPERANDEO, *La faida*, Mephite, Atripalda, 2012

Ringraziamenti

La complessità di questo volume ha richiesto la consulenza di molti amici e colleghi. Ringrazio il sostituto procuratore Paolo Itri, i colleghi Titti Beneduce, Marco Ferra, Ciro Formisano, Teresa Mancini e Luigi Sabino, lo scrittore Corrado De Rosa, gli amici Claudia Pantaleo, Stefania Padovano, Isabel Van Buyten, Cesare Carbone, Daniela Dalcerri e Giusi Prato.

Indice